BASTEI
LÜBBE

Mark Arnold-Forster

DIE WELT IM KRIEG

Aus dem Englischen
von Werner Peterich

BASTEI
LÜBBE

BASTEI-LÜBBE-TASCHENBUCH
Nr. 10099

Originaltitel: THE WORLD AT WAR

Lizenzausgabe: Gustav Lübbe Verlag GmbH,
Bergisch Gladbach
Printed in Western Germany 1979
Einbandgestaltung: Manfred Peters
Gesamtherstellung: Ebner Ulm
ISBN 3-404-01403-0

Der Preis dieses Bandes versteht sich einschließlich
der gesetzlichen Mehrwertsteuer

Inhalt

Kartenverzeichnis

Vorwort

Dieses Buch wurde für eine gleichnamige Fernsehserie geschrieben; dennoch handelt es sich nicht um das Filmskript. Ich habe vielmehr versucht, einen für jedermann lesbaren Bericht über den Krieg zu schreiben, der allerdings besonders für jene gedacht ist, deren Interesse an den Ereignissen durch die Fernsehsendungen geweckt oder geschärft worden ist. Ich habe versucht, die Lücken auszufüllen, die selbst in einer Fernsehfolge von sechsundzwanzig Stunden notwendigerweise entstehen müssen.

Es war ein langer Krieg, und dies hier ist ein kurzes Buch. Es handelt sich lediglich um eine Einführung in die Geschichte eines Krieges, die von einer Reihe gründlicher Historiker bereits sehr genau dokumentiert und beschrieben worden ist. Ich hatte den allgemeinen Vorteil, dreißig Jahre nach den Ereignissen zu schreiben, und das besondere Glück, Zugang zu den britischen Kabinettsunterlagen zu haben, die 1972 freigegeben wurden. Diese Unterlagen bestätigen das Urteil jener, die vor ihrer Freigabe schrieben, und enthüllen keine wichtige Entscheidung, von welcher die Historiker nicht bereits berichtet hätten.

Allerdings beleuchten die Kabinettsunterlagen – und zwar, wie ich meine, auf sehr plausible Weise – wie es zu diesen Entscheidungen kam. Die Deutschen stellten die U-Boot-Kriegsführung im Atlantik eindeutig wegen der Vervollkommnung der Radartechnik ein. Die Landkarte Ost-Europas wurde an einem Nachmittag in Teheran neu gezeichnet. Und Chamberlain und Halifax machten 1940 wirklich den Vorschlag, Malta an Mussolini abzutreten.

Des weiteren habe ich mich auf viele Interviews mit Augenzeugen

stützen können, Interviews, die fürs Fernsehen aufgenommen (wenn auch in der Serie nicht vollständig wiedergegeben) wurden und die begreifen helfen, wie es war, dabeizusein. Menschen, die den Krieg nicht mitgemacht haben, sind möglicherweise entsetzt über die Annahme, daß Töten im Kampf etwas Verzeihliches sei. Nahezu sechs Jahre lang waren mehrere Millionen Männer, von denen sich fast alle geschämt hätten, ein Kind zu schlagen, bereit, andere Menschen, die sie gar nicht kannten, zu töten. Nach meiner eigenen Erfahrung muß man die Erklärung dafür in der Tatsache sehen, daß, wenn ein Fremder auf einen schießt, der Impuls zurückzuschießen natürlich und sehr mächtig ist. Ebenso natürlich und mächtig ist der Drang, zu lernen, wie man besser zurückschießt als der andere. Kriege erzeugen Grausamkeit. Aber sie machen auch erfinderisch und wecken die Entschlossenheit, sich und die Gruppe, der man angehört, zu schützen – sei es nun das Regiment, die Schiffsbesatzung oder das eigene Volk. Das ist etwas anderes als vorsätzliche Grausamkeit.
Ich habe versucht, Menschen, die nie Soldat waren, eine Vorstellung davon zu vermitteln, was es bedeutete, im Krieg zu kämpfen. Diejenigen, die ihn mitgemacht haben, werden nur wenige einzelne Kampfhandlungen in diesem Buch geschildert finden, an denen sie teilgenommen haben. Beschreibungen einzelner Vorgänge stehen als Beispiel für Erfahrungen, die vielen gemeinsam waren.
Das vorliegende Buch ist eine Folge von Berichten über einzelne Kriegsabschnitte – kein chronologischer Bericht. Zwar wäre es durchaus möglich gewesen, die Geschichte des Krieges chronologisch aufzubauen und zu beschreiben und den Leser bei jeder Wendung der Ereignisse daran zu erinnern, was zur gleichen Zeit anderswo geschah – was, wie ich meine, verwirrend gewesen wäre. In Wirklichkeit ist aber jeder Kriegsabschnitt eine Geschichte für sich; am Schluß des Buches findet der interessierte Leser eine Zeittafel der Geschehnisse.
Noch wird unser zwanzigstes Jahrhundert vom Erbe des Zweiten Weltkriegs geformt. Viele von den Veränderungen, die der Krieg mit sich brachte (oder mit sich zu bringen schien), wären irgendwann ohnehin gekommen. Allerdings war der Krieg ein Katalysator, der viele notwendige Entwicklungen beschleunigte und den nationalen und persönlichen Erfindungsgeist beflügelte. Amerikanische Mathematiker, die darauf brannten, japanische Codes zu entschlüsseln, entwikkelten Apparate, die als die Ahnen der Computer gelten können. 1942 fiel die einzige Chininquelle der Welt in japanische Hände, woraufhin die Briten gezwungen waren, rasch auf chemischem Wege ein neues Medikament gegen die Malaria zu entwickeln; das allein hatte einen gewaltigen Einfluß auf die Nachkriegsbevölkerung der unterentwikkelten Länder. Die im Luftbereich geschlagenen Deutschen erfanden

die V-2-Rakete, um London zu bombardieren, und waren damit wegbereitend für die Technologie, welche die Menschen auf den Mond brachte. Die Engländer, die gesehen hatten, daß es in Kriegszeiten möglich ist, mit Arbeitslosigkeit und Mangel fertig zu werden, beschlossen, diese Probleme auch im Frieden zu lösen, und bis zu einem gewissen Grade ist ihnen das auch gelungen. Das Erbe des Zweiten Weltkriegs läßt sich nicht genau abschätzen; es ist immens. Auf jeden Fall bestand dieses Erbe nicht wie das furchtbare Erbe des Ersten Weltkriegs hauptsächlich aus Gefallenenfriedhöfen in Frankreich.

Ich habe bedenkenlos Hilfe gesucht, und sie ist mir weitgehend zuteil geworden. Miß Alison Wade von der *Thames Television* hat die Biographien und die Chronologie zusammengestellt, das Zeichnen der Karten und die Zusammenstellung der Bilder überwacht und die ganze Last der Überprüfung, Materialsammlung und Koordinierung getragen, unter der ich zusammengebrochen wäre. Unter anderen hat Jerome Kuehn von *Thames TV* mir mit Rat und Tat zur Seite gestanden. Desgleichen Air Chief Marshall Sir Theo McEvoy, *Knight Commander of the Bath, Commander of the British Empire*, Wing Commander Ronald Kellett, *Distinguished Service Order, Distinguished Flying Cross*, Professor Sir John Randall, *Fellow of the Royal Society*, sowie der Direktor des Staatsarchivs in London, Mr. J. R. Ede, und die Herren A. Ford und A. Harrington, gleichfalls vom Staatsarchiv, London, die verstorbene Mrs. Marjorie Wilkerson, Mrs. Rosalind Mitchinson und Sir Geoffrey Cox, *Commander of the British Empire*. Alastair Hetherington, der Herausgeber des *Guardian*, hat mir gestattet, das Beurlaubungssystem der Zeitung bis an die Grenzen des Möglichen auszunutzen; meine Familie hat sehr viel Geduld und Nachsicht bewiesen; viele haben geholfen, doch die Verwantwortung für alles trage ich.

Mark Arnold-Forster

Einleitung

30 Jahre sind seit dem Ende des 2. Weltkriegs vergangen. Historiker aller Nationen sind seitdem bemüht, die Ereignisse dieser größten Katastrophe der Menschheitsgeschichte zu erfassen. Die Akteure – Staatsmänner und Generale – haben ihre Kriegserinnerungen veröffentlicht. Aus der Katastrophe ist eine veränderte Welt hervorgegangen. Die Machtverhältnisse sind radikal verwandelt. Nationen wurden geteilt, Kolonialreiche gingen unter. Die epochalen politischen und historischen Ereignisse der fünfeinhalb Kriegsjahre haben weitgehend unsere jetzige Welt bestimmt. Aber immer noch bewegt uns Deutsche die Frage, wie es dazu kam. Die Generation der Kriegsteilnehmer wird die Aufgabe, die Vergangenheit zu bewältigen, bis an ihr Lebensende nicht lösen.

Bücher über den Krieg stoßen in der Bundesrepublik bei weitem nicht auf das große Interesse, mit dem die Angelsachsen die Kriegsjahre in ihrer Literatur immer wieder durchleben. Hitler, das Phänomen des Nationalsozialismus, die großdeutsche Megalomanie, das Reich und sein unrühmliches Ende – und die Judenvernichtung – sind die Traumen, mit denen wir uns bei jeder Beschreibung des Krieges wieder auseinandersetzen müssen.

Völlig anders geartet ist die Haltung der Angelsachsen gegenüber der Kriegsliteratur. Zwar hat sie der Hitler-Krieg das Weltreich gekostet, weshalb die deutsche Aggression und das Judenproblem außerordentlich kritische Betrachtungen erfahren. Gleichwohl ist die Aufgeschlossenheit gegenüber der Darstellung der Ereignisse und die Bereitschaft, sich damit auseinanderzusetzen, ungleich größer als in der Bundesrepublik. Die Beschreibung ist gewöhnlich durch Sachlichkeit und Fairneß geprägt.

Dennoch bin ich mit einer gehörigen Portion Skepsis an die Lektüre von Arnold-Forsters Buch herangegangen. Ich meinte, das Unterfangen, auf 300 Seiten eine »Geschichte des Weltkriegs für jedermann« zu schreiben, könne nur zu einer oberflächlichen Anhäufung von Fakten und zu anspruchsloser Darbietung der Vorgänge des Krieges – Kämpfe und Schlachten, Kanonendonner und Tote – führen, wie sie heute in großer Menge an den Bahnhofskiosken angeboten wird. Bald war ich von der ungemein farbigen und geschickt geschriebenen Rückschau gefesselt. Arnold-Forster präsentiert diese »geballte Ladung dramatischer Ereignisse« nüchtern und unterkühlt. Aus dem »Volksbuch über den Krieg« ist mehr geworden, nämlich eine fesselnde Lektüre für den anspruchsvollen Zeitgenossen der Katastrophe wie auch für den jungen Leser, der kaum noch Beziehungen zu dieser Epoche hat.

Arnold-Forster hatte den Vorteil, die Berichte des englischen Kabinetts aus den Kriegsjahren (British Cabinet Records) verwenden zu können, die erstmalig 1972 zur Einsicht freigegeben wurden. Er kann auf diese Weise völlig neue Einsichten zu dem Ablauf der großen Ereignisse geben und enthüllen, warum gewisse Entscheidungen fielen und wodurch sie beeinflußt wurden. Diese Berichte enthalten offensichtlich nichts, was Anlaß gibt, den Ablauf der Geschichte in anderem Licht zu sehen. Jedoch ist die Rolle Chamberlains in den Appeasement-Jahren und sein Verhalten bis zu seinem Sturz für den deutschen Leser gewiß neu, für den englischen Leser schockierend. Die mehr philosophische Betrachtung über den Mangel moralischer Skrupel beim Töten im Kriege, die Arnold-Forster im Vorwort anstellt, dürfte bei vielen jungen Menschen auf Ablehnung stoßen. Aber es scheint nun einmal zu den rätselhaften Verhaltensweisen der Menschen, die im Frieden »keiner Fliege etwas zuleide tun können«, zu gehören, daß sie motiviert und unter Befehlszwang im Kriege bereit sind, einen völlig Fremden ohne Bedenken zu töten.

Es gehört zu der von allen Staaten anerkannten und im Gesetz verankerten raison d'être einer bewaffneten Macht, daß sie bereit sein muß, zu kämpfen und zu töten. Trotz der bitteren Lehren des zweiten Weltkrieges, in dem Millionen von Soldaten und unschuldigen Bürgern getötet worden sind, ist es noch nicht gelungen, eine Weltordnung zu schaffen, die den Verzicht auf bewaffnete Macht und auf die Verteidigung mit der Waffe rechtfertigt.

Der kritische deutsche Leser mag sich an der Unausgewogenheit der Darstellung stoßen. Sie rührt zum einen von der Tatsache her, daß dieses Buch eine Fernsehserie »begleiten« sollte – und zum anderen daher, daß die Ereignisse unter dem angelsächsischen Blickwinkel beschrieben sind. Man könnte kritisch bemerken, daß die sehr breit angelegte Behandlung des Seekriegs in dem Kapitel »Die Schlacht im Atlantik« diesem Kriegsschauplatz zu viel Bedeutung beimißt, während der Rußland-Krieg, Stalingrad und die Besetzung Osteuropas durch die Sowjets eher summarisch abgehandelt sind. Aber dies ist eben das Buch eines englischen Autors, und Arnold-Forster war während des Krieges Kommandant eines Schiffes. Sicher würde der deutsche Leser eine breitere Würdigung der Vorgänge des 20. Juli wünschen, sicher auch eine detailliertere Schilderung der Bombardierung des Reichs durch die Alliierten Bomberstreitkräfte und deren Folgen. Auch könnte sich der Leser zunächst daran stoßen, daß der Krieg auf verschiedenen Schauplätzen mehrmals beendet wird, nämlich im Atlantik, im Osten und im Pazifik. Aber trotzdem ist durch diese Darstellungsform nichts an Spannung verlorengegangen. Das Schlußkapitel bei Arnold-Forster – nur eine Kurzbetrachtung – fällt ab. Es ist skizzenhaft und, wie ich meine, unvollständig. Daß Wissenschaft und Technologie im Verlauf und als Folge des Krieges in unvorstellbarer Form an Momentum gewonnen haben, ist letztlich kein Trost, denn die Lehre Heraklits, daß der Krieg der Vater aller Dinge sei, ist längst ad absurdum geführt. Atombombe, Raketentechnik, Transatlantik-Flugverkehr, Satelliten-Technik, Mondforschung, Atomenergie, Radartechnik – all dies hat ohne Zweifel als Folge des Krieges den Menschen das Tor zur Zukunft aufgestoßen. Aber Zweifel daran, ob die Menschheit die Geister, die sie rief, bändigen kann, sind berechtigt.

Wenn ich den Kapiteln des Buches kurze Bemerkungen aus deutscher Sicht vorausschicke, so bezwecke ich weder durch Rechtfertigung noch durch Selbstkritik die Unvoreingenommenheit, mit der Arnold-Forster die deutsche Seite darstellt, zu verfälschen. Vielmehr kam es mir darauf an, das Bild gewisser Vorgänge, den Ablauf der Schlachten, die Führungsentscheidungen und Fehlentscheidungen zu ergänzen und abzurunden.

General a. D. Johannes Steinhoff

Die Anfänge

1

Viele Menschen geben sich mit der Annahme zufrieden, daß Hitlers Überzeugungen, seine Persönlichkeit, seine Macht und sein Einfluß auf seine Landsleute die einzigen Ursachen des Zweiten Weltkriegs waren. Es ist nach jeder Katastrophe bequem, den Toten die Schuld in die Schuhe zu schieben.

Hitler war jedoch zum Teil auf Grund von Umständen politischer, wirtschaftlicher, diplomatischer und sonstiger Natur zum Herrscher Deutschlands geworden. Diese hätten verhindert werden können, wenn die anderen Weltmächte anders oder klüger gehandelt hätten.

Hitlers Motive waren nicht die eines gewöhnlichen Diktators. Ihm ging es nicht nur einfach darum, sein eigenes Land zu beherrschen. Er war überzeugt, daß die Deutschen – oder zumindest die »Arier« – eine Herrenrasse seien. Er glaubte ehrlich daran, daß die Deutschen auserwählt seien, den Rest der Menschheit zu führen und zu beherrschen. Jene Theorien, die er in seinem Buch *Mein Kampf* über die Überlegenheit der germanischen Rasse darlegte, waren nicht nur simple Schlagworte, sondern aufrichtige Glaubensbekenntnisse und bildeten die Haupttriebkraft seiner Eroberungspolitik.

Hitler sah sich als eine Art mittelalterlicher Eroberer, der vom Schicksal auserkoren war, zumindest einen großen Teil der Welt (zunächst einmal Europa) letzten Endes zu dessen eigenem Wohl, hauptsächlich jedoch zur größeren Ehre des Deutschen Reiches und seiner Bewohner zu unterjochen. Seiner Ansicht nach war es den Deutschen vorbestimmt, die Herren einer europäischen Wirtschaftseinheit zu sein, in der andere beherrschte Rassen lebten, deren Bildung gerade eben ausreichte, »Verkehrsschilder zu verstehen, damit sie nicht von unseren Fahrzeugen überfahren werden«.

Der Zweite Weltkrieg wäre für Europa niemals zu dieser furchtbaren

Erfahrung geworden, wenn Hitler, der diese Dinge glaubte, in Deutschland nicht an die Macht gekommen wäre. Und Hitler wäre möglicherweise nicht zum Führer Deutschlands aufgestiegen, wenn nicht die Sieger des Ersten Weltkriegs eine Reihe von Fehlern begangen hätten und ihnen nicht viele Mißverständnisse unterlaufen wären. Viele dieser Fehler beruhten auf Unwissenheit – Unwissenheit über das Funktionieren des kapitalistischen Systems und des Weltwährungssystems (das damals niemand kontrollieren oder lenken konnte, ja nicht einmal versuchte, zu kontrollieren und zu lenken) und Unwissenheit über die Sowjetunion. Das 1917 von den Deutschen geschlagene zaristische Rußland war zwar geheimnisvoll, aber durchschaubar gewesen. Das ihm folgende Sowjetregime stellte ein Rätsel dar, das die Westmächte nicht im geringsten begriffen.

Das Erbe von Versailles

Der Hauptsieger des Ersten Weltkriegs war Frankreich gewesen, dessen Armeen und Bevölkerung in den vier Kriegsjahren schrecklich gelitten hatten. Der acht Monate nach Beendigung des Krieges am 28. Juni 1919 unterzeichnete Versailler Vertrag beruhte auf dem Prinzip der Bestrafung und untersagte es Deutschland, ein bewaffnetes Heer aufzustellen, das große genug gewesen wäre, den Frieden in Europa noch einmal zu stören. Die Reichswehr wurde auf eine Stärke von 100000 Mann beschränkt, die Reichsmarine auf sechsunddreißig Kriegsschiffe. Den deutschen Streitkräften war es untersagt, innerhalb fünfzig Kilometern vom Ostufer des Rheins militärische Anlagen zu errichten. Darüber hinaus sollte Deutschland den Siegermächten als Entschädigung für den Schaden, den es angerichtet hatte, riesige Reparationssummen zahlen.

Der Vertrag von Versailles war weder vernünftig noch durchsetzbar. Durch entsprechende gleichzeitig geschlossene Abkommen wurde das Österreich-Ungarn der Habsburger zerstückelt. Österreich-Ungarn war nie jene furchtgebietende Großmacht gewesen, die es zu sein geschienen hatte. Aber es war groß gewesen. Daß es von der Landkarte verschwand, bedeutete, daß Deutschland trotz der Niederlage immer noch der größte und wirtschaftlich mächtigste Staat in Mitteleuropa war.

Im Jahre 1918 war das Deutsche Reich erst siebenundvierzig Jahre alt. Geschaffen worden war es nach der Besiegung Frankreichs durch Preußen im Jahre 1871, und zwar vom König von Preußen und seinem Kanzler, Bismarck, durch die Verschmelzung einer Anzahl kleiner deutscher Fürstentümer und Königreiche. Im großen und ganzen ließ

der Versailler Vertrag Bismarcks Reich unangetastet weiterbestehen. Frankreich gewann das Gebiet von Elsaß-Lothringen zurück, das die Preußen ihm 1871 abgenommen hatten. Polen erhielt einen Streifen deutschen Gebietes – den sogenannten Polnischen Korridor –, damit es bei Danzig einen Zugang zur Ostsee bekam. Danzig wurde vom Völkerbund zur Freien Stadt erklärt.
Trotzdem glaubten die Friedensmacher von 1919, diesmal hätten sie die Deutschen für immer überwunden. Die Franzosen, die 1870 und 1914 unter dem deutschen Einmarsch gelitten hatten, waren überzeugt, daß Deutschland niemals wieder zu einer Gefahr für Frankreich würde. Das glaubten auch die Briten. Die Amerikaner, die spät, aber entscheidend zum Sieg der Alliierten im Jahre 1918 beigetragen hatten, waren sich nicht ganz so sicher. Der amerikanische Oberkommandierende, General Pershing, erkannte richtig, welch wichtigen Fehler die Friedensregelung letzten Endes aufwies.
Im Gegensatz zum Zweiten Weltkrieg endete der Erste Weltkrieg nicht mit einer Kapitulation der geschlagenen deutschen Armee, sondern vielmehr mit einem Waffenstillstand, unter dessen Bedingungen die deutsche Armee, nominell unbesiegt, jedoch faktisch unfähig, weiterzukämpfen, als militärische Kraft erhalten blieb. Unter diesen Voraussetzungen, die keineswegs der Realität entsprachen, begannen die Verhandlungen in Versailles. Pershing vertrat die Meinung, die Alliierten sollten auf einer regelrechten Kapitulation der Deutschen bestehen, so daß niemand mehr daran zweifeln könnte, daß die deutsche Armee den Krieg auch wirklich verloren hätte. Pershing wurde jedoch überstimmt; trotzdem hatte er recht gehabt. Generale und Armeen geben nicht gern zu, daß sie besiegt worden sind.
So konnten die deutschen Generale wahrheitsgemäß ins Feld führen, sie hätten sich niemals wirklich ergeben, und behaupten – was nicht der Wahrheit entsprach –, sie seien nicht besiegt worden und hätten bis zum Sieg weiterkämpfen können. Sie argumentierten, dazu wären sie in der Lage gewesen, wenn nur die deutschen Unterhändler in Versailles von den Alliierten nicht getäuscht worden wären und dadurch die deutsche Armee verraten hätten. Das war Unsinn. Aber der Mythos vom »Verrat von Versailles« wurde von vielen Deutschen geglaubt und nährte Ressentiments gegen ihre eigene neue Regierung, die sich aus gemäßigten Staatsmännern zusammensetzte, deren Hauptanteil an der Veränderung des Deutschen Reiches darin bestand, den Kaiser, Wilhelm II., losgeworden zu sein. Dieser zog sich ins Exil in die Niederlande zurück, und der Glaube an den »Verrat« wirkte weiter. Er war einer der politischen Faktoren, die später mächtig dazu beitrugen, Hitler an die Macht gelangen zu lassen.
Der amerikanische Rat galt bei den anderen siegreichen Alliierten tat-

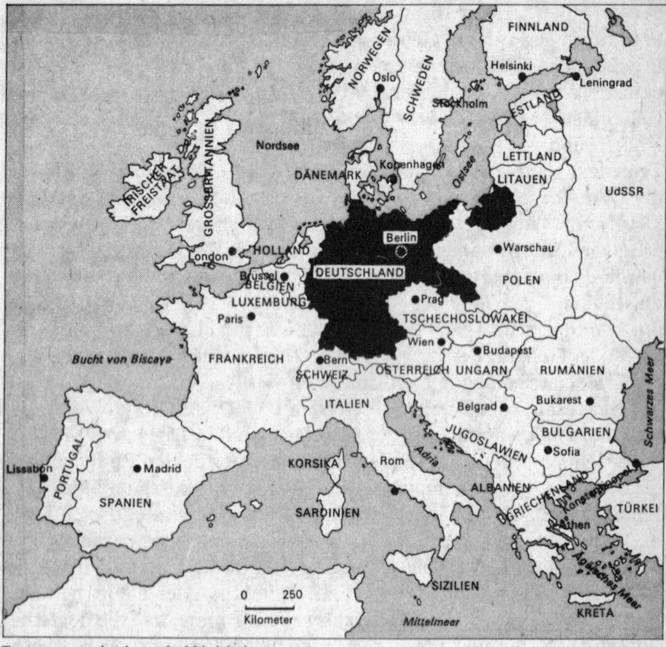

Europa nach dem 1. Weltkrieg

sächlich nicht viel. Im Vergleich zu Frankreich und Großbritannien hatten die Vereinigten Staaten im Ersten Weltkrieg nur eine kleinere Rolle gespielt. Auf jeden Fall zögerten die Vereinigten Staaten, sich in die europäischen Angelegenheiten einzumischen. Letzten Endes konnten sie sich nicht entschließen, dem Völkerbund beizutreten, der das hoffnungsvolle, auf Frieden ausgerichtete Ergebnis der Versailler Verhandlungen darstellte. Der Völkerbund sollte ein internationales Forum darstellen, vor dem Staaten entweder durch Übereinkommen, notfalls aber auch durch Schiedsspruch, auf keinen Fall jedoch durch Kriege ihre Differenzen beilegen konnten. Der Völkerbund war ein Fehlschlag. Er konnte weder den Ausbruch des Zweiten Weltkrieges verhindern noch kleinere Kriege, wie sie zwischen dem Ersten und dem Zweiten Weltkrieg in der Mandschurei ausgetragen wurden, wo die Japaner chinesisches Gebiet eroberten, oder in Äthiopien, wo die Italiener brutal ihr Imperium vergrößerten. Trotz der aufrichtigen Bemühungen vieler kluger und aufopferungsvoller Staatsmänner –

insbesondere von Lord Robert Cecil, Philip Noel-Baker und den französischen Sozialisten – waren die gewählten Regierungen der Welt immer noch nicht bereit, das souveräne Recht, Krieg zu führen, aufzugeben. Tragischerweise konnte der Völkerbund den Krieg zwar verurteilen, nicht aber verhindern. Auch gelang es ihm nicht, die Großmächte zum Abrüsten zu bewegen.
Daß Amerika sich aus Europa in den Isolationismus zurückzog, war an sich keine der Ursachen des Zweiten Weltkriegs. Allerdings wäre der Völkerbund weniger schwach gewesen, wenn die Vereinigten Staaten ihm als Mitglied angehört hätten.
Als der Erste Weltkrieg zu Ende ging, nahmen die Alliierten an, daß das Wirtschaftsleben weitergehen würde wie zuvor. Außerdem erwarteten sie, daß Deutschland für den angerichteten Schaden aufkäme. In England hieß es im Volksmund, man müsse die Deutschen ausquetschen, bis sie anfingen zu schreien. Das war ein unsinniges Ziel. Die deutsche Wirtschaft lag darnieder wie die französische auch. Obgleich Deutschland wirtschaftlich wieder auf die Beine kommen konnte und es auch tat, hatten die Reparationszahlungen im vorgesehenen Ausmaß zusammen mit der Rückzahlung der Kriegsschulden der Alliierten Transferierungen von Summen zur Folge, die das Weltwährungssystem in dieser Größenordnung einfach nicht verkraften konnte.
Eine der irrigen Meinungen, die in den Gedanken der Alliierten in Versailles noch eine Rolle spielten, bestand darin, daß die nationalen Währungen immer noch realen Reichtum darstellten und daß dieser reale Reichtum in Gold aufgewogen werden könne. Man ging allgemein von der Doktrin aus, daß ein englisches Pfund genauso viel wert sei wie ein Goldsovereign und daß die Staatsbanken auf der ganzen Welt auf Verlangen Gold für Papier hergeben würden. Dabei wäre keine einzige Staatsbank dazu in der Lage gewesen. Der sogenannte »Goldstandard« war bereits damals ein Mythos. Schon lauerte eine Inflation, wie die Welt sie noch nie gekannt hatte, um alle alliierten Pläne zunichte zu machen, daß Deutschland seine Reparationen voll und ganz bezahlen solle.
Drei Jahre nach dem Ersten Weltkrieg schlug die von den Franzosen beherrschte Alliierte Reparations-Kommission vor, Deutschland solle nicht ganz sieben Milliarden englische Pfund bezahlen, meinte jedoch, das könne sich möglicherweise als nicht genug erweisen. Man verlangte also von Deutschland eine Buße, deren Höhe völlig unbestimmt war. Das einzige, was die Deutschen wußten, war, daß sie ungeheuer sein würde. Die Deutschen haben sich niemals ernstlich geweigert, ihre Schulden zu bezahlen. Sie hatten ihre Verpflichtungen anerkannt. Allerdings verhinderte der Gang der Ereignisse, daß sie diesen Verpflichtungen voll und ganz nachkamen. Im Jahre 1922 wurde die

Deutsche Mark von der schnellsten, verheerendsten und spektakulärsten Inflation der Geschichte befallen. Deutsche, die ihr Leben lang gespart hatten, besaßen über Nacht keinen Pfennig mehr. Der Preis für einen Laib Brot wurde zuerst in Tausenden, dann in Millionen Mark angegeben. Als das Jahr zu Ende war, war die Deutsche Mark Makulatur.
1922 war das Jahr, in dem allgemein anerkannte Doktrinen umgeworfen wurden wie Kegel. Damals wollte kaum ein Mensch die Dinge so sehen, wie sie waren.
In den Säulen einer ganzen Reihe von Tempeln zeigten sich Risse. Die Geldentwertung, wie die Deutschen sie erlebten, war ein Schreckgespenst, das die kapitalistische Gesellschaft sich nie hatte vorstellen können. Es zeigte sich, daß Geld nicht gleichbedeutend war mit Reichtum. Dem Versprechen, »dem Überbringer« zu zahlen, konnte man nicht mehr trauen. Für die Zukunft zu sparen war möglicherweise der Gipfel der Torheit – nicht mehr jene Tugend, die man Sparsamkeit nannte.
Genauso gingen diplomatische Voraussetzungen über Bord. Am 16. April 1922 unterzeichneten Deutschland und die Sowjetunion in der italienischen Stadt Rapallo einen Vertrag, in welchem Deutsche und Sowjets einander versprachen, sich zu helfen und auf alle gegenseitigen Forderungen zu verzichten. In den Augen der Westmächte waren die beiden europäischen »Bösewichte« – das geschlagene Deutschland und das revolutionäre Rußland – eine unheilige Allianz eingegangen. Tatsächlich zeitigte der Vertrag von Rapallo niemals irgendwelche Ergebnisse von Bedeutung. Immerhin kam jedoch seine Ratifizierung für die Staatsmänner des Westens einem Schock gleich. Die Vorstellung, daß man mit der Sowjetunion und Deutschland diplomatisch nicht zu rechnen brauche, erwies sich als falsch.
Noch eine dritte Illusion platzte im Jahre 1922, und zwar nahezu unbemerkt. Man hatte bis dahin angenommen, daß Australien, Neuseeland, Kanada und Südafrika, denen man, wiewohl sie zum Britischen Empire gehörten, eine Selbstverwaltung zugestanden hatte, in jedem Krieg, den die britische Regierung in London für ratsam oder notwendig hielt, automatisch das Mutterland unterstützen würden. 1922 stand Lloyd George (der liberale Premierminister, der 1915 die Regierung übernommen und Großbritannien 1918 zum Sieg geführt hatte) immer noch an der Spitze einer Koalitionsregierung aus Liberalen und Konservativen und war – aus verschiedenen und unzureichenden Gründen – entschlossen, den Griechen zu helfen, ihr Territorium abzurunden und sich fremdes Gebiet anzueignen, und zwar auf Kosten der Türken, die im Ersten Weltkrieg die Bundesgenossen der Deutschen gewesen waren. Im August 1922 griffen die durch ihren neuen

Führer, Kemal Atatürk, verjüngten Türken die Griechen in Smyrna an, das früher den Türken gehört hatte. Das brachte sie nahe an den britischen Außenposten Chanak auf der Westseite der Dardanellen heran.
Die Briten waren in Chanak, um das Abkommen von Sèvres durchzusetzen, das die Folgen des Ersten Weltkriegs im Mittleren Osten klären sollte, wo Griechen und Türken auf verschiedenen Seiten gestanden hatten. Der stark pro-griechisch orientierte Lloyd George beschloß, der Türkei den Krieg zu erklären. Er ging von der Annahme aus, daß das Empire seine Entscheidung ohne Zögern gutheißen würde. Das geschah jedoch nicht. Nur Neuseeland reagierte automatisch und sofort[2]. Der australische Premierminister reagierte mit einer heftigen Ablehnung auf Lloyd Georges Ansinnen, daß Australien an einem britischen Krieg teilnehmen solle, der die Australier nichts anginge. Der südafrikanische Premierminister, Jan Smuts, reagierte mit windigen diplomatischen Ausflüchten. Er sei nicht in der Lage, ließ er wissen, dem Ersuchen der britischen Regierung um Entsendung von Truppen gegen die Türkei nachzukommen, ehe er nicht von einem Besuch in Transvaal zurück sei, der mindestens vierzehn Tage dauern werde. Die Kanadier griffen zu ähnlichen Entschuldigungen. Dann machte das mächtige India-Office in Whitehall mit starker Unterstützung des Vizekönigs geltend, man könne nicht erwarten, daß die zu einem großen Teil aus Moslems bestehende indische Armee die Waffen gegen ein anderes islamisches Land ergreife – die Türkei.
Keine dieser Auseinandersetzungen wurde damals öffentlich bekannt. Trotzdem stellt der Chanak-Zwischenfall den Beginn eines Familienzwists innerhalb des Britischen Empire dar, der zu seinem Niedergang führte. Die Abkömmlinge des Mutterlandes waren nicht mehr bereit, in einen Krieg zu ziehen, bloß weil die Mutter es verlangte. In der Tat kam es dann wegen Chanak nicht zum Krieg. Die Angelegenheit bedeutete aber das Ende für Lloyd George und den Anfang vom Ende für die Liberalen als mögliche Regierungspartei in Großbritannien. Die Konservativen in Lloyd Georges Koalition rebellierten gegen ihn (allerdings nicht wegen Chanak) und behielten die Oberhand.

Stalin

Kaum ein Mensch begriff oder verstand damals, was mit dem Britischen Empire geschah. Noch weniger begriff der Westen jedoch, was in Rußland vor sich ging. Die Oktoberrevolution von 1917 schien ein Sieg für die Kommunisten, die an die Weltrevolution glaubten und entschlossen waren, auf sie hinzuarbeiten. Die anerkannten Führer der Bolschewisten, Lenin und Trotzki, hatten öffentlich und aufrichtig immer wieder ihrer festen Überzeugung Ausdruck verliehen, daß die Revolution gegen den Kapitalismus nicht nur in einem Lande Erfolg haben dürfe. Damit der Sozialismus sich durchsetze, müßten die Arbeiter in jedem Lande sich vereinigen, um das kapitalistische System überall zu stürzen.

Als die Bolschewisten im Oktober 1917 die Macht ergriffen, befand Rußland sich immer noch im Krieg mit Deutschland. Lenin glaubte, daß die deutschen Arbeiter, angeregt durch das Beispiel der russischen Arbeiter, gleichfalls eine Revolution machen, die deutsche Regierung stürzen und sich mit den erfolgreichen russischen Revolutionären verbrüdern würden. Statt dessen gehorchten die deutschen Arbeiter weiterhin den Befehlen ihrer kapitalistischen und militärischen Herren. Sie fuhren einfach fort, die russische Armee zu besiegen.

Das Abkommen von Brest-Litowsk, mit dem die russischen Bolschewisten ihre Niederlage durch die Deutschen anerkannten, stellte für Lenin eine doppelte Enttäuschung dar. Sein Land war besiegt worden. Seine Theorie, derzufolge die Revolution der Arbeiter unweigerlich von einem Land auf das andere übergreifen würde, hatte sich als falsch erwiesen.

Daß die Theorie sich als falsch herausstellte, hinderte allerdings die bolschewistische Führung und die kommunistischen Führer in anderen Ländern nicht daran, die Lehre von der Weltrevolution zu predigen. Kommunisten auf der ganzen Welt versicherten einander weiterhin, daß die Morgenröte kommen werde. Und die kapitalistischen Regierungen auf der ganzen Welt nahmen diese angebliche Bedrohung weiterhin ernst. In der Praxis zwangen die enormen Schwierigkeiten, die das Regieren eines rückständigen Erdteils umfaßte, zusammen mit den Auswirkungen innerer Auseinandersetzungen die russischen Führer dazu, sich mehr und mehr auf ihre eigenen inneren Probleme zu konzentrieren. Rußland hatte vor allen anderen europäischen Mächten ein Interesse daran, den Frieden zu bewahren. Nach der Revolution des Jahres 1917 bestand die Hauptaufgabe der Bolschewisten darin, das, was vom zaristischen Rußland geblieben war, zu modernisieren.

Gesellschaftlich und wirtschaftlich hatten die Zaren Rußland im 18. Jahrhundert belassen. Der Mann, der es ins 20. Jahrhundert führte, war Josef Stalin. Im Gegensatz zu Lenin und Trotzki war Stalin kein Intellektueller oder auch nur Theoretiker. Genaugenommen war er nicht einmal ein Russe. Anders als Lenin, hatte er den ganzen Ersten Weltkrieg in Rußland verbracht. Anders als Lenin und Trotzki gehörte er nicht den Petersburger Intellektuellenkreisen an. Er war Georgier, der Sohn eines Schusters, ein Entrechteter, der in die Stadt gekommen

war. Er scheint keine bedeutende Rolle in den ideologischen Auseinandersetzungen gespielt zu haben, welche die bolschewistische Führung in den zwanziger Jahren spaltete. Stalin, der nie im Ausland gewesen war, scheint nie recht an die Leninschen Theorien über die Unvermeidlichkeit der Weltrevolution geglaubt zu haben – wie es Lenin unbedingt getan hatte.
1928 hatte Stalin in der Sowjetunion die höchste Machtposition erreicht. Er schien zu der Überzeugung gelangt zu sein, daß das Schüren der Weltrevolution Zeitverschwendung oder zumindest weniger wichtig sei als die Aufgabe, Rußland von einem rückständigen Agrarstaat in einen modernen Industriestaat zu verwandeln. Das war eine ungeheure Aufgabe. Stalin, der sich für die Demokratie als solche nicht interessierte, schaffte es – und zwar dadurch, daß er sich so ziemlich der gleichen Methoden bediente wie die Zaren. Gleichzeitig machte er aber weder seinen Gefolgsleuten noch der westlichen Welt klar, daß er die leninistische Theorie von der Weltrevolution als baren Unsinn ansah. Was er nicht tat – wovon die westliche Welt jedoch annahm, daß er es täte –, war der Versuch, in anderen Ländern den Umsturz zu betreiben. Der Westen sah hinter jedem Busch Bolschewiken, während die Russen in Wirklichkeit versuchten, den Raupenschlepper zu vervollkommnen. Als die britischen Gewerkschaften 1926 zu einem Generalstreik aufriefen, um die Forderungen der Bergarbeiter zu unterstützen, glaubte die britische Regierung schon, daß für Großbritannien der Bolschewismus vor der Tür stehe. Dabei ging es den Gewerkschaften um nichts weiter als darum, daß der Lohn eines Bergarbeiters – beispielsweise in Durham – nicht von 9 Shilling 3 Pence auf 6 Shilling 10 Pence pro Schicht gekürzt wurde.
Der Argwohn der Westmächte, daß der Bolschewismus überall vor der Tür stehe, war eine Illusion, die beträchtlich dazu beitrug, den Zweiten Weltkrieg heraufzubeschwören. Die westlichen Regierungen glaubten nicht nur, daß die Russen Komplotte schmiedeten, um das kapitalistische System in allen Ländern zu stürzen, sondern daß das kommunistische System, so wie Lenin es dargestellt hatte, durch die ihm innewohnende Untüchtigkeit Rußland wirtschaftlich schwächen, nicht stärken werde. Stalin hingegen, der davon überzeugt war, daß die Weltrevolution nicht kommen werde und daß Rußland seinen Weg allein gehen müsse, hatte angefangen, die Sowjetunion zur zweitwichtigsten Industriemacht der Erde umzugestalten.
Sein erster, 1928 verkündeter Fünfjahresplan zielte darauf ab, die Sowjetunion von ausländischer Industrie unabhängig und stark genug zu machen, um notfalls jedem Angreifer zu widerstehen. A. J. P. Taylor hat überzeugend nachgewiesen, daß der erste und die nachfolgenden Fünfjahrespläne die Niederlage Deutschlands im Zweiten Welt-

krieg unvermeidlich machten. Dabei verhinderte das Mißtrauen des Westens in den zwanziger und dreißiger Jahren höchst wirksam eine Zusammenarbeit Frankreichs und Großbritanniens mit der einzigen bedeutenderen Kontinentalmacht, deren Stärke Hitler hätte abschrecken können.

1936 begann Stalin eine große Säuberung der sowjetischen kommunisitischen Partei. Nahezu alle Helden der Oktoberrevolution wurden eingekerkert, hingerichtet oder nach Sibirien verbannt. Vermutlich hatte Stalin Angst, daß gegen ihn Komplotte geschmiedet würden. Dies Gefühl haben alle Diktatoren von Zeit zu Zeit. Durchaus möglich, daß Stalin damit sogar recht gehabt hat. Auf jeden Fall kam diese Aktion wie ein Blitz aus heiterem Himmel; sie war gründlich und spektakulär. Ein Jahr darauf wandte Stalin sich der Armee zu; den Anfang machte er mit dem Generalstabschef, General Tuchatschewski, der erschossen wurde. Nur zwei der insgesamt dreizehn Armeekommandeure blieben am Leben. Auch die überwiegende Zahl der Divisionskommandeure wurde ihrer Posten enthoben. Stalin beraubte seine Armee ihrer führenden Köpfe.

Für den Westen stellten Stalins Beweggründe damals wie heute ein furchterregendes Geheimnis dar. Damals jedoch zog der Westen daraus einen einzigen, und zwar einen irrigen Schluß: »Fast jeder westliche Beobachter«, schrieb A. J. P. Taylor, »war überzeugt, daß Rußland als Bundesgenosse wertlos sei, sein Herrscher ein wilder und skrupelloser Diktator, seine Armeen in einem chaotischen Zustand und sein politisches System so wackelig, daß es bei der ersten Belastung zusammenbrechen müsse.«

Wie die Rote Armee beweisen sollte, handelte es sich dabei um einen Trugschluß, doch kann man den westlichen Beobachtern eigentlich keinen Vorwurf für diesen Fehler machen. Stalin hat seine Beweggründe niemals offen dargelegt. Er brachte einfach seine Generale um und überließ es der Welt (und dem Sowjetvolk), sich den Kopf darüber zu zerbrechen, warum eigentlich. Allerdings hatte der Irrtum des Westens schwerwiegende Folgen. Er bedeutete nämlich, daß die westlichen Alliierten 1939 – als Rußland und die westlichen Alliierten wirklich darauf angewiesen waren, sich gegenseitig zu helfen – glaubten, sowjetische Hilfe sei nichts wert. Was Stalin getan hatte, war, die älteren Generale durch jüngere zu ersetzen. Marschall Timoschenko wurde im Alter von fünfundvierzig Jahren Verteidigungskommissar und Marschall. Es stimmt, daß er erst befördert wurde, als die überlebenden älteren Offiziere im Jahre 1939 den Feldzug gegen Finnland zu einem katastrophalen Mißerfolg geführt hatten. Aber die neuen Führer der Roten Armee waren in ihrer Gesamtheit keineswegs unfähig, und als es drauf ankam, befand sich die Armee auch keineswegs in einem chaotischen Zustand. Mißtrauen der Sowjetunion gegenüber und Ungläubigkeit in bezug auf ihre Schlagkraft dauerten selbst noch im Spätsommer 1939 an, als die Briten versuchten, in letzter Minute ein englisch-sowjetisches Bündnis zustande zu bringen. Die Westmächte hielten die Sowjetunion für schwach; dabei war sie stark. Sie glaubten, daß es der Sowjetunion um die Weltrevolution gehe; dabei galt ihre Hauptsorge der Selbstverteidigung und der Verbesserung der Lebensverhältnisse des russischen Volkes.

Hitler kommt an die Macht

Der neue deutsche Staat, die Weimarer Republik, hatte einen schlechten Start. Was ihm fehlte, war eine Verwurzelung im Volk. Im Gegensatz zu den meisten anderen Demokratien war die Weimarer Republik, die 1919 in der Folge des Vertrags von Versailles entstand, nicht das Ergebnis eines Volksaufstands gegen ein autokratisches System. Die Deutschen hatten sich ihre demokratische Freiheit nicht selbst erkämpft. Sie war ihnen geschenkt, ja aufgezwungen worden von den siegreichen Alliierten, die – wiewohl sie den Fortbestand eines mehr oder weniger unveränderten deutschen Staates duldeten – nur auf der Abdankung des deutschen Kaisers bestanden (oder bestanden hätten), dessen Regierung den Ersten Weltkrieg vom Zaun gebrochen hatte. Die zersplitterten politischen Parteien der Weimarer Republik waren die Nachfolger jener ohnmächtigen Parteien, die schon vor 1918 bestanden hatten. Der Reichstag, wie das neue Parlament weiterhin genannt wurde, war über nahezu jeden Gesetzesentwurf zerstritten und wurde nach und nach Gegenstand der Lächerlichkeit und Geringschätzung. Denn bei allen guten Absichten schienen die deutschen Politiker unmittelbar nach dem Kriege in den Augen des deutschen Volkes nicht zu wissen, was sie eigentlich wollten. Hitler, der allerdings genau wußte, was er wollte, unternahm mit dem Marsch zur Feldherrnhalle 1923 den Versuch, die Macht illegal an sich zu reißen. Der Versuch schlug fehl. Hitler kam für neun Monate in Festungshaft und benutzte die Zeit dazu, *Mein Kampf* zu schreiben, jenes politische Programm, mit dessen Hilfe er später an die Macht kam. Das Fehlschlagen des Putsches war eine Lehre, die Hitler sich zu Herzen nahm. Er beschloß damals, die Macht mit legitimen Mitteln zu erringen, auch wenn das bedeutete, daß er darauf warten müsse.
Er wartete zehn Jahre lang. 1933 war die Weltwirtschaftslage noch kritischer geworden. Der deutschen Inflation und den Währungserschütterungen der frühen zwanziger Jahre folgte ein weltweiter wirtschaftlicher Niedergang. Es war eine Zeit, in der die Regierungen von

der Annahme ausgingen, daß die Wiederaufnahme üblicher wirtschaftlicher Aktivitäten mit der üblichen Arbeitslosigkeit Hand in Hand gehe. Arbeitskräfte stellten eine Ware dar wie jede andere. Ein Überschuß an Kaffee oder Kohle bedeutete, daß zwangsläufig der Preis für Kaffee oder Kohle sinken mußte. Ein Überschuß an Arbeitskräften – oder mit anderen Worten: Arbeitslosigkeit – bedeutete folgerichtig, daß der Preis für diese Arbeitskräfte, also die Löhne, sinken mußten. Noch in den zwanziger Jahren sah man das als eine Art wirtschaftlichen Naturgesetzes an, an dem der Mensch nichts ändern könne.

Die allgemein anerkannte wirtschaftliche Grundweisheit der Zeit lautete: wenn der Handel darniederliegt und die Geschäfte schlecht gehen, ist das einzige Hilfsmittel strikte Sparsamkeit. Für die kapitalistischen Gesellschaften des Westens hatte das zur Folge, daß eine böse Situation weiter verschlechtert wurde. Die Auseinandersetzungen unter den Alliierten und zwischen den Alliierten und den Deutschen über die Reparationen wurden angesichts der Weltwirtschaftskrise, die im Oktober 1929 ihren Höhepunkt erreichte, bedeutungslos. Die Aktien an den amerikanischen Wertpapierbörsen sanken mit schwindelerregender Schnelligkeit. Angst griff wie die Pest von einem Markt auf den anderen über. Innerhalb weniger Tage waren die Investoren in der ganzen westlichen Welt um ihr Geld gebracht – und zwar von Kräften, die sie nicht verstanden.

Die meisten Regierungen reagierten gemäß der überkommenen Weisheit des Tages. Es galt, die Ausgaben der öffentlichen Hand zu drosseln, statt sie zu steigern, und an einem Währungskonzept festzuhalten, in dem der Geldwert durch entsprechende Goldreserven gedeckt wurde. In Großbritannien löste sich die Labour-Regierung von Ramsay MacDonald in der allgemeinen Unsicherheit auf und wurde durch eine nationale Koalitionsregierung ersetzt, die gleichfalls von MacDonald geführt wurde. Dem gesamten britischen öffentlichen Dienst wurden Gehaltskürzungen auferlegt, die er auch fast ohne Murren hinnahm. Die einzigen, die ernsthaft dagegen aufbegehrten, waren die Matrosen der britischen Home Fleet und König George V. Die Flotte meuterte ohne rechte Überzeugung in Invergordon, wo sie gerade versammelt war. Der König machte es schon besser. Er erklärte seinen Ministern, er sei grundsätzlich bereit, sich mit einer Beschneidung der Gelder abzufinden, die die Regierung ihm zahle, nicht jedoch in dem vorgeschlagenen Umfang. Er drohte, die ›Beefeaters‹, die traditionellen Bewacher des Londoner Tower, zu entlassen und seine Pferde zu verkaufen, die für die Zeremonien des Königtums jener Zeit unabdingbar waren[5]. Der König setzte sich durch, die Seeleute nicht.

Die Nation als ganzes hatte weitere Einschränkungen, noch mehr

Arbeitslosigkeit und noch mehr Elend zu ertragen. Die meisten anderen kapitalistischen Regierungen machten die gleichen Erfahrungen. Nur in den Vereinigten Staaten stellte Präsident Roosevelt kühn die allgemein akzeptierte Wirtschaftsdoktrin in Frage, derzufolge die Antwort auf die Wirtschaftsdepression in der Beschneidung der Ausgaben der öffentlichen Hand bestehen solle. Roosevelts ›New Deal‹ vergrößerte die öffentlichen Ausgaben, die Regierungsaufträge und öffentliche Unternehmen in einem Maße, wie es orthodoxe Wirtschaftswissenschaftler der Zeit niemals für möglich gehalten hätten. John Maynard Keynes von der Universität Cambridge, England, gehörte zu den wenigen Wirtschaftswissenschaftlern – und war der führende Prophet unter ihnen –, die behaupteten, daß Einschränkungen der öffentlichen Hand die Depression womöglich noch vergrößerten, statt ihr abzuhelfen. Die Europäer hörten nicht auf Keynes. Roosevelt hingegen nahm das ›Tennessee-Valley-Project‹ in Angriff und führte ein umfassendes Programm öffentlicher Arbeiten durch. Die europäischen Regierungen hingegen taten das gleiche, was auch MacDonalds Regierung getan hatte. Einschränkungen galten als Allheilmittel. Die Folge davon war Arbeitslosigkeit in ganz Europa, und am schlimmsten in Deutschland.

Das war Hitlers Chance. Vor verschiedenen aufeinanderfolgenden Wahlen in den späten zwanziger Jahren hatte Hitler seinen Wählern Vollbeschäftigung versprochen, ohne allerdings wirklich zu wissen, wie er sie erreichen sollte. Und wiederum bei diesen verschiedenen aufeinanderfolgenden Wahlen wuchs die öffentliche Unterstützung für die Nationalsozialistische Partei, bis sie nach den Septemberwahlen des Jahres 1930 zur zweitstärksten im Reichstag wurde.

Hitlers Chance, Diktator von Deutschland zu werden, kam, als nach der Schließung der Österreichischen Kreditanstalt im Mai 1931 mehrere europäische Banken zusammenbrachen. Die Weltwirtschaftskrise breitete sich über ganz Europa aus. In Deutschland betrug die Arbeitslosigkeit zwischen 1930 und 1932 im Durchschnitt 33%. Hitler, der unablässig gepredigt hatte, daß Arbeitslosigkeit nicht nötig sei, befand sich in einer Position politischer Stärke. Bei den Wahlen von 1930 war die Zahl der Sitze seiner Reichstagsfraktion von 12 auf 107 angestiegen. 1932 hatte seine Partei bereits 230 Sitze errungen und war zur größten Reichstagsfraktion überhaupt geworden. Am 30. Januar 1933 bot Reichspräsident von Hindenburg – ein gealteter Held aus dem Ersten Weltkrieg – Hitler den Posten des deutschen Reichskanzlers an. Von diesem Tag an gewann – da Hitler nun einmal der Mann war, der er war – der Zweite Weltkrieg immer mehr an Wahrscheinlichkeit, wenn er auch noch nicht unvermeidbar war.

Hitler hatte sich der konstitutionellen Möglichkeiten der Weimarer

Republik bedient, um an die Macht zu kommen, doch er war nicht gewillt, den gleichen Mechanismen zu erlauben, ihn in Zukunft etwa zu bremsen. Seine Parteiaktivisten, die paramilitärischen Sturmabteilungen, SA, behandelten Nicht-Nazis, insbesondere Juden, anfangs rüde und später, mit wachsender Selbstsicherheit, ausgesprochen gewalttätig. Hitler unterstützte seine SA in aller Öffentlichkeit. Er schickte zwei Nazis, die einen Kommunisten in Gegenwart seiner Mutter zu Tode getreten hatten, ein Telegramm, in denen er sie seiner Sympathie und seiner Unterstützung versicherte. Bald nachdem er Kanzler geworden war, überredete Hitler den Reichstag, ihm Vollmachten zu gewähren, die so weitreichend waren, daß sie ihm praktisch die unumschränkte Macht in Deutschland gaben. Als Hindenburg 1934 starb, ernannte Hitler sich selbst zum Staatsoberhaupt, übernahm das Kommando über sämtliche deutschen Waffengattungen und bezeichnete sich fortan als »Führer und Reichskanzler« des deutschen Volkes.

Mussolini und die Achse Berlin–Rom

Dem Anschein nach hatte Hitler sich verfassungsmäßiger Mittel bedient. Sein italienisches Gegenstück, Mussolini, hatte die Macht eigenhändig an sich gerissen. Wahrscheinlich hatte sich seine italienische Faschistische Partei von 1919 bis 1922 auf der Straße der Mittel der Gewalt und Einschüchterung stärker bedient als die SA. 1922 war es den italienischen Faschisten – unterstützt durch die allgemeine Bolschewistenangst – gelungen, ihre politische und konkrete Macht immer mehr auszudehnen. Im Oktober 1922 inszenierten sie den »Marsch auf Rom« und drohten sogar mit einem Bürgerkrieg, falls der König sie nicht auffordere, Italien zu regieren.

König Viktor Emanuel gab nach. Rasch und umsichtig festigte Mussolini seine Position. Sein »korporativer Staat« ließ die Gewerkschaften in Organisationen aufgehen, wo sie praktsich der Kontrolle der Faschistischen Partei unterstanden. Desgleichen übernahmen die Faschisten die Kontrolle des Behördenapparats. Rücksichtslos warf Mussolini jeden Politiker oder Gewerkschafter ins Gefängnis, von dem er annahm, daß er ihm Widerstand entgegensetzen würde. 1924 wurde der italienische Sozialist Giacomo Matteotti kurzerhand ermordet. Mussolini sandte seine Schergen sogar bis nach Frankreich, um zwei Brüder, Carlo und Nello Rosselli, umzubringen, nachdem Carlo der Gefangenschaft auf einer Mittelmeerinsel entflohen war.

Mussolini war ein Tyrann und Diktator, der Italien großen Schaden zufügte. Anfangs jedoch gab er den Italienern zumindest einige von den Dingen, die sie haben wollten und brauchten. Er stellte die Ordnung wieder her, was nicht sonderlich schwer war, weil die Unruhen und das Chaos, die seinem »Marsch auf Rom« vorausgegangen waren, weitgehend von seinen eigenen Gefolgsleuten hervorgerufen worden waren. Außerdem stellte er ein dringend erforderliches Programm öffentlicher Arbeiten auf die Beine. Zum Teil bestand dies in grandiosen öffentlichen Bauten, die sich Italien eigentlich gar nicht leisten konnte. Es umfaßte jedoch auch umfangreiche Bemühungen, den armen Süden Italiens, der von der römischen Zentralregierung vernachlässigt worden war, wieder zum Wohlstand zu führen. Dankbare britische Touristen sagten, er habe dafür gesorgt, daß die Züge der Eisenbahn wieder pünktlich fuhren.

Genauso wie Hitler war auch Mussolini ein Opportunist. Wie Hitler zog er leichte Siege schweren vor. Im Gegensatz zu Hitler behauptete er jedoch nicht, daß die Italiener eine Herrenrasse seien. Seine Philosophie sagte ihm nicht, daß der dazu bestimmt sei, in Europa oder irgendwo sonst die Vorherrschaft zu erringen. In der Außenpolitik ließ Mussolini sich von reiner Habgier leiten.

Als Hitler 1933 an die Regierung kam und sich 1934 die absolute Macht sicherte, begegnete Mussolini seinen Absichten zuerst mit Mißtrauen. Italien war 1918 eine der Siegermächte gewesen und hatte den Vertrag von Versailles mitunterschrieben. Mussolini war vielleicht einer der ersten europäischen Staatsmänner, die begriffen, daß es Hitlers unmittelbares Ziel war, die Abmachungen des Versailler Vertrages zugunsten Deutschlands zu ändern. Im Juni 1933, als Hitler zwar schon Kanzler, aber noch nicht Führer war, versuchte Mussolini, Frankreich, Großbritannien und Deutschland dazu zu bewegen, sich darauf zu einigen, daß diese vier Mächte allein die vertraglichen Abmachungen ändern könnten. Formal konnten sie nur vom Völkerbund abgeändert werden. Bei diesen Verhandlungen kam nichts Rechtes heraus. Zwei Jahre später jedoch, im April 1935, einigten sich Italien, Frankreich und Großbritannien darauf, »jede einseitige Kündigung von Abkommen zu verhindern, die geeignet ist, den Frieden in Europa zu gefährden«. Im Grunde war die sogenannte Stresa-Front eine Farce. Am 16. April 1935, zwei Tage nach Beendigung der Konferenz von Stresa, kam es zu einem Bruch des Versailler Vertrags durch Hitler; er führte die allgemeine Wehrpflicht wieder ein und begann mit seinem Wiederaufrüstungsprogramm.

Es ist nicht klar, ob Mussolini Hitler wirklich zurückhalten wollte, obgleich er um die Zeit der Konferenz von Stresa zweifellos fürchtete, daß Hitler Österreich annektieren würde – und das zu Recht. Allerdings war Mussolini selber mit Plänen der eigenen Machtausweitung beschäftigt. Er hatte ein Auge auf Äthiopien geworfen. 1935 stellte Äthiopien unter der Regierung von Kaiser Haile Selassie den einzigen

großen unabhängigen Staat in Afrika dar. Es war das einzige Stück dieses Kontinents, das von den Europäern noch kolonisiert werden konnte und besaß eine gemeinsame Grenze mit Italienisch-Somaliland. Mussolini suchte Streit mit Äthiopien, und zwar mit der Absicht, »Zwischenfälle« hervorzurufen, die zu einem Krieg und nachfolgender Eroberung führen sollten. Allerdings fürchtete er, zu Unrecht, daß der Völkerbund ihn zurückhalten würde.
Am 3. Oktober 1935, nach einem formalen Streit über eine Quelle, drangen italienische Truppen in Äthiopien ein. Die Äthiopier leisteten mutig Widerstand. Am 7. Oktober forderte der äthiopische Delegierte beim Völkerbund, Italiens Vorgehen solle nach Artikel 12 der Satzung des Völkerbunds als Aggression verurteilt werden. Am 11. Oktober gewann die äthiopische Beschwerde die Unterstützung von 50 der 54 Mitglieder des Völkerbunds. Nur Italien, Albanien, Österreich und Ungarn stimmten dagegen. Die Frage der Sanktionen, also gemeinsamer Maßnahmen aller Mitglieder des Völkerbunds, um Italien am weiteren Vorgehen zu hindern, wurde einem Koordinierungsausschuß zugeleitet, und dieser Ausschuß lehnte die einzige Sanktion ab, die wirksam gewesen wäre, nämlich die Schließung des damals von Großbritannien kontrollierten Suez-Kanals – und zwar mit der Begründung, daß das mit großer Wahrscheinlichkeit zum Krieg führen würde. In Großbritannien war die öffentliche Meinung ganz gewiß, in Frankreich wahrscheinlich auf seiten der Äthiopier. Die »Friedensumfrage«, ein Referendum, das vom Völkerbund und anderen Organisationen, die ihn und seine Prinzipien unterstützten, vorgeschlagen war, hatte gezeigt, daß mindestens 6,7 Millionen britischer Bürger dafür eintraten, der Völkerbund solle gegenüber Aggressoren militärische Sanktionen ergreifen, während 10 Millionen für wirtschaftliche Sanktionen eintraten. Völkerbund und Friedensumfrage erfreuten sich zumindest der nominellen Unterstützung sämtlicher politischen Parteien in Großbritannien. Die Konservativen, die in den allgemeinen Wahlen vom 14. November 1935 mit einer sehr großen Mehrheit von 247 Sitzen (in einem Unterhaus von etwas über 600 Sitzen) wieder an die Macht gekommen waren, beschlossen, daß Premierminister Stanley Baldwins neue Regierung diesem Ausdruck der öffentlichen Meinung Rechnung tragen sollte.
Was die Regierung in geheimem Einverständnis mit den Franzosen wirklich tat, war, Äthiopien hinter dem Rücken des Kaisers unter sich aufzuteilen. Im Dezember trafen sich der damalige britische Außenminister, Sir Samuel Hoare, und der französische Außenminister, Pierre Laval, heimlich in Paris (Hoare weilte offiziell zu einem Winterurlaub in der Schweiz). Sie kamen überein, Mussolini einen sehr großen Teil Äthiopiens anzubieten, wenn er als Gegenleistung ver-

spreche, den Krieg zu beenden. Falls Mussolini einverstanden sei, wollten sie die gleichen Vorschläge dem Kaiser unterbreiten. Sei der Kaiser aber nicht einverstanden, würde er als Kriegstreiber dastehen – oder zumindest könne man ihn als solchen hinstellen – als Volksführer, der den ihm angebotenen Frieden zurückwies. Durch diesen Betrug an den Äthiopiern hofften Hoare und Laval die öffentliche Meinung in ihren Ländern zu beschwichtigen, doch in Wirklichkeit hatte ihr Plan die gegenteilige Wirkung.
Kaum hatte Hoare in der Schweiz seine Schlittschuhe angeschnallt, sikkerte die Nachricht über den »Hoare-Laval-Pakt« (wie er genannt wurde) an die Zeitungen durch – möglicherweise über das französische Außenministerium, vielleicht aber auch über das britische. In beiden Ländern kam es zu einem öffentlichen Aufschrei der Empörung. Baldwin mußte Hoare am 18. Dezember entlassen. In Paris konnte sich die Regierung nur mit Mühe halten. Hoare wurde durch Sir Anthony Eden (später Lord Avon) abgelöst, einen Mann, von dem man wußte, daß er den Völkerbund und sein Prinzip der kollektiven Sicherheit unterstützte. Diplomatisch hatte Mussolini eine Schlappe erlitten. Aber auch militärisch kam er nicht gerade gut voran. Die Italiener hatten sich auf einen leichten Sieg eingestellt. In Wirklichkeit erreichten sie die äthiopische Hauptstadt, Addis Abeba, erst am 19. Mai 1936; dabei hatte außer den Äthiopiern niemand versucht, sie aufzuhalten.
In Äthiopien war die kollektive Entschlossenheit des Völkerbunds gescheitert, weil seine militärisch starken Mitglieder – Großbritannien und Frankreich – vor der geringen Wahrscheinlichkeit eines Krieges zurückgeschreckt waren. Als Hitler und Mussolini von nun an eine Krise nach der anderen hervorriefen, wurde die Kriegsgefahr immer größer, bis es dann im September 1939 tatsächlich zum Krieg kam.
Hitler hatte seine Absichten verkündet, sobald er an die Macht gekommen war. Am 30. Januar 1933 war er Reichskanzler geworden. Am 3. Februar erklärte er dem Chef des Generalstabs, General von Hammerstein, und den anderen verantwortlichen militärischen Führern, daß er entschlossen sei, die militärische Stärke des Deutschen Reiches wiederherzustellen und sie dazu zu benutzen, neuen Lebensraum im Osten zu erobern, der, gleichgültig welche Folgen das haben könne, »germanisiert« werden solle. Um das zu bewerkstelligen, müsse die deutsche Jugend zu dem Glauben gebracht werden, daß nur Kampf ihr Land retten könne. Das »Krebsgeschwür« der Demokratie müsse herausgeschnitten werden. Die Wiederbewaffnung sei eine wichtige Grundvoraussetzung für die Erreichung dieser Ziele, weil Deutschland ohne militärische Stärke keine politische Macht ausüben könne.

Europa 1936–39

Im August 1934, nach dem Tod Hindenburgs, ließ Hitler von allen deutschen Beamten den Treueid auf seine Person, auf den Führer leisten. Im Frühjahr 1935 kam es zur Wiedereinführung der allgemeinen Wehrpflicht, und die Wiederaufrüstung wurde ernsthaft in Angriff genommen. Ein Jahr später, während Mussolini immer noch damit beschäftigt war, Äthiopien zu erobern, besetzte Hitler das Rheinland, das im Vertrag von Versailles zur entmilitarisierten Zone erklärt worden war. Das war ein weiterer offener Bruch des Vertrages. Weder Großbritannien noch Frankreich rührten einen Finger, um Hitler aufzuhalten. Mit Recht nahmen die beiden Regierungen vielleicht an, daß die öffentliche Meinung in ihren Ländern nicht für einen Krieg zu gewinnen sei, der darauf abzielte, deutsche Soldaten aus deutschem Gebiet herauszuhalten. Italien, das dritte Mitglied der jetzt hoffnungslosen Stresa-Front, war anderweitig beschäftigt. Später im gleichen Jahr – nachdem Mussolini endlich Äthiopien erobert hatte – errichtete Hitler die Achse Rom–Berlin der faschistischen Staaten. Im November unterzeichnete er ein ähnliches Abkommen mit Japan – den Anti-Komintern-Pakt. Zumindest auf dem Papier existierte jetzt die bereits sehr mächtige, sich emsig auf den Krieg vorbereitende Internationale der Aggressoren: das deutsch-italienisch-japanische Bündnis. Als es schließlich wirklich zum Krieg kam, erwies sich Mussolini als ein schwerwiegendes Hemmnis für Hitler. Deutschland half Japan überhaupt nicht, und genausowenig half Japan Deutschland. Aber am 25. November des Jahres 1936 existierte das Bündnis – für alle sichtbar. Alle waren aufgerufen, sich ein Urteil darüber zu bilden.

Wiederaufrüstung

Die Besetzung des Rheinlands durch Hitler, genauso wie Mussolinis Einmarsch in Äthiopien – hatte dem Völkerbund bewiesen, daß er, trotz allgemeiner Unterstützung durch die öffentliche Meinung in vielen Ländern, sich der Loyalität von zwei Ländern – Großbritannien und Frankreich – nicht sicher sein konnte, die nötig gewesen wäre, um Sanktionen wirksam werden zu lassen. Jede Regierung befand sich in einem Dilemma oder glaubte, sich in einem zu befinden.
Die zwar zahlenmäßig starke und schlagkräftige französische Armee war vornehmlich, vielleicht sogar ausschließlich, auf die Verteidigung Frankreichs eingestellt; vor jeder kühneren Unternehmung schreckten die französische Regierung und der französische Generalstab zurück. Die britischen Streitkräfte waren von der Regierung angewiesen worden, ihre Bedürfnisse und Operationsmöglichkeiten nach der Annahme auszurichten, daß es in den nächsten zehn Jahren zu keinem größeren Krieg kommen werde. Zwar entspricht es den Tatsachen, daß die britische Regierung von dieser Annahme abging und 1935 in einem Weißbuch bekanntgab, daß Großbritannien aufrüsten werde, da es bald zu einem Krieg kommen könne, doch wurde diese Aufrüstung nicht sofort in Angriff genommen, teils, weil Baldwin beim Resultat des Friedensreferendums Angst bekommen hatte (das er fälschlicherweise vielleicht dahingehend interpretierte, daß die Briten nicht bereit seien, für irgendeine Sache zu den Waffen zu greifen), zum Teil aber auch aus technischen Gründen. Die Wiederaufrüstung, die Großbritannien 1935 unternehmen mußte, stellte höhere Ansprüche als je zuvor. Bei den Waffen, die man brauchte, handelte es sich um Flugzeuge wie die Spitfire, ein höchst einsatzfähiges Jagdflugzeug, das später die Schlacht um England gewinnen sollte und das man nicht über Nacht herstellen konnte. Ehe man an die Produktion ging, mußte ein Entwicklungsprogramm vorgelegt werden. Es war nicht mehr wie vor dem Ersten Weltkrieg möglich, einfach ein neues Schlachtschiff zu bestellen, dafür zu bezahlen, und den Empfang zu bestätigen.
Die britische Aufrüstung begann 1936, allerdings mangelte es an der

nötigen Koordination. Als Hitler das Rheinland besetzte, hatte Baldwin unter dem Druck des Parlaments einen Minister, Sir Thomas Inskip, berufen, dessen Aufgabe es war, die drei Verteidigungssysteme zu koordinieren. Sir Thomas war ein Minister ohne Portefeuille und besaß außer einem Sitz im Kabinett keine große Macht. Wie die Dinge lagen, konnte er nicht viel mehr tun, als den Vorsitz bei den Beratungen der verschiedenen Stabschefs zu führen und die Ergebnisse ihrer Unterredungen gutzuheißen. Und diese Ergebnisse hießen zunächst einmal mehr Geld für Luftwaffe und Marine, kaum mehr Geld für das Heer. Luftwaffe und Marine konnten ihre Forderungen nach modernerer Ausrüstung damit begründen, daß sie mit den modernen Waffensystemen, die Deutschland produzierte, Schritt halten müßten, wohingegen das Heer nur sagen konnte, daß es sich enorm vergrößern müsse, falls es in einen bedeutenderen Krieg auf dem Kontinent eingreifen sollte. Von einem großen Heer wollte das Kabinett jedoch nichts wissen. Selbst Mitte der dreißiger Jahre, als Hitler mit Hochdruck an den Bau von Panzern heranging, entsetzte diese Vorstellung die britischen Minister. Die Folge davon war, daß das Heer finanziell schlecht wegkam.

1938, nur zwanzig Monate vor Kriegsausbruch, berichtete Inskip dem Kabinett, daß die beiden britischen Divisionen, die für einen eventuellen Krieg auf dem Kontinent vorgesehen waren, über keinerlei Panzer verfügten, daß es ihnen zu 90% an modernen Maschinengewehren mangelte, sowie zu 85% an Mörsermunition. Dem britischen Expeditionskorps, wie diese beiden Divisionen genannt wurden, mangele es außerdem zu 100% an Panzern. Inskip erklärte, die Stabschefs der verschiedenen Waffengattungen hätten gesagt, ein Expeditionskorps von zwei Divisionen sei »das Äußerste, was als Streitmacht für Kämpfe auf dem Kontinent mobilisiert werden könne«[6]. Die Stabschefs kündigten an, daß man drei Monate nach Ausbruch des Krieges möglicherweise auch noch ein mit leichten Panzern ausgerüstetes Infanterieregiment zur Verfügung stellen könne. Bis dahin wäre allerdings auch die »Tank-Brigade« mit Panzerwagen ausgerüstet, die freilich bereits »veraltet« seien; außerdem würden dann zwölf Bataillone zur Verfügung stehen, allerdings nicht in voller Mannschaftsstärke und ohne moderne Ausrüstung.

Die Oberbefehlshaber schätzten, daß Deutschland im Kriegsfall sofort 39 Divisionen ins Feld werfen und binnen einer Woche insgesamt 79 Divisionen unter Waffen stehen haben könne. Die entsprechenden Zahlen für Frankreich waren 16 beziehungsweise 33 und für Belgien 1 beziehungsweise 15. Großbritannien, so sagten die Stabschefs, könne zwei Divisionen ins Feld führen, doch auch das erst zwischen zwanzig und dreißig Tagen nach Ausbruch des Krieges. Trotz dieser düsteren Bestandsaufnahme der Landstreitkräfte Großbritanniens beschloß das Kabinett nicht, die nötigen Budgetposten für die Armee zur Verfügung zu stellen. Bei der entscheidenden Kabinettsbesprechung am 16. Februar 1938 scheint Sir Thomas die Forderungen der Stabschefs nach mehr Geld für die Armee nicht unterstützt zu haben. Der Premierminister (mittlerweile Neville Chamberlain, da Baldwin im Mai 1937 seinen Rücktritt erklärt hatte) sagte, die Regierung befinde sich in einer Zwickmühle. Richte sie sich nach den Empfehlungen des Verteidigungsministeriums, würde das eine »unerträgliche Belastung der finanziellen Mittel« bedeuten. Beschneide die Regierung jedoch die Forderungen des Verteidigungsministeriums, »laufen wir möglicherweise Gefahr, daß es zu einem Krieg kommt«. Chamberlain erklärte, in zwei Jahren könne die finanzielle Lage möglicherweise sogar noch schlechter aussehen als zum gegenwärtigen Zeitpunkt und Steuererhöhungen seien schwierig und unangenehm. Er sagte, er sei mit Sir Thomas der Meinung, man solle erhöhte Rüstungs- und Militärausgaben zunächst zurückstellen, da er »auf eine Besserung der internationalen Szene hoffe«.

Bis zum Jahre 1938 hatte sich die internationale Szene allerdings durch den 1936 ausgebrochenen Spanischen Bürgerkrieg noch weiter kompliziert. Hier handelte es sich um einen Konflikt zwischen der politischen Linken und Rechten. General Franco, ein Faschist vom Typ Mussolinis, hatte versucht, sich gegen die neugewählte Volksfrontregierung in Spanien aufzulehnen. Was er vorgehabt hatte, war ein Staatsstreich nach südamerikanischem Muster. Die Regierung leistete jedoch Widerstand und fand viele Freunde. Franco allerdings auch. Hitler und Mussolini schickten Soldaten und Luftstreitkräfte, um ihm zu helfen. Die Russen unterstützten die Regierung. Auch viele britische Freiwillige kämpften auf seiten der Regierung. Der Spanische Bürgerkrieg und sein Ausgang wurden zu einem brennenden politischen Problem in Großbritannien.

Auf tragische Weise wurde die spanische Frage zu einer Art Ablenkungsmanöver. Die britische Regierung, die nichts unternommen hatte, um Mussolini in Äthiopien zurückzuhalten oder Hitlers Einmarsch ins Rheinland zu bremsen, predigte Nichteinmischung in Spanien. Die Labour Party, die in der Opposition war, drängte hingegen auf Eingreifen und beschuldigte Baldwin, einen faschistischen Diktator zu begünstigen. Über diesen Streitereien übersah man in Großbritannien die wichtigste militärische Lektion des Krieges in Spanien. Hitler benutzte ihn gewissermaßen als Experimentierschlachtfeld, als eine Art Sandkastenspiel. Deutsche Waffen und deutsche Taktiken, die dann später im Zweiten Weltkrieg zur Anwendung kamen, wurden zuerst in Spanien ausprobiert. Die einmotorigen Sturzkampfbomber, die Stukas, die als beweglicher Ersatz für die Artillerie gedacht waren, gelangten zuerst in Spanien zum Einsatz und konnten dort ihre ersten Erfolge verbuchen.

Über den Spanischen Bürgerkrieg zerstritt sich Großbritannien, nicht aber Deutschland. Anthony Eden, der Hoare als Außenminister gefolgt war, trat im Februar zurück, nach einer Kabinettsauseinandersetzung über die Frage, ob man mit Mussolini wegen seines Verhaltens in Äthiopien und in Spanien hart reden solle oder nicht. Sein Nachfolger war Lord Halifax. In der deutschen Regierung hingegen gab es hinsichtlich Spaniens keinerlei Meinungsverschiedenheiten.

Am 5. November versammelte Hitler noch einmal seine Generale, um ihnen seine grundlegenden strategischen Ziele klarzumachen. Nach dem Protokoll dieser wichtigen Sitzung[7] sagte Hitler, Gegenstand der deutschen Politik müsse die Sicherheit, Erhaltung und Ausbreitung der germanischen Rasse sein. Das erfordere Eroberungen. Die germanische Rasse, soll Hitler gesagt haben, umfasse über 85 Millionen Menschen und stelle einen »Rassenkern« dar, der ein größeres Recht auf »Lebensraum« habe als jede andere Rasse. Die einzige Lösung des deutschen Problems, soll Hitler weiterhin gesagt haben, sei die Gewalt. Erstes Ziel Deutschlands müsse es daher sein, Österreich und die Tschechoslowakei niederzuwerfen, um jede mögliche Bedrohung an Deutschlands Flanken auszuschalten, falls ein Angriff auf die Westmächte sich als nötig erweisen solle. Die britische Regierung wußte davon nichts und argwöhnte auch nichts dergleichen.

Chamberlain

Man hat den Vertretern der sogenannten »Beschwichtigungspolitik« in der britischen Regierung der späten dreißiger Jahre viel Schuld am Ausbruch des Zweiten Weltkriegs gegeben. Der verantwortliche Mann war Neville Chamberlain, der 1937 als Nachfolger Baldwins Premierminister geworden war. Sein Hauptberater war der spätere Außenminister Lord Halifax. Diese beiden Staatsmänner waren maßgeblich für die britische Außenpolitik in den zweieinhalb Jahren vor Ausbruch des Krieges im September 1939 verantwortlich. Es ist daher nur gerecht, daß man die Schuld, die sie trifft, auf beide verteilt. Chamberlains Biograph, Iain Macleod, verteidigt ihn[8]. Andere machen ihm große Vorwürfe. Zweifellos beschwichtigte Chamberlain Hitler, und zweifellos überredete er die Tschechen, das ungerechte Münchner Abkommen zu unterzeichnen. Aber ein Feigling war er nicht. Im Gegenteil, er war sogar ein sehr starker Premierminister. Einer der Gründe für Chamberlains Fehler bei seinen Verhandlungen

mit Hitler – und Fehler waren das nun einmal – bestand darin, daß er inmitten von lauter Jasagern lebte. Eine sehr detaillierte und gründliche Studie seiner langen Zeit als Premierminister von Ian Colvin[9] zeigt, daß Chamberlain in zweieinhalb Jahren nicht ein einziges Mal seine Meinung auf Grund eines Einwands im Kabinett zu ändern brauchte. Während des größten Teils jener kritischen dreißig Monate, die dem Ausbruch des Zweiten Weltkriegs vorangingen, traf Chamberlain seine Entscheidungen entweder allein oder mit Hilfe von drei gleichgesinnten Politikern – Lord Halifax, Sir Samuel Hoare und Sir John Simon. Diese drei wechselten sich in der Führung des Außenministeriums ab. Keiner von ihnen vertrat eine andere Meinung als die grundlegende Philosophie Chamberlains, die darin bestand, daß Hitler ein Staatsmann wie jeder andere sei, nationalen Ehrgeiz nähre, jedoch, wie jeder andere Regierungschef auch, Vernunftsgründen zugänglich und aus diesem Grunde zu beschwichtigen sei.
Nun war Hitler allerdings alles andere als das. Andere britische Politiker, allen voran Anthony Eden und Winston Churchill, wußten das. Das gilt auch für Sir Robert Vansittart, einen der erfahrensten britischen Diplomaten, der Hitlers Motiven von Anfang an mißtraut und niemals aufgehört hatte, seine politischen Vorgesetzten zu warnen, daß Deutschland unter Hitler auf Krieg aus sei.
Chamberlain wußte, daß diese intelligenten Männer mit seiner Politik nicht einverstanden waren. Auch Premierminister sind nicht mehr als andere Menschen dazu verpflichtet, Ratschläge anzunehmen, die ihnen nicht gefallen. Aber Chamberlain ging noch weiter. Er weigerte sich sie anzuhören. Churchill, Eden und Vansittart wurden von seinen Beratungsgremien ausgeschlossen. Statt dessen hörte er auf Leute, die grundsätzlich mit ihm der Meinung waren, daß Hitler zu beschwichtigen sei. Diese Leute waren Halifax, Hoare, Simon, Sir Nevile Henderson (der britische Botschafter in Berlin) und Sir Horace Wilson, ein Sonderberater aus dem Arbeitsministerium, dessen Ansichten und Klugheit Chamberlain hochschätzte. Chamberlain isolierte sich zum Schaden der Öffentlichkeit von Ratschlägen, die er nicht hören wollte. Er umgab sich, vielleicht unbewußt, mit Jasagern. Die Ratschläge, die er erhielt, waren im Grunde überhaupt keine Ratschläge. Seine Kollegen drängten ihn zu tun, was er von sich aus ohnehin tun wollte. Begründete Alternativen fehlten.
Ein Premierminister, der so handelt, ist in Gefahr. Mr. Colvin erklärt, warum: »Chamberlain war ein schüchterner Autokrat und entwickelte in aller Stille seine eigene Politik, die er dann zur Kabinettspolitik erhob. Wenn die Beschwichtigung als allgemeine Kabinettspolitik begann, so war er es, der sie mit einem solchen Nachdruck vertrat, daß das Wort nach und nach einen negativen Sinn bekam. Ich finde darüber

hinaus übrigens in zweieinhalb Jahren Kabinettsbesprechungen kein einziges Beispiel dafür, daß die Diskussionen ihn in irgendeiner Frage umgestimmt hätten, obgleich man weiß, daß er zwischen zwei Sitzungen anderen Sinnes wurde ... Wir müssen davon ausgehen, daß seine Vorstellungen auf einem Gebiet, wo jeder Fehler schwer wiegt, möglicherweise verzerrt waren und daß er zur falschen Zeit die falschen Dinge tat ... Die drei Grundfragen, mit denen das Kabinett Chamberlain vor die Schranken der Geschichte treten muß, drehen sich um folgende Punkte: daß es trotz großer Mehrheit, über die es im Parlament verfügte, versäumte, rechtzeitig aufzurüsten; daß es die Tschechoslowakei 1938 preisgab, obgleich das nicht nötig gewesen wäre; und daß es ihm 1939 nicht gelang, sich mit den Russen zu verbünden und es folglich mit weniger mächtigen Bundesgenossen in den Krieg trat, als man sie im Jahre 1938 hätte finden können ...«
Colvin ist der Ansicht, daß Chamberlains Kabinett zwar diskutieren, nicht aber entscheiden durfte. Nachdem Chamberlain versprochen hatte, sich in Berchtesgaden mit Hitler zu treffen, um über das Schicksal der Tschechoslowakei zu sprechen, teilte er seinem Kabinett schlicht mit, er werde fahren[10]. Seinen Kollegen blieb nichts anderes übrig, als ihn ziehen zu lassen. Von anderen Möglichkeiten des Vorgehens wollte er nichts hören, und daher richtete er es auch so ein, daß er nichts davon hörte.
Chamberlain meinte es ehrlich mit der Art, wie er seine Kollegen behandelte, und auch mit dem Prinzip der Kabinettsregierung, wie es nun einmal ist. »Ich erkannte, daß der Augenblick gekommen war«, sagte Chamberlain, »und daß man ihn nutzen mußte, wenn ich nicht zu spät kommen sollte. Daher sandte ich das schicksalsschwere Telegramm ab und unterrichtete das Kabinett am nächsten Morgen über das, was ich getan hatte.« Er hätte sich keine Sorgen zu machen brauchen. Er war schon von Jasagern umgeben. Nur Duff Cooper, der Erste Lord der Admiralität, erhob Einwände und reichte daraufhin seinen Rücktritt ein.

Beschwichtigungspolitik

Am 12. März 1938 ließ Hitler seine Truppen in Österreich einmarschieren. Zwei Tage später war das Land überrollt und wurde als zum Deutschen Reich gehörig erklärt. Hitlers Vorbereitungen für diese (seine erste) territoriale Vergrößerung Deutschlands waren kurz und brutal gewesen. Er verlangte von dem österreichischen Kanzler Schuschnigg, einem Christlich-Sozialen, in der Regierung eine Reihe von Schlüsselstellungen für österreichische Nationalsozialisten. Dieses

Ansinnen lehnte Schuschnigg ab und schlug statt dessen vor, daß man die Österreicher frage, ob sie zu Deutschland gehören oder unabhängig bleiben wollten. Einem Volksentscheid widersetzte sich Hitler. Schuschnigg gab nach. Daraufhin ernannte Hitler, ohne auch nur das leiseste Mandat vom Volke, das seine Handlungen gerechtfertigt hätte, von Berlin aus seinen eigenen österreichischen Kandidaten, Dr. Seyss-Inquart, zum österreichischen Kanzler. Seyss-Inquart wiederum rief die deutschen Truppen ins Land. Sowohl Italien als auch Großbritannien verhielten sich still. Lord Halifax hatte Hitler bereits versichert, daß Großbritannien nicht eingreifen würde. Hitlers erste Eroberung vollzog sich ohne Schwierigkeiten.

Sein nächster Eingliederungsversuch – der der Tschechoslowakei – erwies sich als schwieriger, aber nicht viel. Die britischen Kabinettsunterlagen aus dem Jahre 1938 beweisen klar und eindeutig, daß sich Großbritannien bei dem Streit, den Hitler mit der Tschechoslowakei vom Zaune brach, auf Hitlers Seite stellte – insgeheim zwar nur, aber dafür um so wirksamer. Ursprünglich ging es bei diesem Streit um das vornehmlich von Deutschstämmigen bewohnte Sudetenland, ein Grenzgebiet, das 1918 der Tschechoslowakei zugeschlagen worden war. Die ganze erste Hälfte des Jahres 1938 über schürte Hitler durch seinen Gefolgsmann Konrad Henlein in der Tschechoslowakei Unruhen. »Ich überlege manchmal«, schrieb der britische Botschafter in Berlin, Sir Nevile Henderson, in einem Geheimbericht an Halifax, »ob wir Henlein in London auch genügend den Rücken stärken.«

Sir Nevile hätte sich keine Sorgen zu machen brauchen. Chamberlain war von Anfang an entschlossen, Hitler bei der Aufteilung der Tschechoslowakei zu helfen. Nur wollte er das nicht in aller Öffentlichkeit tun. Dazu hatte er zuviel Angst vor dem Unterhaus, ja, bis zu einem gewissen Grade hatte er auch Angst vor dem, was seine eigenen Kabinettskollegen – zumindest einige von ihnen – dazu sagen würden. Andererseits wollte er nicht einfach beiseite stehen, wie er es bei Hitlers Einmarsch in Österreich getan hatte. Er wollte, daß die Tschechen kampflos nachgäben, es sei denn, es käme zu einer »größeren Unruhe«, wie Halifax es ausdrückte. Er war entschlossen, Druck auf die Tschechen auszuüben, damit sie Hitlers Forderungen nachgäben; gleichermaßen war er jedoch auch entschlossen, niemand zu Hause erfahren zu lassen, was er tat.

Der Führer der Labour-Opposition im britischen Unterhaus, Clement Attlee, schöpfte Verdacht. Er forderte die Regierung auf, eine Erklärung abzugeben, aus der die Fakten über die Verhandlungen mit der Tschechoslowakei klar hervorgingen. Am 27. September 1938 fühlte Chamberlain sich verpflichtet, Attlees Forderung zu entsprechen. Aber das Dokument wurde zensuriert. Chamberlain entschloß sich,

»die Erklärung zu drucken, wie sie ihm im Probeabzug vorlag – bis auf die Nachricht der tschechischen Regierung, in der diese sich mit den französisch-britischen Vorschlägen einverstanden erklärte«. Diese mußte herausgenommen werden, weil in ihr von »starkem und ständigem Druck« die Rede war, welchen der französische und der britische Botschafter auf die tschechische Regierung ausübten. Hätte man sie abgedruckt, würde das zu der Forderung geführt haben, die Telegramme an den britischen und französischen Botschafter freizugeben, in denen diese angewiesen worden waren, Druck auszuüben.

Während also die britische Botschaft in Prag und Chamberlains dortiger Sonderbeauftragter, Lord Runciman, »starken und ständigen Druck« auf den tschechischen Premierminister, Dr. Benesch, ausübten, konferierte Chamberlain selbst mit Hitler. Auch darüber breitete er den Schleier des Geheimnisses. Nachdem er sich einmal entschlossen hatte, Hitler zu besuchen, wollte er seinen Ministern keine Gelegenheit geben, ihn noch davon abzubringen. Der Plan für seinen Besuch – »Plan Z« – wurde von Chamberlain und seinen drei engsten Freunden, Sir John Simon, Sir Samuel Hoare und Lord Halifax vorbereitet. Andere Kabinettsmitglieder erfuhren von diesem Plan Z erst am Vorabend des ersten Chamberlainbesuchs in Berchtesgaden am 15. September. Chamberlain sagte ihnen, er sei der Meinung, es würde Hitlers Eitelkeit schmeicheln, wenn ein britischer Premierminister einen noch nie dagewesenen Schritt tue und ihn persönlich aufsuche. Aus den Kabinettsunterlagen geht hervor, daß Chamberlain gesagt hat, er müsse Hitler klarmachen, daß er zwar nicht für Dr. Benesch sprechen könne, jedoch allen Druck auf diesen ausüben werde, um ihn zum Nachgeben zu bewegen. Tatsächlich tat er das bereits.

Das Kabinett stimmte dem Plan Z begeistert zu. Der Lordsiegelbewahrer, Lord Maugham, sagte, er halte das für einen »großartigen Vorschlag«. Schatzkanzler Simon nannte ihn »brillant«. Inskip sagte, Großbritannien könne die Tschechoslowakei nicht beschützen, und wenn sie erst einmal überrollt sei, würde es sie in der augenblicklichen Form bestimmt nie wieder geben. Der einzige Minister, den das alles nicht beeindruckte, war der Erste Lord der Admiralität, Duff Cooper. Er sagte, Großbritannien bleibe nur die Wahl »zwischen einem Krieg jetzt oder später«. Am nächsten Morgen flog Chamberlain nach Berchtesgaden.

Bei seiner Rückkehr berichtete Chamberlain seinen Kollegen, Hitler sei zwar erregt, aber nicht verrückt. Hitlers Ziele, so sagte Chamberlain, seien klar abgegrenzt. Allerdings habe Hitler auch gesagt, jeder ernsthafte Zwischenfall würde die »Sprungfeder« der deutschen Militärmaschinerie auslösen, und die Zange werde sich um die Tschechoslowakei schließen. Sobald die Maschine sich einmal in Bewegung ge-

setzt habe, könne nichts sie mehr aufhalten, hatte Hitler Chamberlain gegenüber erklärt. Chamberlain hatte das Angebot gemacht, er wolle versuchen, das Sudetenland vom Rest der Tschechoslowakei loszulösen. Doch würde jede Diskussion über dieses Angebot im britischen Parlament, so Chamberlain, alle Verhandlungen zunichte machen. Also würde das Parlament von den Entscheidungen der Regierung erst hören, nachdem sie gefällt worden waren. Wieder stellte sich Duff Cooper als der einzige heraus, der Einwände erhob. Er sagte, er glaube nicht, daß das Sudetenland Hitlers letztes Ziel sei. Schließlich, so Cooper, habe Hitler auch versprochen, Österreich nicht anzugreifen und dieses Versprechen gebrochen: »Europa hat keine Chance für den Frieden, solange es in Deutschland das Nazi-Regime gibt.«
Duff Cooper stand nahezu allein da. Inskip sagte, ein Krieg, um Hitler von der Durchführung seiner Pläne abzuhalten, könne Veränderungen mit sich bringen, die niemandem etwas nützten außer den Bolschewisten. Lord Runciman, der noch in der Tschechoslowakei weilte, um dort seinen Auftrag zu erfüllen, sagte, Benesch sei der Gegenstand weitverbreiteten Mißtrauens, wohingegen Henlein ein »umgänglicher und maßvoller« Mann sei. Runciman sagte, die Tschechoslowakei könne nicht länger in der gegenwärtigen Form weiterexistieren, und irgend etwas müsse getan werden, »selbst wenn es auf nichts anderes hinausläuft, als gewisse Finger abzuhacken«.
Am 22. September flog Chamberlain wieder nach Deutschland, um sich mit Hitler zu treffen, diesmal in Bad Godesberg in der Nähe von Bonn. Als er dem Kabinett über dieses zweite Treffen Bericht erstattete, sagte er, er glaube, daß er »bis zu einem gewissen Grade einen persönlichen Einfluß auf Herrn Hitler ausübe«. Er glaube, daß Hitler ihm traue und bereit sei, mit ihm zusammenzuarbeiten; und daß es eine große Tragödie wäre, wenn die Briten diese Gelegenheit, zu einem Einvernehmen mit Deutschland zu kommen, verpaßten. Duff Cooper sagte, er glaube nicht an Hitlers Versprechungen; Hitler werde vor keiner Grenze haltmachen, die bei einer eventuellen Regelung mit den Tschechen gezogen werden würde.
Am selben Tag noch flog Sir Horace Wilson nach Berlin, um die von Chamberlain in Gang gesetzten Gespräche fortzuführen. Sir Horace wurde bei Hitler vorgelassen und berichtete: »Herr Hitler sagte, er habe zur Genüge beteuert, daß dies [das Sudetenland] der letzte seiner territorialen Ansprüche in Europa sei«. Er hatte dem Premierminister sein Wort darauf gegeben und dieses auch öffentlich erklärt. »Nach Herrn Hitlers Ansicht gibt es zwei Alternativen. Entweder überredeten wir [die Briten] Dr. Benesch, Hitlers Verlangen nach der Besetzung des Sudentenlandes nachzugeben, oder aber es käme zu einem Zusammenstoß.« Sir Horace riet der Regierung dringend, ein Tele-

gramm an Benesch zu schicken und ihn aufzufordern, die Besetzung des Sudentenlandes durch die deutsche Wehrmacht zu akzeptieren. Am 27. September folgte die Regierung dem Rat von Sir Horace und schickte das Telegramm ab. Am nächsten Tag erklärte Chamberlain dem Parlament, er hoffe, in München mit Hitler und Mussolini zusammenzutreffen, um die Krise um die Tschechoslowakei ein für allemal beizulegen. Hitler hatte sich (was Chamberlain allerdings nicht sagte), geweigert, Benesch auch nur zu gestatten, an diesem Treffen teilzunehmen, auf dem die Teilung seines Landes zwischen Deutschland, Italien und Großbritannien perfekt gemacht werden sollte.
So geschah es denn auch am 29. und 30. September 1938. Chamberlain kehrte am 30. September mit einem Gefühl des Triumphes zurück. Auf dem Flugplatz wurde er von dem Herausgeber der *Times*, Geoffrey Dawson, willkommen geheißen, der ein glühender Anhänger der Beschwichtigungspolitik war. Im Buckingham-Palast wurde er vom König empfangen. Sir John Simon drückte seine tiefe Bewunderung für die Bemühungen des Premierministers aus, die nicht ihresgleichen hätten. Chamberlain erklärte, er habe sein möglichstes für die Tschechoslowakei getan, und München sei ein Triumph der Diplomatie gewesen. Duff Cooper stellte augenblicklich seinen Ministersessel zur Verfügung. Den Einmarsch der Deutschen im Sudetenland, der denn auch gleich darauf stattfand, hätte Großbritannien wohl nicht verhindern können, aber es hätte nicht in die Besetzung einzuwilligen oder ihr in irgendeiner Weise Vorschub zu leisten brauchen.

Der Krieg wird erklärt

Im Sommer 1939 hatte Chamberlain eine letzte Chance, durch ein Bündnis mit Rußland einen Krieg mit Deutschland zu vermeiden. Am 15. März 1939 hatte Hitler endgültig die Tschechoslowakei zerstükkelt, was gleichbedeutend war mit der Auflösung des Münchner Abkommens, das Chamberlain gerade ausgehandelt hatte. Damit stand es für Lord Halifax, den Außenminister, fest, daß Großbritannien einen Verbündeten in Osteuropa brauchte, wenn man Hitler Einhalt gebieten wollte. Allerdings hielt er, und das muß heute als eine ungeheure Fehleinschätzung der Lage angesehen werden, Polen für einen stärkeren Verbündeten als die Sowjetunion. Am 27. März 1939 erklärte Halifax vor dem Auswärtigen Ausschuß der britischen Regierung: »Falls wir zwischen Polen und Sowjetrußland zu wählen hätten, so schiene es klar, daß Polen [als Verbündeter] wertvoller für uns wäre.«
Der Verteidigungsminister, Lord Chatfield, unterstützte Halifax.

»Rußland«, berichtete er am 25. April (in einer Studie über die militärische Stärke der osteuropäischen Mächte) »war, wenn auch in anderer Hinsicht eine Großmacht, militärisch gesehen nur eine Macht mittlerer Stärke. Auf der anderen Seite konnten die Stabschefs der verschiedenen Waffengattungen nicht verhehlen, daß Rußlands Beistand in einem möglichen Krieg eine beträchtliche Hilfe sein könne, wenn auch nicht von großem militärischen Wert; und daß die Seite, auf der es am Krieg teilnehme, ohne Zweifel auf Grund seiner Hilfe besser kämpfen würde.« Der Parlamentarische Staatssekretär für den Überseehandel, R. S. Hudson, der anläßlich einer Handelsmission in Moskau gewesen war, teilte diese Meinung. Ende März erklärte Chamberlain seinem Kabinett, Mr. Hudson habe ihn »dahingehend unterrichtet, daß er in Rußland zwar von jedermann sehr freundlich behandelt worden sei, aber dennoch den Eindruck habe, daß Rußland außer zu Verteidigungszwecken allenfalls von geringer Hilfe sein würde«. Was ihn persönlich betreffe, so sagte Chamberlain, so hege er »beträchtliches Mißtrauen Rußland gegenüber und sei nicht überzeugt, daß wir die tätige und ständige Unterstützung dieses Landes erhalten«.

Offenbar kamen Halifax, Chatfield, Chamberlain oder Hudson nie auf den Gedanken, daß die Russen mehr über Hitler wissen könnten als sie selbst. Der russische Außenminister, Maxim Litwinow, hatte Hudson im März 1936 erklärt, Frankreich sei »praktisch schon verloren«. Dieses Land, so Litwinow, stecke voll von deutschen Agenten, sei unzuverlässig und uneins. Litwinow sah voraus, daß Europa vom Golf von Biskaya bis an die sowjetische Grenze bald vollkommen deutsch sein werde, und meinte weiterhin, daß Hitlers Ehrgeiz sich nicht einmal damit zufriedengeben werde. Der Angriff jedoch, zu dem er daraufhin übergehen werde, würde »sich nicht gegen den Osten richten«. Mit letzterem sollte Litwinow unrecht behalten. In allen anderen Einzelheiten hatten er und das russische Außenministerium mit ihren Vorhersagen jedoch recht. Im Mai erklärte der sowjetische Botschafter in London, Maisky, Halifax gegenüber, daß ». . . obwohl Rußland jeden Verteidigungskrieg gewinnen könnte, und zwar allein, könne es doch nicht, auf sich allein gestellt, den Krieg ganz allgemein verhindern. Rußland sei daher bereit, zu diesem Zweck mit anderen Ländern zusammenzuarbeiten.« Von A. J. P. Taylor stammt das vernichtende Urteil, daß die diplomatische Unfähigkeit der britischen Regierung im letzten Teil des Sommers 1939 »seit Lord Norths Verlust der amerikanischen Kolonien nicht ihresgleichen gehabt habe«[12].

Im März hatte das Kabinett zum erstenmal und offenbar mit einer Art von diplomatischem Schauder des Entsetzens erkannt, daß man sich mit dem Gedanken an eine Art Verteidigungspakt mit den Bolschewisten vertraut machen müsse. Diese Vorstellung bereitete niemandem

Vergnügen. Chamberlain sagte, daß »ihm hinsichtlich der mutmaßlichen Haltung sowohl Polens als auch Rußlands ziemlich unbehaglich zumute sei. Doch von beiden Möglichkeiten schiene ein Arrangement mit Polen das kleinere Übel.« Halifax sagte: »Im wesentlichen geht es darum, die Dinge so hinzubekommen, daß man sich der Unterstützung Polens versichert.« Außerdem wolle er jedoch auch tun, was in seiner Macht stehe, um »mit Rußland zu einem Einvernehmen zu kommen«. Das Kabinett stimmte zu, daß es besser sei, wenn die Minister »sich persönlicher Angriffe auf Herrn Hitler und Signor Mussolini enthalten« würden. Halifax versprach, häufiger als bisher mit Maisky zusammenzukommen, »um nicht den Eindruck zu erwecken, als zeigten wir den Russen die kalte Schulter«. Insgesamt scheint das Kabinett der Ansicht gewesen zu sein, daß sowjetische Hilfe willkommen sei, falls Hitler Polen angreife, Großbritannien sich jedoch nicht verpflichten solle, der Sowjetunion beizustehen, falls die Sowjetunion von Hitler angegriffen werde. Zumindest sah Chamberlain die Dinge so, und niemand scheint ihm darin widersprochen zu haben. De facto ging es also um einen Beistandspakt, der nur in einer Richtung funktionieren sollte – und zwar zugunsten Großbritanniens. Kein Wunder, daß die Russen das ablehnten. Kein Wunder, daß ihr Mißtrauen erwachte.

Trotz seiner Abneigung gegenüber Verhandlungen mit den Russen ließ Chamberlain es zu, daß diese in unregelmäßigen Abständen weitergeführt wurden. Einer der Gründe, warum er die Gespräche nicht vollständig abbrach, scheint seine berechtigte Angst gewesen zu sein, daß das Unterhaus dann gewiß hätte wissen wollen, warum er das tue. Die Kabinettsunterlagen des Jahres 1939 lassen deutlich erkennen, daß die Regierung ganz besonders vor parlamentarischen Anfragen von vier Parlamentsmitgliedern Angst hatte – vor denen von Lloyd George, Winston Churchill, Clement Attlee und Arthur Greenwood, dem Stellvertreter Attlees. Mittlerweile taten die Russen ihr Bestes, den Briten auf ihre etwas undurchsichtige Art zu erklären, daß sie, falls es ihnen nicht gelänge, zu einem Beistandspakt mit den Westmächten, insbesondere mit Großbritannien, zu kommen, sich zu einer Einigung mit Hitler gezwungen sehen könnten. Am 8. Mai, nachdem die Verhandlungen sechs Wochen lang schleppend fortgesetzt worden waren, erklärte der neue russische Außenminister Molotow dem britischen Botschafter in Moskau, Sir William Seeds, daß die britische Regierung seiner (Molotows) Meinung nach nicht besonders erpicht auf ein Abkommen sei. Molotow erklärte weiterhin, daß die Haltung der Sowjetunion revidiert werden könne, falls die anderen Staaten (Großbritannien und Frankreich) ihre Politik änderten.

Wie die Ereignisse später zeigen sollten, war das eine ernste Warnung. Es ist nicht ganz klar und geht auch aus den Kabinettsunterlagen nicht eindeutig hervor, ob Halifax sie richtig verstand. Vielleicht tat er es. Auf jeden Fall schlug er am 5. Juni vor, den Chef der Hauptabteilung des Foreign Office, William Strang, nach Moskau zu schicken, um Sir William bei seinen in Moskau geführten Gesprächen zu unterstützen. Halifax wollte keinen Minister schicken, weil es »nicht wünschenswert sei, den Eindruck zu erwecken, als liefen wir den Russen hinterher«. Eine Woche später lud Maisky in London Halifax persönlich ein, sich an den Moskauer Gesprächen zu beteiligen. Halifax lehnte ab.

Der Kern der Schwierigkeiten lag in der Einseitigkeit des britischen Vorschlags. Großbritannien wollte sich Rußlands Hilfe versichern, falls ein Überfall auf Polen zu einem Angriff auf Großbritannien und Frankreich führen sollte, war jedoch nicht bereit, den Russen zu helfen, falls die Deutschen die Sowjetunion angreifen würden. Die Lage wurde noch verwirrter und schwieriger dadurch, daß sich die britische Regierung in der Beurteilung Rußlands weiterhin völlig irrte. Für Chamberlain und seine Minister war die Sowjetunion immer noch ein Land, dem es vornehmlich darum ging, in der ganzen Welt die kommunistische Revolution voranzutreiben. Stalins Motive waren jedoch nicht dieselben, die auf den Seiten der bolschewistischen Bibel geschrieben standen. 1939 ging es Stalin hauptsächlich darum, sein Land mit allen ihm zur Verfügung stehenden Mitteln zu verteidigen, und, wenn andere Länder ihre Hilfe anboten und diese Angebote aufrichtig schienen, die Hilfe anzunehmen. Die Briten schienen es mit ihrem Angebot nicht ehrlich zu meinen.

Strang berichtete am 20. Juli aus Moskau: »Ihr [der Russen] Argwohn und ihr Mißtrauen uns gegenüber haben sich während der Verhandlungen nicht verringert, auch glaube ich nicht, daß ihre Achtung vor uns zugenommen hat. Die Tatsache, daß wir immer neue Schwierigkeiten gemacht haben, und zwar bei Dingen, die ihnen unwesentlich erscheinen, hat den Eindruck erweckt, daß uns nicht ernsthaft an einem Abkommen gelegen sei[10].« In diesem Stadium hatten die Russen die britische Regierung aufgefordert, eine Militärmission nach Moskau zu schicken, die genaue Einzelheiten über die Zusammenarbeit auf dem Gebiet der Verteidigung mit ihnen besprechen sollte. Nach vielem Zaudern entschloß die britische Regierung sich dazu, aber doch nur mit halbem Herzen. Halifax berichtete seinen Kabinettskollegen, daß die Gespräche über militärische Dinge sich so lange hinziehen würden, »bis schließlich jede Seite bereit ist, ein allgemeines Versprechen von der anderen zu akzeptieren. Auf diese Weise sollten wir Zeit gewinnen und das beste aus einer Situation machen, der wir uns jetzt nicht entziehen können.« Die Situation, der er entkommen wollte, war eigentlich genau die Situation, die er hätte anstreben müssen – ein festes Versprechen, daß Großbritannien und Rußland sich

gegenseitig beistehen würden, falls eines der beiden Länder von Hitler angegriffen würde.
Der Mann, der ausersehen wurde, nach Moskau zu gehen, um Zeit zu gewinnen, war Admiral Sir Reginald Ranfurly-Plunkett-Ernle-Erle-Drax, des Königs Erster Marine-Berater und Oberbefehlshaber im Norden. Er machte sich auf einem Dampfer der Ellerman-Linie mit dem Namen *City of Exeter* auf die Reise. Lord Chatfield konnte keinen Kreuzer entbehren, verfügte über kein geeignetes Flugzeug, wollte die Mission nicht mit der Eisenbahn durch Deutschland reisen lassen und wollte Geld sparen. Die *City of Exeter* zu chartern, war die billigste, zugleich aber auch die langsamste Art, die Mission nach Moskau zu bringen.
Der direkte Verhandlungspartner Sir Reginalds war der Marschall der Sowjetunion und Oberbefehlshaber der Roten Armee, Klementij Efremowitsch Woroschilow, der Mann also, der für die gesamte Verteidigung der Sowjetunion verantwortlich war. Die Gespräche begannen am 12. August. Zwei Tage später stellte Woroschilow die einzige für ihn wichtige Frage: »Kann die Rote Armee durch Nordpolen ... und durch Galizien marschieren, um in Feindberührung zu kommen[10]?« Der Admiral wußte darauf nicht zu antworten. Halifax konnte ihm nicht helfen. Die britische Regierung wollte die Polen nicht vor den Kopf stoßen. Das Kabinett beschloß, die Frage unbeantwortet zu lassen, abzuwarten und zu sehen, was geschah.
Diese Frage war für die Russen jedoch lebenswichtig. Als klar wurde, daß die Briten nicht bereit waren, die Polen zu bewegen, den russischen Truppen den Durchzug durch polnisches Territorium zu gestatten, um die Deutschen zu treffen, kamen Molotow und Stalin zu dem Schluß, daß sie sich auf die andere Seite schlagen und mit Hitler einigen müßten. Am 23. August, neun Tage nachdem Sir Reginald ohne Instruktionen und mit gebundener Zunge dagestanden war, unterzeichneten die Russen einen Nichtangriffspakt mit Deutschland.
Die Russen machten keinerlei Hehl aus ihren Motiven. Wie sie die Dinge sahen – und das hatte Molotow bereits am 8. Mai gesagt –, schien Großbritannien nicht sonderlich an einem beiderseitigen Beistandspakt gegen Hitler gelegen zu sein. Am 22. August erklärte Molotow dem britischen Botschafter Seeds, warum seine Regierung einen Nichtangriffspakt mit Hitler unterzeichnen werde. »Die britische Heuchelei hatte den Gipfel erreicht, als die Militärmission mit leeren Händen nach Moskau kam und überdies überhaupt nicht darauf vorbereitet war, über grundlegende Punkte zu verhandeln, von denen die ganze Frage des wechselseitigen Beistands abhing, nämlich dem Durchzug der Sowjettruppen durch polnisches und rumänisches Gebiet[10].«

Als die Russen diese Forderung stellten, waren sie gewissenhafter als die westlichen Alliierten. Sie suchten um die Erlaubnis nach, den Polen und den Rumänen gegenüber das zu tun, was der alliierte Oberbefehlshaber im Westen, General Gamelin, mit den Belgiern vorhatte, ob die Belgier nun wollten oder nicht. Sowohl Woroschilow als auch Gamelin wollten in der Lage sein, mit ihren Armeen vorzustoßen, um dem deutschen Feind auf seinem eigenen Boden oder doch zumindest auf dem eines dazwischen liegenden Staates zu begegnen. Seeds mag das nicht gewußt haben, aber Gamelin hätte Woroschilows Ansinnen gewiß nicht unvernünftig gefunden.
Molotow erklärte Seeds weiterhin, daß der Sowjetregierung jetzt keine andere Wahl bleibe, als den von den Deutschen vorgeschlagenen Nichtangriffspakt zu unterzeichnen – ein Vorschlag, der sowohl für das britische Kabinett als auch für den gesamten britischen diplomatischen Dienst eine völlige Überraschung war. Sir Reginald fuhr nach Hause. Es gab nichts mehr zu besprechen.
Molotow und Hitlers Außenminister, von Ribbentrop, ratifizierten am 23. August den deutsch-sowjetischen Nichtangriffsvertrag. Beide Regierungen scheinen davon ausgegangen zu sein, daß der Pakt die Westmächte daran hindern würde, Polen zu Hilfe zu eilen, das man also unbehindert zerstückeln und untereinander aufteilen konnte. Aber darin irrten sie sich. Die britische Regierung, welche die militärische Bedeutung Rußlands ständig unterschätzt hatte, fühlte sich zwar zurückgewiesen, kam jedoch zu dem Schluß, daß diese Zurückweisung militärisch keine Rolle spiele. Die französische Regierung unternahm nichts. Das Unterhaus hingegen reagierte wesentlich heftiger. Jene Konservativen, die Hitler als Garanten für den Schutz Europas vor dem Bolschwismus betrachtet hatten, waren ernüchtert und entsetzt. Labour-Abgeordnete waren entsetzt darüber, daß die Russen sich mit den Faschisten einigen konnten. Vermutlich blieb Chamberlain gar nichts anderes übrig, als zu tun, was das Unterhaus wollte – die Polen zu unterstützen. Am Tag nach der Unterzeichnung des Nichtangriffspakts zwischen Deutschland und Rußland erteilte das Parlament Chamberlain umfassende Notstandsvollmachten. Einen weiteren Tag später, am 25. August, unterzeichnete die britische Regierung einen gegenseitigen Beistandspakt mit Polen. Hitler, der beabsichtigt hatte, an diesem Tag in Polen einzumarschieren, zögerte, wenn auch nur für eine Woche. Zwischen dem 25. und dem 31. August versuchte er, die Polen dazu zu bewegen, die verlangten Gebiete ohne Krieg herauszugeben. Doch die Polen weigerten sich.
Hitler seinerseits weigerte sich, einer Forderung der Briten in letzter Minute stattzugeben und seine Truppen zurückzuziehen. Nach dem Lunch am 2. September beschloß das britische Kabinett, Hitler ein

Ultimatum zu stellen, tat es aber dann doch nicht. Abermals ging das Unterhaus zum Angriff über. An diesem Abend sprach Chamberlain von der Bank des Schatzamtes aus über Verhandlungen. Er hegte Hoffnungen auf eine weitere Konferenz, doch inzwischen wurde Warschau bereits bombardiert. Großbritanniens neuer Verbündeter war angegriffen worden. Das Unterhaus wollte nichts mehr von Chamberlains vagem Friedensgerede hören. Abgeordnete beider Parteien waren empört, und in gewisser Weise schämten sie sich. Arthur Greenwood, der Oppositionsführer, wurde von den Konservativen gedrängt, »für England zu sprechen«. Er sagte, jede Minute des Zögerns bringe die Grundlagen der nationalen Ehre Großbritanniens in Gefahr. Der Krieg müsse augenblicklich erklärt werden.
Die Sitzung verlief in allgemeiner Unordnung, doch die Botschaft war klar. Falls die Regierung nicht genug Mut aufbrächte, um Hitler wegen Polen den Krieg zu erklären, würde das Unterhaus rebellieren. Das wußte das Kabinett, als es sich am 2. September um elf Uhr abends wieder zusammensetzte. Abermals wurde beschlossen, Hitler ein Ultimatum zu stellen, und diesmal wurde es auch abgeschickt. Dieses Ultimatum lief am 3. September neun Uhr morgens ab, ein französisches Ultimatum um fünf Uhr nachmittags desselben Tages. Zwei der sich selbständig regierenden Dominions, Australien und Neuseeland, folgten dem Beispiel. Die südafrikanische Regierung wollte neutral bleiben, erlitt jedoch im Parlament eine Niederlage, und der neue Premierminister, Smuts, erklärte Deutschland am 6. September den Krieg. Die Kanadier folgten am 10. September. Irland, immer noch britisches Dominion, beschloß, neutral zu bleiben. Der Zweite Weltkrieg hatte begonnen, doch fürs erste wurde nur in Osteuropa gekämpft. Hitler war noch nicht soweit, jemanden anzugreifen, der stärker gewesen wäre als Polen. Für die Briten begann dieser sogenannte »phoney war«, der »Pseudo-Krieg«, mit hektischen Vorsichtsmaßnahmen gegen Luftangriffe, die nicht stattfanden, und die noch neun weitere Monate auf sich warten lassen sollten.

Der Pseudokrieg

2

Die Zeit zwischen dem Angriff auf Polen und dem sogenannten Westfeldzug ist in England als »Pseudokrieg« (Phoney War) bezeichnet worden. Die Alliierten mußten zusehen, wie Polen im »Blitzkrieg« Deutschland zum Opfer fiel, wie die Sowjets in Finnland einrückten und wie die Wehrmacht im Frühjahr des darauffolgenden Jahres Norwegen besetzte.
Für die Wehrmacht war der Winter bis zur norwegischen Invasion die Zeit des »Sitzkrieges«, in der sich die Gegner hinter Maginot-Linie und Westwall ohne militärische Aktionen gegenüberlagen.
Die Unterzeichnung des deutsch-sowjetischen Abkommens am 23. August 1939 war nicht nur für die Westmächte eine Überraschung. Nach jahrelanger, heftiger Antikomintern-Propaganda war auch für die Deutschen der Abschluß des Vertrages ein Ereignis, mit dem niemand gerechnet hatte und das zunächst verwirrend war, obgleich die Propaganda-Maschine mit großer Aktivität die Weisheit des Führers pries und die nunmehr unverbrüchliche Waffenbrüderschaft mit der Sowjetunion feierte.
Für die Engländer war dieser Vertrag ein Grund mehr, nach dem Angriff auf Polen zu zögern, aktiv in die Kampfhandlungen einzugreifen. Sie erfüllten zwar ihre Vertragsverpflichtungen und erklärten Deutschland den Krieg. Aber das änderte nichts an der Situation.
Die Wehrmacht besiegte Polen innerhalb von achtzehn Tagen. Nicht etwa, daß es bei den Polen an Kampfmoral gefehlt hätte, aber die Deutschen bedienten sich einer völlig neuen Strategie, die in die Geschichte als »Blitzkrieg« eingegangen ist. Sie hatten die Panzerwaffe zu einer mobilen, völlig selbständigen Truppe aus-

gebaut, die in der Lage war, außerordentlich schnell tief in Feindesland vorzustoßen und die, verglichen mit den Verteidigungskräften der Polen, unschlagbar war.

Hier in Polen wurde zum ersten Mal der gewaltige Umbruch sichtbar, der durch die Technisierung der Wehrmacht gekennzeichnet war. Der Kampf der Panzer gegen die Kavallerie wurde zum blutigen Gemetzel.

Die Wehrmacht hatte vom Beginn des Feldzugs an die absolute Luftüberlegenheit. Zum ersten Mal wurde demonstriert, was es für die Bewegungen der Landstreitkräfte bedeutet, wenn die eigene Luftwaffe den Luftraum beherrscht. Dieser Blitzkrieg, der mit der Besetzung Polens nach achtzehn Tagen endete, hat als »moral booster« für die deutsche Wehrmacht eine nachhaltige Rolle gespielt. Die Wehrmacht, die ohne Hurra-Patriotismus in den Krieg marschiert war, begann das Gefühl totaler Überlegenheit zu gewinnen.

Der russische Angriff auf Finnland am 30. November 1939 war für viele Deutsche eine Ernüchterung, die zu glauben begonnen hatten, man könne Stalin trauen. Die Kampfweise der Finnen, ihr außerordentlich tapferer Widerstand fand auch in Deutschland große Sympathie.

So war der Winter des Pseudokrieges vorübergegangen, als im April 1940 die Deutschen in Dänemark landeten und dieses praktisch in einem Tag überrannten. Die häßliche Affäre um das deutsche Versorgungsschiff »Altmark« ist sicher so verlaufen, wie sie Arnold-Forster schildert. Sie hat letztlich Hitler dazu bewegt, sehr schnell zu handeln. Den Deutschen ist dieses während des Krieges durch Hitlers Propaganda-Apparat anders dargestellt worden, aber gleichwohl hat die Besetzung von Dänemark und Norwegen, verlustreich, wie sie war, das Selbstbewußtsein der Wehrmacht weiter gestärkt. Narvik, eine blutige Seeschlacht, die für die Deutschen keinesfalls nur erfolgreich verlief, wurde zu einem Heldenepos hochstilisiert.

Arnold-Forster macht in diesem Zusammenhang zwei wichtige Feststellungen: erstens, daß die Verluste der deutschen Hochseeflotte an großen Schiffen im Verlaufe des Norwegen-Feldzuges zu schwer waren, und zweitens, daß dieser für die Alliierten verlorene Feldzug ihnen wenigstens einen Vorteil gebracht hat, nämlich den Rücktritt Chamberlains, der das Ende der Appeasement-Politik bedeutete. *J. S.*

Die Engländer auf ihrer Insel – und dort waren die meisten von ihnen noch – nannten die Ereignisse des Winters 1939/40 später den Pseudokrieg – was allerdings nicht bedeutet, daß damals in Großbritannien nichts geschehen wäre, was einen im Kriegszustand befindlichen Staat von einem im Frieden lebenden unterschieden hätte.
Man fing an, die Lebensmittel zu rationieren. Kinder wurden aus den Städten evakuiert, um sie vor Bomben zu schützen, die nicht fielen. Ganz England erlebte die Verdunkelung, um den deutschen Bomberpiloten nachts keine Orientierungshilfe zu geben, die sie gar nicht brauchten.
Auf See war es anders. Deutsche Unterseeboote fingen an, die Schiffe der britischen Handelsmarine anzugreifen. Aber vorerst gab es nur wenige U-Boote, und außerdem konnten sie sich noch nicht die Vorteile größerer Reichweite und längerer Feindfahrten zunutze machen, deren sie sich später erfreuten, als die Deutschen die Häfen der französischen Atlantikküste besetzt hatten.
An der Westfront auf dem Kontinent ließen die französische Armee und das britische Expeditionskorps die noch nicht in Hochform gebrachte deutsche Wehrmacht, die fast den ganzen Winter hindurch über keinen einzigen Panzer verfügte, zwar nicht aus den Augen, griffen sie aber auch nicht an. Ein Freund von mir, der sich in seinem Überschwang freiwillig meldete und zur britischen Armee ging, wurde nach Aldershot geschickt, um dort Reiten zu lernen.
Mag diese Anfangsphase des Krieges den Briten auch als unecht und unwirklich erschienen sein – für die Polen, Esten, Letten und Litauer, die Finnen, Dänen und Norweger war er die furchtbare und bittere Wirklichkeit. Alle diese Länder mußten in diesem Winter und dem darauffolgenden Frühjahr Besetzung oder Niederlage oder beides über sich ergehen lassen.
Wie er im voraus erklärt hatte, griff Hitler zunächst die Polen an. Durch den Versailler Vertrag hatte Polen mit dem sogenannten »Polnischen Korridor«, der Ostpreußen vom übrigen Deutschland trennte, bei Gdingen einen Zugang zur Ostsee gewonnen. Im Juli 1939 schickte Hitler starke Streitkräfte auf dem Seeweg nach Ostpreußen und zog außerdem an der polnischen Grenze praktisch die gesamte Streitmacht der deutschen Wehrmacht zusammen, darunter die besten Panzereinheiten. Nachdem er die Tschechoslowakei besetzt hatte, war er in der Lage, Polen nicht nur im Norden von Ostpreußen her und im Westen zu bedrohen, sondern auch aus dem Süden. Allerdings konnte er erst dann gegen Polen vorrücken, als er sicher war, daß die Russen sich nicht gegen ihn stellen würden.
Der Augenblick, der seinen Armeen freie Bahn zum Vorgehen gab, war am 23. August 1939 mit der Unterzeichnung des deutsch-sowjeti-

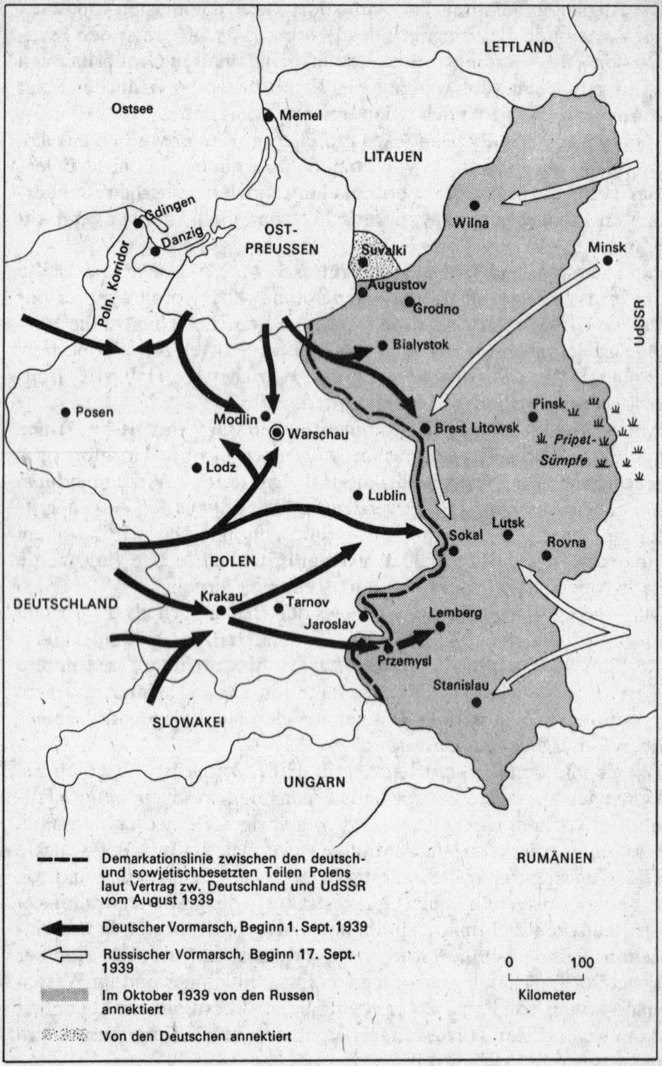

Der Einmarsch in Polen, 1939

schen Nichtangriffspaktes in Moskau gekommen. Bei diesem Vertrag handelte es sich nicht nur um einen Nichtangriffsvertrag; er enthielt außerdem auch noch geheime Zusatzprotokolle, in denen Osteuropa in deutsche und sowjetische Einflußsphären aufgeteilt wurde. Der größte Teil Polens sollte zu Deutschland, der Rest zur Sowjetunion geschlagen werden. Finnland, Estland und Lettland sollten von Rußland beherrscht werden, Litauen von Deutschland, wenn auch Litauens Schicksal später – auf Grund neuer deutsch-sowjetischer Abmachungen – dem sowjetischen Einflußbereich zugeschlagen wurde.
Zwei Tage später, am 25. August, erklärte die britische Regierung die Unantastbarkeit des britischen Bündnisses mit Polen, doch das blieb ohne Wirkung. Schon drei Tage zuvor hatte Hitler auf dem Obersalzberg seinen Generalen ihre Befehle erteilt[1]. Sie lauteten dahingehend, Polen innerhalb der kürzestmöglichen Zeit zu zerschlagen. Es gab 35 Millionen Polen. Die polnische Armee war zwar zahlenmäßig stark, aber schlecht ausgerüstet, und die polnische Luftwaffe war in hohem Maße veraltet. Der Feldzugplan sah vor, daß das 4. deutsche Armeekorps von Pommern aus nach Osten, und das 3. Armeekorps von Ostpreußen aus nach Westen vorstoßen und den Polnischen Korridor durchschneiden sollten. Das 8., 10. und 14. Armeekorps hingegen sollten von der Slowakei und von Schlesien her in nordöstlicher Richtung vordringen.
Nahezu alles verlief planmäßig. Die Luftwaffe begann ihren Angriff am frühen Morgen des 1. September. Tapfer schlug die polnische Luftwaffe zurück, aber es war vergeblich. Das polnische Oberkommando hatte – vielleicht war das ein Fehler – beschlossen, das Gebiet des polnischen Staates zur Gänze zu verteidigen – eine unmögliche Aufgabe. Am 6. September verließ die polnische Regierung Warschau. Am 19. September ergab sich die letzte größere polnische Einheit, die Armee von Posen.
Zwei Tage zuvor waren die Russen eingerückt, um sich ihren Anteil zu sichern. Zwei Heeresverbände stießen ins östliche Polen vor, der eine südlich, der andere nördlich der unpassierbaren Pripet-Sümpfe. Die Russen machten über 200 000 polnische Gefangene, von denen einige später zurückkehrten und ihren Kampf gegen die Deutschen von Standorten in Großbritannien und im Mittelmeer fortsetzten. Damals jedoch übten die Russen keinerlei Gnade mit den Polen.
Am 25. September unterzeichneten sie ein Abkommen mit Deutschland, durch das der polnische Staat ausgelöscht wurde. Eine polnische Regierung sollte es nicht mehr geben, nicht einmal eine Marionettenregierung. Das Land sollte unter den beiden Eroberern aufgeteilt und den Polen selbst gestattet werden, zu überleben, aber nicht viel mehr. In einem vom 17. Oktober datierten Befehl instruierte Hitler seinen

künftigen Generalgouverneur (Hans Frank, einen langgedienten SS-Offizier), er habe den Lebensstandard in Polen niedrig zu halten und die polnische Intelligenz auszumerzen; Deutschland brauche Polen als Reservoir für Arbeitskräfte[2]. In einer vertraulichen Unterhaltung mit seinem Generalstabchef des Heeres, General Halder, sagte Hitler jedoch auch, daß Polen für Deutschland von militärischer Bedeutung sei, und zwar als eine Art vorgeschobener Außenposten, den man unter Umständen dazu benutzen könne, ein Expeditionskorps auszuheben. Straßen-, Eisenbahn- und Telefonnetz müßten für die deutschen Streitkräfte erhalten bleiben. Das zweite deutsch-sowjetische Abkommen war erst drei Wochen alt, da traf Hitler bereits Vorbereitungen, seinen neuen russischen Verbündeten zu hintergehen und anzugreifen.

Die Russen greifen Finnland an

Inzwischen hatte die Sowjetunion die baltischen Ostseeanliegerstaaten Estland und Lettland nahezu absorbiert, nachdem sie sie unter Druck und Drohungen dazu gebracht hatte, den russischen Armeen Besetzungsrechte zuzugestehen. Am 2. Oktober hatte die Sowjetunion außerdem begonnen, unter Drohungen mit Finnland zu verhandeln. Drei Hauptforderungen stellten die Russen. Sie verlangten einen über dreißig Jahre laufenden Pachtvertrag für den Flottenstützpunkt Hangö, eine Insel an der Nordseite des Finnischen Meerbusens, rund hundert Kilometer westlich von der finnischen Hauptstadt Helsinki. Außerdem verlangten sie die westliche Hälfte der Fischer-Halbinsel, die nördlich vom (damals) finnischen Hafen Petsamo in die Barents-See hineinragt. Schließlich verlangten die Russen auch noch territoriale Zugeständnisse auf der Karelischen Halbinsel, die den Finnischen Meerbusen vom Ladogasee trennt. Diese etwa achtzig Kilometer breite Landenge verbindet Leningrad mit Viipuri, der größten Stadt im Südosten Finnlands.
Die Beweggründe der Russen unterschieden sich von denen Hitlers. Sie wollten die baltischen Staaten und das finnische Gebiet vornehmlich deshalb, um besser gegen einen befürchteten Angriff aus dem Westen gerüstet zu sein. Hitler dagegen eroberte seinen Teil von Polen, weil er sein Reich vergrößern oder ihm zumindest abhängige Gebiete angliedern wollte. Das Hauptmotiv der Russen im Jahre 1940 war die Verteidigung.
Das begriff man im Westen damals nur sehr verschwommen. Die Fehleinschätzung sollte sich halten und die Politik des Westens noch weitere dreißig Jahre hindurch beeinflussen. Bei dem sogenannten

Sowjetimperialismus handelte es sich niemals schlicht um Gebietsvergrößerungen, wie Hitler sie anstrebte und wie die Briten sie im 19. Jahrhundert betrieben hatten.

Doch die Tatsache, daß die Russen versuchten, sich zu verteidigen, würde – selbst wenn das damals klar gewesen wäre – die Esten, Letten, Litauer und Finnen nicht getröstet haben und auch in keinem Fall eine Entschuldigung für das gewesen sein, was die Russen taten. Die Finnen weigerten sich, Hangö zu verpachten und den Russen Gebiete auf der Karelischen Landenge abzutreten. Sofort inszenierten die Russen am 26. November auf der Landenge einen Zwischenfall und griffen vier Tage später Finnland an.

Als der sogenannte »Winterkrieg« begann, führten die Russen etwa eine Million Mann ins Feld, die Finnen etwa 175000. Den größten Teil des Krieges über wurden die Russen von den äußerst tüchtigen und entschlossenen Finnen überlistet, ausmanövriert und militärisch gedemütigt. Rasch stellte es sich heraus, daß der finnische Oberbefehlshaber, Feldmarschall Mannerheim, einer der besten Winterstrategen überhaupt war.

Zunächst und vor allem mußte er die Karelische Landenge verteidigen, welche die leichteste Einfallsroute für die Russen bildete. Außerdem galt es, eine fast tausend Kilometer lange, durch unwegsame Wälder und Tundra führende Grenze zu halten, die sich nördlich des Ladogasees bis zum Eismeer erstreckte. Mannerheim stationierte zwei Divisionen auf der Karelischen Landenge und vertraute die Verteidigung der nördlichen Grenze dem Können, der Beweglichkeit, der Zähigkeit und der Intelligenz seiner wenigen noch verbleibenden Verbände an. Die Russen glaubten, leichtes Spiel zu haben, mit ihren eine Million Mann in westlicher Richtung quer durch Finnland bis zum Bottnischen Meerbusen vorzustoßen. In Wahrheit kamen sie nie dorthin, und bald gaben sie es auch auf, dies Ziel anzustreben.

Die Finnen verteidigten ihre eigenen Wälder und hielten – da sie gewissermaßen schon mit Schiern zur Welt gekommen waren – tapfer die Stellung. In zwei getrennten Unternehmungen umzingelten zwei finnische Obersten, Paavo Talvela und Hjalmar Siilasvuo, vier sowjetische Divisionen und rieben sie auf. Zu keinem Zeitpunkt standen mehr als zwei Regimenter unter dem Befehl eines dieser Offiziere.

Letzten Endes mußte die Übermacht der Russen aber wohl doch die Oberhand behalten. Nachdem sie im Norden geschlagen waren, setzten sie einfach ihre Angriffe auf der Karelischen Landenge mit noch größerem Druck fort. Die Finnen hielten die Mannerheim-Linie, einen Befestigungswall, der wesentlich weniger bedrohlich war, als die Russen meinten. Doch im März, als die Eisdecke dick genug war, konnten die Russen die Bucht nach Viipuri überqueren und die Finnen

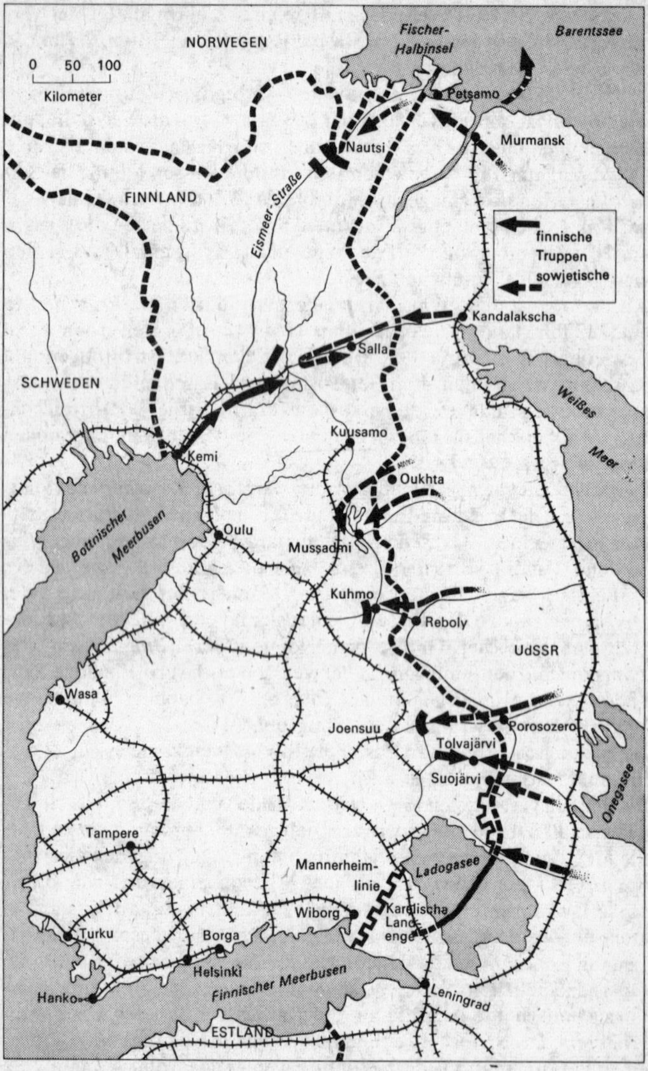

Der russische Einmarsch in Finnland, November 1939 bis März 1940

von der Flanke her angreifen. Der Krieg endete am 12. März. Im Vertrag von Moskau wurden den Russen sämtliche Gebietsforderungen zugestanden, und sie erhielten außerdem noch Viipuri.
Die Russen lernten aus diesem Debakel sehr rasch. Bereits vor dem Ende des Winterkrieges unterwiesen sie ihre Soldaten in der finnischen Kampfweise. Weder Hitler noch die Westmächte schienen damals begriffen zu haben, daß die Russen bei allen anderen militärischen Schwächen, an denen sie damals litten, gelehrige Schüler waren und rasch lernten.
Die hoffnungslose Lage der Finnen und ihr heldenmütiger Widerstand erregten damals große Sympathie im Westen. Die Briten (wenn auch anderweitig engagiert) und insbesondere die Amerikaner machten sich freiwillig anerbietig, Finnland gegen die Sowjetunion zu verteidigen. Polen hatten die Westmächte nicht bei seiner Verteidigung helfen können. Vielleicht konnte man aber zumindest etwas unternehmen, um Finnland, das ja auch von einem totalitären Staat unter Druck gesetzt wurde, beizustehen. Die Franzosen sahen – weniger gefühlvoll, dafür aber mit um so größerem Sinn für Realität – in Finnland eine Möglichkeit, französische Waffen offensiv einzusetzen.
Die Leitlinie der französischen Verteidigungspolitik bestand darin, Frankreich durch einen Festungswall abzuschirmen, in der Hoffnung, dadurch eine Invasion zu verhindern. Das schloß jedoch nicht die Entsendung von Truppen in andere Teile Europas aus, die fern von französischem Boden lagen. Es existierten französische Generalstabspläne für Expeditionen in verschiedene Teile Europas. So hatte man zum Beispiel eine französische Expedition nach Lappland vorgesehen (wo diese Truppen vermutlich hätten operieren müssen).
In der Praxis waren weder Großbritannien noch Frankreich in der Lage, den Finnen direkt zu helfen. Die Expeditionskorps waren noch nicht aufgestellt und ermangelten außerdem der Ausbildung und der Ausrüstung, die nötig waren, wenn sie Mannerheims aufrechten und zähen Soldaten wirklich helfen und nicht im Wege hätten stehen sollen. Überdies gab es für sie keinen direkten Weg nach Finnland. Einer der wenigen russischen Erfolge war die Einnahme des einzigen finnischen Eismeerhafens, Petsamo, Anfang Dezember, von wo aus sie über die Eismeer-Straße in Richtung auf den Bottnischen Meerbusen vorrückten. Zwar stimmt es, daß die Finnen die Russen wieder zurückwarfen, doch obgleich die finnische Armee ihre Stellungen in der Nähe von Petsamo Anfang März wieder hatten beziehen können, war der Hafen nie sicher genug, als daß die Alliierten dort hätten Truppen landen können.

Der Feldzug in Norwegen

Die strategische Folge von alledem war, daß der einzige Weg für die Alliierten nach Finnland über Norwegen führen mußte. Falls ein französisch-britisches Expeditionskorps überhaupt Finnland erreichen wollte, mußte es zunächst einmal im norwegischen Hafen Narvik landen.

Norwegen war jedoch neutral und zu diesem Zeitpunkt auch entschlossen, neutral zu bleiben. Narvik war aber auch aus anderen Gründen wichtig, denn es bildet den westlichen Endpunkt einer einsamen Eisenbahnlinie, welche die schwedischen Eisenerzminen von Kiruna mit zwei Häfen verbindet – mit dem im Winter zugefrorenen Lulea am Nordende des Bottnischen Meerbusens und dem an der Atlantikküste gelegenen, eisfreien Narvik. Aus Kiruna wurde der größte Teil des deutschen Eisenerzbedarfs gedeckt, dessen überwiegender Teil von Narvik aus verschifft wurde. Die Briten und die Franzosen hatten außer der verzweifelten Lage der Finnen noch andere Gründe, Narvik zu besetzen.

Der Oberkommandierende der deutschen Kriegsmarine, Admiral Raeder, hatte gleichfalls ein Auge auf Narvik geworfen, und zwar nicht nur des Eisenerzes wegen, sondern auch, um mehr Stützpunkte für seine Flottenverbände am Atlantik zu haben, mit denen er die britischen Versorgungslinien über den Atlantik stören konnte. Im Laufe des Winters 1939/40 versuchten Raeder und ein vereinzelter norwegischer Faschist, Vidkum Quisling, Hitler zur Besetzung Norwegens zu überreden.

Derjenige, der ihn dann schließlich dazu brachte, war Captain Philip Vian von der Royal Navy, Kommandant des Zerstörers *Cossack*. Vian suchte am 16. Februar 1940 um die Erlaubnis nach, das deutsche Versorgungsschiff *Altmark* bis in norwegische Gewässer hinein zu verfolgen. Die *Altmark* war ein großer und schneller Tanker, dessen Aufgabe es gewesen war, den Schlachtkreuzer *Admiral Graf Spee* zu versorgen. Vian erhielt die Erlaubnis, denn die britische Admiralität war überzeugt, daß die *Altmark* dreihundert britische Gefangene von aufgebrachten und dann versenkten britischen Frachtern an Bord hatte, um sie nach Deutschland zu bringen. Die norwegische Flotte hatte die *Altmark* gestoppt und durchsucht, jedoch keine Gefangenen gefunden. Vian war anderer Meinung. Am 17. Februar berichtete der deutsche Marineattaché in Oslo, daß ein britischer Zerstörer am Tag zuvor um zehn Uhr abends der *Altmark* bis in den Jossingfjord gefolgt sei (ein schmales und schwieriges Gewässer, in dem das deutsche Schiff Schutz gesucht hatte), daß britische Matrosen an Bord der *Altmark* gegangen seien und daß es zu Schießereien gekommen sei. Der »engli-

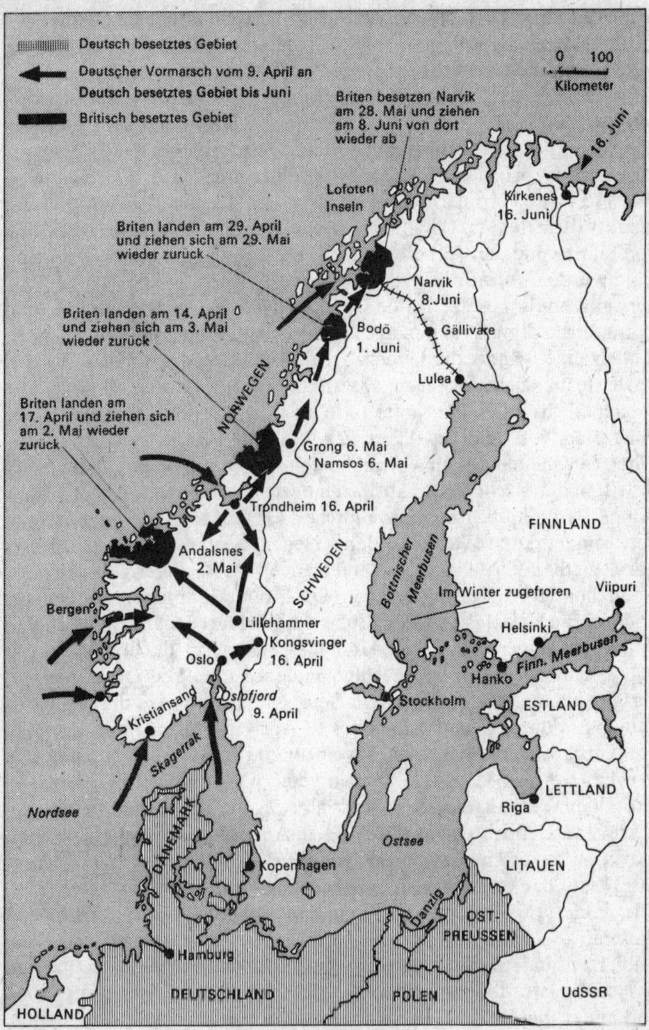

Deutsche Invasion in Norwegen, 1940

sche Kapitän« hatte der norwegischen Kriegsmarine gegenüber erklärt, er habe die Aufgabe, »ein paar hundert« britische Seeleute zu retten, und sei verpflichtet, seinen Auftrag durchzuführen. Tatsächlich befanden sich auf der *Altmark* 299 britische Gefangene, und zwar versteckt in den Laderäumen und Ölbunkern, damit sie von den Norwegern nicht entdeckt wurden. Vian brachte sie nach Hause. Durch sein Vorgehen zwang er Hitler allerdings auch zum Handeln. Am 19., zwei Tage nach der Botschaft des Marineattacheés in Oslo, befahl Hitler dem Oberkommando der Wehrmacht die Ausarbeitung von Plänen und die Vorbereitung zur Besetzung von ganz Norwegen. Bald wurde offensichtlich, daß Dänemark, das geographisch im Weg lag, gleichfalls besetzt werden müsse. Neben Großbritannien und Frankreich schmiedete nun auch Deutschland Pläne, in Norwegen zu landen, einem Land, das keinem der drei gehörte, das ihnen nichts getan hatte und nicht einmal das Eisenerz besaß, auf das es Deutschland vornehmlich abgesehen hatte – in dem aber zufälligerweise jener Hafen lag, von dem aus dieses Erz verschifft wurde.
Ohne es voneinander zu wissen, beschlossen beide Seiten, den ersten Schritt in der Nacht des 8. April zu unternehmen, vermutlich aus denselben, vornehmlich meteorologischen Gründen. Die Briten hatten vor, Minen in den Wasserstraßen zu legen, welche die Inseln vor der norwegischen Küste vom Festland trennen – also innerhalb der norwegischen Hoheitsgewässer lagen. Die Admiralität nahm an, daß sie dadurch die Verschiffung des Eisenerzes von Narvik nach Deutschland innerhalb der norwegischen Hoheitsgewässer, in denen die Royal Navy nicht operieren durfte, unterbinden würde. Die Deutschen ihrerseits planten eine vollständige Besetzung Norwegens durch gleichzeitige Landungen am Morgen des 9. April in Oslo, Kristiansand an der Nordküste des Skagerrak, Stavanger und Bergen, den Haupthäfen Westnorwegens, in dem 320 Kilometer weiter nördlich gelegenen Trondheim, der drittgrößten Stadt Norwegens, sowie dem bereits im arktischen Bereich gelegenen Narvik. Außerdem wollten sie Dänemark, wenn auch nur als Sprungbrett, und nahmen es in einem Tag. Die Deutschen waren bereit, die Briten und Franzosen hingegen nicht. Die Alliierten verfolgten die Deutschen bis hinein nach Norwegen, diesmal allerdings auf Ersuchen der norwegischen Regierung. Die Alliierten landeten am 14. April etwa 130 km nördlich von Trondheim in Namsos, wurden jedoch am 3. Mai durch die von Trondheim vorrückenden deutschen Truppen wieder hinausgeworfen. Die Briten landeten am 17. April bei Andalsnes, wurden jedoch am 2. Mai von deutschen Truppen, die von Lillehammer aus vorrückten, wieder hinausgeworfen. Anfänglich errangen die Norweger einen Erfolg im Oslofjord, wo sie mit den Geschützen der Festung Oscarborg das Vor-

ausschiff der deutschen Streitkräfte, die zur Einnahme von Oslo ausgeschickt worden waren, den schweren deutschen Kreuzer *Blücher*, versenkten.
Das gab der norwegischen Regierung Zeit, aus ihrer uneinigen und trotzigen Haltung herauszukommen und sich wieder zu fangen. Sowohl die Regierung als auch der König weigerten sich, die Waffen zu strecken. Voller Zorn zogen sie sich in die Berge zurück. Der zweite alliierte Erfolg, der die Deutschen viele Schiffe kostete, fand am anderen, fernen arktischen Ende Norwegens in Narvik statt.

Deutsche Niederlagen in Narvik

Beim Überfall auf Norwegen setzten die Deutschen mit Ausnahme der U-Boote buchstäblich ihre gesamte Kriegsmarine ein. Zwar konnten weder die beiden Angriffe der Royal Navy auf die deutschen Seestreitkräfte vor Narvik, noch die Angriffe, welche die britische U-Boot-Waffe im Kattegat fuhr, noch die der Marineluftwaffe die Besetzung Norwegens durch die Deutschen verhindern, doch gelang es mit ihrer Hilfe, die Schlagkraft der deutschen Kriegsmarine so weit zu schwächen, daß sie nicht mehr sicher sein konnte, in den darauffolgenden Monaten eine auf Amphibienfahrzeugen basierende Landung auf den britischen Inseln zu schaffen.
Im Verlauf des Norwegenfeldzugs verlor die deutsche Kriegsmarine einen schweren Kreuzer, zwei leichte Kreuzer und zehn Zerstörer – alle wurden versenkt. Einer ihrer Schlachtkreuzer mußte für ein Jahr außer Dienst gesetzt werden, und zwei andere Schlachtschiffe wurden beschädigt. Hinsichtlich der Flottenstärke ging der Norwegenfeldzug eindeutig zugunsten der Alliierten aus, und zwar hauptsächlich wegen der beiden Seegefechte vor Narvik.
Die erste Schlacht um Narvik fand statt und wurde gewonnen, weil der Führer der britischen Zerstörerflottille, Captain Warburton-Lee, die krausen Nachrichten, die ihn erreichten, ignorierte und dem simplen Nelson'schen Rezept folgte, daß es im Zweifelsfall das beste sei, den Feind aufzustöbern und ihn zu vernichten.
Soweit die britische Admiralität sie begreifen konnte, gingen die Absichten der deutschen Kriegsmarine in der Nacht vom 8. auf den 9. April dahin, mit Hilfe von Schlachtschiffen oder zumindest schweren Zerstörern einen größeren Vorstoß in den Nordatlantik zu unternehmen. Zumindest ging der Oberkommandierende der Home Fleet, Admiral Forbes, von dieser Annahme aus, als die Royal Air Force ihm berichtete, daß größere deutsche Flottenverbände aus ihren Heimathäfen ausgelaufen seien. In Wirklichkeit hatten die Deutschen vor,

Norwegen sofort zu besetzen, wohingegen die Alliierten dasselbe Vorhaben vierzehn Tage später geplant hatten. Sämtliche deutschen Landungen fanden zur vorgesehenen Zeit statt und kamen vollkommen überraschend.
Die britische Home Fleet war zwar auf See, konzentrierte sich jedoch hauptsächlich darauf, einen Durchbruch der Deutschen in den Atlantik zu verhindern, den diese gar nicht vorhatten. Im hohen Norden jedoch hatte Vizeadmiral Whitworth auf seinem Flaggschiff, dem Schlachtkreuzer *Renown* ganz in der Nähe der norwegischen Küste operiert, wo seine Zerstörer die Wasserstraßen verminen sollten. Einer seiner Zerstörer, die *Glow Worm,* die bei schlechtem Wetter den Kontakt mit dem Rest der Flottille verloren hatte, fing den schweren deutschen Kreuzer *Admiral Hipper* ab, welcher die deutsche Landung in Trondheim decken sollte. Arg zusammengeschossen, das Schiff unter sich im Sinken begriffen, rammte der Kommandant der *Glown Worm* die *Admiral Hipper* in der verzweifelten Hoffnung, sie zu versenken. Die *Admiral Hipper* wurde zwar schwer beschädigt, ging jedoch nicht unter. Noch weiter im Norden und bei womöglich noch schlechterem Wetter trug die *Renown* ein unentschiedenes Feuergefecht mit den deutschen Schlachtkreuzern *Scharnhorst* und *Gneisenau* aus, welche die Landung in Narvik gedeckt hatten – ein Unternehmen, von dem Whitworth damals keine Ahnung hatte.
Die Landung hatte bereits stattgefunden. Am 9. April vor Morgengrauen hatten zehn große deutsche Zerstörer mit 2000 Mann Gebirgsjägern an Bord während eines Schneesturms Narvik erreicht. Sie versenkten rasch zwei norwegische Kriegsschiffe, die dort im Hafen lagen, und die Truppen konnten an Land gehen. Die Zerstörer saßen jedoch fürs erste in Narvik in der Falle, weil sie während der langen Reise von Deutschland fast ihren gesamten Brennstoff verbraucht hatten. Einer von den beiden Tankern, die Befehl hatten, mit ihnen zusammenzutreffen, war nicht gekommen. Diese außerplanmäßige Verzögerung sollte zur ersten größeren See-Niederlage der Deutschen führen. Am 9. April beschloß Captain Warburton-Lee, einer unbestätigten Meldung nachzugehen, derzufolge deutsche Schiffe in einem nordnorwegischen Hafen eingetroffen seien und dort Truppen an Land gesetzt hätten.
Narvik liegt am Ende eines langen, schmalen Fjords. Captain Warburton-Lee beschloß, im Morgengrauen des 10. April dort einzutreffen. Er verfügte über fünf Zerstörer: sein Flaggschiff *Hardy,* die *Hunter,* die *Havock,* die *Hotspur* und die *Hostile.* Sie waren mit 11,4-cm-Geschützen bestückt, die deutschen Zerstörer mit 12,7-cm-Geschützen.
Am Nachmittag des 9. April hatte Captain Warburton-Lee die nor-

wegischen Lotsen, die in der am Eingang des nach Narvik führenden Fjords gelegenen Lotsenstation warteten, gebeten, ihm zu sagen, was für Schiffe sie gesehen hätten[3]. Die Lotsen sagten, soweit sie wüßten, seien sechs deutsche Kriegsschiffe und ein Unterseeboot in den Fjord eingelaufen. Vor Morgengrauen des nächsten Tages folgte ihnen Warburton-Lee.

Einer der deutschen Zerstörer machte eine Patrouillenfahrt. Er fungierte gewissermaßen als Wache für die anderen. Allerdings hatte der Kapitän seine Station eine halbe Stunde vor Warburton-Lees Eintreffen verlassen. Warburton-Lee traf auf einige deutsche Zerstörer und griff sie an, fand jedoch nicht alle. Von den insgesamt zehn deutschen Zerstörern wurden bei diesem ersten britischen Angriff zwei versenkt und vier stark beschädigt. Zwei der deutschen Zerstörereinheiten hatten jedoch die Nacht über in den Seitenfjorden geankert. Sie griffen verspätet in den Kampf ein und brachten den britischen Schiffe schwere Schäden bei – gerade in dem Augenblick, als Warburton-Lee kehrtmachte, um einen zweiten Angriff zu fahren.

Eine 12,7-cm-Granate traf die Brücke der *Hardy*. Warburton-Lee und alle anderen Männer auf der Brücke wurden getötet – bis auf den Adjutanten des Kapitäns, Zahlmeister Leutnant Stanning, der daraufhin das Kommando übernahm. Allerdings war die *Hardy* schwer beschädigt, hatte Maschinenschaden erlitten und mußte auf Strand gesetzt werden. Die *Hunter* sank. Die drei britischen Zerstörer, die übriggeblieben waren, fuhren wieder auf See hinaus und versenkten unterwegs noch ein deutsches Versorgungsschiff.

Drei Tage später kamen die Briten jedoch zurück. Vizeadmiral Whitworth, jetzt auf dem Schlachtschiff *Warspite,* führte einen aus vier großen Zerstörern bestehenden Flottenverband nach Narvik: die *Bedouin,* die *Cossack,* die *Eskimo,* und die *Punjabi;* außerdem fünf kleinere, die *Hero,* die *Icarus,* die *Kimberley,* die *Forester* und die *Foxhound.* Diesmal war man den Deutschen durch die Zahl der Geschütze überlegen, und diesmal gewannen sie nicht. Selbst das Aufklärungsflugzeug der *Warspite* trat in Aktion. Sein Pilot, der Maat Price, bombardierte und versenkte ein U-Boot – sozusagen auf dem Weg zur Arbeit.

Auch die nachfolgende Landung der Alliierten verlief erfolgreich. Die 2000 deutschen Gebirgsjäger setzten sich in die Berge ab. Allerdings brauchte die Operation ihre Zeit. Es wurde Mitte Mai, ehe die Briten und die Norweger Narvik ganz in der Hand hatten. Und bis dahin ließen die Deutschen ihre Panzer schon nach Frankreich einrücken. Die Alliierten zogen sich zwischen dem 4. und 8. Juni aus Narvik zurück und nahmen dabei die überlebenden Besatzungsmitglieder der *Hardy* mit. Die norwegische Armee ergab sich am 9. Juni.

Tags zuvor hatte die Navy den Flugzeugträger *Glorious* mit einer Ladung von Kampfflugzeugen für den Landeinsatz an Deck auf dem Rückweg von Norwegen verloren. Er wurde von der *Scharnhorst* versenkt, die ihre zweite Fahrt unternahm, um die norwegische Küste zu sichern.
Mit Ausnahme der U-Boot-Waffe wurde die deutsche Kriegsmarine durch den Norwegenfeldzug ernstlich geschwächt. Die Alliierten hatten allerdings ihr Ziel nicht erreichen können, das darin bestand, die Versorgung Deutschlands mit Eisenerz von Narvik aus zu unterbinden. Auch retteten sie Norwegen nicht, obgleich die Norweger, aufgebracht und einfallsreich, den deutschen Garnisonen während des ganzen Krieges zu schaffen machten. Hitler war gezwungen, 300000 Mann in Norwegen zu stationieren, teils, weil er dort eine Invasion fürchtete, teils jedoch auch, um sich gegen die Anschläge der norwegischen Widerstandsbewegung zu wehren.
Das in gewisser Weise wichtigste Ergebnis des Norwegenunternehmens war der Sturz Neville Chamberlains. Die Norwegendebatte im Unterhaus, die vom 7. Mai bis zum Abend des 8. Mai 1940 dauerte, bedeutete das Ende des Pseudokrieges für Großbritannien mit ebenso großer Gewißheit, wie Hitlers Einmarsch in die Niederlande am 10. Mai das Ende des Pseudokrieges für Holland und Frankreich bedeutete. Chamberlain wurde durch seine eigene Partei, die Konservativen, zu Fall gebracht. Leo Amery zitierte Cromwell: »Zieh ab, sag' ich, und damit sei's getan! In Gottes Namen: geh!« Die Labour-Opposition drohte, das Haus zu spalten. Einundvierzig Mitglieder der Regierungspartei stimmten mit der Opposition, sechzig enthielten sich der Stimme. Chamberlains Mehrheit fiel von 240 auf 81 Stimmen. Es war eine überwältigende moralische Niederlage.
Die Stimmung im Unterhaus und die Stimmung im ganzen Lande sprach für eine Koalitionsregierung. Schließlich waren Koalitionen seit jeher Großbritanniens Reaktion auf nationale Notstände gewesen. Für die meisten Konservativen stellte Halifax die naheliegendste Alternative für Chamberlain dar. Churchill, der schließlich gewählt wurde, war anfangs ein eher zögernder Kandidat gewesen. Zunächst erklärte er, falls er aufgefordert werde, unter Halifax ein öffentliches Amt zu bekleiden, würde er das ablehnen, und das war sein erster einschneidender politischer Schachzug. Am 9. Mai fragte Chamberlain, ob er Halifax als Premierminister unterstützen würde. Churchill schwieg – zwei volle Minuten lang. Den zweiten entscheidenden Schritt tat das Nationale Exekutivkomitee der Labour Party. Chamberlain hatte bei Attlee und Greenwood angefragt, ob die Labour Party seiner Regierung beitreten würde, und die hatten geantwortet, sie müßten zuvor ihren Parteivorstand fragen, der damals gerade in

Bournemouth tagte. Der Parteivorstand sagte »Nein«. Später ließ der Parteivorstand wissen, unter »einem anderen Premierminister« sei die Labour Party zu einer Koalition bereit. Für den »anderen Premierminister« kam niemand in Frage außer Churchill. Es gab keine Alternative. Endlich einmal hatte der Parteivorstand der Labour Party eine unwiderrufliche politische Entscheidung getroffen. Churchill sollte die Briten zum Sieg führen, aber bis dahin war es noch ein langer Weg. Falls überhaupt jemand sonst Großbritannien diesen großen Dienst hätte erweisen können – genannt wurde sein Name nie.

Der Fall Frankreichs

3

Nach der Kapitulation Polens standen sich an der Westfront zwei riesige Armeen sechs Monate lang bewegungslos gegenüber. Die Alliierten verfügten über 149 Divisionen, die Deutschen über 136. Auch die Zahl der Panzer war etwa die gleiche, jedoch nicht deren Qualität und schon gar nicht ihre Taktik. Die Franzosen hingen noch an den Vorstellungen des Stellungskrieges und hatten ihre Panzer meist auf die Infanterie-Divisionen aufgeteilt. Die Deutschen besaßen eine Luftwaffe mit 2000 Bombern und über 4000 Jagdflugzeugen gegenüber 800 Bombern und nur etwa 2500 Jägern auf der alliierten Seite. Der Feldzug fand in zwei Etappen statt: die Schlacht um die Niederlande und die Schlacht um Frankreich.

Es gibt eine Reihe von Gründen, warum der deutsche Überfall im Westen so erfolgreich war. Zunächst einmal die außerordentlich bewegliche Kriegsführung mit voll mechanisierten und gepanzerten Verbänden gegen einen Feind, der sich auf den Stellungskrieg hinter der Maginot-Linie eingerichtet hatte. Sodann der Einsatz einer neuen Waffengattung, als die Deutschen am 11. Mai das Fort Eben Emael mit Luftlandetruppen und Lastenseglern besetzten, und schließlich der Durchbruch der Panzerdivisionen durch die für unpassierbar gehaltenen Ardennen. Luftwaffe und Panzer waren für den deutschen Erfolg entscheidend. Stukas, eine neue Artillerie aus der Luft, schlugen die Festungen zusammen und walzten den Weg für die schnell vordringenden Heereskräfte frei. Die Deutschen errangen nach wenigen Tagen die absolute Luftherrschaft über dem Operationsgebiet.

Die französischen Streitkräfte waren schlecht geführt, die französische Generalität zu alt. Als Weygand aus dem mittleren Osten geholt wurde, war es längst zu spät. Er konnte nichts mehr retten. Es wirkt wie ein schlechter Witz, daß das Hauptquartier der Franzosen in Vincennes bei Paris nur Telefone, aber keine Funkverbindung zur französischen Armee besaß. Der deutsche Plan, die alliierten Streitkräfte in einem schnellen, mit Elan vorgetragenen Stoß in der Mitte gewissermaßen durchzusäbeln, glückte vollständig. Damit war auch das britische Expeditionskorps abgeschnitten. Die Engländer schickten sich an, von Dünkirchen zu entfliehen. Es ist erstaunlich, daß es gelang, trotz ununterbrochener Bombardierung der eingeschlossenen britischen Kräfte durch die Luftwaffe, insgesamt 338 000 Mann von Dünkirchen zur Insel zu transportieren. Göring hatte Hitler eingeredet, daß er in der Lage sei, mit seiner Luftwaffe das britische Expeditionskorps am Boden zu zerschlagen und eine Rückführung der Soldaten nach England zu verhindern. Dieser hielt daraufhin von Rundstedt zurück, der sich anschickte, die Briten ins Meer zu werfen, und so begann die erste Tragödie deutscher Strategie, eine Fehlentscheidung beachtlichen Ausmaßes. Das Wetter war schlecht, die Bomber und Stukas der Luftwaffe mußten, tief über dem Brückenkopf fliegend, werfen. Doch da sicherten die modernen englischen Spitfires die Verschiffung des Expeditionskorps und schossen zwischen dem 27. und 30. Mai 179 deutsche Flugzeuge ab, wobei sie nur 29 eigene verloren. Die Grenzen der Macht, vor allen Dingen der Luftmacht, wurden hier zum ersten Mal sichtbar. Dünkirchen gab einen Vorgeschmack auf die Luftschlacht um England.

Das deutsche Oberkommando, wohl auch Hitler, waren davon ausgegangen, daß die Briten nach der Kapitulation Frankreichs Frieden schließen wollten. Aber das erwies sich als Irrtum. Arnold-Forster berichtet zum ersten Mal über die Chamberlain-Halifax-Vorschläge, die durch die Kabinettsberichte 1972 bekannt wurden. Wie die Welt aussähe, wenn Chamberlains und Halifax' Appeasement-Vorschläge tatsächlich Politik geworden wären, ist kaum vorstellbar. Als nach der Kapitulation Frankreichs die Appeasement-Politik zu Ende ging, begann Hitler seine Invasionsarmee für das Unternehmen »Seelöwe« aufzubauen.

J. S.

Im ersten Kriegswinter auf dem europäischen Festland gruben sich eine gewaltige französische und eine wesentlich kleinere britische Armee an der Ostgrenze Frankreichs ein und verharrten dort in Regungslosigkeit. Das Gesamtkommando führte der französische Generalstab. Wie andere Franzosen auch, waren die Generäle ent-

schlossen, zunächst einmal den französischen Boden zu beschützen. Frankreich hatte im Ersten Weltkrieg grauenhaft gelitten. Die französische Armee sah ihre Aufgabe weniger darin, den Feind zu schlagen, als vielmehr eine zweite Invasion zu verhindern.
Der Oberkommandierende, General Gamelin, zweifelte nicht daran, daß die Deutschen versuchen würden, einzumarschieren und erwartete – zu Recht –, daß sie den Angriff durch Belgien vortragen würden, ob Belgien nun neutral war oder nicht. Weiter zu Recht erwartete er, daß die Deutschen weder das Elsaß noch Lothringen angreifen würden, da diese beiden französischen Provinzen durch die Maginot-Linie geschützt waren, einen kostspieligen Schutzwall, der vermutlich nicht zu durchbrechen war, obwohl niemand je die Probe aufs Exempel gemacht hatte. Gamelins Plan bestand darin, vom Westen aus in Belgien einzumarschieren, sobald die Deutschen vom Osten her in dieses Land eindrangen. Vom französischen Standpunkt aus hatte dieser Plan den Vorteil, daß die Industriegebiete Nordostfrankreichs ausgespart werden und keine Kämpfe auf französischem Boden stattfinden würden. Gamelin sah voraus – und auch damit sollte er recht behalten –, daß die erste Regung der Deutschen sein würde, das zu tun, was sie schon einmal getan hatten: in westlicher Richtung durch Belgien vorzurükken und dann in südlicher Richtung nach Frankreich hinein vorzustoßen. Das war der sogenannte Schlieffen-Plan, nach dem man zum erstenmal 1914 vorgegangen war. Der Schlieffen-Plan erforderte einen Hauptvorstoß der Deutschen nach Belgien hinein, etwas nördlich von Lüttich. Um diesem erwarteten Vorstoß entgegenzutreten, schlug Gamelin vor, mit seinen besten und stärksten Streitkräften, der vollmotorisierten 1. französischen Armee unter General Blanchard, von der französisch-belgischen Grenze aus nach dem nördlich von Namur gelegenen Gembloux vorzustoßen – eine Entfernung von etwa 65 km. Das britische Expeditionskorps, zehn Divisionen unter dem Kommando von General Gort, sollte Blanchards linke Flanke stützen, indem es die Linie des Flusses Dyle östlich von Brüssel hielt. Die 9. französische Armee unter General Corap sollte Blanchards rechte Flanke decken und die Linie der Maas von Namur bis Sedan am Westrand der Ardennen halten. Die 9. Armee war weniger gut ausgerüstet als die 1. und hatte auch eine längere Frontlinie zu verteidigen, doch nahm Gamelin an, daß sie durch die, wie man annahm, undurchdringlichen Wälder und Hügel der Ardennen vor größeren Angriffen relativ sicher sei.
Außerdem hoffte Gamelin, daß die belgische Armee den deutschen Vormarsch an der Maas zwischen Namur und Lüttich sowie an dem von Lüttich nach Antwerpen führenden Albert-Kanal aufhalten werde. Den Schlüssel zu diesem Verteidigungssystem bildete das an

der deutsch-belgischen Grenze in der Nähe von Lüttich gelegene Fort Eben Emael. Diese Festung galt als die stärkste der Welt.
Der Erfolg von Gamelins Plan hing davon ab, daß die Deutschen auch wirklich taten, was er annahm. Zunächst waren seine Erwartungen ironischerweise richtig: Der erste Invasionsplan des deutschen Oberkommandos für Frankreich aus dem Jahre 1940 wies große Ähnlichkeit mit dem Schlieffen-Plan auf. Eines der vielen Dinge, die für Gamelin schiefliefen, bestand darin, daß die Deutschen es sich anders überlegten.
Gamelin war nicht bloß auf Mutmaßungen angewiesen. Im Januar 1940 geriet eine Kuriermaschine der deutschen Luftwaffe vom Kurs ab und mußte in Belgien notlanden. Was der Kurier mit sich führte, waren Befehle für eine massive Luftunterstützung genau jener Art von Bodenangriff, wie Gamelin sie erwartete. Das war der Schlieffen-Plan in Neuauflage. Und es handelte sich nicht etwa um eine Irreführung. Die Befehle waren echt. Der Angriff war für den 17. Januar angesetzt worden. Was Gamelin jedoch nicht wußte, war, daß die Deutschen insgeheim doch Bedenken hatten.
Zwei damals noch relativ junge deutsche Generale, von Manstein und Guderian, hatten bereits Einwände gegen die Wiederholung des Schlieffen-Plans erhoben. Es kam zu Auseinandersetzungen innerhalb des Generalstabs. Das Oberkommando dachte, der Streit ließe sich dadurch beilegen, daß man Manstein auf ein unwichtiges Kommando abschob. Doch Manstein und Guderian ließen sich nicht zum Schweigen bringen. Im übrigen kannte Gamelin ja die deutschen Pläne bereits. »Ein Flugzeugunglück«, schrieb Guderian, »zwang unsere Herren, vom Schlieffen-Plan Abstand zu nehmen. Man mußte davon ausgehen, daß die Belgier und vermutlich auch die Franzosen und Briten alles über unsere geplante Operation wußten[1].«
Das Hin und Her darüber, was stattdessen zu tun sei, dauerte bis zum Frühling an. Guderian wollte den Angriff durch die Ardennen vortragen, die Maas bei Sedan überqueren und von dort aus westlich bis nach Amiens und an die Kanalküste vorstoßen. Er sagte, die Ardennen seien nicht undurchdringlich, und behauptete, seine Panzer könnten ohne große Schwierigkeiten über die Maas setzen. Einem massiven Panzerangriff wüßten die Franzosen bestimmt nichts entgegenzustellen. Mit allen drei Mutmaßungen behielt er recht.
Zwei Berufssoldaten hatten seit langem genau vorausgesehen, was mit Frankreich passieren würde. Der eine war Guderian, der das durchsetzte, womit Frankreich in die Knie gezwungen wurde. Der andere war Oberst Charles de Gaulle von der französischen Armee. Keiner von diesen beiden begabten Soldaten erging sich in Geheimnistuerei. Beide veröffentlichten lange im voraus, wie die Dinge ihrer Meinung

nach ablaufen würden. Guderian beschreibt in seinem Buch *Achtung, Panzer,* wie er sich – übrigens zu Recht – die Wirkung eines gut geplanten Panzerangriffs auf einen für diese neue Form der Kriegführung nicht vorbereiteten Feind vorstellte. De Gaulle war in seinem Buch *Vers l'Armee de Metier (»Frankreichs Stoßarmee«)* genauso freimütig. Beide hervorragende Soldaten diagnostizierten die Schwäche Frankreichs richtig.
»Die öffentliche Meinung«, schrieb de Gaulle, »befaßte sich gar nicht mit Offensiven.« Aufgabe einer vollmotorisierten Armee, so sagte er, sei es, die starren Verteidigungslinien des Feindes zu durchstoßen und dann »sich fächerförmig auszubreiten und die erreichten Vorteile zu nutzen. Dann ist der Weg frei zu großen Siegen – zu jenen Siegen, die, ihrer tiefgreifenden und rasch sich ausbreitenden Wirkungen wegen, zu einem allgemeinen Zusammenbruch des Feindes führen, genauso, wie das Zertrümmern einer einzigen Säule bisweilen eine ganze Kathedrale zum Einsturz bringen kann . . . Wir werden es erleben, daß rasch bewegliche Truppen weit im Hinterland des Feindes operieren werden, ihm an lebenswichtigen Stellen Schläge zufügen und alle seine Vorbereitungen über den Haufen werfen . . . Damit wäre jene strategische Ausdehnung taktischer Resultate gewährleistet, die einst das höchste Ziel und gewissermaßen den Gipfel der Kriegskunst darzustellen pflegten . . .[2].«
De Gaulle hatte recht, und Guderian hatte auch recht. Jedoch predigte Guderian in Deutschland Leuten, die zumindest schon halb überzeugt waren. De Gaulle in Frankreich dagegen predigte tauben Ohren. Der französische General Chauvineau veröffentlichte 1939 ein Buch unter dem Titel: *Ist eine Invasion überhaupt noch möglich?* Seine Antwort auf diese Frage lautete »nein«. Marschall Pétain schrieb das Vorwort dazu. Er sagte, Panzer und Flugzeuge, und seien sie technisch noch so weit entwickelt, änderten an den Grundfaktoren der Kriegführung nichts, und der Hauptpfeiler der französischen Sicherheit sei ein fortlaufender Befestigungswall. De Gaulle stand in seinem politischen Kampf von vornherein auf verlorenem Posten. Der einzige französische Politiker, der ihn stützte, Paul Reynaud, stellte das Konzept des französischen Generalstabs für die richtige Art der Verteidigung des französischen Bodens in Frage. Der Kriegsminister, General Maurin, erklärte vor der Nationalversammlung: »Ist es, wo wir so viele Mühen aufgewandt haben, einen Festungswall [die Maginot-Linie] aufzubauen, denkbar, daß wir so verrückt sein sollten, über diese Linie hinauszugehen und uns in was weiß ich für ein Abenteuer zu stürzen[3]?«
Die Abneigung der französischen Armee vor Abenteuern war fast angeboren – und klar zu erkennen. Als Hitler 1936 das Rheinland wiederbesetzte, unternahmen die Franzosen nichts. De Gaulle, der das

beobachtete, kommentierte: »Da wir zu nichts anderem bereit waren, als unsere Grenze zu halten, und – uns selbst verleugnend – entschlossen waren, sie niemals und in keinem Falle zu überschreiten, war von Frankreich kein Gegenschlag zu erwarten. Der Führer war sich dessen sicher. Die ganze Welt nahm es zur Kenntnis. Statt gezwungen zu werden, die Truppen, die es in dieses Abenteuer geschickt hatte, zurückzuziehen, setzte sie das Reich dort fest, ohne daß im ganzen Rheinland, das direkt neben Frankreich und Belgien lag, auch nur ein einziger Schuß gefallen wäre.«
Hitler hatte das Rheinland im März besetzt. Im Oktober wurde de Gaulle zum französischen Premierminister Léon Blum bestellt. Blum wollte wissen, was de Gaulles Meinung nach passieren würde, wenn es zu einem Krieg käme. De Gaulle erwiderte: »Hinter unseren Befestigungsanlagen lauernd, werden wir zusehen, wie ganz Europa versklavt wird.«
Und das war buchstäblich, was geschah. Während die Franzosen in den Bunkern ihrer Maginot-Linie kauerten (und die Briten in ihren Schützengräben), besetzte oder eroberte Hitler die Tschechoslowakei, einen großen Teil Polens, ganz Dänemark und Norwegen. Rußland eroberte Polen, Estland, Litauen und Finnland oder versuchte es zumindest. Anfang Mai 1940 waren die Niederlande, Belgien und Frankreich reif für das gleiche Schicksal.

Das deutsche Oberkommando hatte sich schließlich darauf geeinigt, daß Guderian durch die Ardennen angreifen sollte. Darüber hinaus hatten die Deutschen allerdings Pläne ausgearbeitet, um Gamelin nach Belgien hineinzulocken. Er wäre auch so nach Belgien gezogen. Die Deutschen wollten jedoch sicher gehen, daß so viele alliierte Truppen wie möglich in Nordostfrankreich oder auf belgischem Boden in der Zange säßen, bis Guderian den Atlantik erreichte und sie abschneiden konnte.
Mit dieser Absicht griffen sie nicht nur Belgien, sondern auch die Niederlande an und lockten auf diese Weise einen Teil der 7. französischen Armee unter General Giraud bis nach Breda im Südwesten Hollands.
Am 10. Mai griffen die Deutschen vor Morgengrauen aus der Luft an. Zum erstenmal errangen Fallschirmjäger mehr oder weniger ohne Unterstützung einen entscheidenden Sieg. Als das Tageslicht dämmerte, hatten die deutschen Fallschirmjäger rund um Den Haag und Rotterdam Brücken erobert, die für die niederländischen Verteidigungspläne lebensnotwendig waren, und Flugplätze in ihre Hand bekommen, durch die ihre Verstärkung mittels Transportflugzeugen gesichert war. Am Ende dieses Tages war auch die gesamte

niederländische Luftwaffe zerstört und die niederländische Armee so gut wie machtlos. Die 18. deutsche Armee stieß in Südholland nach Westen vor und umging die niederländische Verteidigungslinie an der Maas. Die völlig überraschten und überrumpelten Holländer konnten nicht lange Widerstand leisten. Königin Wilhelmina und ihre Regierung gingen nach England. Am vierten Tag der Schlacht drohten die Deutschen, Rotterdam aus der Luft zu zerstören, falls der Widerstand anhalte. Das war ein Ultimatum, wie man es bis dato nicht gekannt hatte, und es endete mit einer neuartigen Form von Verrat. Zwei Stunden vor Ablauf des Ultimatums bombardierten die Deutschen Rotterdam sowieso, wobei 980 Menschen umkamen und 29000 verletzt wurden. Es ist nicht ganz klar, ob dieser Bruch des Ultimatums mit Vorbedacht begangen wurde oder nicht. Es gab Berichte, denen zufolge die Deutschen versucht hätten, ihre Bomber zurückzurufen. Aber der Angriff wurde geflogen, und die Menschen starben.

Der Überfall auf Belgien begann praktisch gleichzeitig mit dem auf die Niederlande. Am 10. Mai griff General von Reichenaus 6. Armee die belgischen Verteidigungsanlagen an der Maas und am Albert-Kanal an. Am nächsten Tag landeten deutsche Lastensegler innerhalb der Mauern von Fort Eben Emael und zwangen die belgische Garnison, sich zu ergeben. Die belgische Armee zog sich auf eine Linie hinter dem Fluß Dyle zurück. Am 15. Mai, nach der Eroberung der Niederlande, konnte die 18. deutsche Armee sich nach Süden wenden und der 6. Armee zu Hilfe kommen. Inzwischen ging auch der Vorstoß durch die Ardennen zügig voran. Zwei Tage zuvor, am 13. Mai, hatte General Rommels 7. Panzerdivision in der Nähe von Dinant im Nebel über die Maas gesetzt, und später am selben Tag hatte Guderian denselben Fluß bei Sedan überschritten. Die Deutschen standen in Frankreich.

Das nächste Ziel der Deutschen war, einen Keil zwischen die alliierten Armeen zu treiben, und zwar von ihren neuen Brückenköpfen an der Maas bei Sedan und Dinant aus. Darin sollte ihr Hauptunternehmen bestehen. Fünfundvierzig Divisionen hatten sie für den Vorstoß durch die Ardennen zusammengezogen. Nur dreißig Divisionen hatten Belgien und Holland besetzt, und die dreihundert Kilometer lange Maginot-Linie behielten nur ganze neunzehn Divisionen im Auge. »Was die Franzosen betrifft«, schrieb Guderian, »so konnte die deutsche Führung sich mit Sicherheit darauf verlassen, daß die Verteidigung Frankreichs systematisch auf den Befestigungsanlagen beruhte[5].«

Der Versuch, einen Keil zwischen die alliierten Armeen zu treiben, gelang glänzend und sehr rasch. Britische und französische Truppen marschierten verhängnisvollerweise immer noch nach Belgien hinein, um der Bedrohung Brüssels durch die Deutschen entgegenzutreten, während Guderian und Rommel die Vorhut einer viel stärkeren Streitmacht anführten und sie vom Gros der französischen Truppen im Süden abschnitten. Nachdem sie erst einmal die Maas überschritten hatten, konnten die Deutschen ihren Vormarsch beschleunigen. General Huntzinger, der Kommandeur der 2. französischen Armee, hatte seine besten Truppen im nördlichsten Teil der Maginot-Linie stationiert und es seinen weniger erfahrenen Männern überlassen, den Südteil des Ardennenabschnitts zu bewachen. Nördlich von Sedan war General Coraps 9. französische Armee auf jeden Fall schwach und schlecht ausgerüstet. Gamelin, der die Ardennen für undurchdringlich hielt, hatte seine beste Ausrüstung und seine besten Truppen nicht verschwenden wollen, indem er ihnen die Aufgabe zuerteilte, ein Tor zu bewachen, von dem er annahm, daß es nie aufgestoßen werden könne.

Bereits am 13. Mai sammelten die Deutschen ihre Hauptstreitmacht auf dem Westufer der Maas und konnten bald vorwärtsmarschieren. Mit Unterstützung der Sturzkampfbomber, der Stukas, anstelle der Artillerie (die nicht Schritt halten konnte), rückten sie mit einer Geschwindigkeit vor, welche die Franzosen verblüffte. Schon am 16. Mai rückten sie trotz Widerstand im Durchschnitt 65 km pro Tag vor. Guderian befahl seinen Kommandeuren, so lange vorzustoßen, bis sie ihren letzten Tropfen Benzin verbraucht hätten. Am 20. Mai hatten die deutschen Panzer den Atlantik erreicht.

In der Frühe des 19. Mai befahl Gamelin koordinierte Angriffe von Norden und Süden auf die deutschen Marschkolonnen, und zwar mit dem Ziel, seine Truppen wieder zu vereinigen und die Vorhut der Deutschen abzuschneiden. Ein solcher koordinierter Angriff wäre wahrscheinlich schon allein deshalb erfolglos verlaufen, weil die Deutschen die Luft beherrschten und ihre Stukas einsetzten, um jede Bewegung auf den Straßen zu behindern oder zu unterdrücken. Doch der von Gamelin befohlene Angriff aus beiden Richtungen fand nie statt.

Später, am 19., wurde Gamelin vom französischen Premierminister Reynaud abberufen und ersetzt. Gamelin war achtundsechzig Jahre alt. Sein Nachfolger, General Weygand, zweiundsiebzig.

Weygand befahl, den koordinierten Angriff zu verschieben, bis er sich einen Überblick über die Lage verschafft hatte. Er war erst kurz zuvor von einem einjährigen Aufenthalt in Syrien nach Frankreich zurückgekehrt. Neben anderen Mängeln stellte er fest, daß die französische Armee praktisch über keine Mannschaftsreserven verfügte. Die gesamte Reserve bestand aus nur acht Infanterie-Divisionen, doch die standen in Lothringen und waren bereits abgeschnitten. Weygand

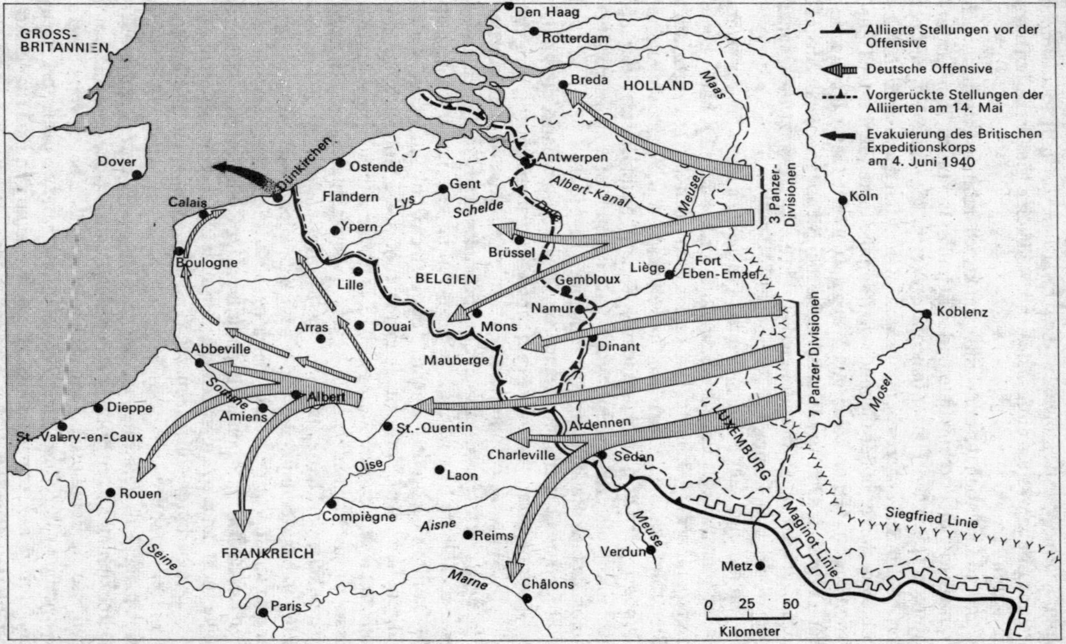

Der deutsche Feldzug im Westen, 1940

konnte keine Verstärkungen an die schwachen Abschnitte der französischen Linien werfen, einfach deshalb, weil keine Mannschaften dazu da waren.
Während Guderian durch Nordostfrankreich dahinraste, schickte das französische Oberkommando nach de Gaulle, versprach, ihm die verstreuten Teile einer Panzerdivision zur Verfügung zu stellen, und bat ihn – auf nichts anderes lief es hinaus – Guderian dadurch Einhalt zu gebieten, daß er in der Gegend von Laon die linke Flanke der Deutschen angriff. General Georges, Weygands unmittelbarer Untergebener, sagte zu de Gaulle: »Jetzt ist für Sie, der Sie so lange jene Vorstellungen gehabt haben, die der Feind jetzt in die Tat umsetzt, die Chance zum Handeln gekommen.«
Es war nur eine sehr geringe Chance. De Gaulles Division war wahrhaftig improvisiert. Es gab keine Funkverbindung. Er hatte keine Sturzbomber zur Verfügung, um es den deutschen Stukas gleichzutun. Er verfügte kaum über Artillerie und hatte so gut wie keine Infanterie. Dennoch taten de Gaulle und seine Männer ihr möglichstes. Vermutlich machten sie Guderian mehr zu schaffen als alle anderen. Aber mehr als eine Belästigung war es nicht.
Während de Gaulle und die anderen Divisionskommandeure an der zersplitterten französischen Front ihr Bestes gaben, ging die strategische Schlacht um Frankreich zu Luft und zu Lande in den Ebenen Flanderns verloren. Als er später das Scheitern des Plans, die deutsche Marschsäule an beiden Flanken anzugreifen, kommentierte, schrieb de Gaulle: »Theoretisch leuchtete der Plan ein. Um ihn jedoch auszuführen, hätte das Oberkommando immer noch die Hoffnung und den Willen zu siegen haben müssen. Der Zusammenbruch eines ganzen Systems von Lehrsätzen und Organisationen, an das unsere Führung sich geklammert hatte, nahm ihr die Motivationskraft. Eine Art von moralischer Hemmung ließ sie plötzlich an allem zweifeln, besonders an sich selbst. Von dem Augenblick an sollten die auseinanderstrebenden Kräfte sich rasch bemerkbar machen. Der König der Belgier überlegte nicht lange, ob man sich ergeben solle; Lord Gort, ob man sich wieder einschiffen solle; General Weygand, ob man um Waffenstillstand bitten solle[6].«
Auf jeden Fall herrschte, was die Befehlsgewalt betraf, ein großes Durcheinander. Der britische Oberkommandierende, General Gort, befolgte die Befehle, die Gamelin am 19. erlassen hatte; von der von Weygand später befohlenen Verschiebung hatte er nichts erfahren. Gorts einzelner Angriff schlug fehl. Als Weygand den Plan für den koordinierten Angriff von beiden Seiten wieder aufgriff, war es schon zu spät. Als die deutschen Panzer Abbeville erreichten, hatten sie nicht nur einen äußerst wichtigen taktischen Vorteil errungen, indem sie

einen Keil durch die alliierten Armeen getrieben und sie gespalten hatten, sondern überdies auch noch eine Situation geschaffen, welche die alliierten Generale in große Verwirrung stürzen mußten. Das trug beträchtlich dazu bei, den deutschen Sieg in Frankreich zu sichern und zu beschleunigen. Als die Vorhut der von Rundstedt'schen Heeresgruppe A unter dem Befehl von Guderian am 20. Mai den Ärmelkanal erreichte, bildete sie die Spitze eines deutschen Keils, der nur 80 km breit war. Wie de Gaulle sagte, wäre es für die südlich dieses Keils stehenden französischen Truppen, die zwar zahlenmäßig stark, aber völlig durcheinander waren, theoretisch möglich gewesen, Guderian abzuschneiden. Nördlich des Korridors waren die britischen, französischen und nun auch belgischen Truppen in einer weit schlimmeren Lage. Sie wurden von der unter von Bock stehenden Heeresgruppe B hart bedrängt, die sie bereits aus Belgien hinaustrieb. In der Rückschau scheint es unwahrscheinlich, daß die Armeen im Norden viel dazu hätten beitragen können, den von den Deutschen besetzten, westlich der Maas bis an die See verlaufenden Schlauch abzuschneiden. Trotzdem hätte es sich gelohnt, Gamelins Vorschlag eines koordinierten Angriffs auf beide Flanken der Deutschen, wie Weygand ihn verspätet doch noch guthieß, in die Tat umzusetzen. Jedenfalls gab es nur wenig, was die Alliierten sonst hätten tun können, um Frankreich zu retten.

Eine der Schwierigkeiten bestand darin, daß es Weygand, genauso wie Gamelin vor ihm, nicht möglich war, sich ein klares Bild von dem zu verschaffen, was militärisch noch möglich war und was nicht. Gamelin hatte sein Hauptquartier im Schloß von Vincennes außerhalb von Paris aufgeschlagen, einem imposanten Gebäude, das allerdings keine Funkstation hatte. Alle Informationen, die in Vincennes einliefen, waren entweder ungenügend oder falsch. Weygand, ein älterer, aber gleichwohl fähigerer Mann, tat sein Bestes. Aber das Versagen der Kommunikation, verschlimmert durch die eher hoffnungsvollen als wahrheitsgemäßen Lageberichte von der Front verleiteten ihn dazu, das Unmögliche zu befehlen.

Zum Beispiel konnte er nichts tun, um seine acht Reserve-Infanterie-Divisionen sinnvoll einzusetzen. Gamelin hatte sie an einem Standort stationiert, aus dem sie nicht herausgeholt werden konnten. Sie standen östlich und südlich der deutschen Brückenköpfe an der Maas. Sie hätten genausogut bereits in deutscher Gefangenschaft sein können.

Auch konnte man nicht erwarten, daß die Armeen im Norden viel tun konnten, um Kontakt mit dem Hauptteil der französischen Streitkräfte im Süden aufzunehmen. Die Streitkräfte im Norden bestanden aus dem britischen Expeditionskorps unter General Gort, General Blanchards 1. französischer Armee, den Resten der 7. französischen

Armee, deren Kommandeur, General Giraud, in Gefangenschaft geraten war, und den Resten der belgischen Armee. Ihre Operationen wurden durch den französischen General Billotte »koordiniert«, wenn auch nicht befehligt. Diese bereits hart von Bocks Heeresgruppe bedrängten Streitkräfte waren nicht in der Lage, mehr zu tun, als Unterstützungsmanöver in Richtung Süden auszuführen. Churchill, der ehrlich entschlossen war, den Franzosen zu helfen, allerdings irregeleitet (wenn auch alarmiert) durch das, was ihm während einer Reihe von Besuchen in Paris gesagt worden war, drängte, ja befahl Gort, mit dem gesamten britischen Expeditionskorps in Richtung Süden nach Amiens zu marschieren und Verbindung mit dem Hauptteil der französischen Armee aufzunehmen.

Als dieser Befehl Gort am Morgen des 20. Mai erreichte, hielten sieben seiner neun Divisionen unter größten Schwierigkeiten gegen starken deutschen Druck die Linie an der Schelde. Gort sagte, diesen Befehl zu befolgen sei »ein Ding der Unmöglichkeit«. Allerdings hatte er bereits dafür gesorgt, daß zwei seiner Divisionen gemeinsam mit zwei französischen Divisionen am folgenden Tag in südlicher Richtung angreifen sollten, um Arras zu sichern, das als wichtiger Knotenpunkt offensichtlich das Ziel der Deutschen war. Die französische Infanterie war nicht in der Lage, an diesem Unternehmen teilzunehmen. Die Briten unter General Franklyn und die französische Kavallerie unter General Prioux griffen heftig an. Der britische Panzer-Experte, General Martel, leitete den Angriff, obgleich ihm nur sechzehn Panzer vom Typ Mark II zur Verfügung standen, dem einzigen britischen Panzertyp der sich als wirksam erwies. Ohne Unterstützung aus der Luft angreifend, machten die Alliierten 400 Gefangene und hielten die Deutschen im Glauben, daß sie fünf alliierten Divisionen gegenüberständen.

Im Süden war es zu keinem entsprechenden Angriff gekommen. Weygand überlegte immer noch, ob er ihn befehlen solle. Seine Befehle gingen am 22. hinaus – was allerdings nicht bedeutete, daß sie auch ankamen. Aber mittlerweile verfügten die Frontkommandeure weder über die Truppen noch über die Mittel, um zu tun, was Weygand wollte. Die Divisionen, denen seine Befehle galten, existierten entweder nicht mehr, waren knapp an Munition, viel zu erschöpft, um sich noch zu bewegen oder nicht mehr dort, wo der französische Generalstab sie vermutete. Churchill, der am 22. nach Paris geflogen war, um mit Weygand zu sprechen, und tief beeindruckt zurückkehrte, befahl Gort und Blanchard – den überlebenden Kommandeuren im Norden – am 23. mit ihren eigenen acht Divisionen und einem Schirm belgischer Kavallerie an ihrer rechten Flanke in südwestlicher Richtung anzugreifen.

Dünkirchen

Weygand und Churchill hatten den Kontakt mit der Wirklichkeit verloren. Gort und Blanchard hatten keine acht Divisionen mehr. Die belgische Kavallerie hatte aufgehört, als geordneter Truppenverband zu existieren. Die Befehle, die Gort und Blanchard von oben erhielten, waren Unsinn[7]. Wunschdenken und falsche Berichte machten die Situation womöglich noch schlimmer. Am 23. sagte irgend jemand Weygand, daß die französische Armee ihren Angriff nach Norden vorgetragen und Amiens und Albert genommen habe. Weygand berichtete es Churchill. Churchill, der schon im Begriff gewesen war, Gort zu sagen, er solle sich mit seinen Truppen an die Küste zurückziehen, änderte seine Meinung. Gort kam ganz unabhängig und auf Grund besserer Informationen selbst zu dem Schluß, daß das einzig Vernünftige sei, sich an die Küste zurückzuziehen und das britische Expeditionskorps nach England einzuschiffen. Es war unmöglich gewesen, Arras zu verteidigen. Die Alliierten im Norden hielten sich in einem Schlauch, der sich rund 110 km ins Land hineinzog und etwa 40 km breit war. Dazu wurde ihnen von allen Seiten hart zugesetzt.

Am Abend des 26. Mai autorisierte das britische Kabinett Lord Gort, das britische Expeditionskorps von Frankreich nach England zurückzubringen. Am nächsten Tag, dem 27., zog er seine Truppen im Umkreis von Dünkirchen zusammen. 40 km weiter, auf der anderen Seite der Straße von Dover, hatten Vizeadmiral Bertram Ramsay und der Chef seines Stabes, Captain Day, in Dover ihre Pläne ausgearbeitet, um die Soldaten nach Hause zu bringen. Ramsay glaubte fest an den Grundsatz, die beste Art, wie die Marine etwas erreichen könne, sei, jedes Schiff einem guten Seemann zu unterstellen und ihn dann seine eigenen Entscheidungen treffen zu lassen. Ramsey und Day waren letztlich verantwortlich für die Rückführung von 338226 Mann von Dünkirchen auf die britischen Inseln. Kein Mensch hatte mit mehr als 45000 Mann gerechnet.

Das Leitprinzip der »Operation Dynamo«, wie die Rückführung von Dünkirchen aus genannt wurde, bestand für das Marinekommando in Dover darin, dafür zu sorgen, daß sämtliche Schiffe – und seien sie noch so klein – mit Treibstoff, Proviant und Karten ausgerüstet wurden. Alles andere blieb den Kapitänen überlassen, ob es sich nun um Offiziere der Navy, Seeleute von der Handelsmarine, Fischer oder Segler handelte. Sie wußten, was sie zu tun hatten. Die Marine würde ihnen helfen, so gut es ging, und die Luftwaffe desgleichen.

Wenn es ein Wunder von Dünkirchen gab, so bestand es nicht so sehr in der Tatsache, daß Ramsays Kapitäne immer wieder zwischen England und Dünkirchen hin- und herfuhren, als vielmehr im Wetter. Am

27. Mai erging es der »Operation Dynamo« schlecht. An diesem ersten Tag des Rücktransports wurden nur 7669 Mann zurückgebracht. Doch am 28. herrschte schlechtes Flugwetter, und der Rückstrom der Menschen von Frankreich nach Kent nahm zu. Am 29. konnte die deutsche Luftwaffe sich allerdings auf Ziele an den Stränden konzentrieren und fünf Schiffe versenken. Am 30. war das Wetter für Flugoperationen zwar wieder gut, doch konnte die RAF die deutschen Piloten in Schach halten, und es wurden 60000 Mann zurückgebracht. Am 1. Juni verlor Ramsay drei Zerstörer und viele kleinere Fahrzeuge, doch der Rücktransport ging weiter. Von da an konnte die Operation allerdings nur noch nachts fortgesetzt werden. Am 4. Juni bedrängten die Deutschen den immer kleiner werdenden Widerstandskreis um Dünkirchen hart, und die Rückführung endete.

Die »Operation Dynamo« war ein bemerkenswertes Unternehmen und verblüffte die Deutschen einigermaßen. Die britischen Zerstörer, die an den Quais von Boulogne festgemacht waren (von wo aus sie Angehörige der Welsh Guards einschifften), hielten die deutschen Panzerwagen mit 10-cm-Granaten in Schach. Das war vermutlich die erste wirksame Panzerabwehrartillerie, der die Deutschen bisher begegnet waren. Was sie jedoch am meisten verblüffte, war, daß die Truppen sich überhaupt einschiffen konnten. Möglicherweise hatte das deutsche Oberkommando die Fähigkeiten der Luftwaffe überschätzt. Vielleicht wußten die deutschen Generale aber auch ganz einfach nicht mehr, was sie machen sollten. Möglich, daß sie die Rückführung überhaupt für unmöglich gehalten hatten, und deshalb viel Zeit zu haben glaubten, um die Briten und den Rest der Franzosen zusammenzukehren. Auf jeden Fall befahl von Rundstedt am 23. Mai seiner Panzerwaffe, haltzumachen – einer der umstrittensten Befehle des gesamten Krieges.

Es konnten gute Gründe dafür vorliegen. Das Gebiet um Dünkirchen eignet sich schlecht für Panzer. Der Boden ist sumpfig, das Gebiet von vielen Kanälen durchzogen. Außerdem hatten die deutschen Panzerverbände seit Wochen Schwerstarbeit geleistet. Nur etwa die Hälfte aller Panzer war noch einsatzfähig.

Am 24. Mai fand zwischen Hitler und von Rundstedt in Charleville eine Besprechung statt, wo letzterer sein Hauptquartier aufgeschlagen hatte. Hitler hieß von Rundstedts Befehl gut, weil die Deutschen, wie es hieß, »eine günstige Verteidigungslinie« besetzt hielten, gegen die der Feind sich erschöpfen sollte. Vielleicht war das nicht Hitlers einziger Grund. Auf jeden Fall scheint es, in der Rückschau, kein guter gewesen zu sein. Bekannt ist jedenfalls, daß Hitler bei diesem – für Großbritannien – entscheidenden Treffen zumindest vorübergehend über sein Oberkommando verärgert war.

Tags zuvor hatten die Generalstabschefs des Heeres, die Generale Halder und von Brauchitsch, die Befehlsstruktur des Heeres in Flandern an den Randgebieten neu gegliedert, ohne Hitler etwas davon zu sagen. Er scheint zumindest irritiert gewesen zu sein, als er in Charleville mit seinen Generälen zusammentraf. Vielleicht war Hitler wütend. Vielleicht wußte er auch nicht wirklich, was er tat. Ramsay jedoch wußte es. Während Rundstedt und Hitler zögerten, rekrutierte Ramsay Kapitäne. Auf dem Höhepunkt der Rückführung arbeiteten 848 Schiffskommandanten für ihn, und er ließ ihnen keine Verschnaufpause, bis alles erledigt war.

Die »Operation Dynamo« war nur eine von den vielen Rückführungsunternehmungen, die auf die Niederwerfung Frankreichs folgten. Die Kriegs- und die Handelsmarine waren weniger erfolgreich, als sie in den ersten Junitagen versuchten, die 51. (Highland) Division und ein starkes französisches Truppenkontingent aus Saint-Valery-en-Caux herauszuholen, wo sie abgeschnitten worden waren. Vornehmlich des Nebels wegen konnten nur etwa 3300 Soldaten gerettet werden; die meisten Angehörigen der Highland-Division gerieten in Gefangenschaft. Weiter westlich, von Le Havre und Cherbourg aus, transportierten britische, polnische und andere alliierte Schiffe rund 30000 Soldaten zurück, die bei einem verspäteten Versuch, die Schlacht dort zu retten, nach Frankreich geworfen worden waren. Andere wurden in der zweiten Junihälfte in den Häfen an der französischen Westküste eingeschifft, also in Brest, St. Nazaire, La Pallice und schließlich auch in Bordeaux, Bayonne und Saint Jean de Luz. Alles in allem wurden in dem Monat, der am 26. Juni endete, eine Million Mann aus Frankreich evakuiert, zwei Drittel davon Briten. Beim Rest handelte es sich um Franzosen, Polen, Tschechen, Kanadier und Belgier. Trotz der deutschen Panzer und trotz der Luftwaffe entkamen alle diese Männer und konnten später noch weiterkämpfen.

Churchill kommt ans Ruder

Es ist nicht auszudenken, was hätte geschehen können, wären Chamberlain und Halifax Ende Mai 1940 noch genauso unbestritten die Herren des Kabinetts gewesen, wie sie es viele Jahre zuvor gewesen waren. Zwar gehörten sie dem Kabinett immer noch an, aber sie beherrschten es nicht mehr. Halifax war immer noch Außenminister, doch der neue Premierminister hieß Winston Churchill.

Hitlers überwältigend rasche Eroberung der Niederlande und Belgiens sowie sein Einmarsch in Frankreich hatten Chamberlain und Halifax davon überzeugt, daß Großbritannien auf der Stelle um Frie-

den nachsuchen müsse. Ihre diesbezüglichen Vorschläge gelangten damals nicht an die Öffentlichkeit, ja, sie wurden nach dem Kriege nicht einmal den offiziellen britischen Historikern zur Kenntnis gebracht. Trotzdem handelte es sich um fest umrissene Pläne, die unter anderem vorsahen, im Mai 1940 Malta und andere britische Kolonien an Mussolini abzutreten, und zwar als Gegenleistung dafür, daß er sich bei Hitler für annehmbare Friedensbedingungen für Großbritannien einsetze. Die Vorschläge von Chamberlain und Halifax wurden zum erstenmal am 1. Januar 1971 zusammen mit den Kabinettsunterlagen des Jahres 1940 veröffentlicht. In den vertraulichen Akten des Schriftführers über Beschlüsse des Kriegskabinetts vom 28. Mai 1940 heißt es, daß »der Außenminister [Halifax] sagte, wir dürften nicht die Tatsache übersehen, daß wir bessere Bedingungen bekämen, ehe Frankreich aus dem Krieg ausscheide und unsere Flugzeugwerke bombardiert würden, als etwa in drei Monaten«[8]. Er brachte einen Vorschlag ein, demzufolge Großbritannien und Frankreich Mussolini »Konzessionen im Mittelmeer« einräumen sollten als Gegenleistung für dessen Versprechen, daß Italien neutral bleibe und daß er sich bei Hitler dafür verwende, Friedensbedingungen zu gewähren, die Großbritanniens Unabhängigkeit unangetastet ließen. Halifax hatte bereits am 25. Mai mit dem italienischen Botschafter in London, Signor Bastianini, darüber gesprochen. Die Akten des Außenministeriums, die gleichfalls 1971 zum erstenmal freigegeben wurden, beweisen, daß das Außenministerium bereits herausgefunden hatte, zu welchem Preis Mussolini sich dazu würde bewegen lassen. Von Großbritannien wollte er Malta und Zypern, von Frankreich Nizza, Savoien, Korsika und Tunis. Er verlangte, daß Gibraltar internationalisiert würde. Er wollte in Ägypten, Syrien und dem Irak italienische Protektorate errichten und wünschte, daß der Sudan in Form eines italo-ägyptischen Protektorats regiert würde. All diese Informationen waren über diplomatische Kanäle an das Außenministerium gelangt, bevor Halifax das Kabinett drängte, ihn zu beauftragen, an Mussolini mit der Bitte heranzutreten, als Gegenleistung für »gewisse Zugeständnisse, die wir im Mittelmeer zu machen bereit wären«[9], über Friedensbedingungen mit Deutschland zu verhandeln. Die Kabinettsunterlagen beweisen, daß nur Chamberlain Halifax unterstützte.
Abermals mit Unterstützung Chamberlains versuchte es Halifax noch einmal. Nachdem seine Vorschläge vom Kriegskabinett am 27. Mai abgelehnt worden waren, legte er am nächsten Tag einen im wesentlichen ähnlichen Plan vor. Doch Churchills Kriegskabinett war nicht dasselbe, wie das von Chamberlain. Die Vertreter der Beschwichtigungspolitik waren nicht mehr in der Mehrheit. Im neuen, aus fünf Mitgliedern bestehende Kabinett saßen neben Churchill selbst zwei

Männer der Labour Party: Clement Attlee (Lordsiegelbewahrer) und Arthur Greenwood (Minister ohne Portefeuille).
Nach den Kabinettsunterlagen war Attlee der erste, der das Wort ergriff und eine geißelnde Rede hielt. Er soll laut diesen Unterlagen gesagt haben, daß das von Halifax vorgeschlagene Vorgehen auf nichts anderes hinauslaufe als darauf, daß Großbritannien auf Kosten britischen Territoriums um Frieden nachsuche, was böse Folgen haben müsse. Von Greenwood wird berichtet, daß er »furchtbare« Folgen voraussah, wenn bekannt würde, daß Großbritannien um den Preis britischen Territoriums Frieden zu erlangen gesucht habe. Churchill soll den Versuch überhaupt als »sinnlos« hingestellt und gesagt haben: »Lassen Sie uns nicht mit Frankreich hinabgezogen werden.« Greenwood bezeichnete Halifax' Vorschläge als einen Schritt auf eine »endgültige Kapitulation« hin.
Davon hatte damals kein Mensch eine Ahnung. Attlee und Greenwood weigerten sich, in irgendeiner Form auf Halifax' Initiative einzugehen. Daß Chamberlain diese unterstützte, war unvermeidlich. Schließlich hatten er und Halifax gemeinsam all die Jahre der Beschwichtigungspolitik durchgestanden. Jetzt erlebten sie zum erstenmal, daß man sich ihnen im britischen Kabinett widersetzte.
Es hat keinen Sinn, zu versuchen, die Reaktionen toter Staatsmänner in Augenblicken größter Not bis ins einzelne zu untersuchen. Chamberlain, der viele Jahre hindurch bis zu diesem ganz bestimmten Augenblick der Angst die Geschicke des britischen Volkes gelenkt hatte, scheint es auf jeden Fall hinterher bedauert zu haben, daß er Halifax' Vorschlg unterstützt hatte, Mussolini zu bitten, sich bei Hitler für Friedensverhandlungen zu verwenden. Vielleicht vergaß Chamberlain das Ganze auch. Jedenfalls erklärte er am 30. Juni in einer Rede, die von der BBC ausgestrahlt wurde, daß »jeder, der der deutschen Propaganda verfällt, indem er müßigem Gerede über Uneinigkeit in unseren Reihen sein Ohr leiht, oder der sich einbildet, daß jemand von uns sich dazu hergeben würde, sich auf Friedensverhandlungen mit dem Feind einzulassen, das Spiel der Nazis mitspielt«. Chamberlains Biograph, Iain Macleod, sagt, diese Rundfunkrede sei auf Grund der »Geschichte entstanden, daß Chamberlain und Halifax insgeheim versuchten, Churchill hinauszudrängen, um mit Hitler über Friedensbedingungen zu verhandeln. Das war selbstverständlich eine Lüge . . .« – »W. C. [Churchill] war sehr angetan von meiner Rundfunkrede«, notierte Chamberlain am 1. Juli in seinem Tagebuch[11].
Über Chamberlains Charakter, seine Taten und ihren Einfluß auf die Geschichte ist erschöpfend und vielleicht auf unfaire Weise diskutiert worden. Allerdings geht aus den Kabinettsunterlagen hervor, ja muß aus ihnen hervorgehen, daß er selbst nach seinem Abtreten als Pre-

mierminister auf Grund der Debatte über den Norwegenfeldzug auch weiterhin seiner Beschwichtigungspolitik anhing, und zwar in dem Maße, daß er Mussolini wichtige Teile des britischen Empire als Gegenleistung dafür antragen wollte, daß dieser sich bei Verhandlungen über eine Friedensregelung für Großbritannien einsetzte.
Genauso wie im Jahre 1939, als der Krieg begann, war es das Unterhaus, das den Ton angab. Chamberlain trat zurück, weil das fest entschlossene Parlament sich gegen ihn stellte. Freilich fiel dem britischen Parlament die Wahl weniger schwer als anderen Parlamenten. London war bedroht, aber nicht besetzt. Kopenhagen, Oslo, den Haag und Brüssel befanden sich alle in Feindeshand, Paris war kurz davor, eingenommen zu werden. Was die Regierungen Norwegens und der Niederlande betrifft, so gingen sie geradewegs ins Exil und etablierten sich in London. Unter größten Schwierigkeiten und unter Zurücklassung ihres Königs folgte ihnen die belgische Regierung. Und die französische Regierung – die Deutschen vor den Toren – ergab sich.

Der französische Waffenstillstand

De Gaulle hatte recht gehabt, als er den Zusammenbruch der französischen Armee voraussagte. Den Zusammenbruch der französischen Regierung, ja ganz Frankreichs hatte er zwar nicht vorausgesagt, wohl aber befürchtet. Die Dritte Französische Republik war lange Zeit hindurch eine führerlose Gemeinschaft gewesen. Ein durch viele Parteien zersplittertes Parlament hatte es nie fertiggebracht, zuzulassen, daß ein starker Premierminister überlebte.
Als die Deutschen in Frankreich einfielen, besaß Frankreich ironischerweise den stärksten und entschlossensten Premierminister seit vielen Jahren. Paul Reynaud hatte diesen Posten noch nicht lange vor dem deutschen Durchbruch innegehabt, war jedoch der erste französische Spitzenpolitiker, der dem tief beunruhigten und mit dem Zustand Frankreichs im höchsten Maße unzufriedenen Charles de Gaulle aufmerksam zuhörte, diesem de Gaulle, der all jene schwierigen Wochen des Jahres 1940 hindurch entschlossen gewesen zu sein scheint, dafür zu sorgen, daß die Franzosen, solange er Verantwortung trug, den Krieg gegen Hitler von Nordafrika aus fortsetzten.
In der Nacht vom 5. auf den 6. Juni ernannte Reynaud de Gaulle zum Mitglied seiner Regierung, und zwar zum stellvertretenden Verteidigungsminister. De Gaulle, in diesem Augenblick immer noch Kommandeur seiner improvisiert aufgestellten Panzerdivision, eilte sofort nach Paris. Er drängte Reynaud, nach Nordafrika zu gehen. Reynaud war der gleichen Meinung, doch war mittlerweile der nationale Wille

Frankreichs ausgelaugt, und, was noch schlimmer war, die alten Schwarzseher waren wiedergekommen. Weygand befehligte die Armee, Pétain wartete nur darauf, für die Kapitulation einzutreten. Die Franzosen hatten in ihrer Verzweiflung ihre Vorfahren zu Hilfe gerufen, doch die Stimmen der alten Männer klangen gleichfalls verzweifelt. Am 8. Juni sagte Weygand zu de Gaulle: »Sobald ich hier geschlagen bin, wird England keine Woche warten, ehe es mit dem Reich verhandelt.«

Weygand und Pétain hatten im Ersten Weltkrieg Großes für Frankreich getan, jetzt jedoch waren sie alte Männer. Reynaud, verzweifelt bemüht, seine auseinanderbrechende Regierung zu stärken, forderte Ende Mai Pétain auf, ihr beizutreten. De Gaulle, der keinen Grund hatte, diese Nachricht zu begrüßen, sah voraus, was geschehen würde. Er wußte, daß Pétain für die Kapitulation, also nicht für die Fortsetzung des Kampfes von den französischen Überseeterritorien aus eintreten würde und daß er den Deutschen nicht entschieden genug die Benutzung der französischen Flotte verweigern würde. Aber de Gaulle war ein großmütiger Mann. »Trotz allem«, schrieb er, »bin ich überzeugt, daß Marschall Pétain in anderen Zeiten sich nicht dazu hergegeben hätte, inmitten der nationalen Kapitulation nach dem höchsten Staatsamt zu greifen . . . aber ach, unter der äußeren Schale haben die Jahre an seinem Charakter genagt. Das Alter machte ihn zum Handlanger von Leuten, die so klug waren, sich selbst mit seiner majestätischen Mattigkeit zu bemänteln. Hohes Alter ist wie ein Schiffbruch. Auf daß uns nichts erspart bliebe, sollte das Greisenalter Marschall Pétains gleichbedeutend sein mit dem Schiffbruch Frankreichs[12].«

In dieser für Frankreich schlimmen Zeit waren de Gaulle und Churchill einander in Taten und in gegenseitiger Achtung näher als irgendwann sonst. Insgeheim zitterte Churchill um das Überleben Frankreichs. Es ging ihm nicht nur darum, Großbritannien einen Verbündeten zu erhalten. Er hatte persönlich Angst um ein Volk, das er kannte und bewunderte. De Gaulle begriff das. Auf Ersuchen Reynauds stattete Churchill Frankreich wiederholt Besuche ab und konferierte mit der französischen Regierung dreimal in einer Woche – am 11., 13. und 17. Juni. Am 13. nahm auch de Gaulle an diesen Beratungen teil. Die brennendsten Probleme waren die Zukunft der französischen Flotte und die Gültigkeit eines im März 1940 unterzeichneten britisch-französischen Abkommens, demzufolge keines der beiden Länder es unternehmen sollte, einen Separatfrieden mit den Deutschen abzuschließen. Laut de Gaulle erklärte Churchill am 13.:

»Wir sehen klar, wie es um Frankreich steht. Wir begreifen, in welchem Maße Sie sich in die Ecke gedrängt fühlen. Unsere Freundschaft zu Ihnen bleibt unbeeinträchtigt bestehen. Seien Sie auf jeden Fall versichert, daß England sich nicht vom Kampf zurückziehen wird. Wir werden bis zum Ende kämpfen, gleich wie, gleich wo, selbst dann, wenn Sie uns allein lassen[13].«

Die britische Regierung unternahm noch einen weiteren Versuch, die Entschlußkraft der französischen Minister zu stärken. Das Kabinett schlug einen Akt der Vereinigung zwischen Großbritannien und Frankreich vor – eine großartige, und vollkommen verfassungswidrige Geste –, großartig, aber ebenso nutzlos. Reynauds zauderndes Kabinett stand im Begriff, ihm das Vertrauen zu entziehen. Reynaud trat zurück. Pétain wurde Premierminister. De Gaulle floh nach Großbritannien, um die Freien Franzosen im Exil um sich zu scharen.

Der französische Waffenstillstand wurde in Compiègne im selben Eisenbahnwaggon und im selben Wald unterzeichnet, in dem auch der Waffenstillstand von 1918 unterzeichnet worden war. Deutschlands Rache, wie Hitler sie sah, wäre vor einem anderen Hintergrund nicht vollkommen gewesen. Auch Mussolini boxte sich wie ein selbstgewichtiger Dienstmann noch in letzter Minute in diesen Akt hinein. Am 10. Juni, als die Niederlage Frankreichs unvermeidlich geworden war, erklärte er den Alliierten den Krieg. Hitler gestattete ihm, Korsika, Savoien und Teile der Provence zu besetzen. Die Deutschen besetzten ganz Ostfrankreich, den Norden, Westen und Südwesten und ergriffen von der gesamten Nord- und Atlantikküste Besitz. Pétain zog sich nach Vichy zurück, einem Kurort nordöstlich von Clermont-Ferrand, und bildete dort seine französische Marionettenregierung.

Für die nächsten anderthalb Jahre – bis die Japaner Pearl Harbour angriffen und damit die Amerikaner am 7. Dezember 1941 zum Eintritt in den Krieg bewogen – standen Großbritannien, Griechenland, das Britische Commonwealth und die Exilstreitkräfte der europäischen Verbündeten Großbritanniens ganz auf sich allein gestellt im Westen da. Für Großbritannien war der Fall Frankreichs eine Katastrophe. Allerdings war er nicht ganz so katastrophal, wie er es hätte sein können. Die französische Kriegsmarine – zu ihrer Ehre muß das gesagt sein – schaffte es gerade noch rechtzeitig, die Schlachtschiffe *Richelieu* und *Jean Bart* soweit wiederherzustellen, daß sie nach Nordafrika abziehen konnten. Tatsache ist, daß die Deutschen diese großen französischen Schiffe nie in die Hand bekamen.

Die Schlacht um England

4

Die Luftschlacht um England war nicht nur ein Wendepunkt im Kriege – sie bedeutete den Sieg für die Engländer. Die Auswirkungen dieser über Wochen dauernden Schlacht auf den weiteren Verlauf des Krieges sind bei uns nur selten gewürdigt worden. Nachdem es der Luftwaffe bei Dünkirchen nicht gelungen war, das britische Expeditionskorps zu zerschlagen, verbrauchte sie ihre besten Kräfte nunmehr erfolglos. Zu Beginn der Schlacht war sie noch stark: sie verfügte nicht nur über eine Bomberflotte, die zahlenmäßig der britischen weit überlegen war, sondern war zudem noch mit überlegenen modernen Jagdkräften ausgerüstet. Ihre Aufgabe bestand darin, die Voraussetzungen für die Landung der deutschen Truppen auf der Insel zu schaffen.

Dennoch lagen die entscheidenden Faktoren für die deutsche Niederlage letzten Endes in der technischen Unterlegenheit der Luftwaffe, der begrenzten Reichweite ihrer Jagdflugzeuge und der Existenz von Radargeräten an der englischen Küste. Auf der deutschen Seite steckte die Radarentwicklung noch in den Kinderschuhen. Daß Hitler, beziehungsweise Göring, schließlich mitten in der Schlacht noch den Operationsplan änderte, besiegelte die Niederlage der Luftwaffe. Die Verluste stiegen weiter, bis die Luftschlacht am 5. Oktober abgebrochen werden mußte.

Beide Seiten hatten hohe Verluste erlitten. Die Jagdflieger sowohl der Royal Air Force wie auch der Luftwaffe hatten mehr Abschüsse angegeben, als tatsächlich erzielt worden waren: Der Grund dafür war Selbsttäuschung durch die Härte der Schlacht, die die fliegenden Besatzungen über die Grenzen ihrer physischen und psychischen Kraft beanspruchte. Ein großer Nachteil für die Luftwaffe war, daß sie über Feindgebiet kämpfte und viele ihrer

angeschossenen Bomber und Jagdflugzeuge in die Nordsee oder den Ärmelkanal stürzten und verlorengingen. Die beschädigten Flugzeuge der Royal Air Force dagegen konnten auf Flugplätzen oder Notlandeplätzen niedergehen, so daß Maschinen und Piloten später wieder eingesetzt werden konnten.
Nicht nur für die Engländer war die Luftschlacht ein Wendepunkt. Die sehr junge deutsche Luftwaffe – sie war ja nur sechs Jahre alt – verlor dabei so viel unersetzliche Substanz, daß sie bis zum Ende des Krieges ihrer eigentlichen Aufgabe, nämlich das Reich vor der Zerstörung durch die Bomber der Alliierten zu schützen, nicht mehr gewachsen war. Darüber können auch die enormen Anfangserfolge im Rußlandfeldzug nicht hinwegtäuschen. Als die alliierten Bomberstreitkräfte über Deutschland flogen, als sie Berlin, Königsberg, Breslau erreichten, war die Luftwaffe endgültig zerschlagen. *J. S.*

Die Schlacht um England war der Versuch Hitlers, die Jagdverbände der Royal Air Force zu vernichten, um damit im Herbst 1940 den Weg für eine Invasion der britischen Inseln freizumachen. Der Versuch schlug fehl, und das war von entscheidender Bedeutung. Die von ihren neu errungenen Stützpunkten in Nordfrankreich aus operierende Luftwaffe konnte die Jagdfliegerverbände der RAF (Royal Air Force) nicht zerstören. Sowohl die deutsche Kriegsmarine als auch das deutsche Heer hatten Hitler zutreffend versichert, daß eine Invasion ein Ding der Unmöglichkeit sei, sofern sich nicht die Luftwaffe zuvor die Herrschaft über den Luftraum über dem Ärmelkanal und Südostengland gesichert hätte. Die Luftwaffe wiederum versicherte ihm – allerdings unzutreffend –, daß es möglich sei, die britischen Jagdfliegerverbände auszuschalten.
Hitlers lautstärkster Parteigenosse, Hermann Göring, war der Chef der Luftwaffe und übernahm diesmal persönlich die Leitung der Operation. Er glaubte, daß es vier Tage dauern würde, die RAF südlich der Linie von Chelmsford nach Gloucester vom Himmel zu fegen. Tatsächlich brauchte sie einen ganzen Monat – vom 12. August bis zum 15. September 1940 –, um festzustellen, daß es unmöglich sei, zu erreichen, was Hitler wollte. Die britischen Jagdfliegerverbände waren immer noch da und kämpften immer noch.
Im Mai hatte Hitler Nordfrankreich, im Juni ganz Frankreich erobert. Den ganzen Juli hindurch war er unschlüssig. Der Juli war eine der Perioden im Zweiten Weltkrieg, in denen er zu Unrecht annahm, er könne Großbritannien zu Friedensverhandlungen bewegen. Im Juli 1940 hatte er sogar besondere Gründe, die ihn zu dieser Hoffnung be-

rechtigten. Seine neuen sowjetischen Verbündeten (die er auf jeden Fall anzugreifen beabsichtigte) hatten ihre Westgrenze an zwei Stellen zu ihren Gunsten korrigiert. Es wurde Hitler zunehmend unbehaglich zumute. Er wollte sich nicht mit den Russen anlegen, ehe er nicht zuvor Großbritannien bezwungen oder durch Verhandlungen ausgeschaltet hätte. Er beschloß, erst einmal Großbritanniens Verhandlungsbereitschaft zu erkunden, und hielt in Berlin eine Rede, die versöhnlich klingen sollte. Mussolini streckte durch die dem Vatikan zur Verfügung stehenden diplomatischen Kanäle seine Friedensfühler aus, doch die Briten begegneten beiden Angeboten mit Gleichgültigkeit. Hitler entschloß sich zur Invasion. Aber er hatte Zeit verschwendet. Als er endlich begriff, daß es unmöglich sei, Großbritannien zum Aufgeben zu überreden, war der außerordentlich günstige Sommer des Jahres 1940 schon weit fortgeschritten. Göring glaubte, den ersten Schlag gegen die Royal Air Force am 10. August führen zu können, woraufhin Hitler sagte, in dem Falle solle die Invasion selbst am 15. September anlaufen.

Was die Qualität betraf, so waren die britischen Jagdfliegerverbände einigermaßen vorbereitet; was die Quantität betrifft, so stand es zumindest bedenklich um sie. Der Kommandeur der Jagdfliegerverbände, Luftmarschall Sir Hugh Dowding, war seit vier Jahren immer wieder bestrebt gewesen, das Luftfahrtministerium und die Regierung zu bewegen, für die Kampffliegerverbände größere Mittel zur Verfügung zu stellen. Den größten Teil dieser Zeit über hatte die Regierung die RAF finanziell kurz gehalten – trotz der Annahme, daß »der Bomber immer durchkommen wird«. Am 14. Mai 1940 kamen Dowding ernste Bedenken, als das britische Kabinett der französischen Regierung versprach, zu den sechs bereits in Frankreich stationierten Jagdgeschwadern noch zehn weitere dorthin zu verlegen. Am nächsten Tag legte Dowding persönlich beim Kabinett Protest ein, und das Kabinett rang sich zu einem anderen Standpunkt durch. Am 16. jedoch, als die Lage Frankreichs sich rapide verschlechterte, überlegte Churchill es sich doch noch einmal anders und schlug abermals vor, sechs Geschwader nach Frankreich zu schicken. Abermals protestierte Dowding. »Sofern angemessene Jagdfliegerverbände in Großbritannien stationiert bleiben«, schrieb Dowding an den Stabschef der RAF, Air Chief Marshal Sir Cyril Newall, »sofern die Flotte erhalten bleibt und die Streitkräfte auf britischem Boden so organisiert sind, daß sie einer Invasion begegnen können, müßte es uns möglich sein, den Krieg eine Zeitlang, falls nicht sogar auf unbeschränkte Dauer ganz auf uns allein gestellt weiterzuführen. Wenn aber die für die Verteidigung der britischen Inseln bestimmten Verbände der RAF in verzweifelten Versuchen, die Situation in Frankreich zu retten, mehr und mehr abgezogen werden, ist eine Niederlage in Frankreich gleichbedeutend mit der vollständigen und nicht wiedergutzumachenden Niederlage Großbritanniens[1].«

Noch einmal fand Dowding die Unterstützung des Kabinetts. Chester Wilmot, der die Geschichte des Krieges in Europa geschrieben hat, bezeichnet die Kabinettsentscheidung, die Jagdflugzeuge in Britannien zu behalten, als »eine der schwerwiegendsten strategischen Entscheidungen der Geschichte«[2].

Dowdings Verbände bestanden aus einmotorigen Hurricane- und Spitfire-Jagdflugzeugen, die jeweils mit acht Maschinengewehren ausgerüstet waren. Sie flogen mit einer (für die damalige Zeit) bemerkenswerten Geschwindigkeit von 480 Stundenkilometern. Die Spitfire war wendiger als ihr deutscher Gegner, die Messerschmidt 109, war ihr jedoch, was die Feuerkraft betrifft, weit unterlegen.

Außer der Entwicklung eines guten Jagdflugzeuges hatte Dowding auch noch die Entwicklung eines ausgezeichneten Leit- und Kontrollsystems für Jagdflugzeuge vorangetrieben. Das von Sir Robert Watson-Watt entwickelte Vorkriegsradar war viel zu schwerfällig, als daß man es in Flugzeuge selbst hätte einbauen können, erwies sich jedoch als außerordentlich wirksam, wenn man es gegen sie einsetzte. 1939 verfügte Großbritannien über eine Kette von Radarstationen, welche die Annäherung in großer Höhe fliegender Maschinen auf weite Entfernungen feststellte. Um diese Radarkette an der Küste möglichst effektiv auszunutzen, ließ Dowding auch noch ein hochkompliziertes Leit- und Kontrollsystem für die Jagdflugzeuge entwickeln. Radarinformationen und Bodenbeobachtungen wurden Kontrollzentren zugeleitet, von wo aus die Kontrolleure dann die britischen Jagdflieger anweisen konnten, den sich nähernden Feind genau und zu einem bestimmten Zeitpunkt abzufangen. Dieses System vermochte anfliegende Feindverbände rascher und genauer zu lokalisieren als ein Jagdfliegerpilot, der in der Luft nach ihnen Ausschau hielt. Außerdem befähigte es die Briten, mit ihren Mitteln sparsam umzugehen. Die Piloten konnten am Boden auf ihre Instruktionen warten. Sie konnten länger in der Luft bleiben und kämpfen, weil sie keinen Treibstoff für Patrouillen- und Aufklärungsflüge zu verschwenden brauchten.

Die Deutschen verfügten 1940 über kein vergleichbares System. Sie hatten zwar Ortungsgeräte, doch die arbeiteten längst nicht so wirksam wie die britischen. Vor allem aber hatten sie es versäumt, ein System aufzubauen, durch das die durch die Ortungsgeräte erhaltenen Informationen richtig ausgewertet werden konnten. In der Schlacht um England und noch ziemlich lange danach flogen die deutschen Kampfflieger ohne Leitung, wenn nicht gar blind. Darüber hinaus – und das im Sommer 1940, als Hitler überlegte, ob Großbritannien sich ergeben würde oder nicht – ging Dowding daran, seine Maschinen noch weiter zu verbessern, indem er sie mit Funk und selbsttätig sich versiegelnden Treibstofftanks ausrüstete. Diese verringerten das Brandrisiko weitgehend, da sie verhinderten, daß Treibstoff aus durchlöcherten Tanks auf heißgelaufene Teile des Flugzeugmotors oder in Räume auslief, wo er ein explosives Gemisch bilden konnte.

Bis zum Sommer 1940 hatte die Luftwaffe nahezu ausschließlich dazu gedient, die Unternehmungen des deutschen Heeres zu unterstützen. In Polen, Norwegen, Holland, Belgien und Frankreich waren die einmotorigen Stukas hauptsächlich als Artillerieersatz eingesetzt worden und die deutschen Jagdflugzeuge vornehmlich als Begleitschutz für die Stukas. Bis 1940 hatten sie gegen keinen fähigen, gut geleiteten Gegner in der Luft kämpfen müssen. Damit soll nicht gesagt werden, daß die deutschen Piloten etwa nicht gut gewesen seien. Viele von ihnen besaßen lange Kampferfahrung aus dem spanischen Bürgerkrieg. Nur waren sie in der letzten Zeit nicht auf die Art von Kämpfen vorbereitet worden, wie sie sich in der Schlacht um England entwickelten.

Das traf übrigens auch auf Göring zu. Als Vorausgeplänkel seines Hauptangriffs auf die britischen Jagdverbände – der für den 10. August angesetzt worden war – ließ er eine Reihe von Angriffen auf britische Geleitzüge im Ärmelkanal fliegen. Dabei ging es nicht nur darum, Schiffe zu versenken. Er wollte nach Möglichkeit Jagdflugzeuge auf den Kanal herauslocken, wo ein abgeschossener Pilot gleichbedeutend war mit einem verlorenen Piloten, und wo er leicht eine überlegene Anzahl seiner auf kurze Reichweite beschränkten Messerschmidts zum Einsatz bringen konnte. Dowding und der für die Verteidigung von Südostengland verantwortliche Offizier, Luftvizemarschall Park, der Kommandeur des 11. Jagdgeschwaders, ließen sich nicht herauslocken. Die Geleitzüge im Kanal wurden eingestellt. Dowding und Park gingen sparsam mit ihrem Material um. Bis Göring es aufgab, die RAF herauszulocken, hatte diese der Luftwaffe Verluste beigebracht, die zweimal so hoch lagen wie ihre eigenen.

Was die Deutschen betraf, so begann die eigentliche Schlacht um England mit zwei Tagen Verspätung, nämlich am 12. August. Die Luftwaffe flog Angriffe auf fünf Radarstationen an der Küste, drei Flugplätze in Kent sowie auf Ziele in London, Portsmouth und Dover. Am nächsten Morgen flogen die Deutschen Großangriffe auf Portsmouth und die Häfen an der Themsemündung, wurden jedoch, da die Radarstationen über Nacht wieder repariert worden waren, abgefangen. Am Nachmittag griff die Luftwaffe elf Lufstützpunkte an, doch waren nicht alle die richtigen. Die britischen Jagdverbände erlitten weniger Verluste als die Luftwaffe. Am 15. August kamen die Deutschen wieder

und griffen in vier aufeinander folgenden Wellen Südostengland sowie mit Bombergeschwadern aus Norwegen den Nordosten der Insel an. Die Briten verloren 34 Maschinen, die Deutschen 76. Bei weiteren Angriffen auf Luftstützpunkte am 18. wurden 71 deutsche Maschinen abgeschossen. Bis zum 26. August hatte die Luftwaffe 602 Jagd- und Bombenflugzeuge verloren, die britischen Jagdverbände 259 Maschinen. An den folgenden Tagen waren die Verluste der RAF jedoch größer als die der Luftwaffe. In dieser Phase konzentrierte sich Göring auf Angriffe auf die Jagdfliegerverbände selbst sowie auf ihre Bodenstationen. In der ersten Septemberwoche kam die Luftwaffe einem Sieg am nächsten und zerstörte bei einem Verlust von 225 eigenen Maschinen 185 britische Flugzeuge. Dowdings Reserven an fliegendem Personal und Maschinen wurden erschreckend knapp.
An diesem Punkt jedoch griff Hitler ein und nahm den Druck von Dowdings Verbänden, indem er befahl, daß die Luftwaffe sich jetzt darauf konzentrieren solle, London zu bombardieren. Diesen Befehl scheint Hitler aus Wut darüber erteilt zu haben, daß britische Bomberverbände in der Nacht des 25. August Berlin angegriffen hatten. Hitler befahl Vergeltungsmaßnahmen, die am 7. September bei Tageslicht begannen. Göring schickte in zwei Wellen fast 400 Bomber und über 600 Jagdflugzeuge, um das Londoner East End zu bombardieren. Diesmal kamen viele Bomber durch. Der Schaden war beträchtlich, und die Brände, die entstanden, dauerten noch in der nächsten Nacht an, als wieder eine Welle von über 200 Bombenflugzeugen nach Einbruch der Dunkelheit angriff.
Zwar war es der Luftwaffe gelungen, London mit Bomben zu belegen, doch die britischen Jagdfliegerverbände hatte sie nicht besiegen können. Am 9. versuchte es Göring noch einmal und ließ noch einen Angriff auf London fliegen, der jedoch nicht gelang. Am 15. September unternahm Göring einen letzten Versuch und schickte zwei Wellen von schwer bewachten Bombern hinüber. Jede Welle wurde von den Jagdflugzeugen in außerordentlich geschickten Manövern abgeschlagen, was Hitler schließlich davon überzeugte, daß Göring die Luftherrschaft über Südostengland nicht errungen hatte und auch nicht erringen konnte. Zwei Tage später gab Hitler seine Invasionspläne endgültig auf. Dadurch, daß sie nicht geschlagen wurden, hatten die britischen Jagdfliegerverbände den Deutschen ihre erste größere Niederlage im Kriege bereitet.

Görings (oder Hitlers) Entscheidung, mit der Bombardierung der Stützpunkte der Jagdfliegerverbände aufzuhören und statt dessen London zu bombardieren, stellte zweifellos einen Wendepunkt in der Schlacht um England dar. Das bedeutet nicht, daß diese Schlacht verloren worden wäre, wenn es nicht zu dieser Entscheidung gekommen wäre. Ihre Beweglichkeit hatten die Jagdverbände bereits bewiesen. Es ist durchaus möglich, daß sie auch weitere Angriffe auf ihre Flugplätze in Südostengland überstanden hätten. In einem deutschen Bericht[3] über die Schlacht um England von General Adolf Galland, einem von Görings erfolgreichsten Jagdfliegerpiloten und Geschwaderkommandanten, heißt es, daß die Angriffe deshalb auf London umgelenkt wurden, weil weder Göring noch Hitler damals wußten, wie rasch Städte sich von einem – im Lichte späterer Ereignisse – vergleichsweise leichten Angriff erholen konnten. Der Angriff auf das East End von London, so sagt Galland, war die erste Gelegenheit, bei der die deutsche oder irgendeine andere Luftwaffe in rein strategischer Weise eingesetzt wurde. Niemand hatte eine Ahnung, wie viele Tonnen Bomben man brauchte, um eine große Stadt zu zerstören. Galland, der damals von Frankreich aus ME-109-Maschinen flog, sagte, er habe damals nicht gewußt, warum Göring den Angriff auf London befahl. Berlin lag, sofern es um wirklich schwere Angriffe ging, außerhalb der Reichweite der RAF, wohingegen London für die von Nordfrankreich operierende Luftwaffe, durchaus in Reichweite für schwere Angriffe lag. Galland meint, daß diese Überlegung Hitler und Göring dazu bewogen habe, die Angriffe der Luftwaffe von den Basen der Jagdfliegerverbände auf London umzulenken. »Aber«, fährt Galland fort, »es ist eine Tatsache, daß dieses Umlenken von militärischen Zielen, von den Stützpunkten der RAF auf London, die Lage für Großbritannien und die Jagdfliegerverbände entscheidend veränderte. Hätten wir fortgefahren, die Luftstützpunkte anzugreifen, wäre die Lage vielleicht eine andere geworden.« Galland sagt weiter, die Luftwaffe sei weder dafür ausgebildet noch darauf vorbereitet gewesen, einen unabhängigen Luftkrieg zu führen. Die Reichweite der deutschen Jagdmaschinen war viel zu gering, als daß sie erfolgreich über London hätten operieren können. »Unsere Reichweite war sehr, sehr begrenzt, und wir konnten nur einen geringen Teil der britischen Inseln bestreichen, darunter London. Aber über London konnten wir zum Beispiel nur zehn Minuten bleiben, wenn wir zu unseren Stützpunkten zurückkehren wollten. Diese begrenzte Reichweite unserer Jagdflugzeuge, die als Begleitschutz mitflogen, stellte vielleicht den Hauptfaktor dafür dar, daß eine wirksame Luftoffensive gegen Großbritannien verhindert wurde.«

Robert Wright, ein Angehöriger des Stabs von Dowding und sein Biograph, sagte, daß den ganzen 7. September über, einen Tag, an dem die Regierung in London Invasionsalarm gab, die Dinge bemerkenswert ruhig verliefen. »Alle fingen wir an«, schreibt Mr. Wright, »uns zu fragen, was zum Teufel denn als nächstes passieren würde. Dann,

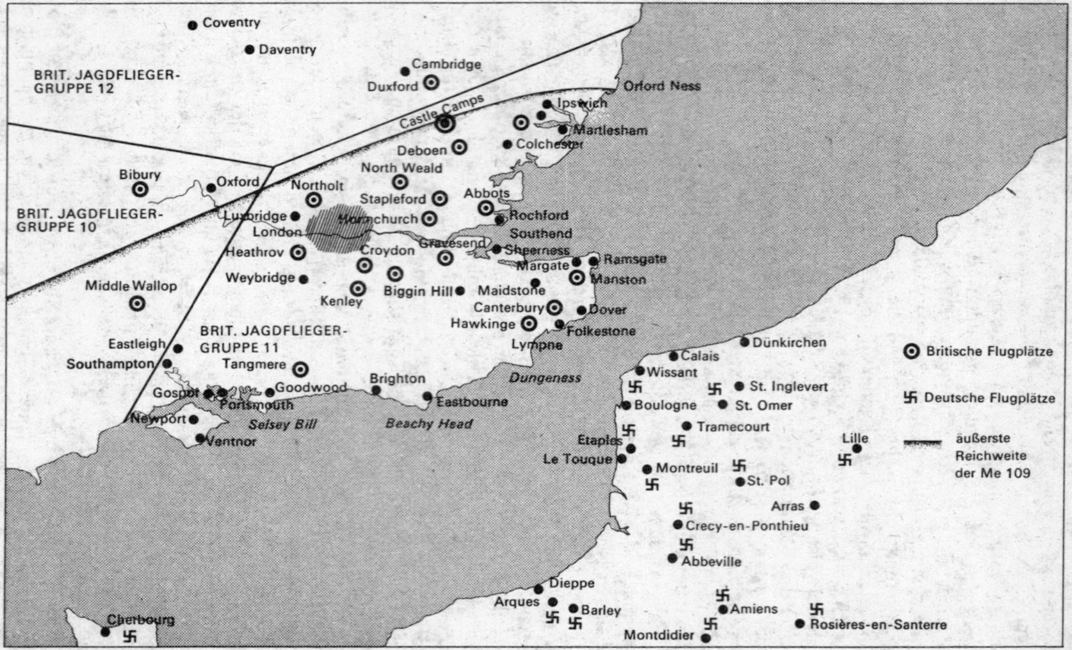

Flugplätze bei der Luftschlacht um England

am Spätnachmittag, starteten die Deutschen einen Angriff, den viele der aufgestiegenen Piloten . . . für so ziemlich den schwersten hielten, den sie jemals erlebt hatten.« Und dann kam das, was Dowding später als ›das Wunder‹ bezeichnete. Der Angriff richtete sich gar nicht auf Flugstützpunkte, sondern auf London. Die Flugplätze kamen ungeschoren davon und konnten sich daranmachen, die Dinge wieder in Ordnung zu bringen und zu reparieren, und, was das wichtigste für uns war, wir konnten den Piloten eine kleine Verschnaufpause geben[4].«
Wright schreibt, die letzte Augustwoche und die erste Septemberwoche 1940 seien für die Jagdfliegerverbände die schlimmsten gewesen, »da die Deutschen die Flugplätze erbarmungslos bombardiert hatten; und der 31. August war wahrscheinlich unser schlimmster Tag«.
Der Angriff auf London war einer von zwei großen Fehlern, die die Deutschen während der Schlacht um England begingen. Der andere bestand darin, daß sie den Schätzungen ihrer eigenen Piloten über die Verluste der Briten Glauben schenkten. Während der Schlacht um England berichteten die Piloten beider Seiten guten Glaubens, daß sie feindliche Maschinen abgeschossen hätten, obwohl das gar nicht der Fall gewesen war. Auf beiden Seiten klaffte eine große Lücke zwischen behaupteten und echten Abschußzahlen. Dieser Unterschied zwischen Wirklichkeit und Illusion beeinflußte die Lagebeurteilung sowohl des britischen als auch des deutschen Oberkommandos, doch der Einfluß, den er auf Göring hatte, war der entscheidendere von beiden. Zwischen dem 12. August und Ende September verlor die Luftwaffe etwas über 1100 Maschinen, während die Briten glaubten, daß die Verluste der Luftwaffe sich auf 2700 Maschinen beliefen. Doch in derselben Zeit verloren die Jagdfliegerverbände der Briten 650 Maschinen, wohingegen die Deutschen glaubten, daß es über 3000 seien. Als die Schlacht um England begann, kannte Göring die Stärke der britischen Kampffliegerverbände ziemlich genau. Da er seinen eigenen Zahlen glaubte, gelangte er im Verlauf der Schlacht immer mehr zu der Überzeugung, daß den Jagdfliegerverbänden das Rückgrat gebrochen sei, was in Wirklichkeit nie der Fall war. Doch die Unterschätzung ihrer Stärke verführte Göring vermutlich dazu, Operationen zu starten, die er sonst nicht befohlen hätte und die denn auch fehlschlugen. Die Deutschen unterschätzten während der ganzen Schlacht um England hartnäckig die Jagdfliegerverbände, und das war für sie verhängnisvoll.

Jene Gruppe von Männern und Frauen, welche die Deutschen so gewaltig unterschätzten, stellte eine ungewöhnlich begabte Kampfkraft dar. Die Jagdfliegerverbände waren auf ihre Weise eine typisch britische Institution: eine Mischung aus Amateuren und Profis, die voreinander die größte Hochachtung hatten. Dowding war als Führer stark und entschlossen, in Gesellschaft hingegen schüchtern und zurückhaltend. Sein fliegendes Personal bestand hauptsächlich aus Reservisten, die sich selbst ein hohes Maß an Können abverlangten und es auch bewiesen. Die Royal Air Force Volunteer Reserves waren viele Jahre hindurch eine außerordentlich hart arbeitende Organisation gewesen. Als man sie brauchte, konnten sie Görings Berufssoldaten mehr als nur das Wasser reichen. Auch waren sie besser in der Lage, selbst zu denken. Pragmatische junge Männer, meistens Akademiker, ersannen Tag für Tag neue Taktiken. Mit ihnen zusammen flog ein großes und wertvolles Kontingent von Polen, und zwar Berufssoldaten der polnischen Luftwaffe, die nach England entkommen waren. Einer von zehn Piloten während der Schlacht um England war Pole. Die polnische Luftwaffe im Exil behauptete stolz, jede Nacht während der Schlacht um England mindestens eine Feindmaschine heruntergeholt zu haben. Die polnischen Berufsflieger, eine kleinere Anzahl von Piloten aus der Tschechoslowakei und aus dem Commonwealth, die Freiwilligen aus den Vereinigten Staaten, britische Freiwillige und britische Berufsflieger arbeiteten besser zusammen als die Deutschen. Die Jagdfliegergeschwader dachten über sich ganz anders als die Deutschen es taten. Sie verschwendeten weder Zeit noch Munition und ließen sich durch die zahlenmäßige Überlegenheit der Deutschen keineswegs einschüchtern. Sie bewahrten Großbritannien vor der Invasion und ermöglichten es daher den westlichen Alliierten, am Ende nach Westeuropa zurückzukehren. Noch nie, sagte Churchill, hätten so viele so wenigen so viel zu verdanken gehabt! Churchill pflegte bisweilen zu übertreiben. In diesem Fall tat er es jedoch nicht.

Die Schlacht im Atlantik

5

Die Marine des Dritten Reichs war in großer Eile aufgebaut worden. Was die Werften in den Jahren 1934–1939 geleistet hatten, war meisterhaft. Neben den Schlachtschiffen »Bismarck«, »Scharnhorst« und »Gneisenau« wurden Kreuzer und Zerstörer in großer Menge gebaut und in Dienst gestellt. Die junge deutsche Marine war hochmodern, das Personal hervorragend ausgebildet. Man hatte von vorn anfangen müssen, weil die Hochseeflotte bis auf wenige Ausnahmen bei Scapa Flow versenkt worden war. Die Royal Navy dagegen war vornehmlich mit veralteten Schiffen ausgerüstet und besaß nur wenige Flugzeugträger. Doch der Oberkommandierende der deutschen Kriegsmarine, Raeder, nach Arnold-Forster »vermutlich der letzte lebende Admiral, der die Bedeutung der Luftmacht nie verstand«, träumte von Seemacht im Sinne des Tirpitzschen Flottenprogramms der kaiserlichen Marine und vernachlässigte sowohl die U-Boot-Waffe wie auch die Seefliegerei.

Die Unternehmen der deutschen Hochseeflotte waren wenig erfolgreich. Von der Tragödie der »Graf Spee« in der Mündung des Rio de la Plata bis zur Versenkung der »Bismarck« waren die Mißerfolge groß. Gewiß, diese Flotte band gegnerische Kräfte und bedrohte die Geleitzüge der Alliierten im Nordmeer. Aber sie hatte keine Bewegungsfreiheit und besaß keinen Luftschirm. Der einzige Flugzeugträger der deutschen Marine, die »Graf Zeppelin«, wurde nie fertiggestellt.

Der Durchbruch der Schlachtschiffe »Scharnhorst« und »Gneisenau« und des schweren Kreuzers »Prinz Eugen« durch den Ärmelkanal war eine brillante Leistung der Seekriegsführung – aber der Erfolg war strategisch wenig bedeutend. Die Geschichte vom

Sergeanten Beaumont, jenem Spitfire-Piloten, der an diesem Tage die deutsche Flotte entdeckte, dessen Meldung jedoch nicht ernst genommen wurde, weil der Kommandeur seines Jagd-Verbandes gerade eine Parade abhielt, zeigt, daß der deutsche Admiral Ciliax Fortune hatte.
Erst mit Beginn des Krieges gelang es Admiral Dönitz, das Flottenbauprogramm umzustellen und U-Boote »am laufenden Band« fertigen zu lassen. Sie wurden das scharfe Schwert der deutschen Marine. Bei Kriegsbeginn zwar zahlenmäßig noch schwach, brachten sie den Geleitzügen der Alliierten furchtbare Verluste bei. Dönitz' »Wolfsrudel-Taktik« blieb erfolgreich, bis die Engländer das Zentimeter-Radar entwickelt hatten, ein Radar mit einer Wellenlänge von zehn Zentimetern und weniger, das Langstreckenflugzeuge in die Lage versetzte, U-Boote bei Nacht und schlechtem Wetter auszumachen und anzugreifen. Dadurch war die deutsche U-Boot-Taktik unwirksam geworden. Auch die Ausrüstung der U-Boote mit Schnorcheln und mit neuen, geräuscharmen Motoren konnte die Lage nicht wieder zugunsten der Deutschen ändern. Die Alliierten beherrschten die Meere.
J. S.

Nachdem die Deutschen die Schlacht um England im Herbst 1940 verloren hatten, versuchten sie, den einzigen ihnen noch verbliebenen Gegner im Westen dadurch in die Knie zu zwingen, daß sie ihn aushungerten. Die Schlacht im Atlantik war ein Versuch, Großbritannien durch das Abschneiden der Lebensmittelversorgung zur Kapitulation zu zwingen. Es fehlte nicht viel, und der Versuch wäre gelungen.
Einer der Hauptgründe, warum er fehlschlug, war die außerordentliche Zähigkeit der britischen Handelsmarine. Von insgesamt 145000 Seeleuten, die während des Zweiten Weltkriegs in der britischen Handelsflotte Dienst taten, fielen 32000 – alles Freiwillige. Die Gefallenenquote der britischen Handelsmarine im Zweiten Weltkrieg lag insgesamt höher als bei den bewaffneten Streitkräften, und war relativ vergleichbar nur den Verlusten, die Navy, Army und Air Force bei besonders risikoreichen Unternehmungen aufwiesen. Fünfeinhalb Jahre hindurch hatten die britischen Seeleute eine ähnliche Verlustquote wie General Wingates Kommandotruppen, die sogenannten Chindits, die in Burma hinter den japanischen Linien operierten. Die Seeleute der britischen Handelsmarine waren niemals wirklich gezwungen, nochmals für eine weitere Fahrt anzumustern, und sie taten es auch nicht des Geldes wegen. Im Jahre 1939 betrug die Heuer für einen tüchtigen Seemann neun Pfund (damals sechsunddreißig Dollar) in der Woche, plus einer Gefahrenzulage von 12½ Pence pro Tag. Diese Zivilisten

gingen einfach deswegen immer wieder auf See, weil sie britische Seeleute waren und es für ihre Pflicht hielten, das zu tun.
Die größten Verluste erlitten die Tankerbesatzungen. Wenn sie nicht ertranken, konnten sie immer noch durch das brennende Öl umkommen. Captain T. D. Finch, damals Erster Offizier auf der *San Emiliano*, hat eine Beschreibung vom Untergang seines Schiffes hinterlassen:

»Wir liefen am 6. August im Geleitzug von Trinidad mit dem Ziel Kapstadt und schließlich Suez aus und hatten alles in allem rund 12000 Tonnen hochoktanigen Treibstoff geladen. Am Abend des 9. August löste der Geleitzug sich auf. Gegen 6 Uhr abends, als es anfing zu dämmern, bemerkte ich, wie achtern mit voller Kraft und hell erleuchtet ein Dampfer auf uns zukam, was auf ein neutrales Schiff hindeutete. Gegen sieben lief er eine halbe Meile steuerbords von uns, und an den Lichtern, die er gesetzt hatte, erkannte ich, daß es sich um ein Hospitalschiff handelte. Um 8 Uhr, als unser 3. Offizier mich ablöste, war es schon weit hinten am Horizont und verschwand. Ich habe immer geglaubt, daß das U-Boot damals wahrscheinlich sogar aufgetaucht auf der Lauer gelegen, das Hospitalschiff gesehen – und vor dessen Lichtern auch unsere Umrisse deutlich erkannt haben muß . . . Gegen 9 Uhr beschloß ich, schlafen zu gehen, und hatte mich schon halb ausgezogen, als es steuerbords plötzlich zu einer heftigen Explosion kam, der gleich darauf eine zweite folgte. Ich sprang aus meiner Koje, eilte zur Kammertür, die mir in der Hand entgegenkam, sah, daß die Messe in Flammen stand, und lief den Gang hinunter. Ich sah den Schiffsjungen herumlaufen und schrie ihm zu: »Schnell, hier entlang . . . mir nach!«
Wir rannten zurück in meine Kammer und drückten die Tür wieder in die Füllung, um zu verhindern, daß die Flammen her einschlugen; ich schraubte das Bullauge auf, stieß es auf und den Schiffsjungen hinaus, folgte ihm und landete auf dem Schutzdeck, kletterte hastig den Niedergang zum Vordeck hinunter und lief auf die Back, die ich für die sicherste Stelle hielt. Mittlerweile stand das Schiff von der Brücke bis zum Heck in Flammen, die Hunderte von Metern hoch sein mußten. Ich sah, daß das Steuerbordrettungsboot bereits aufs Wasser geschlagen war, doch das Backbordboot hing noch in den Davits, und so rief ich dem Schiffsjungen zu: ›Komm . . . schnell . . . wir haben höchstens zwei Minuten, das Boot hier zu Wasser zu bringen. Schaffen wir das nicht, sind wir tot.‹ Als wir übers Vordeck auf die Brücke zuliefen, krachte auch dieses Boot ins Wasser . . . Wir mußten vom Schutzdeck etwa zwei Meter zu den Taljen runterspringen und an ihnen hinunterrutschen. Drei andere Männer war-

fen sich in ihrer Verzweiflung ins Boot. Inzwischen hatte ich die Vorleine fahren lassen und sah, daß brennende Besatzungsmitglieder ums Heck herumliefen und ins Wasser sprangen, das gleichfalls in Flammen stand.
Wir waren etwa 15 m von der Schiffswand entfernt, als der Dritte Offizier von der Back aufs Vordeck gelaufen kam und schrie: ›Wartet auf mich! Wartet auf mich!‹ Er hechtete über die Reling, und wir fischten ihn auf. Gleichzeitig schrie noch ein anderer von der Back herunter, aber wir konnten nichts tun, weil von den fünf oder sechs, die ins Boot gekommen waren, nur drei imstande waren zu rudern. Langsam sank das Schiff vor uns, während wir uns mächtig ins Zeug legten, um uns aus dem brennenden Wasser herauszuhalten. Wir hörten Hilfeschreie, ruderten hin und zogen einen Heizer aus dem Wasser, der schreckliche Verbrennungen erlitten hatte, und zwar so schwere, daß die Haut von seinem Rumpf und seinen Armen abging wie ein Handschuh, als wir ihn ins Boot zogen; er befand sich wirklich in einem furchtbaren Zustand.
Schließlich vernahmen wir zwei weitere Hilfeschreie und entdeckten im Wasser einen Vollmatrosen, der angezogen war und keine Verbrennungen erlitten hatte. Wir versuchten, dem Schiff zu folgen und nach Überlebenden Ausschau zu halten, doch das war eine unmögliche Aufgabe, weil diejenigen, die bereits im Boot waren, so schwere Verwundungen aufwiesen und dem Zusammenbrechen so nahe waren, daß nur drei von uns gegen den Wind und die See anrudern konnten.
Deshalb hörten wir auf zu rudern und stellten fest, daß der erste Schiffsjunge so schwere Verbrennungen aufwies, daß wir seine Hände mit der Schere vom Ruder losschneiden mußten. Der Dritte Offizier und ich kümmerten uns um die Verwundeten und waren entsetzt über die Schwere ihrer Verletzungen. Da wir nirgends mehr ein Zeichen von Leben entdeckten, heißten wir die Segel und nahmen Kurs auf Trinidad. Um diese Zeit starb der Heizer, der die ganze Nacht über furchtbar gelitten hatte, und innerhalb weniger Minuten ging es auch mit dem zweiten Steward, der entsetzliche Bauchverletzungen und Verbrennungen davongetragen hatte, zu Ende. Ich ging zu ihm hinüber, hob die Wolldecke auf, mit der wir ihn zugedeckt hatten, und bemerkte, daß sein Bauch furchtbar zugerichtet war und bloßlag. Er war die ganze Nacht über sehr geduldig gewesen, und das einzige, worüber er sich beklagt hatte, war die Kälte. Beide Männer übergaben wir der See. Wir waren ein bis zwei Stunden gesegelt, als der Zweite Maat mich zu sich rief. Er hatte schlimme Verbrennungen erlitten und war unterhalb der Gürtellinie schwer verletzt. Er verlangte Wasser, das ich ihm auch gab, aber

schon da wußte ich, daß es hoffnungslos war; wenige Minuten später starb er, und als ich die Wolldecke über ihn breitete, bemerkte ich, daß es auch mit dem ältesten Schiffsjungen zu Ende ging. Er wies am ganzen Körper Verbrennungen auf, und gegen Mittag starb auch er. Er war sehr tapfer gewesen und hatte die ganze Zeit über versucht, durch Singen die Moral der anderen Männer aufrechtzuerhalten. An der ganzen Tragödie ging mir am meisten zu Herzen, daß diese Burschen alle noch so furchtbar jung waren; daran vor allem mußte ich denken, als wir sie der See übergaben.
Völlig verzweifelt und niedergeschlagen setzten wir unsere Fahrt fort. Gegen ein Uhr nachmittags hörten wir das Brummen eines Flugzeugs.... Es umkreiste uns ein paarmal, stieg dann höher und warf einen Fallschirm ab, an dem ein Wasserbehälter hing, der jedoch beim Aufprall zersprang und daher auslief. Zu diesem Zeitpunkt machte ich mir des Wassers wegen noch keine allzu großen Gedanken, da ich annahm, daß wir genug hätten, um ungefähr dreißig Tage damit auszukommen. Wir fuhren weiter, und kurz vor Einbruch der Dämmerung kehrte das Flugzeug zurück.
Es warf einen zweiten Fallschirm ab, und diesmal handelte es sich um einen Behälter, der so aussah wie eine Milchkanne. Er fiel gut und landete etwa zehn bis zwölf Meter von uns entfernt. Wir fischten ihn heraus und fanden eine Flasche mit Eiswasser, Zigaretten, Schokolade, Suppe und einen Zettel, auf dem stand: ›Steuert nach Süden. Die Küste ist 110 Meilen entfernt.‹ Das etwa hatte ich auch angenommen, doch nach Süden zu steuern bedeutete, sowohl gegen die Strömung als auch gegen den Wind anzulaufen. Trotzdem beschloß ich, es zu tun, und so halsten wir und schlugen, soweit wir es beurteilen konnten, einen südlichen Kurs ein. Der Morgen graute, wir klarten das Boot auf, so gut wir konnten, und aßen etwas. Gegen zehn Uhr kam das Flugzeug wieder und warf abermals einen Fallschirm ab. Diesmal nicht mit Lebensmitteln, sondern nur mit der Nachricht: ›Hilfe kommt!‹
Etwa eine Stunde nach Einsetzen der Dunkelheit sichteten wir einen ohne Lichter fahrenden Schoner. Ich griff nach einer Taschenlampe und gab Leuchtsignale, weil ich annahm, daß es sich um die angekündigte Hilfe handele, doch sobald er die Signale wahrnahm, drehte er ab und verschwand in der Nacht. Etwa anderthalb Stunden später war der ganze Himmel von Geflacker erhellt, wir hörten ein Flugzeug, und dann kamen die flackernden Lichter herunter und beleuchteten das ganze Meer, und wir sichteten unser Rettungsschiff, das sich als der amerikanische Truppentransporter *Admiral Jessop* herausstellte. Er kam längsseits und übernahm zuerst die Verwundeten. Der Rest kletterte an Bord, dann wurden alle ins

Krankenrevier gebracht und bekamen Beruhigungsmittel verabreicht. Ehe die Wirkung bei mir einsetzte, fragte der Kapitän mich, was mit dem Rettungsboot geschehen solle, und ich sagte ihm, er solle es versenken, da es für mich soviel Elend, Verzweiflung und Sterben bedeutet hätte, daß ich nichts mehr damit zu tun haben wollte. Später erfuhr ich, daß ich es hätte verkaufen und mit dem Erlös die Überlebenden hätte einkleiden können.

Von der aus 48 Mann bestehenden Mannschaft kamen nur sieben mit dem Leben davon, doch glaube ich, daß noch drei von diesen sieben den Tod fanden, ehe der Krieg vorüber war. Ich bin mir nicht mehr ganz sicher, aber der Erste Funker starb bestimmt noch ... das weiß ich.

Von denen, die sich mit dem Rettungsboot in Sicherheit gebracht haben, bekam einer das *George Cross*, zwei die *George Medal*, und drei die *Lloyd's War Medal* verliehen. Einer wurde *Member of the Order of the British Empire*, und drei wurden in Korrespondentenberichten erwähnt. Das *George Cross* und zwei der *Lloyd's Medals* wurden den Betreffenden posthum verliehen.«

Kaum daß der Krieg in Europa angefangen hatte, versenkte ein im Atlantik operierendes deutsches Unterseeboot den britischen Passagierdampfer *Athenia*; dabei kamen 112 Menschen ums Leben, darunter 28 amerikanische Staatsbürger. 1936 hatte Deutschland ein internationales Abkommen unterzeichnet, demzufolge Passagiere und Mannschaften auf Fahrzeugen der zivilen Schiffahrt vor Versenkung des betreffenden Schiffes in Sicherheit gebracht werden mußten. In der Praxis scheinen weder Hitler noch sein Oberbefehlshaber der U-Boot-Waffe, Admiral Dönitz, jemals daran gedacht zu haben, sich nach diesen Vorschriften zu richten. Im September 1939 versenkten deutsche U-Boote 26 britische Handelsschiffe, ohne sich allzusehr um die Sicherheit ihrer Besatzungen zu kümmern – falls überhaupt.

Desgleichen versenkten sie den britischen Flugzeugträger *Courageous* und im Oktober das Schlachtschiff *Royal Oak*. Die Versenkung der *Royal Oak* in den als sicher geltenden Gewässern von Scapa Flow, dem nördlichen Flottenstützpunkt auf den Orkney-Inseln, war ein Bravourstück von Kapitänleutnant Günther Prien und der Besatzung der U 47.

Zu Beginn des Krieges verfügte Dönitz über 26 Unterseeboote, die im Nordatlantik operieren konnten. Von ihnen war nur jeweils ein Drittel im Einsatz – der Rest befand sich entweder auf der Aus- oder Heimfahrt oder mußte in Deutschland überholt, repariert und neu ausgerüstet werden. Tagtäglich waren damals rund 2500 britische Handelsschiffe auf See, auf die diese U-Boote Jagd machen konnten.

Der Hauptschutz der Briten vor den deutschen U-Booten bestand darin, die Handelsschiffe in Geleitzügen fahren zu lassen – Riesenformationen bis zu sechzig Schiffen, die von U-Boot-Abwehreinheiten der Navy begleitet wurden. Dieses Geleitzug-System war von der Admiralität während des Ersten Weltkriegs nur zögernd aufgenommen worden, hatte sich jedoch als erfolgreich erwiesen. In Geleitzügen wurden weniger Schiffe versenkt, als wenn sie allein für sich gefahren wären.
Diese Lektion hatten die Briten 1917 gelernt, bis 1939 jedoch wieder halb vergessen. Es gab einfach nicht genug Begleitschiffe. Schiffe, die mehr als 15 Knoten machten, wurden ermutigt, allein zu fahren. Die deutschen U-Boote – damals nur eine Handvoll – konzentrierten sich auf Schiffe, die nicht im Geleitzug fuhren. Bis Ende 1939 hatten sie 102 unabhängig fahrende Schiffe versenkt, jedoch nur vier aus Geleitzügen heraus.
Mangels ausreichender Geleitschutzschiffe und insbesondere mangels solcher, die eine große Reichweite hatten, konnte die Navy das Geleitschutzsystem anfangs nur im Nordatlantik praktizieren, und zwar von den britischen Inseln bis zu einer 100 Meilen westlich von Irland gelegenen Linie. Von diesem Längengrad an – 12,5 ° westlich von Greenwich – sollten die Schiffe sich dann zerstreuen und unabhängig voneinander nach Nordamerika weiterfahren. Was die Briten nicht erkannten – oder falls doch, konnten sie jedenfalls nichts dagegen tun – war, daß die Reichweite ihrer Begleitschiffe seit 1918 zwar nicht größer geworden war, wohl aber die der deutschen Unterseeboote, und zwar beträchtlich. Den ganzen Winter 1939–1940 über stießen die Deutschen immer weiter in den Atlantik vor und griffen die Handelsschiffe erst an, nachdem sich die Geleitzüge aufgelöst hatten. Im Oktober 1940 wurde der britische Geleitschutz bis auf 20 ° westlicher Länge ausgedehnt. Doch abermals dehnten auch die Deutschen ihr Operationsfeld weiter nach Westen aus und fuhren fort, die Schiffe anzugreifen, nachdem die Geleitzüge sich aufgelöst hatten.
Auch mußten die Briten noch die Grenzen ihres Unterwasser-Ortungssystems ASDIC erkennen, das aus einem Sender und einem Empfänger für akustische Unterwasserwellen bestand. Sobald die ausgesandten Wellen auf ein U-Boot trafen, wurden sie reflektiert und kehrten an ihren Ausgangspunkt zurück. Die Briten setzten großes Vertrauen auf das ASDIC-System (*A*llied *S*ubmarine *D*etection *I*nvestigation *C*ommittee), das später unter dem Namen SONAR bekannt wurde (*So*und *N*avigation *A*nd *R*anging). Akustische Wellen verhalten sich jedoch unter Wasser, insbesondere bei Schlechtwetter, oft unberechenbar. Luftblasen – die durch Explosionen, Schiffsschrauben oder ganz einfach durch Turbulenzen hervorgerufen werden können – ver-

mögen akustische Wellen genauso zu brechen wie etwa der Regen Lichtwellen in der Luft. Sogar Unterschiede in der Wassertemperatur konnten die ASDIC-Wellen beeinflussen. In der Arktis nützte das System zum Beispiel oft gar nichts. Aber wie dem auch sei – die Reichweite dieses ASDIC-Ortungssystems war ohnehin sehr kurz, und es im Krieg einzusetzen, erwies sich mehr als eine Kunst, denn eine Wissenschaft.

Der größte Nachteil von ASDIC bestand jedoch darin, daß es nicht möglich war, aufgetauchte U-Boote damit zu orten. Daß U-Boote auch über Wasser angreifen könnten, war den Briten überhaupt nicht in den Sinn gekommen. Im Ersten Weltkrieg hatten die deutschen U-Boote meist aus Periskop-Tiefe angegriffen – das heißt, das ganze U-Boot war dabei praktisch untergetaucht. Während des Zweiten Weltkriegs hingegen griffen sie zumeist bei Nacht und völlig aufgetaucht an. Das bedeutete, daß die ASDIC-Geräte ausgerechnet in dem Augenblick nutzlos waren, da man am dringendsten auf sie angewiesen war. In der ersten Phase des Krieges hatten die Briten keine andere Möglichkeit, als aufgetauchte U-Boote mit Fernglas und bloßem Auge auszumachen und das auch noch nachts – dabei stellt selbst ein völlig aufgetauchtes U-Boot nun einmal ein sehr kleines Ziel dar.

Auch litten sie in der ersten Phase der Schlacht im Atlantik darunter, daß sie nicht über Flugzeuge mit großer Reichweite verfügten. Im späteren Verlauf des Krieges konnten mit Radar ausgerüstete Flugzeuge nachts aufgetauchte U-Boote mit großer Genauigkeit aufspüren und höchst wirksam angreifen. Aber ob mit oder ohne Radar – Flugzeuge stellen immer ein wirksames Mittel der U-Bootabwehr dar, und zwar ganz einfach deshalb, weil sie U-Boote zwingen können, auf Tauchstation zu bleiben.

Die damaligen U-Boote mußten täglich aus Versorgungsgründen mehrere Stunden an der Wasseroberfläche bleiben. Im getauchten Zustand waren sie auf Elektromotoren angewiesen, die durch gewaltige Batterien angetrieben wurden. Waren die Batterien nahezu leer, blieb den U-Booten nichts anderes übrig als aufzutauchen. Ihre Dieselmotoren brauchten Luft, wenn sie die Batterien wieder laden sollten. Folglich mußten U-Boot-Kommandanten sich zwecks Ladens ihrer Batterien einige Zeit über Wasser aufhalten, um später unter Wasser wieder manövrieren zu können. Die Bedrohung durch einen Angriff aus der Luft – bei Tag und bei Nacht – konnte sie zwingen, das Aufladen ihrer Batterien zu unterbrechen, was ihre Einsatzpläne unter Umständen ernstlich gefährden konnte.

Eine ohnehin schon böse Situation wurde für die Briten womöglich noch schlimmer, als die Deutschen 1940 Frankreich und Norwegen besetzten. Nach dem Fall Frankreichs mußten die Briten ganz auf sich allein gestellt weiterkämpfen. Für die Navy fiel die Unterstützung der im Umgang mit ASDIC-Geräten gut versierten französischen Kriegsmarine vollständig aus. Das Schlimmste war jedoch, daß Dönitz durch die Eroberung Frankreichs über günstiger gelegene U-Boot-Basen verfügte. Frankreich war im Juni 1940 gefallen. Schon im Juli hatte Dönitz seinen Haupt-U-Boot-Stützpunkt in Lorient eingerichtet. Damit wurde die Anfahrtsstrecke der deutschen U-Boote zum Einsatzgebiet um 450 Meilen verkürzt. Jetzt, wo die französische Atlantikküste in deutscher Hand war, konnten Dönitz' U-Boot-Kommandanten mehr Zeit auf den Angriff von Geleitzügen verwenden als vorher und verbrauchten dabei auch noch weniger Treibstoff. Die Schlagkraft der deutschen U-Boot-Waffe hatte sich über Nacht vervielfacht.

Die ohnehin bereits bedrohten Verbindungen Großbritanniens zu den Vereinigten Staaten wurden jetzt außerordentlich riskant. Um die Dinge noch schlimmer zu machen, verfügten die Deutschen über genau jenen Typ von Flugzeugen mit großer Reichweite, den die Briten so dringend brauchten. Die Focke-Wulf 200 war eine viermotorige Maschine mit einer Reichweite, die genügte, um von Frankreich aus über den Nordatlantik und von dort nach Norwegen zu fliegen. Als sie ihre Einsätze im Sommer 1940 aufnahmen, konnten die FW 200 buchstäblich jeden Geleitzug ausmachen, den deutschen U-Booten über Funk ihre Position angeben und die Schiffe dann mit Bomben angreifen.

Ein Hochsee-Geleitzug war ein langsam seitlich über den Atlantik ziehendes Oval. Ein Geleitzug aus fünfzig Einheiten bestand aus zehn jeweils im Kielwasser hintereinander fahrenden Kolonnen mit je fünf Schiffen. Damit wurde die Angriffsfläche, die der Geleitzug den U-Booten bot, so klein wie möglich gehalten. Dennoch war das damals eine recht ungefüge Formation. Eine aus fünfzig Schiffseinheiten bestehende Formation immer auf gleichem Kurs zu halten, war nautisch keine leichte Sache, zumal sie gegen die vorherrschenden Westwinde ankämpfen mußte, und das auch noch, wenn die Schiffe leer oder mit Ballast fuhren und hoch aus dem Wasser ragten. Außerdem mußte man im Zick-Zack fahren. Fünfzig dicht beieinander fahrende Schiffe mußten innerhalb einer Stunde mehrmals auf die Minute genau den Kurs wechseln. Außerdem bedeutet das Fahren im Geleitschutz praktisch einen Verstoß gegen die Grundinstinkte eines Hochsee-Kapitäns, dem es stets darum geht, möglichst nicht in die Nähe von anderen Schiffen zu geraten.

Mit den FW 200 wurde man schließlich fertig. Die Briten gingen dazu über, Flugzeugmutterschiffe mit Startschleudern für den Geleitschutz

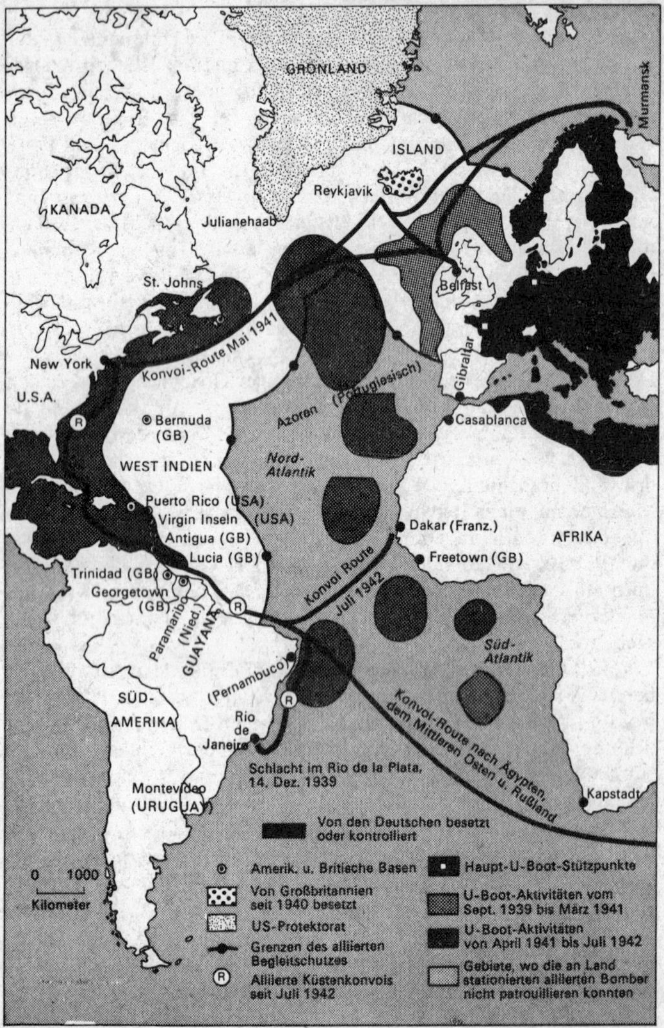

Die Schlacht im Atlantik, 1939–42

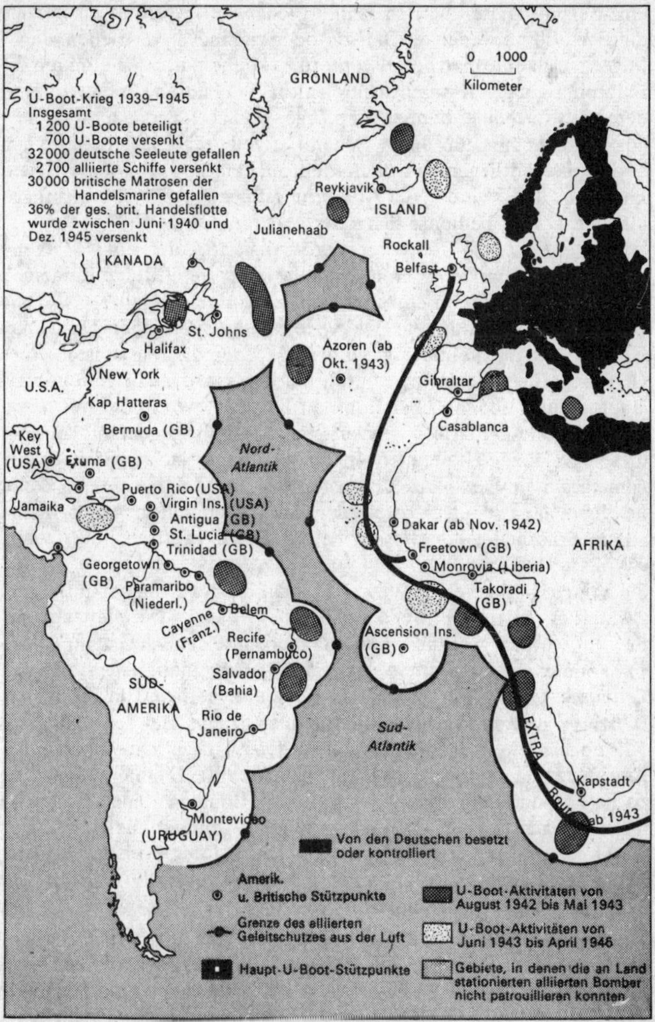

Die Schlacht um den Atlantik, 1942–45

einzusetzen. Diese konnten Jagdflugzeuge aufsteigen lassen, welche die FW 200 entweder abschossen oder zumindest vertrieben. Jagdflugzeuge glaubte man notfalls opfern zu können. Landen konnten die Flugzeuge auf den Katapultschiffen nicht. Die Piloten konnten nur mit dem Fallschirm über der See abspringen und hoffen, daß man sie herausfischte. Später führten die Briten Flugzeugträgerbegleitschiffe ein, so daß die Jagdflieger ein Deck hatten, auf dem sie auch wieder landen konnten. Damit wurden die Aufklärungsflüge der FW 200 wirkungslos, und Dönitz bediente sich einer anderen Taktik.
Sobald er genug U-Boote zur Verfügung hatte, daß etwa fünfzehn ständig im Atlantik operieren konnten, gab er Befehl, eine Reihe von Patrouillen-Positionen einzunehmen, durch welche jeder Geleitzug unbedingt hindurch mußte. Die viele Meilen auseinandergezogenen U-Boote warteten einfach, bis eines von ihnen die Mastspitzen eines Geleitzugs über dem Horizont auftauchen sah. Das betreffende U-Boot meldete sodann über Funk an Dönitz, was es gesichtet hatte, woraufhin dieser den anderen verfügbaren U-Booten befahl, Kurs auf diesen Geleitzug zu nehmen. In der folgenden Nacht griffen sie alle gemeinsam an. Den ganzen nächsten Tag über folgten sie ihm dann, um ihn in der zweiten Nacht wieder anzugreifen und so weiter, bis sie alle ihre Torpedos verschossen hatten. Diese Taktik nannte Dönitz »Wolfsrudel-Technik«.
Sie zeitigte verheerende Wirkungen. Da die Navy immer noch verzweifelt am Mangel an Begleitschiffen litt, waren die Geleitzüge immer nur schwach geschützt. In der ersten Phase der Schlacht im Atlantik konnte es vorkommen, daß der Kommandant eines einzigen Geleitschiffes die Verantwortung für die Sicherheit von vierzig bis fünfzig kostbaren Frachtern übernehmen mußte. Bei den deutschen Küstengeleitzügen im Kanal oder in der Nordsee kamen auf jeden Frachter zwölf oder gar noch mehr Begleitschiffe. Einmal standen britische Torpedoboote, die in der Nähe von Boulogne einen Geleitzug angriffen, achtundzwanzig Begleitschiffen gegenüber, die ein einziges Schiff eskortierten. Lange Zeit hindurch, bis der britische Begleitschutz zahlenmäßig stärker wurde, hatten die deutschen U-Boote ein vergleichsweise leichtes Spiel.
Die Kunst, bei Nacht in aufgetauchtem Zustand mit Torpedos anzugreifen, besteht darin, eine nur verschwommen wahrgenommene Lage innerhalb von Sekunden zu erfassen und blitzschnell eine Entscheidung zu treffen. Das läßt sich an einem Simulator nicht erlernen. Bei dieser besonderen Art der Kriegsführung kommt das Können mit der Erfahrung. Drei von Dönitz' U-Bootkapitänen, Günther Prien, der die *Royal Oak* versenkt hatte, Otto Kretschmer und Joachim Schepke hatten auffallend größere Erfolge als ihre Kollegen. Sie besaßen grö-

ßere Erfahrung und versenkten daher auch mehr Schiffe. Insbesondere Kretschmer ging nach der tödlichen Technik vor, zwischen die Kolonnen eines Geleitzugs selbst einzudringen und ihn von innen her anzugreifen. Für die Navy stellte es einen bedeutenden Erfolg dar, als es den Begleitschiffen eines nach Westen fahrenden Geleitzugs südlich von Island gelang, die drei von diesen Männern kommandierten U-Boote zu versenken. Kretschmer wurde von HMS *Walker* gefangengenommen. Die beiden anderen Kommandanten gingen mit ihren Schiffen unter.
Doch wenn das auch ein bedeutender Erfolg war – entscheidend war er durchaus nicht. Dönitz hatte drei seiner fähigsten U-Boot-Kommandanten verloren, doch baute er jetzt immer schneller neue U-Boote. Im September 1941 verfügte er über eine U-Boot-Flotte von 150 Einheiten, von denen allerdings nicht alle gleichzeitig eingesetzt werden konnten. Ganz einfach deshalb, weil es viele U-Boote gab und nur wenige Begleitschiffe, konnten Dönitz' Kapitäne im April 1941 eine Rekordzahl alliierter Schiffe versenken, von denen die meisten unter britischer Flagge fuhren. Die Anzahl der Versenkungen überstieg damals bei weitem die Anzahl der Neubauten. Die Tonnage für die Einfuhren nach Großbritannien war um die Hälfte reduziert worden. Trotz allem, was die Navy und die RAF taten, drohte Großbritannien allmählich der Hungertod.

Amerika greift in die Schlacht ein

Die für Großbritannien hoffnungsvollste Entwicklung des Jahres 1941 bestand darin, daß die Vereinigten Staaten – zunächst inoffiziell, später jedoch auch offiziell – in die Schlacht im Atlantik eingriffen. Die USA waren noch nicht in den Krieg eingetreten; aber sie halfen den Briten. Der Fall Frankreichs und Hitlers Besetzung von halb Westeuropa hatte die Amerikaner alarmiert. Die Vereinigten Staaten hatten sich weitgehend darauf verlassen, daß Großbritannien die Herrschaft über den Atlantik aufrechterhielte. Die See-Strategie der Amerikaner fußte auf der Erwartung, daß die Herrschaft der USA über den Pazifik unangetastet blieb, während zwei mehr oder weniger befreundete Mächte – Großbritannien und Frankreich – halfen, den Atlantik zu beherrschen. Mit dem Fall Frankreichs wurde diese Theorie unhaltbar. Der Oberkommandierende der amerikanischen Flotte, Admiral Stark, verlangte augenblicklich Gelder für den Ausbau der Atlantik-Flotte der USA und erhielt sie auch sofort bewilligt. Das war Amerikas erster stillschweigender Schritt in Richtung auf einen Krieg mit Hitler, den Großbritannien zu diesem Zeitpunkt allein führte.

Den ganzen Rest des Jahres 1940 über transportierten die Briten die Lebensmittel und Waffen, die sie brauchten, in ihren eigenen Schiffen von den USA nach Großbritannien, und zwar auf der sogenannten ›cash and carry‹-Basis. Großbritannien zahlte also mit seinen rapide schwindenden Dollarreserven für die Importe und holte sie über den Atlantik. Der nächste Schritt in Richtung Krieg war die Folge der zweiten Wiederwahl von Präsident Roosevelt. Er war der einzige amerikanische Präsident, der jemals drei Legislaturperioden nacheinander dieses Amt bekleidet hatte. Sein noch nie dagewesener Sieg in den Präsidentschaftswahlen im November 1940 stärkte seine innenpolitische Position so gewaltig, daß er es sich leisten konnte, Großbritannien offen Hilfe anzubieten, ohne ernsthaft mit Amerikas unnachgiebigen Isolationisten aneinanderzugeraten. Im Dezember schaffte er das ›cash and carry‹-System ab und ersetzte es durch einen »Pacht- und Leihvertrag«. Roosevelt erklärte den Amerikanern, wenn das Haus eines Nachbarn brenne, würde man ihm selbstverständlich einen Schlauch leihen, um dieses Feuer zu löschen. Und ebenso selbstverständlich sei es, daß der Nachbar den Schlauch hinterher wieder zurückgäbe. »Die Menschen in Europa, die sich verteidigen, bitten uns nicht, den Kampf für sie zu übernehmen«, sagte Roosevelt, »sondern sie bitten uns um das nötige Kriegsgerät . . . Wir müssen das große Arsenal der Demokratie sein.«[2]

Der Kongreß verabschiedete den Pacht- und Leihvertrag, erklärte sich jedoch schon nicht mehr mit dem nächsten Schritt der amerikanischen Verwicklung in den Krieg einverstanden, der darin bestand, daß die US-Navy den Schutz der im Rahmen des Pacht- und Leihvertrags gelieferten Güter übernahm. Dieser Schutz wurde nur schrittweise übernommen und war, zumindest für Roosevelt, nur eine logische Weiterung des Prinzips, auf dem der Pacht- und Leihvertrag beruhte. Es war sinnlos, seinem Nachbarn einen Feuerwehrschlauch zu leihen, wenn der unterwegs gestohlen oder vernichtet wurde.

Die erste direkte Verwicklung der US-Navy in den Krieg war eine indirekte Folge davon, daß US-Marinesoldaten Stützpunkte in Island besetzten und eine britische Truppe ablösten, die nach der Besetzung Dänemarks dorthin geschickt worden war, da Island damals zu Dänemark gehörte. Die Briten brauchten Stützpunkte auf Island, um ihre Geleitzüge im Atlantik beschützen zu können. Auch konnten sie nicht zulassen, daß Island an die Deutschen fiel. Im Juli 1941 lösten nach gegenseitiger Übereinkunft US-Marinesoldaten die britische Garnison ab; die US-Navy hatte jetzt geradezu die Pflicht, die Geleitzüge zwischen den USA und Island zu beschützen; man erbot sich schließlich, amerikanische und isländische Schiffe zu schützen. Doch dieses Angebot galt für »Schiffe jeder Nationalität, die sich anschließen möchten.« Theoretisch gesehen schützte die US-Navy ihre eigenen Verbindungswege, in der Praxis hatte sie jedoch begonnen, britische Geleitzüge im westlichen Nordatlantik unter ihren Schutz zu nehmen. Enger, direkter und gewisser wurde die Verwicklung Amerikas, als ein deutsches U-Boot das US-Schiff *Kearney* versenkte. Die US-Navy war angegriffen worden und hatte ihren ersten Verlust erlitten. Roosevelt ermächtigte sie, zum Gegenangriff überzugehen. Der japanische Angriff auf Pearl Harbor und Hitlers Kriegserklärung an die Vereinigten Staaten sollten noch kommen. Aber in den kalten Gewässern von Island führte Amerika bereits Krieg.

Nichtsdestotrotz blieb die Schlacht im Atlantik für die Briten kritisch, ja, sie sollte womöglich noch kritischer werden. Zwar ermöglichte es der amerikanische Begleitschutz zwischen den Vereinigten Staaten und Island den Briten, ihren Geleitzügen im Ostatlantik wirksameren Schutz angedeihen zu lassen, aber inzwischen hatte Großbritannien neue Verpflichtungen übernommen. Als Hitler 1941 die Sowjetunion angriff, bot Churchill sofort alle Hilfe und Unterstützung an, deren Großbritannien fähig sei. Dazu gehörte die Eröffnung einer neuen Schiffsroute von Island nach Murmansk in Nordrußland. Das war die gefährlichste aller Schiffahrtslinien, und zwar weniger der U-Boote wegen, sondern weil diese Route so nahe an der Reichweite der deutschen Luftwaffenstützpunkte in Nordnorwegen vorbeiführte. Auch wurden die Nordrußland-Geleitzüge durch deutsche Überwasserstreitkräfte bedroht, die in den nördlichen Fjorden Norwegens ihre Stützpunkte hatten. Den ersten Geleitzügen nach Nordrußland gelang es durchzukommen, doch die späteren erlitten furchtbare Verluste.

Immer noch stellte die Transatlantik-Route Großbritanniens Lebensnerv dar. Langsame Geleitzüge, die theoretisch siebeneinhalb Knoten laufen konnten, versammelten sich in Sydney auf der Kap-Breton-Insel, während sogenannte schnelle Geleitzüge, die theoretisch neun bis zehn Knoten laufen konnten, in Halifax, Nova Scotia zusammengestellt wurden. Inzwischen konzentrierten die deutschen U-Boote ihre Angriffe auf die Lücke im Luftüberwachungssystem, das Gebiet südlich von Island und westlich von Cape Farewell auf Grönland, das von Flugzeugen, die in Küstennähe stationiert waren, nicht bestrichen werden konnte.

Als Hitler (im Anschluß an den japanischen Angriff auf Pearl Harbor) den Vereinigten Staaten im Dezember 1941 den Krieg erklärte, erkannte Dönitz augenblicklich, daß, während die Briten nur schlecht darauf vorbereitet waren, ihre Geleitzüge vor U-Booten zu schützen, die Amerikaner überhaupt nicht darauf vorbereitet waren. Zahlreiche Schiffe verkehrten täglich ungeschützt auf den Hauptschiffahrtswegen zwischen dem Sankt-Lorenz-Strom und New York und liefen dann weiter nach Süden um das Kap Hatteras nach der Meerenge von Florida. Von dort aus stießen sie entweder weiter in den Golf von Mexiko vor, oder fuhren zwischen den Bahamas und Kuba in die Windward-Passage ein, die Kuba von Haiti trennt. Dieser lebenswichtige Verkehrsweg war in seiner gesamten Länge ungeschützt, und das Geleitzugsystem wurde hier nicht angewandt. Hätte man es anwenden wollen, so würde es auch hier zu wenig Begleitschiffe gegeben haben. Die US-Navy hatte bisher noch nicht die Zeit gehabt, ihre Stärke im Atlantik auszubauen. Von Januar 1942 bis Mitte Juli versenkten deutsche Unterseeboote in den Gebieten von Atlantic City, den Kaps von Virginia und Kap Hatteras in den amerikanischen Küstengewässern 360 Schiffseinheiten. Bis dahin hatten die Amerikaner dann endlich ein Geleitzugsystem entwickelt, das immerhin die Route von New York durch die Windward-Passage bis an die Nordostküste von Südamerika umfaßte. Von dort aus liefen Geleitzüge weiter bis ins Rote Meer und in den Mittleren Osten, um das Kap der Guten Hoffnung, oder nach Freetown in Westafrika. Dönitz weitete sein Operationsfeld einfach aus. Die deutschen U-Boote operierten in der Nachbarschaft von Freetown, im Golf von Mexiko und vor den Küstengewässern Brasiliens. Das Versenken der Schiffe ging weiter.

Das Zentimeter-Radar

Noch immer waren Briten und Amerikaner, die jetzt auch formell Verbündete waren, nicht mit dem Grundproblem fertig geworden, das die Schlacht im Atlantik so mörderisch machte – nämlich aufgetauchte U-Boote bei Nacht oder bei schlechtem Wetter zu orten und wirksam anzugreifen. Immer noch brauchten sie Aufklärungsflugzeuge mit großer Reichweite, um die U-Boote auf Tauchstation zu zwingen. Aber sie brauchten auch unbedingt ein sicher arbeitendes Gerät, mit dessen Hilfe Flugzeuge und Überwasserschiffe nachts aufgetauchte U-Boote orten und angreifen konnten.
Die Antwort auf dieses ernste Problem stellte das Zentimeter-Radar-System dar, eine entscheidende britische Erfindung, die das Kriegsglück zugunsten der Alliierten entschied. Es ist unwahrscheinlich, daß sie die Schlacht im Atlantik ohne diese Erfindung gewonnen hätten. Radar hatte es bereits vor dem Kriege gegeben. Im Prinzip arbeitet es ähnlich wie ASDIC. Man sendet elektromagnetische Wellen aus, die zurückgeworfen werden, sobald sie auf ein Ziel treffen. Indem man die Zeit zwischen der Aussendung der Wellen und dem Empfang des Echos mißt, läßt sich die Entfernung des Ziels errechnen. Durch die Peilung läßt sich vom Schiff oder Flugzeug aus auch die Richtung

des Ziels erkennen, und so hat man es lokalisiert. Im Prinzip kannte man all das in Großbritannien bereits vor dem Krieg, und so hatte man eine Kette von Radarstationen aufgebaut, um frühzeitig Alarm vor näherkommenden Feindflugzeugen geben zu können. Die Navy hatte einige Kriegsschiffe mit Radar ausgerüstet, und Admiral Cunningham, der Oberkommandierende der britischen Mittelmeerflotte, hatte es mit gutem Erfolg zum erstenmal benutzt, als er die italienische Flotte in der Schlacht von Matapan schlug. Der große Nachteil dieser frühen Radarstationen war jedoch, daß es sich dabei um riesige, ungefüge Apparate handelte. Cunningham hatte eine Radarstation einbauen lassen, da er über ein Schlachtschiff verfügte. Was die Alliierten in der Schlacht im Atlantik und in anderen Kämpfen so dringend benötigten, war ein Radargerät, das so klein sein mußte, daß es sich in ein Flugzeug oder ein kleines Kriegsschiff einbauen ließ. Der Grund, warum die ersten Geräte so ungefüge waren, lag darin, daß man sich allzu langer Wellen bediente. Grundvoraussetzung für ein wirklich brauchbares Radargerät ist, daß das Strahlenbündel der Wellen schmal ist, da man mit einem breiten Strahl zwar die Entfernung, nicht aber die Richtung feststellen kann.
Um ein schmales Strahlenbündel zu erhalten, brauchte man, sofern man mit langen Wellen arbeitete, einen sehr großen Reflektor, um die Wellen zu bündeln. Wollte man den Spiegel verkleinern, so daß er in ein Flugzeug hineinpaßte, mußte man zunächst mit kürzeren Wellenlängen arbeiten.
Vor Beginn des Krieges war es noch nie jemandem gelungen, elektromagnetische Wellen mit wirklich kurzen, in Zentimetern zu messenden Wellenlängen zu erzeugen. Die Lösung (die im Winter 1939/1940 von zwei britischen Wissenschaftlern, J. T. Randall und H. A. Boot gefunden und von vielen anderen Wissenschaftlern in Großbritannien dann verfeinert und vervollkommnet wurde) bestand im Hohlmagnetron, das imstande war, Wellen mit Längen von zehn und noch weniger Zentimetern zu erzeugen. 1941 gelang es dann einem anderen britischen Wissenschaftler, J. Sayers, ein Mittel gegen die Frequenzsprünge zu finden, unter denen die frühen Magnetronen litten, indem er ihre Segmente koppelte.
Das Zentimeter-Radar erwies sich, wie die Deutschen zugaben, als eine der entscheidendsten unter den vielen neuen Erfindungen, die von den Alliierten nutzbar gemacht wurden. Im Mai 1943 suchte Dönitz Hitler in Berchtesgaden auf, um ihm zu sagen, daß die Schlacht im Atlantik zumindest vorläufig abgebrochen werden müsse. »Im Augenblick«, erklärte Dönitz Hitler, »ist das Entscheidende, daß die feindlichen Flugzeuge mit Ortungssystemen ausgerüstet sind . . . die es ihnen ermöglichen, U-Boote aufzuspüren und sie unerwartet aus

niedrigen Wolken, bei schlechter Sicht und auch nachts anzugreifen. Hätten die Flugzeuge dieses Ortungsgerät nicht, wäre es ihnen z.B. nicht möglich, U-Boote bei rauher See oder nachts zu orten. Die überwiegende Zahl der U-Boote, die jetzt versenkt werden, gehen auf das Konto der Flugzeuge.«

Weiterhin sagte Dönitz, daß »die Verluste im letzten Monat von 24 U-Booten, das sind etwa 13% aller U-Boote im Einsatz, auf 36 oder vielleicht 37 angestiegen sind, also etwa 30% aller Boote im Einsatz. Diese Verluste sind zu hoch. Wir müssen sparsam mit unseren Mitteln umgehen; denn wenn wir das nicht tun, spielen wir einfach dem Feind in die Hände.«[3]

Das Blatt hatte sich gewendet. Der März 1943 war mit 43 in den ersten zwanzig Tagen versenkten Schiffen für die Alliierten der schlimmste Monat des ganzen Krieges überhaupt gewesen. Der April und der Mai 1943 hingegen waren die schlimmsten Monate für Dönitz. Zwischen dem 17. Mai und dem September 1943 verloren die Alliierten im Atlantik kein einziges Schiff. Dönitz gelang es nie wieder, die Oberhand zu gewinnen, obgleich er es versuchte. Voller Hoffnungen versprach er im Tagesbefehl vom 24. Mai 1943 seinen Männern neue Geräte und neue Waffen, mit denen sie triumphieren könnten. Bis dahin würde man eine Pause in der Schlacht einlegen. Aber die neuen Geräte reichten nicht aus. Das erste war der Zieltorpedo – ein Torpedo, der mit einem akustischen Apparat ausgestattet war, welcher ihn auf das Geräusch der Schiffsschraube des feindlichen Schiffes selbsttätig hinlenkte. Dönitz hoffte, daß seine U-Bootkommandanten damit in der Lage wären, aus sicherer Entfernung und unter Wasser »blind« auf einen Geleitzug zu feuern. Der mit akustischem Zielgerät ausgerüstete Torpedo erwies sich für eine kurze Zeit durchaus als erfolgreich. Die Briten und die Amerikaner hatten diesen Torpedo jedoch vorausgesehen und hielten schon eine einfache Gegenmaßnahme bereit: den sogenannten »Foxer«, einen Apparat, der hinter dem Heck eines Schiffes hergeschleppt wurde und lauter war als die Schiffsschrauben. Man wartete nur darauf, ihn einzusetzen. So zerstörten deutsche Zieltorpedos zwar viele »Foxer«, aber kaum noch Schiffe.

Außerdem rüstete Dönitz seine U-Boote mit dem Schnorchel aus, einem Gerät, das sie instand setzte, ihre Batterien aufzuladen, ohne ganz auftauchen zu müssen. Der Schnorchel ist praktisch ein Atemschlauch für die Dieselmotoren der U-Boote. Statt aufzutauchen und den ganzen Kommandoturm des U-Boots der Radarortung preiszugeben, brauchte der Kapitän nur seinen Schnorchel soweit auszufahren, bis er durch die Wasseroberfläche stieß. Doch weder Schnorchel noch Torpedos mit akustischen Zielgeräten schafften es, die deutschen U-Boote wieder zu einer wirksamen Waffe im Nordatlantik zu ma-

chen. Die U-Boote wurden nicht nur zeitweilig zurückgezogen, wie Dönitz Hitler in Berchtesgaden erklärt hatte, sondern für immer.
Dönitz' U-Boote stellten die bei weitem wirksamste Seekriegswaffe dar, welche die Deutschen während des Zweiten Weltkriegs einsetzten. Durch sie wurden 2828 alliierte Frachter und 145 Kriegsschiffe versenkt. Insgesamt bauten die Deutschen 1162 Unterseeboote, von denen sie 785 verloren. Die Mittel, die sie in den Bau von U-Booten steckten, erwiesen sich als weit nutzbringender angelegt als das Geld und die kostspielige Ausrüstung, die sie in den Bau von Überwasserkriegsschiffen steckten. Zwar stießen deutsche Überwassereinheiten verschiedentlich in den Atlantik vor, doch gelohnt hat sich das nicht.
1939, als der Krieg ausbrach, hatte die deutsche Kriegsmarine bereits zwei kleine Schlachtschiffe im Atlantik stationiert, schnelle, schwer gepanzerte und bestückte 12000-Tonnen-Schiffe, die theoretisch jedem britischen Kriegsschiff an Gefechtskraft und Wendigkeit überlegen waren, – außer den allergrößten und schnellsten. Trotzdem erwiesen ihre Operationen sich als unwirksam. Im Nordatlantik fand die *Deutschland* kein Ziel, feuerte keinen einzigen Schuß ab und kehrte, als ihr der Treibstoff ausging, über das Eismeer nach Deutschland zurück. Im Südatlantik versenkte die *Admiral Graf Spee* allerdings eine Reihe von britischen Frachtern, die südamerikanische Häfen anliefen oder von dort kamen. Am 13. Dezember wurde sie vom britischen Südatlantik-Geschwader abgefangen, das aus dem mit 20,3-cm-Geschützen ausgerüsteten Zerstörer *Exeter*, dem leichten Kreuzer *Ajax* und dem Kreuzer *Achilles* von der Royal New Zealand Navy bestand. Mit ihren 27,9-cm-Geschützen war die *Graf Spee* all diesen Schiffen, was die Reichweite und Durchschlagskraft betraf, weit überlegen. Trotzdem verlor sie die Schlacht. Der britische Geschwaderchef, Kommodore Harwood, teilte seine Schiffe, um die *Graf Spee* zu zwingen, in zwei Richtungen zugleich zu feuern. Das Geschützkontrollsystem der *Graf Spee* arbeitete, genauso wie das jedes anderen Kriegsschiffes, immer dann am besten, wenn es sich auf ein einziges Ziel einstellen konnte. In einem Gefecht, das beinahe zwei Stunden dauerte, und in dessen Verlauf Harwoods Schiffe immer wieder in die Reichweite der Geschütze des Gegners hinein- und wieder herausliefen, fügten sie der *Graf Spee* mehr Schaden zu, als diese ihren Gegnern zufügen konnte. Mit 37 Gefallenen und 57 Verwundeten flüchtete die *Graf Spee* schwer angeschlagen bei Montevideo in neutrale Gewässer. Ihr Kommandant, Kapitän Langsdorff, versenkte sein Schiff in der Mündung des Rio de la Plata und beging dann Selbstmord.

›Scharnhorst‹ und ›Gneisenau‹

1939 schickten die Deutschen noch zwei weitere schwere Kriegsschiffe einzeln in den Nordatlantik. Beim ersten handelte es sich um das dritte »Westentaschen«-Panzerschiff, die *Admiral Scheer*. Sie passierte im Oktober die Dänemarkstraße zwischen Island und Grönland und sichtete am 5. November einen nach Osten laufenden Geleitzug unter dem Schutz des bewaffneten Hilfskreuzers *Jervis Bay*. Deren Kommandant, Kapitän E. S. F. Fegen, wies die Schiffe des Geleitzuges an, sich zu zerstreuen, und nahm direkt Kurs auf die *Admiral Scheer*. Bei der *Jervis Bay* handelte es sich um nichts weiter als um ein bewaffnetes Handelsschiff, kein Gegner also für die *Admiral Scheer*. Doch indem er sein eigenes Schiff als Opfer anbot, gab Kapitän Fegen seinem Geleitzug Zeit, sich zu zerstreuen. Die *Admiral Scheer* versenkte die *Jervis Bay*, konnte aber von dem aus 37 Einheiten bestehenden Geleitzug nur fünf Schiffe versenken. Ehe sie nach Deutschland zurückkehrte, versenkte die *Admiral Scheer* noch 11 weitere Frachter, die sämtlich ohne Begleitschutz fuhren.

Im Dezember unternahm der Schwere Kreuzer *Admiral Hipper* einen einsamen Vorstoß in den Atlantik. Am Weihnachtstag des Jahres 1940 griff er einen Geleitzug an, wurde jedoch vertrieben, beschädigt und gezwungen, zwecks Reparaturen Brest anzulaufen. Bei einer zweiten, von Brest aus gestarteten Unternehmung im Februar 1941 war die *Admiral Hipper* wesentlich erfolgreicher und versenkte von einem aus 19 Einheiten bestehenden Geleitzug sieben Schiffe. Aber sie hatte bei weitem nicht soviel Erfolg, wie etwa zwei U-Boote gehabt hätten.

Daraufhin scheinen die Deutschen zu dem Schluß gekommen zu sein, daß Vorstöße einzelner Schiffe sich nicht lohnten. Die nächste Überwasseroperation wurde zwei großen und schnellen Schlachtkreuzern anvertraut, der *Scharnhorst* und der *Gneisenau*, die zusammenblieben und in der Tat eine gewaltige Schlagkraft darstellten. Aber sie verfügten über kein Flugzeug und konnten auch keine Späherschiffe unterhalten, wie Dönitz' U-Boote es taten. Überdies ließen sie sich auch noch durch den Anblick eines alten britischen Schlachtschiffs wirksam von einem Angriff auf etwa entdeckte Geleitzüge abhalten. Während die *Scharnhorst* und die *Gneisenau* operierten, hatte die britische Admiralität so vielen Geleitzügen wie möglich den Schutz eines langsamen, aber stark bestückten Schlachtschiffes angedeihen lassen, eines Veteranen aus dem Ersten Weltkrieg. Der Abschreckungseffekt tat seine Wirkung. Sobald die *Scharnhorst* und die *Gneisenau* eines dieser alt-ehrwürdigen Schiffe sichteten, drehten sie ab und suchten sich leichtere Ziele. Insgesamt versenkten sie, ehe sie wieder nach Brest

zurückkehrten, wo sie dann ständigen Luftangriffen von der RAF ausgesetzt waren, 21 Schiffe.
Der Oberkommandierende der deutschen Kriegsmarine, Admiral Raeder, war vermutlich der letzte lebende Admiral, der die Bedeutung der Luftmacht nie begriff und weiterhin annahm – selbst in den vierziger Jahren noch – daß Schlachtschiffe unbesiegbar und übermächtig seien. Raeders nächster Plan bestand darin, die *Scharnhorst*, die *Gneisenau* und die *Bismarck* – damals Deutschlands bestes Schlachtschiff – und den schweren Kreuzer *Prinz Eugen* zu einem Überfallgeschwader zusammenzustellen. Die *Bismarck* und die *Prinz Eugen* lagen in Gdingen in der östlichen Ostsee. Raeder hatte gehofft, sie unentdeckt in den Atlantik verbringen zu können, was jedoch durch ein Aufklärungsflugzeug der Royal Navy vereitelt wurde, welches in der vierten Maiwoche 1941 feststellte, daß die beiden Schiffe aus einem Fjord in der Nähe von Bergen ausgelaufen waren.
Für die britische Admiralität stellte das eine offene Herausforderung dar. Einbrüche in den Atlantik durch einzelne, leichte Schlachtschiffe oder ein paar Schlachtkreuzer, das war eine Sache. Eine organisierte Expedition der stärksten deutschen Kriegsschiffe in Verbindung – wie es damals schien – mit zwei Schlachtkreuzern aus Brest und einem schweren Kreuzer stellte eine wesentlich größere Bedrohung dar. Der Oberkommandierende der britischen Home Fleet, Admiral Jack Tovey, mobilisierte sofort seine Schiffe. Das gleiche tat auch Admiral Somerville, der Oberkommandierende des in Gibraltar stationierten Geschwaders H. Die Bewegungen dieser beiden Flotten wurde durch die Admiralität in London koordiniert. Tovey befahl der Home Fleet, von Scapa Flow in der Orkney-Inselgruppe und vom Clyde aus in westlicher Richtung nach Island und dem Südausgang der Dänemarkstraße auszulaufen.
Der Kommandeur des deutschen Geschwaders, Admiral Lütjens, war erst seit zwei Tagen und zwei Nächten auf See, als er von einem von Toveys Kreuzern, HMS *Suffolk*, entdeckt wurde, während er in südlicher Richtung durch die Dänemarkstraße vorstieß. Die *Suffolk* und ihr Schwesterschiff, die *Norfolk*, beschatteten die deutschen Schiffe die ganze Nacht vom 23. auf den 24. Mai und hielten Tovey und seine Kapitäne über Position, Kurs und Geschwindigkeit des deutschen Geschwaders auf dem laufenden.
Die Vorhut von Toveys Geschwader umfaßte den alten, aber schnellen Schlachtkreuzer HMS *Hood* und das von Vizeadmiral Holland befehligte neue Schlachtschiff *Prince of Wales*: Von der *Suffolk* und *Norfolk* geführt, stellte Admiral Holland das deutsche Geschwader wie vorgesehen im Morgengrauen des 24. Mai. Das Treffen hätte für die Briten nicht schlechter ausgehen können. Die nur leicht gepanzerte *Hood*

sank, als eine Granate der *Bismarck* achtern in ihrem Munitionsdepot einschlug. Die *Hood* explodierte und versank innerhalb von drei Minuten. Buchstäblich die gesamte Mannschaft ging mit dem Schiff unter. Die *Prince of Wales* erlitt schwere Schäden, aber die *Bismarck* desgleichen. Eine Granate der *Prince of Wales* setzte jene Kammer unter Wasser, welche die Ansaugventile enthielt, was bedeutete, daß der *Bismarck* von dem Augenblick an 1000 Tonnen Treibstoff fehlten. Die *Norfolk*, die *Suffolk* und die *Prince of Wales* blieben ihr weiterhin auf den Fersen. Admiral Tovey, der mit dem Kern der *Home Fleet* hinter ihnen herlief, beschloß, vom Flugzeugträger *Victorious* aus einen Luftangriff zu starten. Dieser Angriff wurde am Abend des 24. geflogen, und die *Bismarck* bekam einen Torpedotreffer ab. Doch in der Nacht gelang es ihr, zum Pech der Briten, der sie verfolgenden *Suffolk* zu entwischen. Tatsächlich hatte die *Bismarck* ihren Kurs geändert und lief in Richtung auf Brest. Tovey, der den Schaden fürchtete, welchen die *Bismarck* unter schutzlosen, in westlicher Richtung laufenden Frachtern im Westatlantik anrichten könnte, beschloß, das Schlimmste zu verhindern, und wandte sich nach Westen. Der Kurs, den die *Bismarck* tatsächlich steuerte, ließ sie direkt in die Arme von Admiral Somervilles Geschwader H laufen, das von Gibraltar aus nach Nordwesten dampfte. Es bestand aus dem alten Schlachtschiff *Renown* und dem Flugzeugträger *Ark Royal*.
Am Morgen des 26. Mai hatte die Admiralität die *Bismarck* wieder lokalisiert. Mittels Funk hatte diese am 25. ihre Position verraten. In den frühen Stunden des 26. wurde sie von einem Catalina-Flugboot der RAF gesichtet. Jetzt wußte die Admiralität mit Bestimmtheit, daß sie Brest anlaufen wollte. Bald danach wurde die *Bismarck* dann abermals von einem Aufklärungsflugzeug der *Ark Royal* gesichtet.
Um fünf Uhr nachmittags schlug die *Ark Royal* zum zweitenmal an diesem Nachmittag erfolgreich zu. Die *Bismarck* wurde von zwei Torpedos getroffen, von denen eines ihr Ruder verklemmte und sie manövrierunfähig machte. Eine Zerstörerflottille unter Captain Vian hielt die ganze Nacht über Kontakt mit der jetzt schwer angeschlagenen *Bismarck*. Am Morgen erschien dann Admiral Tovey mit der *Home Fleet*. Zuerst wurde die *Bismarck* durch die 35,5- und 40,5-cm-Geschütze der *Rodney* und *King George V* kampfunfähig geschossen und dann durch Torpedos vom Kreuzer *Dorsetshire* versenkt. Hitlers Schlachtschiff sank zwanzig Minuten vor neun am Morgen des 27. Mai 1941. Der größte Teil der Besatzung fand den Tod in den Wellen.
Die *Prinz Eugen* hingegen war entkommen. Sie hatte sich vor zwei Nächten von der *Bismarck* getrennt mit dem Befehl, direkt Brest anzulaufen, wo sie sich mit der *Scharnhorst* und der *Gneisenau* vereinigte.

Der deutsche Durchbruch im Ärmelkanal

Vom Mai 1941 bis zum Februar 1942 blieben die *Scharnhorst*, die *Gneisenau* und die *Prinz Eugen* voller Unruhe in Brest liegen. Am 12. Februar dampften die drei Schiffe in einer Operation, welche für die RAF und, in geringerem Grade, auch für die Navy überraschend kam, mit voller Kraft und am hellichten Tag durch den englischen Kanal und die Straße von Calais nach Deutschland zurück. Diese Operation war von Hitler persönlich befohlen und geplant worden, der mittlerweile die Geduld mit seinen Admirälen verloren hatte. Die großen deutschen Schiffe hatten bei ihren Feindfahrten im Atlantik nur mäßigen Erfolg gehabt, und so hatte es wenig Sinn, sie abermals hinauszuschikken. Gleichzeitig befürchtete Hitler jedoch eine Invasion Norwegens und wollte seine großen Schiffe daher in norwegischen Gewässern wissen.

Hitlers Admiräle, insbesondere Admiral Ciliax, der die Operation leitete, hatten einen Durchbruch durch den Kanal nicht für möglich gehalten. Hitler hingegen hatte zu Recht angenommen, daß die Briten darauf vertrauen würden, daß Bomberkommandos die Schiffe mit Leichtigkeit versenken könnten, falls sie sich bei Tage hindurchwagten. Hitler glaubte nicht daran, daß dies einem Bomberkommando möglich sein werde; er vermutete jedoch, daß die Briten das glaubten, und darin hatte er recht.

Im Februar 1942 hatten die Japaner mit ihrer Luftwaffe gerade die britischen Schlachtschiffe *Repulse* und *Prince of Wales* bei Tage vor der Küste der Malaiischen Halbinsel versenkt. Die Mehrzahl der verantwortlichen britischen Admiräle und Luftmarschälle nahm an, daß das auch der RAF mit der *Scharnhorst, Gneisenau* und *Prinz Eugen* gelingen müsse. Sie vermuteten die gleiche Auffassung bei den Deutschen. Falls also die Deutschen sich entschlossen, die Schiffe in einem Blitzkommando nach Deutschland zurückzubringen, würden sie das bei Nacht tun. Daher müsse die Navy darauf vorbereitet sein, sie bei Nacht anzugreifen.

Hitlers Plan sah vor, daß die Schiffe nach Einbruch der Dunkelheit aus Brest ausliefen, mit Höchstgeschwindigkeit durch den Kanal zogen, damit sie gegen Mittag des 12. Februar die Straße von Calais passieren konnten, zu einem Zeitpunkt, an dem die Gezeiten sehr günstig für sie waren. Dieser Durchbruch sollte von einem großen Aufgebot an Jagdfliegern geschützt werden, die von Nordfrankreich aus operierten. Außerdem sollten sie schweren Begleitschutz von Zerstörern und Torpedobooten erhalten.

Hitler bekam seine Schlachtschiffe aus Brest heil nach Hause, teils, weil sein Plan kühn und gut war, teils aber auch aufgrund verschiede-

nen Versagens auf seiten der Briten.[4] Außerdem waren die Deutschen auch vom Glück begünstigt. Die großen Schiffe liefen wegen eines Luftangriffs und weil ein Tau sich um eine Schiffsschraube gewickelt hatte, spät aus. Das bedeutete, daß das britische U-Boot *Sealion* seinen Posten vor der Einfahrt nach Brest, wo es auf der Lauer gelegen hatte, verlassen hatte, als die Schiffe dann endlich doch losdampften. Ein mit Radar ausgestattetes Flugzeug der RAF, das den Hafeneingang von Brest im Auge behalten sollte, mußte wegen Geräteschadens zu seinem Stützpunkt zurückkehren. Als das Flugzeug seinen Posten wieder einnahm, war das deutsche Geschwader bereits auf hoher See und umschiffte Ushant. Das Glück war den Deutschen weiterhin günstig. Ein zweites Radar-Patrouillen-Flugzeug sollte das Gebiet von Ushant bis Brehat Island in der Nähe von Roscoff kontrollieren. Aber auch dieses Flugzeug hatte einen Schaden an seinem Radargerät. Gegen sechs Uhr morgens am 12. Februar passierte das deutsche Geschwader bereits Cherbourg, ohne daß jemand es bemerkt hätte. Schlimmer noch, niemand von den Verantwortlichen auf der britischen Seite schien sich darüber im klaren zu sein, daß die vorgesehenen Erkundungsflüge nicht ausgeführt worden waren. Die deutschen Schiffe waren nicht geortet worden, doch war kein Grund vorhanden, warum sie hätten geortet werden sollen. Der Wachhund hatte keinen Laut gegeben, weil gar kein Wachhund dagewesen war.
Zuerst entdeckt wurden die deutschen Schiffe von einem Spitfire-Piloten, Sergeant Beaumont von der RAF, als sie sich am 12. Februar um 10.35 Uhr mit hoher Geschwindigkeit von Le Touquet entfernten. Fast eine Stunde später zögerten Stabsoffiziere der Gruppe Elf der RAF immer noch, Luftmarschall Leigh-Mallory mit Sergeant Beaumonts Nachricht zu unterbrechen; der Vizemarschall nahm gerade eine Parade ab.
Dem Vizeadmiral von Dover – immer noch Sir Bertram Ramsay – standen fünf gefechtsklare Torpedoboote und ein Geschwader von Flugzeugen des Typs Swordfish zur Verfügung, die gleichfalls mit Torpedos ausgerüstet waren. Die Torpedoboote hatten bereits seit vierzehn Tagen in erhöhter Alarmbereitschaft gelegen, doch in der Frühe des 12. Februar war die erhöhte Alarmbereitschaft zurückgenommen worden; sie konnten sich nun zum Auslaufen vier Stunden Zeit lassen. Um 11.40 Uhr – nachdem es Sergeant Beaumont und seinem Vorgesetzten, Geschwaderkommandant Oxspring gelungen war, sich bei ihren Vorgesetzten Gehör zu verschaffen – bekamen die Torpedoboote in Dover Befehl auszulaufen, was sie um 11.55 Uhr denn auch taten. In dieser Phase des Unternehmens bestand das deutsche Geschwader aus drei großen Schiffen, der *Scharnhorst, Gneisenau* und *Prinz Eugen*, fünfzehn Schnellbooten, zehn großen Zerstörern und drei Torpedo-

boot-Flottillen. Die fünf britischen Torpedoboote stellten den Rest einer aus 36 Einheiten bestehenden Torpedobootflottille dar, welche die Briten dort zusammengezogen hatten, um auf einen nächtlichen Durchbruchsversuch der Deutschen vorbereitet zu sein. Die anderen 31 Torpedoboote waren jedoch gerade am 10. Februar an ihre Heimatbasen zurückbeordert worden, weil die Admiralität glaubte, daß die Gefahr eines Ausbruchs vorüber sei. Man hatte sehr eingehende und hochkomplizierte Pläne für einen nächtlichen Angriff auf die Deutschen ausgearbeitet, die auf der Voraussetzung beruhten, daß Dover ein paar Stunden im voraus über das Auslaufen der Schiffe informiert sein würde. Als es dann tatsächlich soweit war, blieb keine Zeit, und das deutsche Geschwader lief auch so schnell, daß an komplizierte Gegenmaßnahmen überhaupt nicht zu denken war. Außerdem wäre es nicht dunkel gewesen. Den in Dover stationierten Torpedobooten, die zwei Knoten weniger liefen als das deutsche Geschwader, blieb nichts anderes übrig, als entweder sofort anzugreifen oder überhaupt nicht. Alle fünf Torpedoboote feuerten ihre Geschosse ab – insgesamt 10 – die meisten auf die *Prinz Eugen*, durch eine Lücke im Rauchschirm, der um sie angelegt worden war. Die *Prinz Eugen* sah die Torpedos auf sich zulaufen und änderte den Kurs, um ihnen zu entgehen.

Wenn die Geschwindigkeit eines Torpedos, in diesem Fall 35 Knoten, nicht viel größer ist als die ihres Ziels (die *Prinz Eugen* lief 29 Knoten) dann gelingt ein Ausweichmanöver zumeist, insbesondere bei Tageslicht, wo die Blasenspur der Torpedos gut zu sehen ist. Alle Torpedos verfehlten ihr Ziel.

Die Torpedoboote entgingen der Vernichtung durch das Eingreifen der Swordfish-Flugzeuge. Zu diesem Zeitpunkt waren etwa fünfzig mit Bordkanonen ausgerüstete deutsche Jagdflieger aufgestiegen, sparten ihre Munition jedoch für die Swordfish-Flugzeuge auf, die, wiewohl sie die Torpedoboote retteten, ihrerseits nicht gerettet werden konnten. Ihr Anführer, Kapitänleutnant Esmonde, Träger des *Victoria Cross*, wurde gleich zu Anfang abgeschossen und getötet. Die Deutschen verfolgten sie mit ausgefahrenem Fahrgestell, um ihre Geschwindigkeit den mit 80 Knoten fliegenden Swordfish-Flugzeugen anzugleichen, ohne ihre Motoren zu unterkühlen. Ein Teil der zum Schutz der Swordfish abgestellten Spitfires der RAF stieß zu ihnen und tat sein Bestes, sie zu beschützen. Aber zehn Spitfires konnten sie nicht vor 50 der modernsten deutschen Jagdflugzeuge beschützen, der 300 Knoten fliegenden Focke-Wulf 190. Sämtliche Swordfish wurden abgeschossen, und nur wenige von den Flugzeugbesatzungen konnten gerettet werden.

Im Lauf des Nachmittags trübte es sich immer mehr ein. Das deutsche

Flottengeschwader fuhr mit voller Kraft in die Nordsee hinein, und die Bomber der RAF sowie die Torpedoflugzeuge hatten größte Mühe, sie im trüben Wetter aufzuspüren. Viele Bomber und Piloten der Küstenwacht fanden an diesem Nachmittag bei einer Serie von Angriffen, die sie nie geübt hatten, den Tod. Die 21. Zerstörer-Flottille griff vor der Maas-Mündung mit Torpedos an, doch abermals wurde die Blasenspur der Torpedos entdeckt, und die Angriffe schlugen fehl. Die *Worcester* wurde schwer beschädigt und hatte viele Gefallene zu beklagen. Das einzige deutsche Schiff, das ernste Schäden erlitt, war die *Gneisenau*, die am Abend vor der holländischen Kanalinsel Terschelling auf eine Mine lief. Später, als sie zur Reparatur im Trockendock lag, wurde sie schwer von Bomben getroffen und konnte nie wieder auf Feindfahrt geschickt werden.
Dieser Trost kam allerdings für die RAF und die Navy viel zu spät. Zum erstenmal seit der Ankunft der spanischen Armada im Jahre 1588 hatte eine feindliche Flotte es gewagt, in den Kanal einzudringen; und im Gegensatz zur Armada war ihr dieser Durchbruch auch gelungen. Abgesehen von dem Versagen der Aufklärung, hatte es neben einer gewissen geradezu unfaßlichen Inkompetenz auch noch Verwirrung in den Kommandozentralen gegeben. Piloten der RAF stiegen auf, ohne daß man ihnen gesagt hätte, wonach sie Ausschau halten sollten. Dem Leiter der Eskorte von Esmonde war erklärt worden, er solle in einen »Zusammenstoß« zwischen deutschen und britischen Torpedobooten eingreifen, weil man annahm, daß es sich um ein Geheimunternehmen handele. Der Rest der Swordfish-Eskorte fand die Schlachtschiffe überhaupt nicht. Aber es hatte ihnen auch kein Mensch gesagt, daß sie nach Schlachtschiffen Ausschau halten sollten. Torpedo-Flugzeuge der RAF wurden von Schottland nach Lincolnshire heruntergeflogen, um Torpedos an Bord zu nehmen, die gar nicht dort lagerten. Kurz, es ging unendlich viel Zeit verloren, ehe die RAF auf Sergeant Beaumonts guten und zutreffenden Bericht überhaupt reagierte.

Die Geleitzüge im Eismeer

Dadurch, daß Hitler seine schweren Überwasserfahrzeuge in Norwegen stationierte, hielt er die Alliierten nicht davon ab, dort zu landen – daran hatten sie nämlich nie gedacht. Andererseits erschwerte die Anwesenheit sehr kampfstarker deutscher Schiffe in norwegischen Gewässern die ohnedies schon sehr gefährliche Aufgabe, Geleitzüge nach Nordrußland zu bringen, noch mehr. Allein die Tatsache, daß die schweren Kriegsschiffe der Deutschen in nordnorwegischen Fjords sa-

ßen, zwang die Admiralität in London, Vorsichtsmaßnahmen und gewichtige Entscheidungen zu treffen – gute und weniger gute –, die sie sonst nicht hätte zu treffen brauchen.
Die Briten hatten, gleich nachdem Hitler 1941 die Sowjetunion angegriffen hatte, damit begonnen, mittels Geleitzügen Kriegsmaterial in die Häfen von Archangelsk und Murmansk zu bringen. Churchills spontane Reaktion auf Hitlers Angriff hatte darin bestanden, der Sowjetunion jede Hilfe zu versprechen, deren Großbritannien fähig sei.
Er hatte mehr versprochen, als er halten konnte, denn es erwies sich zu keinem Zeitpunkt als möglich, alle zehn Tage einen Geleitzug nach Rußland zu bringen, wie Churchill gehofft hatte. Die in Nordnorwegen stationierte deutsche Luftwaffe stellte einen enormen Gefahrenpunkt dar. Der andere bestand im Klima. Ein dritter, der sich jedoch in der Praxis als nicht mehr denn eine Bedrohung erwies, war die Anwesenheit der schweren deutschen Schiffe in den nordnorwegischen Gewässern. Das inzwischen in Einsatz gestellte Schwesterschiff der *Bismarck*, die *Tirpitz*, war im Altenfjord stationiert.
Das Risiko, das die durchs Eismeer laufenden Geleitzüge eingingen, war schon beträchtlich. Während des Winters zwang sie das sich weit nach Süden vorschiebende Eis, zwischen der Bäreninsel und dem norwegischen Nordkap hindurchzulaufen und dann auf ihrem Kurs zur Mündung des Tulema-Flusses, an der Murmansk liegt, und die selbst nur 50 km von der russisch-deutschen Frontlinie entfernt war, in einer Entfernung von dreihundert Meilen an von Deutschen besetztem Gebiet entlangzufahren. Im Sommer konnten die Geleitzüge, die in Island zusammengestellt wurden, nördlich der Insel Jan Mayen (die im Winter normalerweise von Eis umgeben ist) passieren und zwischen Spitzbergen und der Bäreninsel hindurchlaufen, ehe sie auf einer Länge von 43° östlich von Greenwich in südlicher Richtung nach Kap Kanin fuhren, welches die Ostseite der Einfahrt ins Weiße Meer bildet, an dem der Hafen von Archangelsk liegt. Die Sommerroute lag weiter im Norden und daher auch weiter von den deutschen Luftstützpunkten entfernt; dafür gab es aber wegen der Mitternachtssonne auch keine Dunkelheit. Die Wintergeleitzüge mußten gefährlich nahe an den deutschen Stützpunkten vorüber. Im Sommer waren die Schiffe mindestens zwei Drittel der gesamten Reise hindurch deutschen Luftangriffen ausgesetzt. Noch weiter erschwert wurde das Problem, Nachschub nach Nordrußland zu bringen, dadurch, daß der Hafen von Archangelsk, der weit von der Front entfernt und daher relativ sicher war, während des Winters zugefroren ist.
Die ersten für Nordrußland bestimmten Geleitzüge fuhren im September 1941, drei Monate nach Hitlers Angriff auf die Sowjetunion.

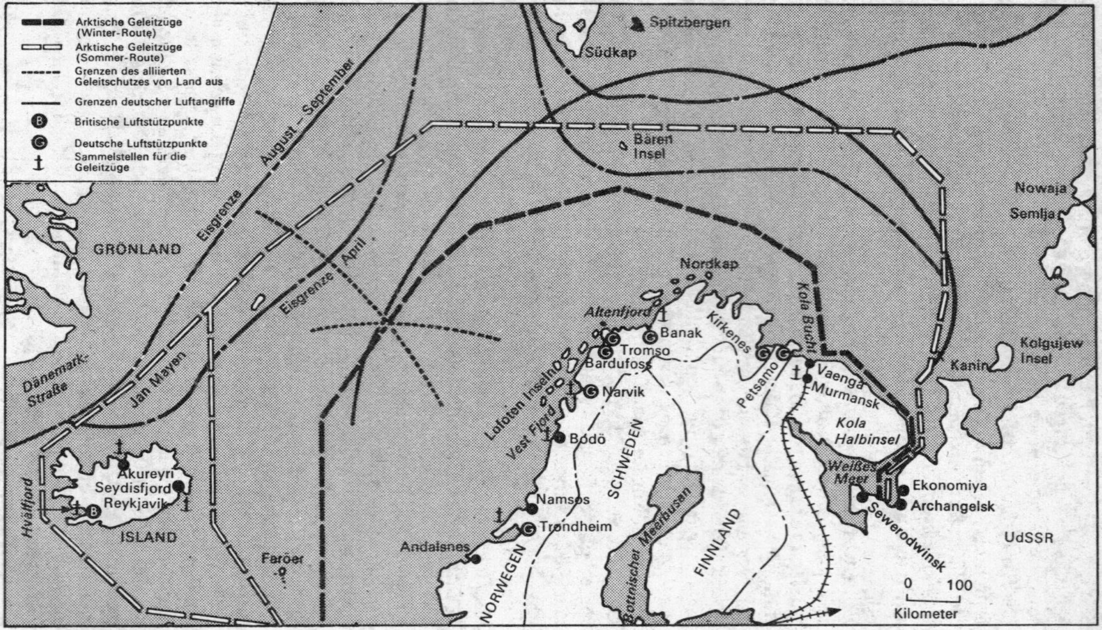

Arktische Geleitzüge

Die ersten zwölf kamen unbehelligt durch. Aber PQ 13, wie der Kodename des dreizehnten für Nordrußland bestimmten Geleitzugs lautete, verlor zwei von 19 Schiffen, PQ 15 verlor drei, PQ 16 sieben. Die Geleitzüge nach Nordrußland wurden offensichtlich zunehmend riskant und teuer. Trotzdem war Churchill entschlossen, alles zu tun, um Rußland zu helfen. Der aus 36 Frachtern bestehende PQ 17, der größer war als seine Vorgänger, nahm im Juni 1942 Kurs auf Archangelsk. Die Deutschen sichteten den Geleitzug aus der Luft bereits am 1. Juli, und die Luftangriffe begannen am 4. Juli. Die Admiralität glaubte irrtümlich, daß die *Tirpitz* ausgelaufen sei, um PQ 17 abzufangen und ihn zu zerstören. Tatsächlich lief die *Tirpitz* erst am nächsten Tag, dem 5. Juli, aus, blieb auch nur für ein paar Stunden auf See und kam überhaupt nicht in die Nähe des Geleitzugs. Trotzdem besiegelte die *Tirpitz* das Schicksal des PQ 17, und zwar einfach dadurch, daß sie in der Nähe war. Aufgrund irreführender Geheimdienstberichte befahl die Admiralität dem Begleitschutz des PQ 17, nach Westen zurückzukehren, und dem Geleitzug selbst, sich aufzulösen. Die Admiralität war schon im voraus zu dem Schluß gekommen, daß die vergleichsweise schweren und starken Begleitschutzschiffe der Eismeer-Geleitzüge wertvoller seien als die Geleitzüge selbst. Befehlen gehorchend, an deren Richtigkeit sie keinen Grund zu zweifeln hatten, zogen sich die Geleitschiffe zurück, und der Geleitzug selbst wurde von der deutschen Luftwaffe völlig zerstört. 24 Schiffe wurden versenkt, einige der anderen wurden an der Westküste von Nowaja-Semlja auf Strand gesetzt. Nur ganz wenige kämpften sich noch bis Archangelsk durch.

PQ 17 war eine Katastrophe. Der nächste Geleitzug nach Nordrußland ging erst im September ab, wurde jedoch von einem Flugzeugträger begleitet und verlor von insgesamt vierzig nur dreizehn Schiffe. Dennoch blieb die Bedrohung durch die in Nordnorwegen stationierten schweren deutschen Kriegsschiffe weiter bestehen.

Im September 1943 gelang es zwei von sechs britischen Kleinst-Unterseebooten, in den wohlgeschützten Ankerplatz der *Tirpitz* im Kaafjord, einem Nebenarm des Altenfjord, einzudringen. Den von Kapitänleutnant Cameron und Oberleutnant Place kommandierten U-Booten X6 und X7 gelang es, durch die Torpedo-Abwehrnetze, welche die *Tirpitz* umgaben, hindurchzuschlüpfen und Sprengladungen an dem deutschen Schlachtschiff anzubringen, das daraufhin schwer beschädigt wurde. Die *Tirpitz* war sieben Monate hindurch manövrierunfähig.

Das Ende der ›Scharnhorst‹ und der ›Tirpitz‹

Weihnachten 1943 lief die gleichfalls in Nordnorwegen stationierte *Scharnhorst* gemeinsam mit Zerstörern aus, um zwei Nordrußland-Geleitzüge abzufangen – einen, der nach Osten, und einen, der nach Westen lief. Damals stellte die *Scharnhorst* Hitlers einziges einsatzfähiges Großkampfschiff dar. Der neue Oberkommandierende der Home Fleet, Admiral Sir Bruce Fraser auf dem Schlachtschiff *Duke of York*, argwöhnte, daß die *Scharnhorst* auslief, um einen oder beide Geleitzüge abzufangen. Sein Verdacht bestätigte sich, als der deutsche Admiral Bey, unschlüssig, ob er bei schlechtem Wetter weiterfahren solle oder nicht, von See aus ein Signal gab und um Instruktionen nachsuchte. Fraser näherte sich ihm von Westen her. Admiral Burnett, der einen Kreuzerverband befehligte, welcher die beiden Geleitzüge abschirmen sollte, fing die *Scharnhorst* in den frühen Morgenstunden des zweiten Weihnachtstages ab und griff sofort an. Eine Granate der *Norfolk* zerstörte eines der Radargeräte der *Scharnhorst*. Das Wetter war denkbar schlecht. Die *Scharnhorst*, die viel größer war, konnte eine höhere Geschwindigkeit aufrechterhalten als Burnetts Kreuzer und entkam ihnen. Mittlerweile hatte jedoch Admiral Bey auf der *Scharnhorst* die Verbindung mit den begleitenden Zerstörern verloren, war ganz auf sich allein gestellt und vielleicht beunruhigt. Auf der Suche nach den Geleitzügen machte er daher kehrt. Abermals fing Burnett, der seine Absichten ahnte, ihn ab. Beys zweites Treffen mit Burnetts Kreuzern überzeugte ihn, daß er recht daran täte, nach Norwegen zurückzukehren. Er nahm daher Kurs auf den Altenfjord, wurde aber wiederum abgefangen, diesmal von Fraser und dem Hauptteil der Home Fleet.

Fraser traf in der Dunkelheit eines frühen Eismeerabends mit Bey zusammen. Bei einem einstündigen Nachtgefecht fügte die *Duke of York* der *Scharnhorst* so schwere Schäden zu, daß sie manövrierunfähig und ohne länger zurückschießen zu können, liegenblieb. Am Schluß mußte die *Scharnhorst*, die so konstruiert worden war, daß Geschützfeuer sie nicht versenken konnte, mittels Torpedo versenkt werden. Sie wurde elfmal getroffen, ehe sie sank.

Die Schlacht am Nordkap, wie dieses entscheidende nächtliche Gefecht genannt wurde, stellte für die deutsche Kriegsmarine eine ernste Schlappe dar. Nur die schwer angeschlagene *Tirpitz* blieb noch als schwimmende Bedrohung der Nordrußland-Geleitzüge. Im März 1944 war der Schaden, welchen die Kleinst-U-Boote ihr zugefügt hatten, behoben.

Im April befahl die Admiralität, diesmal aufgrund von zutreffenden Meldungen des Geheimdienstes über ein bevorstehendes Auslaufen der *Tirpitz* zum Einsatz, einen gemeinsamen Angriff der Flugzeuge eines Flugzeugträgers auf den nördlichen Ankerplatz der *Tirpitz*. Von vierzehn Volltreffern getroffen, war die *Tirpitz* als Kriegsschiff nicht mehr zu gebrauchen. Später, als sie bewegungsunfähig in Tromsö lag, wurde sie von der RAF versenkt. Die *Tirpitz* war das letzte Großkampfschiff der deutschen Kriegsmarine. Als sie vor Tromsö unterging, hatte sie niemals ihre Hauptbestückung gegen ein feindliches Kriegsschiff abfeuern können. Trotzdem, allein aufgrund ihrer Anwesenheit und ohne auch nur einen einzigen Schuß abzufeuern, hatte die *Tirpitz* die Zerstörung eines wertvollen Geleitzugs bewirkt. Der PQ 17 ging verloren, weil die Deutschen immer noch eine Flotte hatten.

Einzelunternehmungen

Ein Hauptzweck der Schlacht im Atlantik war es, die Schiffahrtswege offen zu halten, damit die Alliierten in Großbritannien genug militärische Stärke aufbauen konnten, um zu gegebenem Zeitpunkt in Nordwesteuropa zu landen. Während die Schlacht im Atlantik ihren Fortgang nahm, wurden die Truppen auf den britischen Inseln zusammengezogen.

Zwischen 1940 und 1944 wurde in Großbritannien eine beträchtliche Streitmacht konzentriert, die jedoch niemand hatte, gegen den sie kämpfen konnte, und die nichts anderes tun konnte als exerzieren. Teils um Landetechniken auszuprobieren, teils auch um ihrer Kampfmoral willen, entschloß sich das alliierte Oberkommando, eine Reihe von Überfällen auf von Deutschen besetztes Gebiet zu unternehmen. Einige davon waren erfolgreicher als andere. Bei zwei Überfällen auf die vor der norwegischen Küste gelegenen Lofoten-Inseln wurden zwar viele Schiffe versenkt, aber die Vergeltungsmaßnahmen, denen die Bewohner der Lofoten hinterher von den Nazis ausgesetzt wurden, waren hart und unverdient. Zwei weitere Überfälle, diesmal durch Luftlandetruppen, richteten sich in Telemark in Südnorwegen gegen ein Werk zur Herstellung von Schwerem Wasser – das man als Grundlage für jeden deutschen Versuch einer Kernwaffenherstellung ansah. Mit der tollkühnen und listenreichen Hilfe norwegischer Widerstandskämpfer, von denen einige von Großbritannien aus landeten, gelang es durch diese Überfälle nicht nur, die Produktion von Schwerem Wasser zu unterbrechen, sondern die Alliierten auch noch mit genauen Informationen darüber zu versorgen, wie weit die Deutschen mit ihren Forschungen für die Entwicklung der Bombe vorangekommen waren. Die Pläne waren noch nicht sehr weit gediehen.

Zwei größere Überfälle von den britischen Inseln aus richteten sich auf

das an der französischen Westküste gelegene St. Nazaire sowie auf den gegenüber von Sussex gelegenen Kanalhafen Dieppe. Ziel des Überfalls auf St. Nazaire war die Zerstörung der wichtigen Trockendockeinrichtungen. Diesem Überraschungsangriff war ein spektakulärer Erfolg beschieden. Ein alter amerikanischer Zerstörer, der unter weißer Flagge als HMS *Campbeltown* fuhr, wurde mit Sprengstoff beladen und rammte die Schleusentore. Das ganze Unternehmen war äußerst gefährlich, wurde jedoch mit großer Entschlossenheit und großem Können durchgeführt. Für den Rest des Krieges war das Trokkendock von St. Nazaire nicht mehr zu gebrauchen, und die Deutschen konnten ihre schweren Schiffe nicht mehr darin reparieren.
Der Überfall auf Dieppe hingegen endete für die Alliierten mit einer Katastrophe. Der ganze Bericht über die Operation wurde dreißig Jahre lang nicht veröffentlicht.[5] Aus ihm geht hervor, daß von 4961 Kanadiern, die daran teilnahmen, 3363 Mann getötet, verwundet, gefangen oder vermißt wurden. Damals speiste man die britische Öffentlichkeit und das britische Kabinett damit ab, daß das Unternehmen die Alliierten »unschätzbare Dinge« gelehrt habe. Das einzige, was man daraus lernte, war jedoch, daß man es niemals hätte beginnen sollen. Die Alliierten wollten sehen, ob sie einen befestigten Hafen einnehmen könnten, waren jedoch nicht bereit, die Schiffe aufs Spiel zu setzen, die nötig gewesen wären, um die Befestigungsanlagen für die unglücklichen Kanadier, die an Land gingen, sturmreif zu schießen. Lord Mountbatten, damals Chef des britischen Oberkommandos, sagte: »Die wichtigste und bedeutsamste Lehre besteht darin, daß man während der Anfangsstadien eines solchen Angriffs überwältigenden Feuerschutz braucht, und zwar Feuerschutz auch aus der Nähe. Ohne diese Unterstützung ist jeder Angriff auf die vom Feind besetzte Küste in Europa mehr oder weniger zum Scheitern verurteilt, da die Befestigungsanlagen ausgedehnt und verbessert worden sind.« Trotzdem glaubten die alliierten Kriegsflotten, nur vier kleine Zerstörer und ein langsames Kanonenboot einsetzen zu können, um die Verteidigungsanlagen von Dieppe zu beschießen. Vier von ihnen, so geht aus dem Bericht hervor, konnten nicht einmal mit ihren Beobachtungsoffizieren Verbindung halten, die das Feuer lenken sollten. Ein Schiff konnte aus Mangel an Munition nicht weiterschießen.
Dieppe war allerdings ein sehr gut befestigter Hafen. Die Deutschen hatten nicht nur den Hafen, sondern auch viele der herausragenden Gebäude in der Stadt selbst befestigt. Auf den Hügeln zu beiden Seiten der Hafeneinfahrt war je eine schwere Geschützbatterie aufgebaut worden. Und da vier Zerstörer und ein langsames Kanonenboot nicht in der Lage waren, die Befestigungsanlagen in Trümmer zu legen, wurde der Hauptangriff der Kanadier ein allgemeines und blutiges

Desaster. Der Strand bestand aus Kies und Geröll und war durch Stacheldrahtverhau und eine meterhohe Mauer geschützt. Geplant war, daß Pioniere Breschen in diese Befestigungen sprengen sollten, so daß Panzer durch sie hindurch in die Stadt eindringen könnten. Doch das unverminderte Geschützfeuer der Deutschen machte es den Pionieren unmöglich, am Strand zu operieren. Nur eine einzige Bresche wurde geschlagen. Im großen und ganzen konnten die Kanadier nichts weiter tun als landen und fallen.

Im offiziellen Bericht[6] wird beschrieben, wie der Kommandeur der Landungsstreitkräfte, Generalmajor Roberts, der sich über die Widerstandskraft der Deutschen nicht ganz klar war, eine schwimmende Reserve, das Füsilierregiment Mont-Royal, an den Strand warf.

»Die bis zum letzten Augenblick unter dem Rauch verborgene Landung wurde um 7.04 Uhr erfolgreich durchgeführt. Das feindliche Feuer ging jedoch in unverminderter Stärke weiter, und unmittelbar nach der Landung waren die Truppen seiner ganzen Gewalt ausgesetzt. Der kommandierende Offizier, Oberstleutnant D. Menard, wurde verwundet, die Einbußen an Gefallenen, die sie sogleich zu erleiden hatten, waren sehr schwer, und sie konnten nur wehr wenig erreichen. Manche fanden zunächst hinter gestrandeten Panzern Schutz. Andere, wie zum Beispiel Leutnant P. U. Loranger, die trotz schwerer Verwundung weiterkämpften, waren mutig genug, die Aufmerksamkeit des Feindes auf die Kiesmulden, in denen sie lagen, zu konzentrieren. Zwei kleine Gruppen, eine unter dem Befehl von Captain G. Van Delac, die andere unter Sergeant P. Dubuc, drangen bis in die Stadt vor und erreichten das Hafenviertel. Die erste geriet später am Strand in Gefangenschaft, die andere in der Stadt . . .

Sergeant Dubuc und seine Männer landeten gegenüber vom Westende des Casinos und schafften es nach einiger Zeit, zwei Maschinengewehrnester, die ihnen direkt gegenüberlagen, zum Schweigen zu bringen. Der Sergeant und ein Mann kehrten zu einem verlassenen Panzer zurück, der der Ebbe wegen hoch auf dem Trockenen lag. Das war der Panzer, der während der Landung von der beschädigten Laderampe des Landungsbootes LCT 159 herabgestürzt war. Sie stiegen ein und richteten das Geschütz auf die Befestigungsanlagen der Deutschen auf der westlichen Landspitze vor ihnen. Nachdem sie sämtliche Munition verschossen hatten, stieg Sergeant Dubuc aus dem Panzer aus, sammelte einen Trupp von etwa elf anderen Angehörigen des Füsilierregiments Mont-Royal, und führte sie durch die Hinterhöfe der Rue Alexandre Dumas in die Stadt bis westlich hinter das Casino. Als er die Rue de Cygogne erreichte, traf er Hauptmann Van Delac von seinem Regiment, der mit etwa zwanzig Mann Häuser am Boulevard de Verdun von der Rückseite angriff. Sergeant Dubuc und seine Gruppe wandten sich daraufhin nach Westen, stießen weiter zum Hafen vor und zerstörten auf dem Weg dorthin ein Maschinengewehrnest an der Ecke Rue Claude Groulard. Sie erreichten den Rand des Bassin Duquesne und schließlich das Bassin du Canada, wobei sie die ganze Zeit über unaufhörlich unter Maschinengewehrbeschuß lagen. Sie trafen auf eine Anzahl von Deutschen, die auf zwei Landungsfahrzeugen im Bassin du Canada lagen, töteten sie und gingen dann an den Schienensträngen auf der Westseite des Hafenbeckens weiter in südlicher Richtung vor, bis sie auf eine zahlenmäßig überlegene Einheit von Deutschen stießen. Mittlerweile hatten sie jedoch all ihre Munition verschossen, und so ergaben sie sich. Man befahl ihnen, sich bis auf die Unterkleidung auszuziehen und sich mit dem Gesicht zur Wand nebeneinander aufzustellen. Daraufhin zogen die Deutschen ab und ließen die Fusiliers in der Obhut einer einzigen Wache zurück. Sergeant Dubuc bat den Deutschen, etwas Wasser für die Gefangenen zu holen. Als dieser sich umdrehte, fielen alle über ihn her, töteten ihn und suchten dann das Weite, zerstreuten sich jedoch auf dem Weg durch die Stadt zurück zum ›Weißen Strand‹. Sergeant Dubuc erreichte den Strand, meldete sich bei Oberstleutnant Menard, seinem Kommandeur, der verwundet war, und schaffte ihn an Bord eines Mannschaftslandungsbootes. Dann, nachdem er einen verwundeten Unteroffizier auf den Rücken genommen hatte, gelangte auch er auf ein Boot, stieg auf ein anderes um und gelangte auf diese Weise zurück nach England.«

Sergeant Dubucs Geschichte war eine der sehr wenigen, die für den Betreffenden persönlich glücklich ausging. Nur zwölf von einer Gruppe von rund 300 Angehörigen der Fusiliers Mont-Royal, die westlich von Dieppe landete, kehrten nach England zurück. Der Rest fiel, wurde verwundet oder geriet in Gefangenschaft.

Der Überfall auf Dieppe unterstützte die Alliierten in der Überzeugung, daß es bei der Errichtung einer zweiten Front, wenn es dazu kommen sollte, größerer Vorbereitungen bedürfe, als sie gedacht hatten. Falls im August 1942 noch jemand angenommen hatte, daß eine solche zweite Front 1943 eröffnet würde, so lehrte der Überfall auf Dieppe ihn eines besseren. So verzweifelt die Russen auch eine solche zweite Front brauchten, die westlichen Alliierten waren noch nicht in der Lage, sie aufzubauen.

Der Krieg in der Wüste

6

Der Krieg in der Wüste zerfällt in drei Phasen. In der ersten besiegte Wavell die zahlenmäßig überlegenen Italiener. In der zweiten gelang es Rommel, bis vor die Tore Alexandrias vorzudringen, und in der dritten jagte Montgomery die Deutschen aus Afrika hinaus.
Die Italiener waren schlecht geführt, und ihre Ausrüstung – Fahrzeuge, Panzer und Artillerie – war veraltet. Dazuhin kämpften sie nur mit halbem Herzen. Kesselring, der deutsche Oberbefehlshaber im Mittelmeer, verzweifelte an der Schwäche und Unentschlossenheit der Bundesgenossen.
Als Rommel mit dem Afrika-Korps eintraf, wendete sich das Blatt. Dieser hervorragende Taktiker und Truppenführer zeigte auch als General beim Kampf in der Frontlinie die mitreißende Tapferkeit, für die er im ersten Weltkrieg den Orden »Pour le mérite« erhalten hatte. Die Alliierten, die durch Hitlers Balkankrieg und den Überfall auf Griechenland anderweitig gebunden waren, konnten ihn nicht aufhalten.
Die seebeherrschende Rolle Maltas war Kesselring immer ein Dorn im Auge. Aber er setzte sich bei Hitler nicht durch, als er 1942 die Einnahme Maltas als Voraussetzung für die Rommelsche Offensive forderte. Rommel, zu diesem Zeitpunkt noch »persona gratissima« im Führerhauptquartier, erkannte das Ausmaß der strategischen Bedeutung Maltas nicht. Die Deutschen verloren die Schlacht.
Rommel lief seinem Nachschub davon. Überhaupt war der Nachschub die Achillesferse der Achsen-Kriegsführung im Mittelmeer. Doch der Zeitpunkt, Malta zu nehmen, dort zu landen und dadurch das Problem zu lösen, wurde versäumt.

Die italienische Flotte, im Frieden Mussolinis Parade-Instrument zur Demonstration seines Machtanspruchs im Mittelmeer, dem »mare romanum«, spielte im Krieg meist eine klägliche Rolle. Nachdem ihr Kern, im Hafen von Tarent vor Anker liegend, von den Engländern zerschlagen war, wagte sie sich kaum noch auf See.
In Kreta führten die Deutschen nach Rotterdam ihr zweites und letztes großes Luftlande-Unternehmen durch. Aus 500 Transportflugzeugen warfen sie Fallschirmjäger ab und landeten 70 Lastensegler mit Material und Truppen. Das Unternehmen war blutig und verlustreich. Aber Göring, dem die Luftlandetruppen unterstanden, wollte den Prestige-Erfolg. Was herauskam, war die bittere Erkenntnis der Fragwürdigkeit von Luftlande-Unternehmen großen Stils. Montgomery sollte gleiches gegen Ende des Krieges bei Arnheim erfahren. *J. S.*

Der Krieg in Nordafrika begann als ein Happening. Zu Kämpfen kam es überhaupt nur deshalb, weil Soldaten da waren. Eine durch australische und indische Einheiten verstärkte britische Armee bewachte von Stützpunkten in Ägypten aus den Suez-Kanal. Eine italienische Armee wachte über die italienischen Kolonien in Libyen, die Cyrenaika und Tripolitanien. Zu Zusammenstößen zwischen den beiden Armeen kam es erstmals im Juni 1940 nach Mussolinis verspäteter Kriegserklärung an Großbritannien.
Die einander gegenüberstehenden britischen und italienischen Armeen hatten keinerlei Interesse daran, Sandgebiete zu erobern, sondern nur daran, den anderen zu besiegen. Das einfache Ziel der Generale Wavell und O'Connor auf der britischen und des Marschalls Balbo auf der italienischen Seite war es, so viel gegnerische Soldaten wie möglich zu töten oder gefangenzunehmen.

Der Verlust der französischen und italienischen Flotte

Als der Krieg in der Wüste begann, ergab sich Frankreich, wodurch das Machtverhältnis auf See sich außerordentlich zuungunsten Großbritanniens veränderte. Vor dem Fall Frankreichs hatten die Flotten der verbündeten Franzosen und Briten das Mittelmeer beherrscht – und zwar die Franzosen von Flottenbasen in Oran, Mers-El-Kebir und Bizerta das westliche Mittelmeer, und die Briten von Basen in Alexandria, Malta und Gibraltar den Rest. Zumindest schien es so, bis Frankreich kapitulierte und Mussolini verspätet seinem deutschen Meister,

Hitler, in den Krieg folgte. Zunächst einmal mußten die Briten mit der Bedrohung fertigwerden, welche die unberechenbare französische Flotte für sie darstellte. Deren in hohem Ansehen stehender Oberkommandierender, Admiral Darlan, hatte weder de Gaulle unterstützt, noch gemeinsame Sache mit Großbritannien gemacht. Von London aus, mit den angstvollen Augen der britischen Regierung gesehen, nahm Darlan sich günstigstenfalls als jemand aus, der Ausflüchte machte. Aber die mächtige französische Mittelmeerflotte war ihm treu ergeben – zumindest hatte es den Anschein. Churchill wollte keinesfalls riskieren, daß diese wichtigen Schiffe den Deutschen in die Hand fielen.

Am 3. Juli 1940, wenige Wochen nach dem Fall Frankreichs, griff die Royal Navy in Oran und Mers-El-Kebir französische Schiffe an, nachdem es der dortige französische Admiral abgelehnt hatte, sich den Briten anzuschließen. Am nächsten Tag wurde die französische Flotte in Alexandria auf friedlichem Weg neutralisiert. Der britische Oberkommandierende, Admiral Andrew B. Cunningham, brachte es fertig, die Franzosen von seinem Nachschub abhängig zu machen. Ohne Geld, Munition, Lebensmittel und Treibstoff hingen die französischen Schiffe in Alexandria völlig von Cunningham ab. Keine Flotte ist jemals mit geringerem Aufwand festgehalten worden.

Jedoch fielen bei den Angriffen auf Oran und Mers-El-Kebir sowie bei einem weiteren auf Dakar in Französisch-Westafrika französische Seeleute, was die englisch-französischen Beziehungen belastete; aber weder Churchill noch sonst jemand von seinen Ministern und Generälen sah eine andere Möglichkeit.

Cunninghams britische Mittelmeerflotte mußte so und so mit schweren Problemen fertig werden. Dem Anschein nach stellte die italienische Flotte eine enorme Streitmacht dar. Die Italiener besaßen etliche der modernsten und schnellsten Kriegsschiffe der Welt. Allerdings sahen diese Schiffe gefährlicher aus, als sie waren.

Am 11. November 1940 griffen Cunninghams Flugzeuge die in Tarent, dem südlichsten, bedeutenden Flottenstützpunkt der Italiener, ankernden Schiffe an. Zum erstenmal gelang es Cunninghams Piloten, Torpedos von Flugzeugen aus in seichtes Wasser abzuwerfen. Die Navy verlor zwei Flugzeuge, die Italiener rund die Hälfte ihrer gesamten Kriegsflotte. Zum erstenmal waren Flugzeuge von Flugzeugträgern aus auf so entscheidende Weise eingesetzt worden. Der Oberbefehlshaber der japanischen Kriegsmarine, Admiral Yamamoto, war tief beeindruckt und studierte Cunninghams Taktik sehr sorgfältig. Bei seinem Angriff auf Pearl Harbor im Dezember 1941 verdankte er einen großen Teil seines Erfolges dem, was er von Cunningham gelernt hatte.

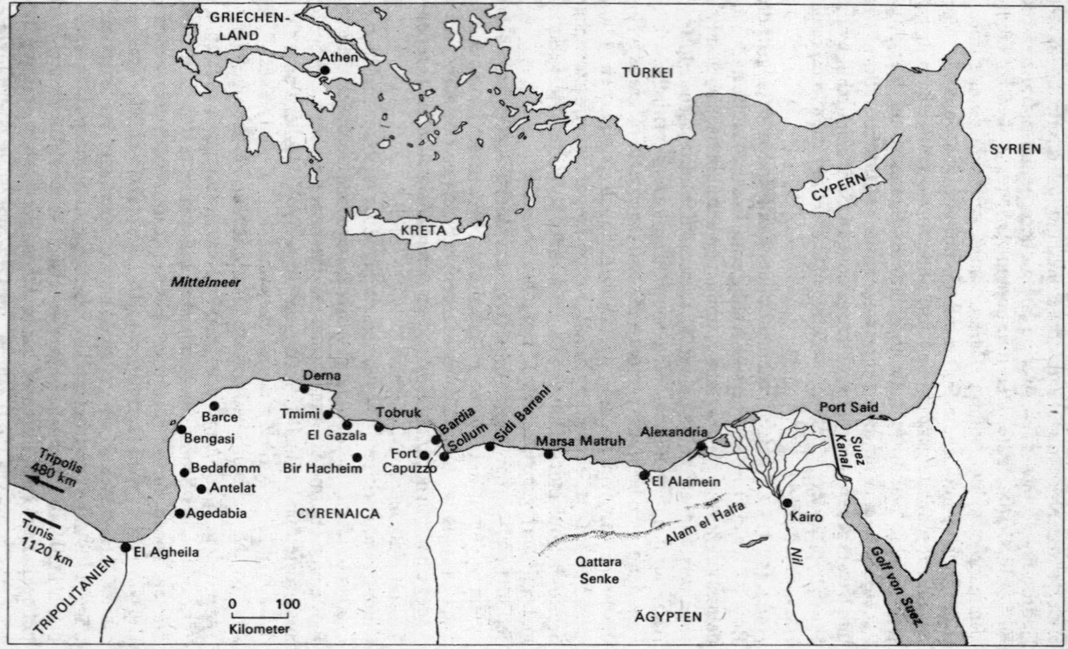

Östliches Mittelmeer

An Land gingen der britische Oberkommandierende, General Wavell, und sein Feldkommandeur, General O'Connor, gleichfalls zur Offensive über. Ihr Schlachtfeld, um das nahezu drei Jahre lang immer wieder gekämpft wurde, waren die tausend Kilometer Wüste zwischen Alexandria in Ägypten und Bengasi in der Cyrenaika – jenem Punkt, wo die nordafrikanische Mittelmeerküste nach Süden bis Bedafomm und El Agheila abknickt, ehe sie dann wieder in westlicher Richtung nach Tripolis in Libyen verläuft. Zwischen Alexandria und Bengasi und durch eine Küstenstraße mit ihnen verbunden lagen Städte und Siedlungen, deren Namen durch den Krieg Berühmtheit erlangten: El Alamein, Mersa Matruh, Sidi Barrani, Sollum, Bardia, Tobruk, Tmimi und Derna. Im Lauf des September 1940 waren die Italiener etwa hundert Kilometer von der Cyrenaika aus in Richtung Ägypten vorgedrungen und hatten unmittelbar östlich von Sidi Barrani haltgemacht. Die Briten setzten ihnen während ihres Vormarsches ständig zu, und die Italiener verloren rund 3000 Mann. Von Wavells Standpunkt aus gesehen war jedoch noch besser, daß sie ihre Versorgungslinien bis zum Äußersten ausgedehnt hatten. Im Dezember ging O'Connor gegen sie vor. Am 11. Dezember, nach zweitägigen Kämpfen, nahm er Sidi Barrani und machte 38 000 Gefangene. Am 4. Januar war O'Connor in Bardia und nahm am 22. Januar Tobruk ein. Von dort aus schickte er aufgrund einer kühnen und richtigen Überlegung die 6. australische Division aus, um die Italiener auf der Küstenstraße bis nach Bengasi zu verfolgen, und die 7. Panzerdivision quer durch die Wüste, um die Italiener bei Bedafomm abzuschneiden. Diesem Manöver war ein glänzender Erfolg beschieden.
Abgeriegelt und geschlagen, ergab sich die 10. italienische Armee in Bedafomm. In zwei Monaten hatten die 30 000 Mann von O'Connors 13. Armeekorps 130 000 Gefangene gemacht sowie ungefähr 400 Panzer erbeutet, und das bei einem Verlust von 500 Soldaten. Der Widerstand der Italiener in Nordafrika war gebrochen, die Straße nach Tripolis frei. Es ist so gut wie sicher, daß O'Connor den Feind in der ersten Hälfte des Jahres 1941 ganz aus Nordafrika vertrieben haben würde, wenn man ihm freie Hand gelassen hätte.

Der Griechenlandfeldzug

Was O'Connor zurückhielt, war der Entschluß der britischen Regierung, Griechenland zu Hilfe zu kommen. Dort waren im Oktober 1940 von Albanien aus italienische Truppen einmarschiert, doch, wie in Afrika, hatte die italienische Armee sich auch hier als untüchtig erwiesen. Die Italiener waren am Verlieren. Im Februar 1941 kam die griechische Regierung zu der Überzeugung, daß die Deutschen, die im Begriff standen, in Jugoslawien einzumarschieren, auch in Griechenland einmarschieren würden. Die Griechen folgerten zu Recht, Hitler würde es nicht zulassen, daß sein italienischer Bundesgenosse geschlagen würde. Daher bat die griechische Regierung Großbritannien um Hilfe. Nach gründlicher Überlegung beschloß die britische Regierung, diesem Wunsch zu entsprechen und eine Armee nach Griechenland zu schicken. Churchill war sich sehr wohl bewußt, daß Großbritannien, obwohl ungeschlagen, nirgendwo an Land Feindberührung mit den Deutschen hatte. Es ging ihm sehr darum, daß die britische Armee gegen die Deutschen kämpfte, wann und wo immer sich eine Gelegenheit dazu bot. Auf jeden Fall war er überzeugt, und daran sollte sich auch in Zukunft nichts ändern, daß Großbritannien Deutschland durch Schläge in den »weichen Unterleib Europas« empfindlich treffen könne. Außerdem machte sich die britische Regierung Sorgen wegen der Türkei. Sie glaubte, daß die Türken bei einem Erfolg der Deutschen in Griechenland versucht sein könnten, auf seiten Deutschlands in den Krieg einzutreten.

Alle diese Überlegungen wogen schwer im Kabinett in London, änderten aber nichts an der traurigen militärischen Tatsache, daß Großbritannien im Mittleren Osten nicht über genügend Truppen verfügte, um sowohl Griechenland zu helfen, als auch die Italiener aus Afrika zu vertreiben. O'Connor mußte bleiben, wo er war.

O'Connor, ein bescheidener Soldat und wunderbar frei von jeder Verbitterung, hat seither gesagt: »Ich bin ganz sicher, daß wir sie [die Italiener] hätten hinauswerfen können, wenn wir sofort weiter vorgestoßen wären . . . Aber wir mußten ja woanders hin, hm, und das war wirklich schade.« – »Es ist«, erklärte O'Connor, »darum gegangen, ob die Briten beides tun konnten, Tripolis besetzen und den Griechen helfen, aber Tripolis sofort. Wenn wir uns sofort nach Tripolis gewandt hätten – und damit standen für Griechenland immer noch alle Möglichkeiten offen – zweifle ich nicht, daß wir es ohne irgendwelche Schwierigkeiten geschafft hätten . . .«[1] O'Connors Erinnerungen bestätigen das genauso wie sein Bericht über seine Schlacht:

> »Begonnen haben wir diesen Feldzug mit einem Vorstoß, der eigentlich nur fünf Tage dauern sollte. Unsere Kräfte waren auf zwei Divisionen beschränkt, die 4. indische und die 7. Panzerdivision. Aber im Gegensatz zu den Italienern war ihr Ausbildungsstand und ihre Kampfmoral außerordentlich hoch; die Gegner waren uns zahlenmäßig zwar um das Achtfache überlegen, besaßen dafür aber sehr wenig Kampfgeist und keinerlei Begeisterung für den Krieg. Es war notwendig, dieses Übergewicht durch einen Überraschungsangriff umzustoßen, der es dem Feind unmöglich

machte, seine gewaltige Überlegenheit gegen uns wenige einzusetzen.

Seine Verteidigung bestand in einer Anzahl stark befestigter Lager, die zu weit auseinander lagen, als daß sie sich gegenseitig hätten beistehen können, falls eines angegriffen wurde; folglich konnte man sie einzeln angreifen und nacheinander erledigen. Um diesen Überraschungseffekt zu erzielen, beschlossen wir, daß die 4. indische Division bei Nacht durch die Lücke zwischen zwei dieser Lager vorstoßen und eines davon umgehen und von hinten angreifen sollte (aus der Richtung, aus der ihr Nachschub kam). – Das war ein voller Erfolg, und so griffen wir ein Lager nach dem anderen an und besiegten es, ohne daß wir dabei behindert worden wären.

Am Tag nach der Schlacht von Sidi Barrani erreichte uns die höchst unwillkommene Nachricht, daß die 4. indische Division nach Ostafrika verlegt und durch die 6. australische Division ersetzt werden solle. Diese Division sollte sich später als erstklassig erweisen, stand jedoch leider nicht vor Ablauf eines Monats bereit.

Daraufhin mußten wir uns entscheiden, ob wir den Feind einfach dadurch aus Bengasi hinauswerfen sollten, daß wir ihm weiter folgten, oder ob wir quer durch die Wüste und durch seine Verbindungslinien hindurch vorstoßen und ihn von Tripolis abschneiden sollten. Das barg ein beträchtliches Risiko. Doch dank der glänzenden Arbeit der 7. Panzerdivision gelang es uns, und so erledigten wir tatsächlich das gesamte 10. italienische Armeekorps.«[1]

Nur durfte O'Connor seinen Erfolg nicht ausnutzen. General Harding, einer seiner klügsten Offiziere, hat einmal gesagt[2], daß der Entschluß, Truppen nach Griechenland abzuzweigen, eine »Katastrophe« gewesen sei. »Es war ein großer strategischer Fehler. Ich glaube, es gab beträchtliche Mißverständnisse zwischen dem Oberkommando in Kairo und der Regierung in London . . . Die Chance, die wir verpaßten, bestand doch darin, Rommel in der ersten Phase seines Vormarsches auf das Nildelta daran zu hindern, überhaupt erst richtig loszuschlagen.« Harding sagt, daß London »übergroßen Druck auf Wavell ausgeübt hat, Unternehmungen zu starten, ehe er richtig darauf vorbereitet gewesen« sei, und daß außerdem der Geheimdienst ihn dazu verleitet habe, das Afrikakorps zu unterschätzen, das die Deutschen schon damals zusammenstellten, um es nach Libyen zu schicken.

Auf jeden Fall stellte Wavell loyal eine aus Briten, Australiern und Neuseeländern gemischte Armee von beinahe 60000 Mann zusammen und schickte sie am 5. April 1941 nach Griechenland. Wie die Griechen befürchtet hatten, marschierten die Deutschen am nächsten Tag in Griechenland ein.

Für die Briten war der Griechenlandfeldzug zwar keine Katastrophe, stellte aber immerhin einen ernsten Rückschlag dar. Die vom Norden her vordringenden Deutschen brauchten drei Wochen, um Athen einzunehmen. Drei Tage, ehe Athen fiel, fingen die britischen Streitkräfte an, sich vom griechischen Festland zurückzuziehen, hielten aber weiterhin die Insel Kreta.

Eine gemischte Streitmacht griechischer, britischer und neuseeländischer Truppen von rund 14000 Mann unter General Freyberg, Träger des *Victoria Cross* und Kommandeur der neuseeländischen Division, bekam Befehl, die Insel zu halten. Freyberg – einer der resolutesten und besonnensten Generale, die die Alliierten hatten – tat sein Bestes, wurde jedoch geschlagen.

Wogegen er unterlag, das war der erste große, klug ausgedachte und ausgezeichnet koordinierte Einsatz von Fallschirmjägern in der Geschichte. Geleitet wurde er von dem deutschen General Kurt Student, dem Mann, der diese Art der Kriegführung erfand. Kreta war ein Sieg der Fallschirmjäger.

Student hatte in Griechenland etwa 500 Transportflugzeuge und 70 Lastensegler zusammengezogen. Außerdem verfügte er über eine beträchtliche Anzahl von Bombern, die er zunächst einsetzte, um die Stellungen der Alliierten zu zermürben. Nach einwöchiger Bombardierung schickte er dann seine Fallschirmjäger. Am nächsten Tag hatten diese den Flugplatz von Maleme eingenommen, den einzigen brauchbaren Flugplatz auf Kreta überhaupt, so daß Student in der Lage war, mit größter Schnelligkeit Nachschub und Verstärkung heranzufliegen. Ende Mai war Freybergs Lage hoffnungslos. Genauso erging es der Navy. Student besaß die Luftherrschaft, und deshalb erlitt die Navy größere Verluste, als sie sich eigentlich leisten konnte. Neun kostbare Schiffe wurden versenkt und siebzehn schwer beschädigt.

Freyberg war gezwungen, sich zurückzuziehen. Der letzte alliierte Soldat verließ Kreta am 31. Mai. Der Griechenlandfeldzug hatte für die Briten fünfzehn Tage gedauert; sein wesentliches, offensichtlich erlangtes Ergebnis war eine politische Geste.

Am 24. April, während Freyberg den Deutschen auf Kreta immer noch Widerstand leistete, kapitulierte die griechische Regierung. Obwohl die Verluste auf beiden Seiten groß waren, insbesondere auf Kreta, hatten die Deutschen sich nicht nur ausrüstungsmäßig, sondern vor allem auch militärtechnisch als überlegen erwiesen. Die Briten, die Australier und die Neuseeländer verloren vermutlich 12000 Mann, Gefallene, Gefangene und Vermißte, bei der Verteidigung Griechenlands und 26000 beim Versuch, Kreta zu halten.

Damals schien das griechische Abenteuer nur ein trauriger Rückschlag zu sein, mit dem kein ausgleichender Vorteil für die Sache der Alliierten versöhnte. Vielleicht hat er aber doch geholfen, Hitlers Angriff auf

Rußland zu verzögern. Hätten die Jugoslawen nicht gegen eine deutschfreundlich gesinnte Regierung rebelliert und wären die Briten nicht in Griechenland gelandet, dann wäre Hitler womöglich bereits am 15. Mai 1941 in Rußland eingefallen, dem Tag, der ursprünglich dafür vorgesehen gewesen war. Auf jeden Fall schlug er erst am 22. Juni los, was bedeutete, daß die Deutschen fünf Wochen weniger zur Verfügung hatten, ehe ihr Vormarsch in Rußland im Schnee steckenblieb.

Das bedeutete, daß den Russen ihr Hauptverbündeter im Jahre 1941 – der russische Winter – früher zu Hilfe kam; es ist nicht auszudenken, wie weit die Deutschen womöglich gekommen wären, hätten sie noch zusätzliche fünf Wochen kampfgünstiges Wetter gehabt.

Die Feldzüge in Jugoslawien, Griechenland und auf Kreta waren jedoch nicht der einzige Grund, warum Hitler am 15. Mai nicht gegen die Sowjetunion losschlug. Das Wetter in Polen war schlecht und hätte es vermutlich ohnehin nötig gemacht, den Termin bis in die erste Juniwoche zu verschieben. Chester Wilmot, der Historiker des Kriegs in Europa, hält es für unmöglich zu sagen, ob man die britischen, australischen und neuseeländischen Gefallenen zur Zahl jener hinzurechnen darf, die dazu beitrugen, daß Moskau im Winter 1941 nicht eingenommen wurde. »Die Entscheidung zum Aufschub«, schreibt Wilmot in *The Struggle for Europe*, fiel . . . ohne Rücksicht auf das Wetter, und es ist heute unmöglich zu sagen, ob Hitler am 15. Mai wirklich, wie ursprünglich vorgesehen, losgeschlagen hätte, wäre er nicht nach Jugoslawien und Griechenland hineingezogen worden. Nach Meinung Halders und Blumentritts, damals Stabschef des 4. Armeekorps in Polen, hatten die Reibungen auf dem Balkan und das ungewöhnliche Wetter 1941 ›einen Verlust von vier kostbaren Wochen‹ zur Folge. Diese Wochen sollten noch vor Ablauf des Jahres viele Monate wert sein.«

Hitler ließ sich dennoch mit dem Balkanfeldzug nicht auf ein unüberlegtes Abenteuer ein. Am 12. November 1940 hatte er angeordnet, daß sich die Wehrmacht für den Einmarsch in Griechenland bereithalten solle, so daß die Luftwaffe Flugstützpunkte bombardieren könne, von denen aus die RAF die rumänischen Ölfelder angreifen konnte. Als Hitler dann am 27. März 1941 endgültig den Befehl zum Angriff auf Griechenland und Jugoslawien erteilte, hatte er noch andere Beweggründe, unter anderem die Notwendigkeit, seine südliche Flanke zu decken, während er zum großen Vorstoß nach Osten ausholte. Doch aus was für zwingenden Gründen auch immer, Hitler besetzte den Balkan, der russische Winter wartete auf ihn, und er verlor Zeit.

Der Wüstenfuchs kommt

Das griechische Abenteuer stellte nur eine von vier Expeditionen dar, die Wavell im Winter 1940/1941 und in der ersten Hälfte des Jahres 1941 ausrüsten mußte, und die ihn zwangen, seine geringen Mittel zu verzetteln. Da er für den Schutz britischer Interessen im gesamten Mittleren Osten verantwortlich war, mußte er noch in drei anderen Ländern eingreifen – im Irak, in Syrien und in Äthiopien. Der Irak war einer der größten Öllieferanten der Alliierten. Dieses Öl erreichte das Mittelmeer und Wavell über eine Pipeline, deren Ende in Haifa, im damaligen Palästina endete. Anfang April gelangten im Irak deutschfreundlich gesinnte Politiker an die Macht. Wavell mußte Truppen hinschicken, die er kaum entbehren konnte, um die Pipeline zu schützen und wieder eine den Briten geneigte Regierung einzusetzen.
Im Juni gab es unter den nicht zur France-Libre gehörigen französischen Streitkräften in Syrien, einem französischen Mandatsgebiet, Anzeichen deutschfreundlicher Aktivitäten. Wieder mußte Wavell Truppen entsenden. Der Feldzug, der sich daraus ergab, dauerte nur fünf Wochen.
In Äthiopien stand Wavell einem schwererwiegenden Problem gegenüber. Äthiopien war Mussolinis erste Beute gewesen. Als Italien in den Krieg eintrat, stand dort eine bedeutende italienische Armee unter dem Befehl des Herzogs von Aosta. Weder Wavell noch die Äthiopier waren gesonnen, die Italiener in Ruhe zu lassen. Die Äthiopier waren die ersten Opfer der faschistischen Aggression gewesen, waren jetzt aber auch die ersten wirksam kämpfenden Partisanen. Geführt, organisiert und ausgebildet von Major Orde Wingate – der durch seine späteren Operationen hinter den japanischen Linien in Burma berühmt wurde – faßten die äthiopischen Partisanen im Winter 1940/41 Mut und machten den auf einsamem Posten stehenden Italienern schwer zu schaffen. Im Februar 1941 waren Wavells reguläre Truppen soweit, daß sie eingreifen konnten. Zwei indische Divisionen drangen vom Sudan her in das nördliche Äthiopien ein, und von Kenia aus marschierte eine aus südafrikanischen, britischen und afrikanischen Truppen gemischte Streitmacht nach Südäthiopien. Von Aden aus landete eine Amphibienstreitmacht bei Berbera. Die Italiener leisteten keinen heftigen Widerstand. Als erbittertster Feind der Alliierten erwies sich die Malaria. Die Hauptstadt Addis Abeba fiel am 6. April. Der Herzog von Aosta streckte am 16. Mai die Waffen, und von Ende Mai an konnte General Wavell seine Gedanken und seine Streitkräfte wieder auf den Hauptkampf in der westlichen Wüste konzentrieren.
Seit O'Connors spektakulärem Erfolg bei Bedafomm im Februar

hatte sich die Situation für die Alliierten in Nordafrika radikal zum Schlechten gewendet. Obgleich Hitler im Begriff stand, sich mit der Invasion Rußlands auf das gefährlichste Abenteuer seiner schnellen und verheerenden militärischen Laufbahn einzulassen, war er entschlossen, die von seinem wankelmütigen italienischen Bundesgenossen erlittenen Schlappen auszuwetzen und zu rächen.
Die Griechen hatten Mussolini beinahe auf griechischem Boden geschlagen, und in Nordafrika waren die Italiener O'Connor auf Gnade und Ungnade ausgeliefert gewesen. Trotz der geplanten Invasion Rußlands eilte Hitler Mussolini in Griechenland zu Hilfe. Nach Afrika schickte er Erwin Rommel, jenen Panzerkommandeur, der sich in Frankreich einen Namen gemacht hatte.
Dieser bemerkenswerte Soldat traf am 12. Februar 1941 in Tripolis ein und übernahm sofort das Kommando. Das zu Anfang aus nur zwei Divisionen bestehende Afrika-Korps folgte ihm. Nach O'Connors Sieg bei Bedafomm waren die alliierten Streitkräfte in der westlichen Wüste durch die Abkommandierung eines Teils der Truppen auf eine ganze Division – die 9. australische –, Teile einer britischen Panzerdivision und eine motorisierte indische Brigade zusammengeschmolzen. Rommel griff Ende März an. Am 3. April eroberte er Bengasi zurück, am 11. April Bardia und Sollum. Bei diesem außerordentlich raschen Vorstoß geriet auch O'Connor in Gefangenschaft. Dieser mutige und begabte General stellte den bis dato wichtigsten Gefangenen der Deutschen dar. Bei seinem dritten Ausbruchsversuch gelang ihm die Flucht, aber zunächst einmal konnte er nichts tun.
Da die Italiener und nun auch die Deutschen rasch weiter auf Ägypten und den Suez-Kanal vorrückten, versuchte Wavell, sie dadurch zu bremsen und in Verwirrung zu bringen, daß er ihre Flanke bedrohte. Daher befahl er der 9. australischen Division und den anderen australischen Einheiten, Tobruk zu befestigen und sich dort zu verschanzen.
Die Belagerung Tobruks dauerte von April bis Dezember 1941, als die Briten zurückkamen. Die Australier hatten Tobruk nicht umsonst gehalten. Hauptsächlich wegen dieser Bedrohung seiner Flanke, zum Teil aber auch wegen Nachschubschwierigkeiten, kam Rommel nicht wesentlich weiter voran. Das etwa hundert Kilometer weiter östlich in Richtung auf Alexandria zu gelegene Sollum stellte fürs erste die äußerste Spitze seines Vorstoßes dar.
Im Juni trug Wavell einen Gegenangriff vor, der fehlschlug. Es lag klar auf der Hand, daß die Alliierten sich weit gründlicher ausrüsten und vorbereiten mußten, um Rommel zu schlagen, als das bei den Italienern der Fall gewesen war. Doch am 5. Juli 1941, nachdem er klaglos und vorbildlich mit einer Fülle politischer und militärischer Probleme

hatte fertig werden müssen, die später nicht wieder auftauchten, wurde General Wavell durch General Auchinleck abgelöst. Churchill hatte – zu Unrecht – das Gefühl, daß Wavell ein Verlierer sei. So fiel es Auchinleck zu, die nächste Offensive gegen Rommel zu organisieren.
Am 18. November war Auchinleck so weit. Die Australier in Tobruk wurden am 10. Dezember durch neuseeländische Truppen entsetzt, und Weihnachten eroberten die Alliierten Bengasi zurück, nachdem sie einen Gebietsgewinn von 555 km errungen hatten.
Ein tollkühner Gegenangriff von Rommel schlug aus Mangel an Treibstoff und Munition fehl. Bis Ende Dezember hatte er sich auf das 128 km weiter an der Straße von Bedafomm nach Tripolis gelegene El Agheila zurückgezogen, ohne jedoch dort lange zu bleiben. Energisch wie immer, marschierte Rommel Ende Januar wieder vor. Als die Kampfhandlungen aufhörten, hielten Deutsche und Italiener eine Linie von dem an der Küste gelegenen El Gazala bis nach Bir Hakeim, und die Alliierten saßen in Tobruk. Sie hatten Bengasi zurückerobert, um es gleich darauf wieder zu verlieren.
Diese Frontlinie wurde bis Mai des nächsten Jahres gehalten. Nach dem Standard der westlichen Wüste war Auchinlecks Offensive vergleichsweise teuer zu stehen gekommen. Die Alliierten hatten 17000 Gefallene zu beklagen; Deutsche und Italiener allerdings vermutlich über doppelt soviel. Besonders einschneidend waren die Verluste der Alliierten an Panzern. Das schlimmste jedoch war, daß Auchinleck das gleiche passierte, was Wavell vor ihm passiert war. Aus Gründen, für die er überhaupt nichts konnte, wurden plötzlich einige seiner besten Truppen abberufen. Am 7. Dezember 1941 hatten die Japaner Pearl Harbor angegriffen, und gegen Ende des Monats bedrohten sie Neu-Guinea und damit das australische Mutterland. Zwei von Auchinlecks australischen Divisionen wurden in aller Eile in ihre Heimat verlegt.
Zum zweiten Mal sahen die Wüstengenerale ihre Siegeschancen schwinden. »Wieder war ich sehr verärgert«, sagt Harding, »fühlte ich mich machtlos und war sehr enttäuscht, weil ich sah, daß man etwas für den Kriegsschauplatz im Mittleren Osten Wichtiges unterließ, um einer höchst zweifelhaften Aktion im Fernen Osten willen, die sich vermutlich nicht auszahlen würde.«
Darüber hinaus waren die alliierten Streitkräfte damals auch noch mit sehr minderwertigen Waffen ausgerüstet. Harding sagte: »Ich entsinne mich noch gut, daß mir von Vertretern aus London gesagt wurde, die zweipfündige Panzerabwehrkanone, die in unseren ›Crusader‹-Tanks eingebaut war, sei so ziemlich die beste Waffe, die es überhaupt gäbe. Das stimmte natürlich nicht, denn damit konnte man einen deutschen Panzer nicht wirklich zerstören.«

Es gab aber auch noch andere Probleme. Hugh Daniel, ein Meldefahrer der Panzereinheiten, sprach von der Notwendigkeit, sich nicht zu verirren, und daß »Kassiopeia unser liebstes Sternbild« war. (Kassiopeia ist ein Sternbild auf der dem Pflug gegenüberliegenden Seite des Polarsterns.) »Unser Panzerspähwagen«, sagte Daniel, »das war unser Leben, und zwar buchstäblich. Wir liebten unsere Panzerspähwagen, und wir waren bereit, alles zu tun, bloß um sie am Laufen zu halten.«
»Es gibt eine besonders üble Form, seine Tage zu beenden, und zwar, wenn man in einem Panzer eingeschlossen ist, der explodiert und anfängt zu brennen. Keiner von denen, die das einmal mitgemacht haben, werden jemals das Gefühl des Schreckens und das Entsetzen über die Schreie von Männern vergessen, die versuchen, aus ihren Panzern herauszukommen. Wenn ein Panzer in Brand geschossen wurde, spielte es keine Rolle, in welchen Linien man war – die Besatzung mußte einfach raus. Ich wüßte keinen einzigen Fall, wo sie, nachdem sie erst einmal aus dem Panzer heraus war, erbarmungslos von Maschinengewehrfeuer niedergemacht worden wäre. Dann sahen sie sich den Elementen gegenüber, mußten mit Sand und Durst und Hunger und der Tatsache fertig werden, daß sie ohne ihren Panzer dastanden, und nicht zu ihren Stützpunkten zurückkonnten. Konnte man sie gefangennehmen, tat man das, aber man hätte sich nie zu etwas Unüberlegtem hinreißen lassen.«[4]
Auchinleck mußte mit vielem fertig werden. Eine seiner Hauptschwierigkeiten, von denen er damals allerdings keine Ahnung hatte, bestand darin, daß Rommel von den Italienern – oder über die Italiener – alle Informationen erhielt, die der amerikanische Militärattaché in Kairo (Oberst Bonner Frank Fellers) an seine Zentrale in Washington schickte.[5] Colonel Fellers war ein tüchtiger und intelligenter Offizier, der außerordentlich gut über Auchinlecks Absichten informiert war; und diese Information leitete er pflichtgemäß an die Zentrale des Militärischen Geheimdienstes in Washington weiter – und zwar in einem Code, den die Italiener aus der amerikanischen Botschaft in Rom gestohlen hatten. Dieser unter der Bezeichnung ›Schwarzer Code‹ bekannte Code war im September 1941 vom italienischen Geheimdienst, dem Servizio Informazione Militare aus der Botschaft entwendet, kopiert und wieder zurückgebracht worden. Der SIM hatte jemand in der US-Botschaft in Rom sitzen, einen italienischen Staatsbürger. Durch ihn kam der SIM an eine Kopie des »Schwarzen Code«. Von da an gelangte alles, was Fellers wußte, auch den Italienern und Rommel zur Kenntnis.
Während seines schnellen Vormarsches im Januar und Februar 1942 erhielt Rommel fast täglich Meldungen über den Zustand und die Lage der britischen Panzerverbände, über bevorstehende Kommandoun-

ternehmungen und darüber, was Auchinleck vorhatte. Im Juni teilte Fellers Washington und damit unabsichtlich auch Rommel mit, daß die Briten planten, Kommandounternehmungen gegen neun deutsche Flugplätze in Nordafrika vorzutragen. Rommel wartete also schon darauf.
Aber später, im Juni, knackten die Briten selbst den ›Schwarzen Code‹ und fingen an, Fellers Botschaften zu lesen. Es kam zu Konsultationen auf höchster Ebene. Die Briten und die Amerikaner kamen zu dem Schluß, daß die Deutschen den Code gleichfalls kennen mußten, woraufhin man sich eines anderen bediente. Fellers wurde zurückbeordert. Seine Nachrichten sollen Rommel die ausführlichsten und klarsten Vorstellungen über die feindlichen Streitkräfte und ihre Absichten vermittelt haben, über die nur je ein Kommandeur der Achsen-Mächte im ganzen Krieg verfügte.

Für Rommels untypisches viermonatiges Stillhalten an der El Gazala-Bir Hakeim-Linie gab es zwei Hauptgründe. Der erste lag in den fortgesetzten Operationen der Royal Navy. Der zweite und vermutlich wichtigere war Malta. Nachdem Admiral Cunningham im November 1940 die italienische Flotte im Hafen von Tarent so erfolgreich angegriffen hatte, griff er sie vier Monate später bei Kap Matapan auch noch auf hoher See mit Erfolg an. In einer wohldurchdachten nächtlichen Operation versenkte er drei schwere italienische Kreuzer, die *Zara*, die *Pola* und die *Fiume*, beschädigte das Schlachtschiff *Vittorio Veneto* schwer und versenkte auch noch zwei große Zerstörer. Die italienische Flotte wagte sich nicht wieder hinaus, um Cunningham entgegenzutreten.
Die Ohnmacht der dem Anschein nach so kampfstarken italienischen Kriegsflotte war einer der Gründe für Rommels ständige Nachschubsorgen. Der zweite bestand darin, daß Malta sich nicht ergab. Die Navy, die RAF, die US-Navy und die alliierten Handelsflotten setzten viel aufs Spiel, um Malta zu versorgen, und erlitten dabei große Verluste. Wiewohl die Insel ständig bombardiert wurde, trotzte sie den Deutschen weiterhin.
Im Januar 1942 kehrte Rommel nach Deutschland zurück, um sich bei Hitler dafür einzusetzen, einen Angriff auf Malta zu starten und damit dieser Insel die Möglichkeit zu nehmen, ihm seinen Nachschub zu stören. Er beklagte sich zu Recht, daß die auf Malta stationierten Schiffe und Flugzeuge ihn in seiner Beweglichkeit einschränkten und ihn davon abhielten, Ägypten anzugreifen und den Suez-Kanal zu bedrohen. Obgleich die deutschen Heeresgruppen an der russischen Front schon damals einen schweren Stand hatten, gab Hitler Rommels Ersuchen nach. Eine starke deutsche Luftflotte wurde nach Sizilien verlegt und

bekam den Auftrag, Malta zu bombardieren und eine Besetzung durch Fallschirmjägereinheiten vorzubereiten. Die Bombenangriffe waren verheerend, aber zu der geplanten Landung kam es nie.
In den ersten Monaten des Jahres 1942 hielt Malta sich zwar noch, doch einige von Rommels Nachschubschiffen kamen durch, und Ende Mai glaubte er, genug in der Hand zu haben, um wieder loszuschlagen.
Seine Offensive begann am 27. Mai. Er schickte seine Panzer um die Flanke der alliierten Panzerlinien herum, um die britische Etappe und Tobruk zu bedrohen. Britische Gegenangriffe zwangen die Deutschen, eine Verteidigungsstellung innerhalb der britischen Minenfelder einzunehmen. Die Deutschen konnten ihre Position halten, doch die frei-französische Garnison von Bir Hakeim konnte das ohne Panzerunterstützung nicht. Nach sechzehn Tagen hartnäckiger Kämpfe waren die Alliierten geschlagen und befanden sich auf dem Rückzug. Auchinleck machte bei El Alamein kehrt, um zu kämpfen.

El Alamein

Wie beide Generale wußten, stellte El Alamein praktisch die einzige Verteidigungslinie in der westlichen Wüste dar, deren Süd- oder Inlandflanke man nicht umgehen konnte. 65 km südlich von der Küste erstreckt sich die Qattara-Senke, eine unter dem Meeresspiegel gelegene Salz-Niederung am Fuße eines Felszugs. Panzer können Felsen nicht überwinden, und in Salz-Niederungen sacken sie ein.
Vom Juli 1942 an standen die Gegner sich auf einem im Norden durch das Mittelmeer und im Süden durch die Qattara-Senke begrenzten Schlachtfeld gegenüber. Es war wie ein tödlicher Boxring, aus dem es kein Entrinnen gab. Die erste Julihälfte hindurch hielten Auchinlecks Streitkräfte die Linien gegen Rommels entschlossene und geschickte Angriffe. Rommel verausgabte seine Kräfte. Einmal wurden seine Mittel durch den Nachschub aufgefüllt, dann gingen sie wieder zur Neige. Ende August bekam Rommel jedoch etwas Treibstoff, und es wurde ihm noch mehr versprochen. Er beschloß, es noch einmal zu wagen.
Mitte August nahm Churchill ein letztes Mal ein Revirement unter seinen Generalen vor. General Alexander folgte Auchinleck als Oberkommandierender im Mittleren Osten. General Montgomery übernahm den Befehl über die Fronttruppen, die jetzt als 8. Armee bekannt waren. Sie bestand aus sieben Divisionen, davon zwei Panzerdivisionen. Rommel verfügte über vier Panzerdivisionen, zwei deutsche und zwei italienische, und sechs weitere Divisionen. Wegen

der Qattara-Senke konnte Rommel nicht das tun, was er zuvor getan hatte – die britischen Linien dort, wo sie im Landesinneren endeten, umgehen. Die einzige andere Alternative bestand darin, seine Hauptstoßkraft im Süden zu konzentrieren und einen Durchbruch zu versuchen. Vielleicht hatte er dann die Möglichkeit, in nördlicher Richtung hinter den britischen Linien vorzustoßen und Montgomerys Hauptstreitmacht von hinten anzugreifen.

Die Schwäche des Rommel'schen Plans bestand darin, daß es der einzige war, den er versuchen konnte. Wenn er überhaupt angreifen wollte, blieb ihm keine andere Wahl. Und das sah Montgomery genauso klar wie Rommel. Montgomery erkannte richtig, daß Rommels Truppen, wenn sie sich nach Norden wandten, zunächst einmal die Alam el Halfa-Züge nehmen mußten, die etwa auf halbem Wege zwischen der Küste und der Qattara-Senke liegen. Daher ließ Montgomery seine Panzerverbände sich bei Alam el Halfa gut in Verteidigungsstellungen eingraben. Am 31. August griff Rommel an. Am 2. September hatten seine Panzerverbände die Verteidigungslinie von Alam el Halfa immer noch nicht durchbrechen können. Fünf Tage später waren seine Truppen wieder auf ihre Ausgangspositionen zurückgeworfen. Die Schlacht von Alam el Halfa war Rommels letzte echte Offensive in der westlichen Wüste. Danach trug er nur noch sehr geschickte Gegenangriffe vor, aber ein Gegenangriff ist keine Offensive.

Trotz seines Erfolgs in Alam el Halfa war Montgomery immer noch nicht der Meinung, daß die 8. Armee bereits soweit wäre, daß sie vorrücken konnte. Er war sich nicht sicher, ob seine Leute auch schon mit den neuen und viel stärkeren Panzern vertraut waren, mit denen man sie ausgerüstet hatte. Auch war er sich nicht sicher, ob die 8. Armee bereits jene gut ausgebildete und zuversichtliche Streitkraft darstellte, von der er wußte, daß sie es sein konnte und sein würde. Den ganzen Herbst hindurch bildete er aus, hielt Vorträge und begeisterte vor allem seine Leute. Er überzeugte sie, daß sie unbesiegbar seien und die Zeit der Niederlagen der Vergangenheit angehörte. Im Oktober hatte er sie dann soweit, daß sie nicht nur zu siegen hofften, sondern wußten, daß sie tatsächlich siegen würden.

Die Schlacht von El Alamein wurde teils durch den Mut, den Einsatz und die Entschlossenheit der 8. Armee gewonnen, teils aber auch durch eine außerordentlich scharfsinnige und kluge Generalstabsarbeit. El Alamein bedeutete weit mehr als »sie zu Hauf treiben«, wie Montgomery es seinen Truppen munter und anfeuernd sagte. Es ging jetzt nicht nur darum, abzuwarten, bis die 8. Armee stärker war als die Rommels (das war bis Oktober soweit), und dann in der Gewißheit anzugreifen, daß die größeren Bataillone die kleineren schlagen wür-

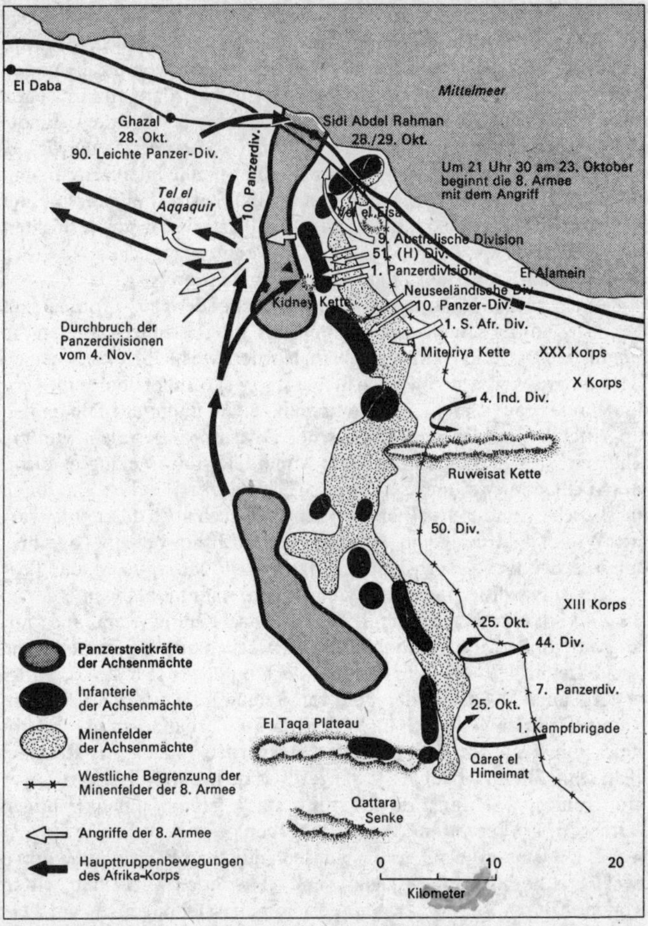

El Alamein, Oktober 1942

den. Die Schlacht von El Alamein hätte durch schlechte Entscheidungen genausogut verloren werden können wie jede andere Schlacht. Die deutschen Verteidigungsanlagen waren außerordentlich stark. Minenfelder und Panzerabwehrgeschütze beherrschten ein acht Kilometer breites Gebiet. Montgomery hatte sich vorgenommen, Schneisen durch die Minenfelder und die Panzerabwehrstellungen zu schlagen, auf denen seine Panzer vorrücken konnten, um im Rücken des Feindes zu operieren. Zu seiner Strategie gehörte es auch, Angriffe gegen die nicht gepanzerten Einheiten des Feindes vorzutragen, jene Truppen, welche das Terrain hielten, und die man klar getrennt sehen mußte von Rommels Panzerdivisionen, die seine beweglichen Haupt- und Gegenangriffsstreitkräfte darstellten. Montgomery sah voraus, daß die Panzereinheiten den Bodentruppen zu Hilfe eilen würden und beabsichtigte, daß seine eigenen Panzereinheiten auf einem von ihm bestimmten Terrain dann die feindlichen Panzerverbände vernichten sollten. Er rechnete damit, daß deren Bewegungsmöglichkeiten durch die eigenen Minenfelder begrenzt werden würden.

Mit einem Artilleriebombardement leitete er in der Nacht vom 23. auf den 24. Oktober seinen Angriff ein. Tausend Geschütze nahmen die feindlichen Batterien unter Feuer. Im Norden, wo Montgomery seinen Hauptangriff vorzutragen gedachte, lagen zwei Minenfelder: eines vor den vordersten Linien der Deutschen, eines dahinter. Die ersten Angriffe, die von der neuseeländischen Division vorgetragen wurden, schlugen Breschen durch das erste Minenfeld, doch gelang es nicht, dies auch beim zweiten zu erreichen. Die Panzereinheiten, die durch die Breschen hindurch sollten, wurden aber auch noch durch unerwartete Widerstandsnester aufgehalten. Die nächsten beiden Tage hindurch verlief der »Zerbröckelungsprozeß«, wie Montgomery den Prozeß der Neutralisierung der Bodentruppen nannte, plangemäß.

Bis zum 30. Oktober kam man Tag und Nacht stetig, wenn auch nur langsam voran. Montgomery nutzte Schwächen aus, wo immer er sie feststellte, insbesondere im Norden, doch hütete er sich davor, Mittel zu vergeuden, wo der Widerstand verbissen war. Auch gelang es ihm, Rommel zu zwingen, auch im Süden starke Verbände zu halten, obgleich sein Plan dort keine schweren Angriffe vorsah. Als Rommel dann schließlich doch seine 21. Panzerdivision in den Norden warf, war Montgomerys Stellung dort bereits stark genug, einen richtigen Durchbruch in die offene Wüste zu wagen.

Am 2. November gelang es der neuseeländischen Division, die durch zwei britische Infanteriebrigaden verstärkt worden war, einen dritten Korridor durch die feindlichen Verteidigungsstellungen zu brechen. Dieser Durchbruch, den die Neuseeländer und die 7. Panzerdivision sich rasch zunutze machten, scheint selbst Rommel überzeugt zu haben, daß die Schlacht verloren sei. Am 3. November begann er mit dem Rückzug. Seine Nachhut leistete verbissenen Widerstand, doch Freybergs Männer waren Herren der Lage. Rommel wurde geschlagen.

El Alamein kostete die Deutschen vier, die Italiener acht Divisionen. Es war eine echte Entscheidungsschlacht – und eine, die nachdenklich stimmte. Im Rückblick auf El Alamein schrieb Montgomery:

»Die Schlacht lief ab wie vorgesehen. Der Einbruch oder Stellungskampf hatte uns einen taktischen Vorteil gebracht; die Einzelkämpfe, die folgten, schwächten den Feind an Kampfkraft und Material bis zu einem Grade, der es ihm unmöglich machte, dem letzten entscheidenden Schlag zu widerstehen. Die Nahkämpfe erforderten ständiges, rasches Umgruppieren von Einheiten, um Reserven zu schaffen, die man brauchte, und die Operationsrichtung je nach dem, wie die Lage es erforderte, zu verändern; auf diese Weise behielten wir die Initiative, und die Schlacht wurde zu dem gewünschten Ende gebracht. Taktische Überraschungen spielten dabei eine wichtige Rolle; der Einbruch [im Norden] schaffte das vollständig, denn der Feind hatte erwartet, daß wir unseren Hauptstoß in südlicher Richtung führen würden. Und auch beim letzten Stoß täuschten wir den Feind; er hatte erwartet, daß wir ihn ganz im Norden lancieren würden und konzentrierte dort seine Truppen, um ihm entgegenzutreten. Dabei trugen wir ihn drei Kilometer südlich der deutschen Flanke gegen italienische Truppen vor.«[6]

Bei Beginn der Schlacht war Rommel gerade auf Krankenurlaub in Deutschland. Er kehrte in aller Eile zurück, doch konnte er nichts mehr ausrichten. Die Niederlage der Deutschen war geplant, gewiß und unvermeidlich.

Nur einmal kam Rommel das Glück noch zu Hilfe, und zwar in Form eines Regensturms am 7. November, der den Nachschub für die 1. britische Panzerdivision um vierundzwanzig Stunden verzögerte – eine Zeitspanne, die mehr Deutschen die Flucht ermöglichte, als das sonst der Fall gewesen wäre. Aber von da an verfolgte die 8. Armee den Feind entlang einer vertrauten Straße. Tobruk wurde am 13. November genommen und Bengasi am 20. November. Doch diesmal stießen die Alliierten weiter nach und hörten mit der Verfolgung nicht eher auf, als bis Bedafomm und El Agheila erreicht waren. Diesmal sollte die 8. Armee bis Tripolis und noch weiter kommen.

Man hat Montgomerys Schlachtführung dahingehend kritisiert, daß er rascher hätte siegen können, daß er Rommel erlaubte, zu entkommen, und daß er – alles in allem – übervorsichtig gewesen sei. Tatsache ist, daß er über eine große Panzerüberlegenheit verfügte, als er die Schlacht begann. Auch stimmt es, daß Rommels Hauptstreitmacht mehr oder weniger ungehindert entkam, so daß sie in Tunesien noch einen Tag lang weiterkämpfen konnte. Diese Kritik mag zutreffend und gerechtfertigt sein; doch zielt sie nicht auf das ab, was geschah, sondern was hätte geschehen können. Wie die meisten britischen Generäle war Montgomery sich mehr als seine amerikanischen Kollegen bewußt, wie wichtig die Erhaltung des Mannschaftsbestands, insbesondere von gut ausgebildeten Soldaten, war. Zwar hätte zum Bei-

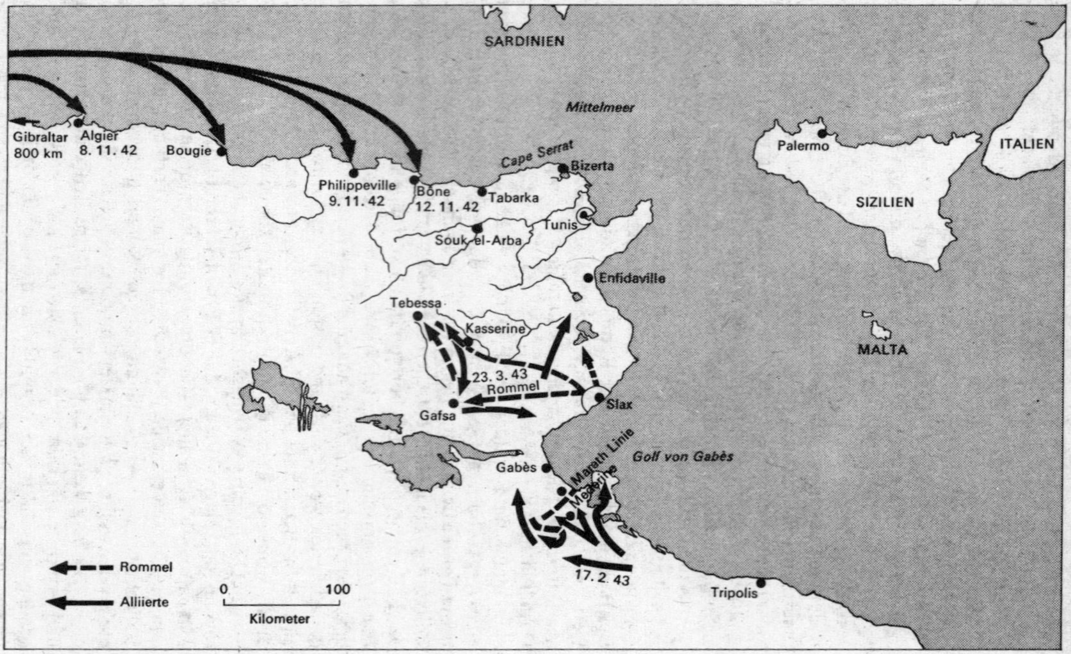

Westliches Mittelmeer

spiel die neuseeländische Division schneller und auch schon früher vorrücken können, wenn Montgomery ihr die Erlaubnis dazu gegeben hätte, doch das wäre vermutlich nicht ohne schwere Menschenverluste abgegangen. Montgomery brauchte aber die Neuseeländer, die zu seinen erfahrensten Soldaten gehörten, und sollte auch fernerhin auf sie angewiesen sein, und zwar nicht nur in Afrika, sondern auch in Italien.

Doch jetzt stand die 8. Armee dem Feind in Nordafrika nicht mehr ganz auf sich allein gestellt gegenüber. Am 8. November, dem Tag, an dem Montgomerys Verfolgung des Feindes an Tempo gewann, landete in Französisch-Nordafrika eine starke anglo-amerikanische Streitmacht unter General Eisenhower. Am 11. hatten die Alliierten Casablanca an der Atlantikküste genommen sowie Algier und Oran an der Mittelmeerküste besetzt.

Am selben Tag ergab sich der Vichy-französische Oberkommandierende, Admiral Darlan, den Alliierten nicht nur, sondern rief auch noch die französische Flotte in Toulon auf, sich mit ihnen zu verbünden.

Der tunesische Feldzug

Die deutsche Wehrmacht besetzte sofort ganz Frankreich, Toulon inbegriffen, mußte jedoch feststellen, daß die Franzosen ihre Flotte versenkt hatten. Gleichzeitig teilten die Deutschen der Vichy-Regierung mit, daß sie sich der französischen Häfen in Tunesien bedienen würden. Bislang hatten sie ihre Truppen in Afrika über Tripolis mit Nachschub versorgt, von jetzt an benutzten sie auch Tunis und Bizerta. Von Tunis aus schifften sie sich dann schließlich auch ein, um nach Europa zurückzukehren.

Einige französische Einheiten, insbesondere Marineeinheiten, widersetzten sich der Landung der Alliierten, und bei Bizerta schlossen sich einige Einheiten der Vichy-Franzosen sogar den Deutschen an, die alles taten, um in aller Eile Tunesien zu verstärken. Aber die Alliierten waren noch weit von Tunesien entfernt. General Anderson, der das Kommando der 1. britischen Armee in Algerien übernommen hatte, eilte herbei, um die Lücke zu schließen. Am 11. November, nur drei Tage nach ihrer Landung, besetzten seine Truppen Bougie, 200 km östlich von Algier; Bône, das noch 240 km weiter entfernt lag, wurde am nächsten Tag von britischen Fallschirmjägern eingenommen, die durch Landungstruppen von See her Unterstützung erhielten. Der wichtige Flugplatz Souk-el-Arba wurde am 16. genommen. Doch am 17. stießen die Vorauseinheiten der vorrückenden 1. Armee bei

Tabarka, auf halbem Weg zwischen Bône und Tunis, auf die Deutschen.

In einer wichtigen Hinsicht hatte sich das militärische Gleichgewicht des Feldzugs in Tunesien, der sich gerade entfaltete, stark verlagert. In El Alamein waren Montgomerys Nachschublinien kurz und die Rommels lang gewesen. In Tunis waren die Rommels kurz, während die Montgomerys, zumindest zu Anfang, sehr lang waren. Das traf auch auf Andersons Nachschublinien zu. Die Deutschen flogen Verstärkungen heran. Sie zogen sogar an die 400 Flugzeuge von der russischen Front ab und schickten sie nach Tunis – was den russischen Armeen einige Erleichterung verschaffte. Die Deutschen waren entschlossen, Tunesien nicht billig herzugeben. Auch war das Wetter auf ihrer Seite. Schwere Regenfälle weichten Straßen und Flugplätze auf und machten sie bisweilen unbenutzbar. Weihnachten 1942 hatte die 1. Armee in Tunesien ihre Stoßkraft verloren. Der Angriff auf Tunis mußte warten.

Im Februar 1943, als man sich wieder bewegen konnte, hatte die 1. Armee sich auf einer Linie festgesetzt, die vom Kap Ferrat, das auf halbem Weg zwischen Tabarka und Bizerta liegt, ins Landesinnere verlief. Das 2. US-Armeekorps hielt die Linie weiter im Süden, die durch Faid ging und dann in westlicher Richtung auf Gafsa zulief. Die 8. Armee hatte, nachdem sie von El Alamein aus hinter Rommel hergesetzt war, im Januar Tripolis genommen und näherte sich Mareth. Die Deutschen waren samt den Resten ihrer italienischen Verbündeten eingekreist, aber keineswegs geschlagen.

Am 14. Januar griff Rommel das 2. US-Armeekorps bei Faid an. Von dort aus stieß er sehr rasch auf den Kasserine-Pass vor, der die südöstlich von Tebessa gelegenen Bergzüge überquert. Am 20. waren Rommels Vorausabteilungen über den Paß und bedrohten die vorgeschobenen alliierten Flugplätze. Das 2. Armeekorps schlug kräftig zurück, und am 3. März waren Rommels Leute bis auf ihre Ausgangsstellungen zurückgeworfen. Aber schon nach drei Tagen griff Rommel erneut an. Diesmal richtete sich sein Schlag gegen die 8. Armee, die inzwischen bis zu dem rund 30 km von Mareth an der Kleinen Syrte gelegene Medenine gelangt war, wo Rommel eine starke Verteidigungslinie ausgebaut hatte. Doch trotz vier entschlossen vorgetragener Angriffe wankte die 8. Armee nicht. Rommel, der immer noch krank war, übergab das Kommando an General von Arnim und verließ Afrika für immer.

Ende März griff Montgomery die dreißig Kilometer lange Mareth-Linie an, durchbrach sie, indem er den Hauptangriff von der Küste ins Innere verlagerte und stieß in ihrem Rücken nach Norden vor, wobei der inzwischen alterfahrene General Freyberg seine Neuseeländer durch die Berge im Inneren führte. Mitte April gelang es der 8. Armee, Sfax zu besetzen und bis auf Sichtweite an Enfidaville heranzukommen. Im Norden und Westen griffen Anfang Mai die 1. Armee und das 2. US-Armeekorps an. Tunis und Bizerta fielen am 7. Mai. Am 13. Mai streckte von Arnim die Waffen und ergab sich mit 125 000 Deutschen und fast ebenso vielen Italienern. Nach fast zwei Jahren war der Wüstenkrieg endlich vorüber. Er hatte Deutschland und Italien fast eine Million Gefallene und Gefangene gekostet.

Der Italienfeldzug

7

Obgleich keine Gewißheit darüber bestand, wo die Alliierten europäischen Boden betreten würden, sprach die Wahrscheinlichkeit für eine Landung auf Sizilien. Die Aufklärung hatte in Afrika starke Schiffskonzentrationen festgestellt. Als die Alliierten Sizilien und die Insel Pantelleria durch strategische Bomber sturmreif zu machen begannen, war die Unsicherheit vorüber.
Die Deutschen waren zu diesem Zeitpunkt in der Sowjetunion, besonders um Kursk, in harte Kämpfe verwickelt und sahen sich deshalb außerstande, Truppen von dort abzuziehen. Für die Verteidigung Siziliens stand ein Minimum an Streitkräften zur Verfügung. Dennoch kämpften die deutschen Truppen mit Bravour.
Die italienische Verteidigung war schwach, der Kampfwille gering. Die Masse der Truppe, die sich auf der Verteidigungslinie der Küste entlang in zum Teil lächerlich primitiven Tuffstein-Bunkern verschanzt hatte, bestand aus älteren Jahrgängen, die schlecht ausgerüstet, schlecht bekleidet und schlecht geführt waren.
Für die Kriegsführung der Alliierten war bezeichnend, daß sie durch massive strategische Bombenangriffe das Terrain für die Invasion vorbereiteten. Diese Strategie, die sie bis zum Kriegsende beibehalten sollten, wurde bei der Landung in Sizilien erfolgreich demonstriert. Den schwachen Luftverteidigungskräften in Sizilien – es waren ganze zwei Jagdgeschwader, nicht mehr als 150 Flugzeuge, die einer Übermacht von mehr als 5000 alliierten Flugzeugen gegenüberstanden – wurden Flugplätze und Häfen pausenlos mit Bomben belegt. Zur gleichen Zeit unternahmen die Alliierten den Versuch, den Rückzug der Verteidigungsstreit-

kräfte durch die Unterbrechung des Fährbetriebes zwischen Messina und Reggio Calabria unmöglich zu machen. Trotz des intensiven Bombardements der Straße von Messina gelang es den Deutschen jedoch, beinahe 40000 Soldaten mit Gerät und Waffen auf das Festland zu schaffen.
Die Entmachtung Mussolinis war ein Symptom für die Kriegsmüdigkeit der ganzen italienischen Nation. Durch die Kapitulation wollten der König und Badoglio vermeiden, daß die Dampfwalze des Krieges langsam über das ganze Land nach Norden, auf den Brenner zurollte. Aber die Alliierten waren nicht bereit, die Deutschen durch eine Landung im Norden abzuschneiden, sondern zogen es vor, kühl kalkulierend dort zu landen, wo ihnen die Unternehmung am wenigsten verlustreich erschien – und das war bei Salerno.
Kesselring hatte die Kapitulation der Italiener vorhergesehen und für diesen Fall verschiedene Verteidigungslinien geplant – je nach der Entwicklung der Lage. Aber die italienischen Streitkräfte wandten sich nicht etwa gegen die Deutschen – sie lösten sich auf. Die Führer verließen ihre Verbände, die Soldaten warfen ihre Gewehre weg. Eine Heerschar von italienischen Soldaten wälzte sich im Osten und Westen der Halbinsel auf dem Heimmarsch die Küste entlang. Nur in der Poebene und in Rom flackerte gelegentlich Widerstand gegen die Deutschen auf. Die italienischen Truppen und Teile der Luftwaffe, die mit der Wehrmacht kämpften, befanden sich in einer schwierigen Situation. Sie waren nicht weniger tapfer, aber sie litten bereits unter dem Trauma des Abfallens von der Achse. Sie wußten, daß ihnen auf der Seite der Alliierten italienische Divisionen gegenüberstanden, und sie wußten, daß für sie keine Alternative mehr möglich war. Größere Schwierigkeiten als die italienische Armee bereiteten Kesselring die in den Bergen lebenden Partisanen, die die deutschen Truppen überfielen und bei ihren Operationen behinderten.
Kesselring hat es den Alliierten schwer gemacht, Italien zu besetzen. Auf dem verlustreichen Marsch von Brindisi, Salerno und Nettuno bis zum Brenner kämpften die Deutschen in einer Manier wie zu ihren besten Zeiten während des ersten Kriegsjahres. Monte Cassino, Nettuno und die Kämpfe in den Appeninnen sind Schlachten, die in die Militärgeschichte eingehen werden.

J. S.

Der Hauptgrund für die Landung der britischen und amerikanischen Streitkräfte auf Sizilien und in Italien im Jahre 1943 bestand in nichts anderem als darin, daß die in Nordafrika stehenden Alliierten damals

nichts anderes tun konnten, wenn sie in direkten Feindkontakt mit den Deutschen und Italienern kommen und deren Truppen binden wollten. Auf der Konferenz von Casablanca waren Roosevelt, Churchill und General George Marshall zögernd übereingekommen, daß sie mit der Invasion in Frankreich von den britischen Inseln aus nicht vor 1944 beginnen könnten. Daraufhin blieben für alliierte Streitkräfte in Nordafrika – kampferprobte und kampfwillige Truppen – drei Möglichkeiten. Man konnte sie entweder müßig in Nordafrika halten, oder nach Großbritannien zurückbringen oder in Südeuropa landen lassen. Wenn sie weiterkämpfen sollten, konnten sie dem Schläge versetzen, was Churchill immer Europas »weichen Unterleib« genannt hatte. Marshall hatte Bedenken. Er war von Anfang an dafür eingetreten, daß die Alliierten ihre Streitkräfte in Europa nicht verzetteln sollten. Marshall wollte sich auf einen einfachen, massiven Schlag gegen das besetzte Europa konzentrieren und sagte, der Ort, von dem aus dieser Angriff vonstatten gehen solle, sei Großbritannien. Allerdings war es dringend erforderlich, deutsche Streitkräfte von den hart bedrängten Russen abzulenken. Briten und Amerikaner mußten etwas unternehmen, und zwar etwas Sichtbares.
Lange Zeit hindurch spielte Churchill mit dem Gedanken, die Invasion über den Balkan laufen zu lassen. Vielleicht unterschätzte er die Schwierigkeiten, wie es vor ihm schon Mussolini getan hatte. Jedenfalls traten die Militärs nachdrücklich für eine Landung auf Sizilien und, falls diese erfolgreich verlief, in Italien selbst ein. Bei einem Treffen in Algerien im Mai 1943 kamen Churchill und Marshall dann mit Eisenhower, Alexander, Ismay, Tedder, dem Oberkommandierenden der Luftstreitkräfte und Admiral Cunningham, dem Oberbefehlshaber der alliierten Mittelmeerflotten, dahingehend überein, daß auf jeden Fall eine Landung in Sizilien durchgeführt werden solle. Falls das gut ging, sollten die alliierten Streitkräfte dann nach Italien selbst übersetzen. Erwies sich der Widerstand jedoch als unerwartet stark, könnte man stattdessen auf Sardinien und Korsika landen. Marshall bestand darauf, daß man sich diese Möglichkeit offenhielt. Die Frontkommandeure glaubten jedoch, daß die Eroberung Siziliens nicht lange dauern und man bald in der Lage sein werde, in Italien selbst zu landen.

Die Landung auf Sizilien

Die Landungstruppen sollten aus der britischen 8. Armee unter General Montgomery und der 7. US-Armee unter General George Patton bestehen. Oberkommandierender war Eisenhower. Die Landstreit-

kräfte standen unter dem Befehl von General Alexander, die Seestreitkräfte unter dem von Admiral Cunningham und die Luftstreitkräfte unter dem von Tedder.
Einer der Gründe für den Erfolg der alliierten Landung auf Sizilien – einer von vielen, vielleicht aber doch ein ausschlaggebender – war, daß die Royal Navy die Deutschen glauben gemacht hatte, daß die Landung in Griechenland vonstatten gehen solle. Am Morgen des 30. April tauchte das britische Unterseeboot *Seraph* inmitten einer spanischen Fischerflotte vor Huelva auf und ließ eine Leiche mit Rettungsring und Papieren zu Wasser. Aus den Papieren ging hervor, daß es sich bei der Leiche um Major Martin von der britischen Marine-Infanterie handelte. Außerdem trug er Briefe bei sich.
Einer stammte von seiner Bank, ein zweiter von seinem Schneider und noch ein weiterer, ziemlich rührender von seiner Verlobten, deren unbestreitbar englischer Name Pam lautete, die ziemlich schnippisch zu sein schien und deren Familie im Herrenhaus Ogbourne St. George bei Marlborough wohnte. Aber außerdem trug Major Martin noch Briefe vom Stellvertretenden Chef des Britischen Generalstabs, General Nye, an General Alexander und einen anderen vom Chief of Combined Operations, Lord Mountbatten, an Admiral Cunningham und General Eisenhower bei sich. Alle bezogen sich, der erste ganz offen, die anderen durch zarte Hinweise, darauf, daß eine alliierte Operation gegen Griechenland kurz bevorstehe.
All diese Briefe waren von Kapitänleutnant Ewen Montagu[1] und anderen Angehörigen des Geheimdienstes der Navy in London verfaßt worden. Major Martin war ein literarisches Meisterstück. Und er trieb auch nicht umsonst an Land. Die Spanier fanden ihn. Die Deutschen wurden eingeweiht und fielen darauf herein. Mindestens eine vollständige Panzerdivision wurde von Frankreich nach Griechenland verlegt, um dieses Land gegen einen Angriff zu verteidigen, zu dem es niemals kam. Die Deutschen taten ihr möglichstes. Es wurde befohlen, die griechischen Küstengewässer stark zu verminen. Eine Flottille von deutschen Kriegsschiffen wurde von Sizilien nach Griechenland abgezogen.
Die Landung auf Sizilien fand, nach den Plänen von Admiral Ramsay, am 10. Juli an zwei Abschnitten statt. Die 8. Armee landete zwischen Syrakus und dem Südostzipfel Siziliens. Die 7. Armee landete im Golf von Gela zwischen Licata im Westen und Scoglitti im Osten. Ramsay, der die Evakuierung der britischen Truppen aus Dünkirchen organisiert hatte, hatte seine Pläne klug ausgearbeitet. Alexander, der Kommandeur der Landstreitkräfte, hatte einen guten Start.
Zum erstenmal wurden eigens für diesen Zweck gebaute LSTs (Landungsschiffe, Panzer) und LCTs (Landungsfahrzeug, Truppen) einge-

setzt, um in einer Angriffswelle sowohl Panzer als auch Mannschaften an Land zu setzen. Von tausend Schiffen aus landeten acht Divisionen. Die Front war 160 km lang. Trotz wenig günstigen Wetters nahm die 8. Armee am 11. Juli Syrakus und am 12. Augusta, was bedeutete, daß man jetzt zwei wertvolle Häfen in der Hand hatte. Bis zum 15. hatte die 7. Armee sich auch noch der Häfen von Agrigent und Porto Empedocle bemächtigt. Die Alliierten hatten sich auf Sizilien festgesetzt.
Ziel beider Armeen war das am Nordostzipfel der Insel gelegene Messina. Die Alliierten hofften, die Stadt früh genug zu erreichen, um die Deutschen – zumindest so viele wie möglich – daran zu hindern, sich auf das italienische Festland abzusetzen, das auf der anderen Seite der Straße von Messina liegt. Pattons 7. Armee, die zugleich nach Westen und Norden vorstieß und dann an der Nordküste Siziliens wieder nach Osten, hatte die längsten Strecken zurückzulegen. Montgomerys Route an der Ostküste entlang war zwar kürzer, bot dafür aber größere Schwierigkeiten.
Von Augusta bis zum größeren Hafen Catania sind die Küstengebiete vergleichsweise flach. Nördlich von Catania jedoch ist die Küste steil und felsig, und es gab nur wenige, leicht zu verteidigende Straßen. Der dreitausend Meter hohe Vulkan Ätna liegt nördlich von Catania, nur wenig von der Küste entfernt. Da die Lücke zwischen der Küste und dem Ätna sehr schmal ist, schickte Montgomery die Hälfte seiner Truppen über Adrano und Randazzo nach Westen durch die Berge. Die andere Hälfte kämpfte sich gegen erbitterten deutschen Widerstand an der Küste nach Norden vor. Die 8. Armee brauchte vier Wochen, bis sie Catania erreichte.
Vom amerikanischen Brückenkopf bei Gela schickte General Patton zwei Divisionen unter General Bradley quer durch die Insel an die Nordküste. Eine dritte Division stieß nordwestlich in Richtung auf Palermo vor und eine vierte von Agrigent aus die Südküste entlang.
Am 22. Juli war Palermo in alliierter Hand, und jetzt begann der nach Osten gerichtete Vorstoß die Nordküste entlang. Zweimal riefen Pattons Truppen bei ihrem Vorrücken die Navy zur Hilfe, um hinter den deutschen Linien an Land gesetzt zu werden.
Beide Armeen erreichten am 17. August Messina – Pattons Männer waren ein paar Stunden vor denen Montgomerys dort. Sizilien war genommen, doch der deutsche Oberkommandierende, Generalfeldmarschall Kesselring, hatte angefangen, seine Truppen aufs Festland zu evakuieren, während die Alliierten sich die letzten schwierigen Kilometer auf Messina zukämpften. 39000 deutsche und 70000 italienische Soldaten wurden mitsamt ihrer Ausrüstung sicher hinübergebracht.

In anderer Hinsicht war die Eroberung Siziliens jedoch keineswegs ein leerer Sieg. Er führte rasch und direkt zum Sturz Mussolinis und bald danach zur Ergebung der Italiener.

Die Invasion auf dem Festland

Als die Alliierten auf Sizilien landeten, waren die Italiener in einer schlechten Verteidigungslage. Italien hatte in Nordafrika bereits 200000 Gefallene oder in Gefangenschaft geratene Soldaten verloren. 217000 Italiener kämpften an der Seite der Deutschen an der russischen Front. 580000 Italiener befanden sich im Einsatz gegen jugoslawische und andere Partisanen auf dem Balkan. Und jetzt sollte die italienische Armee auf Sizilien noch einmal 160000 Soldaten verlieren, die entweder fielen oder gefangengenommen wurden. Am 24. Juli, zwei Wochen nach der Landung auf Sizilien, wurde Mussolini zu einem Treffen des Großen Faschistischen Rats gerufen.
Dieser Rat galt als oberste, die Politik bestimmende Körperschaft der faschistischen Partei und daher ganz Italiens. In der Praxis machte Mussolini seine Politik selbst, und der Rat war seit Eintritt Italiens in den Krieg nicht mehr zusammengetreten. Diesmal jedoch erwies der Rat sich als lautstark und widerspenstig. Zum erstenmal gab es ein Mißtrauensvotum gegen Mussolini. König Viktor Emanuel wurde in Nachfolge Mussolinis zum Oberbefehlshaber der italienischen Streitkräfte ernannt. Am nächsten Tag entließ der König Mussolini, ließ ihn verhaften und mit einem Krankenwagen in ein Gefängnis bringen. Premierminister wurde Marschall Badoglio. Die Alliierten unter General Alexander hatten ihren ersten Diktator entthront.
Es ist unwahrscheinlich, daß irgendein italienischer Premierminister den Krieg hätte weiterführen können, aber wie die meisten anderen Italiener wollte Pietro Badoglio ihn auch gar nicht weiterführen. Er hoffte zu Recht darauf, daß Italien bessere Bedingungen bekäme, wenn es einen Separatfrieden schloß. Gleichzeitig sah er aber auch ebenfalls zu Recht voraus, daß die Deutschen den Alliierten auf italienischem Boden Widerstand leisten würden, ganz gleich, was er tat. Italien würde die Verheerungen des Krieges am eigenen Leibe zu spüren bekommen.
Sein sehr vernünftiges Ziel bestand daher darin, den Schaden, welchen die kriegführenden Armeen seinem Lande zufügen würden, so gering wie möglich zu halten, und so versuchte er, die Alliierten zu einer Landung im Norden zu bewegen, weil er hoffte, auf diese Weise einen langen und zerstörerischen Feldzug zu verhindern, den eine Landung im Süden zur Folge haben würde – und ja dann auch tatsächlich zur Folge

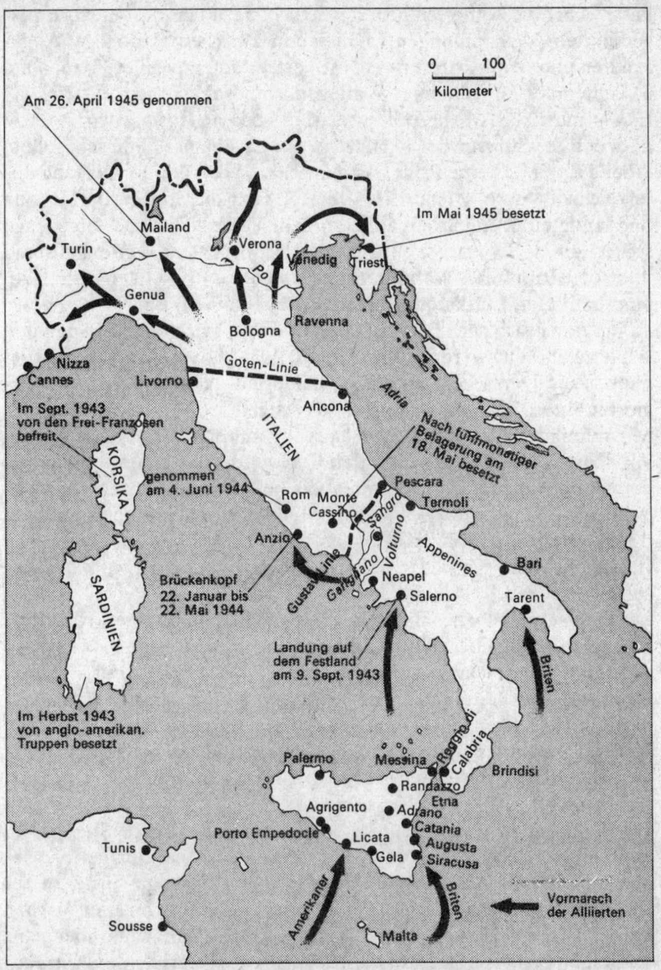

Der Italien-Feldzug, Juli 1943 bis Mai 1945

hatte. Aber die Alliierten ließen sich nicht dazu überreden. Nach ausgedehnten Verhandlungen in Lissabon zwischen Badoglios Abgesandten und den Vertretern der Alliierten, unterzeichnete Italien am 3. September ein geheimes Waffenstillstandsabkommen.
Es war nicht klar, ob diese Kapitulation »bedingungslos« war, wie sie nach den Beschlüssen der Konferenz von Casablanca hätte sein sollen. Aber das spielte keine Rolle. An dem Tag, da der Waffenstillstand unterzeichnet wurde, setzten die Alliierten über die Straße von Messina und landeten in Kalabrien auf dem italienischen Festland. Fünf Tage später, am 8. September, wurde die Nachricht vom Waffenstillstand über den Rundfunk verbreitet. Die Deutschen besetzten Rom, um einer alliierten Luftlandung dort zuvorzukommen. Badoglio und der König zogen sich nach Brindisi in Süditalien zurück, das bald von den Alliierten besetzt werden sollte. Wie Badoglio es vorausgesehen hatte, blieben die Deutschen allerdings, kämpften in Mittelitalien und regierten ihren Teil von Italien, so gut es ging.
Mussolini, der von der neuen Regierung auf dem Gran Sasso östlich von Rom gefangengesetzt worden war, wurde von einem tollkühnen deutschen Fallschirmjägerkommando befreit, zuerst nach Deutschland gebracht und dann wieder als Diktator von Italien eingesetzt, diesmal freilich als Marionette Hitlers. De facto blieb der größte Teil Italiens bis zum Ende der Feindseligkeiten von den Deutschen besetzt.
Die Deutschen gaben Italien nur unter größten Opfern her. Rom liegt 650 km von Reggio Calabria, entfernt, wo die erste alliierte Landung stattfand, und 320 km von Salerno, wo die zweite Welle der alliierten Streitkräfte an Land ging. Die Alliierten hatten gehofft, bis Weihnachten 1943 Rom in ihrer Hand zu haben, doch fiel die Stadt erst im Juni des folgenden Jahres, zu einem Zeitpunkt, da die Haupt-Invasionsstreitmacht der Alliierten im Begriff stand, von den britischen Inseln nach Frankreich überzusetzen.
Die Landung in Kalabrien, der Spitze des italienischen Stiefels, im September verlief wie geplant. Der Widerstand war nur gering, obgleich die Deutschen zerstörte Straßen und gesprengte Brücken zurückließen, als sie sich nach Norden zurückzogen. Binnen zwei Wochen hatten zwei Divisionen der 8. Armee sich der Kontrolle über ganz Süditalien bemächtigt, und zwar bis hinauf nach Bari an der Adriaküste.
Die eigentlichen Schwierigkeiten für die Alliierten begannen erst bei Salerno, wo sie am 9. September landeten. Der Golf von Salerno ist eine weite Bucht 50 km südlich von Neapel, rings von Bergen eingeschlossen und nur von einem schmalen Küstenstreifen gesäumt. Da jedoch Süditalien nun einmal sehr bergig ist, stellte Salerno buchstäblich

den einzigen Ort dar, wo die Alliierten eine Landung versuchen konnten. Die Deutschen warteten schon auf sie, da sie nirgends sonst zu warten brauchten.
Vier Tage lang waren das britische Expeditionskorps und die 6. US-Armee bei Salerno ernstlich in Gefahr. Die Deutschen hatten die Berge ringsum festungsartig mit Artilleriestellungen ausgebaut. Am ersten Tag, dem 9. September, konnten die Alliierten nur an ihrer linken, d.h. der Nordflanke etwas Boden gewinnen. Im Mittelabschnitt und im Süden kamen sie gegen erbitterten Widerstand nur sehr langsam voran. Das ging auch am 10. und 11. September so, und am 12. starteten die Deutschen einen heftigen Gegenangriff auf den Mittelabschnitt des alliierten Brückenkopfes. Doch mit Unterstützung schwerer Artillerie von See und zahlreicher Luftangriffe wurden sie abgeschlagen. Am 14. September konnte der Brückenkopf bei Salerno als einigermaßen gesichert gelten.
Kesselring machte die Berge des Appenin zu seinen Verbündeten. Sie waren die einzigen, die er hatte. Daß er von zu Hause keine Hilfe erwarten konnte, wußte er. Die deutschen Besatzungstruppen in Frankreich bereiteten sich bereits auf eine alliierte Landung von den britischen Inseln aus vor, und an der Ostfront wurden die deutschen Armeen hart von den Russen bedrängt. Kesselring war ganz auf sich allein gestellt.
Nach Salerno wußte er, daß er die alliierten Armeen nicht ins Mittelmeer zurückwerfen konnte, und so beschloß er, sie für jeden Fußbreit Italiens so teuer wie möglich bezahlen zu lassen.
Seine erste Verteidigungslinie schlug er am Volturno auf, einem Fluß, der vom Appenin in die nördlich von Neapel gelegene Bucht von Gaeta hinunterfloß, doch versuchte er nicht lange, die Volturno-Linie zu halten. Hinter ihm lag eine bessere, die von einer Anzahl rasch fließender Flüsse gebildet wurde, dem Sangro, dem Rapido, dem Garigliano und dem Liri. Die Berge zur Rechten, einen morastigen Küstenstreifen zur Linken und Kesselrings sogenannte »Winterfront« direkt vor sich, sahen die Alliierten sich vor ein außerordentlich schwieriges taktisches Problem gestellt.
Hinter dieser Verteidigungslinie lag noch eine weitere, denn hinter der Winterfront erhob sich Monte Cassino, ein uraltes Benediktinerkloster, das, wie der Name schon sagt, oben auf einem Berg liegt. Monte Cassino überragte die Stelle, wo die Täler des Rapido und des Liri sich vereinten – und jene Straße, welche die Alliierten nehmen mußten – Route Sechs, die Straße nach Rom.
Kesselring machte Monte Cassino zum lebenswichtigen und beherrschenden Bindeglied seiner nächsten Verteidigungsstellung – der Gustav-Linie. Von dort, wo die Alliierten lagen, nahm die Gustav-

Linie sich so furchterregend aus, daß Churchill, Alexander und General Mark Clark, der Kommandeur der auf der Südwestseite Italiens operierenden 5. Armee, beschlossen, man müsse hinter den deutschen Linien landen, und zwar bei Anzio, ein paar Kilometer südlich von Rom, allerdings fast hundert Kilometer von der Gustav-Linie entfernt.
Diese Entfernung schien einigen der alliierten Generalstäbler allzu groß, da sie befürchteten, daß die Anwesenheit alliierter Truppen so weit hinter Kesselrings Linien diesem nicht besonders viel ausmachen werde. Außerdem befürchteten sie, daß die Landungsstreitkräfte es vielleicht nicht schaffen würden, schnell genug durchzubrechen und nach Süden vorzustoßen, um Kesselring wirklich gefährlich zu werden. Andererseits hoffte man, daß die bei Anzio gelandeten Truppen aus ihrem Brückenkopf ausbrechen und einen vernichtenden Schlag gegen Kesselrings Nachschublinien führen könnten – und das auch noch binnen weniger Wochen, wenn nicht gar binnen Tagen.
Die Ängste erwiesen sich als berechtigt, die Hoffnungen erfüllten sich nicht. Die Landung bei Anzio erleichterte den alliierten Angriff auf die Gustav-Linie keineswegs. Als die alliierten Streitkräfte, die britische 1. Division und die amerikanische 3. Division unter dem Kommando des amerikanischen Generals Lucas bei Anzio landeten, gerieten sie selbst in größte Bedrängnis. General Lucas brachte seine Truppen zwar pünktlich am 22. Januar an Land, brauchte dann jedoch volle acht Tage, um seinen Brückenkopf auszubauen.
General Lucas ist aufgrund dieser Tatsache heftig kritisiert worden. In der Rückschau weiß es eben jeder besser. Nur vermag man sich in der Rückschau nicht den totalen Informationsfluß zu vergegenwärtigen, das Einlaufen stichhaltiger und falscher Meldungen, die einen Kommandeur bedrängen, wenn er seine einsamen Entscheidungen zu treffen hat. In seinem Buch *Total War* behauptet Calvocoressi, daß Lucas, »als er feststellte, daß ihm keine Deutschen im Weg standen, sich so verhielt, als ob das doch der Fall gewesen wäre.«[2]
In der Tat sieht es so aus. Am 30. Januar, als General Lucas den Brükkenkopf zu seiner Zufriedenheit ausgebaut hatte, organisierte Kesselring einen Gegenangriff, mit dem er ums Haar Erfolg gehabt hätte. Jedenfalls kam Lucas keinen Schritt in Richtung auf sein Hauptziel, die südlich von Rom gelegenen Albaner Berge, voran. Das Beste, was er angesichts des deutschen Gegenangriffs tun konnte, war, sich an das zu klammern, was er hatte.
Bei einem neuerlichen Gegenangriff, der am 16. Februar losging, wäre es Kesselring beinahe gelungen, die Landungstruppen bei Anzio wieder ins Mittelmeer zurückzuwerfen. Nachdem der Angriff abgeschlagen war, wurde Lucas von General Truscott, dem Kommandeur der

3. US-Division, abgelöst. Der Brückenkopf bei Anzio blieb zwar bestehen, aber die Kampftruppen dort waren praktisch – zumindest ein paar Monate lang – unfähig, den alliierten Armeen zu helfen. Kesselring erteilte den Alliierten eine furchtbare Lehre. Bei einem frühen Versuch, die Stadt Cisterna am Fuß der Albaner Berge einzunehmen, entgingen nur sechs Mann aus einer Truppe von 767 US-Rangers dem Tod oder der Gefangenschaft.
In der Hoffnung, daß die Landung bei Anzio ihm helfen würde, hatte General Clark eine Reihe von Angriffen auf die Verteidigungslinie am Rapido und auf Monte Cassino vorbereitet. Um diese Angriffe durchführen zu können, bekam er Verstärkungen von der britischen 8. Armee, die immer noch auf der Nordostseite des Appenin lag und nur langsam vorankam. Am 12. Januar, zehn Tage vor der Landung bei Anzio, trug General Juins frei-französisches Expeditionskorps einen Angriff von Monte Cassino in Richtung Santa Elia vor. Nach drei Tagen hatten die Franzosen ihr Ziel erreicht. Am selben Tag, dem 15. Januar, rückten die Alliierten bis an den Rapido vor, und fünf Tage später setzten sie über den Garigliano. Doch weiter sollten sie fürs erste nicht kommen.
Sie konnten ihren Brückenkopf auf der Nordseite des Garigliano halten, mehr aber nicht. Ein Versuch, über den Rapido zu setzen, mißlang. Im Westen, Süden und Osten schienen die deutschen Befestigungslinien von Monte Cassino unüberwindlich.

Von Monte Cassino bis an den Po

Der inzwischen verstorbene Fred Majdalany, ein Schriftsteller, der damals zu den Lancashire Fusiliers (seinerzeit Teil der 78. Division) gehörte, schrieb, daß sich alle, die bei Monte Cassino gekämpft hätten, ihr Leben lang daran erinnern würden, wie das Benediktinerkloster »im Winter 1944 ihren Körper und ihren Geist beherrschte und überschattete«.[3]
»Es kostete ein halbes Jahr erbitterter und blutiger Kämpfe, ehe diese Verteidigungslinien endlich durchbrochen wurden. Als das Kloster fiel, hatten Soldaten aus Großbritannien, Kanada, Neuseeland, Amerika, Indien und Polen zu einem hohen Preis das Recht erworben, ›Cassino‹ zu ihren Kriegs-Auszeichnungen hinzuzuzählen.«[4]
Die Schlacht um Monte Cassino war ein Gebirgskrieg in seiner härtesten Form. Manchmal lagen die gegnerischen Stellungen nur wenige Meter auseinander. Es war den Soldaten unmöglich, sich mit dem Spaten einzugraben. Diese Ecke Italiens war, wie der deutsche Kommandeur dieses Frontabschnitts, General von Senger und Etterlin es for-

mulierte, alles andere als ein Land der Apfelsinen und der Sonne. Er schreibt:

> Der akustisch verstärkte Lärm des Artilleriefeuers ist die erste Unannehmlichkeit. In den Ebenen war es noch möglich, sich in den Pausen zwischen den einzelnen Detonationen zu verständigen, doch in den Bergen wurde das wegen der langanhaltenden Echos und des rollenden Widerhalls nahezu unmöglich. Das auseinanderspritzende Gestein vergrößerte die Splitterwirkung noch. Anders als im Flachland schluckt der Fels nichts von der Detonation, sondern bot ein Mittel, mit Querschlägern zu feuern, deren Wirkung dem Schießen mit dem Schrapnell ähnelt. Wer auf einem Bergpfad plötzlich von Artilleriefeuer überrascht wurde, hatte keine Möglichkeit, sich dem dadurch zu entziehen, daß er sich ins offene Gelände schlug.[5]«

Der Berge wegen und weil die andere Seite fast immer einen Berg hielt, von dem aus man den eigenen überblicken konnte, war es den Männern tagsüber unmöglich, sich zu zeigen. Die einander gegenüberliegenden Truppen mußten sich nachts mit Nachschub versorgen. Dieser Nachschub wurde von Maultieren heraufgebracht und danach von den Soldaten auf den Schultern weitergetragen. Nahezu alle Maschinen und Motoren, durch die die Kriegsführung wendig und beweglich wird, mußten unten in den Ebenen zurückbleiben. Nur die Grundausrüstung der Soldaten – Gewehre, Mörser, Maschinengewehre und Handgranaten – war noch verfügbar.
In diesem mörderischen Gelände beherrschte das Kloster, wie Majdalany bemerkte, alles. Die deutsche Armee hatte die Mönche übrigens nicht aus dem Kloster vertrieben oder sie ersetzt. Ihre Befestigungsanlagen lagen außerhalb der Klostermauern – allerdings unmittelbar davor. Von Senger und Etterlin sagte, das Kloster selbst sei als Beobachtungsposten ungeeignet gewesen, »da wir ja erwarten mußten, daß es nach Schlachtbeginn früher oder später durch schweres Artilleriefeuer außer Gefecht gesetzt werden würde.« – »Es sei«, schreibt er, »bei den Deutschen üblich gewesen, die Artillerie-Beobachter auf halber Höhe der Berge in verborgener Stellung mit getarntem Hintergrund zu postieren.«[6]
Die Alliierten, die das nicht wissen konnten, beschossen das Kloster auf Bitten des neuseeländischen Korps-Kommandeurs, General Freyberg, trotzdem. Der Grund Freybergs war schlicht und zwingend der, daß Menschen wichtiger sind als Klöster. Weder er noch seine Soldaten konnten sicher sein, daß die Deutschen sich nicht doch im Kloster verschanzt hatten. In jeder guten militärischen Einheit – und die neuseeländische Division, die ausgewählt worden war, den ersten Angriff vorzutragen, gehörte zu den besten überhaupt – stellt Loyalität eine

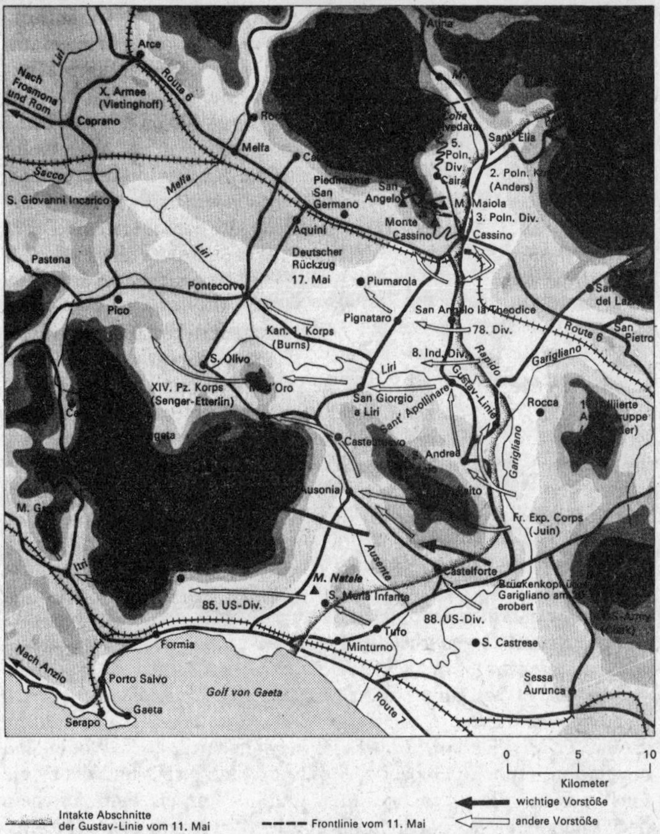

Monte Cassino, Mai 1944

Haupttriebkraft dar, die in beiden Richtungen wirkt – nach unten wie nach oben. Eine Frage, die Politiker und andere, die selber nicht an der Front gekämpft haben, sich nur selten stellen, die hingegen keinen Feldkommandanten losläßt, lautet: »Was schreibe ich in meinem Brief an die nächsten Angehörigen dessen, der unter meinem Kommando gerade den Tod gefunden hat?« Freyberg mußte, ehe er seine Männer in eine Schlacht schickte, die verzweifelt zu werden versprach, sicher gehen, daß die Erfolgs- und Überlebenschancen so gut waren wie ir-

gend möglich. Außerdem trug Freyberg noch eine weitere Verantwortung. Die Neuseeländer-Division bestand ja de facto aus dem gesamten Teil der neuseeländischen Bevölkerung, der sich in militärpflichtigem Alter befand – Maoris ebenso wie Weiße.
Das Kloster wurde dann auch am 15. Februar 1944 von den Alliierten vollständig zerbombt. Dieses Fliegerbombardement ist und bleibt umstritten. Das Kloster ist die Geburtsstätte des Benediktinerordens, existierte an dieser Stelle seit dem 6. Jahrhundert und war trotz viermaliger Plünderung (durch die Lombarden, die Sarazenen, die Deutschen und die Franzosen) ein Bauwerk von eindrucksvoller und geschichtsträchtiger Schönheit. General Mark Clark bedauerte es später, seine Bombardierung zugelassen zu haben.
Eine rein militärische Ursache für dieses Bedauern bestand auch in der Tatsache, daß das Kloster außerordentlich stark war. Die enormen Bombenmengen, welche die alliierten Luftstreitkräfte darüber abwarfen, konnten denn auch die Kellergewölbe nicht zerstören. Diesen Vorteil nutzte von Senger und Etterlin aus. »Die Bombardierung«, sagte er, »hatte die gegenteilige Wirkung dessen, was damit beabsichtigt worden war. Jetzt konnten wir die Abtei ohne Skrupel besetzen, zumal Ruinen sich besser für die Verteidigung eignen als heile Gebäude. In Kriegszeiten muß man bereit sein, Gebäude zu zerstören, die für die Verteidigung benötigt werden.«[7]
Der deutschen Verteidigung schien die Bombardierung des Klosters nichts auszumachen. Doch das konnte Freyberg nicht wissen. Jedenfalls schickte Clark zunächst die 34. US-Division und später Freybergs Neuseeländer um Monte Cassino herum auf die Nordseite, damit sie versuchten, es von dort aus zu nehmen. Die Neuseeländer stießen kühn vor, vermochten sich jedoch nicht durchzusetzen und erlitten große Verluste. Das einzige, was sie gewannen, war etwas Boden und einige blutbesudelte Gebäude. Monte Cassino selbst und damit die Gustav-Linie blieben unerschüttert und bildeten ein dem Anschein nach unüberwindliches Hindernis auf dem Weg nach Rom.
General Alexander gruppierte seine Truppen um. Einen großen Teil der britischen 8. Armee verlegte er über den Appenin, um die Front gegenüber von Monte Cassino und dem Liri-Tal zu übernehmen. Am 11. Mai 1944 war die Umgruppierung abgeschlossen. An diesem Tag setzten zwei Divisionen der 8. Armee über den Rapido, und das polnische Korps (neugebildet aus Polen, die über Osteuropa und Rußland in den Mittleren Osten gekommen waren) griff Monte Cassino von Norden an. Die Frei-Franzosen – insbesondere zwei Divisionen von Marokkanern aus dem Atlas-Gebirge – verlegte er von Santa Elia in den bereits gesicherten Brückenkopf am anderen Rufer des Garigliano, von wo sie ausbrechen sollten.

Ihr Kommandeur, General Juin, der erst vor kurzem aus Afrika gekommen war, vertrat die Ansicht, daß der schwache Punkt der deutschen Verteidigungslinie ein trutziger Berg, der Petrella sei, der den Stellungen seiner Truppen gerade gegenüberlag. Das Oberkommando beider Seiten hielt ihn für unbesteigbar und daher für unüberwindlich. Juin und seine Marokkaner waren da anderer Meinung. Jedenfalls wurden sie mit den Felsen und mit den Deutschen fertig. Am 18. Mai eroberten die Polen todesmutig und unter schweren Verlusten schließlich das Kloster selbst. Der Sieg bei Monte Cassino wurde durch das Aufpflanzen der französischen Fahne auf dem Petrella und der polnischen auf dem Kloster signalisiert. Das waren die äußerlich sichtbaren Zeichen. An den Kämpfen selbst hatten jedoch alle in gleicher Weise teilgenommen. Die Briten drangen gegen heftigen Widerstand langsam, aber stetig im Liri-Tal vor, während die Amerikaner auf dem flachen Küstenstreifen weiter vorrückten. Am 23. Mai gab Kesselring die Gustav-Linie auf und zog sich auf Stellungen nordwestlich von Rom zurück. Am selben Tag drangen die durch sechs Divisionen verstärkten Einheiten aus dem Brückenkopf von Anzio weiter vor, und am 4. Juni nahmen die Alliierten Rom.
Abermals zog Kesselring seine Truppen auf eine schwache Verteidigungslinie zurück, die er kurz danach für eine stärkere aufgab. Die erste verlief nördlich von Rom quer durch Italien nach Pescara. Die dahintergelegene, die sogenannte »Goten-Linie« – folgte grob gesprochen dem Lauf des Arno nördlich von Livorno und endete in der Nähe von Ancona an der Adriaküste. Ende September zog Kesselring sich nochmals zurück, und zwar auf eine dritte Verteidigungslinie nördlich von Florenz und Rimini.
Hier lagen sich die feindlichen Streitkräfte den ganzen Winter 1944/45 hindurch gegenüber, und abermals war das Wetter auf Kesselrings Seite. Im Einklang mit der gemeinsamen Strategie für die Invasion Frankreichs mußte General Alexander sieben Divisionen für die »Operation Amboss«, die Landungen bei Cannes und Nizza im Süden Frankreichs abgeben, die am 15. August 1944 vonstatten ging. Den ganzen Winter hindurch standen die verminderten alliierten Streitkräfte den Deutschen in den Bergen nördlich von Florenz gegenüber.
Im April 1945 nahm Alexander seine Angriffe wieder auf. Sein Ziel bestand darin, die Deutschen aus den Bergen in die Po-Ebene und von dort über den Fluß nach Österreich zu drängen. Am 20. April nahm der Vormarsch an Schnelligkeit zu. Die 8. Armee unter ihrem neuen Kommandeur, General McCreery, führte den Angriff, und General Truscott, mittlerweile Kommandeur der 5. Armee, griff weiter im Westen an. Die jetzt wegen des Abzugs von sieben Divisionen nach Frankreich zahlenmäßig unterlegenen Alliierten trieben die Deut-

schen über den Po. Inzwischen war Deutschland selbst am Zusammenbrechen. Kesselring war nach Hause zurückbeordert worden, wo er das Kommando über die deutschen Truppen an der Westfront übernahm. Seinem Nachfolger, General Vietinghoff, fehlte es an allem – insbesondere an Unterstützung aus der Luft. Ende April konnten die Deutschen in Italien nicht mehr kämpfen.

Es hatte die Alliierten nahezu ein Jahr und zehn Monate gekostet, Sizilien und Italien zu erobern. Der Feldzug in Italien half ihnen in dreierlei Weise, den endgültigen Sieg zu erringen. Die Kämpfe hier banden sechsundzwanzig deutsche Divisionen, die sonst an der Ostfront hätten kämpfen oder nach Frankreich geschickt werden können, um der Invasion von den britischen Inseln aus Widerstand entgegenzusetzen. Sodann verschaffte er den Alliierten Flugplätze, von denen Bombenangriffe auf den Balkan, Mitteleuropa und Südfrankreich geflogen werden konnten – Gebiete, die sonst nicht in ihrer Reichweite gelegen hätten. Und schließlich wurden durch ihn die italienischen Streitkräfte aus dem Krieg herausgenommen, und zwar nicht nur in Italien, sondern in zunehmendem Maße auch auf dem Balkan und an der russischen Front. Auch heute noch steht nicht eindeutig fest, ob all dies den Preis wert war, den man hat zahlen müssen.

Sieg der Alliierten in der Sowjetunion

8

Bis heute ist es den Historikern nicht gelungen, den Teil des Krieges, der mit dem Einmarsch Hitlers in Rußland am 22. Juni 1941 begann und mit der Besetzung Berlins durch die Sowjets endete, zutreffend und umfassend zu schildern. Eine Darstellung dieser Ereignisse auf fünfundzwanzig Seiten, wie es Arnold-Foster versucht, kann daher nur vergröbernd und lückenhaft sein.

Es waren drei Millionen Deutsche, die im Morgengrauen dieses 22. Juni 1941 angriffen. Und so wie dieser Angriff Kampfmoral und Optimismus der Engländer stärkte, weil sie glaubten, aus ihrer historischen Erfahrung vorausahnen zu können, daß er den Untergang Hitlers einleitete, so mag es auch unter den angreifenden Deutschen manchen gegeben haben, der an diesem Morgen mit der Vorahnung des Unterganges antrat. Die Engländer jedenfalls glaubten, daß nun die Niederlage unwiderruflich sei, daß Hitler in sein Verderben marschiere, wie vor ihm schon Karl XII. von Schweden und Napoleon I. Aber das erste Zusammentreffen mit den Sowjets brachte der Wehrmacht eine Überraschung. Die Sowjets waren schlecht ausgerüstet. Zwar konnten sie in den Panzergefechten den Deutschen häufig pari bieten. Aber die sowjetische Luftwaffe, die immerhin über 7500 Flugzeuge umfaßte, war eigentlich die Luftwaffe des Ersten Weltkrieges. So drangen an diesem Morgen drei deutsche Armeegruppen mit vorbildlicher Unterstützung durch die Luftwaffe in die Sowjetunion ein. Für Tage und Wochen sollte sich der Stoßkeil der vordringenden Panzerfahrzeuge, Lastkraftwagen und selbst mit Pferden bespannten Einheiten tief hineinbewegen in die sommerliche Landschaft des endlosen sowjetischen Reiches.

Die Sowjets wehrten sich tapfer, aber während des deutschen

Vormarsches im Sommer erfolglos. Die deutschen Armeen drangen mit einer Geschwindigkeit von 80 bis 100 km am Tag vor. Dem Beobachter aus der Luft, der die Marschbewegung des Heeres sah und die Staubsäulen über den Wäldern, durch die die Panzer der Wehrmacht vordrangen, wurde deutlich, wie sich die deutschen Truppen nach den ersten drei Wochen in der Endlosigkeit des Raumes verloren.
Die Zahl der sowjetischen Gefangenen wuchs rapide. Man versuchte, sie an den Vormarschstraßen entlang in die Gefangenenlager in Ostpreußen und ins Reich zurückzubringen, aber es gab weder Verpflegung noch Transportmittel, und so starben bereits auf dem Marsch viele Tausende.
Die Luftgefechte der ersten Wochen waren ein einziger deutscher Sieg. Der sowjetische Luftwaffen-Oberbefehlshaber beging am zweiten Tag des Rußlandfeldzuges Selbstmord. Bis dahin waren über sechshundert seiner veralteten Flugzeuge abgeschossen. Als der Winter nahte, hatte die sowjetische Luftwaffe zumindest für dieses Jahr zu existieren aufgehört. Es war der deutsche Nachschub, der sich als größtes Handicap für die kämpfende Truppe erwies, und die Ziellosigkeit des strategischen Planes, mit der der Anfangserfolg vertan wurde. Kaum war die Wehrmacht vor Moskau angekommen, mußte sie sich auf Befehl Hitlers um Leningrad konzentrieren, um es zu nehmen. Der Versuch mißlang. Als schließlich wieder Truppen von Leningrad abgezogen wurden, um die Armee an der Zentralfront vor Moskau zu verstärken und der Angriff dort beginnen sollte, kam der Winter.
Daß die deutschen Truppen – mit Ausnahme der Luftwaffe – bei dem frühen Wintereinbruch 1941 keine Winterausrüstung besaßen, war unverantwortlich. Die oberste Führung lastete dieses Versagen und die miserable Planung Hitler an. In der Tat wird er es wohl gewesen sein, der kraft seiner Persönlichkeit die Generalität überzeugen konnte, daß der Krieg noch im Jahre 1941 gewonnen würde. Aber die Katastrophe war total. Die vor Moskau stehende Truppe wurde in einer einzigen Nacht, in der die Temperatur bis auf minus 50 Grad absank, bewegungsunfähig und dadurch geschlagen. Für die aus Sibirien herangeschafften sowjetischen Truppen waren Winter und Kälte die Elemente, in denen sie kämpfen konnten. Auf der deutschen Seite spielten sich jedoch wahre Tragödien ab. Hitler hatte im Reich in aller Eile eine Winterbekleidungs- und Pelzsammlung veranstaltet und bald konnte man an der Front Soldaten im Persianer oder Fuchspelz kämpfen sehen – aber Tausende hatten die Kälte nicht überlebt oder hatten sich Hände und Füße erfroren.

Aber auch im Jahre 1942 war Hitler noch nicht fähig, die Grenzen zu erkennen, die der Wehrmacht durch die Weite des Raumes gesetzt waren. Im Sommer begann eine zunächst erfolgreiche Kette von Offensiven. Da die Sowjets aber die Strategie der verbrannten Erde betrieben, gab es kaum Gefangene. So drang die 6. Armee durch die Kalmückensteppe bis nach Stalingrad vor und ging dort unter. Über diese Tragödie ist viel geschrieben worden. Aber Worte reichen nicht aus, um zu beschreiben, wie von einer Armee, die während des Vormarsches mehr als 320 000 Soldaten umfaßt hatte, 91 000 in Gefangenschaft gerieten, nachdem 70 000 in Stalingrad gefallen und gestorben waren.
Die Schuldfrage mag der Geschichte überlassen bleiben. Aber es gibt heute keinen Zweifel daran, daß auch die militärische Führung versagt hat. Zum einen versprach Göring, Stalingrad mit seinen Lufttransportverbänden zu versorgen – die Luftwaffe war dazu aber nicht in der Lage. Zum anderen war es Mangel an Courage oder Zivilcourage der hohen Generalität, den Ausbruch aus dem Kessel nicht zu wagen. Tausende von Soldaten hätten gerettet werden können. Hitlers Befehl, »kein deutscher Soldat gibt einen Meter Bodens preis«, war ein Verbrechen.
Der schrittweise Rückzug aus der Sowjetunion bis zur Reichshauptstadt war eine Kette von Niederlagen. Die Sowjets hatten gelernt, die Umfassungstaktik anzuwenden, von der die Deutschen beim Vormarsch so brillant Gebrauch gemacht hatten. Was der deutsche Soldat, »der Landser«, in den zwei letzten Kriegsjahren in Rußland geleistet hat, ist beispielhaft. Durch Sümpfe und Wälder, über schlammige Wege und Straßen, dauernd den Überfällen der Partisanen ausgesetzt, schlugen sich die Heeresteile bis zur Reichsgrenze zurück. Als die Sowjets Ostpreußen erreichten, als sie Königsberg besetzten und die Flüchtlingsströme der Zivilisten – meist Frauen, alte Männer und Kinder – zu Tausenden vor sich hertrieben, wußte auch der letzte Deutsche, was die Stunde geschlagen hatte. Am 12. Januar 1945 trat die russische Dampfwalze zum letzten Angriff an. Der Widerstand war schwach. Nach wenigen Tagen brannte die Ostfront vom Kurischen Haff bis zu den Karpaten und am 24. April nahmen sie Berlin. *J. S.*

Drei Monate vor dem Überfall auf die Sowjetunion hatte Hitler seinen Generalen gesagt, daß dies ein Vernichtungsfeldzug werden solle.[1] Von soldatisch-kameradschaftlichem Verhalten den Russen gegenüber könne keine Rede sein, da die Russen Untermenschen seien.

In diesem Geiste schickte Hitler am 22. Juni 1941 drei Millionen Deutsche – rund die Hälfte seiner gesamten Streitkräfte – zum Angriff vor. Unterstützt wurden sie – sogleich oder jedenfalls bald darauf – von achtzehn finnischen, drei italienischen, einigen kroatischen und sechzehn rumänischen Divisionen, drei ungarischen Brigaden und drei slowakischen Divisionen.
Wie gewöhnlich eröffneten die Deutschen das Feuer in den frühen Morgenstunden ohne vorherige Warnung. Hitler bezeichnete das Unternehmen – wahrscheinlich zu Recht – als den größten militärischen Angriff der gesamten Geschichte. Die Streitkräfte waren in drei Heeresgruppen aufgeteilt, die vom größten Teil der Luftwaffe unterstützt wurden. Die Heeresgruppe Nord unter dem Befehl von Feldmarschall von Leeb stieß von Ostpreußen aus in nordöstlicher Richtung auf Leningrad vor. Die Heeresgruppe Mitte unter Feldmarschall von Bock stieß in Richtung Moskau vor, umging dabei die undurchdringlichen Pripetsümpfe im Süden und zielte darauf ab, die wichtigen Städte Minsk und Smolensk auf dem Weg zu nehmen. Die Heeresgruppe Süd unter Feldmarschall von Rundstedt stieß vom besetzten Polen aus in südöstlicher Richtung auf die Halbinsel Krim, die ukrainischen Weizenfelder, das Don-Becken und – wie man hoffte – auf die kaukasischen Ölfelder zu, von denen die Sowjetarmeen in Hinsicht auf ihre Treibstoffversorgung abhängig waren. Zwar waren die Russen gewarnt worden, sie wurden aber trotzdem überrascht, da Stalin die Warnungen in den Wind geschlagen hatte.
Als Hitler zum Angriff überging, hatten die Russen 170 Divisionen in vorgeschobenen Stellungen nahe ihrer Westgrenze stationiert. Ihr Nachrichtenwesen war jedoch immer noch schlecht organisiert. Teils wegen der großen Reinigung durch Stalin in den dreißiger Jahren waren ihre Kommandeure unerfahren. Auf jeden Fall mußten sowohl Infanterie als auch Luftwaffe gerade neu ausgerüstet werden. Die meisten Waffen waren längst veraltet oder näherten sich dem Ende ihrer Einsatzfähigkeit. Das konnte man sowohl negativ als auch positiv sehen. Den Verlust an Ausrüstung, den die Russen in der ersten Phase des Krieges erlitten, konnten sie sich leisten. Aber fürs erste half ihnen das nichts. Die deutsche Wehrmacht rückte pro Tag rund 80 Kilometer vor, manchmal sogar noch schneller. Die Heeresgruppe Mitte kam innerhalb von vierzehn Tagen in die Nähe von Minsk und hatte bis dahin 290000 russische Soldaten umzingelt. Die Heeresgruppe Nord stieß durch die Ostseeanliegerstaaten nach Rußland hinein. Die Heeresgruppe Süd bedrohte am 17. Juli bereits Kiew. Am 10. Juli war die finnische Armee, die sich für den russischen Angriff im letzten Winter rächte, durch die karelische Landenge vorgerückt und bedrohte Leningrad von Nordwesten.

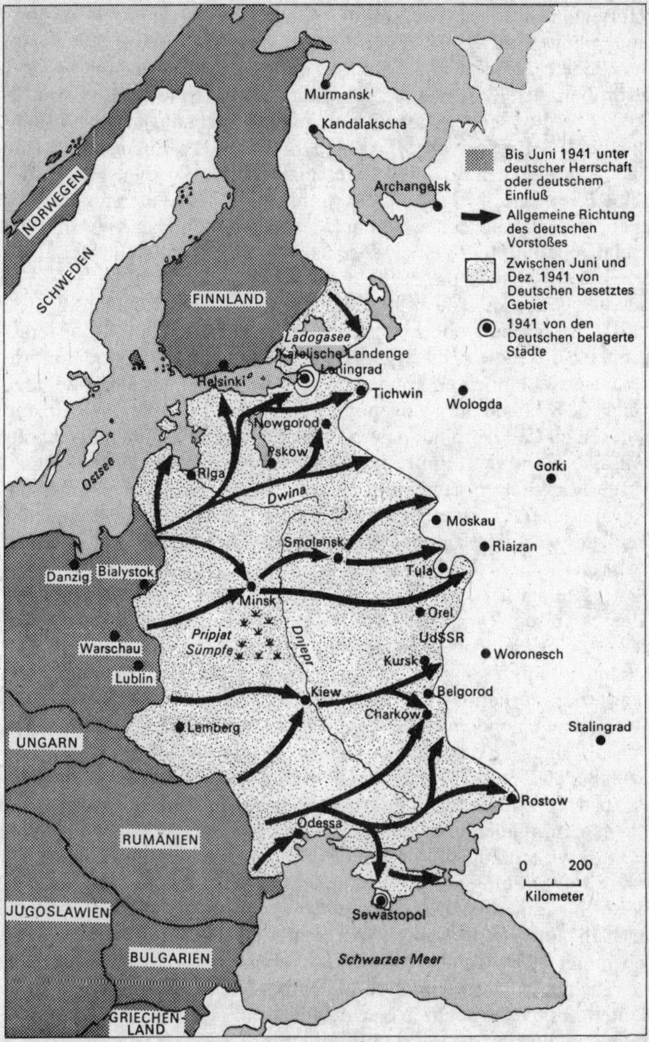

Der deutsche Einmarsch in Rußland, 1941

Zu Beginn nahm sich der Angriff auf Rußland abermals wie ein sieg- und ruhmreicher Vormarsch der deutschen Wehrmacht aus. Hitler verkündete, er hoffe, den Kaukasus noch vor Ablauf des Jahres 1941 zu erobern. An Beweisen für diese Behauptung fehlte es nicht. Am 10. Juli hatte die Heeresgruppe Mitte in zwei unabhängigen Unternehmungen im Gebiet von Minsk und Bialystok die Einkesselung von 323898 russischen Soldaten abgeschlossen. Am 5. August hatte dieselbe Heeresgruppe bei Smolensk praktisch jeden Widerstand gebrochen. Am 19. August machte die Heeresgruppe Süd bei Kiew 650000 Gefangene und hatte eine Woche später den Widerstand der russischen Armee östlich dieser Stadt und am Dnjepr gebrochen. Es sah so aus, als könne sie nahezu ungehindert weiter nach Kursk, Belgorod und Charkow am Donetz vorstoßen. Eine Vorauseinheit der Heeresgruppe Nord hatte sich am 31. August 15 km von Leningrad entfernt an der Newa einrichten können, neun Tage später das am Ladogasee gelegene Schlüsselburg eingenommen und auf diese Weise Leningrad von seinen Landverbindungen mit dem übrigen Rußland abgeschnitten. Die Finnen waren über die karelische Landenge auf Leningrad vorgerückt, hatten Leningrad selbst jedoch noch nicht von seinem Zugang zum Ladogasee abgeschnitten. Sechs Wochen nach Beginn des Feldzugs war die Lage der Russen bedenklich, wenn auch nicht so hoffnungslos, wie es den Anschein hatte.

Am 11. August schrieb General Halder, der Generalstabschef des Heeres, in sein Tagebuch, daß das Oberkommando der Wehrmacht selbst zu diesem frühen Zeitpunkt bereits alles zu verhindern suchte, was dazu führen konnte, daß die deutsche Wehrmacht in einem Stellungskrieg steckenblieb. Weiter schrieb Halder, grundsätzlich habe sich in zunehmendem Maße herausgestellt, daß »der russische Koloß von uns allen unterschätzt worden ist.« – Der Hauptgrund für den Schluß, daß Deutschland die Sowjetunion unterschätzt hatte, so sagte er, sei das offenkundige militärische Können der Russen gewesen, auf das man nicht gefaßt gewesen sei. »Als der Krieg anfing«, so Halder, »hatten wir mit 200 feindlichen Divisionen gerechnet. Jetzt haben wir schon 360 gezählt. Diese Divisionen sind gewiß nach unseren Maßstäben nicht vernünftig ausgerüstet und ausgebildet, und oft fehlt es ihnen auch an taktischer Führung. Aber immerhin sind sie vorhanden. Und wo immer ein Dutzend von diesen Divisionen vernichtet wird, ersetzen die Russen es durch ein anderes Dutzend. Die Russen haben dazu Zeit, weil sie nahe an ihren Nachschubbasen sind, wohingegen wir uns weiter und weiter von den unseren entfernen.«[2]

Sechs Wochen Rußlandfeldzug hatten genügt, den klarsichtigen Halder anderen Sinnes werden zu lassen. Noch am 3. Juli war er zuversichtlich gewesen, daß seine Armeen die Russen westlich der Düna im

Norden und des Dnjepr im Süden binnen weniger Wochen, höchstens jedoch binnen weniger Monate besiegen könnten und der Krieg danach zu Ende wäre. Damit würden die Russen endgültig besiegt sein. Die Heeresgruppen Nord und Mitte waren ja am 17. Juli weit über die Düna hinweg vorgestoßen, und die Heeresgruppe Süd stand am 1. September am Ufer des Dnjepr. Trotzdem war der Krieg nicht gewonnen. Die Russen waren nicht besiegt, und selbst Hitler – der wesentlich mehr zum Wunschdenken neigte als seine Generale – tat nicht einmal mehr sich selbst gegenüber so, als ob dem so wäre.
In der zweiten Augusthälfte geriet der deutsche Vormarsch ins Stokken, und an einigen Frontabschnitten ging es überhaupt nicht mehr voran. Außerdem herrschte ein Durcheinander hinsichtlich der Befehlsgewalt; zumindest gab es in den Generalstäben darüber einiges Hin und Her. Am 5. August zog die Heeresgruppe Mitte ihre Panzer von der Front zurück, um sie überholen zu lassen. Die Heeresgruppe Süd stand zwar im Begriff, über den Dnjepr zu setzen, war aber immer noch weit vom Kaukasus entfernt. Der Heeresgruppe Nord war es selbst mit Hilfe der Finnen nicht gelungen, Leningrad zu bezwingen. Die Deutschen hielten inne, um sich zu besinnen. Eine Reihe von Auseinandersetzungen zwischen Hitler und seinen Generalen begann, Auseinandersetzungen, bei denen Hitler fast immer seinen Willen durchsetzte. Jetzt traten die Generale geschlossen dafür ein, in einem Angriff auf Biegen und Brechen Moskau anzugreifen. Hitler hingegen wollte den Druck auf die Flanken erneuern.
Tatsächlich lief das darauf hinaus, daß Hitler zuerst seinen Willen durchsetzte, um dann, als es zu spät war, dem Rat seiner Generale zu folgen. Am 21. August entschied er, daß die Heeresgruppe Nord ihren Druck auf Leningrad verstärken solle, um die Stadt zu nehmen, und daß die Heeresgruppe Süd weiter in Richtung auf die Krim und den Kaukasus vorstoßen und der Angriff auf Moskau zurückgestellt werden solle. Das 2. deutsche Armeekorps und die 2. Panzergruppe wurden von der Heeresgruppe Mitte nach Süden verlegt, um der Heeresgruppe Süd zu helfen. Die Pripetsümpfe östlich umgehend, vereinigten diese Verbände sich am 16. September mit den Vorauseinheiten der Heeresgruppe Süd. Die Heeresgruppe Nord kam mit der Eroberung Leningrads nicht weiter, was zum Teil daran lag, daß Hitler ihr die Panzereinheiten weggenommen hatte und zum Teil daran, daß er einen Totalangriff auf die Stadt ablehnte, hauptsächlich jedoch an der unüberbietbaren Hartnäckigkeit und Aufopferungsfähigkeit der Verteidiger von Leningrad. Obgleich er das damals wohl noch nicht erkannte, hatte Hitler bereits in Leningrad das wirkliche Wesen der russischen Herausforderung kennengelernt – die absolute Weigerung des Sowjetvolkes, den Deutschen irgendein Recht auf sowjetischem

Boden zuzuerkennen und ein Strecken der Waffen überhaupt in Erwägung zu ziehen.
Auf jeden Fall hatte Hitler es sich am 6. September anders überlegt. Jetzt sollte der Angriff auf Moskau doch Vorrang vor allem anderen haben. Die Heeresgruppe Mitte wurde wieder verstärkt. Moskau sollte bis Weihnachten fallen.
Mit Verstärkungen und überholten Panzern war die Heeresgruppe Mitte am 2. Oktober zum erneuten Vorstoß bereit. Aber das Jahr war schon zu weit fortgeschritten. Von Bocks Divisionen stießen zwar rasch vor, aber es ging doch nicht schnell genug. In der dritten Oktoberwoche hatten sie drei große Kessel voll russischer Soldaten umzingelt, einen bei Viazma, gegenüber von Moskau am Nordabschnitt der Front, und zwei weitere bei Bryansk. Sie machten insgesamt etwa 650 000 Gefangene. Aber fürs erste war das auch alles, was sie tun konnten.
Mitte Oktober fing es an zu regnen. Der Regen dauerte bis in die ersten Novembertage an und verwandelte die russischen Landstraßen in Schlammwege, in denen die deutschen Fahrzeuge steckenblieben, versanken oder zurückgelassen werden mußten. Die deutschen Generale beteten, was ein Fehler war, um das Einsetzen des Frostes, damit die Straßen hart würden und ihre Truppen wieder vorrücken konnten.
Als der Frost in Rußland Mitte November 1941 einsetzte, tat er das mit größerer Strenge und Kälte, als die Deutschen erwartet hatten. Zunächst jedoch konnten sich wenigstens ihre Panzer und Fahrzeuge wieder bewegen. In diesem Stadium waren die deutschen Generale sich nicht ganz sicher, ob sie nun weiter vorstoßen sollten oder nicht. Feldmarschall von Bock, der die Heeresgruppe Mitte befehligte, war dafür, weiterzumachen. Er sollte den Hauptangriff auf Moskau vortragen. Ihn betraf die Frage zuerst, und seine Ansicht setzte sich durch.
Am 15. November begann die Heeresgruppe Mitte ihren Vormarsch. Von Bocks Plan bestand darin, Moskau durch zwei Panzervorstöße von beiden Enden seines Frontabschnitts einzuschließen. General Guderian sollte südlich von Tula die russischen Linien durchbrechen und dann nach Norden auf die sowjetische Hauptstadt vorstoßen. General Reinhardt sollte die Linien nördlich der Moskwa durchbrechen und dann nach Süden umschwenken.
Es war ein klassisch deutscher Plan und entsprach ganz dem, womit man zuvor Erfolg gehabt hatte. Woran er diesmal so furchtbar scheitern sollte, das war das Wetter. Als der Boden am 15. November gefror, waren Guderians und Reinhardts Panzer zwar wieder in der Lage, über den gefrorenen Schlamm vorwärtszurollen. Was sie jedoch nicht vorausgesehen hatten und was ihnen schließlich Einhalt gebot, war, daß die Temperaturen immer weiter fielen. Noch vor Ablauf des November schneite es heftig, die Temperatur war auf minus 20° Cel-

sius gesunken, und die Motoren arbeiteten nicht mehr. Auch die Menschen konnten nicht mehr. Nur den Russen konnte die Kälte nichts anhaben.
Die deutsche Wehrmacht war mit Winterkleidung ausgerüstet, die bei weitem nicht dick genug für die russische Kälte war. Die Generale machten Hitler Vorwürfe. Er hatte erklärt, er würde die Russen vor Einsetzen des Winters erledigen, deshalb sei keine entsprechende Ausrüstung nötig. Aber wie dem auch sei, dieses ernste Versagen der Führung machte sowohl der Heeresgruppe Nord als auch der Heeresgruppe Mitte schwer zu schaffen. Anfang Dezember meldete die Heeresgruppe Nord zum Beispiel, daß die 12. Panzerdivision den Verlust von 63 Gefallenen und 325 Erfrorenen beklage. Am 5. Dezember meldeten sowohl Reinhardt als auch Guderian, daß sie von ihren Stellungen nördlich und südlich von Moskau nicht weiter vorankommen könnten und hart bedrängt würden. Von Bock notierte in seinem Tagebuch, daß Guderian Temperaturen unter minus 30° gemeldet hätte, welche die erschöpften Truppen buchstäblich an jeder Bewegung hinderten. Die deutschen Panzer, so schrieb von Bock, rührten sich nicht, wohingegen die der Russen gut rollten. Weiter im Norden herrschten Temperaturen bis zu minus 38°. Noch schlimmer für die Deutschen war es, daß den besser gekleideten und ausgerüsteten Russen die Kälte überhaupt nichts auszumachen schien.
Hinzu kommt noch, daß bei Temperaturen, wie die Deutschen sie damals zum erstenmal erlebten, die Finger am Metall festkleben, wenn man mit bloßer Hand Gewehre oder Geschütze berührt, und daß die Haut von den Fingern abgeht, wenn man dann versucht, die Hand loszureißen. Nun gibt es aber bei der Bedienung von Maschinengewehren Handgriffe, die man mit Handschuhen einfach nicht ausführen kann. Das war eine der bösen Entdeckungen, welche die Deutschen machten, als sie eingeschneit an der Front vor Moskau lagen. Eine andere war die, daß Schmieröl nutzlos ist, wenn es zu kalt wird. Überall, wo es darauf ankam, waren die Deutschen auf Temperaturen, mit denen die Russen durchaus leben konnten, weil sie für Rußland normal sind, nicht vorbereitet. Ein deutscher Offizier, Leutnant Maurer, erinnert sich mit schrecklicher Klarheit der Zeit vor Moskau:

> »Wir hatten keine Handschuhe. Wir hatten keine Winterstiefel. Wir hatten überhaupt keine Ausrüstung, um gegen die Kälte anzukämpfen oder sie zu ertragen. Ich glaube, das war von Anfang an ein großes Problem. Wir verloren einen beträchtlichen Teil unserer Ausrüstung, Geschütze, schwere und leichte Ausrüstungsgegenstände ganz allgemein. Wegen der Kälte fielen viele Leute aus, die Erfrierungen erlitten, und es fehlte uns sogar an der nötigen Menge von Salben und den einfachsten und primitivsten Mitteln, sie zu be-

handeln. Wir rissen Streifen von unseren Mänteln ab, um sie uns statt Handschuhen um die Hände zu wickeln. Als es gegen Ende November, Anfang Dezember noch kälter wurde, war der größte Teil unserer Artillerie völlig unbrauchbar geworden. Die Geschütze schossen einfach nicht mehr. Selbst unsere Funkausrüstung funktionierte nicht mehr recht, weil die Batterien gefroren waren. Folglich bestand keine Möglichkeit zur Verständigung zwischen den vorrükkenden Fronteinheiten und den Artilleriestellungen hinter ihnen. Selbstverständlich war es eine ganz, ganz üble Sache, wenn man etwa verwundet wurde. Wir konnten kaum unsere eigenen Verwundeten behandeln – von denen des Feindes ganz zu schweigen. Wir hatten Angst, verwundet zu werden und dann einfach einem sehr schlechten Winterklima oder dem Feind zum Opfer zu fallen. Und wir hatten genug vom Feind gesehen, um zu wissen, daß in solchen Fällen kaum Gefangene gemacht wurden. Viele versuchten im entscheidenden Augenblick, den Kopf nicht mehr so weit herauszustrecken, wie sie es sonst getan hätten . . .

Der russische Soldat war ein sehr widerstandsfähiger und abgehärteter Kämpfer, der an derartige Klimaverhältnisse durchaus gewöhnt war. Sie schienen ihm nicht sonderlich viel auszumachen. Manchmal packte uns die Wut auf alles und jedes, denn wenn wir unsere Waffen zurücklassen mußten – Maschinengewehre und sonst was – weil sie nicht mehr funktionierten, schnappten sie sich die Russen einfach; manchmal erlebten wir, wie sie sie mit Winteröl einölten und dann auf uns richteten.«[3]

Die Deutschen waren gezwungen, sich zurückzuziehen, so gut es ging, und ließen viele erfrorene Soldaten zurück. Anfangs zogen sie sich nicht sehr weit zurück. Aber die Russen ließen mit ihrem Druck nicht nach, und bald steckten die Deutschen wirklich in der Bredouille, zumindest hier und da. Die Kälte hielt an. Die Deutschen waren knapp an Treibstoff und Vorräten, und waren sich nicht einmal sicher, ob sie imstande sein würden, die Stellungen zu halten, auf die sie sich zurückzogen. Hitler befahl inzwischen das Unmögliche – daß die Wehrmacht sich keinen Schritt zurückziehen solle.

Am 16. Dezember berichtete von Bock:

»Der Grund, warum es zweifelhaft ist, ob die Einheiten eine neue, unvorbereitete Verteidigungslinie halten können, ist klar – wegen der Treibstoffknappheit und der vereisten Straßen bekomme ich meine motorisierten Einheiten nicht zurück; ich bekomme nicht einmal meine von Pferden gezogene Artillerie zurück, weil die Pferde mit diesem Wetter nicht fertig werden. Heute zum Beispiel mußte die 267. Division ihre Artillerie zurücklassen. Es besteht daher die große Gefahr, daß wir uns zwar auf neue Stellungen zurückziehen, aber ohne unsere Artillerie. Andererseits fürchte ich, daß ein Befehl, die Stellung zu halten und zu kämpfen, die Soldaten dazu brächte, sich ohne Befehl irgendwohin sonst zurückzuziehen.«

Was von Bock fürchtete, war mit anderen Worten Meuterei.

Darin bestand im Dezember 1941 die Hauptschwierigkeit des deutschen Generals an der Moskauer Front. Wenn den Vorauseinheiten befohlen wurde, sich zurückzuziehen, mußten sie des Wetters wegen ihre Ausrüstung zurücklassen. Befahl man ihnen, dort zu bleiben und zu kämpfen, konnte es sein, daß sie dem Befehl nicht gehorchten. In diesem prekären Augenblick überraschten die Russen die Deutschen auch noch mit einer Gegenoffensive.

In Anbetracht der Verluste an Menschen (vermutlich rund vier Millionen), an Boden, an Produktionskapazitäten (zwei Drittel ihrer Kohlen- und drei Viertel ihrer Eisenproduktion), die die Sowjets bis dahin erlitten hatten, vor allem aber in Anbetracht des Wetters, stellt die russische Offensive vom 6. Dezember eine heldenhafte Leistung dar. Ihr Hauptangriff richtete sich auf die Moskauer Front und wurde von einer Armeegruppe unter dem Befehl von General Schukow vorgetragen. Im Norden stießen die Truppen, die unter General Konew die Kalinin-Front verteidigt hatten, zu ihm. Das gleiche tat die rechte Flanke der Fronteinheiten des Südwestens unter General Timoschenko.

Hitler hatte seinen Truppen befohlen zu bleiben, wo sie waren. Doch diesem Befehl zu gehorchen, war ein Ding der Unmöglichkeit. Die Russen fielen wie die Wölfe aus den Wäldern über die Deutschen her.

Ende Dezember war es den Russen gelungen, am Nord- und Südende des mittleren Frontabschnitts zwei Keile in die deutschen Linien zu treiben. Die aufgebrochene Lücke im Norden war 250 km breit. Die Lage der Deutschen war gefährlich, wenn nicht gar verzweifelt. Dem Eingeschlossenwerden entgingen sie vermutlich nur deshalb, weil Hitler es sich am 15. Januar 1942 anders überlegte und den Rückzug befahl. Auf dem Rückzug waren die Deutschen ohnehin schon gewesen, doch von diesem Tag an hatten sie Befehl – was diesmal vernünftig war – sich auf eine Linie 150 km westlich von Moskau zurückzuziehen und diese zu halten. Das stellte sich als machbar heraus. Die Heeresgruppe Mitte konnte ihre Front bei Rschew halten.

Stalin hatte im Gegensatz zu Hitler keinen Augenblick daran gezweifelt, daß die Schlacht um Moskau diejenige sei, auf die es ankam. Obgleich die Russen im Norden und im südlichen Frontabschnitt heftigen Widerstand leisteten, war ihr Hauptdruck im Winter 1941–42 auf den mittleren Frontabschnitt gerichtet, um ihre Hauptstadt zu retten.

Zwei Faktoren kamen ihnen dabei vornehmlich zur Hilfe. Die Deutschen waren auf das Wetter nicht vorbereitet, was weitgehend Hitlers Arroganz zuzuschreiben ist. Er hatte sich gerühmt, Moskau noch vor Einsetzen des Winters zu erobern, und weigerte sich, diese Prahlerei zurückzunehmen. Bitten um Winterkleidung wurden abgeschlagen. Der andere Faktor bestand in der sowjetischen Dezemberoffensive, einem brillianten Feldzugplan, der seinen Erfolg teils dem Können von General Schukow verdankte, teils den abgehärteten und standhaft in der Kälte kämpfenden russischen Soldaten, und teils dem Heranführen von Verstärkungen aus Sibirien.

Ehe Hitler gegen Rußland losschlug, waren die Russen in der Mongolei in sporadische, aber gleichwohl heftige Verteidigungskämpfe gegen die Japaner verwickelt gewesen. Am Rande ihres gewaltigen Versuchs, China zu erobern, hatten die Japaner es bisweilen auch mit den russischen Verbänden zu tun gehabt, manchmal erfolgreich, manchmal aber auch (als General Schukow das Kommando führte) mit verheerenden Folgen. Die Bedrohung hatte jedoch immer weiter bestanden. Im Frühjahr 1941 blieb Stalin nichts anderes übrig, als sich sowohl auf eine Fortführung des Krieges im Osten, als auch auf einen möglichen Krieg im Westen vorzubereiten. Aus diesem Dilemma gerettet wurde er durch seinen ausgezeichneten Spion in Tokio, Richard Sorge, einen deutschen Kommunisten und Korrespondenten der *Frankfurter Zeitung*, der auf bestem Fuße sowohl mit dem deutschen als auch dem sowjetischen Botschafter stand. Seine Loyalität galt jedoch dem sowjetischen. Er war der Enkel des Sekretärs von Karl Marx und vielleicht der wichtigste und tüchtigste Spion im Zweiten Weltkrieg. Am 20. Mai 1941 glaubte Sorge dem Sowjetbotschafter mit Sicherheit sagen zu können, daß die Deutschen Rußland am 22. Juni angreifen würden. Churchill und Roosevelt hatten Stalin zwar die gleiche, wenn auch viel allgemeiner gehaltene Warnung zukommen lassen, aber er hatte ihr keinen Glauben geschenkt. Sorge hingegen glaubte er halbwegs. Auch glaubte er schließlich Sorges weiterer Information, derzufolge die Japaner sich endgültig und unwiderruflich entschlossen hätten, die Vereinigten Staaten anzugreifen und die Sowjetunion in Ruhe zu lassen. In beiden Punkten sollte Sorge Recht behalten.
Ein paar Monate hindurch zögerte Stalin immer noch, Sorges Information hinsichtlich der Japaner Glauben zu schenken. Doch als die Jahreszeit für die Kämpfe in der Mongolei zu Ende ging, ergriff er die Gelegenheit und handelte. Im Herbst 1941 fing er an, seine sibirischen Armeen in den Westen zu verlegen. Im November waren sie unter Schukows Kommando an der Moskauer Front. Ihre unerwartete Anwesenheit vergrößerte die Bestürzung der Deutschen. Diese Truppen brauchten sich nicht erst an das Klima zu gewöhnen. Männern, die

aus Sibirien kamen, erschien es selbst an der Moskauer Front noch warm. Ihre Ankunft vergrößerte die Befürchtungen der deutschen Soldaten. Ein deutscher Offizier, Leutnant Elble, war einer der ersten, die mit den »Sibiriern« zusammenstießen.

»Wir sahen sie, nachdem wir dieses kleine Dorf genommen hatten. Meine Soldaten kamen mit Kriegsgefangenen zu mir, und wir waren sehr erstaunt, sehr sehr große Männer, mit sehr guter, ganz neuer Winterkleidung zu sehen. Meine erste Frage galt ihrer Division – denn wir kannten die Nummern der russischen Divisionen, mit denen wir schon gekämpft hatten. Doch hier waren wir zum erstenmal auf sibirische Divisionen gestoßen, und dabei hatte ich ein sehr schlechtes Gefühl, denn das war ein Zeichen dafür, daß das russische Volk, die russische Regierung in der Lage war, Truppen weit aus dem Osten ihres Reiches an die Front vor Moskau zu transportieren, und daß wir jetzt gegen ganz neue, gegen sehr harte Divisionen würden kämpfen müssen.«[5]

»Wir waren sehr beeindruckt«, sagte der deutsche General Hinrichs. »Wir wurden an einem sehr frühen Morgen bei annähernd 35° unter Null von einer Sowjetkompanie angegriffen. Diese Kompanie wurde zurückgeschlagen, und die Sowjetsoldaten blieben nahezu regungslos bis zu acht Stunden im Schnee liegen. Am Abend griffen sie dann mit der gleichen Begeisterung wieder an.«[6]

Die russische Winteroffensive 1941 brachte nicht nur Bodengewinn, sondern stellte auch die Moral der Alliierten wieder her, wie nichts sonst es hätte tun können. Zu dieser Zeit besaßen gute Nachrichten im Westen Seltenheitswert. Die anscheinend unbesiegbaren Japaner hatten in Pearl Harbor den größten Teil der amerikanischen Pazifik-Flotte vernichtet und fegten nun durch Südostasien. Die Russen schienen sich nicht unterkriegen zu lassen. Der Ständige Vertreter des britischen Foreign Office, Sir Alexander Cadogan, traf Timoschenko am 20. Dezember in Moskau und stellte fest, daß er »ausgesprochen zuversichtlich war, was den Verlust des Kampfgeistes der Deutschen betrifft.«[7] Stalin, so sagte Cadogan, war gleichfalls zuversichtlich, »allerdings auf eine stillere Weise.« In dieser dunklen Stunde übertrug sich die Zuversicht der Russen tröstend auf die anderen Alliierten.

Aber auch Hitler war zuversichtlich. Im Frühjahr 1942 hatte er sich davon überzeugt, daß der Fehlschlag des Angriffs auf Moskau nicht so sehr an der Tatsache lag, daß die Russen stärkere und bessere Winterkämpfer waren, als vielmehr am Versagen der deutschen Generale. Das war ein Fehlurteil, welches Hitler nicht nur einmal unterlief. Wie andere Diktatoren vor ihm, kam er zu dem Schluß, daß alles gut gehen werde, wenn er nur selbst das Kommando übernahm. Er entließ von Brauchitsch, und Halder wurde praktisch Hitlers Adjutant. Hitler richtete in Rastenburg in Ostpreußen sein eigenes Hauptquartier ein und gab ihm den Namen »Wolfsschanze«.

In einem Tagesbefehl vom 5. April 1942 erklärte Hitler seinen Generalen, daß er in diesem Sommer einen Großangriff in südöstlicher Richtung auf den Kaukasus vortragen werde. Am Nord- und Mittelabschnitt der Front würden die deutschen Armeen »aktiv« bleiben, aber keine größeren Unternehmungen wagen. Fast wie einen Hintergedanken fügte er noch hinzu, daß Leningrad genommen werden müsse – was nie verwirklicht werden sollte.

Hitlers erklärtes Hauptziel war Südostrußland. Sein Plan bestand darin, sich des Don-Beckens und vor allem der kaukasischen Ölfelder zu bemächtigen. Auf diese Weise hoffte er, Rußland von seiner lebenswichtigen Treibstoffversorgung abzuschneiden, und auf dem Weg zum Kaukasus die Sowjetunion des ihr noch verbliebenen Menschenmaterials zu berauben. Um all dies zu schaffen, sollte die Heeresgruppe Süd – jetzt unterteilt in die Heeresgruppen A und B – zunächst einmal die Krim erobern und jene sowjetischen Verbände vernichten, die westlich des Donetz und südlich von Charkow noch große Gebiete in Händen hatten. Danach sollte durch zwei Angriffsgruppen in drei Keilen ein aufeinander abgestimmter Vorstoß auf Woronesch vorgetragen werden, und zwar von Orel und Kursk aus in östlicher Richtung. Nach der Besetzung der Krim sollten die Deutschen dann weiter nach Osten vordringen, die Straße von Kertsch überqueren, welche das Schwarze Meer mit dem Asowschen Meer verbindet, und in den nordwestlichen Kaukasus eindringen. Sobald er sich einmal im Kaukasus festgesetzt hätte, würde Hitler das russische Öl für sich haben. Und jenseits des Kaukasus lag der Mittlere Osten, wo es noch mehr Öl gab und der eine Landroute zum Suez-Kanal bildete. Als Hitler im Frühjahr 1942 nach Südosten blickte, schien ihm der Horizont grenzenlos und alles erreichbar.

Allerdings bestätigte der Gang der Ereignisse Hitlers Pläne nicht. Die Russen brachten seinen Zeitplan in doppelter Hinsicht durcheinander. Ihre erste Intervention, ein mißglückter Versuch, Charkow zurückzuerobern, wirkte sich zu Hitlers Vorteil aus. Die zweite russische Überraschung war jedoch ernsthafterer Natur. Der russische Widerstand auf der Krim erwies sich als unerwartet hartnäckig. Es kostete die Deutschen nicht, wie vorgesehen, sechs, sondern acht Monate, das belagerte Sewastopol auf der Krim einzunehmen.

Wie schon 1941, so fingen die Deutschen auch 1942 zu spät an, und dieses Säumen sollten sie noch bitter bereuen. Die Russen unter Timoschenko begannen mit ihrem Wiedereroberungsversuch von Charkow am 12. Mai. Timoschenkos Plan war, nördlich von Charkow über den Donetz zu setzen – welcher die deutsche und die russische

Armee voneinander trennte – und gleichzeitig von ihrem Brückenkopf bei Izyum südlich von Charkow, den die Russen immer noch hielten, weiter nach Norden vorzustoßen. Timoschenko hoffte, auf diese Weise Charkow zu umgehen und die deutsche Besatzung dieser Stadt gefangenzunehmen. Danach wollte Timoschenko weiter auf Dnjeprpetrowsk vorstoßen, das 160 km weiter im Südwesten am Dnjepr gelegen war.
Es war Timoschenkos Pech, daß die Deutschen sich gerade in diesem Augenblick darauf vorbereiteten, im Rahmen der ersten Phase von Hitlers Plan den sowjetischen Brückenkopf von Izyum zu beseitigen. Die dafür vorgesehenen Verbände hatten bereits ihre Stellungen bezogen, als Timoschenko losschlug. Der deutsche Widerstand erwies sich als viel stärker, als die Russen erwartet hatten. Binnen weniger Tage wurde klar, daß die Deutschen zumindest an diesem Abschnitt der Front nicht nur stark genug waren, sich zu verteidigen, sondern sogar stark genug, um anzugreifen. Wie Hitler vor ihm, so befahl auch Stalin, die Stellungen zu halten und sich nicht zurückzuziehen, aber genauso wie Hitler hatte er damit Unrecht. Auch er sollte es sich anders überlegen, aber auch bei ihm kam diese Einsicht zu spät. Am 27. Mai, vierzehn Tage, nachdem Timoschenko seinen Angriff gestartet hatte, waren seine Streitkräfte umzingelt, und die Deutschen machten rund eine Viertelmillion Gefangene.
Die deutsche Offensive in Richtung Woronesch und auf den Don zu begann einen Monat später, am 28. Juni. Am 6. Juli nahmen die Deutschen Woronesch und stießen dann am Don entlang weiter nach Osten vor. Während der ersten Julihälfte, als die deutschen Verbände, die Woronesch eingenommen hatten, und die anderen von Charkow aus in südöstlicher Richtung auf Stalingrad vorstießen, änderte Hitler seinen großen Plan. Er beschloß, sich vorerst nicht damit aufzuhalten, alle Russen aus den weiten Gebieten zwischen dem Donetz und dem nach Osten fließenden Unterlauf des Don zu vertreiben, sondern sofort weiter nach Süden vorzustoßen und Rostow, die bedeutende Stadt an der Spitze des Asowschen Meeres einzunehmen und damit den Hauptzugangsweg zum Kaukasus in der Hand zu haben. Ohne größere Schwierigkeiten nahmen die Deutschen Rostow am 23. Juli, aber sie machten auch nicht sonderlich viele Gefangenen. Die Russen hatten die für sie lebenswichtige Lektion gelernt oder waren dabei, sie zu lernen, daß nämlich in einem großen, menschenleeren Land Menschen entscheidender sind als Gebietsverluste.
Dennoch hätte die Lage der Russen zu diesem Zeitpunkt kaum schlechter sein können. Der Kaukasus und damit Rußlands Öl schienen Hitler auf Gnade und Ungnade ausgeliefert. Die durch die 4. Panzerarmee verstärkte Heeresgruppe A hatte Rostow erobert. Die

Berge des Kaukasus, die sie von den Ölfeldern trennten, bildeten zwar noch ein ungeheures Hindernis, aber trotzdem bestand immer noch eine gute Möglichkeit, daß sie bis zum Herbst Baku und Tiflis eingenommen haben würden. Doch der Juli 1942 erwies sich wieder als einer jener alles umstoßenden Augenblicke in der Geschichte des Krieges, da Hitler dadurch einen Fehler beging, daß er überhaupt keine Entscheidung traf. 1940 hatte er den Gang der Geschichte dadurch verändert, daß er zu der Fehlentscheidung kam, die Eroberung Großbritanniens könne noch warten. 1942 änderte er den Gang der Geschichte vermutlich dadurch, daß er den Angriff auf den Kaukasus dadurch hinausschob, daß er gerade diejenigen Streitkräfte schwächte, die diesen Angriff tragen sollten.
Nachdem die Heeresgruppe A mit Hilfe der 4. Panzerarmee Rostow genommen hatte, befahl er der 4. Panzerarmee umzukehren, in nordöstlicher Richtung vorzurücken und der 6. deutschen Armee zu helfen, das nahezu 500 km entfernte Stalingrad zu erobern. Gleichzeitig befahl er der Heeresgruppe A, einen Großteil ihrer Artillerie zusammen mit anderen Einheiten nach Leningrad zu schicken, wo sie die Heeresgruppe Nord verstärken sollte.
Selbst im Licht von Hitlers eigenen Offensivplänen für den Sommer 1942 waren das höchst ungewöhnliche Entscheidungen. De facto liefen sie darauf hinaus, die überwältigende Schlagkraft jener Verbände zu schwächen, die in Rostow lagen und die sie mit großer Wahrscheinlichkeit instand gesetzt hätte, jenes Ziel zu erreichen, das Hitler sich für 1942 gesteckt hatte – die Eroberung des Kaukasus und der kaukasischen Ölfelder. Wie es sich herausstellte, war der deutsche Vorstoß nun ein vergleichsweise schwächlicher Schub. Die Heeresgruppe A besetzte zwar das nächstgelegene der Ölfelder bei Maikop, mußte jedoch feststellen, daß es zerstört worden war. Ein Panzervorstoß auf Grosny kam weit vor seinem Ziel aus Mangel an Treibstoff und Munition zum Erliegen.
Die Heeresgruppe A war mittlerweile weit, weit von zu Haus entfernt. Dadurch, daß Hitler einen Großteil der Verbände dieser Heeresgruppe abzog und viel von der Ausrüstung und dem Material für verspätete und, wie sich herausstellte, auch vergebliche Angriffe auf Stalingrad und Leningrad abzweigte, nahm er ihr jede reale Erfolgsmöglichkeit. Ihr Oberbefehlshaber, Feldmarschall List, sollte mit unzureichenden Treibstoff- und Munitionsreserven den Kaukasus erobern. Daß ihm das mißlang – und dieser Fehlschlag war entscheidend für Hitlers gesamte Kampfführung 1942 – war unvermeidlich.

Stalingrad

Hitler hatte nicht nur seine Kräfte verzettelt, sondern auch seine Front verlängert. Von Stalingrad scheint er geradezu besessen gewesen zu sein, selbst damals schon. Die Stadt lag über 320 km östlich der direkten Route, die vom besetzten Polen zum Kaukasus führte. Allerdings stimmt es, daß Stalingrad ein Bollwerk der sowjetischen Industrie war und ist und an der Wolga liegt. Und die Wolga wiederum war und ist eine der Hauptverkehrsadern Rußlands. Hitler scheint zu Recht befürchtet zu haben, daß die Russen Stalingrad, koste es was es wolle, und bis zum letzten Mann verteidigen würden. Auch scheint er zu Unrecht angenommen zu haben, daß die Russen Stalingrad als Ausgangsbasis für einen Angriff auf seine Versorgungslinien zwischen dem besetzten Polen und dem Kaukasus benutzen würden. Hier stimmte etwas nicht mit Hitlers Logik. Hätte er den Kaukasus besetzt und die sowjetischen Armeen dadurch des Treibstoffs beraubt, so wäre es zumindest unwahrscheinlich gewesen, daß sie von Stalingrad oder von irgendwo sonst einen größeren Angriff auf die deutschen Versorgungslinien hätten vortragen können. Hätten die Deutschen den Kaukasus erobert, wären sie schlimmstenfalls auch ohne jede Landverbindungslinie ausgekommen. Sie hätten sich ja des Schwarzen Meeres bedienen können. Die Deutschen hätten ihre kaukasischen Armeen mit Lebensmitteln und Munition und sich selbst mit Öl versorgen können, indem sie einfach Schiffe benutzen. Vielleicht hat Hitler sich das überhaupt nie überlegt.

Stalingrad war damals eine 40 km in die Länge gezogene, zwischen drei und fünf Kilometer breite Stadt, die sich am Westufer der Wolga erstreckte. Damals wie heute war die Stadt ein bedeutendes Industriezentrum und beherrschte das Netz der Hauptverbindungswege nach Südrußland. Hitler war entschlossen, die Stadt zu erobern, vielleicht sogar, sie dem Erdboden gleichzumachen. Er verlegte sein eigenes Hauptquartier von Ostpreußen nach dem wesentlich weiter südlich gelegenen Winniza in der Ukraine, um besser in der Lage zu sein, die Schlacht bis in die Einzelheiten hinein zu leiten. Gleichzeitig entließ er eine Reihe von Generalen, vornehmlich, wie es scheint, deshalb, weil sie ihm Dinge über Stalingrad sagten, die er nicht hören wollte.

So sagten sie ihm zum Beispiel, daß die deutsche Frontlinie durch den geplanten Vorstoß auf Stalingrad gefährlich ausgeweitet würde. Außerdem sagten sie, daß die Versorgungslinien zwischen der vor Stalingrad liegenden 6. Armee und der erschöpften Heeresgruppe A im Kaukasus beängstigend dünn seien.

Solche Dinge wollte Hitler jedoch nicht hören. Als ersten entließ er

Feldmarschall List, dann, im September, auch Halder. Mittlerweile hatte die 6. Armee unter General Paulus die Russen bis auf die Stadt Stalingrad selbst zurückgeworfen, wo die sowjetische 62. Armee unter General Tschuikow sich verbissen auf einem 14 km langen, manchmal nur ein bis zwei Straßenzüge breiten Uferstreifen verschanzte.

Die 62. sowjetische Armee saß fest. Den Fluß im Rücken, klammerten die Russen sich an jedes Gebäude, verteidigten die Trümmer jeder Fabrik und eroberten nachts jenes Gelände zurück, das die Deutschen mit ihrer überlegenen Feuerkraft tagsüber erobert hatten.

Außerdem wurden sie ausgezeichnet geführt. Innerhalb der Roten Armee stellt General Tschuikow eine Seltenheit dar – er war ein Offizier, der nie zögerte, seinen Vorgesetzten zu widersprechen, wenn er glaubte, daß sie unrecht hätten. Anfang des Krieges war er zum stellvertretenden Kommandeur der 64. Armee degradiert worden. Als Stalingrad bedroht wurde, beförderte Chruschtschow, der für diesen Abschnitt verantwortliche politische Kommissar, ihn wieder und übertrug ihm das Kommando der belagerten 62. Armee. Das war eine der besten und wichtigsten Ernennungen des gesamten Krieges. Tschuikow liebte seine Männer, und sie liebten ihn. Er kämpfte mit ihnen in den Ruinen, aß mit ihnen, trank mit ihnen, lachte mit ihnen und ließ sie niemals im Stich. Tschuikow strahlte eine rauhe Heiterkeit aus, die seine 62. Armee antrieb, Heldenhaftes zu vollbringen.

Tschuikows Leute erhielten kaum jemals Verstärkung, sie hatten keinen Raum, um zu manövrieren, und bald hatten die Deutschen 22 Divisionen herangeworfen, um sie zu vernichten. Die Stadt vernichteten sie zwar, aber die Verteidiger der Stadt nie.

Tschuikow selbst war nicht unterzukriegen und war außerdem intelligent. Sowohl von den Finnen als auch von den Deutschen lernten die sowjetischen Generale sehr viel. Tschuikow wußte, was er tat.

»Der Feind ging immer nach demselben taktischen Muster vor. Mit ganzem Herzen griff die Infanterie nur dann an, wenn die Panzer das Ziel bereits erreicht hatten, und die Panzer gingen normalerweise immer erst dann zum Angriff über, wenn die Luftwaffe über unseren Köpfen war. Man mußte nur diese Reihenfolge durchbrechen, dann blieb der feindliche Angriff stecken, und die Angreifer machten kehrt . . . Nahkämpfe waren nichts für die Deutschen; sie eröffneten den Kampf mit ihren automatischen Waffen, wenn sie noch fast einen Kilometer entfernt waren und ihre Granaten noch nicht einmal die Hälfte dieser Entfernung schafften. Sie schossen ganz einfach, um ihren Kampfgeist hochzuhalten. Sie mochten es gar nicht, wenn wir zum Gegenangriff übergingen und ihnen dicht auf den Leib rückten. Einige warfen sich dann zu Boden und zogen sich oft zurück.

Die Zusammenarbeit und die Verbindung zwischen der Infanterie, den Panzern und den Flugzeugen war bei ihnen gut, insbesondere durch den Gebrauch von Leuchtkugeln. Sie schossen ihren Flugzeugen Dutzende, ja Hunderte von Leuchtkugeln entgegen, um ihre Positionen deutlich erkennbar zu machen. Unsere Truppen und Kommandeure kamen hinter dieses Signalsystem und begannen, sich seiner zu bedienen, wodurch es ihnen oft gelang, den Feind zu Fehlern zu verleiten.«[8]

Tschuikow kam zu der Überzeugung, daß die beste Art, die Schlacht um Stalingrad zu führen, der Kampf aus großer Nähe sei, Tag und Nacht auf verschiedene Arten, besonders aber ein bei Nacht heftig geführter Kampf. »Wir mußten versuchen, so nahe wie möglich an den Feind heranzukommen, damit die Luftwaffe unsere vordersten Einheiten oder Grabenstellungen nicht bombardieren konnte. Jeder einzelne deutsche Soldat mußte das Gefühl haben, unmittelbar unter der Mündung eines russischen Gewehrs zu leben.«[9]

Nachdem Tschuikow mit einer Fähre die Wolga überquert hatte, um sein neues Kommando zu übernehmen, konnte ihm zuerst niemand den Weg zum Armeehauptquartier zeigen. Schließlich fand er es aber doch mit der Hilfe eines intelligenten Frontsoldaten. Es war dunkel. Das Armeehauptquartier war nur mit zwei Leuten besetzt, dem Stabschef und amtierenden Kommandeur, General Krylow, und der diensthabenden Telephonistin, Elena Bakarewitsch, die Tschuikow als blauäugiges Mädchen von etwa achtzehn Jahren beschrieb. Als Tschuikow hereinkam, telephonierten sie beide gerade. Tschuikow blickte sich in seinem neuen Hauptquartier um.

»Genaugenommen ist Krylows Unterstand gar kein richtiger Unterstand, sondern eher ein breiter Graben mit einer aus gestampfter Erde bestehenden Bank an einer Seite, einem gleichfalls aus gestampfter Erde bestehenden Bett auf der anderen und einem ebensolchen Tisch am Ende des Bettes. Das Dach besteht aus Reisig, durch das Stroh hindurchschaut, und einer auf dem Stroh liegenden etwa 30 bis 40 cm dicken Erdschicht. In der Nähe detonieren Geschütz- und Mörsergranaten. Die Detonationen bringen den ›Unterstand‹ zum Wackeln, und von der Decke rieselt Erde herunter auf die ausgebreiteten Karten und die Köpfe der Leute drinnen.

Ich höre zu, wie Krylow telefoniert, studiere gleichzeitig seine mit Pfeilen und anderen Zeichen versehenen Karten und versuche, mich in die Ereignisse hineinzufühlen, die hier vor sich gingen. Ich begreife, daß er gar keine Zeit hat, mir in aller Ruhe einen ausführlichen Lagebericht zu erstatten. Ich muß mich auf Krylow verlassen, störe seine Operationen und seine Pläne für morgen nicht, denn, ob es nun nötig wäre oder nicht, ich finde nichts, was ich ändern könnte.«[10]

Woran Tschuikow allerdings gewaltig etwas änderte, ehe er mit Paulus fertig war, das war die Legende von Deutschlands Unbesiegbarkeit. Als die Herbstabende länger wurden, forderte Paulus Verstärkungen an. Er konzentrierte alle seine deutschen Truppen auf Stalingrad selbst und überließ es den Rumänen und Ungarn, seine Flanken zu verteidigen. Das war zwar unvorsichtig, aber vermutlich blieb ihm keine andere Wahl.

Stalin hatte General Schukow, den Mann, der Moskau gerettet hatte, geschickt, um das Oberkommando über die gesamte Schlacht um Stalingrad zu übernehmen. Der Grund, warum der hartbedrängte Tschuikow kaum Verstärkungen bekam, war, daß Schukow am anderen Wolgaufer sich nicht nur darauf vorbereitete, Stalingrad zu entsetzen, sondern die die Stadt belagernden Deutschen einzukreisen und gefangenzunehmen. Im Laufe von fünf Wochen im Oktober und November zog Schukow eine mächtige, aus zwölf Armeen bestehende Streitmacht zusammen, um zum Gegenangriff überzugehen.

Am 19. November, als der Boden zugefroren war und die Panzer fahren konnten, griffen die Russen nördlich der Stadt die Rumänen an und schlugen sie innerhalb eines Tages. Am 20. griffen die Russen an der Südflanke an und brachen auch dort durch die Linien der Rumänen. Am 22. erreichten die beiden russischen Stoßkeile – der nördliche unter dem Befehl von General Rokossowski und der südliche unter General Jeremenko – den Don und stießen in der Nähe von Malach zueinander. Paulus mit seiner viertel Million Soldaten war eingekesselt. Hitler befahl ihm, nicht aufzugeben. Göring versprach, daß die Luftwaffe die 6. Armee auf dem Luftwege mit Nachschub versorgen werde. Weder Hitlers Befehl noch Görings Versprechen konnten verwirklicht werden. Mitte Dezember versuchte von Manstein, der inzwischen Kommandeur der Heeresgruppe B geworden war, Paulus durch einen Angriff auf die ihn umklammernden Russen von Westen her zu entsetzen, und zwar in der Hoffnung, daß Paulus gleichzeitig versuchen würde, sich von Osten her selbst den Weg freizukämpfen. Aber Paulus hatte ja Befehl zu bleiben, wo er war. Nichts geschah. Der Plan schlug fehl. Paulus blieb eingekesselt.

Die Lage der Deutschen war jetzt hoffnungslos. Görings versprochene Luftbrücke war eine Farce. Die Lebensmittelrationen mußten herabgesetzt werden, und auch mit der Munition ging es zu Ende. Im Januar forderten die Russen Paulus auf, die Waffen zu strecken. Hitler befahl ihm, sich zu weigern und ernannte ihn zum Feldmarschall. Bis zum Februar waren Paulus' Streitkräfte auch noch durch einen sowjetischen Stoßkeil in zwei Hälften gespalten worden. Am 2. Februar

streckte Paulus die Waffen. Mittlerweile waren in Stalingrad 70000 deutsche Soldaten gefallen. 91000 Deutsche, darunter 24 Generale, gerieten in russische Gefangenschaft. Aber schon während der Belagerung hatten die Russen viele Gefangene gemacht.
Die deutsche Niederlage war eine Katastrophe, die sich nicht nur in der Zahl der Gefallenen und Gefangenen ermessen ließ. Stalingrad bewies zum erstenmal, daß die Deutschen auch im Felde geschlagen werden konnten. Es war nicht so, daß sie etwa versucht hätten, einen tollkühnen Erfolg zu erzielen, was ihnen dann nicht gelungen wäre, wie etwa ihr Versuch, im Winter zuvor Moskau zu besetzen. Bei Stalingrad wurden die Deutschen nach ihren eigenen Spielregeln geschlagen. Die Russen hatten eine deutsche Armee eingekesselt, genauso wie die Deutschen in vorangegangenen Feldzügen andere Armeen eingekesselt hatten. Die Deutschen, angeblich die Meister in der Kunst der Kriegsführung auf dem Lande, waren ausgestochen worden. Jene Russen, die Hitler als »Untermenschen« bezeichnet hatte, hatten bewiesen, daß sie klüger waren als er.

Längst schon vor dem Fall Stalingrads waren die Deutschen im Süden in ernste Schwierigkeiten geraten. Mitte Dezember begannen die Sowjets einen Vormarsch auf Rostow, um die Heeresgruppe A zu bedrohen, die immer noch im Kaukasus stand. Rostow war das Tor, durch welches die Heeresgruppe A sich zurückziehen mußte, falls sie es überhaupt schaffte. Ein zweiter sowjetischer Vorstoß bedrohte die Heeresgruppe B. Die Russen nutzten das gefährliche Bloßliegen der deutschen Front zwischen Stalingrad und dem Kaspischen Meer nach allen Kräften aus.

Kursk

Für den Süden, wenn auch nicht für Stalingrad, war Hitler endlich bereit, einem Rückzug zuzustimmen. Ende Januar nahm er seine 1. Panzerarmee über Rostow aus dem Kaukasus zurück. Der Rest der Heeresgruppe zog sich auf die Halbinsel Taman auf der Ostseite der Straße von Kertsch zurück. Im März mußte er gerettet werden, hauptsächlich auf dem Luftwege. Als die Sowjets den Deutschen im Februar immer wieder durch kühne und blitzartige Schläge zusetzten, zogen sie sich fast in Auflösung auf jene Linie zurück, von der aus sie vorigen Sommer vorgegangen waren, teilweise sogar noch dahinter. Generalfeldmarschall von Manstein schlug sie heraus. Es gelang ihm, den Angriff aufzuhalten, indem er die ihm verbliebenen Panzerverbände zu beweglichen kleinen Einheiten zusammenschloß, die Front verkürzte und Gegenangriffe auf die Sowjets lenkte, sobald diesen Treibstoff und Munition ausging. Die Russen eroberten Charkow zurück, um es gleich darauf wieder zu verlieren. Als das Tauwetter im Frühjahr den gefrorenen Boden in Schlamm verwandelte, lagen die feindlichen Heere sich wieder am Donetz gegenüber. Weiter im Norden hatte Schukow Woronesch wieder zurückerobert und besetzten die Russen einen riesigen, vorspringenden Landkeil von 160 km Tiefe und 250 km Breite, in dessen Mitte die Stadt Kursk lag, im Jahr zuvor Ausgangspunkt der deutschen Offensive.

Der Kursker Keil verleitete Hitler dazu, eine weitere Schlappe zu riskieren und zu erleiden, die genauso schwerwiegend war wie seine Niederlage bei Stalingrad. Es war nicht so, daß die Russen ihn bewußt in die Falle gelockt hätten; sie besetzten den Landkeil bei Kursk einfach, weil sie dieses Gebiet erobert hatten. Doch wie die Sowjets wußten, stellt ein Gebietsvorsprung für einen deutschen General eine große Versuchung dar. Zumindest war das damals so. Die klassische Reaktion des deutschen Generalstabs auf einen vorspringenden Keil in den feindlichen Linien, einen vom Feind gehaltenen Vorposten, der über den allgemeinen Frontverlauf herausragte, hatte von jeher darin bestanden, diesen Vorsprung durch einen gleichzeitigen Angriff auf beide Flanken abzuknipsen. Eben dies beschloß Hitler im Fall von Kursk denn auch zu tun, genau wie die Sowjets es erwartet hatten.

Am 15. April 1943 erließ Hitler einen Geheimbefehl, der die Entfernung des Kursker Keils zum Gegenstand hatte. »Der Sieg bei Kursk«, schrieb Hitler, »muß für die Welt wie ein Fanal wirken.«[11] Die »Operation Zitadelle«, wie der Angriff genannt werden sollte, sei von besonderer Bedeutung, sie solle ein Zeichen dafür sein, daß Deutschland immer noch unbesiegbar sei. Es sollte die erste und wichtigste Offensive sein, welche die deutsche Wehrmacht in diesem Jahr unternahm. Das Endziel der Operation war es, die Straße von Orel an der Nordostecke des Keils nach Moskau freizumachen.

Orel befand sich damals in deutscher Hand, aber nicht gerade sehr fest. Hitler wollte es endgültig sichern, nachdem er erst die innerhalb des Keils befindlichen russischen Streitkräfte und alle anderen, die ihnen zu Hilfe eilen würden, vernichtet hätte. Um das zu ermöglichen, hatte er den Plan, General von Kluge den Keil von Norden, von Manstein vom Süden aus angreifen zu lassen.

Der Angriff auf den Kursker Keil war auf Anfang Mai festgesetzt worden. Endlich einmal waren Hitler und die betroffenen Generale einer Meinung. Der Angriff sollte die Russen aus dem Gleichgewicht bringen und ihre Planung für eine Sommeroffensive 1943 unterbrechen, zunichte machen oder verhindern. Er sollte beginnen, sobald der Boden nach dem Tauwetter wieder festgeworden war.

Wahrscheinlich hätten die Russen bei Kursk so oder so gesiegt. Was ihren Sieg jedoch sicher machte, war ein gemeinsamer Entschluß von Hitler und General Model, dem Kommandeur, der den Panzerangriff vom Norden aus leiten sollte, daß es besser wäre, auf den (für die damalige Zeit) gewaltigen »Ferdinand«-Panzer von Porsche zu warten. Dieser war mit einem 88-mm-Geschütz ausgerüstet, seine Panzerung war vorn 120, an den Seiten 82 mm dick, und das ganze Ungetüm wog 73 Tonnen. In vieler Hinsicht war es ein guter und schreckenerregender Panzer, er war aber bisher noch nie im Kampf erprobt worden. Sein Nachteil, den man bei Kursk feststellte, war der, daß er für mutige russische Infanteristen zu knacken war. Der Ferdinand war nicht mit MGs ausgerüstet, um die inzwischen sehr geschickten russischen Soldaten, die rasch gelernt hatten, wie man Sprengladungen in die Luftklappen der Panzer werfen konnte, abzuwehren.

Der frühere Panzer vom Typ Panther, der deutsche Mark V, war aus dem gleichen Grunde verwundbar. Außerdem war er nicht in jeder Hinsicht ein ebenbürtiger Gegner des jetzt erprobten T34. Der Panther war schwerer gepanzert als der T34, dafür war er aber langsamer. Er wurde mit Benzin getrieben statt mit Dieselöl und besaß einen kleineren Aktionsradius (wenn auch die Reichweite seines Geschützes größer war als die des T34). Was Hitler und Model nicht wußten, war, daß während sie auf ihre neuen Panzer warteten, die russischen Panzersoldaten ihr Trumpfas bereithielten.

Bei Kursk setzten die Russen zum erstenmal zwei neue Panzertypen ein, die beide besser waren als die deutschen Typen, der Panther und der Ferdinand. Was den Deutschen nicht gelungen war, hatten die Russen geschafft, nämlich ein wirklich schweres Geschütz auf einem vergleichsweise leichten Panzerfahrzeug zu montieren. Der neue russische SU 122 war ein mit einem 122-mm-Geschütz ausgerüstetes T34-Chassis und wog nur 30 Tonnen. Der SU 152, der gleichfalls in der Schlacht bei Kursk zum erstenmal zum Einsatz gelangte, war mit einem 152-mm-Geschütz ausgerüstet und wog 40 Tonnen. Abgesehen von allem anderen, was bei Kursk geschah, hatte die sowjetische Rüstungsindustrie die deutsche übertrumpft.

Der Angriff begann am Nachmittag des 4. Juli. Die Deutschen fanden den sowjetischen Widerstand unerwartet stark. Die Russen hatten sie längst erwartet und das Gebiet seit Mai vermint.

Am 5. Juli, als die deutschen Panzer zu rollen anfingen, drangen siebzehn Panzerdivisionen von Belgorod im Süden und aus der Gegend um Orel im Norden in den vorspringenden russischen Keil ein. Am 9. Juli waren die nördlichen Verbände unter dem Befehl von Model rund 40 km weiter vorangekommen, als sie abermals auf unerwartet harten Widerstand trafen. Die nächsten vier Tage konnten sie keinerlei Fortschritte erzielen. Mittlerweile hatten die Sowjets am 12. unter Schukows Leitung einen schweren Angriff auf die deutschen Stellungen um Orel, der nördlichen Ausgangsstellung der deutschen Panzerverbände, gestartet. Die südlichen Panzerverbände unter General Hoth waren diesmal in besserer Verfassung als die nördliche Gruppe, doch hatte auch Hoth wie Model seine Schwierigkeiten.

Die Deutschen hatten in buchstäblich jedem Punkt genau das getan, was Schukow von ihnen erwartet und erhofft hatte. Schukow wußte, daß er die Deutschen wahrscheinlich ohnehin würde schlagen können, weil er den Boden zuvor gut für die Verteidigung vorbereitet und große Truppenverbände für den Gegenangriff zusammengezogen hatte. Außerdem wußte er, daß er die Deutschen mit größerer Gewißheit und viel entscheidender schlagen würde, wenn er wartete, bis sie ihren Treibstoff und ihre Munition verbraucht und ihre Kräfte verausgabt hätten, ehe er gezwungen war, seine eigenen frischen Truppen und Panzer einzusetzen. Als Schukow also zum ersten Hauptschlag gegen die Deutschen ausholte, hatten diese bereits eine Woche schwer gekämpft, wohingegen die Russen erst am Anfang standen. Trotzdem war es den Deutschen nur gelungen, die Lücke zwischen ihren beiden Panzerkeilen auf etwa 80 km zu verkleinern. Endlich einmal reagierte Hitler schnell und entscheidend. Um einer Niederlage zu entgehen, befahl er den Rückzug. Wieder einmal waren die Deutschen, welche die bewegliche Panzerkriegführung erfunden und vervollkommnet hatten, nach den Regeln ihres eigenen Spiels geschlagen worden.

Die Schlacht bei Kursk war wieder eine Gelegenheit, bei der Hitler die Dinge durch die Verzögerung eines geplanten Operationsbeginns für sich verschlimmerte. Es steht beinahe unumstößlich fest, daß er bei Kursk ohnehin geschlagen worden wäre, weil die Russen richtig voraussahen, was er vorhatte. Fest steht jedoch auch, daß diese Niederlage weniger schwer ausgefallen wäre, wenn er nicht so lange gewartet hätte, ehe er eine große Menge Panzer zusammenhatte, darunter viele neue. Daß er das tat, lag daran, daß die Deutschen während des gesamten Rußlandfeldzugs zunehmend daran verzweifelten, daß der russische T 34-Panzer (der gerade während des Winters 1941 in Dienst gestellt worden war) allen Waffen gegenüber unverwundbar blieb, die kleinkalibriger waren als das deutsche 88-mm-Panzer- und Flugzeugabwehr-Schnellfeuergeschütz, das, ebenso wie der T 34, noch nicht allgemein in Gebrauch war. Später setzten die Russen noch schwerere und bessere Panzer ein, und die Deutschen reagierten darauf mit dem Einsatz von noch schwereren Panzern. Diese neuen Panzer, so hofften sie, sollten die deutsche Panzerwaffe abermals unbesiegbar machen. Deshalb ließen sie sich darauf ein, darauf zu warten, doch warteten sie zu lange.

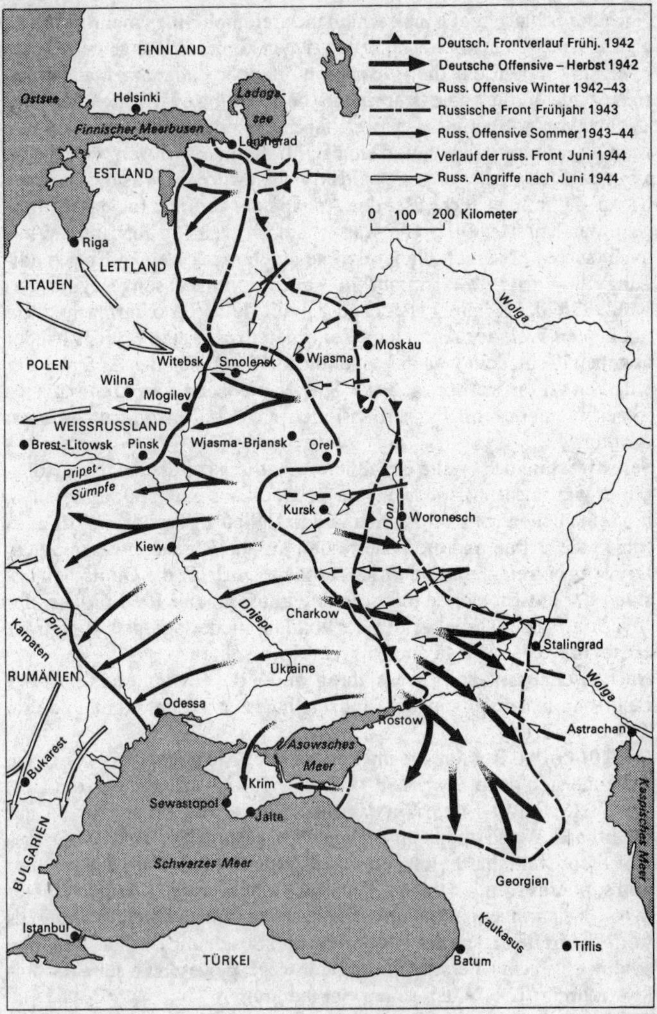

Russische Truppenbewegungen, 1942–44

Nach der Schlacht bei Kursk schien nicht einmal Hitler mehr daran zu glauben, daß Deutschland im Osten siegen könne. Als er seinen Generalen verkündete, daß die »Operation Zitadelle« abgebrochen werden solle, sagte er, die anglo-amerikanische Landung auf Sizilien (die drei Tage zuvor stattgefunden hatte), mache es notwendig, Truppen von der Ostfront abzuziehen und sie nach Italien zu verlegen, wo, davon sei er überzeugt, die Italiener bald aufgeben würden. Was die Italiener betraf, so hatte er recht. Bei der Angabe der Gründe für das Abbrechen der Kursker Offensive war er jedoch weniger aufrichtig. Vielleicht suchte er seinen Generalen gegenüber nach einer Entschuldigung für sich selbst. Immerhin hatte er ihnen seit Beginn des Rußlandfeldzugs immer wieder gesagt, die deutsche Wehrmacht dürfe um keinen Preis auch nur einen Zentimeter russischen Bodens wieder abgeben. Trotzdem war der eigentliche Grund für die Aufgabe der Kursker Offensive der, daß die Russen siebzehn von Deutschlands insgesamt neunzehn Panzerdivisionen an der Ostfront aufzureiben drohten.

Selbstverständlich spielte die alliierte Landung auf Sizilien eine Rolle. Hitler war tatsächlich gezwungen, Truppen aus Rußland abzuziehen, um seine neue Front auf Sizilien und in Italien zu verstärken. Endlich fingen die Briten und die Amerikaner an, die Russen etwas von dem Druck zu befreien, unter dem sie standen. Doch für die Deutschen bestand der entscheidende militärische Faktor im Juli 1943 nicht in der Invasion Siziliens, sondern in der totalen Niederlage bei Kursk, der ernsthafte Rückschläge andernorts folgen sollten.

Nach zwei angstvollen Kriegsjahren waren die Russen endlich in der Lage, damit anzufangen, die Eindringlinge zurückzudrängen und ihre Toten zu rächen.

Die 20000000 Russen, die im Verlauf des Kriegs starben oder fielen – die meisten davon zwischen 1941 und 1943 – erheischen vom Rest der Welt Achtung und Verständnis. Einige von ihnen kamen auf furchtbare Weise um. Ganz allgemein gesprochen sind Greuelgeschichten zweifelhafte Beweise – doch bedeutet das nicht, daß sie samt und sonders erfunden wären. General Tschuikows 62. Armee (später in 8. Gardearmee umbenannt), die nach der Verteidigung Stalingrads weiterkämpfte und an der Eroberung und Besetzung Berlins teilnahm, scheint eine echte Verschwörergemeinschaft gewesen zu sein. Tschuikow schreibt über einen seiner Sergeanten:

> »Remenyuk hatte tapfer bei Stalingrad gekämpft und an vielen Kampfhandlungen teilgenommen. Wenn er dienstfrei hatte oder während der Ruhepausen auf dem Vormarsch pflegte er zu seinen Freunden zu sagen: ›Wenn wir jetzt in die Nähe der Grenze kommen, lade ich euch alle ein, da seid ihr alle meine Gäste. Ich habe

eine Frau namens Yarinka und eine Tochter namens Oksana, und mein alter Vater und meine Mutter leben bei uns. Es ist ein schönes Fleckchen Erde, wo wir leben: da sind Wälder, und dann ist da auch eine Lichtung mit Bienenstöcken darauf; und viel Platz.‹ Nun ergab es sich, daß Sergeant Remenyuks Einheit tatsächlich durch Yukhims Heimat kam, und seine Kompanie trat in Aktion, um sein Heimatdorf zu befreien . . . Er war als erster im Dorf und rannte auf seine Hütte zu. Aber die war nicht mehr vorhanden: die Hütte war fort – nur Trümmer waren noch da. Der Obstgarten war verbrannt. Nur ein Apfelbaum stand noch da, und an dem baumelte sein Vater, und darunter lag seine Mutter – tot. Yarinka und Oksana hatten die Deutschen mitgenommen.«[12]

Was Tschuikow beeindruckte, war, daß Sergeant Remenyuk selbst nach dieser furchtbaren Heimkehr noch Gefangene machte. Mag Sergeant Remenyuk eine Ausnahme gewesen sein oder nicht. Das mindeste, was man sagen kann, ist, daß ein Soldat, der nach Hause kommt und seinen Vater in einem Apfelbaum hängen sieht, fortan weniger barmherzig sein wird als andere Soldaten.

Den Rest des Sommers 1943 trugen die russischen Armeen im Süden noch eine Reihe von mutigen und zügigen Angriffen gegen die deutschen Linien vor, durch welche die Deutschen im Herbst bis zum Dnjepr zurückgedrängt wurden. Die Russen eroberten Orel zurück, noch ehe die Schlacht um Kursk richtig zu Ende war. Bald danach nahmen sie auch Briansk wieder ein, und nach einem kühnen Angriff auf Belgorod auch Charkow. Der ganze Südabschnitt der deutschen Ostfront war in Gefahr. Weder Hitler noch seinen Generalen blieb etwas anderes übrig, als sich bis an den Dnjepr zurückzuziehen, der theoretisch immerhin eine gute Verteidigungslinie darstellt. Praktisch war es in diesem Falle jedoch so, daß die Sowjets schneller da waren und Brückenköpfe auf dem Westufer des Flusses errichteten. Im September rückten die Russen auch am Mittelabschnitt der Front wieder vor und eroberten Smolensk zurück. Bis zum Herbst hatten die Russen die Deutschen im Süden rund 250 km in Richtung Polen zurückgeworfen. Die Krim wurde immer noch von den Deutschen gehalten, da Hitler darauf bestand, daß die Alliierten keinesfalls die Flugplätze auf der Krim benutzen durften, um die rumänischen Ölfelder zu bombardieren. Den nutzlosen kaukasischen Brückenkopf auf der Halbinsel Taman hatten die Deutschen allerdings aufgegeben.

Auf dem Festland hatten sie das reichste Gebiet verloren, daß sie je in Rußland erobert hatten. Voller Unbehagen erwarteten die Deutschen hinter ihren neuen, kürzeren Verteidigungslinien auf den nächsten russischen Angriff, der diesmal ein Winterangriff sein würde.

Ihr Unbehagen war durchaus gerechtfertigt. Ob sie es damals gewußt

haben oder nicht, auf jeden Fall standen die Russen ihnen am 14. Oktober mit einer Übermacht von zwei zu eins gegenüber. Die Russen hatten 5512000 Soldaten unter den Waffen, die Deutschen in Rußland 2468500. Die Sowjets verfügten über 20770 Feldgeschütze, die Deutschen über 8037.
Diese, der *Dokumentensammlung Jacobsen* in Darmstadt entnommenen Daten mögen nicht bis auf den letzten Mann und das letzte Geschütz stimmen. Aber die Ungleichheit war überwältigend. Im Herbst 1943 wurden die Deutschen an der Ostfront strategisch, taktisch und zahlenmäßig geschlagen.

Die Belagerung Leningrads

Als der Krieg im Osten begann, war Leningrad eine Stadt mit drei Millionen Einwohnern. Sie wurde vom September 1941 bis zum Januar 1944 insgesamt 890 Tage lang belagert. Innerhalb dieses Zeitraums fielen 200000 Einwohner der Stadt deutschen Granaten zum Opfer. Rund 630000 gingen an Hunger oder Kälte zugrunde. Die Verteidigung Leningrads durch seine Einwohner und durch die Rote Armee stellt eine Heldentat von Tapferkeit und Durchhaltevermögen dar, die nicht ihresgleichen hat.
Die Verteidigung hätte zusammenbrechen können, hätten die Finnen nicht etwas getan, worin man fast mit Gewißheit einen Akt der Zurückhaltung sehen kann. Als Hitler in Rußland einfiel, hatte Marschall Mannerheim jenes Gebiet auf der karelischen Landenge wieder besetzt, das die Russen Finnland 1939 weggenommen hatten. Aber entweder konnten sie nicht oder, was wahrscheinlicher ist, sie wollten nicht: Jedenfalls drangen sie nicht weiter vor als bis zu ihrer ursprünglichen Grenze mit der Sowjetunion.
Das erwies sich für die Verteidigung Leningrads als entscheidend, weil dadurch das Südwestufer des Ladogasees in russischer Hand blieb. Als die Deutschen, von Westen, Süden und Osten kommend, ihren Ring um die Stadt legten, verloren die belagerten Russen die Kontrolle über ihre Landverbindung zwischen Leningrad und dem übrigen Rußland. Sie waren gezwungen, den See zur einzigen ihnen verbleibenden Versorgungslinie zu machen. Als der Winter kam und der See zufror, legten sie zwei Straßen übers Eis. Fast während der ganzen Belagerung war Leningrad immer am Rande des Verhungerns. Auf der Straße brachen die Leute vor Hunger oder Kälte oder beidem zusammen. Der Wassermangel machte alles noch schlimmer. Aber nach 890 Tagen waren die Leningrader immer noch da.
Auch ihre Stadt bestand noch, wenn auch schwer zerstört. Während

der ersten Belagerungswoche schickte Stalin Schukow in die Stadt, um die Verteidigung zu organisieren. Er verwandelte Leningrad in eine Festung. Die Besatzung dieser Festung war die gesamte Bevölkerung. Hitler soll Leningrad, die Geburtsstätte des Bolschewismus, mehr als irgendeine andere russische Stadt gehaßt haben. Am Anfang, im Jahre 1941, schien er entschlossen gewesen zu sein, sie zu erobern und vollständig zu zerstören. Es ist nicht sicher, ob die Deutschen das selbst damals hätten schaffen können, doch später änderte Hitler seine Meinung und beschloß, die Stadt zu umzingeln und sie auszuhungern. Diese Entscheidung wurde ihm vermutlich aufgezwungen – oder wäre ihm durch die Ereignisse anderwärts aufgezwungen worden.
Im Verlauf des Krieges schwächte er die Heeresgruppe Nord, die Leningrad belagerte, verschiedene Male, um seine anderen, härter bedrängten Armeen weiter im Süden zu verstärken. Ende 1943 war das deutsche Belagerungsheer schwach, aber immerhin noch da. Hitler hatte auch eine weitere strategisch wichtige Operation im Norden nicht zu Ende geführt. Von Narvik, im deutsch besetzten Norwegen, war ein Expeditionskorps ausgeschickt worden, um die Eisenbahnlinie zu unterbrechen, die den an der russischen Eismeerküste gelegenen Hafen von Murmansk mit Moskau verbindet. Auf dieser Eisenbahnlinie wurde buchstäblich sämtliches britische und amerikanische Material, das Rußland über die Nordroute erreichte, ins Landesinnere transportiert. Sie stellte die Landverlängerung der Eismeer-Geleitzüge dar, welche die Deutschen immer wieder erbittert angriffen. Vielleicht glaubte Hitler, er könnte den Nachschub leichter durch Angriffe auf die Schiffe unterbrechen. Vielleicht war das Gebiet in Nordfinnland für die Deutschen auch zu unwegsam. Auf jeden Fall wurde die Unternehmung abgebrochen. Die Eisenbahnzüge rollten den ganzen Krieg hindurch.
Der Winter 1943/44 war anders als diejenigen, welche die Deutschen bisher in Rußland kennengelernt hatten, denn er war warm. Doch selbst das wirkte sich zum Vorteil für die Russen aus. Sie verzweifelten am Schlamm genauso wenig wie am Schnee. Ihre Panzer waren mit breiteren Raupenketten ausgestattet als die deutschen, und ihre Lastwagen lagen höher auf der Straße. Auf jeden Fall verfügten sie jetzt über mehr Menschen. Und es gehörte nicht zu ihren Gepflogenheiten, einfach des Wetters wegen aufzuhören zu kämpfen.
Am Weihnachtsabend 1943 begannen die Russen mit einer Reihe von Angriffen im Süden, von denen einer im Februar beinahe dazu führte, daß eine große deutsche Streitmacht bei Kriwoi-Rog eingekreist worden wäre. In Tscherkassy machte Schukow rund 30000 Gefangene, und 30000 andere Deutsche entkamen erst, nachdem die deutsche Heeresgruppe Süd mit nahezu all ihren Panzern zu Hilfe geeilt war.

Im Frühjahr sahen sich die Deutschen auf eine Linie zwischen dem Dnjepr und dem Bug zurückgeworfen. Die Sowjets verfügten inzwischen über große Reserven. 1944 brauchten sie im Frühjahr nicht mehr innezuhalten um sich auszuruhen.
Im März rückten die Russen wieder vor. Es gab drei Hauptvorstöße. Einer zielte auf die deutsche Linie südlich von Kriwoi-Rog, ein zweiter auf Uman und ein dritter auf Schepetowka. In sechs Wochen drangen die Russen 260 km vor. Außerdem hatten sie beinahe die ganze Krim zurückerobert, die am 9. Mai wieder vollständig in ihrer Hand war. Im Norden hatte eine im Januar begonnene Offensive den Belagerungsring um Leningrad gesprengt. Im März hatten die Deutschen sich auf die sogenannte Panther-Linie zurückgezogen, einen vorbereiteten Befestigungswall, der einen Teil des »Ostwalls« bildete, eine Linie, die Hitler damals halten wollte und als unveränderliche Ostgrenze seiner Festung Europa betrachtete.
Hitlers erste und unbedeutende Antwort auf den russischen Vormarsch in der Ukraine hatte darin bestanden, die beiden Kommandeure der Heeresgruppen, Manstein und Kleist zu entlassen. Doch das spielte keine Rolle. Die Russen planten jetzt, den Mittelabschnitt der Front anzugreifen. Ende Juni trug Schukow einen starken Angriff bei Bobruisk vor und nahm binnen vierzehn Tagen fünfundzwanzig Divisionen gefangen oder rieb sie auf. Ende Juli erreichten die Russen bei Riga die Ostsee und isolierten auf diese Weise die Heeresgruppe Nord, die später auf dem Seewege von der Halbinsel Kurland herausgeholt werden mußte.
Weiter im Süden waren die Russen über Brest-Litowsk und Lublin bis in die Vororte von Warschau vorgedrungen. Ende August wurden durch einen weiteren russischen Angriff bedeutende deutsche Truppenverbände bei Kischinew eingekreist. Am 31. August hatten die Russen die Plösti-Ölfelder in Rumänien sowie die Hauptstadt Bukarest in ihrer Hand. Zehn Tage später waren sie in Bulgarien, und sowohl Bulgarien als auch Rumänien hatten sich ergeben.
Am 20. Oktober waren sie in Belgrad, und bis Neujahr hatten sie auch Budapest eingenommen.

Der Warschauer Aufstand

Am 1. August, während die Russen über den Balkan fegten, sich vor den Toren Warschaus jedoch abwartend verhielten, hatte die polnische Heimatarmee auf Anweisung der Londoner Exilregierung sich in Warschau gegen die Deutschen erhoben. Der Befehlshaber der Heimatarmee, General Tadeusz Bor-Komorowski, hatte, was vermutlich

sehr klug war, seine Zeit abgewartet. Der politische Zweck dieses Aufstands bestand darin, die Souveränität des polnischen Volkes angesichts einer Doppelinvasion nachdrücklich zu vertreten. Die polnische Exilregierung in London wollte sowohl den Russen als auch den Deutschen demonstrieren, daß das polnische Volk noch lebte.
Der Warschauer Aufstand, nicht zu verwechseln mit dem Aufstand der Juden im Warschauer Ghetto 1943, war ein mutiges, nahezu selbstmörderisches Unternehmen, das jedoch fehlschlug. Zwei Monate hindurch griff die Heimatarmee die deutsche Besatzungsmacht wütend an und eroberte halb Warschau. Aber die Polen konnten nicht gewinnen. Rund 20000 Widerstandskämpfer nahmen irgendwann an diesem Aufstand teil, rund 10000 kamen dabei ums Leben. Der Rest von ihnen wurde fast ausnahmslos verwundet. Von Flugplätzen in Italien aus operierend, versorgte die Freie Polnische Luftwaffe die Aufständischen auf dem Luftwege mit Material; desgleichen taten einige britische und amerikanische Piloten. Aber diese Flüge waren außerordentlich gefährlich und der Nachschub ohnehin unzureichend. Als die Kämpfe in Warschau am 2. Oktober endeten, rächten die Deutschen sich grausam an der Warschauer Bevölkerung. Die Stadt selbst wurde weitgehend zerstört.
Daß die Russen dem Warschauer Aufstand gleichgültig zusahen, hatte seinen Grund. Sie wollten die polnische Heimatarmee vernichtet sehen. Zu ihrer Verteidigung kann man bestenfalls sagen, daß der ranghöchste russische Offizier am Platze, Marschall Rokossowski, zu diesem Zeitpunkt mit dem neuen Problem beschäftigt war, eine deutsche Armee zu besiegen, die ihre Front radikal verkürzt hatte, daher in der Lage war, mehr Soldaten als je zuvor per Kilometer einzusetzen, und die zum erstenmal im Krieg überhaupt vor der Aufgabe stand, Deutschland selbst zu verteidigen. Bis 1944 war die deutsche Wehrmacht im Gegensatz zu allen anderen kontinentaleuropäischen Armeen noch niemals gezwungen gewesen, ihre eigene Heimat zu verteidigen. Vielleicht war Rokossowski übertrieben ängstlich, aber seine Besorgnis war immerhin verständlich, insbesondere am Ende eines langen und schnellen Vormarsches.
Als die Russen die Weichsel erreichten, waren ihre Vorräte fast zu Ende. Angesichts eines schweren Feldzugs auf deutschem Boden beschlossen sie, sich zunächst einmal zu sammeln, Vorräte an Treibstoff, Lebensmitteln und Munition anzulegen und sich umzusehen, ehe sie den letzten Sprung wagten.
General Tschuikow, ein Mann, der nicht dazu neigte, vor ihm liegende Probleme zu überschätzen, hat erklärt, warum das sowjetische Oberkommando es nicht eilig hatte, den entscheidenden letzten Vorstoß auf Berlin zu unternehmen.

»Es mußte eine Menge gebaut oder wieder aufgebaut werden – Landstraßen, ungepflasterte Straßen und Eisenbahnen. Es mußten Zehntausende Tonnen Treibstoff herangeschafft werden, Millionen Schuß Mörser- und Geschützmunition, Hunderte von Millionen Patronen, und dazu sämtliche Ausrüstung und Verpflegung, die wir brauchten, um weiterhin kampfbereit zu sein. Und all diese riesigen Nachschubmengen mußten so nahe wie möglich an die Front herangebracht werden, um uns den nötigen Rückhalt für einen tiefen Durchbruch und die Gewinnung eines breiten Operationsraums zu geben.«[13]

Auch hatten die sowjetischen Kommandeure unmittelbare taktische Sorgen. Am 3. August, zwei Tage nach Beginn des Warschauer Aufstands, erhielt Rokossowski Berichte von seiner Geheimdienstabteilung, daß auf dem Westufer der Weichsel nicht weniger als vier deutsche Panzerdivisionen operierten. Sein Geheimdienst irrte sich. Hätte er jedoch recht gehabt, würden die Russen sich in einer besonders heiklen Situation befunden haben. Schon jetzt errichteten sie gegen erbitterten deutschen Widerstand Brückenköpfe auf dem linken Weichselufer. Tschuikow, der den wichtigsten Brückenkopf 50 km oberhalb von Warschau bei Magnuszew errichtet hatte, erhielt Befehl, drei Divisionen in Stellungen 30 km nördlich dieses Brückenkopfes auf der Ostseite des Flusses zu verlegen. »Dieser Befehl«, sagte Tschuikow, der nie ein Blatt vor den Mund nahm, »raubte der [8. Garde-] Armee ihre ganze Kraft auf dem Brückenkopf, den sie errichtet hatte.«[14] De facto schenkte Tschuikow der Meldung über die vier Panzerdivisionen keinen Glauben, und damit hatte er recht.
Recht hatte Tschuikow jedoch auch mit seiner Voraussage, daß der Widerstand der Deutschen auf dem linken Weichselufer sehr hartnäkkig sein würde, und seine Armee, die den ganzen Weg von Stalingrad bis hierher vorgestoßen war, Verstärkung und Auffrischung brauchte, ehe sie eine große Wirkung erzielen konnte. Die 8. Gardearmee war in weniger als einem Monat um 250 km vorgerückt. Vier deutsche Divisionen griffen den Magnuszew-Brückenkopf auf dem Westufer der Weichsel an. Und die 8. Gardearmee war weit weg von zu Hause. Tschuikows erste Verstärkungen kamen nicht vor dem 10. September an, nahezu sechs Wochen, nachdem die polnische Heimatarmee ihren todesmutigen Aufstand gegen die deutsche Besatzungsmacht in Warschau begonnen hatte.
In dieser politisch umstrittenen Zeit waren die russischen Kommandeure offensichtlich vornehmlich daran interessiert, die deutschen Eindringlinge zu schlagen, ohne allzu viele Menschen zu opfern. Sie hatten kein Interesse daran, den Polen zu helfen.

Politische Prioritäten sind etwas anderes. Das genaue Datum, an dem Stalin vom Warschauer Aufstand erfuhr, ist nicht bekannt, doch am 13. September fingen die Russen selbst an, Kriegsmaterial und Vorräte für die in der Stadt kämpfende polnische Heimatarmee abzuwerfen. Dieses Material kam zu spät und reichte – genau wie das von den westlichen Alliierten abgeworfene – einfach nicht aus. Die polnische Heimatarmee in Warschau verblutete. Doch wie richtig oder unrichtig Rokossowskis militärische Entscheidungen auch gewesen sein mochten – Stalin hatte nichts gegen sie einzuwenden. Er hatte bereits 1939 beschlossen, daß Polen unter russische Herrschaft kommen müsse.

Doch weder die polnische Exilregierung in London noch die Heimatarmee hatte glaubwürdige Zeichen der Unterwerfung unter eine der beiden Besatzungsmächte in Polen – Deutschland und die Sowjetunion – gezeigt.

Tatsächlich tötete Stalin im März 1944 die überlebende nichtkommunistische Führung der polnischen Heimatarmee. Mögen Rokossowski und Tschuikow die Heimatarmee in Warschau aus guten militärischen Gründen ihrem Schicksal überlassen oder möglicherweise nicht einmal gewußt haben, was eigentlich geschah – Stalin hatte politische Gründe, um zu wünschen, daß dieser Aufstand fehlschlug, was dann ja tragischerweise auch der Fall war.

Die Russen hatten im Herbst 1944 andere militärische Gründe, sich auf den Balkan zu konzentrieren, statt auf Warschau. Als sie soweit waren, gegen Deutschland selbst vorzugehen, wollten sie nicht ihre Südflanke deutschen Gegenangriffen ausgesetzt sehen. Als sie im Spätsommer 1944 in südlicher und westlicher Richtung im Balkan einfielen, taten sie das mindestens teilweise, um einen offen auf der Hand liegenden und sofortigen Vorteil auszunutzen. Überall südlich der Karpathen waren die Deutschen und ihre wankelmütigen Verbündeten auf dem Balkan am Zusammenbrechen. Die Russen wären dumm gewesen, wenn sie diese Auflösungserscheinungen des Kampfgeistes nicht ausgenutzt hätten. Außerdem wäre es aber auch unklug von ihnen gewesen, wenn sie große deutsche Truppenverbände in Südost-Europa ungestört gelassen hätten. Ihr Hauptziel war die Eroberung Berlins, wo sie heftigen deutschen Widerstand erwarteten. Sie wollten nicht durch Angriffe auf ihre Südflanke gestört werden.

Im Januar 1945 waren die Russen wieder bereit, weiter nach Westen vorzustoßen. Mitte des Monats griffen zwei russische Armeegruppen Ostpreußen an. Ende des Monats war es ihnen gelungen, östlich von Danzig ihre Stellungen an der Ostsee zu festigen und die nordöstlich davon stehenden deutschen Verbände abzuschneiden. Zwei andere russische Armeegruppen stießen südlich von Warschau weiter in west-

licher Richtung vor. In den ersten Februartagen hatten diese die Oder erreicht und auf dem Westufer des Flusses mehrere Brückenköpfe errichtet. Anfang März befand sich ganz Schlesien in russischer Hand, und die Sowjets hatten die Neiße erreicht. Am 16. April gingen die drei russischen Armeegruppen, die Deutschland bedrohten, gemeinsam zum Angriff über. Die Südgruppe unter dem Befehl von Marschall Konew machte von Anfang an große Fortschritte.
Der Rest des Krieges in Osteuropa dauerte nicht lange. Die mittlere Armeegruppe der Russen brach nach zweitägigen, hartnäckigen Kämpfen aus ihrem Brückenkopf auf dem Westufer der Oder bei Küstrin aus und war bald auf dem Weg nach Berlin. Im Norden begannen die Russen mit einem Einkreisungsmanöver, durch das Berlin am 24. fest umringt war. Hitler, der zwar noch lebte, aber den Verstand verloren hatte, fuhr fort, von seinem Luftschutzbunker Befehle auszugeben, die entweder ihren Bestimmungsort nicht erreichten oder nicht befolgt werden konnten. Zwischen dem deutschen General Krebs, nominell Chef des Stabs des 56. Panzerkorps, und den Russen kam es zu Verhandlungen. Krebs sagte ihnen, daß Hitler – nachdem er mit seiner letzten Überraschung, einer Geliebten, herausgerückt war – zusammen mit ihr Selbstmord begangen habe, und daß ein Plan vorliege, eine deutsche Ersatzregierung zu bilden.
Krebs war jedoch kein seriöser Verhandlungspartner. Ein sowjetischer Major wurde erschossen, während er an einer Unterredung teilnahm, zu der er gerufen worden war. Die Russen kamen zu dem Schluß, daß die Streitkräfte in Berlin sich uneins waren. Krebs versuchte zu einem Separat-Abkommen mit den Russen zu kommen, ohne die westlichen Alliierten zu berücksichtigen. Aber die Russen glaubten weder an den Handel noch an Krebs' Autorität.
Auf jeden Fall war der Mann, mit dem er es zu tun hatte, Marschall Tschuikow. »Zwischen den Soldaten der Anti-Hitler-Koalition gab es keine Widersprüche. Wir hatten ein gemeinsames Ziel und taten unser Bestes, mit diesem Feind so rasch wie möglich fertig zu werden. Je enger der Kontakt zwischen den Soldaten der Roten Armee und den Alliierten wurde, desto stärker wurde das, was sie miteinander verband, desto größer wurde der Respekt, den sie voreinander empfanden. Das begriffen die Führer des Dritten Reiches und einige Völker des Westens nicht, und damit hatten sie nicht gerechnet.«[15]
Kein Mensch würde heute behaupten, daß die Bande zwischen den Alliierten auch weiterhin stärker wurden. Doch war es damals die Wahrheit, wie Tschuikow sie sah, als die Deutschen kamen, um mit ihm über die Kapitulation Berlins zu feilschen.
In Wirklichkeit gab es nie so etwas wie eine reguläre Kapitulation. Manche Deutsche schossen noch, nachdem andere längst damit aufge-

hört hatten. Den Russen blieb nichts anderes übrig, als sie alle auszurotten. Den Berichten zufolge leistete als letzter ein Bunker im Tiergarten Widerstand, der daraufhin von einem Hauptmann N. I. Kruchinin von der 79. russischen Gardedivision gesprengt wurde.[16] Hitlers Großangriff auf Rußland endete ruhmlos in einem Luftschutzbunker in einem Zoo.

Der Krieg im Pazifik

9

Das Interesse an den kriegerischen Ereignissen im Pazifik ist bei uns nie groß gewesen. Die Operationen in Europa und Nordafrika standen nun einmal im Mittelpunkt und so wie die Wehrmacht im wesentlichen eine Kontinentalstreitmacht war, war auch die Einstellung der Deutschen kontinental.

Der Überfall der Japaner auf die amerikanische Flotte in Pearl Harbor am 7. Dezember 1941 war ein Signal für die kriegführenden Parteien. Die Wehrmacht hatte sich im ersten Rußlandwinter vor Moskau und Leningrad festgefahren, Frankreich war besetzt und England hatte sich auf einen langen, entbehrungsreichen Krieg eingerichtet.

Japan führte schon seit 1937 Krieg gegen China. In Indochina hatte die Vichy-Regierung unter Marschall Pétain, die dort zu weiteren Aktivitäten unfähig war, den Japanern die Besetzung ihrer Gebiete zugestanden. Roosevelt, der die Chinesen unterstützt hatte, entschloß sich zur Blockade Japans. Tatsächlich war dies eine »ökonomische Kriegserklärung«. Japan hatte die Wahl zwischen dem wirtschaftlichen Ruin und dem Versuch, aus dieser Situation durch einen Krieg auszubrechen. Es entschied sich für die zweite Möglichkeit, und begann den Krieg mit dem Anspruch, für alle Zeiten seine dominierende Stellung im Pazifik zu sichern. Für Hitler bedeutete Pearl Harbor eine große Entlastung. Die Propaganda-Maschine des Dritten Reichs hat die Zeit der japanischen Siege erfolgreich dazu genutzt, die Niederlagen und Katastrophen des ersten Rußlandwinters zu verschleiern. In der Tat war es eine atemberaubende Folge von Ereignissen, in denen die japanische Marine und das japanische Heer, modern ausgerüstet, die Inselfestungen des Pazifik angriffen und einnahmen.

Für die Wehrmacht hatte sich seit Beginn des Rußlandfeldzuges der Charakter des Krieges geändert. Obgleich zwei Kontinentalmächte aufeinanderprallten, in denen sich durch Jahrhunderte von Kriegen eine Tradition des ritterlichen Kampfes gebildet hatte, nahm der Krieg in Rußland immer deutlichere Züge von Grausamkeit an.
Im Pazifik, wo zwei Seemächte ohne diese Tradition miteinander rangen, war der Kampf von Anfang an brutal. Es war kein ritterlicher, kein zivilisierter Krieg. »Alle Griffe waren erlaubt«, Pardon wurde nicht gegeben. Die Japaner waren der Meinung, daß sie der »verweichlichten« Demokratie Furcht und Schrecken einflößen könnten. Die Amerikaner, die ihnen technologisch weit voraus waren, antworteten mit allem Grauen, dessen die moderne Wissenschaft fähig ist – bis zur Atombombe.
Die Japaner nahmen sich mit rücksichtsloser Brutalität ihr Inselreich im Pazifik, und als sich das Blatt wendete, taten die Amerikaner im »Roll-back« das gleiche. Die bei uns landläufige Behauptung, daß die amerikanischen Soldaten nur dann gewillt seien zu kämpfen, wenn zuvor durch enormen Materialeinsatz das Terrain bereitet sei, wird durch die Kämpfe im Pazifik korrigiert. Die amerikanischen See-Soldaten haben bei der Besetzung der Inseln mit Bravour und großer Tapferkeit gekämpft. Der Wille, den Pazifik nicht in die Hände der Japaner fallen zu lassen und vor allem die technische Überlegenheit haben letztlich den Sieg der Vereinigten Staaten ermöglicht. Der Überraschungsangriff von Pearl Harbor gelang nur, weil das Radarsignal, das ein Gefreiter während des Anflugs der japanischen Flotte entdeckte, nicht ernst genommen wurde. Und weil die Amerikaner Radar besaßen, verloren die Japaner die entscheidungsvollen Seeschlachten, vor allem die bei Midway. Die Amerikaner hatten außerdem den Funkcode der Japaner entschlüsselt und diese – nicht konsequent in ihrer Funkdisziplin – decouvrierten immer wieder ihre Position.
Die Flugzeugträgerverbände der amerikanischen Flotte waren das scharfe Schwert, mit dessen Hilfe es gelang, den Pazifik wieder zu nehmen. Die Luftflotte der Japaner war zwar bei Beginn des Krieges der amerikanischen überlegen. Aber sie hatten beim Bau der Flugzeuge auf einen Panzerschutz für den Piloten verzichtet, und auch die Tanks besaßen keinen Brandschutz. So waren ihre Flugzeuge sehr verwundbar und die Amerikaner nutzten diese Schwäche in den Luftkämpfen aus. Die Szenen der großen See-Schlachten in denen die starken Flotten aufeinander stießen, müssen apokalyptisch gewesen sein. Schlachtschiffe und Flug-

zeugträger gingen unter, Tausende von Seeleuten ertranken, während die Flugzeuge ins Meer stürzten. Als dann in Japan die Einsicht zu reifen begann, daß der Krieg verloren war, ignorierten die Westmächte diese Entwicklung. Der Gedanke der bedingungslosen Kapitulation beherrschte nach wie vor ihre Politik. Kaiser Hirohito ließ gleichwohl in Moskau verhandeln und durch seinen Gesandten Frieden um jeden Preis anbieten. Die Sowjets verhinderten ein Ergebnis und zogen die Verhandlungen in die Länge. Sie konnten nur gewinnen, denn das Dritte Reich war ja geschlagen. Da detonierte am 6.8.1945 die erste Atombombe. Hiroshima wurde zerstört und ein paar Tage später Nagasaki. Zugleich erklärte die Sowjetunion Japan den Krieg und nahm sich die Mandschurei. Der Krieg, vielleicht überhaupt die Geschichte, wäre anders verlaufen, wenn man die Friedensbereitschaft der Japaner rechtzeitig zur Kenntnis genommen hätte, und wenn die Sowjets nicht auf Kriegsverlängerung gespielt hätten. So wurde die erste Atombombe geworfen. J. S.

Die Auseinandersetzung im Pazifik war einer von zwei Kriegen, die beide auch unabhängig voneinander eingetreten wären. Der Konflikt in Europa und der im Pazifik hatten verschiedene Ursachen. Miteinander verwickelt wurden sie zum Teil, wenn auch nicht ausschließlich, aufgrund eines der größten Fehler, den Hitler beging.

Als die Japaner im Dezember 1941 die amerikanische Pazifik-Flotte in Pearl Harbor überfielen, erklärte Hitler den Vereinigten Staaten den Krieg. Das hätte er nicht zu tun brauchen. Die Japaner waren auf seine Hilfe nicht angewiesen, und im übrigen hatte er auch gar keine anzubieten. Wenn auch Roosevelt bereits fest zum Kampf gegen Hitler entschlossen war – der Kongreß war es nicht. Die amerikanischen Strategen hatten sich immer davor gefürchtet, auf zwei Ozeanen Krieg führen zu müssen. Manche von ihnen wären 1941 nur allzu gern bereit gewesen, so zu tun, als gäbe es Hitler gar nicht, und sich dafür ganz auf Japan zu konzentrieren. Aber Hitler wollte ja gerade, daß man mit ihm rechnete. George Ball, später Erster Berater des Präsidenten und danach Rechtsanwalt in Chicago, hat gesagt: »Wenn Hitler sich nicht entschieden und einfach gar nichts getan hätte, würde es eine gewaltige Stimmungswelle in den Vereinigten Staaten gegeben haben . . . daß unser Krieg jetzt der im Pazifik, der Krieg in Europa Sache der Europäer sei, und wir alle unsere Anstrengungen auf die Japaner konzentrieren sollten.«[1]

Hitlers übereilte Geste sollte eine Folge zeitigen, die sonst keineswegs so sicher gewesen wäre – daß Amerika und die Sowjetunion, die größ-

ten Militär- und Industriemächte der Welt, sich in einem ebenso unwahrscheinlichen wie gewaltigen Bündnis gegen ihn vereinigten.
Hauptursache des Krieges im Pazifik war der Entschluß der Japaner, ein Weltreich zu erobern. Japan ist eine Insel wie Großbritannien und wie Großbritannien abhängig von Rohstoffen aus Übersee. In den zwanziger Jahren entschlossen die Japaner sich, im zwanzigsten Jahrhundert nachzuholen, was Großbritannien und Frankreich im 18. und 19. Jh. getan hatten, nämlich ihre eigenen Absatzmärkte und Rohstoffquellen zu erobern. Seit den dreißiger Jahren war Japan dabei, mit viel Eifer und großer Grausamkeit in China einzufallen, teils um des Ruhms willen, hauptsächlich jedoch, um sich Rohstoffquellen und Märkte für die japanische Industrie zu sichern. Als Deutschland und Großbritannien 1939 anfingen, sich gegenseitig zu bekriegen, wuchs Japans Ehrgeiz.
Die Reichtümer, auf die die Japaner ihr Auge geworfen hatten, gehörten damals den europäischen Kolonialmächten mit Besitzungen im Fernen Osten. Französisch-Indochina, wie Vietnam damals genannt wurde, war reich an Reis. Der Malaiische Staatenbund und Burma, die damals Großbritannien gehörten, waren reich an Zinn, Öl und Gummi. Und Niederländisch-Ostindien war reich an Öl.
Im Herbst 1941 stellten alle diese Gebiete eine leichte Beute dar. Frankreich und die Niederlande waren besetzt, und Großbritannien war in die Ecke gedrängt und ganz mit seinem Krieg gegen Deutschland beschäftigt. Die Besitzer der reichen fernöstlichen Gebiete waren nicht in der Lage, sie zu verteidigen.
Das entscheidende Hindernis, das Japan mit seinen neu erwachten Weltreichplänen im Wege stand, waren die Philippinen, eine Republik mit dem Status eines amerikanischen Dominions. Zwar waren die Philippinen vor kurzem unabhängig geworden, doch standen ihre Streitkräfte immer noch unter amerikanischem Oberbefehl, und zwar in der Person von General Douglas MacArthur, einem zähen und unbezähmbaren Mann, der in der US Army ein derartiges Ansehen genoß, daß kaum jemand in Washington ihm etwas zu sagen wagte.
Den ganzen Sommer und Herbst 1941 hindurch versuchte die japanische Regierung die Vereinigten Staaten dazu zu bewegen, ihr freie Hand bei der Ausdehnung im reichen ostindischen Archipel zu lassen. Die Vereinigten Staaten sahen in diesem Ansinnen eine Bedrohung des amerikanischen Einflusses nicht nur auf den Philippinen, sondern auch in China und überhaupt im Pazifik, und widersetzten sich ihm.
Im Dezember 1940, ein halbes Jahr nach dem Fall Frankreichs, hatten die Vereinigten Staaten ein Verkaufsverbot für Rohstoffe und Eisenschrott an Japan erlassen. Roosevelt wollte seinem chinesischen Verbündeten, Tschiang Kai-Tschek, helfen, der mit dem fortdauernden

Krieg in China nicht zu Rande kam. Das amerikanische Embargo schmerzte. Das Öl in Japan wurde knapp. Im Frühjahr 1941 nahmen die Japaner Verhandlungen mit den Vereinigten Staaten auf und hofften, die Amerikaner zu einer Aufhebung des Embargos zu bewegen und sie dazu zu bringen, ihre Hilfe für China einzustellen.
Im Juli verlegten die Japaner trotz der Verhandlungen neue Truppen weit nach Französisch-Indochina hinein. Sie wollten nicht bloß Reis, sondern erstrebten auch den guten Hafen von Camranh-Bay, von wo aus sie Niederländisch-Ostindien und die Malaiische Halbinsel angreifen konnten. Die Amerikaner froren sämtliche japanische Konten in ihrem Einflußgebiet ein, und die Briten folgten ihrem Beispiel.

Pearl Harbor

Die Verhandlungen – die in Washington zwischen dem japanischen Botschafter Admiral Nomura und Außenminister Cordell Hull geführt wurden – erschwerten sich. Am 16. Oktober trat der (für japanische Begriffe) gemäßigte Premierminister Fürst Fumimaro Konoye zurück. Sein Nachfolger war der schroffere, militaristischer gesonnene General Hideki Tojo. Tojos Regierung beschloß, Amerika praktisch ein Ultimatum zu stellen. Die Vereinigten Staaten wurden aufgefordert, bis zum 29. November buchstäblich allen japanischen Forderungen zu entsprechen. Der japanische Flugzeugträger-Verband, der Pearl Harbor angreifen sollte und an seinem kalten und geheimen Sammelplatz in der Tankan-Bay auf den Kurilen-Inseln auf der Lauer lag, hatte Order, am 26. loszudampfen.
Es kann kaum bezweifelt werden, daß die Japaner bereits in diesem Stadium an Verrat dachten. Was sie allerdings nicht wußten, war, daß man diesen Verrat argwöhnte. Amerikanische Code-Knacker lasen die Funkanweisungen an Nomura in Washington genauso mühelos wie er selbst. Ohne jedes Aufhebens machten amerikanische Mathematiker Nomura zum größten Narren in der gesamten Geschichte der Diplomatie. Die Auffangstation der US Navy auf der Insel Brainbridge im Puget Sound zeichnete den verschlüsselten Funkverkehr auf, der dann in Washington von den Code-Experten entschlüsselt wurde. Häufig waren sie mit der Arbeit des Entschlüsselns bereits vor ihren Kollegen in der japanischen Botschaft fertig.
Die erste verschleierte Warnung vor einem Krieg erreichte Botschafter Nomura am 20. November 1941. »Wir haben Gründe, die abzuschätzen Sie nicht in der Lage sind«, funkte Tokio, »warum wir die japanisch-amerikanischen Beziehungen bis zum 25. geklärt sehen möchten . . .« Weiter hieß es im Telegramm sodann, daß Japan Amerika

noch vier Tage länger, bis zum 29., Zeit geben wolle. Aber, sagte Tokio, »diesmal meinen wir es ernst. Der Termin kann unter keinen Umständen geändert werden. Danach werden die Ereignisse sich von selbst entwickeln.«[2]

Was dann »von selbst« kam, war der Angriff auf Pearl Harbor. Im nächsten wichtigen Telegramm aus Tokio wurde Nomura angewiesen, sich bereit zu halten, den Amerikanern zu sagen, daß die Verhandlungen abgebrochen seien. Man instruierte ihn, sich darauf vorzubereiten, den Amerikanern »unsere Antwort« umgehend zu geben. Am 7. Dezember um 1.28 Uhr erging von Tokio folgende Anweisung an Nomura: »Der Herr Botschafter möge der Regierung der Vereinigten Staaten (möglichst dem Außenminister) unsere Antwort an die Vereinigten Staaten am 7. um 13 Uhr Ortszeit übermitteln.«[3]

Der Mann, der diese Meldung als erster las, war Kapitänleutnant Alwin D. Kramer, der diensthabende Experte für Japanisch im Marine-Ministerium in Washington. Es war Sonntag morgen. Kramer ging nicht, sondern lief, so schnell er konnte, die acht Blocks auf der Constitution Avenue bis zum Außenministerium hinunter. Genauso wie die Hiobsbotschaft von Marathon, wurde auch die erste Nachricht über den Krieg im Pazifik von einem Läufer überbracht.

Die Amerikaner wußten zwar wann, aber nicht, wo es losgehen würde. Sie waren sich darüber im klaren, daß sie angegriffen werden sollten. Die einzige Geheiminformation, die sie nicht besaßen und doch so bitter nötig brauchten, war die Position der Flugzeugträgerverbände I und II der japanischen Kriegsmarine. Zu diesen Verbänden gehörten die gefährlichsten japanischen Kriegsschiffe, diejenigen, welche die größte Bedrohung der US-Flotte im Pazifik und, wie sich herausstellte, ihres Hauptflottenstützpunktes in Pearl Harbor auf der Hawaii-Insel Oahu darstellten.

Im Laufe des November und Anfang Dezember hatten die Amerikaner einen ungewöhnlich regen Funkverkehr japanischer Kriegsschiffe wahrgenommen, die in südlicher Richtung auf Hongkong, Indochina und Malaysia zuzusteuern schienen. Diesem Funkverkehr entnahmen die Amerikaner zutreffend, daß die Japaner planten, über Südostasien herzufallen oder zumindest in der Lage dazu zu sein. Was jedoch unter diesen ganzen Funksprüchen fehlte, war eine Meldung von oder an die Flugzeugträgerverbände I und II. Japans sechs größte und schnellste Flugzeugträger – die *Akagi*, die *Kaga*, die *Hiryu*, die *Soryu*, die *Shokaku* und die *Zuikaka* – bewahrten absolute Funkstille.

Das war auch schon früher vorgekommen. Anfang 1941 hatte es eine Lücke von drei Wochen gegeben, während derer sie keinen einzigen Funkspruch von sich gaben. Später hatte es sich herausgestellt, daß sie deshalb geschwiegen hatten, weil sie in heimatlichen Gewässern lagen.

Als sie daher abermals schwiegen, nahmen die Amerikaner an – diesmal allerdings zu Unrecht –, daß die Flugzeugträger nach Hause gefahren wären.
Am 1. Dezember fragte der Oberbefehlshaber der US-Pazifikflotte, Admiral Kimmel, seinen Geheimdienstbeauftragten, ob er wisse, wo die beiden Flugzeugträgerverbände lägen. Der Geheimdienstbeauftragte Layton erinnert sich, folgende Antwort gegeben zu haben: »Nein, Sir, das weiß ich nicht. Ich glaube, sie befinden sich in heimatlichen Gewässern, aber ich weiß nicht, wo sie sind.«[4] An diesem selben 1. Dezember befanden sich die sechs Flugzeugträger unter dem Geleitschutz von vierundzwanzig Kriegsschiffen bereits seit einem Tag auf der Fahrt von der Tankan-Bay nach Pearl Harbor.
Befehlshaber dieses Flottenverbands war Vize-Admiral Nagumo. Derjenige, der sich den ganzen Plan ausgedacht hatte, war der Oberkommandierende der gesamten japanischen Kriegsmarine, Admiral Yamamoto. Nagumos große Schiffe liefen in östlicher Richtung in schlechtes Wetter hinein und trafen während der nächsten sechs Tage, ehe sie ihren ersten Schlag ausführten, auf kein einziges anderes Schiff. Seit sie Japan verlassen hatten, hatten sie die Funkstille nicht unterbrochen. Die einzigen Menschen auf Hawaii, die etwas merkten, waren zwei amerikanische Gefreite, die auf einer Radar-Versuchsstation der amerikanischen Armee Wache hatten. Auf Gefreite hört man nicht.
Pearl Harbor ist ein wie ein gezacktes Kleeblatt geformtes natürliches Hafenbecken auf der Insel Oahu, dessen Zugang zum Meer auf der Südseite der Insel gelegen ist. Die Radarstation befand sich auf der Nordspitze dieser Insel. Am 7. Dezember um 7 Uhr morgens entdeckten die wachhabenden Soldaten Punkte auf ihren Radarschirmen, die einer großen Zahl von Flugzeugen entsprachen. Sie befanden sich 139 Meilen nördlich der Insel und flogen direkt auf sie zu. Die beiden Männer, die sie sahen, hießen Elliot und Lockhart. Der Bericht des Gefreiten Elliot ist unmißverständlich:

> »Wir hatten von vier bis sieben in der Frühe Dienst. Ich übte gerade und meldete Flüge an unser Informationszentrum. Seitdem ich den Erkennungsdienst am Radar-Gerät erlernt hatte, wußte ich immer noch nicht genau, wie man eigentlich die Entfernung der Feindziele errechnet, und daher hatte ich Sondererlaubnis bekommen, auch nach sieben noch weiterzuarbeiten. Und natürlich war es erst kurz nach sieben, als wir diesen Riesenpulk von Flugzeugen orteten, und Lockhart dachte in diesem Augenblick, daß das Gerät defekt sei, wegen des riesigen Leuchtflecks, den wir in 222 km Entfernung ausmachten. Nachdem wir das Gerät untersucht und die vorliegende Information überprüft hatten, kamen wir zu dem Schluß, daß es sich

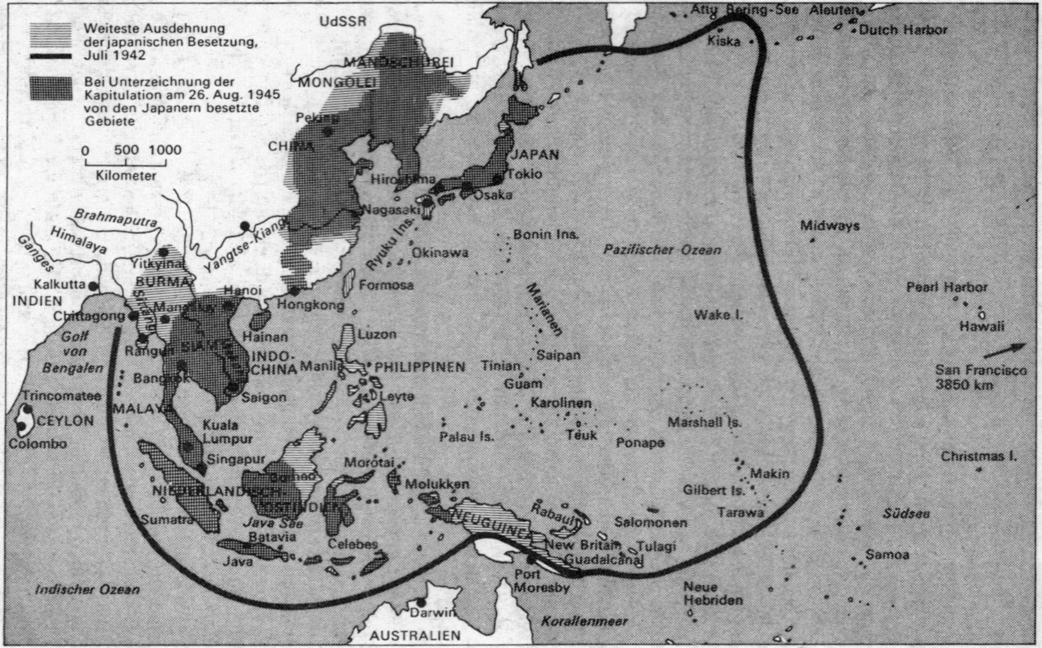

Der Pazifische Ozean

um ein näherkommendes Flugzeuggeschwader handelte. Ich schlug Lockhart vor, die Meldung an unser Informationszentrum durchzugeben. Er schien das im Augenblick jedoch nicht für nötig zu halten, weil wir ja keinen Dienst mehr hatten; trotzdem gaben wir unsere Meldung an den Gefreiten MacDonald durch, der im Informationszentrum an der Telefonzentrale saß. Da es aber bereits nach sieben war, war dort selbstverständlich kein Mensch mehr da. Ich bat McDonald, möglichst jemand aufzutreiben, der wüßte, was man tun solle, und uns dann zurückzurufen. Kurz darauf rief uns dann dieser Lieutenant Tyler zurück, und Lockhart nahm das Gespräch entgegen. Praktisch lief das, was man ihm sagte, darauf hinaus, die Sache zu vergessen. Und das war der Anfang von Pearl Harbor.

Zur Verteidigung des Mannes, der gesagt hatte, man solle es vergessen, muß gesagt werden, daß er, bevor er an diesem Morgen Dienst hatte, erst ein einziges Mal bei einem Inspektionsgang der Offiziere im Informationszentrum gewesen war.«[5]

Niemand reagierte auf diesen ersten Radar-Kontakt mit Nagumos Bombern. Die Army scheint angenommen zu haben, daß die Flugzeuge zur Navy gehörten oder daß es sich um eine erwartete Staffel von B-17ern handelte, oder daß sie so oder so keine Rolle spielten. Alarm wurde jedenfalls nicht gegeben. Es handelte sich um das erste Versagen der Kommunikation zwischen den einzelnen Waffengattungen im Pazifik-Krieg – und um das schlimmste.

Als die japanischen Flugzeuge auf dem Radarschirm der Army erschienen, waren sie bereits 160 km von ihren Mutterschiffen entfernt. Ehe sie Pearl Harbor erreichten, brauchten sie dann noch eine weitere halbe Stunde. Grundsätzlich aus nördlicher Richtung kommend, flog die erste Welle von 183 Flugzeugen ihr Ziel von drei Seiten an. Eine Abteilung flog um Oahu herum nach Westen und näherte sich dem Hafen dann von See her. Eine andere Abteilung kam von Westen heran, während eine dritte über die Insel hinwegflog und von Land her angriff. Eine zweite Welle griff vom Osten und auch von See her an. Der gesamte Angriff erstreckte sich auf über zwei Stunden. Während der britische Admiral Cunningham, der nur geringe Mittel zur Verfügung hatte und auch von Natur aus sparsam war, bei seinem Überraschungsangriff auf die italienische Flotte in Tarent dreiundzwanzig Flugzeuge eingesetzt hatte, griff Yamamoto mit 353 Maschinen an. Seine Verluste beliefen sich auf neunundzwanzig Flugzeuge und fünfundfünfzig Offiziere und Mannschaftsangehörige. Die Amerikaner verloren 349 Maschinen, von denen die meisten am Boden zerstört wurden, nahezu 3700 Seeleute, Soldaten, Matrosen und Zivilisten sowie achtzehn Kriegsschiffe, die entweder vollständig zerstört oder zumindest schwer beschädigt wurden.

Bitterer Ernst wurde der Angriff um acht Uhr morgens. Bis 8.30 Uhr war das Schlachtschiff *Arizona* in die Luft geflogen, die *West Virginia* gesunken und die *Oklahoma* gekentert. Fünf weitere Schlachtschiffe, die *California, Tennessee, Nevada, Maryland* und *Pennsylvania* waren beschädigt. Das einzige, womit die Amerikaner an diesem furchtbaren Vormittag Glück hatten, war das Mißlingen eines japanischen Unterseeboot-Angriffs auf Pearl Harbor. Fünf, möglicherweise sogar sechs japanische U-Boote wurden geortet und gingen bei diesem Einsatz verloren, der keinerlei Ergebnisse zeitigte.
Aber die durch Nagumos Flugzeuge angerichtete Zerstörung war entsetzlich, ganz besonders wegen des Überraschungseffekts. Der Matrose Fiske vom Schlachtschiff *West Virginia* erinnert sich, wie die *Arizona* in die Luft flog – »es regnete nur so Matrosen herab«. Er erinnert sich, einen japanischen Piloten beobachtet zu haben, der »geradezu lächelte«.[6] Ein Matrose von Admiral Kimmels Stab, der ganz in seiner Nähe stand, erinnert sich daran, wie der Admiral seine Schulterstücke mit den vier Sternen darauf herunterriß. Damit hatte Kimmel recht. Sein Nachfolger war Admiral Chester W. Nimitz, einer der ganz wenigen höheren alliierten Offiziere, die von Anfang an begriffen, daß der Krieg im zwanzigsten Jahrhundert etwas ganz anderes war als bisher.
So schreckenerregend der Angriff auf Pearl Harbor auch für die Amerikaner war – es war nicht der einzige japanische Angriff, zu dem es am 7. Dezember kam. Am selben Tag (auf der westlichen Seite der internationalen Datumslinie der 8. Dezember) griffen die Japaner noch Hongkong, Malaysia und drei in amerikanischem Besitz befindliche Pazifikinseln an. Die Insel Midway, die praktisch den nordwestlichen Ausläufer der Hawaiischen Inselgruppe darstellt, wurde von See her mit Artilleriefeuer belegt, und Wake-Island, das etwa 1600 km südwestlich von Midway liegt, wurde aus der Luft angegriffen. 2400 km weiter westlich wurde der einzige amerikanische Stützpunkt im japanischen Marianenarchipel, Guam, gleichfalls angegriffen.
Auf dem asiatischen Festland wurde Hongkong aus der Luft und von See her angegriffen. Es kam zu Luftangriffen auf Flugplätze in Malaysia und Singapur. Die Japaner landeten im südlichen Thailand und im Norden Malaysias. Auf den Philippinen wurde der größte Luftwaffenstützpunkt der Amerikaner, Clark Field, gleichfalls angegriffen. Niederländisch-Ostindien wurde verschont, aber nur für einen Monat.
Die politischen Folgen dieser Angriffe – insbesondere des Angriffs auf Pearl Harbor – waren genauso ungeheuer wie die militärischen. Roosevelt wußte, daß Amerika hintergangen worden war. Das konnte er allerdings nicht laut sagen, ohne damit gleichzeitig das kostbare

Geheimnis preiszugeben, wie weit die Amerikaner es in der Kunst des Code-Knackens gebracht hatten. Immerhin verstand er es, dem Kongreß das Ausmaß seiner Empörung verständlich zu machen, der durch den Luftangriff, welcher offenbar auf einen Schlag Amerikas Möglichkeiten, eine ganze Hemisphäre zu beherrschen, zunichte gemacht hatte, selber entsetzt, wütend und gedemütigt war. Der 7. Dezember, so sagte Roosevelt, sei ein Datum, »das in Schande untergehen wird«. Der Kongreß war sofort bereit, Japan den Krieg zu erklären. Hitler erklärte den Vereinigten Staaten den Krieg, und damit war Amerika auf beiden Ozeanen im Krieg.

In Washington begann der Krieg mit einer Untersuchung von Pearl Harbor. Wie hatte es geschehen können, daß Admiral Kimmel überrascht worden war? Die Warnungen, die Roosevelt und Cordell Hull zugegangen waren, waren zwar an ihn weitergeleitet worden, jedoch zu spät eingetroffen. Die Radar-Warnung der Army war in den Wind geschlagen worden. Viele Fragen mußten gestellt werden, und Amerika stellte sie alle.

Damals hielten die aufgebrachten Amerikaner sich jedoch nicht damit auf, darüber nachzudenken, daß auch die Japaner einen Fehler begangen hatten. Und zwar einen großen. Am Ende trug er gewaltig zu ihrer Niederlage bei. Bei ihrem Angriff auf Pearl Harbor hatten Yamamoto und Nagumo einen spektakulären Sieg errungen. Aber sie hatten die falschen Schiffe versenkt. Alle vier amerikanischen Flugzeugträger der Pazifik-Flotte entkamen; denn am 7. Dezember hatte keiner von ihnen in Pearl Harbor vor Anker gelegen.

Daß diese gewaltigen Kriegsschiffe davongekommen waren, sollten die Japaner noch bitter bereuen. Wiewohl die Navy der Vereinigten Staaten es damals noch nicht offen zugab, stellten Schlachtschiffe mehr und mehr eine Behinderung dar. Die Schiffe, auf die es ankam, waren die Flugzeugmutterschiffe. Für den gesamten Rest des Kriegs im Pazifik waren die schnellen Flugzeugträger der entscheidende Verband. Die Amerikaner verstanden sich genausogut wie Yamamoto darauf, sie einzusetzen. Aber sie verfügten über mehr Piloten als die Japaner, und diese Piloten waren besser ausgebildet.

Beim Krieg im Pazifik ging es vor allen Dingen um den Besitz von Inseln. Um ihre neuen Besitzungen zu schützen, planten die Japaner, sich eines Rings von Stützpunkten zu bemächtigen, ihn zu befestigen und dort Truppen zu stationieren – eines Verteidigungsrings, der die Amerikaner in sicherer Entfernung von den Philippinen, Südostasien und Ostindien halten sollte. Dieser Plan – den West-Pazifik in ein schwer verteidigtes japanisches Binnenmeer zu verwandeln – war gar nicht so lächerlich, wie es sich vielleicht anhört. Im Gegensatz zum Atlantik ist der Pazifik von Inselgruppen und Inselketten übersät. Die

Japaner hatten vor, eine Verteidigungslinie aufzuziehen, zu der Wake-Island, die Marshall-Inseln und das Bismarckarchipel gehören sollten.

Der Fall von Singapur

Die Japaner hatten die Absicht, das gesamte Meer westlich und nördlich von Wake-Island und den Marshall-Inseln für immer zu ihrem Eigentum zu machen. In den offenen Gewässern zwischen Japan selbst im Norden, Neuguinea im Süden und den Philippinen im Westen wollte sich Japan durch Besetzung und Annektierung zwei Haupt-Inselgruppen zu eigen machen: die sich in gezackter Linie von Paulau im Westen bis Truk und Ponape im Osten erstreckenden Karolinen-Inseln, und die Marianen-Inseln, die in einem Bogen, mit Guam als ihrem äußersten südlichen Punkt, weiter nördlich liegen. Eine weitere Inselkette innerhalb japanischer Gewässer erstreckt sich südlich von der Tokioter Bucht bis zu den Bonin-Inseln und Iwo Jima. Noch eine andere Inselkette, die Ryuku-Inseln, verbindet Süd-Japan mit Okinawa und Taiwan – oder Formosa, wie die Insel im Westen damals genannt wurde. In den drei Monaten nach dem Angriff auf Pearl Harbor verfolgten die Japaner mit ihren kriegerischen Unternehmungen zwei Ziele. Das erste bestand darin, die reichen und begehrten Gebiete Südostasiens und Niederländisch-Ostindiens in ihre Hand zu bringen. Das zweite, sich einen äußeren Verteidigungsring zu schaffen, ihn auszubauen und weiter nach Süden auszudehnen, um die Verbindungen zwischen Australien und den Vereinigten Staaten zu bedrohen.
Ihr erstes Ziel erreichten die Japaner mit einem beängstigenden Tempo. Pearl Harbor wurde am 7. Dezember 1941 bombardiert. Am 10. Dezember hatten die Japaner Guam in ihrer Hand. Am 23. Dezember Wake-Island. Am Weihnachtstag nahmen sie Hongkong ein. Am 7. März befand sich Rangun, die Hauptstadt Burmas, in ihrer Hand. Am 15. Februar nahmen sie Singapur, und am 19. Februar bombardierten sie Darwin in Australien. Am 2. März nahmen sie Batavia (wie die Holländer Djakarta nannten), die Hauptstadt von Niederländisch-Ostindien. Am 9. April bombardierten sie Ceylon von Flugzeugträgern aus, die bis in den Indischen Ozean vorgestoßen waren. Am 6. Mai besetzten sie die Philippinen.
Im Grunde führten die Japaner fünf verschiedene Feldzüge. Zunächst griffen sie nach den weit draußen gelegenen Inseln Wake und Guam. Dann belagerten sie Hongkong. Sie landeten auf den Philippinen, marschierten in Malaysia ein und besetzten Singapur. Und dann eroberten sie Schritt für Schritt Niederländisch-Ostindien.

In Hongkong hielt es die britische Garnison bis zur Niederlage länger gegen die Japaner aus, als irgend jemand erwartet hatte. Isoliert an der Südostspitze Chinas gelegen, hatte man immer damit gerechnet, Hongkong nötigenfalls aufgeben zu müssen. Daß die Japaner jedoch in Malaysia erfolgreich waren, war etwas anderes. Im malaysischen Dschungel und dann in Singapur mußten die Briten, die angenommen hatten, der Dschungel sei undurchdringlich und Singapur uneinnehmbar, eine demütigende Schlappe einstecken.
In London empfand niemand den Verlust Singapurs grausamer als Winston Churchill. 1940 war er als Erster Lord der Admiralität für die Verteidigungsanlagen Singapurs verantwortlich gewesen und hatte ein Rundschreiben an seine Kabinettskollegen geschickt, in dem es hieß:

> »Singapur ist mit seinen 38-mm-Geschützen und seiner nahezu 20000 Mann starken Garnison eine Festung . . ., die man nur nach einer Belagerung durch mindestens 50000 Mann nehmen könnte . . . denn schließlich ist Singapur von Japan genauso weit entfernt wie Southampton von New York, und . . ., der Versuch, ein japanisches Belagerungsheer mit allen Truppentransportern, Männern und Munition dorthin zu verlegen, wäre von vornherein zum Scheitern verurteilt. Darüber hinaus würde eine solche Belagerung, die mindestens vier oder fünf Monate dauern dürfte, jederzeit gesprengt werden, wenn Großbritannien sich entschlösse, eine überlegene Flotte dorthin zu schicken. In diesem Fall würde die Belagerungsarmee des Feindes in Gefangenschaft geraten . . . man hält es nicht für möglich, daß die Japaner, die ein vorsichtiges Volk sind und ihre Kräfte auf die Beherrschung des Gelben Meeres und Chinas konzentrieren, womit sie vollauf beschäftigt sind, sich auf ein solch wahnwitziges Abenteuer einlassen würden.«[7]

Tatsächlich jedoch benutzten die Japaner keine Truppentransporter, sondern Fahrräder. Sie bombardierten und versenkten die überlegene Flotte, die Churchill hinbeorderte – das Schlachtschiff *Prince of Wales* und den Schlachtkreuzer *Repulse* –, zwei Tage nach Pearl Harbor. Sie eroberten Malaysia und Singapur mit einer Armee, die nicht 50000, sondern 35000 Mann stark war. 130000 Mann der Alliierten waren in Gefangenschaft geraten, als Singapur am 15. Februar 1942 fiel.
Die Hauptlehre, welche die Japaner den Alliierten in Malaysia erteilten, bestand in der Erkenntnis, daß Dschungel neutral sind – um den Titel eines Buches zu zitieren, das ein britischer Offizier, Colonel Spencer-Chapman, schrieb, der nach dem Fall Singapurs im Dschungel blieb.
Der Dschungel, von dem man angenommen hatte, daß er Singapur von der Landseite aus schützen werde, stellte für die Japaner kein Hinder-

nis dar. Sie fuhren eben nicht mit Lastwagen, sondern marschierten zu Fuß oder benutzten das Fahrrad. Sie brauchten daher keine Straßen. Binnen Wochen, nicht Monaten, hatten sie das Nordufer des Meeresarms erreicht, der die Insel Singapur vom malaysischen Festland trennt. Manche – wenn auch nicht alle – 38-mm-Geschütze der Festung Singapur waren nur auf See gerichtet. Die Verteidigung war hartnäckig, jedoch hoffnungslos. Am Ende ergab sich die reichlich spät noch verstärkte Garnison, hauptsächlich wegen Wassermangel.
Als er später über diese ernste britische Niederlage nachdachte, schrieb Churchill: »Ich hätte es wissen müssen. Meine Berater hätten es wissen und mir sagen, und ich hätte danach fragen müssen. Der Grund, warum ich in dieser Richtung keine Fragen stellte, wie ich es sonst in tausend Dingen tat, bestand darin, daß die Möglichkeit, daß Singapur sich zum Land hin nicht verteidigen könnte, mir genausowenig in den Sinn kam wie, daß man ein Schlachtschiff ohne Boden vom Stapel laufen lassen könnte.«[8]
Durch die Einnahme von Singapur waren die Japaner nicht nur im Besitz der Reichtümer Malaysias, sondern beherrschten auch noch die Straße von Malakka – den Hauptschiffahrtsweg zwischen dem Pazifik und dem Indischen Ozean.
Die Japaner machten sich diesen Vorteil rasch zunutze und unternahmen ihren ersten und letzten größeren Vorstoß in den Indischen Ozean. Ein aus fünf Flugzeugträgern bestehendes Geschwader unter dem Befehl von Admiral Nagumo, dem Mann, der Pearl Harbor angegriffen hatte, lief mit Kurs auf die britischen Flotten- und Luftstützpunkte auf Ceylon aus. Das japanische Geschwader war dem britischen unter dem Befehl von Admiral Somerville überlegen. In den Feuergefechten, die folgten, verlor die Royal Navy zwei Kreuzer und den Flugzeugträger *Hermes*. Allerdings gelang den japanischen Flugzeugen in Colombo nicht, was ihnen in Pearl Harbor gelungen war. Auch schafften sie es nicht, was ihnen eigentlich hätte möglich sein müssen, nämlich Admiral Somervilles Schlachtschiffverband zu vernichten.
Somerville stellte Nagumo vor eine schwierige Wahl – entweder die britischen Schiffe, wenn er sie unbedingt zu einer Schlacht zwingen wollte, bis weit in den Indischen Ozean hinaus zu verfolgen oder in vernünftiger Reichweite von dem inzwischen japanisch gewordenen Stützpunkt Singapur zu bleiben. Nagumo konnte sich einfach nicht entscheiden. Er fügte Somervilles Streitmacht zwar Schaden zu, aber keinen entscheidenden. Er bombardierte Ceylon, aber es war keine Katastrophe. Danach fuhr er nach Hause und kam nie wieder zurück.
Die RAF und die Royal Navy hatten Nagumos Geschwader größeren Schaden zugefügt, als ihnen damals klar war. Es handelte sich um die

japanische Elite-Streitmacht, bemannt mit den Helden von Pearl Harbor. Wenn es auch damals nicht den Anschein hatte, so sieht es doch heute danach aus, daß diese kostbare Streitmacht unersetzlich war und sich nie ganz von dem Widerstand erholte, der ihr vor der Küste Ceylons geboten wurde.
Nagumo hatte aber außerdem auch noch die Grenzen des Aktionsradius der japanischen Kriegsmarine entdeckt. Somerville hatte die Japaner gezwungen, ihren Munitionsvorrat, ihren Treibstoff und ihre Vorräte in einem Teil des Ozeans aufzubrauchen, der weit von Japan entfernt war. (Sie übernahmen nie die amerikanische Technik, Flugzeugträger auf See ständig durch eine Kette von Versorgungsschiffen mit Nachschub zu versorgen.) Obgleich die Alliierten das damals nicht wissen konnten, entdeckte die japanische Kriegsmarine vor Colombo, daß ihre Übermacht nicht absolut war und sie sich nicht allzu weit vorwagen konnte.

Die Japaner erobern Burma

Zur Eroberung Burmas brauchten die Japaner zwar länger als zu der Malaysias, aber das Erfolgsgeheimnis war beide Male das gleiche. Sie ließen es einfach nicht zu, daß der Dschungel sich ihnen hindernd in den Weg stellte. Stießen sie auf eine Straßensperre, schlugen sie sich in die Wälder und umgingen sie. Die von den Briten aufgestellten burmesischen Streitkräfte konnten sie nicht aufhalten. Das erste Ziel der Japaner waren Rangun, Burmas einziger Hafen, und das erreichten sie Anfang März 1942.
Im Grunde ist Burma ein ausgedehntes Tal mit zwei Flüssen, dem Irrawaddy und dem Sitang. Etwa 965 km nördlich von Rangun wurde das Tal in west-östlicher Richtung von der Burma-Straße durchzogen, der einzigen noch verbliebenen Landverbindung zwischen China und Indien. Die Amerikaner gingen – zu Unrecht – von der Annahme aus, daß China beträchtlich zur Niederwerfung Japans beitragen würde. Ihnen erschien es von vorrangiger Bedeutung, daß China der Nachschub nicht abgeschnitten wurde. Daher stellte die Burma-Straße einen wesentlichen Faktor in der alliierten Strategie dar.
Das burmesische Ende der Straße, die Stadt Lashio, nahmen die Japaner am 29. April 1942 ein. Auf diese Weise hatten sie nicht nur den Kautschuk und das Öl in ihre Hand gebracht, auf das sie es in Burma abgesehen hatten, sondern es war ihnen auch noch gelungen, China von der Landverbindung mit seinen westlichen Verbündeten abzuschneiden. Chinesische Truppen hatten, angeregt von General Stilwell, versucht, dies zusammen mit Briten und Burmesen zu verhin-

dern. Aber die Japaner behielten die Oberhand. Die alliierten Streitkräfte zogen sich nördlich und westlich nach Indien zurück. Der Widerstand der Alliierten endete endgültig mit der Einnahme erst von Lashio und dann von Mandalay am 30. April.

Drei Jahre lang sollte Burma in japanischer Hand bleiben. Die Alliierten eroberten Rangun erst am 3. Mai 1945 zurück, als der Krieg schon beinahe vorüber war.

Der japanische Angriff auf Niederländisch-Ostindien, wie Indonesien damals genannt wurde, begann Mitte Januar 1942. Mittlerweile bedrohten die japanischen Streitkräfte Malaysia und Singapur. Auf der anderen Seite des Südchinesischen Meeres, weiter östlich, kämpften sie auf Luzon, der Hauptinsel der Philippinen, gegen General MacArthurs amerikanisch-philippinische Streitkräfte.

Ein gemeinsames amerikanisch-britisch-holländisch-australisches Oberkommando unter General Wavell war gerade gebildet worden, und dieses war verantwortlich für die Verteidigung von Niederländisch-Ostindien. Der Hauptteil des Gebietes, das verteidigt werden sollte, bestand aus der Inselkette, die im Nordwesten mit Sumatra beginnt. Die Kette verläuft im Bogen weiter nach Osten und Süden über Java, Bali, Flores und Timor – das nur rund 650 km westnordwestlich von Darwin in Australien entfernt ist.

Bereits im Dezember hatten die Japaner die damals britischen Besitzungen und Protektorate in Nordborneo angegriffen – Sarawak und Brunei. Ihre Hauptvorstöße nach Niederländisch-Ostindien hatten die Japaner von Camranh-Bay aus vorgetragen, das heute in Südvietnam liegt. Die Landungsverbände dampften in südlicher Richtung zwischen den Kriegsschauplätzen in Malaysia und auf den Philippinen hindurch.

Als Wavell am 10. Januar in Batavia eintraf, um das Kommando zu übernehmen, sah es nicht gerade rosig aus. Die holländischen Streitkräfte waren in kleinen Garnisonen über die Inseln verstreut. Von Unterstützung durch die Air Force konnte kaum die Rede sein. Und unter der alliierten Kriegsflotte, die aus holländischen, amerikanischen, britischen und australischen Schiffseinheiten bestanden, befand sich kein einziger Flugzeugträger.

Den ersten Schlag gegen das eigentliche Niederländisch-Ostindien führten die Japaner am 13. Februar 1942; mit 700 Fallschirmjägern griffen sie den Flugplatz von Palembang in Süd-Sumatra an. Jetzt, wo Singapur in japanischer Hand war, war die Bedrohung Javas greifbare Wirklichkeit geworden. Am 18. Februar lief ein Geleitzug aus Camranh-Bay mit dem Ziel Java aus – darunter sechsundfünfzig Truppentransporter. Die Lage schien hoffnungslos. Wavell flog auf direkte Anweisung Churchills nach Indien. Admiral Helfrich von der König-

lich Niederländischen Kriegsmarine blieb zurück. Neben seinen eigenen niederländischen Streitkräften blieben noch drei australische Bataillone, eine britische Panzerschwadron und fünf Staffeln der Royal Air Force zurück.
Am 26. Februar, als die Invasionsflotte sich näherte, lief der holländische Konteradmiral Doorman aus dem am östlichen Ende von Java gelegenen Surabaya aus, um sie zu stellen und zu vernichten. Sein Flaggschiff war die *De Ruyter*. Der Rest seiner Flotte bestand aus HMS *Exeter*, USS *Houston*, HMAS *Perth*, dem leichten holländischen Kreuzer *Java* und neun Zerstörern – drei britischen, vier amerikanischen und zwei niederländischen Schiffen. Es war das erstemal, daß diese Schiffe gemeinsam operierten. Doorman unternahm zwei Vorstöße ins Javanische Meer – den einen in der Nacht vom 26. auf den 27. Februar, den anderen in der darauffolgenden Nacht. Zum entscheidenden Treffen kam es während des zweiten Vorstoßes. Die Schlacht in der Java-See, wie sie genannt wurde, war ein kühnes Unternehmen. Aber die Japaner waren nicht aufzuhalten. Beide niederländischen Kreuzer wurden versenkt; Konteradmiral Doorman ging mit seinem Schiff unter. Die *Perth*, die *Houston* und die *Exeter* wurden alle drei in nachfolgenden Gefechten versenkt. Als die japanischen Invasoren schließlich landeten, hatten die alliierten Seekriegsverbände in Java aufgehört zu existieren.
Der Widerstand an Land wurde bald gebrochen. Ohne Unterstützung aus der Luft oder von See her wurden die niederländischen Garnisonen eine nach der anderen überwältigt. Jedesmal beim Vorrücken versicherten die Japaner sich zunächst der Unterstützung durch ihre Luftwaffe. Am 8. März streckten die Holländer die Waffen.

Der Zusammenbruch der Philippinen

Der langwierigste und schwierigste aller japanischen Eroberungsfeldzüge war der auf den Philippinen. Die Philippinen waren zwar nicht so reich wie Malaysia oder Niederländisch-Ostindien, doch mußten die Japaner sie trotzdem in die Hand zu bekommen versuchen, weil sie sonst eine Bedrohung sämtlicher japanischen Pläne dargestellt hätten. Die Philippinen stellten mitten in jenem Teil des Pazifik, den die Japaner als ihr Eigentum betrachten wollten, einen starken amerikanischen Außenposten dar. General MacArthur war damals gerade dabei, die nicht unbeträchtliche philippinische Armee umzustrukturieren und auszubilden. In Clark Field, nördlich der Hauptstadt Manila auf der Hauptinsel Luzon, hatte die US Air Force ein Geschwader von B-17-Bombern stationiert. Darauf hatten die Japaner es zuerst abgesehen.

Clark Field schlief jedoch nicht wie Pearl Harbor. In der Frühe des 8. Dezember stiegen die B-17-Bomber auf, um nicht am Boden von dem erwarteten japanischen Angriff überrascht zu werden. Später am Vormittag landeten sie jedoch wieder, um im Hinblick auf einen Angriff in Formosa aufzutranken. Das war der Augenblick, in dem die Japaner zuschlugen. Bei diesem Angriff wurden 18 B-17-Bomber zerstört – rund die Hälfte der gesamten Luftstreitmacht – sowie achtzig weitere Flugzeuge. Von diesem Augenblick standen die Philippinen ohne Luftverteidigung da.

Die Hauptlandung der Japaner von See aus fand am 22. Dezember im Norden von Luzon statt. Dabei setzten die Japaner ihre gesamte 14. Armee ein, doch selbst das hätte ums Haar nicht genügt. Nach zweiwöchigen Kämpfen wurden die amerikanischen und philippinischen Truppen auf die im Westen der Bucht von Manila gelegene Bataan-Halbinsel zurückgedrängt. Dadurch, daß er Bataan besetzte und verteidigte, gelang es MacArthur, die Japaner an der Benutzung des Hafens von Manila zu hindern. Die Halbinsel war gut befestigt, jedoch von Menschen überfüllt. 106 000 Soldaten und zivile Flüchtlinge mußten die drei Monate dieser berühmten und schweren Belagerung ertragen. Wie es bei Belagerungen oft vorkommt, forderten Unterernährung und Krankheiten mehr Todesopfer als der Feind selbst.

Der Versuch, eine sichere Stellung auf den Philippinen zu halten, war zwar mutig, aber von vornherein zum Scheitern verurteilt. Im Februar 1942 befahlen Roosevelt und Marshall General MacArthur, die Bataan-Halbinsel zu verlassen. Sie brauchten ihn; er sollte den Oberbefehl über den Schutz der nunmehr bedrohten Verbindungswege zwischen Australien und den Vereinigten Staaten übernehmen. In der Nacht des 12. März verließ er auf einem Torpedoboot widerstrebend die Philippinen.

Bataan und Corregidor

Sein Nachfolger in Bataan, General Wainwright, sah sich bald einer weit überlegenen japanischen Armee gegenüber. Nachdem er Verstärkungen herbeigeholt hatte, ließ der japanische General Homma die Angriffe auf Bataan am 3. April wieder aufleben. Am 8. April streckten die hungernden und erschöpften Verteidiger in Bataan die Waffen. Vier weitere Wochen, bis zum 6. Mai, hielt Wainwright es noch auf der befestigten Insel Corregidor in der Bucht von Manila aus. Und selbst danach dauerte der Widerstand auf den südlichen Philippinen-Inseln Panay, Cebu und Mindanao noch an. Aber Mitte des Sommers 1942 hatte er dann überall aufgehört.

Der Fall von Bataan war unvermeidlich. Die Garnison war abgeschnitten, litt an Munitionsmangel und verzweifeltem Hunger. Im Januar wurden die Verpflegungsrationen auf die Hälfte herabgesetzt, und im März auch dies wenige noch einmal halbiert. Als die Garnison sich am 8. April ergab, bestand sie aus einer Truppe von Verhungernden. Die Japaner taten nichts, ihnen dieses schreckliche Los zu erleichtern, eher im Gegenteil. General Homma ließ sie 100 Kilometer in das Gefängnislager O'Donnell marschieren. Hommas Soldaten zeigten weder Mitgefühl noch Achtung. Auch ließen sie auf diesem Marsch kaum Wasser und Verpflegung austeilen. Rund 25 000 Filipinos und Amerikaner kamen in den letzten Stunden des Kampfes um Bataan um – die Mehrzahl auf dem Marsch nach Camp O'Donnell. Rund 22 000 starben dann noch innerhalb der nächsten zwei Monate im Lager. Es war eines der schlimmsten Beispiele japanischer Grausamkeit Kriegsgefangenen gegenüber. General Homma war nicht der einzige Japaner, der sich nicht um die internationalen Gepflogenheiten im Kriege oder auch nur um die reinen Gebote der Menschlichkeit kümmerte. Aber vermutlich war er derjenige, der am grausamsten vorging und am meisten angab. »Die kaiserlich-japanische Armee«, rühmte er sich im Hochgefühl des Sieges von Bataan, »ist keine Barbaren-Armee.«[9] Kriege lassen Lügen entstehen wie der Schmutz Läuse. In einem Krieg, in dem viel gelogen wurde, stellte diese Behauptung General Hommas eine der schändlichsten Heucheleien überhaupt dar. Die Behandlung, welche die Überlebenden von Bataan erfuhren, gab den Amerikanern und der Welt deutlich zu verstehen, mit was für einem Feind sie es im Pazifik zu tun hatten. Für den Rest des Krieges vergaß kein Amerikaner Bataan.

Die Kapitulation von Bataan stellte das Ende jedes erwähnenswerten, organisierten Widerstands zu Lande dar, dem die Japaner bei der Eroberung ihrer neuen Gebiete begegneten. Innerhalb von vier Monaten, vom 7. Dezember 1941, dem Überfall auf Pearl Harbor, bis zur Ergebung von Bataan am 8. April 1942, hatten die Japaner das Reich erobert, das sie haben wollten.

Die Schlacht im Korallenmeer

Im April sahen die Japaner sich weiter um. Sie beschlossen, ihren Verteidigungsring weiter auszudehnen und nicht nur die Marshall-Inseln und Wake-Island darin einzubeziehen, sondern auch noch andere Inselgruppen. Ermutigt durch ihren leichten Viermonats-Feldzug, beschlossen sie, folgende Inseln und Inselgruppen in ihren Besitz zu bringen: Midway, die Gilbert-Inseln, die Ellice-Inseln, die Neuen

Hebriden, die Fidschi-Inseln, Neukaledonien, die Salomon-Inseln, Papua (den Südostausläufer von Neuguinea) sowie Port Moresby auf Neuguinea selbst. Dieser Versuch von seiten Japans, seinen Verteidigungsring auszudehnen, stellte eine unmittelbare Bedrohung sowohl Australiens als auch der Verbindungswege zwischen Australien und den USA dar.
Möglich, daß die Japaner bei diesem Entschluß nicht mit der Zähigkeit der Australier gerechnet hatten. Vielleicht begriffen sie auch nicht, wie stark selbst damals schon die Bindungen Australiens an die Vereinigten Staaten waren. Aber wie dem auch sei, auf jeden Fall beschleunigten sie durch den Entschluß, ihren Verteidigungsring so weit nach Süden auszudehnen, ihren eigenen Untergang. Als sie versuchten, die Papua-Halbinsel und die südlichen Salomon-Inseln zu besetzen, übernahmen sich die Japaner zum erstenmal.
Ihre unmittelbaren Ziele waren die kleine Insel Tulagi in den südöstlichen Salomon-Inseln und Port Moresby. Die unmittelbare Folge davon war die Schlacht im Korallenmeer. Dies war die erste Schlacht, bei der die Flugzeuge von Flugzeugmutterschiffen gegeneinander kämpften, in der keiner der kommandierenden Admiräle jemals das Flaggschiff des Gegners zu Gesicht bekam und in der die Kämpfe ausschließlich von den Piloten der Flugzeuge bestritten wurden. Die Japaner verloren sie.
Das Korallenmeer wird im Südwesten vom Großen Barriereriff begrenzt, welches Australien vorgelagert ist, im Norden von Papua und dem Louisiadenarchipel, im Osten und Süden von den Salomon-Inseln und Neu-Kaledonien.
Die Hauptstreitmacht der Alliierten bestand aus den amerikanischen Flugzeugträgern *Lexington* und *Yorktown* unter dem Kommando von Konteradmiral Fletcher, die der Japaner aus zwei Veteranen vom Angriff auf Pearl Harbor, den Flugzeugträgern *Zuikaku* und *Shokaku* mit den erfahrenen Piloten an Bord. Aufgabe des japanischen Flottenverbands war es, die Fahrt der Invasionsflotte zu decken, die Port Moresby besetzen sollte. Fletchers Flugzeuge fingen die Invasionsflotte nördlich der Louisiaden ab und versenkten den sie begleitenden Flugzeugträger *Shoho*. Das war Amerikas erster Erfolg im Pazifik. Die Invasionsflotte kehrte um. Fletcher begann, die japanischen Begleitschiffe anzugreifen.
Zum erstenmal stand Fletcher vor dem neuen Problem der Seekriegsführung, dafür zu sorgen, daß – falls es zum Schlimmsten käme und die japanischen Aufklärungsflugzeuge besser wären als die seinen – seine Flugzeugträger nicht gerade überrascht wurden, wenn die Maschinen zum Auftanken auf Deck waren. Das Versteckspiel dauerte an. Die Japaner hatten insofern Glück, als ihre Flugzeugmutter-

schiffe unter einer Wolkendecke verborgen lagen. Trotzdem beschädigten amerikanische Piloten die *Shokaku* so schwer, daß sie zu Reparaturen nach Japan zurückmußte. Außerdem schossen sie, bei einem Eigenverlust von 33 Maschinen, mindestens 43 japanische Flugzeuge ab. Auch die *Lexington* wurde beschädigt, konnte jedoch, nachdem der Angriff vorüber war, weiterdampfen. Allerdings machte eine innere Explosion sie eine Stunde später manövrierunfähig, und sie mußte versenkt werden. Aber ihre kostbaren Piloten und die Besatzung konnten gerettet werden.
In der Rückschau stellt die Schlacht im Korallenmeer eindeutig einen Pluspunkt für die Alliierten dar. Ein japanischer Flugzeugträger wurde versenkt; die Besetzung von Moresby mußte abgeblasen werden, und ein zweiter japanischer Flugzeugträger fiel zusammen mit vielen seiner erfahrenen Piloten für weitere Kämpfe aus.

Midway

Die Schlacht im Korallenmeer stellte die erste Schlappe der Japaner im Krieg dar, die Schlacht um Midway die erste beinahe entscheidende Niederlage. Yamamoto hatte geplant, Midway am 3. Juni 1943 zu nehmen und im Anschluß daran die amerikanische Pazifik-Flotte anzugreifen und zu vernichten. Er ging mit Recht davon aus, daß der neue Oberkommandierende der amerikanischen Pazifik-Flotte, Admiral Nimitz, es nicht zulassen würde, daß die westlichste der Hawaii-Inseln verlorenging, und daß die Reste der amerikanischen Flotte herbeieilen würden, um die Japaner zum Kampf herauszufordern. Nach Pearl Harbor stellte die amerikanische Flotte, zumindest auf dem Papier, keinen bedeutenden Gegner mehr für die Japaner dar. Yamamoto verfügte über elf Schlachtschiffe und fünf Flugzeugmutterschiffe. Nimitz hingegen über kein einziges Schlachtschiff und nur drei Flugzeugmutterschiffe, von denen eines – die *Yorktown* – bei der Schlacht im Korallenmeer beschädigt worden war. Was jedoch Nimitz hatte und Yamamoto nicht, das war der Schlüssel zum Code seines Gegners.
Am 20. Mai 1942 übermittelte Yamamoto seiner Flotte über Funk einen langen und sehr ausführlichen Operationsplan. Wegen einer verwaltungstechnischen Verzögerung mußte er sich eines Codes bedienen, der bereits seit drei Monaten in Gebrauch war, so daß die Amerikaner damit vertraut waren. Er hätte ausgewechselt werden müssen, doch die Bürokratie der Japaner war auf Nimitz' Seite. Der alte Code las sich wie ein offenes Buch.
Am 27. Mai konnten Nimitz' Code-Knacker ihm sagen, daß Yama-

moto wahrscheinlich am 3. Juni einen Hauptangriff vorzutragen beabsichtige und am 2. Juni einen schwachen Scheinangriff auf die Aleuten. Ihre Vermutungen gingen dahin, daß der Hauptangriff Midway gelten sollte, aber sie waren sich nicht ganz sicher. Für geographische Namen bediente Yamamoto sich eines Buchstaben-Codes.

Die Code-Bezeichnung für das Angriffsziel lautete »A. F.«. Nimitz' Chef-Code-Knacker, Kapitänleutnant Joseph J. Rochefort, mußte unbedingt wissen, worum es sich bei ›A. F.‹ handelte. Daher gab er der Garnison von Midway den Befehl, ein Signal in einem Code zu funken, von dem er wußte, daß die Japaner ihn geknackt hatten; in dieser Meldung hieß es, daß die Wasserkläranlage von Midway defekt sei. Nachdem er den Köder ausgeworfen hatte, wartete Rochefort auf den Fisch. Nach zwei Tagen hatte er angebissen. Yamamoto ließ seine Schiffe per Funkspruch wissen, daß »A. F.« unter Wassermangel leide.

Jetzt wußte Nimitz genau, wo er hin mußte. Er hatte die drei ihm verbliebenen Flugzeugträger – die *Yorktown,* die *Enterprise* und die *Hornet* – bereits in Pearl Harbor zusammengezogen und angeordnet, daß die Reparaturarbeiten an der *Yorktown* sofort in Angriff genommen würden. Seine Ingenieure sagten, die Instandsetzung würde drei Wochen in Anspruch nehmen. Nimitz sagte, sie dürfe nicht länger als drei Tage dauern. Am dritten Tag war die *Yorktown* wieder einsatzbereit.

Nimitz stationierte seine Flugzeugträger dort, wo Yamamoto sie nicht erwartete – nördlich und östlich seines Hauptflottenverbandes. Die Luftangriffe auf Midway von Yamamotos Flugzeugträgern aus begannen wie auf dem Terminplan angegeben. Es handelte sich um vier Flugzeugträger – die *Akagi,* die *Kaga,* die *Hiryu* und die *Soryu* –, die alle bereits an dem Überfall auf Pearl Harbor teilgenommen hatten. Den Befehl über die Flugzeugträger führte Admiral Nagumo, der auch den Angriff auf Pearl Harbor geleitet hatte. Yamamoto persönlich hatte sich den Oberbefehl vorbehalten.

In der Frühe des 4. Juni, nachdem er es sich mehrmals anders überlegt hatte, befahl Nagumo seinen Flugzeugen (die für die Verteidigung ihrer Flotte durch einen Angriff von See her ausgerüstet waren), sich für einen zweiten Angriff auf Ziele an der Küste von Midway bereit zu machen. Torpedoflugzeuge von der *Hornet, Enterprise* und *Yorktown* griffen als erste an, erzielten jedoch keinen Treffer. Die nächste amerikanische Angriffswelle wurde von Sturzbombern von der *Enterprise* vorgetragen, die bessere Ergebnisse erzielten. Sie versenkten die *Akagi* und die *Kaga.* Sturzbomber von der *Yorktown* machten die *Soryu* manövrierunfähig, und ein kombinierter Angriff auf die *Hiryu* verlief gleichfalls erfolgreich. Am Ende des Tages hatte Yamamoto alle seine Flugzeugträger verloren, die Amerikaner aber nur die *York-*

town. Yamamoto kehrte nach Japan zurück. Midway war gerettet. Der Sieg war größer, als Nimitz damals ahnte. Die japanischen Flugzeugträger sollten nie wieder eine echte Bedrohung für die Amerikaner darstellen.

Ein japanischer Kameramann, Teichi Makishima, überlebte die Versenkung der *Akagi:*

> »Der letzte Angriff wurde von Sturzbombern vorgetragen. Zuerst konzentrierten sie sich auf die *Kaga*, die etliche Volltreffer erhielt. Ich sah, wie die Bomben explodierten, und machte Aufnahmen von der getroffenen *Kaga*. Dann, nach der *Kaga*, nahmen sie sich die *Akagi* vor. Das erste Flugzeug verfehlte sein Ziel, doch das zweite konnte die *Akagi* mittschiffs treffen, und das dritte traf das Heck der *Akagi* – zumindest glaubten wir das. Der Grund, warum wir glaubten, daß eine dritte Bombe das Schiff getroffen hätte, war der, daß der hintere Teil des Flugdecks vollkommen aufgerissen war, doch das rührte tatsächlich von der Gewalt der Explosion her. Daß die *Soryu* getroffen wurde, habe ich selbst nicht gesehen. Doch nachdem die Flugzeuge von ihrem Angriff auf die *Kaga* abließen, schaute ich zur *Soryu* hinüber und sah, daß sie in Flammen stand. Anfangs dachten wir, es sei nicht sehr gefährlich, doch befanden sich alle Maschinen der *Kaga* unter Deck. Sie hatten aufgetankt und trugen Torpedos und Bomben. Erst fing eines der Flugzeuge Feuer, wodurch ein Torpedo abgefeuert wurde. Durch die Explosion dieses Torpedos ging das nächste Flugzeug in die Luft, und auf diese Weise explodierte eines nach dem anderen, bis das ganze Unterdeck in Flammen stand. Es müssen an die fünfzig Bomben und Torpedos gewesen sein, die auf diese Weise explodierten.«

Die Niederlage bei Midway hielt die Japaner jedoch nicht davon ab, mit Nachdruck ihre Kampfhandlungen auf den Salomon-Inseln und Neuguinea weiter zu betreiben. Nachdem sie von Admiral Fletcher daran gehindert worden waren, Papua zu umrunden, um Port Moresby von See aus zu nehmen, trugen sie einen Angriff über Land von der Nordseite der Halbinsel vor. Bei Tulagi hatten sie bereits einen Stützpunkt eingerichtet, der zusammen mit dem Angriff auf Moresby eine ernste Gefährdung der Verbindungslinien zwischen Australien und den Vereinigten Staaten darstellte.

Die Salomon-Inseln bestehen aus einer Doppelkette von Inseln, die sich von Tulagi und Guadalcanal 600 Meilen weit in nordwestlicher Richtung bis New Britain erstreckt, wo die Japaner in Rabaul bereits einen starken Stützpunkt errichtet hatten. Papua verläuft parallel zu den Salomon-Inseln. Der australische Stützpunkt in Moresby an der Südwestküste der Papua-Halbinsel liegt nur dreihundert Meilen von der Nordspitze Australiens entfernt. Die nahezu 5000 m hohen

Owen-Stanley-Berge ziehen sich durch die Mitte der Papua-Halbinsel und trennen Salamaua, wo die Japaner sich verschanzt hatten, von Moresby und der australischen Seite der Bergkette. Die Alliierten beschlossen, die Japaner nicht nur aus Papua hinauszuwerfen, sondern überhaupt von den Salomon-Inseln zu vertreiben. General MacArthur sollte den hauptsächlich von Australiern durchgeführten Angriff auf Papua befehligen. Vizeadmiral Ghormley von der US Navy, der später von Vizeadmiral Halsey abgelöst wurde, befehligte das Unternehmen auf den Salomon-Inseln.

Guadalcanal

Die Kampagne auf den Salomon-Inseln begann am 7. August 1942. An diesem Tag gelang es der ersten US-Marine-Infanterie-Division, gegen leichten Widerstand in Tulagi und auf Guadalcanal Brückenköpfe zu errichten. Innerhalb von achtundvierzig Stunden zwangen jedoch japanische Kriegsschiffe auf Rabaul die amerikanischen Schutzschiffe, sich zurückzuziehen, wodurch die Marine-Infanterie ohne Schutz aus der Luft und von See zurückblieb. Aber am 17. August waren die Marine-Infanteristen soweit, daß sie ihr eigenes Rollfeld angelegt hatten: Henderson Field. Und sie waren damit gerade eben – aber wirklich nur gerade – fertig geworden, als eine Serie von heftigen, lange dauernden japanischen Gegenangriffen begann.
Die Eroberung von Guadalcanal stellt den Beginn einer langen Liste von amerikanischen Landeunternehmen auf Pazifik-Inseln dar. Verächtlich wiesen die Japaner es ab, sich zu ergeben, und kämpften zäh und mutig weiter. Ihnen waren Dschungelverhältnisse gerade recht, und zu Anfang besaßen sie auch oft noch die Luftüberlegenheit. Jeder amerikanische Angriff, von Guadalcanal am Anfang bis Okinawa am bitteren Ende, stieß auf wütenden Widerstand. Die Erfahrungen, die die Marine-Infanterie und die Army auf Guadalcanal machten, wiederholten sich im Laufe des Krieges immer wieder.
General Collins (von der US Army) erinnert sich, daß er japanische Truppen »vernichten« mußte, weil ihr Kommandeur sich nicht ergeben wollte.

»Es war ein Dschungelkampf, allerdings nicht gänzlich. Guadalcanal ist eine zerklüftete Insel vulkanischen Ursprungs. Die Flüsse, die zum Meer hinunterführten, waren von dichtem Dschungel überwuchert, die Höhenzüge dazwischen mit mannshohem Gras bedeckt. Bei den anfänglichen Kämpfen der Marine-Infanterie und der American Division war dieses Gras niedergebrannt worden, so daß die Höhenzüge nackt dalagen, wohingegen die Flußtäler immer noch von Dschungel überwuchert waren. Wir umzingelten die Japaner in diesen Tälern, indem wir uns der Bergzüge bemächtigten. Das waren zähe Kämpfe, denn diese Bergzüge waren sehr schmal und die Japaner kämpften verbissen. Sie wollten nie aufgeben. Wir isolierten die abgesprengten Teile eines japanischen Regiments im Stützpunkt Gifu. Nachdem wir diesen stark befestigten Ort umzingelt hatten, versuchten wir, die japanischen Soldaten mit Hilfe von Lautsprechern aufzufordern, sich zu ergeben. Aber sie kämpften weiter, und uns blieb nichts anderes übrig, als ins Tal hinunterzugehen und sie zu vernichten. Sie wollten sich einfach nicht ergeben.«[11]

Das taten sie sehr selten. Auf einer Insel nach der anderen mußten die amerikanischen Soldaten und Marine-Infanteristen, die in nördlicher Richtung auf Japan zurückten, einen erbitterten Kampf gegen einen Gegner führen, der kein anderes Ende akzeptierte als den Tod. Der Kampf um die Inseln im Pazifik war blutig und verbissen wie kaum einer sonst im Zweiten Weltkrieg.

Dadurch, daß sie ihre Truppen in der Nacht den Kanal zwischen den beiden Inselketten der Salomon-Inseln hinunterbrachten, gelang es den Japanern, Verstärkungen von Rabaul herunterzuholen und Guadalcanal wiederholt anzugreifen. Ein kleinerer Vorstoß wurde am 24. August abgeschlagen. Ein stärkerer wurde am 24. August von der Navy abgefangen. Doch Anfang September schafften die Japaner es doch, von Nordwesten her 6000 Soldaten nach Gudalcanal zu werfen. Ende Oktober starteten sie einen Großangriff, kamen damit jedoch nicht durch. Im November schickten sie ein womöglich noch größeres Truppenaufgebot – 10000 Mann –, doch wurde der Geleitzug abgeschnitten, und es gelang nur 4000 Soldaten, an Land zu gehen, wohingegen zwei amerikanische Schlachtschiffe, die *Washington* und die *South Dakota*, ein japanisches Schlachtschiff, das den Geleitschutz übernommen hatte, versenkten und die Landungsflotte der Japaner völlig aufrieben. Anfang 1943 begann der japanische Rückzug von Guadalcanal. Sie brachten im Januar und in der ersten Februarhälfte 13000 Mann zurück. Die Alliierten hatten sich endgültig auf den Salomon-Inseln festgesetzt.

Auf der Papua-Halbinsel wurde in den Bergen gekämpft. Im Juli 1942 besetzten die Japaner in Buna auf der Nordostseite der Halbinsel einen Stützpunkt, desgleichen gegenüber von Moresby an der Südwestküste. Von Buna aus rückten sie durch den Dschungel und die Berge vor.

Anfangs kamen die 11000 Japaner in diesem unwegsamen Gelände gut voran. Aber die Alliierten – MacArthurs Australier und Amerika-

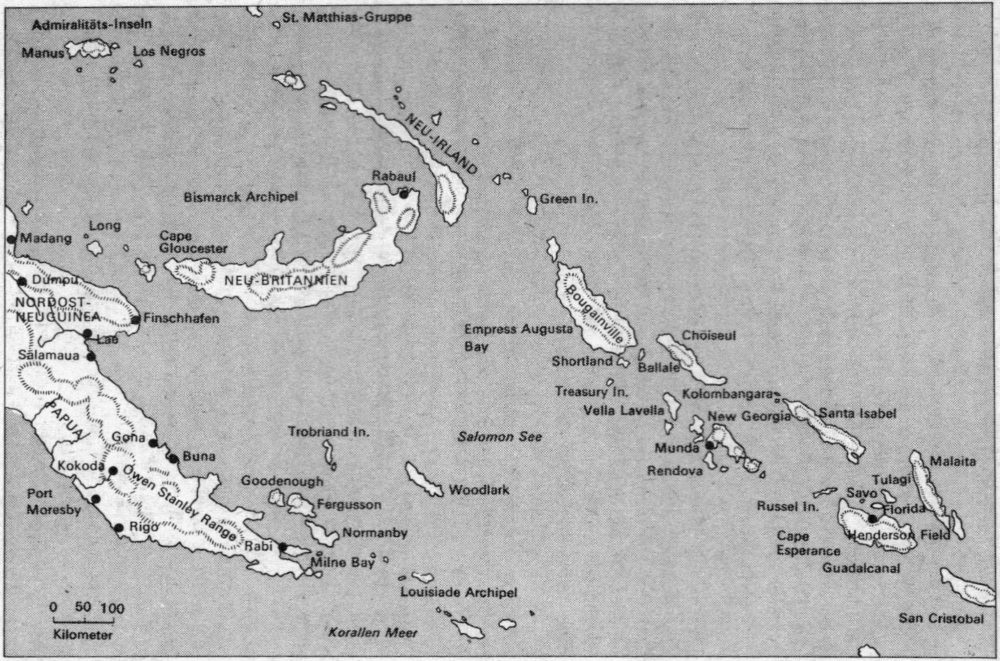

Die Salomon-Inseln

ner – verfügten immer noch über einen Großteil der Luftherrschaft. Die Australier, von denen die meisten bereits in der westlichen Wüste gekämpft hatten, lernten rasch, sich im Dschungel zurechtzufinden, und ließen sich durch nichts abschrecken. Im September fingen die Alliierten an, den Japanern überlegen zu sein und sie bis auf Buna selbst zurückzuwerfen. Buna wurde von November bis Ende Januar 1943 belagert. Erst dann brach der japanische Widerstand endgültig zusammen.

Nachdem der größte Teil der Papua-Halbinsel in ihrer Hand war und sie sich auf Guadalcanal festgesetzt hatten, bestand das nächste Ziel der Alliierten in dem starken japanischen Stützpunkt Rabaul. Ohne Rabaul würde Japan nicht mehr in der Lage sein, sich überhaupt auf den Salomon-Inseln oder im Südwestpazifik zu halten. Doch weder MacArthur noch Halsey waren damals einzeln oder auch gemeinsam in der Lage, Rabaul sofort zu nehmen. Dafür waren sie einfach nicht stark genug. Daher entschlossen sie sich, zunächst einmal die kleineren japanischen Stützpunkte auf den Salomon-Inseln und auf New Britain nacheinander zu nehmen. Doch während sie sich darauf vorbereiteten, die japanischen Stützpunkte in Bougainville und auf den anderen Salomon-Inseln, auf New Britain und an der Ostspitze von Neuguinea einzunehmen, ergab sich abermals die Möglichkeit, einen Sieg durch ihre Geheimdienste zu erringen.

Am 13. April 1943 funkte der Befehlshaber der 8. Japanischen Flotte Einzelheiten über einen Inspektionsflug von Admiral Yamamoto. Darin hieß es, daß Admiral Yamamoto am 18. April um sechs Uhr morgens von Rabaul abfliegen würde, und zwar in einem mittelgroßen Bomber und in Begleitung von sechs Jagdflugzeugen. Sein Ziel war die Inspektion der japanischen Stützpunkte auf Ballale und Shortland nahe dem südöstlichen Ausläufer der Insel Bougainville. Zu dieser Inspektion sollte es niemals kommen. Achtzehn P-38er vom Flugplatz Henderson Field der US Army Air Force fingen Yamamotos Maschine 65 km nördlich von Ballale ab. Captain T. G. Lanphier von der US Army Air Force war ausgewählt worden, ihn abzuschießen.

»Ich jagte eine lange Feuergarbe seitlich in den Bomber hinein, und zwar ziemlich genau rechtwinklig. Das rechte Triebwerk des Bombers fing Feuer, und dann auch die rechte Tragfläche . . . Als ich in die Reichweite von Yamamotos Bomber und seinem Bordgeschütz hineinflog, brach die Tragfläche des Bombers ab. Die Maschine stürzte in den Dschungel.« [12]

Ein wortkarger amerikanischer Offizier hatte vor dem Frühstück Japans meistverehrten, intelligentesten und entschlossensten Feldherrn über Bougainville eliminiert. Die Japaner betrauerten ihn tief und waren ohne ihn tatsächlich verloren.

Am 30. Juni 1943 unternahmen MacArthur und Halsey ihren nächsten Schritt. Halseys Männer landeten auf New Georgia, die von MacArthur in der Nassau Bay auf Neuguinea. Halseys Ziel bestand darin, die Eroberung von Bougainville vorzubereiten, das MacArthurs, die Landung in Salamaua und Lae vorzubereiten und die Japaner aus Neuguinea vollends hinauszuwerfen. Eine australische Einheit war bereits bis nach Wau vorgedrungen, das im Hinterland von Lae gelegen war.

Aus der Luft versorgt, arbeiteten die Australier sich mühselig durch unwegsames Gebiet auf Lae und Salamaua zu. Am 4. September landete die 9. australische Division bei Lae und nahm die Stadt. Am folgenden Tag landeten 1700 Fallschirmjäger im Landesinnern, um den Japanern den Rückzug abzuschneiden. Mitte September hatten die Alliierten Salamaua und Lae fest in der Hand. Finschhafen wurde am 22. September angegriffen, und bis Anfang Oktober hatten die Australier es genommen. Praktisch waren die Japaner damit aus Neuguinea verdrängt.

Auf den Salomon-Inseln bestand Halseys nächstes Ziel darin, den japanischen Luftstützpunkt Munda in New Georgia zu nehmen. Nach vielen Entbehrungen nahmen die Amerikaner am 5. August Munda. Halsey auf den Salomon-Inseln und MacArthur auf Neuguinea waren bereit, Rabaul zu belagern. Halseys Männer landeten am 1. November 1943 auf Bougainville und am 15. Februar 1944 auf den Green Islands. Nun waren sie also bis auf 160 km an Rabaul herangerückt, und da er die amerikanische Luftwaffe zu seiner Verfügung hatte, konnte Halsey den wichtigsten südlichen Stützpunkt der Japaner kontrollieren.

MacArthur drang inzwischen in den Westteil von New Britain ein, und die Australier rückten in nordwestlicher Richtung auf Neuguinea vor.

Bis Herbst 1943 hatte die US Navy ihre Schlagkraft wieder zurückgewonnen. Die zwanzig Monate zuvor bei Pearl Harbor erlittenen Verluste waren ausgeglichen worden, und es standen Mannschaften, Flugzeuge und Schiffe für eine zweite Offensive bereit, die MacArthurs Vorrücken auf Neuguinea und Halseys auf den Salomon-Inseln ergänzen konnten. Die Amerikaner beschlossen, mit der Rückeroberung der Inseln des japanischen Verteidigungsrings zu beginnen. Auf diese Weise bewegten sie sich schließlich von einer Insel zur anderen auf Japan selbst zu.

Das war eine höchst umstrittene Entscheidung. Die Amerikaner sollten viele Soldaten und Matrosen verlieren. Die Japaner hatten ihre neuen Besitzungen stark befestigt und kämpften verzweifelt und sehr geschickt, um sie zu halten. Andererseits waren die Amerikaner darauf

erpicht, Luftstützpunkte in ihre Hand zu bekommen, von denen aus ihre neuen Super-Bomber, die B-29, Japan selbst angreifen könnten. Ob nun zu Recht oder zu Unrecht – auf jeden Fall waren sie bereit, das Leben vieler Menschen aufs Spiel zu setzen, um ein einziges Rollfeld in die Hand zu bekommen.
Sie begannen mit den südwestlich der Marshall-Inseln gelegenen Gilbert-Inseln. Im November 1943 griffen sie die Inseln Makin und Tarawa an, nahmen Makin auch ziemlich mühelos, verloren jedoch beim Angriff auf Tarawa 1000 Mann. Im Februar 1944 landeten sie mit Luftunterstützung von Tarawa aus auf Kwajalein auf den Marshall-Inseln. Wieder kam es zu erbitterten Kämpfen, doch bis zum 22. Februar hatten die Amerikaner nicht nur Kwajalein in ihrer Hand, sondern auch noch drei andere Inseln dieses Archipels, Engebi, Eniwetok und Parry.
Nachdem die Marshall-Inseln sich in amerikanischer Hand befanden, wandte die Navy sich dem fast 2000 km westlich auf Truk in den Karolinen-Inseln gelegenen wichtigen japanischen Stützpunkt zu. In Truk taten die Amerikaner das, was die Japaner in Pearl Harbor versucht hatten und ums Haar auch geschafft hätten – sie zerstörten den Hafen durch Luftangriffe von Flugzeugträgern aus. Im Laufe von zwei Tagen warfen die unter dem Kommando von Konteradmiral Marc Mitscher stehenden Flugzeuge von Flugzeugträgern aus dreißig Mal soviel hochexplosive Bomben auf Truk ab wie die Japaner über Pearl Harbor abgeworfen hatten. Truk war fortan nicht mehr zu benutzen.
Genauso unbrauchbar war bis dahin Rabaul. Die beiden bedeutendsten japanischen Stützpunkte im Südwestpazifik waren unschädlich gemacht worden. Den Amerikanern stand der Weg offen, an ihnen vorbei weiter vorzustoßen. MacArthur stieß nach Hollandia auf Niederländisch-Neuguinea vor, während Nimitz sich den Marianen-Inseln zuwandte.
Am 13. Juni griffen zwei Divisionen von US-Marine-Infanteristen Saipan in den südlichen Marianen-Inseln an. Vier Tage darauf griffen Flugzeugverbände von einem Flugzeugträger in die Kämpfe ein, und die japanischen Marine-Flieger mußten eine ihrer größten Niederlagen im Verlauf des gesamten Krieges einstecken. Mitschers Piloten schossen bei einem Eigenverlust von 30 Maschinen dreihundert japanische Flugzeuge ab. Amerikanische U-Boote versenkten zwei japanische Flugzeugmutterschiffe und beschädigten am Tag darauf ein drittes so schwer, daß es bald darauf gleichfalls unterging. Die Schlacht im Seegebiet der Philippinen stellte ein weiteres Treffen dar, das wesentlich entscheidender war, als es zunächst den Anschein hatte. Nachdem es vorüber war, verfügten die japanischen Seestreitkräfte nur noch über fünfunddreißig einsatzfähige Flugzeuge.

Auf Saipan leisteten die Japaner erbitterten Widerstand. Als die Kämpfe im Juli endeten, hatten sie beinahe 24000 Mann verloren. Zwei weitere Marianen-Inseln, Guam und Tinian, fielen im August in amerikanische Hand. Tinian war die Insel, von der aus jene B-29 startete, die die Atombombe auf Hiroshima abwarf.

Leyte

Nachdem die Marianen und Karolinen-Inseln in amerikanischer Hand waren, beschlossen MacArthur und Halsey, direkt nach den Philippinen zu greifen. Im September 1944 kontrollierten MacArthurs Streitkräfte ganz Neuguinea. Er und Halsey beschlossen, nach Norden vorzustoßen, die südlichen Philippinen-Inseln Mindanao und Leyte in ihre Hand zu bringen und die japanischen Streitkräfte – die immer noch Niederländisch-Ostindien, Celebes und Borneo beherrschten – sich selbst zu überlassen. Weniger überlegene Generäle hätten wohl gezögert, ehe sie einen so kühnen Sprung wagten.
Auf dem Weg dorthin brauchten sie allerdings drei Stützpunkte: Pelelio im Palau-Archipel, auf dem sich ein für ihre Zwecke wichtiger Flugplatz befand, einen weiteren Luftstützpunkt, Morotai, sowie den Flottenankerplatz Ulithi auf den Karolinen-Inseln. Auf Pelelio leisteten die Japaner heftigsten Widerstand, wohingegen die beiden anderen Stützpunkte leichter zu erobern waren. Jetzt war MacArthur soweit, sein Versprechen einzulösen und zu den Philippinen zurückzukehren, von denen er gekommen war.
Die erste Folge der Landungen auf Leyte war ein größeres Seegefecht, in dessen Verlauf, was man damals allerdings nicht wußte, die japanische Flotte als Offensivkraft praktisch ausgelöscht wurde. Die Japaner hatten ihre Flotte in drei Verbände aufgeteilt. Der Hauptverband mit den Flugzeugträgern, dessen Schlagkraft allerdings durch den Verlust vieler erfahrener Piloten in der letzten Zeit stark vermindert worden war, kreuzte nordöstlich von den Philippinen, wobei die Japaner hofften, die amerikanischen Flugzeugträger und ihre Flugzeuge von den beiden anderen japanischen Flottenverbänden ablenken zu können, welche die Landungstruppen zerstören sollten. Ein Geschwader unter Admiral Nishimura hatte Order, durch die Surigao-Straße bis zum Golf von Leyte selbst vorzustoßen. Dieses Geschwader wurde durch ein amerikanisches Geschwader unter dem Befehl von Konteradmiral Oldendorf buchstäblich vernichtet, und zwar in dem ersten und letzten Seegefecht, das im Pazifik in der klassischen Manier über Wasser ausgetragen wurde.
Wie viele andere Admiräle vor ihm errang Oldendorf den Sieg da-

durch, daß er »quer vor die Formation des Feindes lief«. Nishimura rückte mit seinen Schiffen in einer Reihe hintereinander durch die Surigao-Straße vor. Oldendorf führte seine Schiffe quer vor Nishimuras Vorhut, damit jedes Geschütz der amerikanischen Flotte die japanischen Schiffe erreichen, die japanische Nachhut jedoch nicht zurückschießen konnte. Nur ein japanischer Kreuzer und ein Zerstörer überlebten das Gefecht.

Oldendorf sicherte sich den Erfolg dadurch, daß er eine Reihe von Torpedoangriffen auf die feindlichen Schiffe befahl, die sich dem Eingang der Straße von Surigao näherten. Er postierte mehrere Torpedoboot-Einheiten am südlichen Eingang der Meerenge, und hatte auf beiden Seiten der Meerenge Zerstörer liegen. Am Ausgang der Meerenge lagen vier Reihen schwerer Schiffe – sechs Schlachtschiffe, drei schwere Kreuzer und zwei Einheiten leichterer Kreuzer, darunter ein australischer Kreuzer – die dort abwarteten, doch jederzeit bereit waren einzugreifen. Als seine Hauptflotte, die sich wie eine Schützenkette von einer Seite der Meerenge bis zur anderen spannte, schließlich aus einer Entfernung zwischen acht und zehn Seemeilen das Feuer eröffnete, war das ein denkwürdiges und folgenreiches Schauspiel. Captain Roland Smoot, der eine Zerstörerflottille befehligte, berichtete, daß »die gebogenen Leuchtspurbahnen aussahen wie eine ununterbrochene Reihe erleuchteter Eisenbahnzüge, die über einen Hügel rollen. Anfangs war kein einziges Ziel auszumachen. Doch dann gab es bald Feuer und Explosionen, und damit war dann wieder ein Schiff erledigt.«[13]

Der dritte japanische Flottenverband unter Admiral Kurita hatte gleichfalls Befehl, den Golf von Leyte anzulaufen und MacArthurs Truppentransporter anzugreifen. Amerikanische Unterseeboote versenkten drei von Kuritas schweren Kreuzern, und die Piloten von Mitschers Einsatzgruppe 58 versenkten in der Sibuya-See ein Schlachtschiff. Halsey nahm fälschlicherweise an, Kurita sei damit geschlagen. Das Landeunternehmen nahm seinen Fortgang. Halsey, der den japanischen Flugzeugträgerverband nicht ungeschoren davonkommen lassen wollte, schickte seine eigenen Flugzeugträger in nördlicher Richtung hinter ihnen her. Doch Kurita, der noch über vier Schlachtschiffe und sechs schwere Kreuzer verfügte, dampfte in östlicher Richtung durch die Nacht. Um Mitternacht hatte er die schmale Meerenge von San Bernardino passiert und nahm in südlicher Richtung Kurs auf den Golf von Leyte und MacArthurs immer noch sehr verwundbaren Brückenkopf. Im amerikanischen Kommando gab es Mißverständnisse. Halsey glaubte immer noch, daß Kurita erledigt sei. MacArthur dachte, daß Halsey mit Kurita verhandle. Tatsächlich kam es so, daß sechs leichte amerikanische Geleitschutz-Flugzeugträger unter Admiral Sprague in der Frühe des 25. Oktober östlich der Insel Samar auf Kurita stießen.

Bei Admiral Spragues Geleitschutz-Flugzeugträgern handelte es sich um umgebaute Frachter. Sie trugen bis zu dreißig Flugzeuge, deren Hauptaufgabe darin bestand, Aufklärungsflüge zum Schutz von Geleitzügen zu unternehmen. Diese Schiffe hatte man eigens entwikkelt, um sie während der Schlacht im Atlantik gegen U-Boote einzusetzen, und sie waren nicht geeignet, regelrechte Luftangriffe zu fliegen, worin die Offensiv- und Defensivwaffe der weit größeren und schnelleren Flugzeugmutterschiffe bestand. Außerdem waren diese Schiffe vergleichsweise langsam. Zu Beginn der Schlacht bei Samar hatte Admiral Sprague den Nachteil, daß seine Geleitschutz-Flugzeugträger vierzehn Knoten weniger liefen als die gegnerischen Schiffe. Allerdings war es von Vorteil für ihn, daß es regnete. Obendrein versuchte er, sich durch Vernebeln zu schützen; Vernebelung ist der traditionelle Bundesgenosse jedes Admirals, der sich einer erdrükkenden Übermacht gegenübersieht. Seine vergleichsweise wenigen Flugzeuge taten ihr Bestes und tankten inzwischen auf dem einzigen Flugplatz auf, der bislang auf den Philippinen zur Verfügung stand – was Sprague davor bewahrte, mit seinen Schiffen gegen den Wind zu laufen, um den Maschinen die Möglichkeit zum Landen auf Deck zu geben, in einem Augenblick, wo ein solcher Zwangskurs selbstmörderisch gewesen wäre. Wahrscheinlich entschieden jedoch die Manöver von Spragues Zerstörern das Treffen. Eine halbe Stunde nach Beginn des Gefechts meldete Sprague, daß der Feind sein Geschwader »mit verwirrender Schnelligkeit einkreiste, das Geschützfeuer ständig zunahm und die Treffsicherheit immer höher wurde«. Der dem Feind nächstgelegene Zerstörer war die USS *Johnston.*

Die *Johnston* war vor nicht ganz einem Jahr in Dienst gestellt worden. Der Kommandant, Fregattenkapitän Ernest E. Evans, war ein Cherokee-Indianer, der ein leidenschaftlicher Seemann geworden und entschlossen war, den Sieg Japans zu verhindern. Am 27. Oktober 1943 hatte er seiner neuen Mannschaft erklärt: »Dieses Schiff wird wirklich kämpfen. Ich habe nicht die Absicht, auf Nummer Sicher zu gehen. Jeder, der nicht mitmachen will, tut gut daran, gleich von Bord zu gehen.«[14]

Die japanische Flotte bestand, wie man es von der *Johnston* aus sah, aus vier Schlachtschiffen, sieben Kreuzern und zwölf oder noch mehr Zerstörern. Zwanzig Minuten lang durchlebte Commander Evans den schlimmsten Alptraum, der einem Kriegsschiffkommandanten widerfahren kann: in Reichweite der feindlichen Geschütze zu liegen, ohne selbst zurückschießen zu können. Er nebelte die Geleitschutz-Flugzeugträger ein und »steuerte nach dem letzten Einschlag« – die tradi-

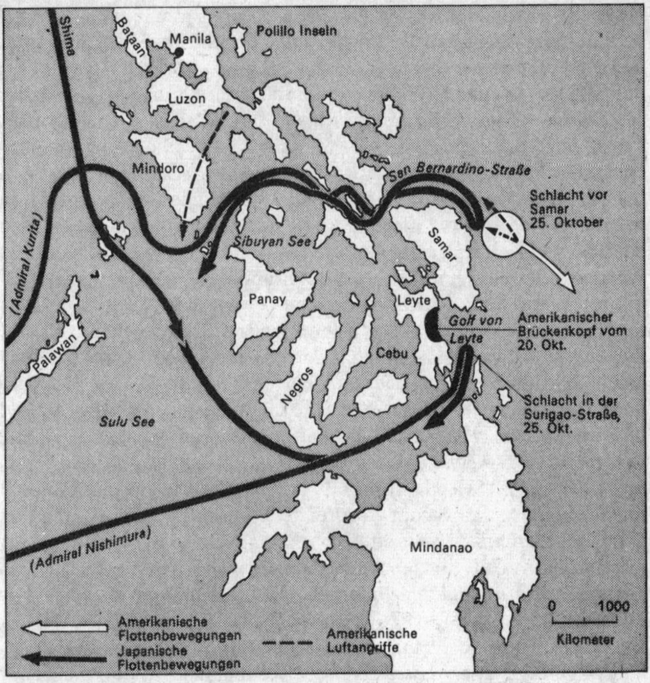

Die Schlacht im Golf von Leyte, Oktober 1944

tionelle Methode eines Kapitäns mit unterlegener Reichweite, um die Berechnungen des Geschützoffiziers, der auf ihn feuert, über den Haufen zu werfen.

Die normalen Zielberechnungen auf See werden durch die Tatsache erschwert, daß sowohl das Geschütz, das feuert, als auch das Ziel, auf das gefeuert wird, sich bewegen. Der Geschützoffizier des feuernden Schiffes muß Kurs und Geschwindigkeit seines Ziels ebenso in seine Berechnungen einbeziehen wie den Kurs und die Geschwindigkeit seines eigenen Schiffes, außerdem die Flugzeit seiner Granaten sowie Richtung und Stärke des Windes. Geht er von den Wasserfontänen aus, die von den von ihm abgefeuerten Granaten beim Einschlag im Wasser hervorgerufen werden, und sieht er, daß er zu kurz schießt, wird er auf eine größere Entfernung einstellen. Beobachtet er, daß seine Schüsse dem Ziel vor den Bug gehen, wird er versuchen, die Geschwindigkeit des feindlichen Schiffes genauer einzuschätzen. Die

Praxis des »nach dem letzten Einschlag Steuerns« beruht darauf, sich nach der ursprünglichen Berechnung des Geschützoffiziers zu richten und ihn bei seinen weiteren Berechnungen zu täuschen. Diese Kunst ist kniffliger, als es vielleicht klingt – sie läuft darauf hinaus, den Mann, der auf einen feuert, dahin zu bringen, daß er seine ursprünglichen Fehler übergenau auszugleichen versucht. Geht seine erste Salve daneben und liegt sie hinterm Heck, wird er zu dem Schluß kommen, daß man schneller läuft, als er angenommen hatte. Die richtige Reaktion besteht also darin, jetzt nicht schneller zu laufen, sondern langsamer. Nach dem letzten Einschlag zu steuern ist eine wohlerprobte Technik, die mehr oder weniger während des gesamten Zweiten Weltkriegs intelligente Geschützoffiziere in die Irre geführt hat. Allerdings ist es eine Kunst, für die es starker Nerven bedarf. Kapitän Evans mußte diese Technik zwanzig Minuten hindurch beibehalten, und das ist bei einem Zerstörergefecht eine sehr lange Zeit. Sobald der Feind in Reichweite seiner 12,5-cm-Geschütze lag, feuerte er 200 Salven und 10 Torpedos ab, die meisten auf den japanischen Kreuzer *Kumano*, der später sank. Allerdings erhielt die *Johnston* selbst auch drei Treffer, welche eine Maschine stillegten, den Steuermechanismus lähmten und den elektrischen Strom von drei der 12,5-cm-Geschütztürme und dem Kreiselkompaß abschnitt. Nach einem Gefecht mit einem japanischen Schlachtschiff konzentrierte die *Johnston* sich auf einen japanischen Kreuzer, der auf den Geleitschutz-Flugzeugträger *Gambier Bay* feuerte.
Evans Ziel war es, das Feuer vom Geleitschutz-Flugzeugträger abzulenken und die japanische Zerstörer-Flottille, die sich den Flugzeugträgern näherte, auf sich zu ziehen. Da er sämtliche Torpedos verschossen hatte und nur noch eine Maschine arbeitete, das Schiff von Hand gesteuert werden mußte und die Brücke in Flammen stand, konnte die *Johnston* schließlich über kein einziges Geschütz mehr verfügen, und bald fiel auch noch ihre zweite Maschine aus. Gegen viertel nach zehn Uhr vormittags wurde sie von den japanischen Zerstörern erledigt. Sie hatte eine fast dreistündige Schlacht durchgestanden. Fregattenkapitän Evans und 185 seiner 327 Mann starken Besatzung fanden den Tod in den Wellen.
Zwei andere amerikanische Zerstörer, die *Hoel* und die *Samuel B. Roberts*, gingen im Verlauf desselben Treffens nach ähnlich kühnen Taten unter. Es handelte sich um eines der mörderischsten Zerstörergefechte im Verlauf des Pazifik-Krieges, aber es war erfolgreich gewesen. Die Besatzungen der USS *Johnston, Hoel* und *Samuel B. Roberts* gehören zu denen, denen es vornehmlich zu verdanken ist, daß MacArthurs Rückkehr zu den Philippinen nicht nur möglich, sondern gewiß wurde.

Admiral Sprague hatte fünf Schiffe verloren. Zwei Geleitschutz-Flugzeugträger, die *Saint Lo* und die *Gambier Bay*, wurden trotz aller Bemühungen der Zerstörer, sie zu retten, von den Japanern versenkt. (Die *Saint Lo* wurde von einem der ersten Kamikaze-Flieger der japanischen Kriegsmarine versenkt.) Spragues Gegner, Admiral Kurita, kam trotzdem zu dem Schluß, daß er eine Niederlage erlitten hätte. Im Laufe des Nachmittags nahm er Kurs erst auf die Meerenge von San Bernadino und dann später auf die Ost-Passage, um nach Brunei und Borneo zurückzukehren.
Die Schlacht von Samar war nahezu ein Unentschieden. Die Amerikaner mußten den Verlust vieler Schiffe hinnehmen. Keiner der betroffenen Admiräle – Sprague und Oldendorf (denn Halsey war ja damit beschäftigt, die Hauptgruppe der japanischen Flugzeugträger zu verfolgen) – war sich damals sicher, ob jener Flottenverband, der durch die Meerenge von San Bernadino gelaufen war, Japans Hauptversuch darstellte, die Landung im Golf von Leyte zu verhindern. Oldendorf, der bereits seinen nach klassischen Regeln der Seekriegskunst gewonnenen Sieg in der Surigao-Straße in der Tasche hatte und dessen Flotte noch vollständig war, beschloß richtig, zu bleiben, wo er war, um MacArthur zu unterstützen. Seine Flotte war stark an Schlachtschiffen, verfügte aber nur über wenige Flugzeugträger, und hätte so oder so nicht rechtzeitig zur Stelle sein können. Sprague war ganz auf sich selbst gestellt. Die Schlacht bei Samar war ein von der US-Navy in der besten Tradition von John Paul Jones geführtes Seegefecht. Eine unterlegene Streitmacht weigerte sich, einer überlegenen zu weichen.
MacArthur konnte seine Position in Leyte festigen, allerdings nur unter größten Schwierigkeiten. Mit Leichtern und Zerstörern wurden von den anderen japanisch besetzten Philippinen-Inseln Verstärkungen nach Leyte geworfen. Zum erstenmal mußten die fassungslosen Amerikaner mit den Kamikaze-Fliegern fertigwerden, die sich mit ihren bombenschweren Flugzeugen auf die amerikanischen Schiffe stürzten und dabei ihr Leben opferten. Auf eine solche fremdartige und selbstmörderische Kampfesweise waren die Amerikaner nicht vorbereitet.
MacArthurs Leute kamen auf Leyte nur sehr langsam voran. Halseys Flugzeugverbände, die ihn aus der Luft unterstützten, erlitten beträchtliche Verluste. Es sollte noch bis Anfang 1945 dauern, ehe MacArthurs Streitkräfte die Philippinen oder ihre Hauptinsel Luzon fest in der Hand hatten. Seine nächste Aufgabe sah MacArthur in der Landung auf Japan selbst, und die Philippinen sollten der Hauptstützpunkt werden, von dem aus im November 1945 eine aus fünf Millionen Mann bestehende Armee Japan besetzen sollte.
Dabei waren all diese Vorbereitungen überflüssig. Die Schlacht im

Golf von Leyte war ein viel entscheidenderer Sieg, als die Amerikaner damals erkannten. Sie wußten, daß sie die Hauptmacht der japanischen Kriegsflotte auf den Philippinen geschlagen hatten. Was sie jedoch nicht wußten, war, daß dies der einzige schlagkräftige Flottenverband gewesen war, über den die Japaner überhaupt noch verfügten. In der Rückschau können einem die Augen grausam aufgehen. Hätten die Amerikaner nach Leyte gewußt, daß sie bereits die Seeherrschaft errungen hatten, hätten sie im weiteren Verlauf des Krieges vielleicht anders gekämpft, und möglicherweise hätten viele Menschenleben gerettet werden können. Unter den gegebenen Umständen glaubten sie jedoch, daß sie noch mehr Inseln brauchten.

Iwo Jima und Okinawa

Die beiden Inseln, auf die sie es abgesehen hatten, waren Iwo Jima, das am Südende jener Inselkette gelegen ist, die sich südlich der Bucht von Tokio über die Bonin-Inseln bis in die Mitte des Pazifik hinein vorschiebt, und Okinawa, eine befestigte Insel der Ryukyu-Kette, die Japan mit Formosa verbindet. Die Amerikaner wollten auf jeder dieser Inseln vornehmlich deshalb einen Flughafen haben, um es ihren Jagdflugzeugen zu ermöglichen, die B-29-Langstreckenbomber bei ihren Angriffen auf Japan zu unterstützen.
Um das zu erreichen, mußten 6000 Amerikaner auf Iwo Jima sowie 12500 auf und um Okinawa sterben. Japaner fielen auf Iwo Jima 21000, und auf Okinawa rund 100000. Iwo Jima ist eine öde kleine Insel vulkanischen Ursprungs von rund zwanzig Quadratkilometern. Die Amerikaner hatten damit gerechnet, sie innerhalb von vier Tagen in ihre Hand zu bekommen; in Wirklichkeit dauerten die Kämpfe jedoch fünf Wochen. Drei Divisionen der Marine-Infanterie kämpften sich die Lavahänge hinauf und stellten dann fest, daß die Japaner sich entschlossen und unsichtbar in Stellungen verschanzt hatten, die sie in die Hänge des Iwo Jima beherrschenden Suribachi-Vulkans eingegraben hatten.
Okinawa war womöglich noch schwerer befestigt und lag überdies auch noch in Reichweite der japanischen Luftstützpunkte auf Formosa und Kyushu. Die Amerikaner, zwei Armeekorps, hatten es also nicht nur mit entschlossenen Verteidigern zu tun, die sich in den Bergen eingegraben hatten, sondern auch noch mit Kamikaze-Fliegern, die von Landstützpunkten aus operierten. Die Einsatzgruppe 58, welche die Landeunternehmungen auf Okinawa deckte, erlitt gleichfalls Verluste durch die Kamikaze-Flieger. Am 7. April 1945, eine Woche, nachdem die ersten Truppen an Land gegangen waren, schickte die japanische

Admiralität ihr größtes und einziges noch verbliebenes Schlachtschiff, die *Yamato*, um in die Kämpfe um Okinawa einzugreifen. Die *Yamato* wurde versenkt, noch ehe sie den Kampfschauplatz erreichte, und zwar von Piloten der Einsatzgruppe 58. Aber auch sonst hätte sie wohl kaum eine Chance gehabt, heil davonzukommen. Die Japaner hatten sie mit genügend Treibstoff losgeschickt, um ihr Ziel zu erreichen, aber zur Rückkehr hätte er nicht ausgereicht. Mit anderen Worten – die *Yamato* war das größte Kamikaze-Unternehmen des Krieges überhaupt.

Okinawa fiel am 21. Juni 1945 in amerikanische Hand. Am 26. Juli forderten Präsident Truman, Churchill und Tschiang Kai-Tschek Japan gemeinsam auf, die Waffen zu strecken. Sonst, hieß es, müsse das Land sich auf eine »rasche und vollkommene Zerstörung« gefaßt machen. Die Japaner ergaben sich nicht. Die Zerstörung erfolgte am 6. August 1945.

Drei Langstreckenbomber vom Typ B-29 stiegen von Tinian auf und nahmen Kurs auf Hiroshima, die achtgrößte japanische Stadt. Eine B-29, die *Enola Gay*, hatte eine Atombombe an Bord. Die beiden anderen gaben Geleitschutz, machten Luftaufnahmen und hatten Meßgeräte für Temperatur, Luftdruck und Radioaktivität an Bord. Die Operation stand unter dem Kommando von Oberst Tibbetts; er war dreißig Jahre alt und ein außergewöhnlich erfahrener Pilot. Colonel Tibbetts hat den Einsatz beschrieben, der das Atomzeitalter eröffnete:

> »Bislang war es auf jedem Kriegsschauplatz üblich gewesen, einfach Kurs auf das Ziel zu nehmen, immer in der gleichen Höhe zu bleiben, die Bomben auszuklinken und einfach weiterzufliegen, weil man die Bomben in Tausenden von Metern Höhe abwerfen und später ohne Bedenken wieder über die bombardierte Stelle zurückfliegen konnte. Die Wissenschaftler entschieden jedoch, daß unser Flugzeug, um es samt der Besatzung zu erhalten, nach dem Ausklinken der Bombe nicht weiterfliegen durfte. Es mußte umkehren und so schnell wie möglich davonfliegen. Wenn man mit dieser Maschine die Kurve in einem möglichst steilen Winkel flog und 158° vom bisher geflogenen Kurs abdrehte, brachte man am schnellsten die größtmögliche Distanz zwischen sich und den Explosionsherd. Man mußte von der Druckwelle fortkommen, die in Form eines sich mit zunehmender Höhe immer weiter ausbreitenden Ringes vom Boden zurückgeworfen wurde. Man muß diese Kurve fliegen, um so weit wie möglich von dem sich ausweitenden Kreis fortzukommen, und 158° waren eben der Kurs, den man für diesen speziellen Kreis errechnet hatte. Es war schwierig. So etwas tat man mit einem so großen Bombenflugzeug für gewöhnlich nicht.

Einen so steilen Winkel flog man im allgemeinen nicht – man könnte es ja fast als ein akrobatisches Manöver bezeichnen – und mit einem so großen Flugzeug ging das normalerweise nicht. Aber wir verfeinerten unsere Technik und lernten, wie man es trotzdem tun konnte. Man hatte daran gedacht, daß es beim Start zu einem Unglück kommen könnte, und daher machten wir die Bombe erst scharf, nachdem wir das Rollfeld verlassen und das Meer unter uns hatten. Das bedeutete selbstverständlich, daß es bei einer Panne zu einer normalen Explosion gekommen wäre, nicht aber zu einer Atom-Explosion. Wie ich schon sagte, machten andere Leute sich darüber mehr Gedanken als ich, da ich viel Zutrauen zu meiner Maschine hatte. Ich wußte, daß meine Motoren gut waren. Wir starteten termingerecht, so gegen 2.45 Uhr, glaube ich, und die Maschine rollte die Startbahn entlang. Sie war zwar schwer beladen, reagierte aber genau so, wie ich es erwartete. Ich hatte diese Maschine unter den gleichen Bedingungen schon oft geflogen, und es gab kein Problem, und dieser Abend war nicht anders als sonst auch. Wir kamen zum Ausgangspunkt und begannen den Anflug für den Abwurf, der ziemlich lange dauerte, nämlich elf Minuten, aber andererseits glaubten wir, daß wir diese Extraflugzeit in gleicher Richtung und gleicher Höhe brauchten, um die Geschwindigkeit zu stabilisieren und alles bis auf die letzte Kleinigkeit richtig hinzukriegen. Wie ich schon sagte, bestand das Problem nach dem Ausklinken der Bombe nicht darin, einfach geradeaus weiterzufliegen, sondern Höhe zu gewinnen. Sobald die Maschine frei war von der schweren Last, flog ich diese steile Kurve, und wir versuchten, soviel Distanz wie möglich zwischen uns und den Explosionsherd zu bringen. In unserem Fall dauerte es vom Ausklinken bis zur Explosion genau 53 Sekunden, und das reichte selbstverständlich, um die Kurve zu fliegen. Wir hatten den steilen Aufstieg gerade hinter uns und waren wieder in die Waagerechte gegangen, da hatte ich plötzlich das Gefühl, als ob jemand meine Maschine gepackt hielt und sie tüchtig durchschüttelte; das war die Druckwelle, die von unten heraufkam. Nachdem uns dann eine zweite, nicht ganz so starke Druckwelle getroffen hatte, beschloß ich umzukehren, zurückzufliegen und mir die Geschichte anzusehen. Der Tag, an dem wir die Bombe abwarfen, war klar und sonnig, und die Sicht durch nichts behindert. Nachdem wir kehrtgemacht und Hiroshima wieder vor uns hatten, sahen wir diese Wolke heraufkommen. Der jetzt zwei Minuten alte Rauchpilz hatte bereits unsere Flughöhe erreicht. Wir flogen in einer Höhe von 10000 Metern, und so hoch war der Pilz bereits und stieg immer noch weiter, brodelnd, als ob es darin kochte und quirlte. Die Oberfläche war nichts als schwarzes Gebrodel wie in einer Teertonne. Dort, wo zuvor eine Stadt mit klar erkennbaren Häusern und Gebäuden und allem gewesen war, was man aus unserer Höhe erkennen konnte, war jetzt nichts mehr zu sehen als eine tief unten brodelnde schwarze Hölle.«[15]

Drei Tage später wurde eine zweite Bombe über Nagasaki abgeworfen. Am nächsten Morgen, dem 10. August, erklärten die Japaner, sie würden sich ergeben und hörten auf zu kämpfen. Am 2. September unterzeichneten sie die Kapitulation auf dem Achterdeck der in der Bucht von Tokio vor Anker liegenden USS *Missouri*. General MacArthur wurde der nicht unwohlwollende Herrscher Japans.

Die Rückeroberung Burmas

10

Die Besetzung Burmas durch die Japaner dauerte vom 29. April 1942, dem Tag, an dem sie Lashio besetzten und damit die Straße zwischen Indien und China, die sogenannte Burmastraße, blockierten, bis zum 3. Mai 1945, dem Tag, an dem die Briten Rangun, den einzigen Hafen Burmas, zurückeroberten. Im Laufe dieser langen Besetzung eines reichen und zur damaligen Zeit noch völlig darniederliegenden Landes begnügten die Japaner sich hauptsächlich damit zu bleiben, wo sie waren. Zumindest vorläufig schienen sie nicht den Ehrgeiz zu hegen, Indien anzugreifen, wie die Briten es fürchteten. Burma und Indien trennt ein unwegsames, bergiges Gebiet, und die Japaner wurden schon anderenorts in China und im Südpazifik hart bedrängt. Sie bauten ihre Streitkräfte in Burma nicht in dem Maße auf, daß ein Einmarsch in Indien möglich oder vernünftig gewesen wäre. Immerhin hatten sie durch ihre bloße Präsenz in Burma ein wichtiges militärisches Ziel erreicht.

Durch die Besetzung Lashios und die Unterbrechung der Burmastraße schnitten sie Generalissimo Tschiang Kai-Tschek den Nachschub ab, den er bislang von den Vereinigten Staaten erhalten hatte. Nachdem Japan Anfang der dreißiger Jahre in China eingerückt waren und später die chinesischen Häfen besetzt hatte, war der Weg über Burma das einzige Bindeglied gewesen, durch das Amerika Tschiang Kai-Tscheks Armeen versorgen und stärken konnte. Durch die Besetzung Burmas im Jahre 1942 durchtrennten die Japaner dieses Bindeglied.

Die Burmastraße scheint den Amerikanern immer wichtiger gewesen zu sein als den Briten. Aus historischen und bisweilen zufälligen Gründen vertrauten die Amerikaner Tschiang Kai-Tschek mehr, als er es vielleicht verdiente. Gewiß setzten sie mehr Vertrauen in ihn, als die Briten es taten. Es bezweifelten aber auch eine Reihe von Amerikanern Tschiang Kai-Tscheks Fähigkeit und Entschlossenheit, gegen die Japaner zu kämpfen. Man argwöhnte – wahrscheinlich zu Recht –, daß ihm mehr daran gelegen sei, seinen kommunistischen Rivalen Mao Tse-Tung zu besiegen als die Japaner. Vermutlich hatten die Briten recht mit der Annahme, daß Tschiang Kai-Tschek nicht alle seine Reserven einsetzen würde, um die Japaner aus China hinauszuwerfen. Und die Amerikaner hatten vermutlich unrecht, wenn sie hofften, daß er es tun würde.

Auf jeden Fall wurde die Wichtigkeit, welche die Alliierten der Burmastraße beimaßen, und folglich der blutige und schwierige Feldzug, den sie 1944 und 1945 führten, um sie wieder zu eröffnen, weitgehend von Ereignissen bestimmt, die sich in den dreißiger Jahren in China abspielten. Beim ersten handelte es sich um einen am 18. September 1931 in der Mandschurei inszenierten Zwischenfall: eine Bombe zerstörte einen Teil der Südmandschurischen Eisenbahnlinie, eines unter Schutz und Kontrolle der Japaner stehenden chinesischen Unternehmens. Die Japaner taten sofort, als wären sie furchtbar erregt darüber, und schickten ihre Armee, um die gesamte Mandschurei zu besetzen. China wandte sich an den Völkerbund, doch der beschränkte sich darauf, Japan »dringlichst nahezulegen«, Abstand von seinem Entschluß zu nehmen und direkt mit China zu verhandeln. Außerdem ernannte der Völkerbund eine Kommission unter Lord Lytton, die das Problem untersuchen sollte. Die Japaner kümmerten sich nicht darum – genau wie später Mussolini. Sie besetzten die Mandschurei, setzten eine Marionettenregierung ein und übernahmen selbst die Verwaltung des Landes. Außerdem schickten sie sich an, in Schanghai einzumarschieren, zogen dann jedoch aufgrund des Drucks des Völkerbunds noch im Anfangsstadium ihre Truppen wieder zurück. Doch das blieb der einzige Erfolg, den der Völkerbund im Fernen Osten zu verzeichnen hatte.

Die Lytton-Kommission empfahl, die japanischen Streitkräfte sollten die Mandschurei verlassen, wo sie nichts zu suchen hätten. Im Völkerbund gab es eine lange Debatte darüber, was getan werden sollte. Im Februar 1933 – siebzehn Monate nach der ursprünglichen Bombenexplosion – beschloß der Völkerbund, die Japaner aufzufordern, sich zurückzuziehen, und erklärte, er würde den Marionettenstaat Mandschurei (heute Mandschukuo) nicht anerkennen. Abermals kümmerten die Japaner sich nicht darum. Keines der bedeutenderen Mitgliedstaaten des Völkerbunds schien bereit einzugreifen, um dieser Forderung Nachdruck zu verleihen. Die hochfliegenden Hoffnungen des Jahres 1918, auf die der Völkerbund sich gründete, blieben Illusionen. Die Nationen blieben Nationen, und die Nationalregierungen blieben national. In der Mandschurei hatte ein entschlossener Aggres-

sor gezeigt, daß das neue System zur Sicherung des Friedens in der Welt nicht funktionierte.
Die Vereinigten Staaten, die ja nicht Mitglied des Völkerbunds waren, zeigten sich wesentlich besorgter. Amerika lag näher an Japan als die europäischen Hauptmitgliedsstaaten des Völkerbunds. Nächst Amerika war Japan die zweitwichtigste Macht im Pazifik. Die Vereinigten Staaten wurden unruhig, als Japan Zeichen aggressiver Tendenzen zeigte. Amerika war aus der Rebellion gegen den Imperialismus von König Georg III. hervorgegangen. Anti-Imperialismus gehörte – und gehört bis zu einem gewissen Grade heute noch – zum Sendungsbewußtsein der meisten Amerikaner. China war von den großen Staaten des Westens – Großbritannien, Frankreich, Deutschland (vor dem Ersten Weltkrieg) – hemmungslos ausgebeutet worden, nicht jedoch von den Vereinigten Staaten, zumindest nicht auf dieselbe Art. Chinas europäische Ausbeuter hatten Handelszugeständnisse, Vertragshäfen (wo sie sich besonderer Privilegien erfreuten) sowie die Kontrolle über die chinesischen Zölle erzwungen. Die Vereinigten Staaten, wiewohl durchaus in China präsent, waren stolz darauf gewesen, taktvoller vorzugehen. Aus Gründen, die teils gefühlsbedingt, ganz gewiß aber ungenügend waren, empfanden die Amerikaner eine gewisse Verwandtschaft mit den Chinesen, wie die europäischen Großmächte sie nicht empfanden.
Am 7. Januar 1932 teilten die Vereinigten Staaten – die der Mandschurei wegen beunruhigt waren und sich Sorgen um das Gleichgewicht der Kräfte im Pazifik machten – der japanischen Regierung formell mit, daß sie die japanische Souveränität über Länder, welche die Japaner den betreffenden Völkern mit Gewalt genommen hätten, nicht anerkennen könnten. Doch die Japaner kümmerten sich um Amerika genausowenig wie um den Völkerbund. Sie ignorierten die amerikanische Note einfach (welche die nach dem damaligen Außenminister genannte Stimson-Doktrin enthielt) und begingen damit einen ihrer ersten größeren diplomatisch unklugen Schritte im pazifischen Raum. Vom Januar 1932 an waren die Vereinigten Staaten Japan gegenüber mißtrauisch – und das mit gutem Grund.

Nachdem sie ihre Lage in der Mandschurei gefestigt hatten, verkündeten die Japaner im April 1934, daß jeder Versuch eines nicht direkt beteiligten Staates, China zu helfen, auf den Widerstand der japanischen Armee stoßen werde. 1936 erklärte die japanische Regierung de facto, daß der japanische Kaiser – darin Hitler ähnlich – sich zum Führer der Herrenrasse in Südostasien berufen fühle. Im November 1936 unterzeichnete Japan mit Hitler den Anti-Komintern-Pakt. Im Juli 1937, nach einem weiteren (vermutlich inszenierten) Zwischenfall in der Nähe von Peking drangen die Japaner dann in China selbst ein. Die entschlossenen, zahlenmäßig starken, aber schlecht organisierten Chinesen schafften es nicht, die Japaner daran zu hindern, Peking, den unteren Teil des Jang-tse-Tals sowie große Teile Süd-Chinas zu besetzen. Anfang 1937 hatte die japanische Armee die fruchtbare östliche Küstenregion erobert, nicht jedoch China oder die Chinesen unterjocht; das gelang ihr nie. Dafür rief der japanische Erfolg in Ostchina nicht nur die Westmächte und die Vereinigten Staaten, sondern auch die Sowjetunion auf den Plan. In der nördlichen Mandschurei war es zu ernsten Grenzkämpfen gekommen; es sollten nicht die letzten gewesen sein. Die Russen waren Japan gegenüber auf der Hut. Großbritannien und die Vereinigten Staaten machten sich Sorgen um China. Beide Staaten begannen nun ernstlich, die militärische Unterstützung für Tschiang Kai-Tschek zu organisieren. Die Amerikaner mit ihren überlegenen Möglichkeiten schickten mehr als die Briten. Doch von diesem Augenblick an schien der Burmastraße entscheidende Bedeutung zuzukommen bei dem Versuch, Japan in Schach zu halten.

Die Japaner konnten China nicht erobern, teils, weil es zu groß war, teils aber auch wegen des starken Widerstands der Chinesen. Als im Dezember 1941 der Krieg im Pazifik begann, waren dreizehn von Japans dreiundvierzig Armee-Divisionen in der Mandschurei gebunden und fünfundzwanzig in China. Tschiang Kai-Tschek hatte seine Hauptstadt und sein Hauptquartier nach dem in den südwestchinesischen Bergen gelegenen Tschungking verlegt. Die Kommunisten hatten im Norden freie Hand. Zu Beginn des Kriegs im Pazifik gab es buchstäblich bereits zwei Chinas mit zwei rivalisierenden Regierungen. Beide kämpften zwar gegen die Japaner, gelegentlich aber auch gegeneinander. Die Japaner machten jedoch nur langsame Fortschritte. Im Juni 1940, dem Monat, in dem Frankreich in deutsche Hände fiel und das Schicksal Großbritanniens besiegelt schien, verlangte Japan, daß Großbritannien die Burmastraße sperre. Dem daheim arg bedrängten Großbritannien blieb nichts anderes übrig, als sich vorübergehend damit einverstanden zu erklären. Zunächst einmal war Tschiang Kai-Tschek ganz auf sich allein gestellt.

Im Oktober 1940 ersuchte Tschiang Kai-Tschek Präsident Roosevelt, eine von amerikanischen Piloten geflogene Luftflotte von 500 Maschinen in seinen Dienst zu stellen. Fünfhundert bekam er zwar nicht, aber immerhin einige. Das Kommando führte Oberst Claire Chennault, ein glänzender Flieger und vor kurzem pensionierter Offizier der US Air Force. Chennault gründete seine chinesische Luftwaffe, die American Volonteer Group (AVG: Amerikanische Freiwilligen-Gruppe), die aus 100 Jagdflugzeugen und Piloten bestand, welche von der US Navy und der US Army freigestellt worden waren und später als »Fliegende Tiger« Berühmtheit erlangen sollten. Die AVG versammelte sich im November 1941 in Burma. Mittlerweile hatte der Pacht- und Leihvertrag Präsident Roosevelt in die Lage versetzt, China in größerem Umfang Hilfe zu schicken. Barbara Tuchmann vertritt in ihrer ins einzelne gehenden Untersuchung der amerikanisch-chinesischen Beziehungen die Meinung, daß dies der Zeitpunkt gewesen sei, wo Amerikas Einflußnahme auf Tschiang Kai-Tscheks China anfing, sich von freundschaftlicher Hilfe in eine zuletzt belastende Verstrickung zu wandeln.

»Danach wurde der Strom von Hilfsgütern eine Investition, und die Notwendigkeit, diese Investition zu schützen, verstärkte den Zufluß, bis er zu einer Silberschnur wurde, die Amerika an die nationalchinesische Regierung [Tschiang Kai-Tscheks] band. Kein Bündnis ist so heikel wie die Hilfe für bedürftige Freunde . . . Das Programm war kein philantropisches Werk, sondern sollte ein Mittel sein, mit dem die Chinesen die Japaner beschäftigt halten konnten. Durch sämtliche sich wandelnden Umstände und Verhältnisse in der kommenden Periode blieb dies Zweck der amerikanischen Hilfe, die ihren ursprünglichen Fehler immer beibehielt; der Zweck, den die Amerikaner verfolgten, war nicht derselbe, den die Chinesen verfolgten. China war nicht vornehmlich daran interessiert, die in China brandschatzenden und das Land terrorisierenden Japaner aktiv beschäftigt zu halten, damit die Amerikaner Ruhe vor ihnen hätten. Die Regierung Nationalchinas wünschte amerikanisches Geld und amerikanische Waffen vornehmlich, um ihre eigene Position zu stärken. Anders als Großbritannien, das nur mit einem Feind außerhalb Großbritanniens zu tun hatte, konnte Tschungking [Tchiang Kai-Tscheks Hauptstadt] den Feind im Inneren mit Windeseile hinter sich näherkommen hören.«[1]

Der »Feind im Inneren«, das war die chinesische kommunistische Partei und ihre Armeen. Der Mann, der damals zutiefst den Verdacht hegte, daß General Tschiang Kai-Tschek mehr daran interessiert sei, seine neuen Waffen gegen die Kommunisten als gegen die Japaner einzusetzen, war General (Vinegar Joe) Stilwell, der viele Jahre hindurch an der US-Botschaft in Peking beschäftigt gewesen war. Anfang 1942 bekam Tschiang Kai-Tschek zusammen mit seinen Waffen und Hilfsgütern auch Stilwell. Er wurde Tschiangs amerikanischer Militärberater, und sein Auftrag von Washington ging dahin, die chinesischen Armeen auszurüsten und auszubilden, damit sie sich wirksamer gegen die Japaner zur Wehr setzen könnten.

Stilwell kam zu einem schlechten Zeitpunkt. Die Burmastraße war definitiv blockiert, seit die Japaner im April 1942 vom Süden her in

Burma eingefallen waren und die Briten nach Indien abgedrängt hatten. Amerikanische Piloten flogen die Waffen- und Güterlieferungen für Tschiang Kai-Tschek von Flugplätzen in Assam über den »Buckel«, also über den östlichen Himalaya nach China hinein. Diese »Buckel-Route« galt unter den Piloten als die schlimmste Flugstrecke auf der ganzen Welt.

Stilwell und der britische Oberbefehlshaber in Indien, Sir Archibald Wavell (der diesen Posten übernommen hatte, nachdem Churchill ihn von seinem Kommando im Mittleren Osten entbunden hatte), beschlossen, Nord- und Zentral-Burma so bald wie möglich zurückzuerobern, von Ledo ausgehend eine neue, über Myitkyina und Bhamo führende Straße zu bauen und auf diese Weise doch wieder eine Landverbindung mit Kunming zu haben, dem Endpunkt von Tschiang Kai-Tscheks Eisenbahnlinie in China. Gleichzeitig machte Stilwell es sich zur Aufgabe, so viele chinesische Divisionen wie möglich neu auszurüsten und drei davon in Indien auszubilden. Wavell beschloß, Akyab an der Westküste der Arakan-Halbinsel zurückzuerobern. Zuerst hatte er den Plan gehabt, einen Angriff von Norden her mit einem Landeunternehmen von See zu kombinieren. Aber die Landungsfahrzeuge, die er benötigt hätte, wurden gebraucht, um Truppen in Madagaskar zu landen, wo die französische Garnison der Vichy-Regierung treu geblieben war. Das Madagaskar-Unternehmen dauerte jedoch länger, als man angenommen hatte. Ohne gleichzeitige Unterstützung durch Landetruppen von See her schlug der Angriff auf Akyab fehl, und im Mai 1943 waren Wavells Truppen wieder dort, von wo sie hergekommen waren.

Wavells Hauptbemühungen galten jedoch der Reorganisation der indischen Armee, um sie auf einen Angriff in Nord- und Zentral-Burma vorzubereiten. Er bildete eine Einsatzgruppe aus, die besonders weit vorstoßen sollte, General Wingates berühmte »Chindits«, die den Japanern in den Wäldern zusetzen sollten. Der erste Vorstoß der Chindits hinter die feindlichen Linien begann im Februar 1943 und sollte sie teuer zu stehen kommen. Rund 3000 Soldaten stießen auf dem Landweg in feindliches Gebiet vor oder wurden mit Lastenseglern dorthin gebracht; nur 2200 kehrten zurück. Die Chindits operierten rund vier Monate hinter den feindlichen Linien und machten den Japanern schwer zu schaffen – ganz abgesehen davon, daß sie sich selbst und dem Rest der alliierten Armeen den Beweis erbrachten, daß es für Truppen bei ausschließlicher Versorgung aus der Luft möglich sei zu überleben. Außerdem bewiesen sie aber auch den Japanern, daß der Chindwin-Fluß von entschlossenen Männern überquert werden konnte. Sir Robert Thompson, damals Flieger-Oberleutnant, war einer von ihnen:

»Ende 1942 waren die britischen und indischen Armeen in ganz Südostasien geschlagen worden. Eine der Hauptursachen für diese Niederlage bestand darin, daß sie in den weiten Räumen Südostasiens auf die spärlich vorhandenen Straßen angewiesen waren. Ich glaube, Wingate fand die Antwort darauf. Er erkannte, daß die Truppen in weit ausgedehnten Räumen operieren mußten und daß es zwei Faktoren gab, die wir uns nicht genügend zunutze machten. Beim ersten handelte es sich um den Funk. Schließlich kann man mit einem guten Funkgerät mit seiner Heimatbasis reden, außerdem mit nahegelegenen Einheiten, vor allem aber mit der Air Force. Der zweite Faktor war die Luft. Die eigentliche Frage ist doch, was man mit der Luftüberlegenheit anfängt, sobald man sie erst einmal erlangt hat, und darauf gab Wingate die Antwort. Die Air Force konnte der Armee helfen, auf dem Boden unten weiterzukommen und in diesen weiten Räumen zu operieren, durch Versorgung aus der Luft, durch direktere Unterstützung und vor allem durch den Abtransport von Verwundeten.

Diese Versorgung aus der Luft klappte so ausgezeichnet, daß sich die Bodentruppen völlig auf sie verließen. Man konnte es wagen, die gesamte Verpflegung aufzubrauchen, bis man nur noch die Ration für einen Tag oder weniger hatte; man konnte einen ganzen Tag ohne Verpflegung marschieren, weil man ganz genau wußte, daß abends Punkt zehn Uhr in einem bestimmten Dschungelgebiet oder auf einem Reisfeld Vorräte abgeworfen wurden, wenn man es verlangte . . .

Ein weiterer wichtiger Aspekt – den ich überhaupt den wichtigsten Aspekt der Versorgung aus der Luft nennen würde, wenn man in einem weiten Gebiet von Dschungeln und Tälern operiert – war die Frage der Verwundeten. Denn schließlich müssen sämtliche Einheiten, die unter diesen Umständen operieren, vor allen Dingen die ganze Zeit über beweglich sein, und Verwundete zwingen einen nun mal sofort, haltzumachen. Nun ja, Wingate konnte glücklicherweise Hilfe von den Vereinigten Staaten bekommen, und wir bekamen ein bemerkenswertes Flugzeug, die sogenannte L 1, die auf kürzesten Strecken landen und starten konnte und auch noch in das kleinste Tal oder Reisfeld reinkam und unsere Verwundeten fortbrachte. Ich glaube, zu dem tollsten Unternehmen, an das ich mich erinnere, kam es kurz vor Beginn der Monsunzeit; die einzige Stelle, wo wir mit dieser L 1 landen konnten, war ein Seeufer; der Wasserspiegel des Sees war, da ja noch Trockenzeit war, ziemlich niedrig, und dieses abschüssige Ufer erstreckte sich über ungefähr 140 m. Na ja, unten war's noch ziemlich morastig, aber wir hatten ein paar Kokosmatten, so daß wir also diese 140 m lange Landebahn hatten. Die

Maschine flog über den See an und landete auf dieser kurzen Strecke. In dieser L 1 war eine Bank, die man hinter dem Kopf des Piloten über den Rücksitz herunterklappen konnte, und darauf legten wir jeweils zwei Verwundete. Auf den Sitz darunter kam ein Verwundeter, der noch laufen konnte, ja wir konnten sogar noch einen vierten auf der Bank unterbringen, so daß der Pilot dessen Füße auf dem Schoß hatte. Das bedeutete insgesamt vier Mann, also rund sechs Zentner Extragewicht. Das Flugzeug mußte bergab in Richtung See starten, und wir erkannten, daß es bis dahin vermutlich nicht abheben würde. Die einzige Möglichkeit, sicherzustellen, daß es doch abhob, bestand darin, daß wir am unteren Ende der ›Rollbahn‹ eine Reihe von Sandsäcken hinlegten, die etwa 15 cm hoch waren, so daß die Maschine, wenn sie auf diese Sandsäcke stieß, etwa drei Meter in die Höhe hüpfte, was gerade eben genügen würde, um über den See rüberzuschliddern. Ich weiß noch, daß dieser amerikanische Pilot, der seinen Dienst vor Morgengrauen begann und bis nach Einsetzen der Dunkelheit arbeitete, an einem Tag achtzehn Flüge flog und 72 Verwundete hinausbrachte. Er bekam zwar keine Überstunden bezahlt, dafür aber wurde er mit dem *Distinguished Flying Cross* ausgezeichnet.
Selbstverständlich erforderte diese Art von Operation, daß die Truppen lernten, im Dschungel beweglich zu sein und von ziemlich knappen Rationen zu leben. Von mir aus gesehen waren zwei Dinge am allerwichtigsten: heißer, süßer Tee und Reis. Ich hab' mich ziemlich gut an Reis als praktisch einziges Nahrungsmittel gewöhnt. Daraus konnte man dann etwas Schmackhafteres machen, indem man Curry drüberstreute oder ihn mit Schokolade oder geschmolzenem Käse vermischte; dann hatte man jedenfalls eine heiße Abendmahlzeit. Mit dem, was ich normale Verpflegung nennen würde, hätten wir solche Operationen nie durchführen können. Erstens hätte man sie schon mal nicht tragen können. Zweitens glaube ich einfach nicht, daß Truppen unter diesen Bedingungen sie überhaupt brauchen. Wenn man fit und gut ernährt ist, ehe man so was macht, dann kann man schon zwei oder drei Monate mit sehr leichter Kost auskommen. Man weiß ja, daß man früher oder später wieder gut zu essen kriegt, wenn man rauskommt, und man hat ja, glaub' ich, auch mehr Widerstandskraft, wenn man gut genährt reingeht. Ich hab' immer denken müssen, daß man sich besser nicht auf so was einläßt, wenn man mager ist wie ein Rennpferd. Am besten hatte man noch 'ne ganze Menge Fettreserven am Körper, denn davon mußte man schon ein bißchen zehren, wenn man da draußen war.«[2]

1943 schienen die Japaner wenig Neigung zu haben, von Burma aus weiter nach Indien vorzustoßen. Sie hielten auf der Arakan-Halbinsel und in den burmesischen Flußsystemen gute Verteidigungslinien. Doch die Chindits hatten dadurch, daß sie über den Chindwin gesetzt waren, gezeigt, daß diese Verteidigungslinien weniger stark waren, als die Japaner angenommen hatten. Im Winter 1943–1944 bereiteten die Japaner sich genauso wie Wavell darauf vor, zur Offensive überzugehen. Ihr Ziel war es, die Bahnlinie Assam–Bengalen zu unterbrechen, die Kalkutta mit Ledo verbindet, dem Eisenbahnumschlagplatz für die »Buckel«-Luftbrücke, der in den Vorbergen des Himalaya liegt.

Die Japaner waren als erste fertig. Sie kamen zwar den Alliierten zuvor, beeinträchtigten deren Pläne aber nicht wesentlich. Inzwischen standen sämtliche Streitkräfte in Südostasien unter dem Oberbefehl von Admiral Lord Louis Mountbatten, dessen Stellvertreter Stilwell war. Ihr gemeinsamer Plan umfaßte kombinierte Angriffe der chinesischen Truppen unter Stilwells Kommando auf Myitkyina, der anglo-indischen 14. Armee auf Indaw, und der Streitkräfte Tschiang Kai-Tscheks von China aus in westlicher Richtung über den Salween Fluß. Außerdem plante man einen zweiten Versuch, Akyab zu nehmen, zu welchem Zweck die 14. Armee sich gerade eingeschifft hatte, als die Japaner mit ihrer Offensive begannen.

Theoretisch war damit die Lage der Alliierten gefährdet. Tschiang Kai-Tschek hatte es sich anders überlegt und wollte nicht mehr in westlicher Richtung über den Salween hinüber. Zumindest kam er damit nicht schnell und auch nicht weit voran. Anfangs schien die japanische Offensive überdies auch noch erfolgreich zu sein. Die Japaner stießen rasch durch die Arakan-Berge hindurch und umgingen die Vorauseinheiten der 14. Armee. Der Armeekommandeur, General (später Feldmarschall) Sir William Slim, war sehr gut vorbereitet und ließ sich nicht aus der Ruhe bringen. Er versuchte erst gar nicht, die Japaner in ihrem eigenen Element, dem Dschungel und den Bergen, zu bekämpfen, sondern zog seine Truppen in den Ebenen um die beiden offenkundigen Hauptziele des japanischen Vorstoßes, die Städte Imphal und Kohima, zusammen. Dort leisteten die Alliierten erbitterten Widerstand, und es gelang ihnen, beide Städte zu halten. Während Slim auf dem Luftweg Verstärkungen heranbringen konnte, war dies den Japanern nicht möglich. Eingeschlossen und voneinander abgeschnitten, widerstanden sowohl Imphal als auch Kohima einer Belagerung, die bis zum April 1944 andauerte. Slim versorgte die Belagerten ständig mit Nachschub und befestigte den genauso wichtigen Knotenpunkt Dimapur weiter im Norden. Er wartete auf die Verstärkungen, von denen er wußte, daß sie von Indien aus unterwegs waren. Als es

Juni wurde, gaben die Japaner die Belagerungen auf und befanden sich auf dem Rückzug nach Burma. Es war die erste größere Niederlage der japanischen Armee im Felde, eine Niederlage, von der die Armee in Burma sich nie wieder erholte.

Bei der Schlacht um Imphal handelte es sich um ein Defensivunternehmen, das den Erfolg der sich dann anschließenden Offensive gewährleistete. Gewonnen wurde sie hauptsächlich durch den Einsatz, die Entschlossenheit und den guten Ausbildungsstand der britischen, indischen und nepalesischen Truppen, die daran teilnahmen, weitgehend aber auch durch die kluge Vorausschau, Gelassenheit und Zuversichtlichkeit von General Slim. Er und seine Feldkommandeure, von den Generalen Scoones und Stopford in Imphal und Kohima bis hinab zu den unteren Rängen, wußten die ganze Zeit über genau, worum es ging. Slim, ein bescheidener Mann, der eigentlich wirklich keinen Grund hatte, sein Licht unter den Scheffel zu stellen, schiebt seinen Erfolg zum Teil auf die Dummheit seines Gegners, des japanischen Generals Sato. Laut Slim war Sato »ausnahmslos der am wenigsten unternehmensfreudige japanische General, der mir je begegnet ist. Er hatte den Befehl erhalten, Kohima zu nehmen und sich dort zu verschanzen. Und in seinem Kugelkopf hatte er nur einen einzigen Gedanken – Kohima zu nehmen. Es kam ihm überhaupt nicht in den Sinn, daß er uns furchtbaren Schaden zufügen konnte, ohne Kohima überhaupt zu nehmen.«[3]

Möglich, daß Slim in seiner Bescheidenheit recht hatte. Einer anderen Theorie zufolge hätte Sato jedoch aus Mangel an Material einfach nicht jene Dinge tun können, von denen Slim fürchtete, daß er sie tun würde. Es ist möglich und sogar wahrscheinlich, daß die Japaner die 14. Armee gewaltig unterschätzt und sich auf nichts Schwierigeres eingestellt hatten, als einfach hinzumarschieren. Tatsache ist jedoch, daß ihre Versuche, Imphal und Kohima zu nehmen, sie 53000 Mann kosteten, während die 14. Armee mit einem Verlust von 16700 Mann noch einigermaßen glimpflich davonkam.

Während Slim dafür sorgte, daß die Japaner bei Imphal sich ziemlich blamierten, machten Stilwell und General Merrill, Wingates amerikanisches Gegenstück (der Kommandeur der »Merrill's Marauders«) in Nord-Burma große Fortschritte, allerdings unter beträchtlichen Mühen. Sie sahen sich zwei Hindernissen gegenüber – der Entschlossenheit der Japaner und dem Zaudern Tschiang Kai-Tscheks. Stilwell versuchte, im Januar von Ledo aus nach Myitkyina vorzustoßen. Tschiang Kai-Tscheks Männer hingegen brachen erst im April in westlicher Richtung auf und überquerten den Salween-Fluß, allerdings offenbar erst nach einer massiven Drohung der Vereinigten Staaten, die

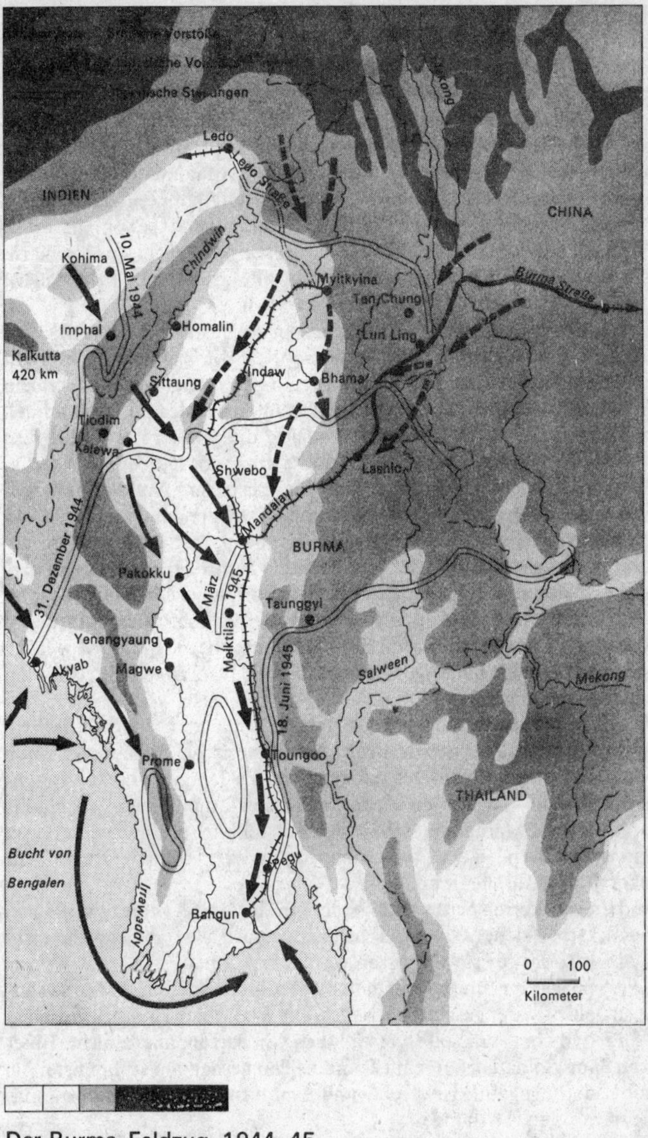

Der Burma-Feldzug, 1944–45

Lieferung von Hilfsgütern völlig einzustellen, wenn die Chinesen sich nicht in Bewegung setzten. Das war jedoch zu spät, um Stilwell noch etwas zu nützen, der zusammen mit Merrill und den chinesischen und amerikanischen Streitkräften unter ihrem Kommando derjenige war, der Myitkyina denn schließlich und endlich einnahm.
Diese Stadt ist lebenswichtig, denn von dort aus konnten die Flugzeuge China erreichen, ohne über die Berge des Himalaya zu fliegen. Sie brauchten weniger Treibstoff zu tanken und konnten daher mehr Fracht befördern. Sobald Myitikyina erst einmal genommen war, brauchten die Alliierten sich um die Berge nicht mehr zu kümmern. Nach vielen Rückschlägen gelang Stilwell und Merrill am 3. August 1944 die Eroberung dieser wichtigen Stadt.
In Süd-Burma war die 14. Armee mittlerweile trotz des Monsuns zum Angriff übergegangen. Das katastrophale Monsunwetter herrscht viele Monate im Jahr über Südostasien. Die Japaner waren in Arakan geschlagen worden. Zum erstenmal mußten sie sich an Land schnell zurückziehen. Im Dezember 1944 hatte die 14. Armee östlich wie westlich von Mandalay auf der Südseite des Irrawaddy ein paar Brükkenköpfe errichtet. Akyab an der Westküste der Arakan-Halbinsel war von der 14. Armee bereits genommen worden, und im März 1945 konzentrierten sie alle ihre Kräfte darauf, ganz Süd-Burma zu erobern. In diesem Monat fiel auch Meiktila in ihre Hand, und bald darauf sah sich sogar die japanische Garnison von Mandalay bedroht. Verbissen, aber ohne Erfolg, setzten die Japaner alles daran, den wichtigen Knotenpunkt Meiktila wiederzuerobern. Im April wurden sie aus Mandalay hinausgeworfen, und am 3. Mai zogen die Alliierten wieder in Rangun ein.
Die Kämpfe in Burma waren verbissen, risikoreich und mörderisch. Indische, britische, nepalesische und chinesische Soldaten mußten viele Entbehrungen auf sich nehmen, um die Japaner aus den von ihnen eroberten Territorien wieder hinauszuwerfen. Wingates Chindits und Merrills Marauders ließen sich auf tollkühne Unternehmungen ein und erlitten bei der Rückeroberung Burmas größte Verluste. War aber Burma all dies wert?
Indien war vor einer Invasion sicher. In der – wie immer grausamen – Rückschau sieht es so aus, als ob die Burmastraße das viele Blut nicht wert war, das für sie vergossen wurde.
Die Schlacht um Burma war einer der mörderischsten und tollkühnsten Feldzüge des gesamten Krieges. Die 14. Armee kam sich von allen vergessen vor – nur selbstverständlich von den Japanern nicht. Einer von Slims Soldaten, Sergeant Tomkins, hat gesagt, am schlimmsten sei die erste Begegnung gewesen – und zwar nicht mit den Japanern, sondern mit dem Dschungel.

»Wald kannte ich zwar, aber den Dschungel nicht. Die Luft war erfüllt von allen möglichen Tierlauten, wie ich sie noch nie gehört hatte. Wir kamen aus England und wurden von diesem Dschungel verschluckt, den wir noch nie gesehen hatten. War man erst mal drin, konnte man praktisch nichts mehr sehen. Da waren all diese Geräusche, und die jagten uns mehr Angst ein als die Japaner. Erst nach vielen Wochen gewöhnten wir uns an all diese seltsamen Laute und erkannten, daß es den Japanern genauso ergangen sein mußte . . . Wir standen alle unter einer irrsinnigen Spannung und erwarteten jeden Augenblick, daß die Japaner mitten im Dschungel von der Seite oder von vorn kommend plötzlich vor uns stehen würden. Doch dann ging uns auf, daß sie sich auch nicht darin bewegen konnten, ohne Geräusche zu machen – genausowenig wie wir. Schließlich gewöhnten wir uns daran und fanden uns im Dschungel zurecht. Als wir das geschafft hatten, war eine unserer wichtigsten Schlachten geschlagen – die Gewöhnung an den Dschungel, die Geräusche im Dschungel und an die Verhältnisse dort . . .
So etwas wie Straßen gab es überhaupt nicht. Wir marschierten schmale Wildpfade entlang. Man konnte nicht einfach, wo man wollte, in den Dschungel reingehen. Man mußte sich an diese Wildwechsel halten, genauso wie die Japaner es hatten tun müssen, Und wenn man aufeinanderstieß, dann kam es zum Kampf.«[4]

Kriegspolitik

11

Diejenigen, die den Krieg gewannen – die Alliierten – waren eine höchst unwahrscheinliche Gruppe von Nationen: das kommunistische Rußland, das kapitalistische Amerika und das imperialistische Großbritannien waren schließlich nicht von Natur aus Freunde. Nur Hitler hatte es fertiggebracht, sie zusammenzuschmieden. Ihre beiden anderen Hauptbündnispartner – de Gaulles France-Libre und Tschiang Kai-Tscheks Nationalchina – schufen für alle Beteiligten diplomatische Komplikationen. Zwar gewannen die Alliierten den Krieg gemeinsam, aber sie betrachteten einander von Anfang bis Ende voller Mißtrauen, obgleich sie nach außen hin so taten, als wären sie ein Herz und eine Seele.

Die anti-imperialistischen Amerikaner argwöhnten – zu Unrecht, wie es sich herausstellen sollte -, daß die Briten die Absicht verfolgten, ihr Empire auszudehnen und zu festigen. Die Russen standen dem Kapitalismus und allen Kapitalisten voller Mißtrauen gegenüber und weigerten sich – zu ihrem eigenen Schaden – dem Glauben zu schenken, was Churchill und Roosevelt ihnen über Hitlers Absichten sagten. Die Briten hatten – am Ende zu Recht – den Verdacht, daß die Russen die Absicht hegten, in Osteuropa anstelle der demokratischen und anderen bestehenden Regierungsformen kommunistische Diktaturen einzusetzen. Tschiang Kai-Tschek argwöhnte zu Recht, daß die Briten ihm nicht wirklich helfen wollten; und de Gaulle mißtraute allen. Trotzdem funktionierte das Bündnis. Deutschland und Japan wurden von einer Gruppe ständig miteinander im Streit liegender und grundverschiedener Nationen niedergeworfen, deren einzige gemeinsame Entschlossenheit darin bestand, sich nicht herumschubsen zu lassen.

Die Briten und die Amerikaner begannen ernsthaft miteinander zu konferieren, nachdem im Mai 1940 Churchill Premierminister geworden war. Churchill hatte bereits vorher mit Roosevelt in ständigem Gedankenaustausch gestanden, schon zu Zeiten, da er noch Erster Lord der Admiralität gewesen war. Als er Chamberlains Nachfolge antrat, nahm der Strom der Botschaften an Umfang und an Freimütigkeit zu. Churchill zog Roosevelt direkt ins Vertrauen, und zwar oft; er übermittelte ihm privat und regelmäßig sowohl die schlechten als auch die guten Neuigkeiten, und Roosevelt ging mitfühlend und warmherzig auf sie ein. Er bewunderte Großbritannien wegen seines einsamen Ausharrens und wollte, daß es Sieger blieb.

Gegen Ende des Krieges und ganz besonders während der Konferenzen von Teheran und Yalta, welche über die politische Zukunft Europas entschieden, stellte Roosevelt sich auf die Seite der Russen. Er war darin eher realistisch als illoyal. Roosevelt erkannte – was die Briten selbst noch nicht einsahen – daß durch den Krieg und andere Faktoren die Stellung Großbritanniens in der Welt bereits stark angeschlagen war. Roosevelt erkannte, daß nach dem Krieg einzig die Sowjetunion sich an wirtschaftlicher und militärischer Stärke mit den Vereinigten Staaten würde messen können, und handelte entsprechend. Außerdem verdächtigte er die Briten wohl immer noch imperialistischer Absichten. Dafür hatte er Gründe. In den dreißiger Jahren hatte eines von Churchills politischen Zielen darin bestanden, dafür zu sorgen, daß Indien das Recht auf Selbstbestimmung versagt blieb. In der Tat beeilte sein Nachfolger Attlee sich nach Beendigung des Krieges, Indien und Pakistan in die Unabhängigkeit zu entlassen, wohingegen den Russen daran gelegen war, die Länder Osteuropas so schnell wie möglich zu besetzen und zu beherrschen. Roosevelt verdächtigte die Briten eines Imperialismus, den es im Begriff stand aufzugeben, verzieh der Sowjetunion jedoch einen anderen Imperialismus, den sie im Begriff stand zu praktizieren.

Wenn auch in Teheran und Yalta zwischen den Alliierten ein sehr kühles Klima herrschte, half das Hitler keineswegs. Die militärische Zusammenarbeit zwischen Briten und Amerikanern gestaltete sich den ganzen Krieg hindurch im großen und ganzen eng und sehr großzügig. Roosevelt wußte durch Churchills Botschaften, wie ernst es um Großbritannien stand; außerdem war er sich durchaus darüber im klaren, daß die Vereinigten Staaten sich bis 1940 bis zu einem gewissen Grade darauf verlassen hatten, daß Großbritannien für den Frieden im Atlantik sorgte und damit die Vereinigten Staaten schützte. Nach dem Fall Frankreichs war Großbritannien für die Vereinigten Staaten nicht nur ein Freund in Bedrängnis, sondern auch eine bedrohte Bastion – und zwar eine Bastion, auf die die Vereinigten Staaten angewiesen waren. Die US Navy war damals noch nicht darauf vorbereitet, auf zwei Ozeanen gleichzeitig Krieg zu führen, und in seinem Rücken

konnte Roosevelt bereits hören, wie Japan mit dem Säbel rasselte. Bereits im Jahre 1940, also lange Zeit, ehe Hitler Amerika den Krieg erklärte, stellte die Verteidigung Großbritanniens ein wichtiges, vielleicht sogar ein lebenswichtiges Element innerhalb der Selbstverteidigung der Vereinigten Staaten dar.
Roosevelt hatte das begriffen, die amerikanische Öffentlichkeit und der Kongreß hingegen nicht. Die öffentliche Meinung in Amerika, die weitgehend isolationistisch orientiert war, war noch nicht bereit, sich mit der alarmierenden Aussicht abzufinden, daß ein Krieg in Europa die Vereinigten Staaten selbst bedrohen könnte. Roosevelt war ganz von seiner dritten Wahlkampagne in Anspruch genommen. Bis er im November 1940 diese Wahl gewann, konnte er es sich politisch einfach nicht leisten, Großbritannien praktisch viel zu helfen. Allerdings half er insofern, als er Großbritannien als Gegenleistung für die Benutzung von Marinestützpunkten in der Karibischen See fünfzig alte, aber gute Zerstörer überließ.
Sobald er jedoch wiedergewählt worden war, handelte Roosevelt rasch. Was Großbritannien vordringlich benötigte, war Geld, keine Zerstörer. Seit 1939 hatte Großbritannien in Amerika immer größere Mengen an Waffen und anderem Kriegsmaterial gekauft. Im November 1940 waren Großbritanniens Dollarreserven nahezu erschöpft. Roosevelt schlug Großbritannien daher den Pacht- und Leihvertrag vor, jenes System, mit dessen Hilfe die Vereinigten Staaten den Rest des Krieges über ihre Verbündeten mit Waffen versorgten, die es ihnen »lieh«. »Wir müssen«, erklärte Roosevelt, »das große Waffenarsenal der Demokratie sein.« Der Pacht- und Leihvertrag, der im März 1941 vom Kongreß gebilligt wurde, ermächtigte ihn, der »Regierung eines jeden Landes, dessen Verteidigung der Präsident für die Verteidigung der Vereinigten Staaten als lebensnotwendig erachtet«, mit Waffen und Material zu versorgen. Um sicherzustellen, daß diese Waffen auch tatsächlich vorhanden waren, richtete Roosevelt außerdem das ›Office of Production Management‹, ein, in dem Gewerkschaften und Arbeitgeber vertreten waren und das das gewaltigste Programm für die Produktion von Waffen, Schiffen und Flugzeugen aufstellen, organisieren und vorantreiben sollte, das die Welt je gesehen hat. Die Amerikaner überraschten die Welt und sich selbst. Ihr vom ›Office of Production Management‹ aktiviertes und geleitetes Organisations- und Produktionstalent ließ ein Waffenarsenal entstehen, dem sich wirklich nichts vergleichen konnte.

Die erste und eine der nützlichsten anglo-amerikanischen Konferenzen während des Krieges wurde von Wissenschaftlern organisiert; Ziel dieser Konferenz war es, das amerikanische Produktionspotential

auszuschöpfen. Der wissenschaftliche Berater des britischen Luftfahrtattachés in Washington, der Engländer Professor A. V. Hill, ein angesehener Physiker, war vom technischen Einfallsreichtum der Amerikaner ebenso tief beeindruckt wie von ihrer Fähigkeit, im großen Stil zu produzieren. Unmittelbar nach dem Fall Frankreichs und achtzehn Monate, ehe die Amerikaner selbst in den Krieg eintraten, riet Hill der britischen Regierung dringend, den Vereinigten Staaten jene fortgeschrittenen und immer noch geheimen Kriegserfindungen zugänglich zu machen, die britische Wissenschaftler gemacht hatten. Er schrieb von Washington aus an seinen Londoner Chef, Henry Tizard, daß »wir viel mehr Hilfe aus den Vereinigten Staaten und Kanada bekommen könnten, wenn wir nicht so abscheulich kleinlich und phantasielos wären«.[1] Tizard bewog die Regierung, Hills Rat zu befolgen. Im August 1940 flog Tizard nach Washington und nahm die Geheimdokumente mit, unter anderem den Plan für eine neuartige »Nahzündung« für Flakgranaten und vor allem das Hohlraum-Magnetron, jenen Apparat, der das Kurzwellen-Radargerät ermöglichte. Die Amerikaner stürzten sich dankbar und begierig auf all diese Erfindungen und fingen an, sie in Mengen herzustellen, wie es die britische Industrie nie geschafft hätte.
Obwohl es sich in vielen wichtigen Beziehungen um die bedeutendste aller Kriegskonferenzen handelte, nahm an ihr kein einziger höherstehender Politiker teil. Die unter dem Decknamen A.B.C. 1 laufende Konferenz fand im Januar 1941 in Washington statt. Die Teilnehmer waren britische und amerikanische Stabsoffiziere. Sie fällten zwei außerordentlich wichtige Entscheidungen. In London wie in Washington sollten gemeinsame militärische Planungsstäbe der Engländer und Amerikaner eingerichtet werden, welche auf der Voraussetzung zusammenarbeiten sollten, daß die Vereinigten Staaten, für den Fall, daß sie sich mit Deutschland und Japan zugleich im Kriegszustand befinden sollten, sich zunächst darauf konzentrieren müßten, Deutschland niederzuwerfen. Das war ein entscheidender Entschluß der Amerikaner, dem sie bis zum Ende treu blieben.
Für die unmittelbare Zukunft bedeutete dies, daß ein weiterer und höchst gewichtiger Grund vorhanden war, weshalb Amerika es sich einfach nicht leisten konnte zuzusehen, wie Großbritannien geschlagen wurde. Die siegreiche Beendigung der Schlacht um den Atlantik gewann für die Amerikaner womöglich noch größere Bedeutung, als sie ohnehin schon gehabt hatte. Im Juni 1941 erklärten die Vereinigten Staaten, daß die Azoren, die Ostküste Kanadas, die Bahamas, der Golf von Mexiko sowie die Karibische See zu einer Zone gehörten, für deren Verteidigung die Vereinigten Staaten die Verantwortung übernommen hätten. Grönland, das zum besetzten Dänemark gehörte,

wurde zu einem amerikanischen Protektorat. Im Juli lösten Einheiten der amerikanischen Marine-Infanterie die auf Island stationierte britische Garnison ab. Zumindest in der Schlacht um den Atlantik hatten die USA klar auf seiten Großbritanniens Stellung bezogen.
Mittlerweile hatten die Vereinigten Staaten sich auch verpflichtet, der Sowjetunion zu helfen. Hitler war am 22. Juni 1941 in Rußland eingefallen. Genauso wie Churchill versprach auch Roosevelt sogleich, den Russen alle nur mögliche Hilfe zu schicken. Genauso wie Großbritannien sollte auch Rußland »ein Land sein, dessen Verteidigung der Präsident als lebensnotwendig für die Verteidigung der Vereinigten Staaten erachtet«. Bis zum Ende des Krieges sollten die Sowjetunion über den Iran und, in etwas geringerem Ausmaß, über die russischen Häfen Archangelsk und Murmansk von den Amerikanern Waffen und Material im Wert von über 11,3 Milliarden Dollar und von den Briten im Wert von 428 Millionen Pfund Sterling erhalten, unter anderem 22 000 Flugzeuge und 13 000 Panzer. Diese Hilfslieferungen machten nur einen Bruchteil der eigenen sowjetischen Kriegsproduktion aus, aber 1941 wußte kein Mensch, wann die Sowjetunion womöglich ihre letzte Granate verschossen haben würde.

Placentia Bay

Das erste Treffen zwischen Churchill und Roosevelt während des Kriegs fand im August 1941 – sechs Wochen nach Hitlers Einfall in der Sowjetunion und vier Monate vor Japans Überfall auf Pearl Harbor und damit Amerikas Eintritt in den Krieg – in Placentia Bay auf Neufundland statt. In Placentia Bay bekräftigten Churchill und Roosevelt noch einmal die bereits getroffenen Vereinbarungen und proklamierten und unterzeichneten die als feierliche Verkündung der Kriegsziele der Alliierten gedachte Atlantikcharta.
In der Atlantikcharta hieß es, daß die Alliierten »keine Gebietserweiterungen und anderen Zuwachs« anstrebten; daß sie keine »Gebietsveränderungen« wünschten, »die nicht in Einklang stehen mit dem ausdrücklichen Wunsch der betroffenen Völker«; daß sie »das Recht aller Völker« respektierten, »sich die Regierungsform zu wählen, unter der sie leben wollen«; daß sie »versuchen würden, weiterhin dafür zu sorgen, daß alle Staaten, große wie kleine, Sieger wie Besiegte, zu den gleichen Bedingungen Zugang zum Handel und den Rohstoffen der Welt erhalten sollten«; daß es ihr Wunsch sei, »auf wirtschaftlichem Gebiet so eng wie möglich mit allen Nationen zusammenzuarbeiten mit dem Ziel, bessere Arbeitsbedingungen, wirtschaftlichen Aufstieg und soziale Sicherheit für alle zu gewährleisten«; daß die

Alliierten nach der Niederwerfung der Nazi-Tyrannei hofften, »einen Frieden zu gründen, der es allen Nationen ermöglicht, unbelästigt innerhalb der eigenen Grenzen zu wohnen, und allen Menschen in allen Ländern die Gewißheit bietet, frei von Furcht und Mangel zu leben«; daß der Frieden, wie die Alliierten ihn herstellen wollten, »es allen Menschen ermöglichen sollte, unbehindert die Meere und Ozeane zu befahren«; und schließlich, daß die Alliierten glaubten, »alle Nationen der ganzen Welt müßten aus realistischen ebenso wie aus idealistischen Gründen dazu kommen, sich der Anwendung von Gewalt zu enthalten«. »Da ein künftiger Friede nicht verwirklicht werden kann«, schloß die Charta, »wenn Nationen, die mit Angriffen außerhalb ihrer eigenen Grenzen drohen oder drohen könnten, sich weiterhin zu Lande, auf der See und in der Luft bewaffnen, glauben sie [die Alliierten], daß es notwendig ist, solche Nationen zu entwaffnen, solange ein umfassenderes und beständigeres allgemeines Sicherheitssystem noch aussteht.«

Die Charta stellt eine mutige Bekundung makelloser Absichten dar. Sowohl Churchill als auch Roosevelt glaubten an das, was sie da unterschrieben hatten. Sie hofften, daß die Charta jenen Völkern Mut machen würde, die Hitler versklavt hatte. Die anderen Regierungen der Alliierten, die Sowjetunion eingeschlossen, unterzeichneten die Atlantikcharta gleichfalls. Die polnische und die tschechoslowakische Regierung, welche die Charta auch unterzeichneten und deren Länder von den Russen beherrscht werden sollten, setzten ihre Zuversicht auf nichts Gewichtigeres als auf ein Stück Papier.

Die Arcadia-Konferenz in Washington

Bis Churchill und Roosevelt sich wieder zusammensetzten, hatte Japan Pearl Harbor angegriffen. Die Vereinigten Staaten befanden sich seit vierzehn Tagen im Krieg. Die sogenannte Arcadia-Konferenz fand in Washington statt, dauerte drei Wochen und besiegelte das anglo-amerikanische Bündnis durch die Einsetzung eines gemeinsamen Anglo-Amerikanischen Oberkommandos. Diese wichtige Entscheidung geht auf die Initiative des Generalstabschefs der US Army, General George Marshall, zurück, einen der Hauptbaumeister des alliierten Siegs. Vom Dezember 1941 bis zum Ende des Krieges trugen die ›Combined Chiefs of Staff‹, die ihren Sitz in Washington hatten, die Verantwortung für alle bedeutenderen militärischen Entscheidungen der Alliierten. Die Bildung des gemeinsamen Generalstabs als ständige Einrichtung für die Dauer des Krieges trug gewaltig dazu bei, den Krieg zu gewinnen.

Bei dieser Arcadia-Konferenz unterstrichen Churchill und Roosevelt noch einmal ihre gemeinsame Entschlossenheit, sich zunächst auf die Niederwerfung Deutschlands zu konzentrieren, obgleich Japan die amerikanische Pazifik-Flotte in Pearl Harbor vor kaum vierzehn Tagen ausgelöscht hatte. Trotz dieser Tatsache wurde Roosevelt in seinem Entschluß nicht wankend. Er ließ seine europäischen Freunde nicht im Stich, obgleich sein Land gerade eben von den Japanern einen Dolchstoß in den Rücken bekommen hatte und die amerikanischen Streitkräfte auf einer ganzen Hemisphäre in Gefahr waren. Anläßlich der Arcadia-Konferenz wurde die Organisation der Vereinten Nationen wenn schon nicht geboren, so doch zumindest ins Auge gefaßt. Sechsundzwanzig Regierungen verpflichteten sich durch ihre Unterschrift feierlich den Prinzipien der Atlantikcharta und versprachen, keinen Separatfrieden mit Hitler zu schließen, ehe nicht der totale Sieg errungen sei.
Während Churchill und Roosevelt in Washington die Atlantikcharta noch einmal bekräftigten, entdeckte der britische Außenminister Anthony Eden in Moskau, daß die Russen nicht die Absicht hatten, sich an jenes feierliche Versprechen zu halten, demzufolge die Alliierten nicht nach »Gebietserweiterungen und anderem Zuwachs trachteten«. Sir Alexander Cadogan, Edens ständiger Unterstaatssekretär, der an dem Treffen in Moskau teilnahm, schrieb am 17. Dezember 1941 in sein Tagebuch[2], Stalin wolle, »daß wir hier und jetzt die russischen Grenzen von 1941 anerkennen – wozu unter anderem ein Stück von Finnland gehört, die Ostsee-Anliegerstaaten und Bessarabien«. »Wir erklärten ihm«, fuhr Cadogan fort, »daß wir das nicht tun könnten (und er hatte uns ja diese Forderung auch nicht angekündigt). Wir diskutierten noch bis drei Uhr morgens und gingen dann, ohne zu einer Einigung gekommen zu sein.« Am 20. Dezember notierte Cadogan, es sei »ziemlich klar«, daß die Russen keinen Vertrag mit den Alliierten unterschreiben würden, »wenn wir ihre Grenzen von 1941 nicht anerkennen«. Selbst damals schon, als die Deutschen kurz vor Moskau standen, war es für Stalin klar, wie die Landkarte von Nachkriegs-Europa aussehen sollte. Rußland beanspruchte Ostpolen, einen Teil Rumäniens und die Ostsee-Anliegerstaaten. Polen sollte Ostpreußen bekommen. Deutschland sollte geteilt werden. Die Briten waren gewarnt worden, und diese Warnung stellte sich als richtig heraus. Zu all diesen Grenzänderungen sollte es nach Beendigung des Krieges kommen.
Der sowjetische Außenminister Molotow reiste erst nach London und dann nach Washington, teils, um weiterhin über einen Beistandspakt sowie über Rußlands Nachkriegsgrenzen zu verhandeln, vornehmlich jedoch, um zu verlangen, daß eine »zweite Front« in Westeuropa er-

richtet werden sollte. Die Sowjetunion erwartete von ihren westlichen Alliierten, daß sie so bald wie möglich in Westeuropa landeten. Von ihrem Standpunkt aus war das ein vernünftiger und ganz gewiß ein dringlicher Wunsch. Die Deutschen waren in Südrußland in der Offensive, standen im Begriff, eine Großoffensive auf den Kaukasus vorzutragen und belagerten im Augenblick Stalingrad. Die Rote Armee war hart bedrängt, und alles, was geeignet wäre, die Deutschen abzulenken, würde ihr helfen.
Doch noch konnte man Molotows Verlangen nicht entsprechen. Im Juli 1942 kamen die britischen Stabschefs zu dem Schluß, daß eine Landung in Frankreich selbst im Jahre 1943 noch nicht möglich sein würde. Im August bestätigte das katastrophale Mißlingen des Angriffs auf Dieppe sie in dieser düsteren Ansicht. Die amerikanischen Stabschefs teilten ihre Auffassung nicht, wurden jedoch von Roosevelt überstimmt. Allerdings war Roosevelt der festen Überzeugung, daß die Westmächte alles tun sollten, um die Russen zu entlasten. Churchill teilte diese Meinung. Das Ergebnis war der Entschluß, in Nordwestafrika zu landen. Diese Entscheidung wurde im Juli 1942 getroffen. Die Landungen sollten im November stattfinden. Oberbefehlshaber sollte Generalmajor Dwight D. Eisenhower sein.
Im August flog Churchill nach Moskau, um Stalin beizubringen, daß es weder 1942 noch 1943 eine zweite Front in Westeuropa geben würde, dafür allerdings Landungen in Nordafrika. Bei diesem Treffen ging Stalin in die Luft. Er bezichtigte die britische Armee der »Feigheit«. Churchill trat dieser Behauptung offenbar nicht weniger aufgebracht entgegen. Nur war keiner von beiden im Augenblick in der Lage, an den militärischen Fakten etwas zu ändern.

Casablanca

Das nächste Treffen zwischen Churchill und Roosevelt fand am 14. Januar 1943 in Casablanca, Marokko, statt. Die Landungen in Nordwestafrika waren erfolgreich verlaufen, und jetzt entwickelte sich der Feldzug gut.
Es war der letzte Feldzug, in dem der britische Beitrag größer war als der amerikanische. Die Landungstruppen waren hauptsächlich auf britischen Schiffen transportiert worden, da es den Amerikanern damals noch nicht gelungen war, die – später so hervorragend vonstatten gehende – Massenproduktion der sogenannten Liberty-Schiffe aufzunehmen. Auch an Land war der Beitrag der Briten größer als der der Amerikaner, und das ist vermutlich einer der Gründe, vielleicht sogar der Hauptgrund, warum die Briten sich – zum letztenmal in Casa-

blanca – den Amerikanern gegenüber mit ihrer Ansicht durchsetzten. Marshall wollte die Deutschen aus Nordafrika hinauswerfen und dann von Großbritannien aus in Frankreich landen. Churchill hingegen hatte das besetzte Europa immer vom Süden her angreifen wollen. Marshall meinte, daß man damit unnütz viel Material abzweigen müsse. Roosevelt überstimmte ihn. Man konnte es sich ja ohnehin nicht leisten, daß die Truppen in Nordafrika nach Beendigung des Feldzugs die Hände in den Schoß legten, und so beschloß man, beide Pläne zu verwirklichen, nur nicht gleichzeitig. Ursprünglich sollte Sizilien von Nordafrika aus besetzt werden, um die Durchfahrt der alliierten Schiffe durch das Mittelmeer sicherzustellen, möglicherweise aber auch als eine Art Vorspiel zu einer Landung in Italien oder in Südfrankreich. In der Zwischenzeit sollten die Vereinigten Staaten ihre Streitkräfte in Großbritannien aufbauen, um die Landung in Nordfrankreich vorzubereiten.
Außerdem proklamierte Roosevelt in Casablanca die Forderung nach der »bedingungslosen« Kapitulation – jene Forderung, die der amerikanische Oberkommandierende im Ersten Weltkrieg, General Pershing den siegreichen Alliierten so dringlich angeraten hatte. Pershings Ziel war es gewesen, der deutschen Armee die Behauptung, sie sei niemals geschlagen, sondern nur von den Politikern verraten worden, unmöglich zu machen. Vielleicht hatte Roosevelt das gleiche Ziel im Auge. »Nur durch die vollkommene Ausschaltung der deutschen und japanischen Kriegsmacht kann der Welt Frieden gebracht werden«, sagte Roosevelt. »Die Vernichtung der deutschen, japanischen und italienischen Kriegsmacht bedeutet die bedingungslose Kapitulation Deutschlands, Japans und Italiens.«
Diese Feststellung ist kritisiert worden unter dem Gesichtspunkt, daß sie keinen Raum für einen Verhandlungsfrieden lasse. In der Praxis machte die Doktrin von der bedingungslosen Kapitulation keinen Unterschied aus. Noch vor Kriegsende waren die Italiener durch Verhandlungen mit den Westmächten zu einer Friedensregelung gekommen, und kein Mensch erwähnte die bedingungslose Kapitulation auch nur mit einem Wort. Worum es ging, war, daß die Deutschen und die Japaner bedingungslos kapitulierten, was sie am Ende ja dann auch taten.

De Gaulle gegen die Anglo-Amerikaner

Die Landungen in Nordwestafrika führten zur heftigsten von vielen ermüdenden Streitereien zwischen dem Führer des Freien Frankreich, de Gaulle, und den Briten und Amerikanern. 1940 hatten die Vereinigten Staaten die Vichy-Regierung anerkannt und unterhielten seitdem diplomatische Beziehungen mit ihr. De Gaulle sah darin so etwas wie Verrat. Und als die Briten und Amerikaner ohne sein Wissen in einem Gebiet landeten, das er als französischen Boden in Nordwestafrika ansah, war er außer sich. Seine Empörung erfuhr womöglich noch eine Steigerung, als er hörte, daß den Amerikanern sehr daran gelegen sei, sich mit General Giraud zu verständigen, einem ehemaligen französischen Armee-Kommandeur, der aus deutscher Gefangenschaft entflohen war. De Gaulle mißtraute Giraud, weil er den Oberbefehl über die Vichy-Streitkräfte in Nordafrika übernommen hatte, nachdem Admiral Darlan, ein im höchsten Grade der Kollaboration verdächtiger Mann, am zweiten Weihnachtsfeiertag 1942 ermordet worden war. Die Amerikaner, denen es verständlicherweise hauptsächlich darum ging, Nordwestafrika mit so geringen Verlusten wie möglich zu erobern, waren bereit, mit jedem Franzosen zusammenzuarbeiten, der nicht versuchte, sich ihnen in den Weg zu stellen. Im Gegensatz zu Churchill, der schon seit 1940 mit de Gaulle zu tun gehabt hatte, scheint Roosevelt de Gaulles Wut über den leisesten Gedanken daran, daß irgendein anderer Franzose außer ihm für Frankreich sprechen könne, in keiner Weise vorausgesehen zu haben.

Nachdem die Alliierten sich mit Giraud geeinigt hatten, versuchten sie, ihn mit de Gaulle zusammenzubringen. De Gaulle saß in London und schmollte, und zwar solange, bis sogar Churchill, der besser als jeder andere begriff, daß es de Gaulle darum ging, den Namen Frankreichs zu schützen, drohte, niemals wieder persönlich etwas mit ihm zu tun haben zu wollen. Der Streit um Giraud war außerordentlich ernst. Die Zahl der Vichy-französischen Truppen in Nordafrika war groß, und auf wessen Seite sie nun eigentlich standen, war ungewiß. Das britische Foreign Office faßte Roosevelts und Churchills Dilemma in einer Botschaft an das Kabinett folgendermaßen zusammen:

> »In Einklang mit der amerikanischen Politik wurde de Gaulle nicht im voraus über das nordafrikanische Unternehmen informiert. Diese Behandlung kränkte ihn zutiefst. In der Öffentlichkeit jedoch verhielt er sich durchaus so, wie die Situation es erforderte, und er begrüßte am Abend des 8. November (dem Tag, an dem die Landungen begannen) in einer Rundfunkansprache an das französische Volk das Vorgehen der Anglo-Amerikaner. Daß man sich mit Darlan verständigte, verabscheute er ebenso wie die Unterstützung von Vichy-Elementen und die fortgesetzte Verfolgung der Gaullisten, doch machte er mehr die Amerikaner dafür verantwortlich als uns.
>
> Als Giraud am 26. Dezember die Nachfolge von Darlan antrat, erschien eine frühe Verständigung zwischen ihm und dem National-

komitee (den Anhängern de Gaulles) möglich. Der erste Schritt sollte darin bestehen, die beiden Generale zusammenzubringen, und dafür bildete die Anfa-Konferenz (die Konferenz von Casablanca) eine gute Gelegenheit. Folglich luden der Präsident und der Premierminister beide Generale ein, sich dort mit ihnen zu treffen. Giraud erklärte sich sofort dazu bereit, doch wollte de Gaulle, obgleich er prinzipiell für ein solches Treffen war (er hatte es Giraud bereits von sich aus vorgeschlagen), nicht, daß es unter anglo-amerikanischer Ägide stattfand. Er betrachtete seine Verhandlungen mit Giraud als innerfranzösische Angelegenheit und wehrte sich gegen die Vorstellung, daß sie unter Druck von außen stattfinden sollte. – Deshalb machte er alle möglichen Schwierigkeiten. Er sagte sogar: »Wenn der Präsident mich sprechen möchte, könnte ich ihn jederzeit in Amerika aufsuchen, doch ist es ein Ding der Unmöglichkeit, daß an mich eine Einladung ergeht, mich mit irgend jemandem auf französischem Boden zu treffen.« Er machte die Reise erst, nachdem der Premierminister gedroht hatte, ihn fallenzulassen, wenn er es nicht täte. Als er dort war, führte er sich arrogant und unzugänglich auf, ganz im Gegensatz zu Giraud, und es war unmöglich, zu einer vernünftigen Einigung zu kommen. Der Präsident und der Premierminister waren erbost über sein Verhalten, und nach seiner Rückkehr gab der Premierminister ihm zu verstehen, daß er persönlich nichts mehr mit ihm zu tun haben wolle, obgleich die Regierung Seiner Majestät nach wie vor mit dem Nationalkomitee zusammenarbeiten werde.

Während der lange andauernden Verhandlungen zwischen de Gaulle und Giraud, welche sich über März, April und Mai hinzogen, wurden unsere Beziehungen zu de Gaulle abermals dadurch gestört, daß die Propaganda der France Libre sich hartnäckig gegen die französischen Führer in Nord- und Westafrika und gegen die Politik der Vereinigten Staaten richtete. Das trug uns seitens der Regierung der Vereinigten Staaten Proteste ein, und es war schwer, den Amerikanern begreiflich zu machen, daß wir wirklich nichts dagegen unternehmen könnten, denn schließlich war de Gaulle finanziell von uns abhängig. Massigli (der französische Botschafter in London), dem wir stärkste Vorhaltungen machten, bedauerte diese Propaganda, sah sich jedoch außerstande, sie zu unterbinden, und es besteht kaum Zweifel darüber, daß die Verantwortlichen mit Billigung de Gaulles handelten . . .«[3]

De Gaulle war ein außerordentlich unbequemer Bundesgenosse. Es gab noch viele weitere Auseinandersetzungen. Es war seine tief verankerte Überzeugung, daß niemand anders als seine frei-französischen Streitkräfte eingesetzt werden sollten, um die von Vichy beherrschten

französischen Kolonien zurückzugewinnen. Er wollte, daß die Anhänger der France Libre ihr eigenes Gebiet und ihr eigenes Land befreien sollten, obwohl sie einfach nicht die Macht hatten, das zu tun. Er war wütend, als die Briten das unter Vichy-Herrschaft stehende Syrien und Madagaskar besetzten, weil sie sich in seinen Augen damit in die inneren Angelegenheiten Frankreichs einmischten.
De Gaulle wurde von noblen, patriotischen und verständlichen Gefühlen getragen – zumindest Churchill hatte Verständnis für sie. Im Gegensatz zu den Regierungen aller anderen besetzten Länder hatte die gewählte französische Regierung mit den Deutschen kollaboriert. De Gaulle ging es vor allem darum, diesen Makel abzuwaschen, der seiner Ansicht nach die Ehre Frankreichs befleckte. Er bestand immer und zudem bei den unpassendsten Gelegenheiten darauf, daß einzig er und seine frei-französischen Anhänger das Recht hätten, für Frankreich zu sprechen. Roosevelt begriff de Gaulles Beweggründe niemals voll und ganz, und de Gaulle konnte das Roosevelt (und Amerika) nie verzeihen.

Kairo

Im Mai 1943 trafen Churchill und Roosevelt sich abermals, diesmal in Washington, wo sie ihren gemeinsamen Entschluß bekräftigten, im Mai 1944 von Großbritannien aus in Frankreich zu landen. Im November desselben Jahres trafen sie sich in Kairo bei einer Konferenz, zu der auch Tschiang Kai-Tschek eingeladen wurde. Im Grunde war es eine Konferenz zwischen Roosevelt und Tschiang Kai-Tschek. Die Briten waren mehr oder weniger Zuschauer; trotzdem war Churchill entsetzt über das Maß an Zutrauen, das Roosevelt in die Nationalchinesen setzte – ein Glaube, den Churchill nicht teilte. Bei der Konferenz von Kairo kam denn auch nichts heraus außer dem Schlußcommuniqué und einem – niemals eingelösten – Versprechen, in der Bucht von Bengalen ein Landeunternehmen gegen die Japaner zu starten. Allerdings bildete sie das Vorspiel für die erste von zwei entscheidenden Kriegskonferenzen, an denen die drei Hauptverbündeten – die Vereinigten Staaten, die Sowjetunion und Großbritannien – teilnahmen. Von Kairo aus flogen Roosevelt und Churchill weiter nach Teheran, um dort mit Stalin zusammenzutreffen. In Teheran im November 1943 und in Yalta auf der Krim im Februar 1945 zeichneten diese drei Männer die Karte Ost-Europas neu und bestimmten weitgehend die Zukunft der osteuropäischen Völker.

Teheran

1943 fing das wahrscheinliche Geschick Polens an, das Gewissen der britischen Regierung zu beunruhigen. Großbritannien war 1939 mit der ehrlichen Absicht in den Krieg eingetreten, Polen vor der Beherrschung durch die Deutschen zu bewahren. Das bildete die Grundlage der Beziehungen Großbritanniens zu der polnischen Exilregierung in London. Doch im weiteren Verlauf des Krieges stellte sich mehr und mehr heraus, daß Polen nach Beendigung der Feindseligkeiten nicht befreit sein würde, sondern statt unter deutscher nunmehr unter sowjetischer Herrschaft stünde. Stalin hatte im Dezember 1941, als die Sowjetunion kurz vor der Niederlage gestanden hatte, Eden gegenüber in Moskau seine Absichten klargemacht.
Mittlerweile hatte man im Wald bei Katyn in einem Massengrab die Leichen polnischer Offiziere gefunden – einem Bericht zufolge waren es 1700, ein anderer spricht von 4450. Die Deutschen behaupteten, sie seien von den Russen ermordet worden, und wahrscheinlich hatten die Deutschen diesmal recht. Der britische Botschafter bei der polnischen Exilregierung, Sir Owen O'Malley, teilte dem Foreign Office in einem bewegenden Bericht mit, die britische Regierung müsse die Möglichkeit in Betracht ziehen, daß Großbritanniens russischer Verbündeter nichts Geringeres getan habe, als Offiziere im Dienst ihres polnischen Verbündeten umzubringen. Die polnische Exilregierung verlangte eine Untersuchung durch das Rote Kreuz, woraufhin Stalin die Beziehungen zu den Polen in London abbrach. Mittlerweile hatte er bereits die überlebenden polnischen Kriegsgefangenen, welche die Rote Armee 1939 gemacht hatte, freigelassen und sie über den Iran in den Westen gebracht, wo sie kämpfen sollten.
Das frühe Wissen um Stalins Absichten in bezug auf Polen sowie die Nachricht über Katyn belastete das Gewissen britischer Diplomaten bei der Vorbereitung der Konferenz von Teheran.
Allerdings behielten sie ihre Befürchtungen und bösen Ahnungen für sich. Es gab nichts, was die westlichen Alliierten unternehmen konnten, um Stalin davon abzuhalten, mit Polen zu tun, was er wollte. Folglich hatte es auch praktisch keinen Sinn für den Westen, irgend etwas zu sagen.
Der Grenzverlauf von Nachkriegspolen wurde formal festgelegt – und zwar ohne daß ein Vertreter Polens dabeigewesen wäre. Allerdings waren die in Yalta getroffenen Entscheidungen bereits in Teheran akzeptiert worden. Die Westgrenze, wie Stalin sie für die Sowjetunion haben wollte, war dieselbe, die er 1939 mit von Ribbentrop ausgehandelt hatte. Das hatte er Eden im Dezember 1941 auch in Moskau gesagt. Weder Churchill noch Roosevelt erhoben Einwände. Desglei-

chen akzeptierten sie die Oder als Polens Westgrenze mit Deutschland.
Stalin machte ihnen de facto klar, daß er beabsichtigte, die West- und Ostgrenze Polens in Richtung auf Berlin bzw. Warschau vorzuschieben. Die Polen würden weiter nach Westen ziehen müssen, genauso wie die Deutschen, ob sie es nun wollten oder nicht. Jener zwanglose diplomatische Prozeß, aufgrund dessen ein paar Millionen Polen und ein paar Millionen Deutsche ihre Heimat verlassen mußten, geht deutlich hervor aus einem Protokoll des britischen Foreign Office über ein Treffen zwischen Churchill, Roosevelt, Stalin, Eden, Molotow und hohen Regierungsbeamten, das am 1. Dezember 1943 in der Sowjetbotschaft in Teheran stattfand. Roosevelt wollte wissen, ob die Polen im Westen genausoviel Territorium dazuerhielten, wie sie im Osten verlieren würden. Im Protokoll heißt es:

> »Präsident Roosevelt bat, eine Frage stellen zu dürfen. Ob die Grenze Ostpreußens und das Gebiet östlich der Oder annähernd die gleiche Größe hätte wie die östlichen Provinzen von Polen selbst? Marschall Stalin sagte, er wisse es nicht, und man habe es auch nicht nachgemessen. Der Premierminister (Churchill) warf ein, daß der Wert dieses Landes sehr viel größer sei als die (öden und unwegsamen) Pripetsümpfe. Hier handele es sich um Industriegebiete, die Polen sehr zustatten kommen würden. Wir seien gern in der Lage, den Polen sagen zu können, daß die Russen recht hätten, daß sie sich einverstanden erklären müßten und daß es ein fairer Tausch für sie sei. Falls die Polen nicht akzeptierten, könnten wir auch nichts daran ändern. Und an dieser Stelle machte er klar, daß er nur für die Briten sprechen könne, und fügte hinzu, daß der Präsident in den Vereinigten Staaten viele Polen zu Mitbürgern habe. Abermals erklärte Marschall Stalin, falls man ihm beweisen könne, daß eines dieser Gebiete wirklich polnisches Gebiet sei, würde er es nicht für Rußland beanspruchen, woraufhin er auf der Karte westlich der Curzon-Linie und südlich von Wilna ein paar Schraffierungen machte, von denen er zugab, daß sie hauptsächlich polnisch seien. An dieser Stelle wurde die Sitzung unterbrochen, und man sah sich die Oder-Linie auf der Karte genau an. Nachdem das vorüber war, sagte der Premierminister, daß das Bild ihm gefalle und er den Polen sagen würde, falls sie nicht akzeptierten, wären sie dumm; außerdem werde er sie daran erinnern, daß sie ohne die Rote Armee völlig vernichtet worden wären. Er werde ihnen klarmachen, daß sie damit ein schönes Stück Land hätten, in dem sie leben könnten, fünfhundert Kilometer in allen Richtungen.
> Marschall Stalin sagte, es würde wirklich ein großer Industriestaat sein. Der Premierminister sagte, daß es ein den Russen freundlich

gesonnener Staat sein würde. Marschall Stalin sagte, Rußland wünsche sich ein ihm freundschaftlich verbundenes Polen. Der Premierminister wandte sich mit einiger Emphase an Mr. Eden und erklärte, daß ihm nicht das Herz brechen würde über die Abtretung von Teilen von Deutschland an Polen und auch über Lvov nicht. Mr. Eden sagte, wenn Marschall Stalin die Oder-Linie als Ausgangsbasis für Verhandlungen nähme, so könnte das eine solide Grundlage abgeben.

An dieser Stelle stellte Mr. Molotow die russische Version der Curzon-Linie vor und las den Text eines Telegramms von Lord Curzon vor, in dem alle Ortsnamen aufgeführt waren. Der Premierminister fragte, ob Mr. Molotow etwas dagegen hätte, wenn die Polen den Bezirk von Oppeln bekämen. Mr. Molotow erwiderte, er glaube nicht, daß es dagegen Einwände gäbe. Der Premierminister sagte, die Polen wären gewiß so klug, unserem Rat zu folgen. Sie bekämen ein Land von fünfhundert mal fünfhundert Kilometern, und er habe nicht die Absicht, wegen Lvov ein großes Geschrei zu machen; und sich an Stalin wendend, fügte er hinzu, er glaube nicht, daß unsere Standpunkte prinzipiell weit auseinanderlägen. Präsident Roosevelt fragte Marschall Stalin, ob er meine, daß eine Umsiedlung auf freiwilliger Basis möglich sei. Marschall Stalin sagte, das sei wahrscheinlich. Hier endete die Diskussion über Polen.«[4]

Nachdem sie über die Zukunft Finnlands gesprochen hatten, wandten die drei Führer ihre Aufmerksamkeit Deutschland zu. Im Gegensatz zu der Polens wurde über die Zukunft Deutschlands in Teheran nicht faktisch und endgültig entschieden, nur akzeptierten Großbritannien und die Vereinigten Staaten prinzipiell die Teilung Deutschlands, die von den Russen bereits akzeptiert worden war.

Laut dem Protokoll des britischen Foreign Office soll Roosevelt gesagt haben, seiner Meinung nach solle Deutschland in fünf selbständig sich regierende Provinzen und zwei unter der Treuhänderschaft der Vereinten Nationen stehende Gebiete aufgeteilt werden, wobei Ruhr- und Saargebiet eines dieser Mandatsgebiete darstellen müsse und Hamburg, Kiel und der Kaiser-Wilhelm-Kanal das zweite.

»Der Premierminister«, so heißt es im Protokoll des Foreign Office, »bat, sich eines amerikanischen Ausdrucks bedienen zu dürfen, und sagte, der Präsident habe da wirklich ›a mouthful‹ gesagt, also ein ›großes Wort‹, und dieser Plan von Mr. Roosevelt sei ihm neu. Seiner Meinung nach gehe es um zwei Dinge: etwas Konstruktives zu machen und gleichzeitig etwas Destruktives. Er habe da zwei klare Vorstellungen im Kopf. Einmal gehe es um die Isolierung Preußens. Was danach mit Preußen geschehen solle, sei nur von zweitrangiger

Bedeutung. Dann würde er gern Bayern, Württemberg, die Pfalz, Sachsen und Baden abtrennen. Während er Preußen streng behandeln würde, würde er es der zweiten Gruppe leichter machen, und das würde er gern in einem Donau-Bund verwirklicht sehen, wie er ihn einmal nennen wolle. Die Menschen in diesem Teil Deutschlands gehörten nicht zu den wildesten, und er würde gern sehen, wenn sie einigermaßen erträglich lebten; nach einer Generation würden sie schon anders denken. Die Süddeutschen würden keinen neuen Krieg anzetteln, und wir müßten dafür sorgen, daß sie Preußen gern vergäßen. Es sei ihm egal, ob es zwei Gruppen oder nur eine gäbe, und dann fragte er Marschall Stalin, ob er bereit sei, an dieser Front in Aktion zu treten.
Marschall Stalin sagte »Ja«, doch wenn Deutschland schon zerstükkelt werden solle, ziehe er einen Plan für die Teilung, ähnlich wie den des Präsidenten, vor, da er mehr darauf abziele, Deutschland zu schwächen. Wenn man es mit riesigen deutschen Truppenaufgeboten zu tun habe, dann würde man feststellen, daß sie alle wie die Teufel kämpften; das würden die britischen und amerikanischen Armeen bald erfahren. Nur die Österreicher seien anders, und dann beschrieb er die Art, wie die Österreicher sich ergäben. Die Deutschen seien alle gleich. Die preußischen Offiziere seien es, die den Kitt bildeten. Grundsätzlich bestehe jedoch kein Unterschied zwischen Norddeutschen und Süddeutschen; denn alle Deutschen kämpften wie die wilden Tiere. Wir sollten darauf achten, die Österreicher nicht in irgendein Gebilde einzuschließen. Österreich habe unabhängig existiert und könne es auch in Zukunft wieder tun. Desgleichen müsse auch Ungarn unabhängig existieren. Nach der Aufteilung Deutschlands wäre es sehr unklug, neue Staatengebilde zu schaffen, ob nun einen Donaubund oder sonst etwas.
Präsident Roosevelt sagte, damit sei er sehr einverstanden. Unter den Deutschen gäbe es keine Unterschiede, und Bayern und Preußen seien sich ziemlich gleich. Die Bayern hätten keine Offiziersklasse, sonst wären sie aber genauso wie die Preußen, wie die amerikanischen Truppen bereits herausgefunden hätten. Der Premierminister sagte, er wolle nicht den Eindruck erwecken, als sei er gegen eine Teilung Deutschlands, doch wenn Deutschland in einzelne Teile aufgeteilt würde und diese Teile nicht in anderen Staatengebilden zusammengeschlossen würden, dann würden sie sich wieder vereinigen. Es gehe nicht so sehr darum, Deutschland zu teilen, als vielmehr darum, die getrennten Teile lebensfähig zu machen, damit sie froh wären, nicht mehr vom Großdeutschen Reich abhängig zu sein. Selbst wenn man das für die Dauer von fünfzig Jahren erreichte, wäre das schon ein großer Vorteil.

Marschall Stalin sagte, es sei wichtig, keine toten Staaten zu schaffen, die man nicht wieder zum Leben erwecken könne. Ein Donau-Gebilde sei nicht lebensfähig, was die Deutschen für sich ausnützen würden, indem sie Fleisch auf etwas ansetzten, was nur ein Skelett sei, und auf diese Weise einen neuen großen Staat schafften. An dieser Stelle fragte er, ob Ungarn und Rumänien Glieder eines Staatengebildes sein sollten. Dann wiederholte er seine Ansichten darüber, welche Vorteile ein solches Gebilde in der Zukunft für Deutschland haben würde. Es sei weit besser, die deutschen Stämme zu zerstückeln und zu verstreuen. Selbstverständlich würden sie den Wunsch haben, sich wieder zu vereinigen. Darin sehe er (Stalin) eine große Gefahr, der man durch verschiedenartige wirtschaftliche Maßnahmen begegnen müsse, auf lange Sicht vielleicht sogar mit Gewalt. Wie zerstückelt sie auch immer wären, sie würden sich immer wieder vereinigen wollen. Das sei die einzige Möglichkeit, den Frieden zu bewahren. Wenn wir jedoch große Staatengebilde schüfen, in denen die Deutschen vertreten wären, dann müsse es einfach zu Schwierigkeiten kommen. Wir müßten dafür sorgen, daß sie auseinandergehalten würden – daß Ungarn und Deutsche nicht zusammengekoppelt würden. Man könne keine Maßnahmen ergreifen, die eine Wiedervereinigungsbewegung ausschlössen. Die Deutschen würden immer den Wunsch haben, sich wieder zu vereinigen und sich zu rächen. Es sei notwendig, daß wir immer stark genug wären, sie zu schlagen, falls sie jemals wieder einen Krieg entfesselten.«[5]

Auf diese rudimentäre Weise diskutierten die Führer der Alliierten die Zukunft der ost- und mitteleuropäischen Völker – die sie dann später in derselben Weise festlegten.

Die in Teheran getroffenen Entscheidungen veränderten die Landkarte Europas, nicht jedoch wirklich den Verlauf des Krieges. 1942 hatte man den Russen zum erstenmal die Errichtung einer zweiten Front versprochen. Jetzt sollten sie sie erst 1944 bekommen, zu einem Zeitpunkt, wo sie sie längst nicht mehr so dringend brauchten. Im Dezember waren die Russen vermutlich, vielleicht sogar mit Gewißheit soweit, daß sie Hitler allein schlagen und ganz Westeuropa besetzen konnten. Allerdings läßt sich durch nichts beweisen, daß sie das jemals vorgehabt hätten. Stalin wollte Deutschland niederwerfen und aufteilen. Aber weder in Teheran noch bei anderer Gelegenheit zeigte er sich jemals daran interessiert, den sowjetischen Einfluß westlich über die Linie auszudehnen, die später als der Eiserne Vorhang bekannt wurde.

Die von der amerikanischen Delegation bewohnten Räume auf der Konferenz von Teheran waren wahrscheinlich von den Russen mit

»Wanzen« ausgestattet. Die Russen sagten, sie hätten ein Komplott aufgedeckt, das zum Ziel hatte, Roosevelt und seine Berater in der amerikanischen Gesandtschaft umzubringen. Die Amerikaner glaubten den Russen und zogen in die sowjetische Botschaft um, die sicherer bewacht war. Die Briten glaubten nicht an dieses Komplott, und wahrscheinlich hatten sie damit recht. Durchaus möglich, daß die privaten Gespräche der Amerikaner von den Russen mitgehört wurden. Allerdings ist es unwahrscheinlich, daß dies, falls es wirklich der Fall war, das Ergebnis der Konferenz von Teheran in irgendeiner Weise beeinflußt hat. Längst ehe er nach Teheran kam, war Roosevelt gesonnen, den Russen in Osteuropa freie Hand zu lassen.
Vor, während und nach der Konferenz von Teheran hatte eine ziemlich gute Leistung der deutschen Spionage den deutschen Botschafter in Ankara, von Papen, in die Lage versetzt, einen britischen Plan zu vereiteln, mit dem die Türkei auf seiten der Alliierten in den Krieg hineingezogen werden sollte. Von Papens Hauptagent in Ankara war der Kammerdiener des britischen Botschafters. Sir Hughe Knatchbull-Hugessen war völlig ahnungslos. Sein Kammerdiener, der den Deutschen unter dem Namen Cicero bekannt war, besaß einen Schlüssel zum Safe des Botschafters, und von Papen bekam Photos von allen wichtigen Berichten, die Knatchbull-Hugessen erhielt oder abschickte. Darunter befanden sich die Protokolle der Konferenzen von Kairo und Teheran ebenso wie die Telegramme des Foreign Office, in denen es um den britischen Wunsch ging, die Türkei zum Eintritt in den Krieg gegen Deutschland zu bewegen. Schlau unterrichtete von Papen die türkische Regierung über das, was vor sich ging. Die Türken beschlossen genauso listig, neutral zu bleiben, bis sie sicher wären, daß die Alliierten wirklich gewönnen. Im Frühjahr 1945, als der Sieg der Alliierten gewiß war, schlossen sie sich ihnen an.

Quebec

Nach der Konferenz von Teheran (und vor der von Yalta) begab Churchill sich auf Reisen, um Roosevelt in Quebec und Stalin in Moskau zu treffen. Der eigentliche Grund für das erste Treffen in Quebec war wahrscheinlich wirtschaftlicher Natur. Nach fünf Jahren Krieg stand Großbritannien kurz vor dem Bankrott. Das Land hatte in Produktion und Menscheneinsatz die Grenze seiner Möglichkeiten erreicht. Im September 1944 galt Churchills erste Sorge, ob er das nun zugab oder nicht, der Fortführung amerikanischer Hilfe nach der Niederwerfung Deutschlands, sei es durch den Pacht- und Leihvertrag oder auf andere Weise. Der Krieg sollte noch acht Monate andauern, aber auch nach seiner Beendigung würde England auf amerikanische Hilfe angewiesen sein. Mit Ausnahme Deutschlands hatte Großbritannien länger Krieg geführt als irgendein anderes Land und war jetzt dringend auf Geld oder zumindest auf wirtschaftliche Unterstützung in anderer Form angewiesen. Churchill hoffte, sie von Roosevelt zugesichert zu bekommen, aufgrund der Tatsache, daß England fortfuhr, im Pazifik an der Seite der Vereinigten Staaten gegen Japan zu kämpfen. Er erbot sich, eine britische Flotte in den Pazifik zu schicken, um den Amerikanern zu helfen, die Japaner niederzuwerfen, sobald der Krieg in Europa beendet sei. Doch darauf waren die Amerikaner, die den Krieg im Pazifik nahezu ohne fremde Hilfe gekämpft und praktisch schon gewonnen hatten, nicht angewiesen. Ein bis jetzt unkoordiniertes britisches Truppenkontingent hätte ihnen ihre Operationen höchstens erschwert. Trotzdem begrüßte Roosevelt im Gegensatz zur US Navy das britische Angebot. Was durch die britische Hilfe herauskam, fiel kaum ins Gewicht. Der Krieg im Pazifik war vorüber, ehe die Briten in der Lage waren, eine bedeutendere Flotte auf dem fernöstlichen Kriegsschauplatz zum Einsatz zu bringen. Trotzdem kam bei dem Treffen von Quebec ein (höchst bedeutungsvolles) anglo-amerikanisches Übereinkommen zustande, Konferenzen einzuberufen, um die endgültige Struktur der Vereinten Nationen als friedenerhaltende Organisation festzulegen und um eine Weltwährungsorganisation auf die Beine zu stellen. Beide Konferenzen wurden verwirklicht, die erste in Dumbarton Oaks und die zweite in Bretton Woods. Beide sollten die Nachkriegsgeschichte nachhaltig beeinflussen.

Im Oktober 1944 flog Churchill nach Moskau, um mit Stalin über Osteuropa zu sprechen. Das Ergebnis war ein formaler Aufteilungsplan. Churchill war damals vermutlich hin- und hergerissen über die Beantwortung der Frage, ob Stalin eine Bedrohung darstelle oder nicht. »Es ist keineswegs klar«, schreibt A.J.P. Taylor, »wann Churchills Anti-Bolschewismus überhaupt in seinem eigenen Geist durchbrach. Bei ihm konnte eine Gefühlsaufwallung leicht von einer anderen überspült werden, und die Zuneigung zu seinem ›Kriegskameraden‹ Stalin war immer noch sehr stark.«[6] Churchill und Stalin verständigten sich in einer Reihe von Punkten über Einflußsphären in Osteuropa. Großbritannien sollte »bis zu 90%« Einfluß auf die Zukunft Griechenlands nehmen können, während der Sowjetunion dieser Einfluß über die zukünftige Entwicklung Bulgariens, Ungarns und Rumäniens zugestanden wurde. Die Frage nach der Zukunft Jugoslawiens ließ man offen, zumindest legte man sich nicht fest. Was Polen betrifft, so waren Churchill und Stalin verschiedener Meinung. Die Grenzen Polens waren praktisch bereits auf der Konferenz von Teheran festgelegt worden. Offen blieb nur noch die Frage nach dem Charakter der polnischen Nachkriegsregierung. Churchill beherbergte eine polnische Exilregierung in London, Stalin eine andere in Moskau. Die in London setzte sich vornehmlich aus Anti-Kommunisten zusammen, wohingegen die Moskauer ausschließlich aus Kommunisten bestand. Churchill versuchte, auf freien Wahlen in Polen zu bestehen. Stalin machte Ausflüchte, war jedoch nicht gesonnen, sie zuzulassen. Als die beiden Staatsmänner auseinandergingen, hatten sie sich dahingehend geeinigt, daß sie sich nicht einig seien, wiewohl keiner von beiden das zugeben wollte.

Yalta

Als Stalin, Roosevelt und Churchill sich im Februar 1945 in Yalta auf der Krim trafen, war es bereits klar, daß die Russen in Osteuropa am Gewinnen waren, wohingegen die westlichen Alliierten, die in den Ardennen aufgehalten wurden, wesentlich langsamer vorankamen. Immerhin konnte kein Zweifel mehr darüber herrschen, daß Hitler geschlagen war. Nur die Niederlage Japans schien noch eine offene Frage zu sein; die Japaner waren zwar bereits geschlagen, aber das wußte damals noch niemand.
In Yalta ging es Roosevelt vornehmlich darum, sich der Hilfe der Sowjets bei der Niederwerfung Japans zu versichern. Er ging realistischerweise davon aus, daß die britische Pazifik-Flotte, wenn sie erst einmal aufgestellt wäre, nicht imstande sein würde, entscheidend zum Sieg beizutragen. Gleichzeitig glaubte er jedoch, und darin war er unrealistisch, daß die Hilfe der Sowjets entscheidend sein könne und würde. Er stellte sich vor, daß die Sowjetunion und die Vereinigten Staaten Japan gemeinsam tödliche Schläge versetzen könnten – die Sowjetunion von Wladiwostok und die Vereinigten Staaten von den Philippinen aus. Tatsächlich sah die Bedrohung Japans durch die Sowjetunion wesentlich weniger ernsthaft aus als Roosevelt annahm, und sei es nur, weil die Transsibirische Eisenbahn so lang und die Schwierigkeit, Truppen und Luftstreitkräfte vom westlichen Kriegsschauplatz an die Pazifikküste zu werfen, so enorm war. Trotzdem ging es Roosevelt sehr darum, den Sowjets das Versprechen abzunehmen, daß sie in den Krieg gegen Japan eintreten würden. Stalin erklärte sich einverstanden, Japan gleich nach der endgültigen Niederwerfung Deutschlands den Krieg zu erklären. Tatsächlich kam es dann am 8. August, also zwei Tage nach dem Abwurf der ersten Atombombe auf Hiroshima und sechs Tage vor der Kapitulation Japans, zu dieser Kriegserklärung. Desgleichen erklärte Stalin sich einverstanden, den Vereinten Nationen beizutreten. Bei der ersten Abmachung handelte

es sich um ein leeres Versprechen, und bei der zweiten kam nicht das heraus, was Roosevelt sich davon erhofft hatte. Die Vereinten Nationen hatten sich ein höchst unbequemes Mitglied aufgehalst.

Das Hauptergebnis der Konferenz von Yalta war eine neuerliche Bestätigung der in Teheran getroffenen Entschlüsse der drei Alliierten über Osteuropa. Mittlerweile hatte Churchill ebenso wie Roosevelt sich mit Stalins Vorschlägen für die Zukunft Polens einverstanden erklärt. Es blieb ihm ohnehin keine andere Wahl. Als er von Yalta nach London zurückkehrte, war er überzeugt oder hatte es sich selbst eingeredet, daß das im besten Interesse des polnischen Volkes liege. Als er dem britischen Kabinett am 19. Februar 1945 berichtete, sagte Churchill:

> »Was Premier Stalin betraf, so war er (Churchill) ganz sicher, daß er (Stalin) es gut mit der Welt und mit Polen meine. Er (Churchill) selbst glaube nicht, daß es auf seiten Rußlands Ressentiments wegen der Vereinbarungen gäbe, die man in bezug auf freie und faire Wahlen in jenem Land getroffen hatte. Bei seiner Ankunft auf der Krim stellte er (Churchill) fest, daß die Situation sich sehr tiefgreifend gewandelt hatte. Innerhalb von drei Wochen hatten die Russen sich von der Weichsel bis an die Oder vorgekämpft; fast ganz Polen war befreit worden; in weiten Teilen des dergestalt von den Russen wieder zurückeroberten Landes waren die Russen herzlich willkommen geheißen worden, und große Städte waren nahezu unversehrt in ihre Hände übergegangen. In den Besprechungen auf der Krimkonferenz hatte er sich größte Mühe gegeben, die vom Kriegskabinett im Hinblick auf ein freies und unabhängiges, auf seinem Gebiet souveränes Polen gutgeheißene Politik zu vertreten; die (polnische) Regierung solle danach breiter zusammengesetzt werden als bisher, und man wolle weiterhin am Prinzip freier und fairer Wahlen festhalten. Wie man die getroffenen Vereinbarungen auch kritisieren mochte, er hege nicht den geringsten Zweifel darüber, daß es sich um die nach jedem weitblickenden und staatsmännischen Gesichtspunkt am ehesten zu verwirklichende und im Interesse Polens liegende Lösung handele. Premier Stalin hatte zu Anfang ihrer Gespräche über die polnische Frage gesagt, Rußland habe Polen gegenüber viele Sünden begangen [so wurde das Wort während seiner Rede übersetzt, vielleicht ist aber tatsächlich das Wort Verbrechen benutzt worden] und in der Vergangenheit an der Teilung Polens und seiner grausamen Unterdrückung teilgenommen. Es sei nicht die Absicht der Sowjetregierung, diese Politik in Zukunft zu wiederholen. Er (Churchill) habe nicht den geringsten Zweifel, daß Stalin es aufrichtig meinte, als er das sagte.
> Er (Churchill) habe deutlich das Gefühl, daß es den Russen sehr

darum gehe, harmonisch mit den beiden englischsprechenden Demokratien zusammenzuarbeiten. Premier Stalin sei eine sehr machtvolle Persönlichkeit, in die er (Churchill) jedes Zutrauen habe.«[7]

Churchill fuhr fort, seiner Zufriedenheit über die Auswirkung seines Übereinkommens über die Balkanstaaten Ausdruck zu verleihen. Nach diesem Übereinkommen sollten die Russen in Bulgarien, Ungarn und Rumänien, Großbritannien hingegen in Griechenland freie Hand haben. Stalin hielt sich sogar so weit an dieses Übereinkommen, daß er die griechischen Kommunisten zurückpfiff, die einen nicht ganz erfolglosen Bürgerkrieg gegen die von den Briten unterstützte griechische Regierung kämpften.

»Was Griechenland betreffe [berichtete Churchill dem Kabinett], so könne man sich keine bessere Haltung von seiten der Russen wünschen. Premier Stalin äußerte nicht die geringste Kritik an unserer Politik . . . der Premierminister fügte hinzu, Premier Stalin halte sich peinlichst genau daran, unsere Position in Griechenland zu akzeptieren. Man sagte ihm, man hätte den von den griechischen Kommunisten nach Moskau geschickten Emissär unter Hausarrest gestellt und dann zurückgeschickt. In der sowjetischen Presse hätte es zu keinem Zeitpunkt auch nur den Schatten einer Kritik gegeben, und das Verhalten der Russen in dieser Frage habe ihn in der Ansicht bestärkt, daß sie, wenn sie einen Handel schlössen, auch gewillt seien, sich daran zu halten.«

Was Griechenland betrifft, so stimmte das. Nicht jedoch stimmte es in bezug auf Polen. Stalin hatte nicht die Absicht, den Polen zu gestatten, ihre eigene Regierung zu wählen, was sie denn auch nie taten. Der Terminus ›freie Wahlen‹, auf den man sich einigte, bedeutete für Stalin und für Churchill etwas ganz anderes.

Truman übernimmt das Präsidentenamt

Im April 1945 gewann eine auf einem mittlerweile schon halb vergessenen Parteikonvent fast zufällig getroffene Entscheidung weltgeschichtliche Bedeutung. 1944 hatte der Parteikonvent der amerikanischen Demokratischen Partei den aus Missouri stammenden Politiker Harry S. Truman zum Mitkandidaten für Roosevelt bestimmt. Roosevelt gewann die Wahl im November desselben Jahres mühelos; doch am 12. April 1945 starb Roosevelt, der seit vielen Jahren durch Kinderlähmung verkrüppelt war und eine große, auf Unabhängigkeit bedachte Nation zwölf Jahre lang durch wirtschaftliche Schwierigkeiten und den Krieg hindurchgesteuert hatte. Vizepräsident Truman, der für diese Aufgabe nur sehr wenig Erfahrung mitbrachte, übernahm augenblicklich die Verantwortung für Amerika und den Krieg. Der Demokratische Parteikonvent hatte seine Wahl zufällig, jedoch weise getroffen. Truman führte die Vereinigten Staaten durch einige der schwerwiegendsten Entscheidungen ihrer Geschichte hindurch. Innerhalb weniger Monate nach seiner Amtsübernahme stand er vor der Entscheidung, ob über Japan eine Atombombe abgeworfen werden solle oder nicht. Mittlerweile sollte er auf der nächsten bedeutenderen Konferenz der Alliierten in Potsdam, einem Vorort von Berlin und ehemals Residenz der Könige von Preußen, Stalin gegenübertreten.

Die Wiedereroberung Westeuropas

12

Nachdem die Alliierten mit der Landung in Sizilien europäischen Boden betreten hatten, war es nur eine Frage der Zeit, wann sie in Form einer Zangenbewegung auch in Frankreich landen würden. Das wußten auch Hitler und die Wehrmachtsführung. Denen, die sich noch Sinn für realistische Beurteilung erhalten hatten, war klar, daß nun das Schicksal unabwendbar seinen Lauf nehmen würde und daß die Besetzung des Reiches eben nur eine Frage der Zeit war. Zu ihnen gehörte sicher auch Rommel, der wußte, wie fragwürdig die Abwehrkraft des Atlantikwalls und der Kampfwert der 59 in Frankreich stationierten Divisionen war. Die Landung fand da statt, wo die Alliierten die größten Chancen hatten, auf dem Kontinent Fuß zu fassen. Noch heute ist kaum verständlich, wie sich die Deutschen täuschen lassen konnten und davon ausgingen, daß sie an der Straße von Dover stattfinden würde.

Montgomery hat einmal gesagt, daß die Landung der Alliierten deshalb erfolgreich war, weil die Deutschen strategische Fehler machten, weil die Alliierten die Luftüberlegenheit besaßen und weil der Kampfgeist der britischen, kanadischen und amerikanischen Soldaten hervorragend war.

Tatsächlich hatten Hitler und die Wehrmachtsführung längst den Sinn für das militärisch Durchführbare verloren.

Ob die Besetzung Europas in kürzerer Zeit möglich gewesen wäre, bleibt eine offene Frage. Die strategischen Querelen zwischen Montgomery und Eisenhower haben die Wirksamkeit der alliierten Kriegsführung nicht erhöht. Das Luftlandeunternehmen bei Arnheim – auf Initiative Montgomerys durchgeführt – war ein Fehlschlag. Es wäre sicher klüger gewesen, wegen des

Nachschubs zuerst einmal den Hafen von Antwerpen zu besetzen. Der von Montgomery erhoffte Prestigegewinn blieb aus.
Die Ardennenoffensive war dann ein letzter, verzeifelter Versuch Hitlers, das Gesetz des Handelns im Westen zurückzugewinnen. Daß die Aufklärung der Alliierten den massiven Aufmarsch nicht entdeckt hat, ist nur dadurch zu erklären, daß sie die Deutschen einer solchen Aktion nicht mehr für fähig hielt. Hitler spielte Vabanque. Als sich nach wenigen Tagen das Wetter besserte, begrub die alliierte Luftwaffe den ohnehin ins Stocken geratenen Vormarsch in Bombentrichtern. Was dann folgte, war die schrittweise Besetzung Deutschlands, wo der Widerstand praktisch erloschen war. Zu den tragischen Folgen der alliierten Strategie, auf ganzer Breite und vorsichtig nach Osten vorzudringen, gehört sicher, daß die Sowjets vor den Alliierten Berlin erreichten und besetzten. Die Alliierten wären in der Lage gewesen, vorher dort zu sein, aber Eisenhower hatte mit den Sowjets ein Abkommen getroffen, an der Elbe haltzumachen. *J. S.*

Bei der Landung der Alliierten in der Normandie am 6. Juni 1944 handelte es sich um das größte Landeunternehmen aller Zeiten. Der Oberkommandierende der Seestreitkräfte, Admiral Sir Bertram Ramsey (der die typisch britische Verachtung für große Worte hegte), sagte einigen seiner Kapitäne am 3. Juni, die Superlative täten ihm leid, aber diesmal stimmten sie einfach. »Overlord«, der Kodename, unter dem die Invasion lief, mußte sowohl im Ausmaß als auch in der ganzen Art anders sein als alle bisherigen Landeunternehmen. Die Deutschen hatten damals in Frankreich 59 Divisionen stationiert. Zwar stimmt es, daß viele zahlenmäßig nicht volle Kampfstärke besaßen und von zweifelhafter militärischer Bedeutung waren. Andererseits war jedoch auch das Ausmaß und die Schnelligkeit, mit der die Alliierten ihre Truppen landen konnten, beschränkt.
Der ursprüngliche, von General Sir Frederick Morgan ausgearbeitete Invasionsplan hatte die gleichzeitige Landung von drei Divisionen am ersten Tag des Unternehmens vorgesehen. Später kamen General Eisenhower, der Oberbefehlshaber, und General Montgomery, der Feldkommandeur, zu dem Schluß, daß eine Front von drei Divisionen einfach eine zu schmale Basis abgäbe. Die Pläne müßten dahingehend geändert werden, daß man an diesem ersten Tag fünf Divisionen an Land warf. Das erforderte noch mehr Landefahrzeuge und führte deshalb zu einer Verschiebung der Landung in der Normandie um einen Monat, wodurch der ursprüngliche Plan einer gleichzeitigen Landung in Südfrankreich undurchführbar wurde.

Der Grund dafür, daß Eisenhower und Montgomery an diesem ersten Tag auf einem breiteren Frontabschnitt mehr Truppen landen wollten, beruhte auf der Theorie, daß die Deutschen in der Lage sein würden, sehr rasch Verstärkungen heranzuführen, um diese Landetruppen anzugreifen, denen sie zahlenmäßig ohnehin überlegen sein würden, zumindest am Anfang. Die Gefahr bestand darin, daß die ersten alliierten Truppen, selbst wenn es ihnen gelang, sich in einem Brückenkopf festzusetzen, überwältigt würden, ehe sie weit genug ins Inland vorstoßen konnten, um Platz für ihre eigenen Verstärkungen zu schaffen.

Um gegen diese Gefahr gewappnet zu sein, ließen die alliierten Strategen zunächst ausgedehnte und schwere Luftangriffe gegen das französische Verkehrsnetz fliegen. Außerdem sorgten sie dafür, daß vor den Küsten der Normandie künstliche Häfen errichtet wurden, um zu verhindern, daß die Nachschubversorgung bei schlechtem Wetter womöglich Verzögerungen erfuhr. Sie entwickelten ein System, Pipelines durch den englischen Kanal zu legen, um die Treibstoffnachfuhr sicherzustellen.

Bei den Vorbereitungen hatte man nichts außer acht gelassen. Obgleich einiges mißlang – einer der künstlichen Häfen zum Beispiel wurde so schwer beschädigt, daß er nicht zum Einsatz kommen konnte –, klappte es im großen und ganzen. Als es hart auf hart ging, waren die Alliierten in der Lage, ihre Truppen in der Normandie über See rascher zu verstärken, als das den Deutschen über Land gelang; damit war eine der Grundvoraussetzungen für das Gelingen des ganzen Unternehmens geschaffen.

Die zweite bestand darin, die Deutschen im unklaren zu lassen. Sie hatten schließlich die gesamte französische Küste zu verteidigen. Es war daher wesentlich, ihnen keinerlei Grund zu geben, ihre Truppen etwa in der Normandie stärker zu konzentrieren als irgendwo sonst. Teils durch außerordentlich strenge Sicherheitsmaßnahmen in Großbritannien, teils durch List und teils vom Glück begünstigt, gelang es den Alliierten, die Deutschen bis zuletzt über ihre Absichten im dunkeln zu lassen.

Selbstverständlich war es unmöglich, den Deutschen verborgen zu halten, daß die Landung irgendwann im Jahre 1944 an der französischen Küste vonstatten gehen sollte. Die Landung selbst war ja mehr oder weniger öffentlich verkündet worden, und in Südengland hatte man starke Truppenverbände zusammengezogen. Doch durch strikteste Einhaltung einer Zensur, die sich sogar auf diplomatische Telegramme erstreckte, gelang es den Alliierten, den eigentlichen Ort der Landung bis zuletzt geheimzuhalten.

Mittlerweile hatte es die alliierte Luftüberlegenheit der deutschen

Luftwaffe unmöglich gemacht, systematische Erkundungsflüge über den britischen Inseln zu fliegen und zu photographieren, ja überhaupt westlich von Kent Aufklärungsflüge durchzuführen. Was die Frage nach dem Ort der Landung betraf, so mußten die Deutschen sich mit Ahnungen und Mutmaßungen begnügen. Von Rundstedt, der Oberkommandierende im Westen und inzwischen zum Feldmarschall befördert, glaubte, daß die Alliierten über die Straße von Calais hinweg angreifen würden, weil dort die Entfernung beider Küsten am kürzesten war. Deshalb befestigte er die Küste an der Straße von Dover stärker als jeden anderen Abschnitt der Küste. Wenn es allein nach ihm gegangen wäre, hätte er vermutlich sogar die gesamte restliche Küste unbefestigt gelassen.
Doch es ging nicht allein nach ihm. Im Januar schickte Hitler den inzwischen gleichfalls zum Feldmarschall beförderten Rommel, um das Kommando über die Heeresgruppe B in Nordfrankreich zu übernehmen. Er hatte Befehl, die erwartete Landung zurückzuwerfen. Rommel sah richtig voraus, daß die Deutschen nicht in der Lage sein würden, schnell und mühelos Verstärkung an jenen Küstenabschnitt zu werfen, wo die Landung stattfand. Er erkannte, was von Rundstedt vermutlich nicht tat, daß die Luftüberlegenheit der Alliierten der deutschen Wehrmacht die Beweglichkeit genommen hatte. Die Eisenbahnlinien wurden bombardiert, und die Straßen waren nur nachts zu benutzen. Rommel kam zu dem Schluß, daß von Rundstedt in der Vergangenheit lebte, und begann, die Küstenbefestigungen mit allen Mitteln auszubauen. Rommel glaubte, daß die Zeitspanne, in der die Deutschen noch am ehesten die Chance hätten, eine Invasion zu vereiteln, innerhalb der ersten achtundvierzig Stunden nach der Landung läge. Allerdings wußte er immer noch nicht, wo die erste Landung stattfinden würde.
Die Alliierten verwandten große Mühe darauf, ihn in diesem Zustand der Unwissenheit zu belassen. Im Frühjahr 1944 warf der britische Geheimdienst etliche Köder aus, und die Deutschen bissen bei einigen an. Montgomerys Hauptquartier lag bei Portsmouth, seine Funkstation jedoch rund 160 km weiter westlich in Kent. Dieser einfache Trick half, von Rundstedt in seiner irrtümlichen Meinung zu belassen, daß der Hauptstoß der alliierten Landeunternehmen sich auf die Küste bei Calais richten würde. In Südostengland – dem einzigen Teil des Landes, in dem die deutschen Aufklärungsflugzeuge Aufnahmen machen konnten, wurden auf Flugplätzen Attrappen von Lastenseglern aufgebaut. In südöstlichen Häfen wurden Landefahrzeugattrappen verankert. Man ließ hier und dort – wo sie den Deutschen zu Gehör kamen – Hinweise fallen, daß die »Armeegruppe Patton« bereit sei, die Straße von Dover zu überqueren.

Dergestalt in die Irre geleitet, stellten die deutschen Kommandeure eine Reihe von Theorien auf, die, wenn auch aus den verschiedensten Gründen, sämtlich falsch waren. Hitler glaubte, daß der Hauptangriff im Norden über die Straße von Dover vonstatten gehen würde, daß man jedoch zuvor einen Scheinangriff auf die Normandie starten würde. Von Rundstedt blieb bei seiner Theorie, daß nur die Straße von Dover in Frage käme und sonst nichts. Rommel stimmte mit Hitlers Theorie überein, nahm jedoch an, daß es sich in der Normandie doch um einen großen Angriff handeln werde. Nur wurden die Deutschen zu keinem Augenblick wankend in ihrer Überzeugung, daß es früher oder später zu einem größeren Angriff am Küstenabschnitt der Straße von Dover kommen werde, oder zumindest nördlich der Somme. Daher beließen sie ihre gesamte 15. Armee an diesem Küstenabschnitt – untätig, jedoch wachsam, und das auch dann noch, als die richtige Landung längst begonnen hatte.

Während die 15. Armee sich darauf vorbereitete, die Küste an der Straße von Dover bis zum Tod zu verteidigen, und man der Luftwaffe erlaubte, gelegentlich einen Blick auf die Flugplätze in Kent zu werfen, wurden die eigentlichen Invasionstruppen in Südwestengland, in Süd-Wales und in der Gegend von Southampton-Portsmouth zusammengezogen, wohin die Luftwaffe nicht durchdringen konnte.

Während Rommel die Strände mit Hindernissen befestigte, welche dazu dienen sollten, die Landefahrzeuge aufzuhalten, Panzer in die Luft zu jagen und die Infanterie festzuhalten, änderten Eisenhower und Montgomery ihre Pläne, um den neuen Gefahren zu begegnen. Rommels Unterwasser-Hindernisse lagen zwischen der Hoch- und der Niedrigwassergrenze. Die Gefahr bestand darin, daß bei einer Nacht- und Hochwasserlandung eine große Zahl von Landefahrzeugen möglicherweise verlorenging. Falls jedoch die Landung bei Ebbe stattfand, oder bei mittlerem Wasserstand, so daß Pioniereinheiten einen Weg durch die Hindernisse bahnen konnten (die dann sichtbar wären), würde die Infanterie eine weite Strecke offenen Strand nahezu mit Sicherheit unter feindlichem Feuer überwinden müssen. Um diese Möglichkeit auszuschalten, beschloß Montgomery, daß der erste Angriff von Panzern vorgetragen werden solle. Damit das gelang, mußte jedoch erst ein neuer Panzertyp entwickelt werden, der ein Amphibienfahrzeug war.

Der Mann, der ihn schuf, Major-General Hobart, war einer der einfallsreichsten britischen Militärs, der sich ganz besonders und mit Begeisterung darum bemühte, alten Maschinen neue Tricks beizubringen. Sein DD-Panzer konnte sich mittels einer Schraube genausogut im Wasser wie auf dem Lande vorwärtsbewegen. Sein Minenräumpanzer schob auf einem Rahmen einen monströsen rotierenden

Teppichklopfer vor sich her, um Landminen zur Explosion zu bringen und unschädlich zu machen, ehe der Panzer selbst über sie hinwegrollte. Außerdem erfand und produzierte Hobart einen Panzer, der seinen eigenen festen »Teppich« mitführte, mit dem er auch auf losem Sand und über Lehm vorankommen konnte. Es waren schon seltsame neue Maschinen, die da zum großen Teil am 6. Juni durch Rommels Verteidigungslinien brachen.

Die Stelle der Küste, die man für das Landeunternehmen ausgewählt hatte, war die Seine-Bucht. Wenn Rommel, von Rundstedt und Hitler ihre Differenzen hätten beilegen und ihre Vorurteile überwinden können, würden sie erkannt haben, daß dies der einzige Punkt an der französischen Küste war, wo die Alliierten fünf Divisionen an Land werfen konnten. Der Eingang zu dieser Bucht, von Kap Antifer bis nach Pointe de Barfleur, ist rund 100 km breit. Die Bucht selbst ist frei von natürlichen Hindernissen, bis auf die Saint-Marcouf-Inseln vor der Westküste. Die Gezeitenströmungen dort sind schwach. Obgleich das Ostufer von Kap Antifer bis zur Mündung der Seine im Hintergrund von Hügeln beherrscht wird, ist der größte Teil des Landes hinter den Stränden am äußersten Ende der Bucht, wo die Landungen stattfinden sollten, vergleichsweise flach.

Im Frühjahr 1944 fing die Royal Navy an, die Bucht, also jenes Gelände, auf dem die Truppen kämpfen sollten, geradezu liebevoll zu erkunden. Die Besatzungen von Kleinstunterseebooten und kleine Kommandounternehmen landeten unauffällig bei Nacht, um die Verteidigungsanlagen zu inspizieren und Sand- und Lehmproben einzusammeln, die General Hobart bei seiner Neugestaltung der Panzer leiten sollten. In der zweiten Maihälfte legten Torpedoboote, die von Portsmouth aus operierten, vor der Küste eine Reihe von Minenfeldern von Kap Antifer bis zum seewärtigen Ende des Seine-Kanals, und ein anderes vor der Pointe de Barfleur, um die deutsche Kriegsmarine daran zu hindern, die Invasionsstreitkräfte von Le Havre, Cherbourg oder den anderen Häfen weiter oben oder unten am Kanal anzugreifen. Die Minen wurden so eingestellt, daß sie am 5. Juni wirksam wurden, jenem Tag, den man für die Invasion festgesetzt hatte. Die Torpedoboote hatten seit 1941 unerkannt in feindlichen Gewässern Minen gelegt, und auch diesmal erfuhr der Feind nie, daß die Minen da waren.

Die letzte Aufgabe bestand darin, eine Bresche durch das große deutsche Minenfeld zu schlagen, das sich durch die Mitte des Ärmelkanals von südlich der Isle of Wight bis zum Längengrad von Calais hinzog. Der größte Teil dieses Minenfeldes war rund zwei Jahre alt und abschnittsweise gelegt worden, wobei jeder Abschnitt für eine Arbeitsnacht der deutschen Minenlegerflottillen stand. Es gab Lücken zwischen den einzelnen Abschnitten, weil die deutschen Minenleger ihren eigenen Navigationskünsten nicht genug vertrauten, um die Arbeit genau an der Stelle wiederaufzunehmen, wo sie in der Nacht zuvor aufgehört hatten. Britische Küstenwachflottillen, deren Operationsgebiet längst auf die Gewässer auf der französischen Seite des Kanals ausgedehnt war, hatten diese Lücken entdeckt und benutzten sie seit 1942. Allerdings waren sie nicht gekennzeichnet, und keine war breiter als eine Meile. Das ist zwar für eine Torpedoboot-Flottille breit genug, nicht jedoch für eine Invasionsflotte von 5000 Schiffen. Der Navy fiel die Aufgabe zu, die Lücken zu verbreitern.

Das erforderte eine größere Operation, die man nicht ohne Wissen des Gegners durchführen konnte. Zumindest lief man Gefahr, daß der Feind die Minenräumunternehmungen entdeckte und die richtigen Schlüsse daraus zog. Verankerte Minen wie diese müssen bei Tageslicht geräumt werden, sobald ihre Verankerungen durchtrennt sind, steigen sie nach oben und müssen durch Gewehrfeuer unschädlich gemacht werden, weil sie sonst zu Treibminen werden und man überhaupt nicht mehr weiß, wo sie sich befinden. Die Minenräumboote waren daher gezwungen, ihre Arbeit am Nachmittag vor der Invasion aufzunehmen. Sie räumten zehn breite Schneisen vom Sammelgebiet vor der Isle of Wight bis zum Brückenkopf, gelangten also vor Einsetzen der Dunkelheit bis auf Sichtweite an die französische Küste heran. Kein Mensch scheint sie bemerkt zu haben, oder, falls doch, zog jedenfalls niemand die richtigen Schlüsse. Das war der erste Glücksfall für die Alliierten.

Den Boden konnte Ramsay zwar vorbereiten, doch auf das Wetter hatte er selbstverständlich keinen Einfluß. Hauptvoraussetzung für eine erfolgreiche Landung war, daß der mittlere Wasserstand an der Küste vierzig Minuten nach Sonnenaufgang erreicht wurde, daß die Wolkendecke nicht so dick war, daß man keine Bombenangriffe fliegen konnte, und daß die Windstärke nicht höher war als 13 bis 18 Meilen pro Stunde, die See also einigermaßen glatt war. Damit waren die Möglichkeiten beträchtlich eingeschränkt. Was die Gezeiten betraf, so ergab sich die Voraussetzung nur an drei Tagen pro Mond-Monat. Die große Unbekannte, auf die es ankam, war das Wetter.

Ramsays Vorbereitungen waren fast den ganzen Mai über durch ein ziemlich unverändertes Hoch über den Azoren begünstigt worden; dieses Hoch hatte geholfen, das Wetter im Kanal ruhig und verläßlich zu halten. Eisenhower hatte als Invasionstag Montag, den 5. Juni, festgesetzt, einen der drei Tage, an denen die Tide günstig stand. Doch am 2. und 3. Juni fing das Azoren-Hoch an, sich aufzulösen. Eisenhowers Meteorologe, Fliegerhauptmann Stagg von der Royal Air Force, riet, das Unternehmen zu verschieben.

Das Ergebnis einer der größten Operationen des gesamten Krieges hing vom Können und der Urteilskraft von Hauptmann Stagg ab. Für ihn muß das ein Augenblick von erschreckender Spannung gewesen sein. Insbesondere deshalb, weil das Wetter in Portsmouth wunderbar war. Jene Wettersysteme, deren Auswirkungen er vorherzusagen versuchte, lagen noch Hunderte von Meilen entfernt über dem Atlantik. Aber Stagg behielt recht. Am Sonntagabend, dem 4. Juni, wehte in Portsmouth ein heftiger Wind, und die Landestreitkräfte, die bereits von den entferntesten Stützpunkten in Schottland, Wales und dem West Country herangedampft waren, mußten angesichts des heftigen Westwinds wieder ihre schützenden Häfen aufsuchen. Sonntag nacht jedoch ging das schlimmste Wetter – die Wetterfront – über Portsmouth hinweg. An diesem Abend versprach Stagg Eisenhower für die Nacht von Montag auf Dienstag fünf Zehntel Bewölkung und abnehmende Windstärke. Stagg erwartete, daß es das beste Wetter in der ganzen Woche sein würde.

Der Gezeitenstand am Mittwoch war ohnehin nicht geeignet. Also hatte Eisenhower die Wahl, entweder am Dienstag loszuschlagen, oder aber drei Wochen zu warten. Er entschied sich für Dienstag. In der Nacht vom 5. auf den 6. Juni gab er das Startzeichen für die Landung der ersten Welle von 60 000 Mann am Strand, für eines der größten Luftlandeunternehmen des gesamten Krieges – zwei Fallschirmjäger-Divisionen –, und einen letzten, sehr ausgeklügelten und erfolgreichen Versuch, den Feind dahingehend zu täuschen, daß die Landung nördlich der Somme stattfinden würde.

Jetzt, wo der Zeitpunkt gekommen war und die Invasion anlief, konnten die Alliierten nicht mehr verheimlichen, daß 5000 Schiffe unterwegs waren. Die ganze Nacht über ließen beträchtliche Luftstreitkräfte nördlich von Kap Antifer ›shaffs‹ fallen, kleine Stanniolstreifen, mit dem Ziel, die deutschen Radargeräte zu stören. Der Zweck dieses Unternehmens lag darin, den Feind glauben zu machen, daß unter Luftbedeckung eine große feindliche Flotte einen Punkt östlich von Kap Antifer anlaufe, um dort zu landen, und daß die Luftstreitkräfte versuchten, deren Entdeckung durch Radar zu verhindern. Unter den Flugzeugen ließen etwa dreißig kleinere Kriegsschiffe Ballons steigen, welche die von großen Schiffen hervorgerufenen Radar-Echos simulierten, taten außerdem so, als hätten sie regen Funkverkehr untereinander, und führten mittels Lautsprechern sogar einen »Megaphon-Krieg«. Ähnliche Täuschungsmanöver praktizierte man weiter nördlich vor Boulogne, wo außerdem konzentrierte Bombenangriffe auf Verkehrsknotenpunkte zwischen Dieppe und Calais geflogen wurden.

All diese Täuschungsmanöver halfen Unsicherheit verbreiten, obwohl

Staggs richtige Wettervorhersage vielleicht doch am meisten geholfen hat. Sein deutsches Gegenstück in Paris, Major Lettau, hatte den Zerfall des Azoren-Hochs gleichfalls bemerkt. Desgleichen sah er zutreffend voraus, daß das Wetter vom Sonntag auf Montag unmöglich sein würde. Gestützt auf seinen Bericht verließ Rommel das Hauptquartier in Paris und verbrachte das Wochenende bei seiner Familie in der Nähe von Ulm. Was Lettau jedoch im Gegensatz zu Stagg nicht voraussah, war, daß das Wetter am Dienstag wieder besser sein würde. Noch am Montag, während die Invasionsflotte die Anker lichtete, berichtete Rommels Stab, daß nichts auf eine unmittelbar bevorstehende Landung hinweise, obgleich zugegeben wurde, daß über den südenglischen Häfen – mit Ausnahme von Dover – keine Aufklärungsflüge gemacht worden seien. Auch die nördlich von Kap Antifer praktizierten Ablenkungsmanöver zeitigten die gewünschten Ergebnisse. Die deutschen Radartechniker berichteten, daß ihre Geräte blockiert würden. In den Abendstunden des 5. Juni, als die Schiffe und Flugzeuge vor Antifer ihren irreleitenden Funkverkehr aufnahmen, befahl Rommels Stab der 15. Armee erhöhte Alarmbereitschaft, um die Invasoren zurückzudrängen. Doch die 15. Armee war in Nordfrankreich zusammengezogen, an der Straße von Dover. Zwar waren die Invasoren wirklich unterwegs, doch liefen sie auf eine andere Stelle zu. Die Warnung kam nicht bis zur 7. deutschen Armee durch – derjenigen, welche es mit den Invasoren aufnehmen sollte, als diese in den Morgenstunden in der Seinebucht an Land gingen.
Für die Invasion war das Südufer der Seinebucht in fünf Küstenabschnitte aufgeteilt worden, die – von Westen nach Osten verlaufend – folgende Namen erhielten: Utah, Omaha, Gold, Juno und Sword. Utah und Omaha einzunehmen war Aufgabe der 1. amerikanischen Armee unter dem Befehl von General Omar Bradley. Das 7. amerikanische Armeekorps unter General Collins sollte Utah nehmen, das 5. amerikanische Armeekorps unter General Gerow Omaha.
Die zur 2. britischen Armee vereinigten Briten und Kanadier sollten Gold, Juno und Sword besetzen. General Dempsey, unter dessen Kommando die 2. Armee stand, hatte dem 30. britischen Armeekorps unter General Bucknall die Aufgabe zugewiesen, die Küste von Gold zu besetzen. Das 1. britische Armeekorps unter General Crocker sollte die Abschnitte Juno und Sword nehmen.
Erstes Ziel der Landungsstreitkräfte war es, durch den Absprung von Fallschirmjägereinheiten die beiden Flanken des Brückenkopfes zu decken. Die ersten Einheiten, die in Aktion traten, waren die 6. britische Luftlande-Division auf der Ostflanke und die 101. und 82. amerikanische Luftlande-Division auf der Westflanke. Die Aufgaben dieser drei Divisionen waren schwierig und gefährlich, aber von

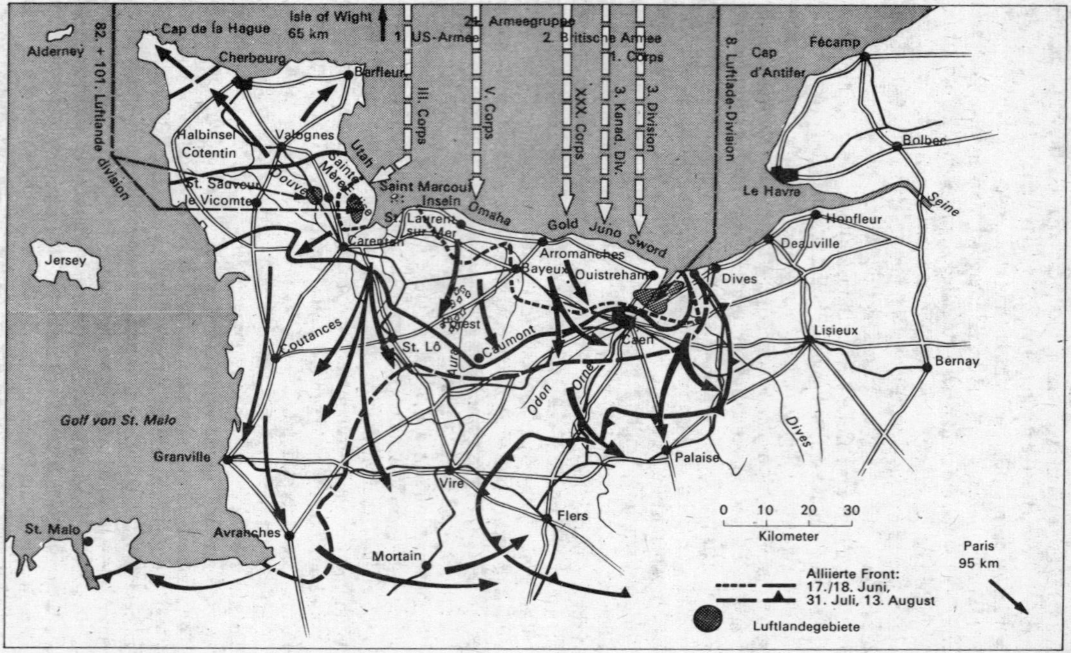

Die Landung in der Normandie, Juni 1944

entscheidender Bedeutung. Die unter dem Kommando von General Gale stehende 6. britische Luftlande-Division hatte den Auftrag, im Handstreich die beiden Brücken zu nehmen, die östlich des Brückenkopfes über zwei parallel verlaufende Wasserläufe führten: einen Kanal und den Orne-Fluß, die beide von Caen aus in nordöstlicher Richtung fließen und in der Nähe von Ouistreham ins Meer münden. Außerdem sollte die Division eine deutsche Küstenbefestigungsanlage in Merville in der Nähe der Orne-Mündung außer Gefecht setzen, sich des höhergelegenen Territoriums östlich der Orne bemächtigen und wenn möglich die Brücken im nächsten, weiter östlich gelegenen Tal über den Dives-Fluß zerstören.

Diese verzwickte Aufgabe mußte in den vier Stunden zwischen Mitternacht und den frühen Morgenstunden erledigt werden. Trotz der erschreckenden Schwierigkeiten (das 9. Fallschirmjäger-Bataillon, dem die Zerstörung der Befestigungsanlage bei Merville zugefallen war, landete weit verstreut) wurden alle diese Ziele erreicht und der Auftrag termingemäß erledigt. Es handelte sich um ein äußerst wichtiges, mutiges und viel Klugheit erforderndes Unternehmen, bei dem die Luftlandetruppen, die entweder mit dem Fallschirm absprangen oder mit Lastenseglern in der Dunkelheit landeten, viele Männer verloren. Doch durch waghalsige Vorstöße sicherten sie die Ostflanke des Brückenkopfes gegen den ersten, sofort zu erwartenden Gegenangriff von Osten her durch die 21. deutsche Panzerdivision, von der man wußte, daß sie in dieser Gegend stationiert war.

Die Landungen der amerikanischen Fallschirmjäger an der rechten Flanke verliefen nicht so glatt. Bis zum Morgengrauen hatte nur rund ein Sechstel der 101. amerikanischen Luftlande-Division die ihnen zugewiesenen Positionen erreicht. Die 82. Luftlande-Division blieb zwar enger beieinander, doch dafür landeten ihre mit Geschützen und Panzern beladenen Lastensegler weit verstreut. Beide Divisionen hatten die Aufgabe, dafür zu sorgen, daß die von See her landenden Einheiten am Küstenabschnitt Utah gleich nach ihrer Landung weiter ins Landesinnere vorstoßen könnten. Die Deutschen hatten einen großen Teil der Küste bis zehn Kilometer landeinwärts überflutet, darunter die Täler der Flüsse Merderet, Douve und Vire. Unmittelbar hinter den Sanddünen lag ein weiteres Überflutungsgebiet, das sich von Quineville an der Vire-Mündung, im Südabschnitt von Utah, nach Südosten erstreckte.

Die beiden Luftlande-Divisionen sollten sich der Brücken und Dämme bemächtigen, die das überschwemmte Gebiet noch überspannten, damit die Hauptlandeeinheiten nicht auf etwas festsaßen, was praktisch einer künstlichen Insel gleichgekommen wäre; sie hatten jedoch nur teilweise Erfolg.

Im Norden gelang es der 82. Division, den wichtigen Straßenknotenpunkt Sainte Mère Eglise an der Hauptstraße von Cherbourg nach Carentan und dem übrigen Frankreich zu nehmen. Allerdings schaffte es die 82. Division nicht, die Brücken über den Fluß Merderet zu sichern. Da sie weit verstreut gelandet waren, waren die amerikanischen Fallschirmjäger, die dann tatsächlich ihr Ziel westlich des Flusses erreichten, zahlenmäßig zu klein, um die Brücken zu nehmen; denn sie stießen auf den heftigen Widerstand der 91. deutschen Division, über deren Gebiet sie abgesprungen waren.
Die 101. Division konnte alle ihre Aufgaben erfüllen, mit Ausnahme der Zerstörung der Brücken über die Viremündung und den Carentan-Kanal, der parallel zum Fluß verläuft. Hier bestand die Hauptaufgabe darin, jeden möglichen Gegenangriff auf die Südflanke des Küstenabschnitts Utah aufzufangen. Trotz all dieser Mißgeschicke war die Luftlandung von zwei amerikanischen und einer britischen Division ein entscheidender Erfolg. Ohne sie wären die Hauptlandungen vermutlich ganz anders verlaufen.
Ein extrem schweres Artilleriebombardement von See her auf alle Küstenbefestigungsanlagen begann kurz nach Beginn der Landungen. Altehrwürdige Schlachtschiffe, Kreuzer, Zerstörer und raketenbestückte Angriffsfahrzeuge – alle nahmen sie an einem genauestens ausgearbeiteten Schießplan teil.
Die Landung am Strandabschnitt Utah verlief am reibungslosesten von allen fünf, und das lag zum Teil am Wetter. Hauptmann Stagg hatte vorausgesagt, daß das Wetter die Landung ermöglichen würde, aber er hatte nicht gerade einen ruhigen Dorfteich versprochen. Es blies ein frischer Westwind, der zwar den Marinesoldaten nichts ausmachte, dafür aber den Landsoldaten, und der den Kommandeur einer deutschen Torpedobootflottille, die in Cherbourg stationiert war, dazu bewog, in den Hafen zurückzukehren. Sämtliche alliierten Schiffe, auch die Torpedoboote, blieben auf See. Der Küstenabschnitt Utah im Westen der Bucht lag geschützter als die anderen. Trotz des Wetters verliefen die Landungen an den drei britisch-kanadischen Küstenabschnitten am östlichen Teil der Bucht gut. Nur am Küstenabschnitt Omaha entgingen die Invasoren knapp einem ernsten Rückschlag.
Dafür scheint es eine ganze Reihe von Gründen gegeben zu haben. Omaha war in jedem Fall ein schwieriger Küstenabschnitt. Er war zunächst einmal steiler als die anderen und wurde darüber hinaus auch noch stärker verteidigt, als die Amerikaner angenommen hatten. Das schlimmste von allem war, daß die Landungen auf diesem Küstenabschnitt nicht genau nach Plan verliefen, das heißt, daß die Einheiten an den falschen Stellen landeten. Das lag teilweise am Wetter, hauptsächlich jedoch an der Entscheidung der US Navy, ihre Landungsfahr-

zeuge aus einer Entfernung von zwölf statt acht Seemeilen vor der Küste zu starten.
Das Geschützbombardement von See her blieb am Küstenabschnitt Omaha wirkungsloser als an den anderen, und verschiedene starke Stützpunkte und Batterien, die hätten außer Gefecht gesetzt werden müssen, feuerten immer noch, als die Truppen an Land gingen. Die Sturmlandefahrzeuge waren mindestens einen knappen Kilometer hindurch starkem Geschützfeuer ausgesetzt. Sobald sie erst einmal gelandet waren, wurden die Amerikaner durch das fortgesetzte Feuer von mindestens zwei unzerstörten Stellungen aus niedergehalten. Das 116. Infanterieregiment, das den Angriff am Westende von Omaha führte, erlitt schwere Verluste. Einige Soldaten suchten Zuflucht im Wasser. Andere ertranken, als ihr Landefahrzeug getroffen wurde oder sie in tiefem Wasser über Bord sprangen. Wegen des Geschützfeuers hatten auch die Räumtrupps nicht arbeiten können, und manche Unterwasserhindernisse standen nach wie vor.
General Bradley war tief besorgt, insbesondere wegen des westlichen Endes vom Küstenabschnitt Omaha.

»Die 1. Division lag hinter dem Deich fest, während der Gegner den Strand mit Kleinfeuerwaffen bestrich. Artilleriefeuer verfolgte die Landefahrzeuge, die sich im Küstengewässer drängten. Ein Großteil der Schwierigkeiten lag an den Unterwasserhindernissen. Nicht nur, daß die Räumungstrupps so schwere Verluste hatten, daß sie praktisch bewegungsunfähig waren – es wurde auch noch viel von ihrer Ausrüstung einfach weggeschwemmt. Sie hatten nur sechs Breschen in diese Barrikade geschlagen, ehe die steigende Tide ihrem Vorgehen Einhalt gebot. Unfähig, durch die Hindernisse hindurchzubrechen, welche sie von den ihnen zugewiesenen Stränden trennten, wandten sich die Landefahrzeuge in Richtung ›Easy Red‹ [ein weiter östlich gelegener Strand], wo Lücken gesprengt worden waren. Als dann aufeinanderfolgende Wellen auf den völlig ungeordneten Brückenkopf zustrebten, mußten sie bald feststellen, daß sie sich dicht vor der Küste in einem Verkehrsstau verrannt hatten.«[1]

Einmal dachte Bradley ernstlich daran, die für Omaha bestimmten nachfolgenden Einheiten auf andere Küstenabschnitte umzudirigieren. Getreu dem Plan von Ramsay langte ein ununterbrochener Strom von Soldaten und Munition in den überfüllten Küstengewässern vor Omaha an, um Verstärkungen für eine Landung zu bringen, die praktisch noch nicht stattgefunden hatte.
Im Laufe des Vormittags fingen die Überlebenden der Vorauseinheiten der 1. Division an, langsam auf das höher gelegene Gelände vorzustoßen und vom eigentlichen Strand fortzukommen. Als es Abend

wurde, hatte die 1. Division nach erbitterten Kämpfen einen zweieinhalb Kilometer tiefen und vielleicht zwölf Kilometer langen Brückenkopf besetzt. Die 1. US-Division hatte in Frankreich Fuß gefaßt. Eisenhowers Entschluß, trotz der Überflutungen im Hinterland am Küstenabschnitt Utah zu landen, machte sich bezahlt. Der Strand selbst wurde nur leicht verteidigt. Am frühen Nachmittag gelang es den Landetruppen, Verbindung mit einer der Fallschirmspringer-Divisionen aufzunehmen, und bis zum Abend waren auf dem Küstenabschnitt Utah über 20000 Mann gelandet.

Am Küstenabschnitt Sword versuchte die 3. britische Division, gleich am ersten Tag Caen zu nehmen, was jedoch mißlang. Caen war eine Stadt gewesen, die Montgomery sofort einzunehmen hoffte, wenngleich seine Hoffnungen größer waren als seine Erwartungen. Die 3. Division stand einer ganzen kampfbereiten deutschen Panzerdivision gegenüber, noch ehe es ihr selbst gelungen war, genügend eigene Panzer zu landen. Die Briten wußten, daß die 21. Panzerdivision in dieser Gegend stationiert war; daß ihr Standort jedoch Caen selbst war, hatten sie nicht gewußt. Die King's Shropshire Light Infantry stieß mutig, doch vornehmlich zu Fuß und nur mit einem Minimum an Unterstützung durch Panzerfahrzeuge auf der Straße von Hermanville nach Caen vor, wurde jedoch von Einheiten der 21. Panzerdivision aufgehalten, ehe sie dorthin gelangte. Trotz alledem waren die drei britisch-kanadischen Brückenköpfe bis zum Abend des 6. Juni sämtlich vereinigt. Bayeux, Creully, Douvres und Ouistreham befanden sich in der Hand der Alliierten. Es war eine Bresche in Hitlers Atlantik-Wall geschlagen worden.

Die nächste Aufgabe der Alliierten bestand darin, genügend Schlagkraft aufzubauen, um aus ihrem Brückenkopf auszubrechen. Aufgabe der Deutschen hingegen war es, sie darin festzuhalten. Das Land begünstigte die Deutschen. Der ›Bocage‹, wie dieser Teil der Normandie genannt wird, besteht aus kleinen, durch dichte Hecken voneinander getrennten Feldern; die Hecken wachsen auf dichten Schichten Mutterboden und halten diesen zusammen. Die Felder sind durch Hohlwege getrennt und von tiefen Gräben umgeben. Es ist eine Gegend, in der ein mutiger Verteidiger solange in Verborgenheit bleiben kann, bis sein Gegner auf wenige Meter herangekommen ist. Die Besatzungen der Panzer konnten nicht ungehindert manövrieren, und wenn sie sich überhaupt bewegen konnten, dann sahen sie nicht weit genug, um die deutschen Verteidigungsstellungen zu erkennen.

Dieses Land wurde von einer deutschen Armee verteidigt, die ständig, wenn auch nur langsam, Verstärkungen erhielt. Die französischen Eisenbahnarbeiter hatten Sabotage an ihren eigenen Strecken betrieben, und die Bomben hatten ernsthaften Schaden angerichtet. Trotzdem hatten die Deutschen bald drei Panzer-Divisionen in die Normandie geworfen und zogen hier Infanterie aus ganz Frankreich zusammen. Die Deutschen kamen zu dem Schluß – und genau das hatte Montgomery gehofft – daß die Hauptbedrohung ihrer Stellungen vom Ostteil des Brückenkopfes ausgehen würde. Sobald die Alliierten erst einmal Caen hinter sich hatten und aus dem Bocage heraus waren, konnten sie ungehindert über den Terrain hinweg vorstoßen, das für Panzer sehr gut geeignet war und sich bis Paris erstreckte. Daher war die erste Sorge der Deutschen, Caen gegen die 3. britische Armee zu verteidigen.

Mittlerweile setzten die Alliierten alles daran, das Vorhandensein ihres Brückenkopfes zu einem Dauerzustand zu machen, was ihnen am 12. Juni gelang, als die 101. amerikanische Luftlande-Division Carentan einnahm, das die Mündung des Flusses Vire beherrscht. Damit war die letzte Lücke in der alliierten Front geschlossen – die zwischen den Küstenabschnitten Omaha und Utah. »An unserem 7. Tag an Land«, schrieb Bradley, »hatten wir die alliierten Streitkräfte in einem 70 km langen Brückenkopf vereinigt. Danach galt es, uns mit Gewalt den Weg über die Halbinsel Cotentin zu bahnen, sie abzuriegeln und den Hafen von Cherbourg einzunehmen.«[2] Die Amerikaner nahmen Cherbourg am 27. Juni, und damit waren die Alliierten im Besitz ihres ersten Hafens.

Obgleich Cherbourg von den Deutschen ausgiebig zerstört und vermint worden war und sich als weniger nützlich erwies, als man gehofft hatte, stellte seine Einnahme für die Amerikaner eine große Erleichterung dar. Der künstliche Hafen der Amerikaner vor Saint Laurent war am 21. Juni von einem Sturm zerstört worden. Der Kommandeur des 7. US-Armeekorps, das Cherbourg einnahm, General Collins, entwickelte einen Heckenschneider, um sich auf dem Weg nach Norden über die Halbinsel Cotentin durch den Bocage vorzukämpfen. Verglichen mit den Dschungeln von Guadalcanal (wo dieser unerschrockene Soldat vorher gekämpft hatte), war der Bocage ein angenehmer, offener Landstrich.

Wenn auch mittlerweile sicher, war der Brückenkopf doch von starken feindlichen Verbänden eingeschlossen. Inzwischen hatten die Deutschen begriffen, daß es wohl nirgendwo in Frankreich mehr ein Halten für sie geben würde, wenn es den Alliierten einmal gelänge, auszubrechen. Nachdem sie sich jetzt darüber einig waren, daß es sich bei dieser Landung in der Normandie keineswegs um ein Ablenkungsmanöver handelte, sondern um das Hauptsprungbrett der Invasoren, verstärkten Hitler, Rommel und von Rundstedt ihre den Brückenkopf belagernden Divisionen so schnell, wie die zerstörten französischen Eisenbahnen es ihnen erlaubten. Eisenhower und den anderen im SHAEF (Supreme Headquarters Allied Expeditionary Forces) wurde es nachgerade höchst unbehaglich zumute. Sie befürchteten, daß die alliierten Armeen in einen Brückenkopf eingepfercht bleiben könnten, der bereits jetzt bis zum Bersten mit Material für einen Vormarsch angefüllt war, der noch auf sich warten ließ. Weil der Durchbruch bis jetzt noch nicht gelungen war, übten einige Mitglieder von Eisenhowers Stab (insbesondere General Morgan, der die Landung ursprünglich geplant hatte, und Eisenhowers Stellvertreter Tedder) mehr und mehr Kritik an Montgomery. Sie hielten ihn für übervorsichtig, und man sprach sogar offen über seine Ablösung. Zwischen dem SHAEF in England und den Feldkommandeuren hing (um es gelinde auszudrücken) ein häßlicher Nebel von Mißverständnissen.

Es ist wahrscheinlich, daß Eisenhower und vielleicht auch Tedder damals Montgomerys Pläne nie ganz begriffen. Hätten sie das getan, wären sie möglicherweise auch dann nicht mit ihnen einverstanden gewesen. Trotzdem waren es letzten Endes die Pläne, nach denen die Landungsstreitkräfte mit phantastischem Erfolg vorgingen.

Die Mehrzahl der amerikanischen Generäle glaubte, daß in den meisten militärischen Situationen der richtige Zeitpunkt zum Angriff immer gegeben sei und der richtige Ort zum Angriff überall. Montgomery hegte in dieser Hinsicht nicht ganz so simple Vorstellungen. Er hielt ständig nach schwachen Punkten in den Linien des Gegners Ausschau, und wenn es eine solche schwache Stelle nicht gab, versuchte er, sie zu schaffen. Immer wieder verführte er seinen Gegner, einen bestimmten Frontabschnitt zu verstärken, und zwar auf Kosten eines anderen Frontabschnitts, auf den er dann seinen Angriff richtete. Das hatte er bereits bei El Alamein getan und war damit gut gefahren. Jetzt, in der Normandie, tat er es wieder und stand im Begriff, wiederum Erfolg damit zu haben.

Zunächst versuchte er, die Deutschen dahin zu bringen, den Ostteil der Belagerungslinie auf Kosten des Westteils zu verstärken, und hatte vor, die besten deutschen Einheiten bei Caen zu binden, damit die Amerikaner mit einem raschen Umgehungsmanöver auf der rechten Flanke gegen vergleichsweise leichten Widerstand vorstoßen könnten. Davon ließ Montgomery sich nicht abbringen, auch dann nicht, als seine Vorgesetzten erheblichen Druck auf ihn ausübten.

Das wahrscheinlich wichtigste Ergebnis aller Operationen der Alliierten während der siebeneinhalb Wochen, die sie im Brückenkopf auf der Normandie eingeschlossen waren – wichtiger sogar als die Einnahme von Cherbourg –, war, daß die Deutschen ihre Streitkräfte im Osten übermäßig konzentrierten. An dem Tag, ehe General Collins seinen erfolgreichen Durchbruch im Westen begann, standen den britischen Verbänden im Osten sieben deutsche Panzer-Divisionen und vier schwere Panzer-Bataillone gegenüber, wohingegen im Westen nur zwei Panzer-Divisionen und eine Panzergrenadier-Division in der Lage waren, sich dem Hauptangriff der Amerikaner entgegenzuwerfen. Die taktische Situation, die Montgomery für Collins geschaffen hatte, war so günstig, wie es unter den gegebenen Umständen möglich war.

Sie war wesentlich günstiger als diejenige, der die Amerikaner sich gegenübergesehen hatten, als sie in der ersten Julihälfte den Verkehrsknotenpunkt Saint Lô an der Basis der Halbinsel Cotentin zum erstenmal einzunehmen versuchten. Nachdem sie im Bocage schwere Verluste erlitten hatten, waren die Amerikaner am 18. Juli zwar in Saint Lô, konnten jedoch nicht weiter. Am selben Tag stieß das 8. britische Armeekorps unter General O'Connor, der nach seiner geglückten Flucht aus der deutschen Kriegsgefangenschaft wieder Dienst tat, östlich von Caen nach Süden vor, um die Höhenzüge südöstlich der Stadt zu nehmen. Es handelte sich um einen sehr schweren Angriff, dem schwerste Bombenangriffe auf die deutschen Stellungen vorausgegangen waren. Teils, weil durch die Bombenangriffe nicht sämtliche deutschen Verteidigungsanlagen zerstört worden waren, teils aber auch, weil die Manövrierfähigkeit der alliierten Verbände beschränkt war, gelang es bei diesem Angriff nicht, alle gesteckten Ziele zu erreichen. Allerdings brachte der Angriff die Deutschen zu der Überzeugung, daß die Briten und die Kanadier jetzt eine direkte und unmittelbare Bedrohung des gesamten Gebiets zwischen Caen und Paris darstellten. Aus diesem Grunde wagten sie es nicht, ihre Verteidigungslinien östlich von Caen zu schwächen.

Die besten deutschen Verbände waren folglich immer noch da, nur standen sie an der falschen Stelle, als sieben Tage später 2400 alliierte Bomber in der Nähe von Saint Lô 4000 Tonnen Bomben abwarfen, um den Amerikanern die Straße nach Süden zu eröffnen.

Collins begann mit seinem Hauptangriff am 26. Juli. Bis zum 1. August gelang es den Amerikanern, die gesamte Halbinsel Cotentin bis Avranches zu säubern; und südlich von Avranches gab es kaum noch etwas, was sie hätte aufhalten können. Das 8. US-Armeekorps erhielt die Aufgabe, die Bretagne zu erobern, wozu es knapp eine Woche brauchte. Der Hauptstoßkeil ging in südlicher Richtung auf Le Mans und bog dann nach Osten um. General Patton, dessen Verbände die Vorauseinheiten bildeten, sowie Bradley und Montgomery waren sich einig, daß die Chancen, bei Falaise umfangreiche Feindverbände einzuschließen, gut standen und daß es sich außerdem lohnen würde, durch einen zweiten Umgehungsvorstoß an der Seine jene abzuschneiden, denen es trotzdem gelungen war zu entkommen.

Hitler half ihnen, indem er einen aussichtslosen deutschen Gegenangriff in westlicher Richtung auf Mortain befahl. Nicht nur, daß dieser Gegenangriff fehlschlug – er sorgte auch noch dafür, daß mehr deutsche Truppen weiter von sicheren Stellungen entfernt waren, als das sonst der Fall gewesen wäre. Letztlich hat es vielleicht der Angriff auf Mortain überhaupt entschieden, daß die Deutschen aus Frankreich hinausgedrängt wurden.
General Creras' 1. kanadische Armee griff von Norden her in Richtung Falaise an und erreichte die Stadt am 16. August. Damit standen die Kanadier im Norden und die Amerikaner im Süden nur 25 km auseinander. Diese Lücke gelang es am 20. August zu schließen. 50000 deutsche Soldaten wurden im sogenannten Falaise-Kessel eingeschlossen. Diejenigen, die dennoch entkamen – vornehmlich die Reste der 5. und 7. Panzer-Divisionen – zogen sich in nordöstlicher Richtung auf die Seine zurück und hofften, die Stellung dort zu halten. Aber Patton hatte die Seine vor ihnen erreicht. Diejenigen Deutschen, denen es dennoch gelang hinüberzukommen, mußten praktisch ihre gesamte Ausrüstung zurücklassen. Die Alliierten waren nicht nur aus dem Belagerungsring ausgebrochen, der sie seit dem 6. Juni in ihrem Brückenkopf festgehalten hatte, sondern nahmen auch noch viele ihrer hartnäckigen Belagerer gefangen.

Einen Monat, bevor die Alliierten die Seine erreichten, hatte eine Gruppe deutscher Offiziere versucht, Hitler umzubringen. Am 20. Juli 1944 ließen sie in seinem Hauptquartier in Ostpreußen eine Zeitbombe hochgehen. Der Attentatsversuch mißlang, was unmittelbar zur Folge hatte, daß Hitlers Stellung nur noch mehr gefestigt wurde. Es herrschte in der Öffentlichkeit eine gewisse Sympathie für Hitler, und man fragte sich erstaunt, wie es ihm eigentlich gelungen sei, unverletzt davonzukommen. Rommel gehörte zu den Generalen, an welche die Verschwörer herangetreten waren. Am 20. Juli lag er im Lazarett, nachdem er drei Tage zuvor, als sein Wagen von einem alliierten Flugzeug mit Maschinengewehr beschossen worden war, Verwundungen davongetragen hatte. Er kehrte nie wieder an die Front zurück. Im Oktober ließ man ihm die Wahl, entweder zusammen mit den anderen Verschwörern vor einen Volksgerichtshof gestellt zu werden oder Gift zu nehmen. Er entschied sich für das Gift. Hitler hatte seinen besten Virtuosen umgebracht.
Anfang Juli, nachdem von Rundstedt entlassen worden war, übernahm Feldmarschall von Kluge das Oberkommando im Westen. Doch der war wie von Rundstedt und auch Rommel der Meinung, daß die einzige Möglichkeit für die deutschen Armeen in Frankreich der Rückzug sei. Hitler hingegen versteifte sich auf entschlossenen Wider-

stand. Am 18. August entließ er von Kluge. Von Kluge schrieb Hitler noch einen Brief, in dem er ihm dringlichst ans Herz legte, den Krieg sofort zu beenden, und beging dann Selbstmord.
Sein Nachfolger war General Model, dem es zumindest gelang, Hitler dazu zu bewegen, einigermaßen Vernunft anzunehmen. Model hatte seinerzeit selbst Fehler begangen (insbesondere in der Panzerschlacht bei Kursk gegen die Russen), doch machte es ihm nichts aus, Hitler offen die Meinung zu sagen; im übrigen war er grundsätzlich ein tüchtiger und sehr beliebter General, und Hitler sollte noch sehr auf ihn angewiesen sein.
Kaum hatte Model das Oberkommando übernommen, da landeten die Alliierten in Südfrankreich. Am 15. August gingen sie bei Saint Tropez an der französischen Riviera ohne große Schwierigkeiten unter dem Kommando des amerikanischen Generals Patch an Land. Zwei Tage später erhielten die Hauptteile der deutschen Streitkräfte in Südfrankreich den Befehl, sich nach Norden abzusetzen. Trotzdem leisteten sie weiterhin Widerstand, insbesondere in den Häfen Toulon und Marseille; doch überall sonst, vornehmlich in nördlicher Richtung, kamen die Alliierten rasch voran. Am 3. September eroberten sie Lyon, und am 11. vereinigten sie sich mit den aus der Bretagne in Richtung Osten vorstoßenden alliierten Verbänden. Der Vorstoß aus dem Süden kam in den Vogesen vorübergehend zum Stehen, zum Teil, weil die Deutschen beschlossen hatte, diese zu verteidigen, zum Teil aber auch, weil es Patch an Nachschub fehlte.
Auch die im Norden gelandeten Verbände hatten sich auf dem Vormarsch befunden. Nachdem sie erst einmal über die Seine gesetzt waren, konnte Model kaum etwas tun, um sie aufzuhalten, bis auch ihnen der Nachschub ausging. Zunächst einmal mußten die Alliierten jedoch Paris nehmen. Eisenhower, der inzwischen (wie vorher vereinbart) Montgomery als Feldkommandeur der gesamten alliierten Streitkräfte abgelöst hatte, hatte vorgehabt, an Paris vorbei vorzustoßen, um Menschenleben zu verschonen und weil er annahm, daß die in Paris stationierten Deutschen nicht viel ausrichten könnten und man sie sich später vornehmen konnte. Diese Pläne Eisenhowers jedoch paßten gar nicht ins Konzept des Pariser Befreiungskomitees – der Widerstandsorganisation in der französischen Hauptstadt –, das Vorbereitungen traf, die Stadt durch einen bewaffneten Aufstand am 17. August selbst zu befreien. Mittlerweile stand General Patton bereits östlich von Paris. General de Gaulle bat, die 2. frei-französische Division unter General Leclercq für die Übernahme der Stadt zu Hilfe zu schicken, damit die französische Widerstandsbewegung nicht von den noch in Paris verbliebenen Deutschen ausgelöscht würde. Der deutsche Militärgouverneur, General von Choltitz, kümmerte sich

nicht um Hitlers Befehle (die dahin gingen, Paris zu zerstören, wenn man es nicht verteidigen könne) und ergab sich Leclercq am 24. August. Am 25. August zog de Gaulle triumphal in die Hauptstadt seines Landes ein.
Inzwischen stießen die Hauptverbände der alliierten Armee im Eiltempo in nordöstlicher Richtung auf Deutschland selbst vor. Linker Hand nahmen die Kanadier bis auf Dünkirchen sämtliche Kanalhäfen, während weiter im Landesinneren Montgomery auf Antwerpen zumarschierte. Den Antwerpener Hafen brauchten die Alliierten dringlichst, weil er groß genug war, ihre Nachschubprobleme zu lösen. Am 4. September nahmen die Briten das unzerstörte Antwerpen, obgleich die Deutschen immer noch Stellungen am Ufer der Schelde hielten, so daß man sich der Hafenanlagen nicht sofort bedienen konnte.
Auf Montgomerys rechter Seite befand sich die erste amerikanische Armee, die am 7. September Lüttich und drei Tage später Luxemburg einnahm. Weiter im Süden bedrohten Patch und Patton die Städte Metz und Nancy. Der Vormarsch war in unglaublichem Tempo vor sich gegangen. Die Alliierten waren nun ihrem eigenen Zeitplan um mehrere Monate voraus. Aber nun waren sie an den Hauptverteidigungslinien von Deutschland selbst angelangt – den ersten, gründlich vorbereiteten Verteidigungsstellungen, auf die sie seit ihrer Landung an der normannischen Küste stießen. Zu allem hin war der Hafen von Antwerpen noch immer nicht geöffnet, und der Nachschub mußte größtenteils mit Lastwagen die weite Strecke von der Normandie an die Front geschafft werden. General Bradley hatte außerdem noch die Aufgabe, die Bevölkerung von Paris durchzufüttern.
Während der alliierte Vormarsch an Tempo und Stoßkraft gewann, kam es zwischen den alliierten Generälen wieder zu einer Auseinandersetzung. Eisenhower war immer dafür eingetreten, auf breiter Front in Deutschland einzumarschieren, und hatte gewollt, daß alle seine Armeen auf der gleichen Linie vorrückten und keine zurückfiel. Montgomery hingegen war für einen konzentrierten Vorstoß auf dem linken Frontabschnitt. Sein Hauptargument war, daß die Deutschen eine lange Front zu verteidigen und daher nicht die nötigen Truppen hätten, jeden einzelnen Frontabschnitt gleichermaßen verbissen gegen einen wirklich schweren Angriff zu verteidigen. Es sei daher angeraten, den Hauptvorstoß am Nordabschnitt vorzutragen, wo die Verteidigungslinien der Deutschen entweder schwach oder überhaupt nicht vorhanden waren. Dieses Unternehmen solle von den Soldaten der 21. britischen Armeegruppe durchgeführt werden, die unter seinem Kommando standen. General Bradleys 1. US-Armee solle an seiner Seite kämpfen. Montgomery führte ins Feld, daß die Deutschen jetzt an Treibstoffmangel litten, kaum noch Transportmöglichkeiten hätten

und ohne Luftunterstützung kämpfen müßten, daß sie jetzt eine Atempause brauchten und daß es möglich sein müsse, durch einen heftigen Vorstoß der Alliierten das deutsche Industriegebiet an der Ruhr einzukreisen und zu neutralisieren, und auf diese Weise den Krieg beträchtlich zu verkürzen um ihn womöglich schon Weihnachten siegreich beendet zu haben.
Eine andere Alternative zu Eisenhowers Plan, alle Armeen auf gleicher Linie vorrücken zu lassen, bis sie gemeinsam das Westufer des Rheins erreicht hätten, bestand darin, Montgomery im Norden zurückzuhalten und General Patton zu erlauben, im Süden weiter vorzustoßen – und das wollte Patton selbstverständlich. Eisenhower, der den Vorsitz führte, wußte, daß er nicht genügend Treibstoff hatte, um Montgomery und Patton gleichzeitig weiter vorrücken zu lassen. Auch wußte er, daß jeder der Generale mit größter Hartnäckigkeit für seinen eigenen Vorschlag eintreten würde; und so saß Eisenhower wie auf glühenden Kohlen.
Auch hatte er bei seiner Entscheidung noch politische Erwägungen in Betracht zu ziehen. Die Amerikaner stellten und unterhielten inzwischen den weitaus größten Teil der alliierten Verbände in Westeuropa. Patton war in den Vereinigten Staaten ein Nationalheld (ganz abgesehen davon, daß er ein außergewöhnlich befähigter General war). Montgomery hingegen galt in den Augen der Öffentlichkeit als ein Mann, der dazu neigte, übervorsichtig zu sein – was ein sehr oberflächliches Urteil war, das sich auf seine Taktiken bei El Alamein und in der Normandie stützte. Daß es eine Fehleinschätzung war, sollte sein rascher Vormarsch auf Antwerpen zeigen. Jedoch entsprach es der Wahrheit, daß Montgomerys Beziehungen zu einigen seiner amerikanischen Kollegen – mit Ausnahme Bradleys vielleicht – distanziert und manchmal sogar ausgesprochen schlecht waren. Die amerikanischen Generäle verbanden Tüchtigkeit mit einer gewissen Kumpelhaftigkeit, Montgomery hingegen mit Askese. Für die Amerikaner war Montgomery nicht leicht zu verstehen.
Eisenhower, der seinen eigenen Generälen gegenüber ebenso sehr zur Loyalität verpflichtet war wie der Sache der Alliierten im ganzen, hätte vermutlich nicht Montgomery den Treibstoff zur Verfügung stellen und Patton zurückhalten können, selbst, wenn er es gewollt hätte. (Patton hätte sich den Treibstoff dann wahrscheinlich ›besorgt‹.)
Am Ende schloß Eisenhower einen Kompromiß. Nach seinem ursprünglichen Plan der breiten Front hätten die Briten und die Kanadier zwischen den Ardennen und dem Meer durch Belgien und Holland vorrücken sollen, wohingegen sämtliche übrigen Verbände südlich der Ardennen hätten vorstoßen sollen. Eisenhowers Kompromiß bestand darin, seine 1. US Army an Montgomerys Seite nördlich

der Ardennen vorzuschicken und dadurch den nördlichen Vorstoß zu verstärken, wie Montgomery vorgeschlagen hatte, jedoch darauf zu bestehen, daß die Ruhr vorläufig nicht eingekreist wurde.
Das war kein schlechter Kompromiß. Zunächst einmal setzte er die 21. Armeegruppe instand, Antwerpen früher zu nehmen, als das sonst möglich gewesen wäre, und in dieser Phase des Feldzugs stellte Antwerpen nun einmal das bei weitem wichtigste strategische Ziel dar. Während der Hauptteil der britischen Truppen in einem Karnevalstaumel in den Straßen von Brüssel willkommen geheißen wurde, stieß die 11. Panzer-Division rasch und weniger spektakulär auf Antwerpen vor.

Der Fall von Antwerpen

Unversehrt einnehmen konnte die 11. Panzer-Division den Hafen von Antwerpen vielleicht vornehmlich wegen der Unerschrockenheit und List eines belgischen Widerstandskämpfers, eines Ingenieurs namens Robert Vekemans, der zuvor Pionier-Leutnant in der belgischen Armee gewesen war. 1945 war er bei den ›Ponts et Chaussées‹, also dem belgischen Amt für Straßen- und Brückenbau, angestellt und besaß einen Spezialausweis, der es ihm einerseits ermöglichte, seine Arbeit zu verrichten, sich andererseits aber auch frei in Antwerpen zu bewegen. Alastair Hetherington, Offizier der 11. Division und später Herausgeber des *Guardian*, hat beschrieben, was Vekemans für die Sache der Alliierten leistete:

> »Robert Vekemans, der in seiner Antwerpener Wohnung heimlich die B.B.C. abhörte, erfuhr am Nachmittag des 3. September, daß die britischen Truppen bereits dicht vor der belgischen Grenze stünden, und folgerte – zu Recht –, daß sie sie vermutlich bereits überschritten hätten. Tatsächlich hatten Panzer und Panzerspähwagen ungefähr zu diesem Zeitpunkt die Grenze bei Tournai gerade überschritten.
>
> Er traf sich kurz mit dem Hafeninspektor, den er gut kannte. Von ihm erfuhr er, daß die Deutschen Lotsen und Mannschaften für die fünf Sperrschiffe angefordert hätten, die, wenn möglich, bei der ersten Flut am nächsten Tag auslaufen und quer vor den Hafeneinfahrten in der Schelde versenkt werden sollten. Er machte dem Hafeninspektor klar, daß eine Verzögerung um auch nur eine Tide (12 Stunden) bereits entscheidend sein könne und daß es vielleicht gut wäre, wenn die Lotsen sich verspäteten. Sie stellten sich tatsächlich zu spät ein, und die Sperrschiffe wurden niemals an den vorgesehenen Stellen versenkt.

Dann verließ Vekemans gegen fünf Uhr nachmittags die Stadt und fuhr mit der Straßenbahn nach dem etwa zehn Kilometer südlich gelegenen Boom. Wieder dachte er sich – was gleichfalls zutraf –, daß die Alliierten vom Westen kommend den Weg über Boom einschlagen würden, da sie, wenn sie direkt auf Antwerpen vorstießen, auf der falschen Seite der Schelde angelangt wären, die bei Antwerpen fast einen Kilometer breit war.
Beim Verlassen der Stadt beobachtete er, daß die deutschen Geschütze besetzt und Stacheldrahtverhaue und Minenfelder vor dem Verteidigungsgürtel angelegt, die Straßen selbst jedoch noch nicht vermint waren. Weiter draußen, bei Boom, lag ein zweiter Verteidigungsgürtel. Hier überquerte die Hauptstraße die Rupel, einen der Hauptnebenflüsse der Schelde.
Die große Brücke über die Rupel – die hier etwa so breit war wie die Themse bei Westminster – war wieder mit Maschinengewehren, Stacheldraht, Minen und Sprengladungen bestückt. Zweihundert Schritt weiter südlich, auf der anderen Seite eines Kanals, hatte deutsche Infanterie sich in vorgeschobenen Verteidigungsstellungen eingegraben.
Nachdem er sich die Deutschen und die Brücke noch einmal genau angesehen hatte – und von einem Wachsoldaten zum Weitergehen aufgefordert worden war –, legte Vekemans die etwa vierhundert Meter bis zur nächsten Brücke über die Rupel zurück, die allerdings kleiner war. Sie war nur breit genug für ein Fahrzeug und befand sich in einem schlechten Zustand, doch die Deutschen selbst benutzten sie immer noch. Er stellte fest, daß sie weniger gut bewacht wurde, wenngleich auch hier Sprengladungen angebracht worden waren. Außerdem bemerkte er, daß das elektrische Kabel, das zu den Sprengsätzen im Mittelteil der Brücke führte, von einer befestigten Villa am Flußufer ausging und an der Brüstung der Brücke befestigt worden war. Zwar wurde er abermals von einem Wachsoldaten angerufen, konnte jedoch seinen offiziellen Paß vorweisen und überredete den Soldaten, daß er ihn über die Brücke hinweggehen ließ.
Nachdem er seinen Erkundungsgang beendet hatte, marschierte Vekemans zu Fuß zu dem rund drei Kilometer weiter südlich gelegenen Dorf Willebroek. Hier holte er sich sein Fahrrad, das er zuvor im Haus eines Werftarbeiters abgestellt hatte (der früher Korporal in seiner Pionier-Einheit gewesen war). Dann radelte er in der Abenddämmerung zum nahe gelegenen Haus seiner Schwiegermutter. Dort verbrachte er die Nacht, hörte wieder die B.B.C. und fuhr in der Morgendämmerung des Montagmorgens zur südlich von Boom verlaufenden Hauptstraße zurück.

Erst nach Morgengrauen am Montag, dem 4. September, wandten sich die ersten Panzer in nördlicher Richtung auf Antwerpen zu. Um diese Zeit etwa hatte Vekemans sich in einem Café an der Hauptstraße niedergelassen. Die Läden waren geschlossen, doch überredete er den Besitzer, ein Fenster zu öffnen, von dem aus er die Straße nach Süden im Auge behalten konnte. Er hatte sich auf eine lange Wartezeit gefaßt gemacht. Zu seinem Erstaunen erblickte er bereits eine halbe Stunde, nachdem er sich niedergelassen hatte, eine Panzerkolonne, die von Süden kam.

Diese Stelle hatte er sich ausgesucht, nachdem er zuvor genau ausgerechnet hatte, wie weit sie von den vorgeschobenen deutschen Stellungen aus eingesehen werden konnte. Wenn sein Plan jedoch Erfolg haben sollte, mußte er die Panzervorhut anhalten, ehe sie weiter auf das Blickfeld der deutschen Verteidiger südlich von Boom zurollte. Ob es ihm wohl gelingen würde, die Panzer zum Halten zu bringen? Er war sich nicht sicher.

Mit hoch erhobenen Armen pflanzte er sich mitten auf der Straße auf – die einsame Gestalt eines Zivilisten in einem grauen Regenmantel. Ratternd rollte der erste Panzer heran, den Geschützturm geschlossen. Gedeckt wurde er durch die Geschütze von zwei anderen Panzern hinter ihm. Er blieb nicht stehen, fuhr an Vekemans vorbei und weiter.

Der zweite Panzer jedoch verlangsamte seine Fahrt, der Kommandant steckte den Kopf heraus und wies auf den vierten Panzer der Gruppe. Dies war der Panzer des Kompaniechef Major John Dunlop vom Dritten Panzerregiment. Dunlop, dunkelhaarig und bärtig, vollführte mit der Pistole in der Hand eine Geste, die besagte, daß Vekemans heraufklettern und sagen solle, was er zu sagen habe . . .

Und was Vekemans zu sagen hatte, klang überzeugend. Er beschwor Dunlop, den Vormarsch der Vorauseinheit zu stoppen, ehe die Deutschen ihrer ansichtig würden. Dann erklärte er dem Major auf Englisch rasch, was vor ihm lag. Ja, mehr noch: Er legte einen Plan vor. Er sagte, daß die Panzer, wenn sie geradeaus weiter auf der Straße rollten, von den Verteidigern aus Boom gesehen wurden, die dann die Brücke in die Luft jagen und sie selbst unter schweres Geschützfeuer nehmen würden.

Er machte den Vorschlag, sie sollten in eine kleine Seitenstraße abbiegen. Den Weg würde er ihnen schon zeigen, falls sie bereit seien. Etwa 400 m weiter flußaufwärts von der Hauptbrücke gäbe es eine kleinere Brücke. Warum die nicht zuerst versuchen? Er glaube, die könne man im Handstreich nehmen . . .

Vekemans bewies jene ruhige Entschlossenheit, die immer überzeugt, und hatte ihnen bis ins einzelne dargelegt, was sie vorn er-

wartete. Während also einige von dem Regiment warteten, bog John Dunlops Schwadron ab. Vekemans wurde in einen Panzerspähwagen gesetzt und führte die Kolonne an.
Wie er vorgeschlagen hatte, rollten sie auf einer staubigen Seitenstraße durch das Dorf Willebroek hindurch. Dann überquerten sie den Kanal in Willebroek und ließen drei Panzer zurück, um diesen Übergang zu bewachen. Die anderen fuhren auf der anderen Seite des Kanals in Richtung Norden. Etwa tausend Schritt von der kleineren Brücke über die Rupel hielten sie hinter einer Fabrikmauer. Dort schwenkten die Vorauspanzer ihre Geschütze nach hinten und breiteten Tarnnetze über ihre britischen Hoheitsabzeichen. Hier ging Vekemans seinen Plan ein letztes Mal mit ihnen durch.
Daraufhin fuhren drei Panzer weiter. Im ersten saß Lieutenant Gibson Stubbs. Vekemans folgte dicht dahinter im Panzerspähwagen, und danach kam John Dunlop. Die Panzer fuhren geradenwegs auf die Brücke zu und wirbelten dabei soviel Staub auf wie nur irgend möglich. Vekemans sagt, er sei vor Lärm und Staub und der Aussicht, daß womöglich gleich auf ihn geschossen würde, völlig erstarrt gewesen. Er glaubt, daß sie etwa 75 Stundenkilometer gefahren sein müssen, dabei konnten die Panzer in Wahrheit gar nicht schneller als 50 Stundenkilometer fahren. Es ist ihm schleierhaft, wie es dem Fahrer des Panzerspähwagens gelang, immer so dicht hinter dem ersten Panzer zu bleiben.
Die List wirkte. Die deutschen Soldaten auf der Brücke hielten die Panzer in der Staubwolke für deutsche Panzer auf dem Rückzug. Der erste war bereits über der Brücke und zwischen den Häusern auf der anderen Seite, ehe der erste Schuß abgefeuert wurde. Der zweite und dritte eröffneten das Feuer auf die befestigte Villa und auf die um die Brücke herumstehenden Soldaten, sobald sie auf dem anderen Ufer waren.
Vekemans im Panzerspähwagen wollte in der Mitte der Brücke haltmachen, doch der Fahrer war dagegen. Als sie über die Mitte hinwegfuhren, packte Vekemans ihn am Kragen und schrie: »Halt, ich muß die Kabel durchschneiden!« Der Panzerspähwagen hielt; Vekemans sprang hinaus, ein großes Messer in der Hand, das er sich zuvor vom Fahrer ausgeliehen hatte. Während von beiden Enden der Brücke aus mit Maschinengewehren geschossen wurde und in der Angst, daß die Brücke jeden Augenblick in die Luft gehen könne, kappte Vekemans die Drähte an zwei Stellen.
Dann lief er zu jenem Punkt zurück, wo die Sprengladungen angebracht worden waren, um sicherzugehen, daß sie nicht per Hand gezündet werden konnten. (Als Pionier-Offizier, der 1940 mit Spren-

gungen befaßt gewesen war, wußte er, wonach er Ausschau halten mußte.) Da er keine Handzünder fand, kehrte er zum Panzerspähwagen auf dem Nordufer zurück.«[3]

Nachdem die Panzer einmal auf dem anderen Flußufer waren, wandten sie sich flußabwärts, wo ihnen die Hauptbrücke unbeschädigt in die Hände fiel. Von da an konnten die britischen Panzer, von Vekemans geführt, durch die Straßen von Antwerpen zu den Hauptschleusenkammern und -toren hindurchrasen. Detaillierte Karten hatten sie nicht, denn sie waren so rasch durch Frankreich vorwärtsgestürmt, daß sie einfach noch keine bekommen hatten. Doch unter der Führung von Vekemans und anderen Widerstandskämpfern gelang es ihnen, den Hafen von Antwerpen bis zum Abend in die Hand zu bekommen – und zwar unzerstört. Jetzt verfügten die Alliierten über einen brauchbaren großen Hafen, konnten ihn aber noch nicht benutzen. Einheiten der 16. deutschen Armee in den Kanalhäfen, an denen Montgomery vorbeigezogen war, hielten sich hartnäckig an beiden Ufern der Scheldemündung, die Antwerpen mit der Nordsee verbindet. Die Schelde blieb noch bis Ende November unpassierbar.

Am 17. September begann Montgomery von dem eroberten Gebiet in Nordostbelgien aus mit einem neuen Angriff. Die festen Verteidigungsstellungen, die die Deutschen vorbereitet hatten, reichten nicht bis Holland hinüber. Montgomery schlug vor, sie zu umgehen und auf der holländischen Brücke von Arnheim über den Rhein zu setzen; ehe er jedoch dort war, mußte er noch zwei andere Flüsse überqueren, die Maas bei Grave und die Waal bei Nimwegen. Seinem Plan zufolge sollte das 30. britische Armeekorps in gerader Linie von einem Flußübergang zum anderen und von dort weiter zur Zuider See (dem heutigen Ijsselmeer) vorstoßen. Auf diese Weise wollte er die 16. deutsche Armee abriegeln, an der die britische Armee von der Seine bis Brüssel vorbeigestoßen war und die seither begonnen hatte, mittels Fähren über die Schelde zu setzen und sich nach West-Holland abzusetzen. Außerdem sollte das 21. Armeekorps den Rhein überqueren, die Hauptverteidigungslinien der Deutschen umgehen und dann in der Lage sein, nach rechts abzubiegen und das Ruhrgebiet einzuschließen. Das war ein verlockender Preis, und er lohnte die Mühe.

Die Hauptschwierigkeit lag darin, daß der Boden zwischen Belgien und Arnheim sumpfig, von Kanälen durchzogen und bis auf eine Hauptstraße für einen militärischen Vormarsch praktisch nicht zu gebrauchen war. Der Vorstoß konnte nicht beginnen, ehe das 30. Armeekorps sicher sein konnte, diese Straße sowie die Brücken benutzen zu können, die über die Maas, die Waal und den Rhein hinwegführten. Zuerst waren es drei, dann vier Luftlande-Divisionen, die den

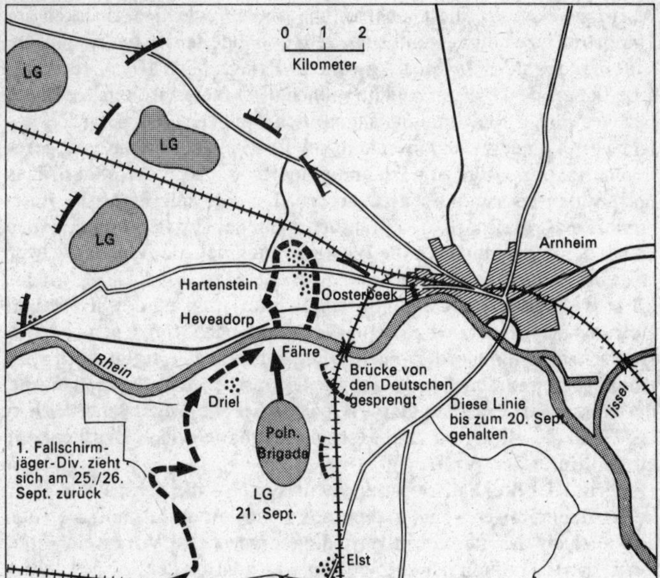

Arnheim, September 1944

Auftrag bekamen, diese ebenso wie andere wichtige Brücken im Handstreich zu nehmen und zu halten; es handelte sich um das größte Luft-Landeunternehmen des gesamten Krieges. Die 101. amerikanische Luftlande-Division landete südlich der Maas, nachdem sie durch heftiges Flak-Feuer hindurchgekommen war. Der 101. Division gelang es mit einer Ausnahme, sämtliche Brücken, auf die sie es abgesehen hatte, unzerstört zu nehmen und damit die Route von der Maas nach Süden bis Eindhoven zu sichern. Die 82. amerikanische Luftlande-Division sicherte den Maasübergang bei Grave, konnte jedoch zuerst den Übergang über die Waal nicht nehmen, der von der schwer befestigten Stadt Nimwegen bewacht wurde. Das 30. britische Armeekorps, voran die Guards Armoured Division, stieß auf der Straße von Belgien nach Eindhoven und von dort weiter nach Nimwegen vor. Die Deutschen griffen sie von beiden Seiten der Straße heftig an, doch nach einem gemeinsamen Angriff der amerikanischen Fallschirmjäger und der Panzer der britischen Garde-Division fiel Nimwegen schließlich in die Hand der Alliierten, und Montgomery hatte seinen Brückenkopf am Nordufer der Waal.
Die dritte der drei Fallschirmjäger-Divisionen – die 1. britische – war bei Arnheim abgesprungen, dem am weitesten entfernten Ziel, das sich auch als das am besten verteidigte erwies. Die Vorauseinheiten der Division konnten sich verhältnismäßig rasch auf dem ausgewählten Absprungsgebiet zehn Kilometer westlich von Arnheim und nördlich des Rheins, der an dieser Stelle von Osten nach Westen fließt, sammeln. Unglücklicherweise trafen jedoch einige der Lastensegler der Division nicht ein, darunter die Mehrzahl jener, die gepanzerte Jeeps mit sich führten, welche gegen die Verteidigung der Brücken eingesetzt werden sollten.
Bei Arnheim führten zwei Brücken über den Rhein, eine Eisenbahnbrücke westlich der Stadt und eine Straßenbrücke, die unmittelbar in die auf dem Nordufer des Flusses gelegene Stadt selbst mündete. Als das 2. Fallschirmjäger-Bataillon sich vom Westen her der Stadt näherte, wurde die Eisenbahnbrücke in die Luft gesprengt. Als sie das Nordende der Straßenbrücke erreichten, hatte eine starke deutsche Einheit Stellungen am Südende bezogen. Die Deutschen verfügten über Artillerie, die Fallschirmjäger nicht.
Während das 2. Bataillon und die Deutschen sich an den beiden Enden der Brücke gegenüberstanden, die für beide wichtig war, die jedoch keiner von beiden ganz in die Hand bekommen konnte, wurde der Rest der Division westlich der Stadt in immer heftigere Kämpfe verwickelt. Die britischen Fallschirmjäger hatten mehr Pech gehabt, als sie ahnten. Sie waren innerhalb einer Entfernung von nur drei Kilometern vom Hauptquartier des Generals Model gelandet, also jenes

Mannes, der sich am besten darauf verstand, Gegenangriffe zu organisieren. Wären sie drei Kilometer weiter östlich gelandet, hätten sie womöglich Model selbst gefangennehmen können, der als Oberkommandierender die Verteidigung von Arnheim sofort persönlich in die Hand nahm. – Die Verbände, über die er verfügte, waren stärker, als die Fallschirmjäger wußten, und standen auch noch näher.

Zwei SS-Panzer-Divisionen, die 9. und die 10., waren nach Holland verlegt worden, desgleichen eine große Zahl von Luftwaffeneinheiten. (Inzwischen litt die Luftwaffe ernstlich an Treibstoffmangel, und wenn das grundsätzlich auch ein Vorteil für die Alliierten war, da die deutschen Flugzeuge nicht aufsteigen konnten, bedeutete es doch andererseits auch, daß die Luftwaffensoldaten an den Bodenkämpfen teilnehmen konnten.)

Die Landung bei Arnheim war ein kühnes, jedoch vergebliches Unternehmen. Das 2. Fallschirmjäger-Bataillon hielt, obgleich es abgeschnitten war, das Nordende der Straßenbrücke vier Tage lang gegen den schwersten Widerstand, bis sie am Nachmittag des 20. überwältigt wurden. Die ganze Zeit über hatten sie es den Deutschen unmöglich gemacht, die Brücke für den Transport von Nachschub zu benutzen, den sie weiter südlich brauchten, um sich dem Vormarsch der Garde-Division auf der Straße entgegenzustellen.

Auch der Rest der britischen Luftlande-Division erlitt schwere Verluste. Heftig in ihrem Verteidigungsring westlich der Stadt belagert, war ihre Lage hoffnungslos. Montgomery befahl ihnen, sich in der Nacht vom 25. auf den 26. September in südlicher Richtung über den Fluß zurückzuziehen. Nur 2400 Männer von insgesamt 9000 konnten in Booten entkommen. Ein Versuch der polnischen Fallschirmjägerbrigade, ihnen zur Hilfe zu kommen, verzögerte sich des schlechten Wetters wegen. Die Polen kamen zu spät.

Die Planung des Arnheim-Unternehmens, nicht jedoch seine Durchführung, ist im Nachhinein stark kritisiert worden. Vielleicht hätten die Luftlande-Truppen an beiden Enden der Brücken landen sollen, statt in konzentrierter Formation weiter entfernt von ihrem eigentlichen Ziel. Außerdem hatte es Kommunikationsschwierigkeiten gegeben, und das Wetter machte einen Strich durch die Entsetzungsunternehmen. Trotzdem war es ein mutiges Unternehmen, und es hätte schon den Preis gelohnt. Der Rhein bildete immer noch das Haupthindernis zwischen den alliierten Streitkräften und Deutschland selbst. Bei Arnheim hätte man ihn gut überqueren können. Wie die Dinge nun lagen, hatten die Alliierten Nimwegen erreicht und einen nahezu 100 km tiefen Keil in die deutschen Linien hineingetrieben. Aber noch stand ihnen die Überquerung eines weiteren Flusses bevor – und zwar des größten.

Für die strategische Auseinandersetzung zwischen Eisenhower und Montgomery war das Mißlingen der Einnahme von Arnheim nicht von besonderer Bedeutung. Montgomery hatte nicht mehr als den ihm zustehenden knappen Anteil an Nachschub gebraucht und hätte gar nicht den Raum gehabt, mehr einzusetzen. Doch der Streit zwischen den Generälen kam damals nicht zu einem Ende, und er ist bis heute nicht geklärt.

Sowohl vor als auch nach Arnheim blieb Montgomery bei seiner Vorstellung, daß ein starker Vorstoß nach Nordwestdeutschland die Entscheidung bringen würde – oder aber ein wirklich starker Vorstoß an anderer Stelle, für den man allerdings den gesamten Nachschub hätte einsetzen müssen, über den die Alliierten im Herbst 1944 verfügten. Er machte Eisenhower gegenüber nie einen Hehl daraus, daß er die Strategie des Vorrückens auf breiter Front für falsch hielt.

»Die Frage nach der richtigen Entwicklung der alliierten Strategie nördlich der Seine [sagte Montgomery] wird zu einer der großen Kontroversen der gesamten Militärgeschichte werden. Letzten Endes waren es die Deutschen, die von diesem Streit profitierten. Ich war damals der Meinung und bin es heute noch, daß es uns im September 1944 nicht gelang, die Auflösung der Deutschen im Anschluß an die vernichtende Niederlage in der Schlacht um die Normandie im August bis zum letzten auszunutzen. Um den Krieg mit den Deutschen möglichst rasch zu beenden, brauchte man nicht, wie einige behauptet haben, unbedingt den Hafen von Antwerpen in die Hand zu bekommen. Es galt Mitte August, rasch zu handeln und den in der Normandie gewonnenen Erfolg als Sprungbrett für einen harten Schlag auszunutzen, der die Deutschen erledigt und uns gleichzeitig die Häfen verschafft hätte, die wir so dringend an unserer Nordflanke brauchten. Um das zu bewerkstelligen, brauchten wir einen Plan und die Zusammenfassung all unserer Kräfte; beides war nicht gegeben. Ich bin immer noch fest überzeugt, daß, hätten wir uns Mitte August einen vernünftigen Operationsplan zurechtgelegt, der sowohl verwaltungstechnisch als auch logistisch untermauert war, wir noch vor Einsetzen des Winters Brückenköpfe auf dem östlichen Rheinufer hätten errichten und das Ruhrgebiet in unsere Hand bringen können. Die ganze Sache, hätte man sie vernünftig durchgeführt, würde nicht nur den Krieg verkürzt haben; sie hätte uns auch die Möglichkeiten in die Hand gegeben, ihn in Europa mit einem politischen Gleichgewicht zu Ende zu bringen, das für einen frühzeitigen und stabilen Frieden wesentlich günstiger gewesen wäre als derjenige, der dann tatsächlich dabei herauskam . . .

Das Schlimme war, daß Eisenhower das Saargebiet, den Frankfurter Raum, das Ruhrgebiet, Antwerpen und die Front am Rhein haben wollte. Ich wußte, wie verzweifelt die Deutschen in der Normandie gekämpft hatten. *All* diese Ziele in einem vorwärtsgerichteten Vormarsch zu bekommen, war ein Ding der Unmöglichkeit. Hätte Eisenhower sich meinen Plan zu eigen gemacht, hätten wir zumindest Antwerpen und das Ruhrgebiet sowie Brückenköpfe am Niederrhein haben können; dann hätten wir sehr gut dagestanden. Oder wenn er Bradleys Plan angenommen hätte, würde er das Saargebiet und den Frankfurter Raum bekommen haben, sowie im Mittelabschnitt und im Süden Brückenköpfe am jenseitigen Rheinufer.

Wenn ich zurückdenke, komme ich immer mehr zu der Überzeugung, daß die Auseinandersetzungen und Verständnisschwierigkeiten nach dem Überschreiten der Seine ihren Ursprung in der Terminologie hatten. Man hat die ganze Sache unter dem Etikett ›schmale Front versus breite Front‹ diskutiert. Mein Plan ist von Eisenhower als ›bleistiftschmaler‹, bei anderer Gelegenheit als ›dolchähnlicher Vorstoß‹ bezeichnet worden. Einen starken Vorstoß von vierzig Divisionen kann man kaum als ›schmale Front‹ bezeichnen; er hätte vielmehr einen Haupt*schlag* dargestellt. Ich erläuterte die Doktrin von einem *einzigen Stoß* gegen einen Feind, der inzwischen schwach auf den Beinen war . . .

Wir sind ja gar nicht auf einer *breiten* Front auf den Rhein vorgerückt, sondern auf *mehreren* koordinierten Fronten. Und worin bestand die Antwort der Deutschen? In einem einzigen und konzentrierten Vorstoß in den Ardennen, als wir unser Gleichgewicht verloren hatten und unsere Truppen viel zu weit auseinandergezogen waren. Auf diese Weise wurden wir mitten im Sprung aufgehalten.«[4]

Eisenhower sah die Dinge wesentlich anders als Montgomery:

»Die Aufgabe im Norden bestand aus drei Teilen. Wir mußten einen Frontverlauf haben, der weit genug nach Norden vorgeschoben war, um sowohl Antwerpen zu decken als auch die Straßen und Eisenbahnlinien, die von dort aus an die Front führten. Es galt, die Verteidigungsstellungen der Deutschen zu erobern, die zwischen dieser Stadt und dem Meer lagen. Schließlich hoffte ich, Pfeilspitzen so weit wie möglich voranzutreiben, um eventuell einen Brückenkopf am jenseitigen Rheinufer zu haben, auf diese Weise das Ruhrgebiet zu bedrohen und nachfolgende Offensiven zu erleichtern. Als erste Vorbedingung mußten unsere Fronten weit genug nach Osten vorverlegt werden, um Antwerpen wirklich zu sichern; andernfalls wäre der Hafen und alle seine Anlagen für uns nicht von Nutzen gewesen. Das mußte unverzüglich geschehen; ehe dieses Ziel nicht erreicht war, konnten die anderen Aufgaben nicht in Angriff genommen werden. Genauso klar war es, daß der Hafen wertlos für uns war, solange die Zugänge nicht frei waren. Da die Deutschen sich auf den Inseln von Beveland und Walcheren verschanzt hatten, würde das ein schwieriges und zeitraubendes Unternehmen sein. Je schneller wir uns daran machten, desto besser. Die Frage jedoch, die noch offenblieb, war, ob es, noch ehe wir uns an die schwierige Aufgabe machten, die Zugänge nach Antwerpen zu nehmen, von Vorteil sei, unseren Vormarsch nach Osten hinter dem immer noch auf dem Rückzug befindlichen Feind fortzusetzen, mit dem Ziel, uns am jenseitigen Rheinufer in der Nähe des Ruhrgebiets einen Brückenkopf zu sichern.

Während wir die verschiedenen Aspekte dieser Frage überlegten, kam Montgomery plötzlich mit dem Vorschlag, daß er bis nach Berlin vorstoßen und, wie er sagte, den Krieg beendigen könne, wenn wir sein 21. Armeekorps mit allem uns zur Verfügung stehenden Material unterstützten. Ich bin sicher, daß Feldmarschall Montgomery im Lichte der späteren Ereignisse mit mir der Meinung ist, daß er mit dieser Ansicht unrecht hatte . . . Ich erklärte Montgomery den Zustand unseres Nachschubsystems und die Notwendigkeit, uns den Hafen von Antwerpen so früh wie möglich zunutze zu machen. Ich wies ihn darauf hin, daß ohne Eisenbahnbrücken und reichliche Nachschubvorräte keine Möglichkeit bestehe, eine Streitmacht in Deutschland zu unterhalten, die auch noch bis zu seiner Hauptstadt vorstoßen sollte. In der Mitte des Feindeslandes hatte unser Gegner immer noch beträchtliche Reserven, und ich wußte, daß ein bleistiftschmaler Vorstoß ins Herz Deutschlands, wie er ihn vorschlug, der sicheren Vernichtung entgegengegangen wäre. Das traf auf jeden derartigen Versuch zu, auf welchem Frontabschnitt man ihn auch unternommen hätte. Ich lehnte es ab, ihn in Erwägung zu ziehen.

Es ist nahezu sicher, daß er [Montgomery] Mitte August einen starken Brückenkopf, der das Ruhrgebiet ernstlich bedrohte, einrichten gekonnt hätte, wenn wir den gesamten alliierten Vormarsch überall sonst an der Front gestoppt hätten; aber auch jede von den anderen Armeen hätte schneller und weiter vorstoßen können, würde man ihr das auf Kosten der Versorgung auf anderen Abschnitten erlaubt haben. Allerdings wäre es an keinem Punkt möglich gewesen, einen entscheidenden Erfolg zu erzielen; denn dann wären wir an anderen Frontabschnitten in eine sehr heikle Lage gekommen, aus der wir uns nur mit Mühe hätten befreien können.«[5]

Eisenhower bemerkte weiterhin, Montgomery sei ›nur mit der Lage an seinem eigenen Frontabschnitt vertraut‹ gewesen. Eisenhower sagte, Montgomery hätte begriffen, daß sein Vorschlag bedeutete, den Vormarsch aller Einheiten mit Ausnahme der 21. Armeegruppe ›wochenlang in gefährlicher Weise zum Stillstand zu bringen‹; was Montgomery jedoch nicht begriffen hätte, sei die unmögliche Lage, die sich ergeben hätte, wenn die 21. Armee-Gruppe, sofern die Nachschubmöglichkeiten erschöpft gewesen wären, gezwungen gewesen wäre, ihren Vormarsch zu stoppen oder sich gar zurückzuziehen. Eisenhower sagte, er habe Montgomery klargemacht, daß er Antwerpen in verwendungsfähigem Zustand brauche, daß der Hafen geschützt werden müsse und daß auch er es für möglich halte, auf dem jenseitigen Rheinufer einen Brückenkopf in der Nähe von Arnheim zu errichten und die Siegfried-Linie zu umgehen. Doch Eisenhower erinnert sich auch, gesagt zu haben, daß dieses Unternehmen – das heißt, der Versuch, auf Arnheim vorzustoßen – ›nur eine Nebensache wäre und eine Weiterverfolgung unseres raschen Vormarsches in östlicher Richtung auf jene Frontlinie zu, die wir für unsere vorübergehende Sicherheit brauchten‹.

Trotzdem war Eisenhower, als das Unternehmen abgeschlossen war, außerordentlich froh darüber. Er sagte, der Angriff würde zweifellos erfolgreich verlaufen sein, wäre nicht das schlechte Wetter gewesen.

> »Wir haben zwar unseren Brückenkopf nicht bekommen, doch wurde unsere Frontlinie weit genug vorgeschoben, um die Nachschubbasis Antwerpen zu schützen . . . Als trotz des heldenhaften Einsatzes die Fallschirmjägertruppen und die sie unterstützenden Bodeneinheiten nicht weiterkamen, hatten wir den Beweis dafür, daß noch schwere Kämpfe vor uns lagen. Vor allem die 1. britische Fallschirmjäger-Division führte eines der kühnsten Unternehmen des gesamten Krieges durch und half in ihrer Hartnäckigkeit spürbar den beiden nachfolgenden amerikanischen Divisionen, sowie den unterstützenden Bodenverbänden der 21. Armeegruppe, wichtige Gebiete zu besetzen und zu halten. Doch die Division selbst erlitt schwere Verluste; nur etwa 2400 Mann gelang es, sich über den Fluß hinweg in Sicherheit zu bringen.«[6]

Genauso wie General Gamelin vor vier Jahren, hatte Eisenhower die Ardennen vergleichsweise schwach verteidigt gelassen. Das war die Stelle, wo die Alliierten mitten im Sprung aufgehalten wurden, wie Montgomery es ausdrückte. Das Gelände war weder leichter noch schwieriger als zu der Zeit, als im Jahre 1940 General Guderian zur Überraschung der Franzosen hier durchbrach. Eisenhower, der sein ganzes Denken auf ein Vorrücken auf breiter Front richtete, hatte trotzdem einen Vorstoß durch die Ardennen von einer der beiden Seiten als unmöglich abgetan, zumindest jedoch als eine Möglichkeit, die nicht gerade wünschenswert erschien. Auf einer Länge von 110 km zwischen den Breitengraden von Malmedy und von Trier hielten nur sieben amerikanische Divisionen die Front. Auf Hitlers Befehl zogen die Deutschen hier zwanzig Divisionen, darunter elf Panzer-Divisionen, und noch fünf Reserve-Divisionen zu einer Gegenoffensive an diesem Frontabschnitt zusammen. Teils, weil das schlechte Wetter die Luftaufklärung erschwerte, teils aber auch, weil die Kämpfe jetzt auf deutschem Boden ausgetragen wurden (womit die Informationen über deutsche Truppenkonzentrationen ausblieben, die in Frankreich von der Widerstandsbewegung immer prompt und zutreffend geliefert worden waren), ahnten die Alliierten nichts von diesem enormen Truppenaufmarsch. Tatsächlich umfaßte er sämtliche deutsche Reserven im Westen. Selbst als ihnen aufging, wie stark die Verbände waren, gegen die sie kämpften, blieben die Alliierten hinsichtlich des eigentlichen Ziels der Offensive immer noch im Zweifel.

Hitlers kühner und einfacher Vorschlag ging dahin, Guderians Vorstoß durch die Ardennen bis an die Maas zu wiederholen und seine Armeen blitzschnell nach Norden vorstoßen zu lassen, um Antwerpen zurückzuerobern. Damit wäre allen alliierten Armeen in den Niederlanden und nördlich der Ardennen der Nachschub abgeschnitten worden, und das Blatt hätte sich gegen Eisenhower gewendet.

Um dieses Ziel zu erreichen, setzte Hitler alles aufs Spiel, was er hatte. Die Alliierten, die inzwischen völlig überzeugt waren, daß sie ihre Überlegenheit an Menschen und Material unendlich verstärken konnten, erkannten die verzweifelte Großartigkeit von Hitlers Plan nicht. Bradley konnte sich einfach nicht vorstellen, daß Hitler in dieser Phase des Krieges noch so kühne und ehrgeizige Pläne verfolgen könne. Als er zuerst von den Truppenkonzentrationen auf der anderen Seite der Ardennen erfuhr, glaubte Bradley, daß die Deutschen versuchten, in der Nähe des Flusses Roer Boden wiederzugewinnen, oder gar, daß sie – wie die Alliierten – die vergleichsweise unwichtige Ardennenfront benutzten, um Truppen auszubilden, die bisher noch nicht im Einsatz gewesen waren.

In der Tat handelte es sich um frische deutsche Truppen – aber ausgebildet brauchten sie nicht erst zu werden. Im Norden griff zwischen Saint Vith und Malmedy die 6. SS-Panzer-Armee unter General Sepp Dietrich an. Im Mittelabschnitt stieß die 5. Panzer-Armee unter General von Manteuffel direkt in die Mitte der Ardennenwälder auf Celles und Dinant vor, wo die Deutschen 1940 zum erstenmal die Maas überquert hatten. Von der Maas aus sollten diese Armeen in nördlicher Richtung Bradleys und Montgomerys Verbindungslinien nach Brüssel und Antwerpen durchschneiden. Die 7. Armee unter

General Brandenberger sollte durch Angriffe im Norden von Trier von Manteuffels Südflanke vor Gegenangriffen Pattons aus südlicher Richtung schützen.
Der Vorstoß begann am 16. Dezember 1944, einem Tag, an dem Nebel und Wolken den Alliierten Aufklärungsflüge sowie Unterstützungsangriffe aus der Luft unmöglich machten. Tatsächlich stieß Dietrichs 6. Armee rasch auf hartnäckigeren Widerstand, als er angenommen hatte. An der nördlichen »Schulter« der Front verteidigte General Gerows 5. Armeekorps erfolgreich die Elsenborn-Höhen und die guten Straßen, welche die Deutschen brauchten, wenn sie hinter Malmedy bis zum Tal der Ambleve vorstoßen wollten, das sie von Südosten an Lüttich herangebracht hätte. Ein nach seinem Befehlshaber, Oberst Peiper, benannter deutscher Stoßtrupp operierte vor dem Hauptteil der Truppen und nahm vorübergehend den wichtigen Knotenpunkt Stavelot in Besitz, verlor ihn jedoch noch am selben Tag wieder.
Das Oberste Alliierte Hauptquartier und selbst General Hodges' Armee-Hauptquartier, das damals nur wenige Kilometer von Stavelot entfernt in Spa aufgeschlagen worden war, unterschätzte zunächst die Schwere des Angriffs. Das scheint zum Teil daran gelegen zu haben, daß die alliierten Generäle es einfach nicht glauben wollten, daß Hitler noch einmal ein so tollkühnes Unternehmen wagen würde, zum Teil an der wegen des schlechten Wetters mangelnden Aufklärung, zum Teil aber auch an deutschen Eindringlingen, die amerikanische Uniformen trugen und mit amerikanischen Jeeps hinter die Front vorgedrungen waren und dort viele wichtige Telephonleitungen zerstört hatten.
Glücklicherweise war General Gerow, der unbeugsame Eroberer des Küstenabschnitts Omaha, näher am Ort des Geschehens und erkannte rasch, was geschah. Sein 5. Armee-Korps hielt unerschütterlich die nördliche Schulter.
Dietrich konnte weder in nordwestlicher Richtung auf Lüttich weiter vorankommen noch in nördlicher Richtung, um den Einbruch in die Front der Alliierten zu verbreitern.
Aber es war zu diesem Einbruch gekommen, und er war eine ernste Sache. Von Manteuffel stürzte sich genauso mutig in die Ardennen wie 1940 Guderian vor ihm. Jetzt jedoch wurden die Ardennen von Verbänden gehalten, die schon gefährlicher waren als die belgische Kavallerie. Die Amerikaner verwickelten die Deutschen an jeder Straße in Verzögerungskämpfe. Verbissen hielten sie die Stadt Bastogne, wo fünf der Hauptstraßen in die südlichen Ardennen zusammenlaufen. Um Zeit zu gewinnen und im Einklang mit der Doktrin des deutschen Generalstabs, daß ein Panzervorstoß niemals an Stoßkraft nachlassen

dürfe, umging von Manteuffel Bastogne und stieß kühn weiter auf die Maas vor.

Diesmal jedoch erwies sich diese Doktrin als falsch. Diesmal hatten es die Deutschen nicht mit dem unentschlossenen Gamelin zu tun. Im Gegensatz zu den Franzosen 1940 verfügte die amerikanische Armee über Reserven, war in der Lage, sie in den Kampf zu werfen, und auch schlagfertig genug, um rechtzeitig zu handeln. Die 101. amerikanische Fallschirmjäger-Division, die am Küstenabschnitt Utah und in den Niederlanden ihre berühmten, hart errungenen Erfahrungen gemacht hatte, traf nur Stunden nach dem Augenblick ein, da von Manteuffels Vorauseinheiten angefangen hatten, die Stadt zu belagern. Bis zum Abend des 19. Dezember war das durch die 101. Division verstärkte Bastogne in eine Festung verwandelt worden, die von einem ständigen Strom deutscher Panzer umflossen wurde, welche auf die Maas zustießen. In den letzten Tagen vor Weihnachten fuhren von Manteuffels Verbände fort, auf die Maas zuzustoßen, obgleich sie ständig von kleinen amerikanischen Widerstandsnestern aufgehalten wurden.

Das wurde von Manteuffel zum Verderben. Die Deutschen konnten nicht so schnell vorankommen, wie sie gehofft hatten. Nachdem es ihnen nicht gelungen war, Bastogne zu nehmen und damit amerikanischen Treibstoff in die Hand zu bekommen, litten seine Vorauseinheiten unter Nachschubmangel. Er brauchte den Straßenknotenpunkt Bastogne und die amerikanischen Nachschublager mehr, als er gedacht hatte. Voller Hoffnung bot von Manteuffel der Besatzung von Bastogne Übergabebedingungen an. Der amerikanische Kommandant, General McAuliffe, schickte die vielsagende Antwort: ›Nuts‹ – »Der hat wohl nicht mehr alle Tassen im Schrank«.

Am 23. besserte das Wetter sich, und die alliierten Luftstreitkräfte konnten den Soldaten am Boden zum erstenmal zu Hilfe kommen. Am Weihnachtsabend wurde von Manteuffels am weitesten vorgestoßene Einheit von der 2. amerikanischen Panzer-Division aufgehalten und blieb fünf Kilometer vor der Maas stecken. Am 26. kämpfte sich die von General Patton nach Norden geschickte 4. Panzer-Division bis nach Bastogne durch und entsetzte die Stadt. Die deutsche Ardennen-Offensive war zusammengebrochen.

Pattons Entsetzung von Bastogne war ein bemerkenswertes Stück Kriegshandwerk. Innerhalb von achtundvierzig Stunden hatte er die Marschrichtung einer ganzen Armee um 90 Grad herumgeworfen. Er verlegte daraufhin 133 000 Fahrzeuge vom Elsaß 120 km weiter nördlich nach Bastogne und schaffte den Durchbruch, um McAuliffe zu befreien. In der Zwischenzeit fuhr General Hodges an der nördlichen Schulter viele Tage lang fort, sich gegen heftige Angriffe zu verteidigen. Am äußersten Ende des Fronteinbruchs zerschlug die 2. US-Pan-

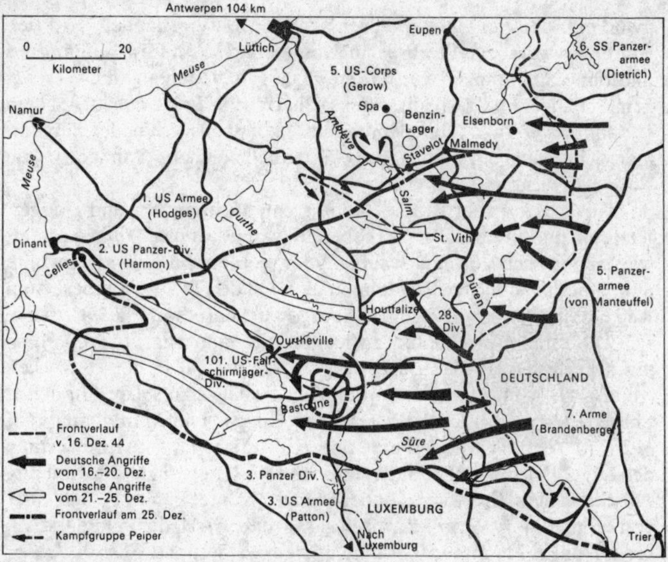

Deutsche Ardennenoffensive, Dezember 1944

zer-Division unter General Harmon ihren deutschen Gegenspieler in einer über Weihnachten andauernden dreitägigen Schlacht. Als sie vorüber war, war die Kampfstärke der 2. deutschen Panzer-Division auf 1500 Mann zusammengeschmolzen.

Die Ardennenoffensive war eine verzweifelte Schlacht. Am 19. Dezember fing Eisenhower an zu fürchten, daß die Verbindungen zwischen Bradley, der sein Hauptquartier in Luxemburg aufgeschlagen hatte, einerseits und Hodges und den anderen Armeekommandeuren an der Nordflanke des deutschen Vorstoßes andererseits unterbrochen werden könnten. Er kam zu dem Schluß, daß er es nicht länger verantworten könne, Bradley das Kommando über die gesamten Streitkräfte auf beiden Seiten des deutschen Keils zu lassen. Mittlerweile waren sie durch eine offensichtlich starke und bedrohliche deutsche Streitmacht geteilt worden. Vorübergehend unterstellte daher Eisenhower alle Verbände nördlich des Keils Montgomery und überließ Bradley das Kommando aller Verbände südlich davon.

Bradley war ziemlich zuversichtlich, daß die Verbindungen zwischen den einzelnen Truppenteilen erhalten bleiben würde, sah jedoch Eisenhowers Gesichtspunkt ein und akzeptierte die Entscheidung, wenn auch nur zögernd. »Hätte es sich bei dem britischen Oberkommandierenden um einen anderen als um Monty gehandelt«, schrieb Bradley, »wäre der Wechsel im Kommando vermutlich reibungslos und ohne Spannungen vonstatten gegangen. Jedenfalls hätte er auf keinen Fall jenen Krach unter den Alliierten zur Folge gehabt, zu dem es dann später kam. Aber Montgomery konnte es sich leider nun einmal nicht versagen, die Chance wahrzunehmen, uns Yankees in die Nase zu zwicken.«[7]

So traurig es ist, aber Bradley hatte recht. Montgomery und Hodges, jetzt sein unmittelbarer Untergebener, waren sich nicht einig darüber, wie der deutsche Vormarsch aufgehalten werden sollte. Hodges wollte unbedingt in südlicher Richtung in den von den Deutschen besetzten Keil hineinstoßen, wohingegen Montgomery dafür war, die Deutschen sich erst einmal erschöpfen zu lassen, ehe man angriff. Außerdem machte er sich mehr als Hodges Sorgen darüber, daß es den Deutschen womöglich doch gelingen könnte, über die Maas zu setzen. In dieser Phase liefen die Differenzen zwischen Hodges und Montgomery auf nichts weiter hinaus als auf eine unterschiedliche taktische Bewertung der Lage. Doch, wie Bradley gefürchtet hatte, erzeugte die Reibung zwischen ihnen kein Licht, sondern Hitze. Wilmot berichtet, daß einer von Montgomerys Stabsoffizieren gesagt haben soll, der Feldmarschall sei in Hodges Hauptquartier hineingefegt wie weiland Christus, als er die Geldwechsler aus dem Tempel vertreiben wollte.

»Vielleicht war es zuviel von Montgomery erwartet, wenn man wollte, daß er seine Gefühle verhehlte«, sagte Wilmot, »dazu war die Wunde zu tief. Er hatte das Gefühl, daß die Amerikaner in der Stunde des Triumphes nach der Normandie seinen Führungsanspruch mit Füßen getreten und die Chance verpaßt hatten, einen entscheidenden alliierten Sieg zu erringen. Jetzt, da sie geschlagen wurden, hatten sie sich wieder an ihn gewandt, damit er sie aus einer Schlappe heraushole, zu der es, wie er glaubte, niemals gekommen wäre, wenn man ihm weiterhin das Kommando über die Bodenverbände überlassen hätte. An diesem Nachmittag [des 20. Dezember] machte Montgomery sich bei seinem amerikanischen Publikum nicht gerade beliebt, denn sein zuversichtlicher Ton schien einen Hauch von Rüge zu enthalten.«[8]

Die Alliierten gewannen die Schlacht in den Ardennen trotz des Krachs, und es handelte sich um einen entscheidenden Sieg. Die Deutschen hatten alle ihre Reserven im Westen verbraucht und litten verzweifelt unter Treibstoffmangel. Ein Großteil der ihnen noch verbliebenen kostbaren Panzer war auf den Waldstraßen der Ardennen zerschossen worden. Die Besatzungen allerdings entkamen, denn den Alliierten gelang es nicht, den Keil abzuriegeln, ehe nicht nahezu alle deutschen Truppen entkommen waren. Aber am 31. Januar waren die Deutschen wieder auf ihre Ausgangspositionen zurückgeworfen. Sie

hatten ihre letzte Offensive im Westen vorgetragen – und verloren. Wahrscheinlich hatte nicht einmal Hitler mehr gehofft – und der war inzwischen ein geistig gestörter Mann –, daß die Ardennenoffensive einen entscheidenden Sieg im Westen bringen könne. Das Beste, was er sich erhoffte, war wohl die Rückeroberung von Antwerpen. Das äußerste jedoch, was er in dieser Phase des Krieges noch erwarten konnte, war eine Verzögerung, und die brachte die Ardennenoffensive denn auch für Deutschland – allerdings war sie teuer erkauft.
Im Winter 1944/45 konnten die Deutschen nur noch hoffen, die endgültige Entscheidung hinauszuzögern. Zeitlich gesehen, das heißt, was die Zahl der Tage betrifft, an denen die Alliierten durch den deutschen Widerstand aufgehalten wurden, kam die verbissene Verteidigung der Scheldemündung die Deutschen billiger zu stehen und war in gewisser Weise sogar wirksamer als die ganze Ardennenoffensive. Die 16. deutsche Armee, jene Verbände also, die Hitler zu lange in Bereitschaft gehalten hatte, um den Angriff am Ärmelkanal zurückzuschlagen, zu dem es nie kam, war von Montgomery links liegengelassen worden, als er mit seinem 21. Armeekorps wie ein Sturmwind von der Seine aus an ihnen vorbei nach Antwerpen vorgestoßen war.
Überwiegende Teile der 16. Armee entkamen auf die holländischen Inseln und dann noch weiter in den Norden, wo sie an der Verteidigung Arnheims teilnahmen. Allerdings waren starke Besatzungen im sogenannten Breskens-Kessel auf der Südseite der Scheldemündung, auf den Walcheren-Inseln und in Nord-Beveland sowie auf der südlichen Beveland-Halbinsel zurückgelassen worden. Sie konnten von den zurückgelassenen Vorräten einer ganzen Armee leben. Ihre Aufgabe war es, den Alliierten die Benutzung des Hafens von Antwerpen unmöglich zu machen.
Fünfundachtzig Tage lang gelang ihnen das trotz heftigsten Drucks seitens der Alliierten. Diese hatten Antwerpen am 4. September genommen, konnten sich der Hafeneinrichtungen jedoch erst vom 28. November an bedienen. Die Deutschen unter General Daser hielten beide Seiten der beherrschenden Flußenge von Flushing. Der Breskens-Kessel bestand aus morastigem Boden, der noch mehr versumpfte, als die Deutschen das Gebiet unter Wasser setzten. Walcheren wurde von den Alliierten überflutet, die die Deiche bombardierten. Erst nach einer aufwendigen kombinierten Operation, an der das Schlachtschiff HMW *Warspite*, Marine-Infanterie-Einheiten und vor allem die schonungslos sich einsetzende britische und kanadische Infanterie beteiligt waren, konnte Walcheren genommen werden. Und selbst danach mußten noch drei Wochen lang Minen geräumt werden, ehe der Hafen von Antwerpen benutzt werden konnte. Nahezu drei Monate lang machten General Daser und seine Männer es den Alliier-

ten unmöglich, einen Hafen zu benutzen, den sie brauchten und tatsächlich schon in ihrer Hand hatten. Die Verteidiger von Walcheren, ob sie es nun wußten oder nicht, trugen mächtig dazu bei, daß die Russen als erste in Berlin waren und nicht die Briten und die Amerikaner.
Trotz der Verzögerungen war der Sieg der Alliierten jetzt nicht mehr aufzuhalten. Nachdem der Nachschub über Antwerpen reibungslos abgewickelt werden konnte, schlug Eisenhower vor, während der zweiten Hälfte des Winters 1944/45 das linke Rheinufer von deutschen Soldaten zu säubern. Anfang Februar schickte sich die 1. amerikanische Armee, die jetzt wieder ganz unter dem Kommando von General Bradley stand, an, die Dämme über den Fluß Roer südlich von Aachen zu nehmen. Gleichzeitig brach die 1. kanadische Armee in südwestlicher Richtung aus dem Brückenkopf aus, den die Alliierten im vergangenen Herbst bei Nimwegen errichtet hatten. Beide hatten das Ziel, das verhältnismäßig flache Gebiet zwischen der Roer (einem Nebenfluß der Maas) und dem parallel dazu fließenden Rhein zu besetzen. Die Deutschen verzögerten den amerikanischen Vormarsch, indem sie die Dämme sprengten und das Roer-Tal überfluteten. Die Kanadier machten gegen verbissenen Widerstand stetige Fortschritte. Nach vierwöchigen Kämpfen vereinigten sich die beiden Verbände am 3. März. Von Düsseldorf bis zur niederländischen Grenze hatten die Alliierten sich am Rhein festgesetzt.
Jetzt brach der gesamte deutsche Widerstand westlich des Rheins rasch zusammen. Die Deutschen sprengten die Rheinbrücken längst, ehe die Amerikaner bis in Sichtnähe an den Fluß herangekommen waren. Am 6. März zog die 1. amerikanische Armee in Köln ein. Weiter im Süden fegte General Patton durch die Pfalz. Pattons 3. Armee und General Patchs 7. Armee kesselten den größten Teil einer deutschen Armeegruppe ein. Im Mittelabschnitt der Front entdeckte eine Einheit der 1. amerikanischen Armee zu ihrer Überraschung bei Remagen, rund 20 km südlich von Bonn, eine unzerstörte Brücke über den Rhein. Die Brücke war zwar mit Sprengsätzen versehen, aber zur vorgesehenen Sprengung war es dann nie gekommen. Hocherfreut kappten amerikanische Pioniere die Zünddrähte. Die Brücke hielt. Jetzt gab es endlich zumindest eine Stelle, an der die Alliierten trockenen Fußes über den Rhein hinüberkommen konnten. Hitler schäumte vor Wut. Er feuerte von Rundstedt und ernannte an seiner Stelle Generalfeldmarschall Kesselring, der aus Italien abberufen wurde, zum Oberbefehlshaber. Der Major, der versäumt hatte, die Brücke zu sprengen, wurde erschossen.
Weiter im Süden und ohne Hilfe seitens säumiger deutscher Majore setzte Patton am 22. März aus eigener Kraft bei Oppenheim über den Rhein, und damit lag Süddeutschland offen vor ihm. Mittlerweile war

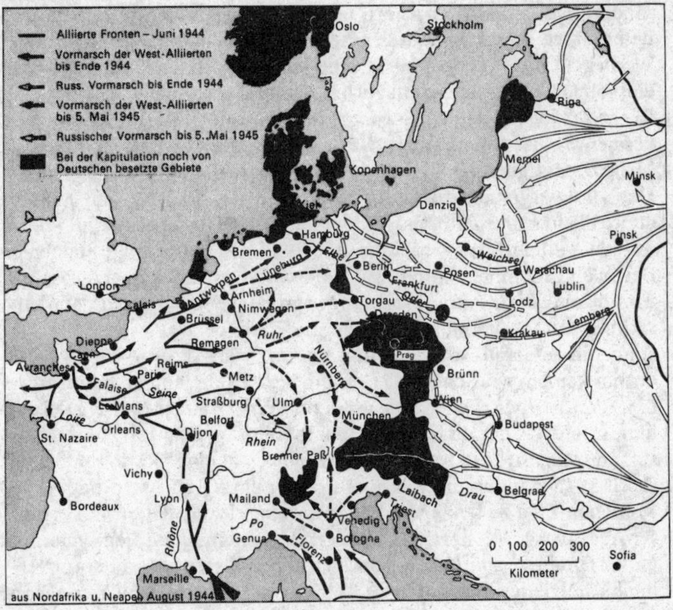

Die Niederwerfung Deutschlands 1944–45

ganz Westdeutschland verwundbar. Dadurch, daß sie den Vormarsch der Alliierten auf den Rhein zu verzögerten, hatten die Deutschen eine Viertelmillion Mann verloren. Jetzt waren die Alliierten nicht mehr aufzuhalten.

In der letzten Märzwoche kesselten sie wie geplant das Ruhrgebiet ein. Eisenhower entschloß sich, einem Vorstoß durch Mitteldeutschland den Vorrang vor dem Marsch auf Berlin zu geben, das im Begriff stand, von den Russen eingenommen zu werden, die nur noch fünfzig Kilometer von der Reichshauptstadt entfernt waren. Am 18. April ergaben sich die im Ruhr-Kessel eingeschlossenen 320 000 deutschen Soldaten, und General Model beging Selbstmord. Jetzt rückten die Alliierten an der gesamten Front täglich rund 65 km vor. Ob Hitler, der sich in seinem Bunker in Berlin verkrochen hatte, es nun wußte oder nicht – der deutsche Widerstand im Westen war zusammengebrochen. Am 25. April vereinigten sich östlich von Leipzig bei Torgau amerikanische und russische Einheiten. Deutschland war geschlagen.

Seit dem Kriege hat man die Führer der westlichen Alliierten, insbe-

sondere Eisenhower, kritisiert, weil sie keinen Vorstoß nach Berlin unternahmen, und statt dessen nach Mitteldeutschland vorrückten. Wenn man bedenkt, welche Strecken die Alliierten während der beiden letzten Kriegswochen täglich zurücklegen konnten, darf man zu Recht vermuten, daß sie doch vor den Russen in Berlin hätten sein können. Sechs Monate zuvor hatten die westlichen Alliierten sich vorläufig darauf geeinigt, erst nach Berlin vorzustoßen.
Das Hauptargument in dieser Streitfrage war und ist, daß Mitteldeutschland keine politische Bedeutung hatte, wohl aber Berlin. Wenn die West-Alliierten – Großbritannien und die Vereinigten Staaten – Berlin eingenommen hätten, ehe die Russen dorthin kamen, wäre ihr Einfluß auf die Nachkriegsregelungen größer gewesen, als er dann tatsächlich war – zumindest glaubten die Politiker das.
Churchill jedenfalls wollte Berlin. Er sagte, falls die Russen als erste dorhin kämen, würden sie sich womöglich als diejenigen betrachten, die »den größten Beitrag zu unserem gemeinsamen Sieg« geleistet hätten, und daß daraus für die Zukunft politische Schwierigkeiten entstehen könnten; doch was Churchill wollte, war eine Geste. Bereits im April 1945 standen die Tatsachen gegen ihn. Die Russen hatten 20 Millionen Tote zu beklagen, hatten sich bereits als diejenigen erwiesen, die »den größten Beitrag zu unserem gemeinsamen Sieg« geleistet hatten, und die politischen Schwierigkeiten waren so und so unvermeidlich. Die jeweiligen Einflußsphären in Deutschland waren schon auf der Konferenz von Yalta festgelegt worden. Die inter-alliierte Abmachung über die Teilung Deutschlands war verbrieft und besiegelt worden. Wer auch immer der erste war, der Berlin erreichte, die Russen waren entschlossen, die westlichen Alliierten an die in Yalta getroffenen Vereinbarungen zu erinnern.
Auf jeden Fall war die militärische Lage im Frühjahr 1945 anders, als man sie sich im Herbst 1944 vorgestellt hatte, als die West-Alliierten zum erstenmal daran dachten, vom Westen aus einen konzentrierten Vorstoß nach Berlin zu unternehmen.
Im April 1945 waren die westlichen Alliierten weiter von Berlin entfernt, als sie gedacht hatten. Auf der anderen Seite waren die Russen näher, ja viel näher an Berlin, als die Alliierten für diesen Zeitpunkt erwartet hatten. Die Entscheidung über Berlin wurde Eisenhower überlassen. Seine Antwort war die eines Soldaten: er denke nicht daran, Menschenleben aufs Spiel zu setzen, bloß um ein militärisches Ziel zu erreichen (das die Russen ohnehin früher erreichten) und dadurch politisch einem Verbündeten gegenüber ein Faustpfand in der Hand zu haben. Ohne schriftliche Order einer übergeordneten Autorität war er nicht bereit, das Leben amerikanischer, britischer oder kanadischer Soldaten aufs Spiel zu setzen, um den Regierungen Groß-

britanniens oder der Vereinigten Staaten bessere Ausgangspositionen bei ihren Verhandlungen am inter-alliierten Konferenztisch zu verschaffen. »Ich halte es für militärisch ungesund«, schrieb Eisenhower an Marshall, »in dieser Phase [Anfang April] des Vormarsches Berlin zu einem Hauptziel zu machen, insbesondere angesichts der Tatsache, daß Berlin nur fünfzig Kilometer von der sowjetischen Front entfernt ist. Ich bin der erste, der zugibt, daß mit Kriegen politische Ziele verfolgt werden, und wenn die Vereinigten Stabschefs entschieden, daß das Bestreben der Alliierten, Berlin zu nehmen, stärker ist als rein militärische Gesichtspunkte auf diesem Kriegsschauplatz, werde ich mit Freuden meine Pläne und mein Denken diesen neuen Erfordernissen anpassen, um ein solches Unternehmen durchzuführen.«[9]

Die Vereinigten Stabschefs rangen sich nicht zu dieser Entscheidung durch. Die West-Alliierten marschierten nicht nach Berlin. Die Russen waren als erste da und blieben dort, wie es in Yalta vereinbart worden war.

Tod und Widerstand in den besetzten Ländern

13

Die Juden

Diejenigen, die während der deutschen Besetzung Europas am meisten litten, waren die Juden. Was sie zu erleiden hatten, überstieg bei weitem alles, was andere Völker durchmachen mußten. Als Hitler davon sprach, sie »auszurotten«, traf er fast die Wahrheit. Auch die anderen Völker im besetzten Europa hatten Schlimmes zu erdulden. Rund 20 Millionen Sowjetbürger kamen durch den Krieg ums Leben – das ist die höchste Zahl von Todesopfern, die ein Volk bringen mußte. Doch von diesen starben nur rund dreieinhalb Millionen – soweit das aus den unvollständigen Statistiken hervorgeht – in den von den Deutschen besetzten Gebieten. Den Juden hingegen, die ja nirgendwo hinkonnten, blieb nicht einmal die Chance, Kollaborateure zu werden. Hitler wollte ihren Tod. Sein Versuch, das europäische Judentum auszurotten, stellt ein noch nie dagewesenes Massaker dar.

Das Hitler-Regime war nicht das einzige Vorkriegs-Regime in Europa, das antisemitisch eingestellt war. Auch die polnischen und russischen Behörden hegten den Juden gegenüber Mißtrauen; doch wo Russen und Polen verfolgten, rottete Hitler aus – oder versuchte, es zu tun. Die Art, wie Hitler die Juden behandelte, unterschied sich grundsätzlich von der Art und Weise, wie er die anderen »unterworfenen« Völker in Europa behandelte. Letztere konnte man arbeiten lassen, ja sie konnten vielleicht sogar den Deutschen als Kollaborateure oder Söldner helfen. Die Juden mußten sterben.

Vor Beginn des Krieges verfolgte Hitler die Juden, die in Deutschland lebten, mit wütendem Haß. Sobald er an die Macht kam, fing er an, sie in Konzentrationslager zu schicken, nicht wegen dem, was sie etwa getan hätten, sondern einzig und allein weil sie Juden waren. Er er-

munterte seine Anhänger, jüdische Geschäfte und Firmen zu zerstören, die Juden zu schikanieren, sie zu verhöhnen und zu denunzieren. 1938 ermordete ein junger Jude namens Herschel Grünspan aus Protest gegen die Verfolgung der deutschen Juden einen Angehörigen der Deutschen Botschaft in Paris. Die Nazis reagierten sofort. Innerhalb von vierundzwanzig Stunden zerstörten sie 200 Synagogen, verhafteten 20000 Juden in Deutschland und brachten siebzig um, die bereits im Konzentrationslager Buchenwald waren. Es war das erstemal, daß Hitler Rache und Kollektivstrafen anwandte, um den Gehorsam einer ganzen Menschengruppe zu erzwingen. Doch wenn er auch noch so brutal gegen die deutschen Juden vorging, so war er doch noch nicht soweit, sie systematisch auszurotten. Vielleicht hat ihm vor Kriegsbeginn die öffentliche Meinung in anderen Ländern etwas bedeutet und ihn deshalb Zurückhaltung üben lassen. Auf jeden Fall wartete Hitler, bis er in seiner trostlosen europäischen Festung allein war, ehe er die Vernichtungslager mit ihren Gaskammern, Verbrennungsöfen und ausgedehnten und zweckdienlichen Eisenbahnanschlüssen baute, auf denen die Opfer entladen werden konnten. Die Vernichtung der Juden in Europa stellte ein bedeutendes organisatorisches Problem dar. Als der Krieg begann, gab es im Großdeutschen Reich, zu dem auch die Tschechoslowakei gehörte, nur rund 350000 Juden. Mit der Eroberung Polens kamen noch drei Millionen hinzu. Ihre Vernichtung wurde vier Sondereinsatzgruppen der SS oder Schutzstaffel anvertraut, jener paramilitärischen Streitmacht aus überzeugten Nazis, die die schmutzigste Arbeit für Hitler erledigte. Zu Anfang trieben diese Einsatzgruppen die Juden einfach zusammen, ließen sie sich ausziehen und erschossen sie. In Polen und Rußland machten die Nazis sich nicht einmal die Mühe, ihr Tun zu verheimlichen. Im September 1941 sprengte irgend jemand in Kiew ein Hotel in die Luft, woraufhin die Deutschen zur Vergeltung 33000 Juden umbrachten.
In den anderen Teilen des besetzten Europa gingen die Deutschen umsichtiger vor, wenn auch das Ergebnis das gleiche war. In Westeuropa und in Deutschland selbst hielt es die SS nicht für angebracht oder klug, die Juden auf der Stelle zu töten. Es stimmt, daß sie zusammengetrieben und in Viehwaggons abtransportiert wurden, doch als Grund für ihre Deportation wurde angegeben, daß sie in Arbeitslager gebracht würden. Um diese Lüge aufrecht zu erhalten, stellten die Nazis eine groteske Regel auf – es sollte kein Jude abtransportiert werden, der nicht bei guter Gesundheit war. De facto spielte es aber keine Rolle, ob sie nun gesund waren oder nicht – sie mußten ohnehin sterben.
Die meisten jüdischen Opfer der SS in Westeuropa wurden geradenwegs mit Zügen aus ihren eigenen Ländern in die Vernichtungslager

Auschwitz, Belsen, Majdanek, Sobibor oder Treblinka verfrachtet. Man hatte den Einsatzgruppen (hauptsächlich aus sanitären Gründen) Befehl gegeben, die polnischen oder russischen Juden nicht mehr einfach auf den Feldern zu erschießen. Statt dessen drängten sie die polnischen Juden in den Ghettos der größeren Städte zusammen, wo die SS sie so lange leben ließ, bis in den Vernichtungslagern Platz war, sie umzubringen. Das Vernichtungsprogramm wurde auf alle von den Deutschen besetzten Länder ausgedehnt. Das Morden war erschrekkend.

Nach dem von Calvocoressi und Wint[1] zusammengetragenen Material brachte die SS 2600000 polnische Juden um, 750000 russische, 500000 rumänische, 40000 bulgarische, 60000 griechische, 58000 jugoslawische, 700000 ungarische, 60000 österreichische, 60000 tschechoslowakische, 104000 litauische, 70000 lettische, 180000 deutsche, 65000 französische, 9000 italienische, 40000 belgische, 104000 holländische, 100 dänische und 750 norwegische.

Alles in allem tat die Bevölkerung Westeuropas ihr möglichstes, um den Juden zur Flucht zu verhelfen. Das für die Juden sicherste besetzte Land war Dänemark, wo die Dänen so erfolgreich Juden übers Meer nach Schweden schmuggelten, daß praktisch alle die 6000, die in Dänemark lebten, davonkamen. Die Norweger taten das gleiche. In den Niederlanden, die eine große jüdische Bevölkerung hatten, versuchten die Holländer, die Deportation der Juden durch die Ausrufung von Generalstreiks zu verhindern. Außerdem versteckten sie jüdische Mitbürger und betrieben eine mutige Politik der Nicht-Kooperation. Aber die Juden in den Niederlanden waren zu zahlreich und lebten auf viel zu engem Raum zusammen, als daß vielen von ihnen die Flucht hätte gelingen können. Nur 36000 von 140000 scheinen überlebt zu haben. In Belgien waren es 45000 von insgesamt 85000. In Frankreich – dem einzigen Land, in dem die Marionettenregierung der SS tatkräftig half, die Juden zusammenzutreiben – überlebten 235000 von insgesamt 300000. Mussolini, der den Juden nicht besonders feindselig gegenüberstand, ließ sie in Ruhe; doch nach seinem Sturz von der Höhe der Macht und dem, was praktisch der Besetzung Italiens durch die Deutschen gleichkam, brachte die SS 9000 italienische Juden um.

Die genaue Zahl der getöteten Juden läßt sich nicht feststellen. Doch die ungefähren Zahlen besagen, daß vor Kriegsausbruch etwa eine viertel Million Juden aus Deutschland nach Großbritannien und den USA entkam; als die Vernichtungsaktion der SS im Jahre 1941 anlief, lebten rund 8,5 Millionen Juden in den von den Deutschen besetzten Gebieten; von ihnen brachte die SS bis Kriegsende rund 5,5 Millionen um.

Zu dieser entsetzlichen Tat kam es ausschließlich aufgrund von Hitlers Rassentheorien. »Der Versuch, ganze Völker auszurotten, war die logische Folge der Nazi-Ideologie«, schrieb Calvocoressi, »und das Maß, in dem er gelang, war das Ergebnis der militärischen Eroberungen, die Millionen Juden dem Zugriff der Nazis auslieferten, sowie der ständig wiederholten Propaganda, die Tausende von Deutschen so sehr veränderte, daß sie fähig waren, die grausamsten Schandtaten zu begehen. Viele weitere Tausende wurden Zeugen dieser Taten oder wußten sonst von ihnen.«[2]

Die Kriegsopfer

Die Nazi-Ideologie sah außerdem auch noch die Notwendigkeit voraus, dreißig Millionen Russen umzubringen. In Hitlers Buch rangierten die Slawen als kaum weniger verabscheuungswürdig denn die Juden. Alle Russen auszurotten, schien jedoch ein Ding der Unmöglichkeit. Einige von ihnen gaben ja immerhin brauchbare Sklaven ab. Hitler erteilte Befehl, daß die russischen Kriegsgefangenen nicht so zu behandeln seien wie die anderen. Politische Kommissare (und es lag bei dem jeweiligen Deutschen, der diesen Russen zufällig gefangennahm, zu entscheiden, ob er ein Kommissar sei oder nicht) durften auf der Stelle erschossen werden. Die Deutschen waren nicht sonderlich an der Gesundheit ihrer russischen Gefangenen interessiert, es sei denn, man konnte sie nutzbringend in Fabriken beschäftigen. 2600000 russische Soldaten kamen vermutlich in der Gefangenschaft um. An die 7 Millionen russische Zivilisten kamen auf beiden Seiten der Front durch die Kriegsereignisse ums Leben. Rund sechs Millionen Polen starben gleichfalls in direkter Folge der Kriegsereignisse, die meisten von ihnen in ihrem eigenen Land unter der deutschen Besatzung. Rund 1700000 Jugoslawen starben in unmittelbarer Folge der Kriegsereignisse, desgleichen rund 600000 Franzosen. Die deutsche Wehrmacht verlor nach der bis 31. 1. 45 geführten Statistik rund 2 Millionen Mann. Die Zahl der bis dahin bereits Vermißten sowie der danach Gefallenen und in der Kriegsgefangenschaft Gestorbenen ist nicht genau bekannt. Insgesamt werden die Verluste der deutschen Truppen auf 6 Millionen geschätzt. 500000 Zivilisten kamen, vornehmlich bei Bombenangriffen und auf der Flucht, ums Leben. (Siehe Ploetz: Bilanz des 2. Weltkrieges, Hamburg 1953.) Anm. d. Hrsg.
Außerhalb des besetzten Europa waren die Verluste der Alliierten wesentlich geringer. Großbritannien verlor 357000 Mann, davon 32000 Seeleute und 60000 Zivilisten, die bei Luftangriffen ums Leben kamen. Das Britische Commonwealth außerhalb des Vereinig-

ten Königreichs verlor 109 000 Mann. Diese Zahlen erklären, warum der Nazihaß in Osteuropa wesentlich heftiger lodert als irgendwo sonst. Die Nazis kamen, ihre Miteuropäer in noch nie dagewesenem Ausmaß umzubringen. Das Haupterbe, das sie auf dem Kontinent hinterließen, den sie zu beherrschen versuchten, war der Tod.
Die Nazis regierten ihre nicht-jüdischen Miteuropäer als Kolonialvölker, die man ausbeuten konnte, wenn sie nützlich waren, und verhungern ließ, wenn das nicht der Fall war. Über vier Jahre hindurch gelang es den Deutschen, viele stolze Völker zu unterjochen, teils durch Hunger, teils dadurch, daß sie Männer wie Frauen nach Deutschland deportierten, wo sie in den Rüstungsbetrieben arbeiten mußten, hauptsächlich aber deshalb, weil sie nie zögerten, zu kollektiven Bestrafungen zu greifen. Wurde eine Telephonleitung durchschnitten oder eine Eisenbahnstrecke unterbrochen, nahmen die Deutschen einfach die ersten besten hundert Menschen, die ihnen über den Weg liefen, als Geiseln fest. Sie waren bereit, sie umzubringen. In Frankreich verbrannten sie die gesamte Bevölkerung von Oradour-sur-Glane in der Dorfkirche zur Strafe für einen Sabotageakt, der irgendwo anders begangen worden war. Mit ihren Vergeltungsmaßnahmen waren die Deutschen erbarmungslos, waren schnell bei der Hand und machten sich nicht einmal die Mühe, die Schuldigen zu bestrafen. Jeder war recht. Es deutet manches darauf hin, daß die Bewohner von Oradour-sur-Glane einem Mißverständnis zum Opfer fielen. Die Deutschen hatten beabsichtigt, Bewohner eines anderen Dorfes mit ähnlichem Namen umzubringen. Sie verirrten sich jedoch, und so ereilte das Schicksal Oradour-sur-Glane.

Hitlers sich ausdehnendes Reich

Hitlers ursprünglicher Plan, Europa oder zumindest den größten Teil davon zu beherrschen, war durch die Intervention Großbritanniens und Frankreichs im Jahre 1939 vereitelt worden. Er hatte die Absicht gehabt, Österreich, das Sudetenland, Nordwestpolen und einen schmalen Streifen an der belgischen Grenze seinem eigenen Großdeutschen Reich einzuverleiben. Andere Gebiete wie Elsaß-Lothringen, Luxemburg und Nordwestjugoslawien betrachtete er als Kandidaten für den ›Anschluß‹, doch sollten sie sich dieses sogenannten Privilegs nicht sofort erfreuen dürfen. Der größte Teil von Osteuropa, darunter der Rest Polens, der Rest der Tschechoslowakei, Weißrußland und die Ukraine sollten in eine deutsche Kolonie zusammengefaßt werden. Diese Gebiete wollte Deutschland wie eine Kolonie verwalten und die Balkanstaaten durch Marionetten-Regierungen

beherrschen. Hitlers Plan für Europa sah ein riesiges, monolithisches deutsches Reich in Mitteleuropa vor, das nur von echten arischen Deutschen bewohnt werden sollte und von einem Kranz von Kolonien oder Vasallenstaaten umgeben war, die von weniger wichtigen Ariern oder gar, und das traf auf die russischen Gebiete zu, von ›slawischen Unter-Menschen‹ bewohnt werden sollten. Dieser Plan wurde umgestoßen, als Hitler 1940 unerwartet in den Besitz von Norwegen, Dänemark, Holland, Belgien und Frankreich gelangte. Er wurde sogar noch ein zweites Mal umgestoßen, als die Deutschen 1941 ihren unfähigen italienischen Bundesgenossen zu Hilfe kamen und Jugoslawien und Griechenland eroberten. Für die Regierung dieser Staaten hatte Hitler keine klaren, vorgefaßten Pläne. Für die meisten Länder bestimmte er einfach einen Reichskommissar, der das Land so gut wie möglich zu verwalten hatte und dessen Instruktionen dahin gingen, daß das Land die deutschen Streitkräfte nicht behindern dürfe und alles, was es entweder an Arbeitskraft oder an Rohstoffen für die deutschen Kriegsanstrengungen aufbringen konnte, zur Verfügung stellen müsse. Dänemark zum Beispiel behielt den geradezu abstrusen Status eines neutralen Landes unter deutscher Besetzung bei, an dessen Spitze nominell immer noch der König und sein Kabinett standen. Doch diese Regelung sollte nicht von Dauer sein. Die Arbeit der dänischen Widerstandsbewegung wurde dermaßen unangenehm, daß die SS 1943 den König festsetzte und das dänische Parlament sowie die (damals noch existierende) dänische Armee auflöste. Norwegen hatte einen Reichskommissar, desgleichen die Niederlande. Frankreich war in zwei Zonen aufgeteilt: Die eine hielten die Deutschen besetzt und regierten sie von Paris aus; hierzu gehörte die gesamte Atlantikküste sowie die Kanalzone. Die andere war unbesetzt und wurde von Vichy aus von Marschall Pétain und Pierre Laval regiert.
In allen diesen Ländern hatten die Nazis gehofft, nützliche und gleichgesinnte Freunde zu finden. In allen gab es faschistische, faschistoide, nazistische oder nazi-ähnliche Parteien. Im Lichte der späteren Ereignisse erscheint es als höchst unfair, daß die norwegische Nazi-Partei unter der Führung von Vidkun Quisling den größten Ruhm erlangte. Sie war auch die am wenigsten wirkungsvolle dieser Organisationen. Quisling schadete den Nazis in Norwegen mehr, als daß er ihnen genützt hätte. Der verhältnismäßig großen holländischen Nazi-Partei mißtrauten die Deutschen. Die französischen Faschisten erwiesen sich für die Deutschen weniger nützlich als die Vichy-Regierung, die in gewisser Weise sogar behaupten konnte, frei gewählt worden zu sein. Im großen und ganzen regierten die Deutschen diese Länder einfach dadurch, daß sie den Behörden Befehle erteilten, die diese auszuführen hatten. Dieser Methode bedienten sie sich sowohl im nationalen

als auch im lokalen Bereich. Bürgermeister konnten zum Beispiel den Befehl erhalten, Vorräte oder Arbeitskräfte für die deutsche Wehrmacht zur Verfügung zu stellen, wie die Staatssekretäre der nationalen Ministerien Befehl bekommen konnten, die Lebensmittel strenger zu rationieren, den Nachweis zu erbringen, wer Jude war, oder Arbeitskräfte zusammenzutreiben und nach Deutschland zu schicken. Mit zunehmender Dauer des Krieges begannen die Deutschen Zwangsarbeiter aus den von ihnen besetzten Gebieten zu verlangen. Die Aufgabe der Behörden im besetzten Europa wurde durch das bewußte Durcheinander des deutschen Systems noch erschwert. Neben den Reichskommissaren operierte die SS, bisweilen völlig unabhängig von ihnen. Die Verwaltungsbeamten mußten oft feststellen, daß sie zwei Herren zu dienen hatten. Außerdem pflegte die SS ihnen nachzuspionieren, um sicherzustellen, daß sie auch wirklich das taten, was man ihnen aufgetragen hatte.

Wenn auch widerstrebend, taten die europäischen Beamten vier Jahre hindurch genau das, was die Deutschen von ihnen verlangten. Es blieb ihnen allerdings auch kaum eine andere Wahl. Wenn der Eroberer nicht zögert, Geiseln zu nehmen und sie zu erschießen, über ganze Gemeinden Kollektivstrafen zu verhängen oder die Bewohner nach Deutschland zu deportieren, muß der Verwaltungsbeamte zuerst an seine eigenen Landsleute denken. Befehle von einer Besatzungsmacht entgegenzunehmen, ist nicht das gleiche wie Kollaboration. Die Trennungslinie zwischen beidem ist kaum klar und deutlich zu ziehen. Freilich besteht ein Unterschied, ob man von den Deutschen Befehle entgegennahm und gleichzeitig alles tat, um die eigenen Landsleute so gut wie möglich zu schützen, oder ob man den Deutschen aktiv half, indem man eine Politik verfolgte, die letzten Endes ihrer Politik zugute kam. Die meisten europäischen Beamten, die die Dinge ganz allein mit ihrem Gewissen abmachen mußten, entschieden sich für ersteres, und nur einige wenige Ausnahmen wählten die zweite Möglichkeit. Diese ernteten wirklich keinen Dank. In der Praxis behandelten die Deutschen die lokalen Nazis nicht gut. Quisling wurde von der deutschen Verwaltung in Oslo praktisch wie Luft behandelt. Dem Führer der niederländischen Nazipartei, Mussert, gestattete man, sich in Szene zu setzen und unter seinen Anhängern Männer auszusuchen, die in der deutschen Wehrmacht dienten, doch das war auch alles. Die holländische Widerstandsbewegung, die sich so mutig dafür einsetzte, die holländischen Juden zu schützen, schadete den Deutschen zweifellos mehr, als Mussert ihnen half. In diesen Ländern, in denen alle Nachrichten zensuriert wurden, sämtliche Parlamentsarbeit und öffentliche Debatten eingestellt werden mußten und wo sogar die Musik arischen Ursprungs sein mußte, wo ohne vorherige Warnung Geiseln genommen wurden und die SS die höchste Autorität darstellte, mußte jeder einzelne, wenn es darum ging, einer deutschen Forderung nachzukommen oder nicht, seine Entscheidung ganz auf sich allein gestellt treffen.

Die Widerstandsbewegungen

Die Widerstandsbewegungen – jene Männer und Frauen also, die den Deutschen aktiven Widerstand leisteten – mußten stets die Wichtigkeit eines Sabotageakts gegen die Wahrscheinlichkeit von Vergeltungsmaßnahmen und deren Ausmaß gegeneinander abwägen. Jede Situation unterschied sich von der anderen, und bisweilen bewirkte die wohlgemeinte Hilfe, die auf abenteuerliche Weise von Großbritannien aus geschickt wurde, das Gegenteil dessen, was sie bewirken sollte, ja, erwies sich sogar als tödlich. Bei zwei anglo-norwegischen Überfällen auf die Lofoten wurden zwar eine Menge Schiffe und Hafenanlagen zerstört, doch wurden die Bewohner der Inseln hinterher die Opfer der rücksichtslosesten Vergeltungsmaßnahmen. Im Jahre 1941 wurden ein Tscheche und ein Slowake von Großbritannien in die Tschechoslowakei geflogen. Sie sprangen dort mit dem Fallschirm ab, warfen eine Bombe in das Auto des dortigen SS-Chefs, Reinhardt Heydrich, und brachten ihn auf diese Weise um. Daraufhin wurden sofort 15 000 Tschechen von den Deutschen getötet, 3000 Juden in die Gaskammern geschickt, die tschechischen Dörfer Lidice und Lezaky zerstört, die männlichen Einwohner erschossen und die weiblichen ins Konzentrationslager gesteckt. Die holländische Widerstandsbewegung, die sich nachdrücklich und mit tausend Finten dafür einsetzte, die Juden vor den Deutschen zu schützen, hatte schwer zu leiden, als der Kode, mit dem sie mit London Verbindung hielt, an die Deutschen verraten wurde. Die Holländer glaubten, daß er verraten worden sei, die Londoner hingegen glaubten es nicht und fuhren fort, ihn weiterhin zu benutzen. Es wurden einige furchtbare Fehler begangen, doch bildeten diese die Ausnahme, nicht die Regel.

Von Großbritannien aus gegen Nordwesteuropa und später von der Adria aus gegen das von den Deutschen besetzte Jugoslawien gerichtete Geheimunternehmungen verliefen größtenteils erfolgreich und erforderten oft größten Mut. Ein Überfall auf ein Werk für die Herstellung von Schwerem Wasser setzte die West-Alliierten in den Stand, die Fortschritte zu beobachten, welche die Deutschen auf dem Weg zur Herstellung einer Kernwaffe gemacht hatten. Verbindungen zwischen Großbritannien und Norwegen sowie zwischen Großbritannien und Frankreich wurden trotz der Deutschen praktisch ständig aufrechterhalten. Die in Großbritannien im Exil liegende norwegische Kriegsmarine unterhielt den sogenannten ›Shetland-Bus‹, praktisch eine Fährverbindung zwischen den Shetland-Inseln und der norwegischen Heimat. Von Zeit zu Zeit operierten norwegische Torpedoboote, solange ihr Treibstoffvorrat es ihnen erlaubte, in den heimatlichen Fjorden. Viele Männer landeten per Fallschirm, Schiff und sogar per Flugzeug in Frankreich, um die dortige Widerstandsbewegung mit Material zu versorgen. Als die Zeit für die Invasion näherkam, erbrachte eine ganze Reihe von kleineren französischen und britischen Blitzunternehmungen die gewünschten Informationen über die dortigen Verteidigungsanlagen. Unter größtem persönlichen Risiko organisierte die französische Résistance einen ausgezeichneten Fluchtweg für abgeschossene alliierte Flieger und abgeschnittene Kommandos und hielt ihn den ganzen Krieg über offen. Dieser Fluchtweg endete im neutralen Portugal oder in Nordafrika, von wo aus die geretteten Piloten nach Großbritannien zurückgeflogen wurden.

Jugoslawien war das einzige besetzte Land, dessen Bewohner das deutsche Joch selbst abschüttelten. Diese Ruhmestat gelang ihnen unter der Führung eines Kommunisten, Josip Broz Tito, dessen Partisanenstreitkräfte nicht nur die deutschen Besatzer schlugen, sondern auch noch – in einer Art Bürgerkrieg – eine mit ihnen rivalisierende Gruppe von Jugoslawen unter der Führung von Draza Mihailovic. Der geographische Aufbau Jugoslawiens war weitgehend auf Titos Seite. Jugoslawien ist ein zum größten Teil aus Gebirge bestehendes Land. Die bis 1943 auf 20000 Mann angewachsenen Partisanenverbände überstanden Zusammenstöße mit den ihnen zahlenmäßig stark überlegenen deutschen Streitkräften, weil es ihnen möglich war, in die Berge zu entkommen. Sie hatten viele Gefallene zu beklagen und mußten bittere Entbehrungen erleiden. Ihre größten Trümpfe waren jedoch ihre tollkühne Entschlossenheit und die Führerschaft Titos. – Sie waren stark genug, um regelrechte offene Feldschlachten gegen die deutschen Truppen zu schlagen und zu gewinnen, wenn auch nicht alle. Aber sie hielten durch und gingen als Sieger hervor.

Anfangs unterstützten die Alliierten Mihailovic, welcher der Vertreter der ins Exil gegangenen jugoslawischen Regierung war, mit Material. Mihailovic versuchte, Tito den Befehl über die Partisanen zu entreißen, doch die Partisanen wehrten sich dagegen. Nach einer gewissen Zeit fing Mihailovic an, mit den Italienern zu kollaborieren, die Nordwestjugoslawien besetzt hielten. Die Beziehungen zwischen Titos und Mihailovics Leuten verschlechterten sich immer mehr, und es kam zu Kämpfen um den Besitz der Waffenfabrik der Partisanen in Uzice. Die Partisanen gewannen den Kampf. Mihailovic wurde praktisch zu einem Guerilla-Führer mit pro-italienischen und pro-deutschen Nei-

gungen. Die West-Alliierten und auch die Russen erkannten das erst sehr viel später.
Als Ende 1942 wieder einmal eine britische Mission nach Jugoslawien kam, überzeugten sich die Alliierten endgültig, daß Mihailovic praktisch mit den Deutschen kollaborierte; von da an gelangte alle Hilfe, welche die Alliierten schicken konnten, in Titos Hände. 1943 schlug Tito in Bosnien eine offene Schlacht gegen die Deutschen und Mihailovics Leute – und verlor sie. Aber er erholte sich von dieser Niederlage. Als Italien die Waffen streckte, waren die Partisanen so stark, daß sie diesen Vorteil für sich ausnutzen konnten. Schnell besetzten sie die dalmatinische Küste und erlangten bald die Kontrolle über ganz Nordwestjugoslawien. Zahlenmäßig wurden die Partisanenverbände immer stärker. Sie vertrieben die Italiener aus Fiume. 1944 konnten sie sogar zur Offensive übergehen und belagerten die Deutschen in Zagreb, Serajewo und Ljubljana. Ende des Krieges war Titos Partisanenarmee eine viertel Million Mann stark und eroberte Jugoslawien aus eigener Kraft zurück.
Die einzige andere Widerstandsbewegung, die es an Größe und Wirksamkeit mit Titos Partisanen aufnehmen konnte, war die der Russen, die hinter der deutschen Front in Rußland operierte. Die russische Widerstandsbewegung arbeitete um so wirksamer, als die Deutschen überhaupt nicht mit ihr gerechnet hatten. Die Sowjetmenschen verteidigten ihre Heimat erbittert, und zwar nicht so sehr, weil einige von ihnen Kommunisten waren, sondern weil sie alle zusammen Patrioten waren. Zu Anfang des Krieges hatte Hitler, was schon sonderbar genug ist, richtig vorausgesagt, daß bei einem Einmarsch der Deutschen in Rußland – den Hitler ja auf jeden Fall vorhatte – Stalin an die Vaterlandsliebe der Russen appellieren und sie auf diese Weise um sich scharen würde. Doch glaubte Hitler, daß er damit nicht viel erreichen würde. Er hielt die Russen für »Untermenschen«, die der Vaterlandsliebe nicht fähig wären. Deshalb habe Deutschland, so folgerte Hitler, nicht viel zu befürchten. Die Sowjetvölker bewiesen, daß er unrecht hatte, und durch die Angehörigen des russischen Widerstands bekam er das hart zu spüren.
Im Januar 1944 waren die hinter den deutschen Linien operierenden russischen Partisanen zu einer großen Bedrohung geworden. Laut einer Schätzung der Heeresgruppe Mitte, welche die Front zwischen Newel und Korosten hielt, operierten in ihrem Rücken 144000, in vierzehn, vielleicht sogar in sechzehn verschiedenen Kommandos organisierte russische Partisanen. Unterstützt von den Wäldern und einem Klima, an das sie gewöhnt waren, sowie durch höchst wirksame Verbindung mit ihren Armeekommandos machten die Partisanen den Deutschen schwer zu schaffen. 1943 töteten die Partisanen im Wald

von Briansk in einer einzigen Nacht 353 Deutsche, machten 246 Gefangene und erbeuteten zwei voll einsatzfähige Panzer. Doch dieser Erfolg der Briansker Partisanen ist nur ein Beispiel für viele. Vom Nord- bis zum Südende einer langen Front – von Leningrad bis ans Schwarze Meer – waren die russischen Zivilisten im deutsch-besetzten Gebiet mit großem Erfolg dabei, ihren Besatzern das Leben schwerzumachen.

Im ganzen besetzten Europa kämpften, litten und starben Widerstandskämpfer. Die deutsche Widerstandsbewegung war auf ihre Weise, auch wenn sie keinen Erfolg hatte, womöglich noch heldenhafter als die anderen. Sie versuchte immerhin, die deutsche Regierung zu stürzen und Deutschland von einer furchtbaren Diktatur zu befreien, die, wenn auch böse, doch gleichfalls deutsch war. Dabei konnte sich die deutsche Widerstandsbewegung im Gegensatz zu den Résistance-Bewegungen in den anderen europäischen Ländern nicht auf eine Basis in der breiten Bevölkerung stützen. In der Mehrzahl waren ihre führenden Köpfe Berufsoffiziere, Kirchenmänner und Politiker, die ehemals der sozialdemokratischen Partei angehört hatten, sowie führende Gewerkschafter. Ihre Gruppe war bedauerlich schlecht organisiert. Aber sie brachte viel Mut auf. Der von Hitler gegründete Polizeistaat entdeckte sie praktisch alle und brachte sie fast ausnahmslos um, ehe der Krieg zu Ende war. Sie entwickelten eine ganze Reihe von Umsturzplänen, die jedoch alle in der Beseitigung Hitlers übereinstimmten. Graf Stauffenberg, ein Oberst im Deutschen Generalstab, unternahm zwei Versuche, Hitler umzubringen, doch beide schlugen fehl. Beim zweiten Versuch legte Stauffenberg im sogenannten Führerhauptquartier in Ostpreußen eine Zeitbombe, und zwar kurz bevor Hitler am 20. Juli 1944 dort an einer Besprechung teilnehmen sollte. Die Bombe explodierte, doch Hitler kam ohne ernsthaften Schaden davon. Stauffenberg und seine Kameraden hatten eine Machtübernahme durch das Militär geplant. Doch nachdem er dem Tode entronnen war, übernahm Hitler wieder das Kommando und befahl sofort wilde Vergeltungsmaßnahmen. Stauffenberg wurde verhaftet und hingerichtet.

Inwieweit die europäischen Widerstandsbewegungen der Sache der Alliierten nützlich waren, ist schwer abzuschätzen. Die russischen Partisanen halfen der Roten Armee zweifellos, schneller und gefahrloser vorzurücken, als das sonst der Fall gewesen wäre. Die Jugoslawen nahmen die Befreiung ihres Landes selbst in die Hand und banden gemeinsam mit den griechischen Partisanen einundzwanzig deutsche Divisionen, die sonst an den Fronten in Italien, Rußland und in der Normandie hätten eingesetzt werden können. Als die Alliierten in der Normandie landeten, hatten die Deutschen nicht weniger als neunundfünfzig Divisionen in Frankreich, Belgien und den Niederlanden stationiert, von denen nur wenige der französischen, belgischen und holländischen Widerstandsbewegungen wegen dort waren. Der Rest war der erwarteten Invasion wegen dorthin verlegt worden. Die achtzehn in Dänemark und Norwegen stationierten Divisionen waren hauptsächlich, wenn nicht gar ausschließlich da, um die Widerstandskämpfer in diesen Ländern niederzuhalten. Hitler rühmte sich oft genug, daß er einen ganzen Kontinent erobert hätte. Aber er machte sich etwas vor. Er wußte selbst, daß er die europäischen Völker nicht wirklich besiegt hatte. Wäre er sich seiner selbst und seiner Eroberungen sicher gewesen, so hätte er seine Divisionen anders verteilt.

Strategische Bombenangriffe

14

Es gibt kein Gebiet der Kriegsführung, das in den fünfeinhalb Jahren des Krieges so radikal revolutioniert worden ist, wie die Luftkriegsführung. Als die deutsche Luftwaffe in den Krieg eintrat, war sie ein Torso. Der Generalstab der Luftwaffe hatte sie zwar in erster Linie als Offensivinstrument konzipiert, jedoch war das Denken der Generalstäbler vornehmlich das von Heeresoffizieren einer Kontinentalmacht. So wurde der Luftwaffe mehr die Rolle einer »taktischen Luftwaffe« zur Unterstützung des Heeres zugewiesen, als die einer »operativen«, die in der Lage gewesen wäre, die Kraftquellen einer Nation anzugreifen und zu zerschlagen.

Die Alliierten hingegen begannen erst während des Krieges, die strategische Bomberwaffe aufzubauen – dann allerdings völlig konsequent. Die Frage, ob das Flächenbombardement mit dem Ziele, die Moral der Zivilbevölkerung zu brechen, die erfolgreiche Strategie sei, oder ob das Präzisionsbomben von ausgewählten Zielen den Erfolg früher brächte, blieb jedoch bis Kriegsende umstritten.

Heute wissen wir, daß Bombenterror den moralischen Widerstand der Bevölkerung einer Nation nicht brechen kann. Was die Deutschen in den Bombennächten an Leiden ertragen haben, ist kaum vorstellbar. Luftmarschall Harris, der das Unternehmen der Zerstörung von Hamburg in makabrer Form »Gomorra« genannt hat, muß dabei eine Vorstellung vom Inferno einer Bombennacht gehabt haben.

Aber ebenso wie die Luftwaffe während der Luftschlacht um England das Bombardement der Flugplätze und der Flugzeugproduktion nicht konsequent zu Ende führte, kam es durch den

Wechsel der Schwerpunkte bei der Zielplanung der alliierten Bomberoffensive nicht zum erwarteten Erfolg. Sicher hätte die zielstrebige Zerstörung der Energiequellen des Reichs die Fähigkeit der Wehrmacht zum Widerstand rascher gelähmt. Daß in den letzten Monaten des Krieges deutsche Städte beinahe wahllos angegriffen wurden – die Luftwaffe war nicht mehr existent – hat vor allem, wenn man an Dresden denkt, zu manch bitterem Ressentiment geführt. Aber wie Luftmarschall Harris zu Beginn der Bomberoffensive sagte: »Wer den Wind sät, wird Sturm ernten.«

Die Zerstörung von Hiroshima und Nagasaki durch Atombomben leitete ein neues Zeitalter der Kriegsführung ein. Gewiß, die Japaner kapitulierten unmittelbar nach der Zerstörung dieser Städte. Ihre Friedensfühler waren zu zögernd ausgestreckt worden. Rund 200000 Menschen kamen durch den Abwurf zweier Atombomben um. Heute ist das nukleare Arsenal der Supermächte in der Lage, die Bevölkerung der Welt weitgehend auszulöschen. Ob die amerikanische Führung die Folgen des Ersteinsatzes von Kernwaffen geahnt hatte? *J. S.*

Der Zweite Weltkrieg war der erste Krieg, in dem die sich bekämpfenden Armeen über Bombenflugzeuge verfügten, die schwere Bombenladungen über weite Entfernungen hinweg transportieren konnten. Als der Krieg ausbrach, waren die Weitstrecken-Bomber zwar schon entwickelt worden, doch niemand hatte sie bisher erprobt. Niemand wußte aus Erfahrung, wie man schwere Bomber einsetzte oder was man mit ihnen ausrichtete. Es gab zwar Theorien, aber über Erfahrungen verfügte keiner.

Die am weitesten verbreitete Theorie besagte, daß es gegen Bombenangriffe keine echte Verteidigung gäbe. »Der Bomber«, hieß es, »kommt immer durch.« Und nachdem er einmal durchgekommen sei, könne der Bomber derart verheerende Zerstörungen anrichten, daß der angegriffenen Nation nichts anderes übrigbleibe, als den Kampf aufzugeben und um Frieden nachzusuchen. Also brauche man nur genügend Bombenflugzeuge, um den Krieg zu gewinnen. Diese Theorien wurden erstmals von dem italienischen General Giulio Douhet und seinem amerikanischen Kollegen William Mitchell dargelegt. Der Oberkommandierende der Royal Air Force, Sir Hugh Trenchard, trat (was immer seine Kritiker auch sagen mögen) für eine ausgewogene RAF ein, von der er hoffte, daß ihre Bomber bis nach Deutschland durchkämen, wohingegen die Jagdflugzeuge Großbritannien verteidigen sollten. In Wirklichkeit waren es von allen kriegsführenden Ländern nur Großbritannien und die Vereinigten Staaten, die sogenannte strategische Bombenangriffe flogen, und in der Wirklichkeit erwiesen sich die Theorien von Douhet und Mitchell als falsch, zumindest in ihrer reinen Form. Die Bomber »kamen nicht immer durch«. Und die Deutschen streckten auch nicht die Waffen, als tausend Bomber Köln bombardierten. Auch die Japaner ergaben sich nicht, als die Amerikaner Tokio Nacht für Nacht in Brand steckten. Die Bevölkerung der bombardierten Städte erlitt schreckliche Verluste, aber sie hörte nicht auf zu arbeiten.

Einer der Gründe dafür, daß diese noch unerprobte Waffe nicht die Hoffnungen jener erfüllte, die für sie eintraten, bestand darin, daß die Bomber im großen und ganzen ihre Ziele nicht exakt trafen. Die Bomber kamen nicht immer durch, und nachdem das Radar-System erfunden worden war, sahen sich die Piloten immer größeren Schwierigkeiten gegenüber. Die Fliegerabwehr-Techniken wurden im Verlauf des Krieges ständig weiter verbessert. Denjenigen Bombern, die tatsächlich durchkamen, warfen sich oft Jagdflugzeuge verbissen entgegen, oder sie begegneten heftigstem Flak-Feuer, so daß es ihnen unmöglich war, sorgfältig zu zielen. Zu Beginn des Krieges waren sowohl die Briten als auch die Amerikaner überzeugt, daß sie ihre Ziele genau treffen würden. Das war jedoch niemals wirklich der Fall. Die Amerikaner glaubten fest an das Norden-Zielgerät, das es ihnen, wie sie behaupteten, ermögliche, bei Tageslicht aus großer Höhe herab ein ›Heringsfaß‹ zu treffen. Die Briten gelangten zu der Überzeugung, das auch bei Nacht mit Hilfe eines neuen und hochkomplizierten Funk-Navigationsgeräts zu schaffen. Doch das waren nur Vermutungen. Solange die Flugabwehr stark war, konnten die Bomber ihr Ziel nicht mit Genauigkeit treffen, weil sie es sich einfach nicht leisten konnten, lange genug in gleicher Höhe geradeaus zu fliegen, um ihr Ziel anzuvisieren.

Die Folge davon war, daß die Bomber die angeflogenen Ziele – Fabriken oder Anlagen, die für die Kriegsanstrengungen des Gegners von lebenswichtiger Bedeutung waren – oft nicht trafen und statt dessen Wohnhäuser und Menschen vernichteten. Zu Beginn des Zweiten Weltkriegs galt allgemein der Grundsatz, daß die Zivilbevölkerung nicht in Mitleidenschaft gezogen werden dürfe, doch als die strategischen Bombenangriffe begannen, war dieser Grundsatz vergessen. Nahezu eine halbe Million japanische und rund 300000 deutsche Zivilisten kamen vermutlich im Laufe des Zweiten Weltkriegs durch Bombenangriffe um. Die britische Zivilbevölkerung hatte rund 60000 Tote zu beklagen, davon nahezu 9000 – oder 15% – innerhalb eines vergleichsweise kurzen Zeitabschnitts in den Jahren 1944/45 durch ferngelenkte Bomben oder Raketen. Diese erfolgreichen deutschen

Waffen verbreiteten wahl- und planlos Verderben. Anders als die Bomber, deren Besatzungen immerhin ihr bestes tun konnten, um ihre festgelegten Ziele zu treffen, nahmen die Raketen – V-1 und V-2, wie sie genannt wurden – einfach Kurs auf London.

Wenn auch die bei weitem schwerste Bombenlast vom britischen Bomber Command (Oberkommando der Bomber) und der US Army Air Force abgeworfen wurde, waren doch die ersten Bombenangriffe, die man ›strategisch‹ nennen konnte, von der deutschen Luftwaffe geflogen worden. Für britische und amerikanische Begriffe war die Luftwaffe dadurch, daß sie auf ihre vergleichsweise kleinen Heinkel-III-Bomber angewiesen war, schlecht vorbereitet; diese Flugzeuge konnten nur einen Bruchteil jener Zehn-Tonnen-Bombenlast mit sich führen, welche die britischen Lancaster-Bomber später über Deutschland abwarfen. Die Deutschen begannen mit der Bombardierung Londons am 7. September 1940, teils als Vergeltungsmaßnahme für die vereinzelten Bombenangriffe, welche das Bomber Command über Deutschland geflogen hatte, teils, wie es scheint, auch als Vorbereitung für die auf später verschobene Invasion der britischen Inseln.
Vom 7. September bis in den November hinein flog die Luftwaffe fast jede Nacht Bombenangriffe auf London. Der Angriff am 7. September richtete großen Schaden an, und es kamen tausend Londoner dabei ums Leben. Am schwersten litt das East End. Desgleichen litt jedoch auch die City, und selbst der Buckinghampalace und das House of Commons wurden von Bomben getroffen. Im November änderte die Luftwaffe ihre Taktik und flog Angriffe auf die Provinzstädte und noch später auf die Häfen an der Westküste, ja bis nach Belfast in Nord-Irland. Coventry, ein bedeutenderes Industriezentrum, wurde schwer getroffen und erlitt vielleicht den schwersten Schaden von allen britischen Städten, doch wurde die Arbeit in den Fabriken schon nach fünf Tagen wiederaufgenommen. Bei der Bombardierung Großbritanniens wurden viele Wohnhäuser zerstört – nach offiziellen Angaben sind es drei Millionen –, und es kamen rund 60000 Zivilisten ums Leben. Aber sie gefährdete nie ernstlich die Möglichkeit Großbritanniens, den Krieg fortzusetzen. Während die Bomben fielen, wurden die Fabriken ausgelagert und verstreut. Verglichen mit den späteren Leistungen der RAF waren die deutschen Bombenangriffe klein. Die Luftwaffe war selten in der Lage, in einer Nacht mehr als einhundert Tonnen Bomben über Großbritannien abzuwerfen. Obgleich die Deutschen durch das Abwerfen von Brandbomben viel Schaden anrichten konnten, gelang es ihnen bei weitem nicht, nachts auch nur annähernd das gleiche Maß an Zerstörung anzurichten, wie das die RAF dann später tun sollte. Überdies wurde der Kampfeswille der Briten

niemals ernstlich geschwächt. London, das häufiger angegriffen wurde als jede andere Stadt, konnte diese Angriffe »verkraften«. Der Mut und das Durchhaltevermögen, das die Zivilbevölkerung bei diesen Luftangriffen aufbrachte, überraschte selbst die britische Regierung, die den Ausbruch einer Massenhysterie, viel zahlreichere Todesfälle und möglicherweise sogar einen Zusammenbruch der Stadtverwaltung und -versorgung befürchtet hatte. Nichts von alledem geschah, weder in London noch in anderen Städten, die später wesentlich schwerere Angriffe auszustehen hatten. Im späteren Verlauf des Krieges bewahrte der Stab des Bomber Command getreu den Theorien von Douhet den Glauben, daß ihre zugegebenermaßen wesentlich schwereren Angriffe auf deutsche Städte nicht nur Häuser zerstörten, sondern auch den Kampfgeist der Zivilbevölkerung zermürben würden. Sie scheinen nicht darüber nachgedacht zu haben, daß, wenn London es verkraften konnte, Hamburg es wahrscheinlich genauso verkraften konnte. Tatsächlich unterbrachen die nächtlichen Bombenangriffe die Rüstungsproduktion niemals sehr lange, weder in Deutschland noch in Großbritannien. Im allgemeinen betrug die Zeit, in der britische Arbeiter nach einem Bombenangriff der Arbeit fernblieben, höchstens eine Woche, und auch das nur dann, wenn ihre Wohnhäuser zerstört worden waren. Und das Arbeitsministerium ließ verlauten, daß dies nicht als unangemessen erschien.
Am 16. Mai 1941 hörten die Deutschen auf, größere Bombenangriffe auf die britischen Inseln zu fliegen. Inzwischen waren die britische Flugzeugabwehr und die Nachtjäger wesentlich schlagkräftiger geworden, und zwar weitgehend mit Hilfe des Radarsystems; aber sie waren noch bei weitem nicht so schlagkräftig, wie es die deutschen Nachtjäger dann im späteren Verlauf des Krieges sein sollten. Die Deutschen ließen von den nächtlichen Luftangriffen auf Großbritannien nicht deshalb ab, weil sie in der Luft geschlagen worden wären – wie das in der Schlacht um England bei Tage der Fall gewesen war –, sondern weil sie im Begriff standen, in Rußland einzufallen.

Zwei Erfahrungen zu Beginn des Krieges waren es, welche die Briten bezüglich der Zweckdienlichkeit von Bombenangriffen bis zu einem gewissen Grade irreleiteten. Im Winter 1939/40 flogen zweimotorige Whitley-Bomber vom Bomber Command der RAF wiederholt Einsätze über Deutschland, um in der Nacht Flugblätter abzuwerfen. Von diesen Einsätzen kamen sie mehr oder weniger unversehrt zurück. Ein bei Tage von Wellington-Bombern geflogener Angriff auf Wilhelmshaven hingegen war eine Katastrophe; bei diesem Einsatz wurden zwölf der zweiundzwanzig Maschinen von deutschen Jägern abgeschossen. Im August 1940 bestärkte die Schlacht um England – in der die deutschen Bomber trotz Jagdfliegerschutz bei Tage schwerste Verluste erlitten – das Bomber Command in der Ansicht, daß nächtliche Bombenangriffe die beste Strategie seien. Die Folgerung wies jedoch eine Lücke auf: obgleich die Bomber in der Nacht durchgekommen waren, wußte niemand, wo die Flugblätter hingeraten waren. Die Whitleys waren zwar unbeschädigt heimgekehrt, doch kein Mensch wußte, ob sie ihre Ladung von Flugblättern auch über der richtigen Stelle abgeworfen hatten.

Das Bomber Command flog während des Winters 1940/41 Nachteinsätze über Deutschland und hielt an dem Glauben fest, daß die Bomben in vertretbarem Umkreis der Ziele abgeworfen worden seien. Den ersten Hinweis, daß dies vielleicht doch nicht der Fall wäre, erhielt man Weihnachten 1940, als die RAF einen Aufklärungsflug über Gelsenkirchen flog, wo zuvor von insgesamt dreihundert Flugzeugen 262 Tonnen Sprengbomben auf zwei Öl-Raffinerien abgeworfen worden waren. Die Luftaufnahmen zeigten, daß die Raffinerien immer noch unversehrt oder zumindest weitgehend intakt waren.

Bis dahin hatte man beim Bomber Command angenommen, daß die Bomben ihr Ziel im Schnitt höchstens um 275 m verfehlten. Doch diese Annahme war offensichtlich falsch. Die durchschnittliche Zielverfehlung, zu diesem Schluß kam die RAF, lag eher bei 900 m. Und das bedeutete, daß man vom Bomber Command nicht erwarten konnte, so kleine Ziele wie Öl-Raffinerien zu treffen. Folglich mußte man Angriffe auf größere Ziele fliegen lassen. Jetzt suchte das Bomber Command Ziele, die gleichzeitig groß und lebensnotwendig sein sollten. Rangierbahnhöfe entsprachen diesen Erfordernissen, zumindest glaubte man das damals. Tatsächlich aber lassen sich Geleise viel leichter ersetzen und reparieren als die meisten anderen Industrieanlagen.

Dr. Noble Frankland, Navigationsoffizier eines Bombenflugzeugs und gemeinsam mit Sir Charles Webster Autor der offiziellen britischen Geschichte der strategischen Luftangriffe, hat das Dilemma zusammengefaßt, in dem sich das Bomber Command im Juli 1941 befand:

> ». . . Das Bomber Command hatte bei Ausbruch des Krieges die Absicht verfolgt, zu gegebener Zeit bei Tage genau und sorgsam ausgewählte Ziele anzugreifen. Frühe Erfahrungen zeigten jedoch, daß es unmöglich war, Angriffe bei Tage zu fliegen. Daraufhin stellte das Bomber Command sich die Aufgabe, dieselben Pläne durch Nachtangriffe zu verfolgen. Dann ließen spätere Erfahrungen – wenngleich diese lange Zeit hindurch nicht beachtet wurden – vermuten, daß man bei Nacht nur Ziele anfliegen und auch treffen könne, die mindestens so groß wären wie Verschiebebahnhöfe, und auch das nur bei klarem Wetter und Mondlicht. Herrschte weder

klares Wetter noch Mondschein, war das einzige, was man treffen konnte, ein ausgedehntes Industriegebiet . . . Das führte dazu, daß man sich der Technik der Flächenbombardements oder Bombenteppiche zuwandte. Sie bedingte eine eingehende Untersuchung der Grenzen, welche der Genauigkeit der Bombenabwürfe durch die Dunkelheit gesetzt sind sowie die Entwicklung einer Nachtjägertaktik, womit die Angriffe noch mehr an die Dunkelheit gebunden waren, damit sie [die Taktik des Flächenbombardements] voll zum Tragen kam.«[1]

Im Herbst 1941 bewies eine Analyse von Luftaufnahmen, die bei Nacht während der Bombenabwürfe gemacht worden waren – allerdings immer noch nicht eindeutig –, daß nur ein Drittel der Bomber ihre Bombenlast im Umkreis von acht Kilometern um die ihnen zugewiesenen Ziele hatte abwerfen können; im Ruhrgebiet war es sogar nur ein Zehntel. Diese Entdeckung zeigte, wie Frankland sagt, daß es sich für das Bomber Command noch gar nicht um ein Zielproblem handelte. »Das Navigationsproblem, dem man bislang kaum Aufmerksamkeit geschenkt hatte, hielt uns weitgehend davon ab, unsere Ziele überhaupt zu erreichen.«[2] Diese Schlußfolgerung führte zur Entwicklung und Einführung von drei neuen Funk-Navigationsgeräten beim Bomber Command, die, wie man hoffte, die Bomber in den Stand setzen sollten, auch bei Nacht ihre Position genau zu bestimmen.

Wenn auch das Bomber Command im großen und ganzen nicht in der Lage war, etwas kleineres zu treffen als eine große Stadt – so leisteten Spezialeinheiten doch schon wesentlich besseres. Dem 617. Geschwader unter Kommodore Gibson gelang, wie Frankland schreibt, im Mai 1943 mit der Bombardierung der Möhne- und Eder-Dämme der »vielleicht zielgenaueste Bombenangriff des gesamten Zweiten Weltkriegs«. Diese und andere Dämme waren, wie man annahm, für die Wasserversorgung des Ruhrbeckens verantwortlich. Der Auftrag ging dahin, sie Dämme zu sprengen. Gibsons neunzehn Lancaster-Bomber standen vor dem Problem, Spezialbomben aus einer Höhe von nur zwanzig Metern in das Wasser hinter den Dämmen abzuwerfen. Der Angriff war erfolgreich, jedoch gingen acht der neunzehn Lancaster verloren. Die Dämme wurden zerstört, doch der Schaden, der sich für das Ruhrgebiet daraus ergab, war geringer, als man angenommen hatte. Gibsons Damm-Sprengungs-Angriff war jedoch ein von außergewöhnlichen Bomberbesatzungen geflogener außergewöhnlicher Einsatz. Die Hauptaufgabe des Bomber Command bestand in Flächenbombardierungen.

Das erste der neuen Navigationsinstrumente war ein ›Gee‹ genanntes Funkpeilgerät zur Feststellung der eigenen Position – der Vorläufer des modernen Decca-Navigators. ›Gee‹ beruhte auf der Anwendung einer Kathodenstrahlenröhre und anderer Hilfsmittel zur Abmessung sehr kurzer Zeitabstände. Wenn Signale, die gleichzeitig von zwei Sendern auf der Erde gefunkt werden, von der Maschine auch gleichzeitig aufgefangen werden, weiß der Pilot, daß er sich auf einer Linie genau zwischen den beiden Sendern befindet. Empfängt er ein Signal früher als das andere, weiß er, daß er sich in größerer Nähe der einen Station befindet und weiter entfernt von der anderen. Lassen sich die beiden Signale unabhängig voneinander identifizieren und die Zeitunterschiede messen, ist der Pilot im Besitz einer Positionslinie – das heißt, er weiß, daß seine Maschine sich über einem Punkt befindet, der auf einer Linie zwischen den beiden Sendern liegt, die er auf der Karte einzeichnen kann. Diese Linie ist eine Kurve, mathematisch ausgedrückt eine Hyperbel. Zwei weitere Sender, oder aber auch ein dritter Sender, die oder den man mit den ersten beiden koppelt, können ein zweites Paar von Signalen senden und geben dem Piloten eine zweite Hyperbel. Er weiß dann, daß seine Maschine auf zwei Positionslinien fliegt und seine Position genau dort ist, wo die beiden Linien sich kreuzen.

Das ›Gee‹-System stellte für das Bomber Command eine enorme Hilfe dar, genauso, wie später auch für die Royal Navy. Es war zuverlässig – und passiv insofern, als das Schiff oder das Flugzeug nicht gezwungen war, durch das Senden einer Radio-Frequenz seine Position zu verraten. Allerdings war es in seiner Reichweite begrenzt und auch für Störungen empfänglich. In der Praxis war das ›Gee‹-System nur bis an die Ruhr anwendbar.

Benutzt wurde das ›Gee‹-System seit März 1942. ›Oboe‹, das nächste Navigationshilfsmittel, wurde von Dezember 1942 an verwendet. Mittels ›Oboe‹ konnte ein Flugzeug eine Hyperbel entlangfliegen, als flöge es auf einem Funk-Leitstrahl – der Pilot erhielt dabei verschlüsselte Instruktionen von einer Bodenstation, die ihm sagten, ob er von seinem Kurs abgewichen war oder nicht. Eine andere Bodenstation überwachte dabei die Entfernung der Maschine. Sobald der Pilot jenen Punkt auf der Hyperbel erreichte, wo er seine Bomben ausklinken sollte, erhielt er von dieser zweiten Bodenstation das Signal dazu. Das ›Oboe‹-System arbeitete noch genauer als das ›Gee‹-System, doch hier wie da war die Reichweite beschränkt.

Das dritte Navigationshilfsmittel war das H2S, ein auf den Boden gerichtetes, vom Flugzeug mitgeführtes Radar-Gerät. H2S war unabhängig von Bodensendern, und daher war sein Einsatzbereich unbegrenzt. Dafür war es aber selbst ein starker Sender, und so konnten

Maschinen, die mit H2S ausgestattet waren, von den Deutschen aufgespürt werden. Eine weitere Begrenzung bestand darin, daß das Radar-Bild vom Boden außerordentlich verwirrend sein kann. Am besten fuhr man mit dem H2S über Hamburg, wo die breite Wasserfläche der Alster deutlich erkennbar mit den vom bebauten Terrain rund um die Alster reflektierten Strahlen kontrastierte. Über Städten ohne Seen, insbesondere über Berlin, das keinen so großen und gut erkennbaren See aufweist wie Hamburg, erwies sich H2S als weniger nützlich.

Um diese Hilfsmittel so gut wie möglich auszunutzen, entwickelte das Bomber Command eine neue Technik. Eine »Pfadfinder« genannte Spezialeinheit von Bombenflugzeugen pflegte der Hauptmasse des Geschwaders voranzufliegen; mit ›Gee, Oboe‹ oder H2S ausgerüstet, kennzeichnete diese Vorauseinheit das Ziel für die Haupteinheit hinter sich. Die ›Pfadfinder‹, die wendige, schnelle, hochfliegende Flugzeuge vom Typ Mosquito flogen, konnten also für die schwerfälligeren und langsameren Lancaster-Bomber des Hauptgeschwaders Zielpunkte vorbereiten. Diese Technik setzte das Bomber Command in den Stand, im Ruhrgebiet, in Hamburg und in geringerem Ausmaß auch in Berlin große Zerstörungen anzurichten. Während aber die Bomber ihre Ziele jetzt mit größerer Genauigkeit fanden, spürten jetzt die deutschen Nachtjäger auch die Bomber leichter auf. Das Meter-Wellen-Radar, das heißt, das Radargerät mit verhältnismäßig langen Wellen, war mittlerweile ein offenes Geheimnis und weit verbreitet. Die Verluste des Bomber Command, die auf das Konto der Nachtjäger gingen, stiegen 1943 das ganze Jahr hindurch ständig an. Im März 1944 notierte Frankland:

> »Die deutsche Luftabwehr war den Nachtbombern gewachsen und fügte ihnen eine untragbar hohe Zahl von Totalverlusten zu. Im März 1944 war das Bomber Command nicht mehr in der Lage, größere Angriffe auf deutsche Städte zu fliegen. Tatsächlich galten die taktischen Verhältnisse bei Tage jetzt auch für die Nacht, und zwar in einem Maße, daß die Dunkelheit überhaupt nichts mehr nutzte. Für Luftkämpfe waren die Nachtbomber völlig ungeeignet. Jetzt reichte nicht einmal mehr ihre Fähigkeit aus, solchen Kämpfen auszuweichen . . . In den fünfunddreißig bedeutenderen Einsätzen, die zwischen November 1943 und März 1944 geflogen wurden, schossen die deutschen Nachtjäger den größten Teil der 1047 britischen Bombenflugzeuge ab, die nicht mehr zurückkehrten. Der Tagesdurchschnitt der für Fronteinsätze verfügbaren Bombenflugzeuge in dieser Zeit schwankte zwischen kaum mehr als 800 und wenig unter 1000, so daß innerhalb von fünf Monaten die deutsche Luftabwehr und insbesondere die Nachtjägereinheiten mehr als den

Gesamtbestand der einsatzfähigen Maschinen des Bomber Command vernichtete. Und das geschah trotz der brillantesten Ausweichtaktiken durch Funk-Gegenmaßnahmen und andere Methoden, die wir entwickeln konnten.«[3]

Das Bomber Command erlitt schwere Verluste. Die Einheiten flogen nicht in geordneten Formationen, sondern gefährlich dicht beieinander, und ihre Erfahrungen waren oft furchtbar. Flieger-Oberleutnant William Reid, Träger des *Victoria Cross*, beschrieb einen Einsatz auf Düsseldorf:

»Kurz nachdem wir die holländische Küste überflogen, erhielt ich einen furchtbaren Schlag ins Gesicht, und die Windschutzscheibe wurde weggerissen. Wir verloren schätzungsweise rund 600 m an Höhe . . . Ich war am Unterarm, in die Schulter und am Kopf getroffen, und zeitweilig verlor ich die Kontrolle über die Maschine . . . Ich vergewisserte mich, wie es den anderen Besatzungsmitgliedern erging; offenbar war alles in Ordnung, und so sah ich keinen Grund zu sagen, daß ich verwundet sei; womöglich hätten dann noch alle gedacht, ich würde jeden Moment abkratzen. Also flogen wir weiter, und ich nahm wieder den gleichen Kurs auf wie zuvor, hatte jetzt allerdings keine Windschutzscheibe vor mir, und das war in gewisser Weise gut, denn meine Kopfhaut war hier aufgeplatzt, über dem Helm, und das blutete ziemlich bös, doch es kam ja kalte Luft herein . . . – wir hatten minus 33° – so daß das Blut rasch gerann und es aufhörte zu bluten, was einigermaßen half.«

Eine Viertelstunde später, vor Düsseldorf, gelangen einem Jagdflieger einige Einschüsse, so daß Reid ohne Kompaß und zum Teil ohne Kontrollgeräte und – was er allerdings nicht wußte – ohne seinen Navigator weiterfliegen mußte, der tödlich getroffen worden war.

»Das Höhenruder, das die Maschine an jeder Seite des Leitwerks gerade und waagerecht hält, war weggeschossen worden, was bedeutete, daß man den Knüppel dauernd ganz zurückziehen mußte, um die Maschine gerade und waagerecht zu halten, als ob man Höhe gewinnen wollte, weil man nur über die Hälfte der Oberfläche verfügte . . . Es ging darum, den Knüppel dauernd zurückzuhalten, indem ich die Hände davor verschränkte. Der Bordmechaniker hielt ihn mit seiner anderen Hand, die unverwundet war. . . . Die vier Motoren arbeiteten weiter, das war die Hauptsache.

Wäre auch noch ein Motor ausgefallen, dann, glaube ich, hätten wir unmöglich weiterfliegen können. Aber da war noch etwas anderes: wäre ich umgedreht, so hätten wir gegen sechs- oder siebenhundert Maschinen anfliegen müssen, die ziemlich auf der gleichen Linie flogen, etwa zwölf bis fünfzehn Kilometer auseinandergezogen und anderthalb bis zwei Kilometer tief. Wir wären direkt in diesen Pulk hinter uns hineingeflogen. Aber auch wenn ich versucht hätte, in einem Winkel von neunzig Grad abzubiegen, um ihnen zu entgehen, wäre ich doch einer ganzen Reihe von ihnen direkt vor die Schnauze geflogen.«

Reid richtete sich nach dem Polarstern, flog weiter und warf seine Bomben über Düsseldorf ab, ehe er sich nach Hause wandte. Als er dann seine Notlandung machte, brach das Fahrgestell unter ihm zusammen. »Erst da«, sagte er, »merkte ich, daß der Navigator tot war, denn er rutschte nach vorn neben mich.«

Später, als der Himmel wieder einmal voller Maschinen war, wurde seine Maschine von britischen Bomben beschädigt, die von oben auf ihn herabfielen. »Eine der Bomben«, so erinnert er sich, »durchschlug die Backbordtragfläche, und der Motor fing an zu stottern. Dann muß eine andere Bombe zwischen der Pilotenkanzel und einem der Bordgeschütze eingeschlagen sein, denn die Kontroll-Leitungen, die zum Leitwerk führten, wurden durchschnitten. Die Kontrollnadeln schlugen wie wild nach links und rechts aus. Das ganze Leitwerk wackelte einfach hin und her. Als ich den Einschlag bemerkte, schrie ich selbstverständlich sofort: »fertigmachen zum Aussteigen, steigt aus«, und die Maschine ging immer tiefer.«[4]

Das war über Frankreich. Reid konnte sich retten, doch die meisten anderen Besatzungsmitglieder kamen ums Leben.

Von 1942 an nahm die Air Force der 8. amerikanischen Armee an den strategischen Luftangriffen auf Deutschland teil. Als sie anfingen, ihre Einsätze zu fliegen, waren sie noch überzeugt, daß Tagesangriffe doch möglich sein müßten, vorausgesetzt, daß die Bombenflugzeuge gut genug mit Bordwaffen ausgerüstet wären. Die Amerikaner statteten daher ihre Fliegenden Festungen, die B-17, mit Maschinengewehren vom Kaliber 50 aus und entwickelten Techniken des Formationsflugs, die dazu dienen sollten, ein Höchstmaß an gemeinsamer Feuerkraft zu erreichen; so flogen sie hoffnungsvoll von den britischen Inseln ab, um bei Tage Ziele in Deutschland anzugreifen. So weit wie möglich wurden sie von Jagdflugzeugen begleitet. Doch als die Amerikaner sich 1943 daranmachten, Ziele zu bombardieren, die weiter im Innern Deutschlands gelegen waren, konnten die Jagdflugzeuge mit ihrer kürzeren Reichweite nicht mehr mithalten. In dieser Phase erlitten sie große Verluste. Die vereinigte Feuerkraft der amerikanischen Formationen konnte es mit den deutschen Messerschmitts und Focke-Wulf 190 nicht aufnehmen. Die Amerikaner beschlossen, sich auf die Flugzeugwerke zu konzentrieren, in denen die deutschen Jagdflugzeuge gebaut wurden. Doch mit dieser Taktik richteten sie nichts aus. Wie Frankland sich ausdrückt, lief das auf »den Versuch hinaus, etwas

Schwieriges dadurch möglich zu machen, daß man noch Schwierigeres unternahm. Wie dem auch sei, die Bomber mußten sich auf ein Wettrennen einlassen zwischen der Vernichtung der im Bau befindlichen deutschen Jagdfliegerverbände durch ihre Bomber und der Vernichtung ihrer Bomberverbände durch die bereits im Einsatz befindlichen deutschen Jagdfliegerverbände. Das Ergebnis war ein eindeutiger Sieg für die im Einsatz befindlichen deutschen Jagdfliegerverbände.« [5]
Nach dem spektakulären Fehlschlag amerikanischer Tagesangriffe auf Schweinfurt, dem Zentrum der Kugellager-Produktion, ließ man von dieser Taktik ab. Am 14. Oktober 1943 wurden von 291 Fliegenden Festungen 60 abgeschossen, hauptsächlich von deutschen Jägern. Das war der letzte größere Angriff auf Schweinfurt. Die Bomberverbände hatten 650 km – die Strecke von Aachen bis Schweinfurt und zurück – ohne Jagdfliegerschutz zurücklegen müssen. Das Ergebnis für die Air Force der 8. amerikanischen Armee war katastrophal. Daraufhin gaben die Amerikaner Angriffe bei Tage auf. Für Nachtangriffe waren sie aber noch nicht ausgerüstet. – Fürs erste konnte die mächtige Air Force der 8. amerikanischen Armee nichts unternehmen.
Falls sie Tagesangriffe über Europa fliegen wollten, brauchten die Amerikaner (und das hatte ihnen schon immer gefehlt) ein Langstrekkenjagdflugzeug. Sie waren an genau der gleichen Lücke in ihrem Arsenal angelangt wie die Luftwaffe gegen Ende der Schlacht um England. Sofern sie nicht von Jagdfliegern beschützt wurden, waren die Bomber tagsüber sehr verwundbar. Die Jagdflieger aber konnten nicht lang genug in der Luft bleiben, um sie auf weiten Strecken zu schützen. Im Gegensatz zu den Deutschen fanden die Amerikaner allerdings eine Lösung: das North-American P-51 B Mustang Jagdflugzeug, das von einem anglo-amerikanischen Rolls-Royce-Packard-Motor angetrieben wurde, einer leicht abgewandelten Form des Rolls-Royce-Merlin-Motors. Der Mustang ist vermutlich das hervorragendste Kampfflugzeug, das während des Zweiten Weltkriegs überhaupt gebaut wurde. Er stellte die höchste Entwicklungsstufe des kolbengetriebenen Verbrennungsmotors für Flugzeuge dar, aus der auch noch das Letzte herausgeholt wurde. Ursprünglich hatten die Briten 1940 den Mustang direkt bei den amerikanischen Herstellern bestellt. Die Leistung der ersten Maschinen, die noch mit einem amerikanischen Allison-Motor ausgestattet waren, war enttäuschend. Rolls-Royce glaubte fest daran, daß sie nur einen stärkeren Motor brauchten. Mit dem neuen Motor erwies sich die P-51 als das beste einsitzige Jagdflugzeug der Welt. Seine Leistungsfähigkeit war wesentlich größer als die der Messerschmitt 109 oder der Focke-Wulf 190. Vor allem konnten große Treibstofftanks eingebaut werden, so daß die Flugzeuge eine große Reichweite hatten und bis Berlin kamen. Zum er-

stenmal konnten sich die amerikanischen B-17-Bomber darauf verlassen, daß sie sowohl auf dem Hin- wie auf dem Rückflug unter Jagdfliegerschutz standen. Nach ihrer Niederlage bei Schweinfurt ließen die Amerikaner sofort die Produktion von Mustangs verstärken. Von Dezember an verfügte die Air Force der 8. amerikanischen Armee über diese Mustang-Jäger, und ab Februar 1944 nahmen die Amerikaner ihre Bombenangriffe wieder auf. Der Einsatz der Mustangs stellte einen Wendepunkt dar, und zwar nicht nur, weil sie die bisher unerhörte Möglichkeit boten, die Bomber auf dem Hin- und auf dem Rückflug zu eskortieren, sondern auch deshalb, weil die Amerikaner sie klüger einsetzten, als die Deutschen ihre Begleit-Jagdflugzeuge während der Schlacht um England eingesetzt hatten. General Meyer entwickelte eine völlig neue Begleitschutz-Taktik.

»Zu Anfang, als ich drüben [in Großbritannien] war, hatten wir klare Anweisungen, daß die vornehmlichste Aufgabe der Jäger der 8. Air Force darin bestehe, den Bombern Begleitschutz zu geben. Wir sollten nahe bei den Bombern fliegen, weil es für sie beruhigend war, uns zu sehen, und weil wir sie dort, wie man annahm, am besten vor einem feindlichen Angriff schützen konnten. Kurz nachdem General Doolittle den Befehl über die 8. Air Force übernahm, wurden wir von den Jägern bei ihm vorstellig und erklärten, daß dies unserer Meinung nach nicht die allgemein richtige Taktik sei und wir die Bomber besser schützten, indem wir weiter vorausflogen und die feindlichen Jäger abfingen, ehe sie so nahe herangekommen waren. Das hing mit den hohen Geschwindigkeiten zusammen. Wenn wir in der Nähe der Bomber Begleitschutz flogen, kamen die deutschen Jäger so schnell heran, daß sie die Bomber bereits mehr oder weniger erfolgreich angegriffen hatten und schon wieder auf dem Flug nach Hause waren, bevor wir überhaupt aufdrehen konnten, um sie in Einzelkämpfe zu verwickeln.

Es gelang uns, General Doolittle zur Änderung der Anweisungen zu bewegen . . . Wir fingen also an, weiter voraus und in beträchtlich größerer Höhe als der Bomberverband zu fliegen. Auf diese Weise konnten wir die feindlichen Jäger in Kämpfe verwickeln, während sie sich zum Angriff formierten. Damit hatten wir ziemlichen Erfolg, und es stellte sich heraus, daß wir nun nicht nur taktisch in der Lage waren, den deutschen Jagdfliegerverbänden größeren Schaden zuzufügen, sondern auch die Bomber besser schützen konnten . . . Letztlich kamen wir zu dem Schluß . . . daß es am besten wäre, in Gruppenformation zu fliegen, ähnlich wie die Royal Air Force zu Beginn der Schlacht um England. Wir flogen also eine Staffel oben, eine in der Mitte und eine unten, wobei die Staffeln immer in Sichtweite voneinander blieben und ihre Formation einigermaßen beibehielten. Trafen wir mit den Bombern zusammen, teilten sich die drei Staffeln: eine flog weit voraus und für gewöhnlich in größerer Höhe, eine andere hinter dem Bomberverband hielt ziemlich dieselbe Höhe. Die dritte, die wir die ›Schwärmer‹ nannten, teilte sich für gewöhnlich wieder in zwei Gruppen von je acht Maschinen, die den Bomberverband umkreisten, und zwar immer etwas näher als die beiden anderen Staffeln. Allgemein gesprochen, blieb die Staffel, die in größerer Höhe vorausflog, immer in Sichtweite des Bomberverbands, aber immer nur gerade eben und fast schon außer Sichtweite. Diese Staffel hatte nun die größten Erfolge. Wir sahen die Deutschen durch den bedeckten Himmel stoßen und sich mit den anderen Verbänden zum Angriff formieren. Wir dagegen hatten den Vorteil der größeren Höhe, hatten die Sonne im Rücken und waren außerdem schon formiert und kampfbereit . . . Die anderen Staffeln fingen diejenigen ab, die noch durchkamen . . .«[6]

Das Jagdflugzeug vom Typ Mustang verschaffte der 8. Air Force die Luftüberlegenheit über Deutschland bei den Tagesangriffen. Die 8. Air Force machte sich das zunutze, und desgleichen das britische Bomber Command bei Nacht, indem es jene Bombenangriffe flog, die von allem, was während des Zweiten Weltkriegs durch Bombardierungen aus der Luft erreicht wurde, am entscheidendsten waren. Im Juni 1944 flogen die alliierten Luftstreitkräfte einen aufeinander abgestimmten Angriff auf die Zentren der deutschen Treibstoff-Produktion und auf die Raffinerien. Ziel dieses Unternehmens war es, die deutsche Luftwaffe und möglichst auch das deutsche Heer bewegungsunfähig zu machen. Das Unternehmen war auf Anhieb ein Erfolg, obgleich sich das erst später zeigen sollte.

Im Mai 1944 produzierten die Deutschen 156000 Tonnen Flugzeugtreibstoff, und die Alliierten warfen 5100 Tonnen Bomben auf deutsche und rumänische Öl-Anlagen ab. Im Juni warfen die Alliierten 17700 Tonnen Bomben über den Raffinerien ab, und die Produktion von Flugzeugtreibstoff fiel um zwei Drittel auf 52000 Tonnen. Im Juli warfen die Alliierten 21400 Tonnen Bomben ab, und die Produktion der Deutschen fiel auf 35000 Tonnen. Im August betrug die Last der abgeworfenen Bomben 26300 Tonnen – die Treibstoffproduktion sank auf 17000 Tonnen. Bis zum Januar 1945 war die Treibstoffproduktion für Flugzeuge auf 11000 Tonnen gesunken, und im März hörte sie vollends auf. Mehr noch: die Produktion von Benzin für Kraftfahrzeuge fiel von 134000 Tonnen im März 1944 auf 39000 Tonnen im März 1945, und die Produktion von Dieselöl von 100000 Tonnen im März 1944 auf 39000 Tonnen im März 1945. Selbst wenn es der Luftwaffe gelungen wäre, bei Tage gegen die Mustangs anzukommen, hätten die deutschen Jagdflieger einfach nicht mehr den nötigen Treibstoff gehabt. Die deutschen Nachtjäger, die immer noch eine bedrohliche Streitmacht darstellten, litten nicht nur an Treibstoffmangel, sondern auch daran, daß ihre Bodenkontrolleinrichtungen und viele ihrer Fliegerhorste von den aus der Normandie in westlicher Richtung vorrückenden britischen und amerikanischen Armeen überrollt worden waren. Vom Herbst 1944 bis zum Ende des Kriegs in Europa im Mai 1945 konnten strategische Bomberverbände der Engländer und Amerikaner wesentlich wirkungsvoller operieren als je zuvor, weil der Widerstand in der Luft praktisch gebrochen war oder wegen Treibstoffmangels nicht mehr zum Tragen kommen konnte. In dieser Zeit waren die 8. Air Force und das Bomber Command eine wirksame Unterstützung für die Armeen der westlichen Alliierten, indem sie die Nachschubverbindungen auf dem Boden unterbrachen. Außerdem konnten sie eine der verheerendsten Flächenbombardierungen des gesamten Krieges unternehmen, und zwar den Angriff auf Dresden vom 14. Februar 1945. Dresden galt als wichtiges Nachschubzentrum für die deutschen Armeen, welche den Russen an der Ostfront Widerstand leisteten; vielleicht war es das tatsächlich. Doch darin lag nicht der Hauptgrund für den Angriff auf Dresden, bei dem allein fast mit Sicherheit 60000 Menschen umkamen, vielleicht sogar noch viel mehr. Der Hauptgrund für den Angriff auf Dresden – den die Briten bei Nacht flogen und die Amerikaner bei Tage – scheint vornehmlich darin gelegen zu haben, daß der Oberbefehlshaber des Bomber Command, Sir Arthur Harris, getreu der Theorie von Douhet, entschlossen war, noch einmal eine große Flächenbombardierung vonstatten gehen zu lassen. Harris, der die tatsächlichen Auswirkungen noch nicht kannte, hielt nicht sonderlich viel von den Bombardierungen der Öl-Anlagen. Er war nicht gerade erbaut von den Anordnungen Tedders, Eisenhowers Stellvertreter als Befehlshaber der am Boden vordringenden Invasionsstreitkräfte, deutsche Nachschubwege zu bombardieren. Harris hing bis zuletzt dem Glauben an, daß Bombenangriffe an sich den Kampfgeist des Feindes und damit seinen Willen zur Fortsetzung des Krieges zermürben würden. Der Hauptgrund dafür, daß ausgerechnet Dresden und keine andere deutsche Stadt dieses Schicksal ereilte, scheint der gewesen zu sein, daß Dresden gerade die richtige Größe besaß und bislang noch niemals angegriffen worden war. Der Angriff auf Dresden war das letzte bedeutende Unternehmen der strategischen Bomber-Kampfführung gegen Deutschland. Zwei Monate später, drei Wochen bevor Deutschland endgültig die Waffen streckte, wurde sie offiziell abgebrochen.

Der erste strategische Bombenangriff auf Japan wurde vom Flugzeugträger *Hornet* aus geflogen, und zwar unter der Führung von James

Doolittle, der damals den Rang eines Oberst der US-Heeresflieger innehatte. Er flog den ersten von sechzehn zweimotorigen B-25-Bombern. Dieser Angriff stellte einen Akt trotziger Herausforderung dar. Im April 1942 waren die Japaner noch überall im Vorrücken. Auf den Philippinen hatte sich gerade die Halbinsel Bataan ergeben, und die Inselfestung Corregidor stand kurz davor, überwältigt zu werden. Die Amerikaner hatten ihren Tiefpunkt erreicht.

Aber abgesehen davon, daß es sich um eine Herausforderung handelte, bewies dieser Angriff auch großes fliegerisches Können und Mut. Noch nie hatte bis jetzt jemand eine B-25 von einem Flugzeugträger aus geflogen, und niemand hatte das überhaupt für denkbar gehalten. Nach herkömmlichen fliegerischen Begriffen war es auch unmöglich. Die schwerbeladenen B-25er waren theoretisch und praktisch nicht in der Lage, auf dem kurzen Landedeck die nötige Geschwindigkeit zu entwickeln – das heißt, so viel Geschwindigkeit, daß der Luftstrom unter ihren Tragflächen sie in die Höhe getragen hätte, ehe sie das Landedeck der *Hornet* hinter sich hatten. Was Doolittle und seine Piloten tun mußten – und taten – war, die Maschine vom Boden wegzureißen, bevor sie die Mindestgeschwindigkeit erreicht hatte. Sie mußten das Flugzeug an den Propeller hängen, bevor dieses sich aerodynamisch in der Luft tragen konnte.

»Die Idee [sagt Doolittle], ein Landflugzeug mit gesenktem Leitwerk zu starten . . . war nicht ganz im Rahmen des bei der Air Force Üblichen. Wir hatten nur eine einzige echte Sorge – daß es zu einer totalen Windstille kommen könnte. Der Flugzeugträger konnte vielleicht dreißig Knoten laufen, was bedeutete, daß unser Startwind dann um dreißig Knoten lag. Unter diesen Umständen mußte ein Start vom Deck eines Flugzeugträgers mit einer so schweren Last, wie wir sie mitführten, im besten Falle schwierig sein. Aber wir hatten Glück. Es herrschte ein Wind von dreißig Knoten. Die Flugzeugträger konnten in diesem Wind zwanzig Knoten laufen, so daß wir auf dem Deck praktisch einen Startwind von fünfzig Knoten hatten, und damit war unser einziges ernstes Problem sehr einfach – nämlich, mit diesen schwer beladenen Maschinen vom Deck eines Flugzeugträgers aus zu starten.«[7]

Bei diesem Unternehmen konnte die *Hornet* bis auf sechshundert Meilen an Tokio herankommen, ehe sie von zwei japanischen Patrouillenbooten abgefangen und ausgemacht wurde. Doolittle und seinen Piloten gelang der Start. Sie warfen sechzehn mickerige Tonnen Bomben über Tokio ab und flogen ins befreundete China weiter. Der Angriff selbst richtete verhältnismäßig geringen Schaden an, doch seine Auswirkungen waren enorm. Er gab den Amerikanern Auftrieb, die seit Pearl Harbor nichts als schlechte Nachrichten zu verdauen gehabt hatten. Außerdem beunruhigte er die japanischen Behörden, die geglaubt hatten, daß Japan nicht mit Bomben angegriffen werden könne. Des weiteren zwang er die Japaner, zu Hause Jagdflieger zu stationieren, um weitere derartige Angriffe abzuwehren. Zum erstenmal fingen einige Japaner an, darüber nachzudenken, ob der Sieg wirklich so sicher sei.

Erst zwei Jahre später flog die US Army Air Force wieder Bombenangriffe auf Japan. Im Juni 1944 begann die 21. Air Force unter dem Kommando von General Le May eine Serie von Tagesangriffen – und zwar von Stützpunkten in der chinesischen Provinz Setschuan aus. Bei den Flugzeugen, die er einsetzte, handelte es sich um Superfestungen, eine Weiterentwicklung der Fliegenden Festungen vom Typ B-17, die eine größere Reichweite hatten, besser bewaffnet waren und größere Bombenlasten mit sich führten. Mit den ersten von China aus geflogenen Angriffen erreichte Le May jedoch sein Ziel nicht. Er verlegte die in China stationierten B-29-Bomber auf die Marianen-Inseln, wo das US Army Air Corps inzwischen eine Reihe von Flugplätzen angelegt hatte. Die eigentlich wirkungsvollen Luftangriffe auf Japan wurden von den Marianen aus geflogen. Bis zum März 1945 griff die 21. Air Force Japan ausschließlich bei Tage und aus großer Höhe an. Le May – der persönlich den Angriff auf Schweinfurt mitgemacht hatte – beschloß, seine Taktiken zu ändern. In der Nacht vom 9. auf den 10. März 1945 flogen über dreihundert B-29-Bomber im Tiefflug über Tokio hinweg und warfen 2000 Tonnen Bomben ab, darunter viele Brandbomben. Die japanische Fliegerabwehr wurde durchbrochen. Bei diesem einen Angriff kamen 83000 Menschen ums Leben, 40000 wurden verwundet, und rund ein Viertel von Tokio zerstört. Le May ließ ähnliche Angriffe auf Yokohama, Osaka, Nagoya und Kobe fliegen. Die Verheerungen in diesen Städten waren ähnlich wie die in Tokio. Ende Juni 1945 war der größte Teil der japanischen Rüstungsindustrie lahmgelegt.

Im Juli machten die Japaner zaghafte – für die Westalliierten unzusammenhängende – Verlautbarungen, denen zufolge es möglich wäre, daß sie um Frieden nachsuchen würden. Aber die Japaner waren sich nicht einig. Die Nachrichten, die sie aussandten, waren alles andere als klar. Sie reagierten nie entschieden oder eindeutig auf die in Potsdam beschlossenen Forderungen der Alliierten nach ihrer Kapitulation. Zuletzt entschied sich Truman für den Abwurf der Atombombe, der am 6. August von Le Mays Männern durchgeführt wurde. Truman ließ sich vermutlich von verschiedenen Gründen leiten, doch er war aufrichtig. Er wollte nicht das Leben von noch mehr Amerikanern aufs Spiel setzen. Außerdem wollte er, daß die Japaner eindeutig erkennen sollten, daß sie die Aggressoren gewesen und jetzt geschlagen waren.

Im übrigen wollte er vermutlich den Russen gegenüber demonstrieren, daß die Amerikaner mit den Japanern allein fertig werden könnten und daß sie die bis dato furchtbarste Vernichtungswaffe entwickelt hatten – die Atombombe. Auf jeden Fall war es eine von Le Mays B-29ern, die sie abwarf. Den letzten Anstoß zur Kapitulation der Japaner gab also ein Bombenangriff. Der Grund jedoch, weshalb solche Bombenangriffe überhaupt möglich waren, war von der US Navy, der Army und der Marineinfanterie gelegt worden: Sie hatten jene Luftstützpunkte erobert, von denen aus diese Bombenangriffe überhaupt geflogen werden konnten.

Keiner der bedeutenderen strategischen Bombenangriffe des Zweiten Weltkriegs bestätigte die Theorie Douhets, derzufolge die Bomber allein einen Feind niederwerfen könnten. Selbst Le Mays Kampagne im Pazifik, die schließlich Japan in die Knie zwang, war kein unabhängiges Unternehmen. Ihr Erfolg hing von dem ab, was die See- und Landstreitkräfte erreicht hatten. Die Angriffe in Europa bewiesen, daß man mit Bomben ein Volk und ein Land zwar schlagen konnte, aber auch das erst, wenn die Luftabwehr dieses Landes neutralisiert worden war. Eine der Lehren, die aus dem Dunkel des Zweiten Weltkriegs auftauchten, bestand darin, daß – zumindest damals – Bombenflugzeuge allein nicht den Ausschlag gaben. Die RAF hatte große Teile des Ruhrgebietes zerstören können, aber es war ihr nicht gelungen, die Menschen dort dermaßen zu entmutigen, daß sie aufgehört hätten zu arbeiten – genausowenig wie es der Luftwaffe gelungen war, die Bewohner von London oder Coventry zu entmutigen.

Die 8. Air Force fügte den Kugellager-Fabriken in Schweinfurt beträchtlichen Schaden zu, verhinderte aber die Produktion von deutschen Jagdflugzeugen genausowenig, wie es der Luftwaffe 1940 möglich gewesen war, die britische Produktion so weit zu bremsen, daß die vom Kommando der Jagdflieger erlittenen Verluste nicht doch ersetzt werden konnten.

Andererseits erwies sich die Bombardierung von Nachschubwegen und Treibstoff-Produktionsstätten in Europa letzten Endes als ein Faktor, der entscheidend dazu beitrug, daß die Alliierten den Krieg gewannen. Vor dem Krieg hatte Trenchard immer wieder die Meinung vertreten, daß die eigentlichen Ziele des Bomber Command und der Ort, wo die Kämpfe ausgetragen und der Krieg gewonnen werden mußten, über dem Gebiet des Feindes lägen und nicht über dem eigenen Gebiet. Die Ereignisse von 1944 und 1945 bewiesen, daß er recht hatte. Bis dahin hatten das Bomber Command und die 8. US Army Air Force eine bittere Lehrzeit durchmachen müssen, und die RAF als Ganzes hatte Zeit gehabt, die zahlenmäßige Unterlegenheit wettzumachen, unter der sie zu Beginn des Krieges gelitten hatte. Die strategischen Bombenangriffe in Europa zwangen die Deutschen, Jagdflugzeuge zu bauen (statt Bombern, mit denen sie die britischen Inseln hätten bombardieren können) und ihre beschränkten Mittel für die Luftabwehr zu mobilisieren, die Durchführung ihres Raketenprogramms in Peenemünde immer weiter hinauszuzögern und ihre Armeen – am Ende – weitgehend mit Hilfe von Pferden zu transportieren.

Das Erbe des Krieges

15

Der Erste Weltkrieg hatte der Krieg sein sollen, der alle Kriege endete. Aber dem war nicht so. Die Bitterkeit und die Ungerechtigkeiten, die sich aus ihm ergaben, waren eine der Ursachen für den Zweiten Weltkrieg, der sich einundzwanzig Jahre später entfesselte. Trotz aller Unvollkommenheiten und neuen Ungerechtigkeiten waren die Friedensregelungen, die auf den Zweiten Weltkrieg folgten, im Hinblick auf die Verhinderung eines neuen weltumspannenden Konflikts wirksamer als die nach dem Ersten Weltkrieg. Ein weiteres Ergebnis des Zweiten Weltkriegs, vielleicht noch wichtiger als die Friedensregelungen selbst, ist die Erfindung der Kernwaffen. Die Teilung Deutschlands, die Errichtung sowjetischer Satellitenstaaten in Osteuropa und die Atombombe zusammen verhindern den Ausbruch eines Dritten Weltkriegs. Damit soll nicht gesagt werden, daß die Regelungen im Gefolge des Zweiten Weltkriegs moralisch zu rechtfertigen wären. Die Atombombe war eine Terrorwaffe. Daß die osteuropäischen Staaten in einem größeren sowjetischen Imperium aufgingen, verstieß gegen das Selbstbestimmungsrecht der Völker (demzufolge alle Nationen das Recht haben sollten, sich ihre Regierungsform selbst zu wählen) und stand in krassem und schamlosem Widerspruch zu den Grundsätzen der Atlantikcharta, die alle wichtigen Alliierten unterschrieben hatten. Trotzdem trugen die Atombombe und die auf den Konferenzen von Yalta und Teheran getroffenen Vereinbarungen dazu bei, den Frieden zu erhalten.

Die Atombombe wirkte friedenserhaltend, weil sie in erschreckendem und unvorstellbarem Maße die Fähigkeit des Menschen vervielfachte, sich selbst zu vernichten. Sie ließ die wahrscheinlichen Folgen eines Dritten Weltkriegs so ungeheuerlich erscheinen, daß selbst die skrupellosesten Staatsmänner davor zurückschreckten, einen solchen

Konflikt zu riskieren. Nur ein einziges Bombenflugzeug brauchte ›durchzukommen‹, wenn es mit einer Kernwaffe beladen war. In den ersten Jahren nach Kriegsende waren einzig die Vereinigten Staaten im Besitz dieser neuen Vernichtungswaffe. Später, als auch die Russen über sie verfügten, ging den beiden Supermächten in gegenseitiger Angst voreinander auf, daß die Gefahren, die ein bewaffneter Konflikt mit sich brachte, jetzt unendlich viel größer waren, als jemals zuvor, – so groß, daß kein Grund vorstellbar war, der einen richtigen Krieg gerechtfertigt hätte. Das Abschreckungsmittel, wie es genannt wurde, wirkte in der Tat abschreckend.

Als die Russen 1948 beschlossen, die westlichen Besatzungsmächte in Berlin zusammen mit zweieinviertel Millionen Berlinern einzuschließen und zu bedrohen, wagten sie es nicht, die Stadt selbst zu besetzen – was ihnen ohne weiteres möglich gewesen wäre –, aus Angst vor Vergeltungsmaßnahmen der Amerikaner mit Kernwaffen, denen sie schutzlos preisgegeben gewesen wären. In den fünfziger Jahren nahm China, das mittlerweile zu einem kommunistischen Land geworden war, davon Abstand, das volle Gewicht seiner gewaltigen Armeen einzusetzen, um Südkorea zu erobern, das damals von den Vereinigten Staaten und anderen Mitgliedern der Vereinten Nationen gegen das kommunistische Marionetten-Regime Nordkoreas verteidigt wurde. 1962 begannen die Russen, auf dem kommunistischen Kuba Abschußbasen für Raketen mit Atomsprengköpfen zu installieren, mit denen sie das amerikanische Festland hätten bedrohen können. Präsident John F. Kennedy setzte sich direkt mit der obersten Sowjetführung in Verbindung und machte ihr klar, daß diese Raketen als unmittelbare Bedrohung der Vereinigten Staaten angesehen würden, deren sie sich notfalls auch mit Einsatz von Kernwaffen gegen Moskau erwehren würden. Die Russen begriffen die Risiken, wägten sie gegeneinander ab und holten die Raketen wieder zurück.

Die Vereinbarungen von Yalta und Teheran – aufgrund derer die Russen freie Hand in Osteuropa hatten und Deutschland geteilt wurde – waren etwas Ähnliches wie die Absprachen zwischen den europäischen Kolonialmächten des neunzehnten Jahrhunderts, Großbritannien, Frankreich, Deutschland und Belgien, über die Respektierung ihrer ›Einflußsphären‹ in Afrika. Der Gedanke, daß die Großmächte einen Anspruch hätten, kleinere Staaten zu beherrschen und sich untereinander darüber zu einigen, welche kleinere Macht von wem beherrscht werden solle, lief dem Geist der Atlantikcharta zuwider. Trotzdem traf man diese Abmachungen. Die klarste und aufrichtigste von allen war vielleicht die zwischen Churchill und Stalin, derzufolge die Sowjetunion nichts unternahm, um in Griechenland einzugreifen, wofür die Briten sich einverstanden erklärten, sich nicht in Rumänien

einzumischen. Diese Abmachung wurde strikt eingehalten. Das gleiche geschah mit den wesentlich weiterreichenden Vereinbarungen zwischen den Westmächten und der Sowjetunion über die Zukunft der osteuropäischen Staaten insgesamt. Der »Eiserne Vorhang«, wie Churchill ihn nannte, trennte eine russische Einflußsphäre in Osteuropa von einer anglo-amerikanischen Einflußsphäre im Westen. Bulgarien, Rumänien, die Tschechoslowakei, Polen und Ostdeutschland sollten russische Satellitenstaaten werden, deren Regierungen, wenn auch gewählt, in allen Dingen den Direktiven der Sowjetunion zu folgen hatten. Westdeutschland und der Westsektor von Berlin waren alliierte Einflußsphären. Die Türkei, die während des Krieges neutral geblieben war, blieb unabhängig, desgleichen de facto Österreich.
Es gab zwei Ausnahmen in dieser Aufteilung Europas: Berlin und Jugoslawien. Die Lage Jugoslawiens unterschied sich in vielerlei Hinsicht von der der anderen osteuropäischen Staaten. Erstens war es das am weitesten von Rußland entfernte kommunistische Land; zweitens und drittens war Jugoslawien nicht von der Roten Armee besetzt gewesen, und die führenden jugoslawischen Kommunisten waren nicht in Moskau ausgebildet worden; viertens und vor allen Dingen aber verdankten die Jugoslawen ihre Befreiung weder der Roten Armee noch sonst einem Verbündeten, sondern einzig ihren eigenen Bemühungen. Die Jugoslawen waren die einzigen, deren Land vollständig von den Deutschen und den Italienern besetzt gewesen war, und die ihre Feinde ganz aus eigener Kraft aus ihrem Lande hinausgeworfen hatten. Zwar stimmt es, daß sie – vor allem von Großbritannien, aber auch von den anderen Alliierten – Hilfe empfangen hatten, aber geplant, gekämpft und gelitten hatten auf ihrem Territorium nur sie selbst. Außerdem wurde Jugoslawien von kommunistischen Parteien der verschiedenen Staaten des jugoslawischen Bundes regiert, die alle vereint hinter Tito standen. Ob nun aber Kommunisten oder nicht, die Nachkriegsführer Jugoslawiens, die sich auf das Volk stützen konnten, sahen keinen Grund, warum sie die Beherrschung durch die Deutschen gegen eine Beherrschung durch die Russen eintauschen sollten. 1948 wurden die nonkonformistischen jugoslawischen Kommunisten aus dem Kominform ausgestoßen, jener internationalen Organisation kommunistischer Parteien, durch welche die Sowjetunion damals versuchte, den anderen europäischen Ländern ihren Willen aufzuzwingen. Die Russen machten den Jugoslawen ständig bittere Vorwürfe und brachen sämtliche wirtschaftlichen Beziehungen zwischen beiden Ländern ab. Die zahmen kommunistischen Regierungen Osteuropas folgten ihrem Beispiel. Jugoslawien wurde isoliert, ließ sich jedoch nicht einschüchtern. Die Russen konnten nichts tun, um es gefügig zu machen.

Die Situation in Berlin zeitigte wesentlich ernstere Spannungen. Berlin lag in der vertraglich gesicherten sowjetischen Besatzungszone Deutschlands und damit innerhalb der sowjetischen Einflußsphäre. Dadurch, daß beide polnischen Grenzen nach Westen verschoben worden waren, lag Berlin nur vierzig Autominuten von Polen entfernt. Trotzdem war es die Hauptstadt Preußens und des Großdeutschen Reiches gewesen. Daher waren die Alliierten auf der Potsdamer Konferenz – zumindest auf dem Papier – übereingekommen, einen Viermächterat ins Leben zu rufen, in dem die Sowjetunion, die Vereinigten Staaten, Großbritannien und Frankreich vertreten waren (dem durch de Gaulles Bemühungen Großmachtstatus zuerkannt worden war). Dieser Viermächterat sollte Deutschland von Berlin aus regieren. Das bedeutete, daß jede der vier Großmächte in Berlin ›präsent‹ sein mußte. Die Stadt wurde daher in vier Sektoren aufgeteilt, deren jeder anfangs unter direkter Kontrolle einer alliierten Militärregierung stand. Die britischen, französischen und amerikanischen Sektoren stellten inmitten der sowjetischen Einflußsphäre eine westliche Insel dar. Nun hegten die Russen einerseits und die drei westlichen Alliierten andererseits verschiedene Vorstellungen darüber, wie Deutschland unmittelbar nach dem Krieg regiert werden sollte. Die Russen verlangten und erhielten Wiedergutmachungen und gaben den Ostdeutschen weder den Ansporn noch die Erlaubnis, ihren damals erschreckend niedrigen Lebensstandard zu erhöhen. Zwar hatten die Westmächte ursprünglich gleichfalls Wiedergutmachungsleistungen verlangt, doch lag ihnen ehrlich daran, daß die Westdeutschen und die Westberliner wirtschaftlich wieder auf die Beine kamen und ihren Lebensstandard anhoben. Folglich gab es einen unmittelbaren Konflikt zwischen der Politik der Sowjetunion und der Politik der Westmächte gegenüber den Deutschen. Berlin, das tief in der sowjetischen Besatzungszone in Deutschland gelegen war, wurde für die Russen zu einem Stein des Anstoßes. West-Berlin fing an, rascher wieder zu Wohlstand zu gelangen als Ost-Berlin, und die Westberliner erfreuten sich größerer Freiheiten als die Ostberliner. Der Vorsatz, Deutschland gemeinsam zu regieren, scheiterte, und die Russen beschlossen, den Versuch zu unternehmen, die West-Alliierten aus ihrer Einflußsphäre zu vertreiben.

Im Frühsommer des Jahres 1948 verwirklichten die West-Alliierten einen von den Briten ausgearbeiteten Plan zur Reform der westdeutschen Währung. Die Deutschen bedienten sich immer noch Hitlers Geld, das praktisch allen Wert verloren hatte. Die westdeutsche ›Währungsreform‹ bildete die Grundlage für den späteren wirtschaftlichen Wiederaufschwung des Landes. Die Einführung einer neuen Währungseinheit – der Deutschen Mark – beseitigte auf einen Schlag

* Diese Länder waren zusammen mit den USA und Kanada Gründer der NATO. (Der Pakt wurde am 4. April 1949 unterzeichnet.) Ausnahmen bildeten Griechenland und die Türkei, die 1952, und die BRD, die 1955 Mitglieder wurden.

Europa im Jahre 1949

die Inflation und trug nahezu von Anfang an dazu bei, den Wohlstandsunterschied zwischen Ost- und West-Deutschland sowie zwischen Ost- und West-Berlin zu vergrößern. Ohne das erst abzuwarten, nahmen die Russen die Einführung der neuen Währung zum Vorwand, um Berlin zu blockieren.

Nach den Vereinbarungen des Viermächteabkommens stand den Westmächten das Recht auf den Zugang von Westdeutschland nach

Berlin zu, und zwar über Luftkorridore, genau festgelegte Autobahnen, bestimmte Schiffahrtskanäle und per Bahn. Die Russen durchtrennten alle diese Land- und Wasserverbindungen, was für sie nicht schwer war. Sie hatten zwischen Berlin und den westlichen Besatzungszonen siebzehn Divisionen stehen. Wenn sie nicht geradezu einen Krieg riskieren und sich mit Gewalt durchsetzen wollten, hatten die Westmächte keine Möglichkeit, die Land- und Schiffahrtswege von und nach Berlin wiederherzustellen. Allerdings unternahmen die Russen nichts, um auch die Luftverbindung mit Berlin abzuschneiden. Sie stellte damals die einzige Verbindung der Stadt mit Westeuropa dar und erschien den meisten Menschen als unzureichend. 1948 hielt kein Mensch es für möglich, eine Stadt mit zweieinviertel Millionen Einwohnern mit Lebensmitteln, Treibstoff und Rohstoffen für ihre Industrie auf dem Luftwege zu versorgen. Insbesondere zwei westliche Staatsmänner hielten das allerdings doch für möglich – Präsident Truman und der britische Außenminister, Ernest Bevin. Truman und Bevin hatten recht. Amerikanischen, britischen, australischen, französischen und kanadischen Piloten gelang es, eine Stadt fast ein ganzes Jahr lang zu versorgen – und zwar ein Jahr mit einem sehr strengen Winter.

Die Berlin-Blockade dauerte bis zum Frühjahr 1949 und zeitigte nicht das gewünschte Ergebnis. Die Russen konnten die Westmächte nicht aus Berlin vertreiben. Sie gaben die Land- und Wasserstraßen in die Stadt wieder frei. West-Berlin konnte wieder atmen, blieb für die Russen jedoch eine gefährliche Lücke im Eisernen Vorhang. Durch sie konnten die Menschen in Ostdeutschland und in Ost-Berlin eine Gesellschaft beobachten, der es wirtschaftlich besserging und die sich größerer Freiheiten erfreute. Außerdem bot sie für die nächsten elf Jahre eine Fluchtmöglichkeit. Erst im Jahre 1961 errichtete die Marionettenregierung in Ostdeutschland mit Billigung der Russen die Mauer – und zwar nicht, um die Westberliner draußen, sondern um die Ostdeutschen drinnen zu behalten. Der Flüchtlingsstrom von Ost nach West stellte einen ständig steigenden Verlust an Arbeitskräften dar, den die ostdeutsche Wirtschaft einfach nicht verkraften konnte. Die Berliner Mauer war ein Symbol in Beton für die Unfähigkeit der ostdeutschen Wirtschaft und für die kommunistische Angst vor Kontakten zwischen den Menschen, die sie unterdrückten, und Menschen, denen man demokratische Rechte zugestand.

Die Blockade Berlins bildete den Beginn dessen, was als ›Kalter Krieg‹ zwischen der Sowjetunion und ihren Satelliten in Osteuropa einerseits und den Westalliierten und ihren Freunden im Westen andererseits bezeichnet wurde. Es war eine Periode der Verdächtigungen und der Feindseligkeit, die bis hart an den Rand eines Krieges führte und in

der die Sowjetführung ihre Herrschaft über ihre Satellitenstaaten verstärkte.
Im Jahre 1948, als sie die Blockade Berlins vorbereiteten, warfen die in Moskau ausgebildeten Kommunisten der tschechoslowakischen Koalitionsregierung die Sozialdemokraten brutal aus der Regierung hinaus. Jan Masaryk, ein Sozialdemokrat, der während des Krieges Botschafter in London gewesen und dann Außenminister geworden war, wurde umgebracht. Die Kommunisten behaupten, er sei aus einem Fenster gefallen. Das hat noch niemand geglaubt. Wie dem auch sei – Masaryk starb und mit ihm die Illusion, daß die in Moskau ausgebildeten Kommunisten den Sozialdemokraten in einer Koalitionsregierung jemals wirklich Macht zugestehen würden. Im Jahre 1956 griff die Rote Armee ebenfalls höchst brutal ein, um die Hoffnungen der Ungarn auf Unabhängigkeit zu unterdrücken. 1968 intervenierten die Russen ein zweites Mal in der Tschechoslowakei und verfuhren erbarmungslos mit den Liberalen unter den jungen tschechoslowakischen Kommunisten. Die Russen zögerten nicht, ihren Machtanspruch in ihrer Einflußsphäre durchzusetzen. Was die Welt davon hielt, war ihnen gleichgültig. Osteuropa war ein Vasall der Sowjetunion.
Andererseits unternahmen die Russen keinerlei Versuch, sich in Westeuropa einzumischen. Vielleicht hatten sie ursprünglich beabsichtigt, das zu tun, doch sie taten es jedenfalls nicht. Sie ermutigten die starken kommunistischen Parteien Frankreichs und Italiens nicht, eine Revolution herbeizuführen. Sie unterhielten diplomatische Beziehungen mit der französischen und italienischen Regierung, die zumindest nach außen hin durchaus herzlich waren. In dem Maß, in dem die Vereinbarungen von Yalta und Teheran ein Abkommen darstellten, das vom Eisernen Vorhang besiegelt wurde, hielten die Russen sich daran.
Osteuropa war eine mögliche und gefährliche Quelle für neue Auseinandersetzungen gewesen. Die Kolonialreiche der europäischen Mächte bildeten eine weitere. Es gab nach dem Zweiten Weltkrieg eine ganze Reihe von kleineren und einige größere Kolonialkriege. In den vierziger Jahren waren die Kolonialreiche, welche die europäischen Mächte im neunzehnten Jahrhundert erobert hatten, nicht mehr zu halten. Im Zweiten Weltkrieg war es um die Freiheit gegangen. Die indische Armee zum Beispiel hatte tapfer an der Seite der Briten gekämpft, um Italien, Frankreich und andere versklavte europäische Völker zu befreien. Die britischen und französischen Kolonialtruppen hatten sich für dieselbe Sache geschlagen. Wieso sollten nach dem Ende des Krieges Indien, Burma und die afrikanischen Kolonien weiterhin ihren europäischen Herren unterworfen sein?
Der Zweite Weltkrieg brachte zwar nicht direkt das Ende des Kolo-

nialismus, war jedoch der Katalysator, der den Prozeß der Entkolonialisierung in Gang setzte und ihn beschleunigte. Der Mann, der vermutlich als erster klar erkannte, was der Krieg für das Kolonialkonzept bedeutete, war Lord Mountbatten. Als Oberkommandierender der alliierten Streitkräfte in Südostasien war es an ihm, die Kapitulation der japanischen Streitkräfte im ehemaligen Französisch-Indochina entgegenzunehmen. In einem Bericht[1] an das britische Außenministerium (der durch eine ganze Reihe von Jahren geheimgehalten wurde) äußerte Mountbatten, daß die Franzosen nicht einfach nach Saigon zurückkehren könnten, um die Kolonialherrschaft wieder zu übernehmen, als ob nichts geschehen sei. Er stellte fest, daß das Land gar nicht von den Japanern regiert wurde, sondern von den Vietnamesen selbst, und zwar unter der Führung der nord-vietnamesischen Kommunisten und Ho Tschi Minhs. Eine ähnliche Situation fand Mountbatten in Indonesien vor, und wiederum warnte er die Holländer, sie dürften nicht erwarten, die Geschäfte wiederaufzunehmen, als ob es den Krieg nie gegeben hätte. Die Franzosen und Holländer hörten nicht auf ihn, aber die Holländer lernten aus Erfahrung schneller als die Franzosen und gaben den Versuch, ihre Kolonialherrschaft in Indonesien wiederaufzurichten, bald auf. Die wesentlich starrsinnigeren Franzosen setzten den Kampf bis zu ihrer Niederlage gegen die Vietnamesen bei Dien Bien Phu im Jahre 1954 fort.
Die Briten hatten sich mittlerweile dazu durchgerungen, Indien und Burma in die Unabhängigkeit zu entlassen. Die Entscheidung dazu wurde durch die von der Labour Party gestellte neuen Nachkriegsregierung unter der Führung von Clement Attlee gefällt und im Jahre 1947 von Mountbatten persönlich vollzogen. Das Ergebnis war die Geburt dreier neuer asiatischer Staaten: Indiens, Burmas und Pakistans, wobei letzteres die mohammedanischen Landesteile des ehemaligen britischen Indien umfaßte.
In Afrika zog sich der Tod des Kolonialismus mehr in die Länge, und noch mehr im Mittleren Osten, wo die Briten noch in den sechziger Jahren um die Herrschaft über Aden kämpften. Doch der Prozeß, der mit der Unabhängigkeit von Indien, Burma und Pakistan begonnen hatte, war nicht mehr aufzuhalten. 1962 zogen sich die Franzosen unter der Führung von de Gaulle, der wieder an die Macht zurückgerufen worden war, aus Algerien zurück. Der Kolonialismus endete in einem Durcheinander kleiner und erbitterter Kriege, welche die Kolonialmächte verloren, und zwar nicht unbedingt, weil sie militärisch unterlegen gewesen wären, sondern weil sie nicht mehr den Willen hatten, eine unhaltbare Situation für alle Zeiten zu verteidigen.
Wenn man die starke antikolonialistische Tradition der Amerikaner bedenkt, überrascht es, daß sie in Vietnam den längsten, erbittertsten

und blutrünstigsten Kolonialkrieg von allen führten. Da sie es für ihre Pflicht hielten, den Kommunismus in Vietnam zu unterdrücken, machten sie sich eine Sache zu eigen, die die Franzosen bereits aufgegeben hatten. Nachdem sie sich immer tiefer in die Kämpfe zwischen den nicht-kommunistischen Süd-Vietnamesen und den Kommunisten im Norden hatten hineinziehen lassen, zogen sie ihre Bodentruppen 1973 aus Vietnam zurück. China und die Sowjetunion unterstützten den Norden, aber nicht mit Soldaten.

In Europa hinterließ der Zweite Weltkrieg den Kern zweier Organisationen – des Nord-Atlantik-Pakts (North Atlantic Treaty Organization) und des Warschauer Pakts –, die ein gewisses Gleichgewicht der Kräfte beiderseits des Eisernen Vorhangs aufrechterhielten, und außerdem, was vielleicht noch wichtiger war, nichteuropäische Staaten in die Verteidigung Westeuropas mit einbezogen. Nach Kriegsende stationierten Großbritannien, die Vereinigten Staaten, Kanada und Frankreich in Westdeutschland ein beträchtliches Aufgebot an Besatzungsstreitkräften. Im Laufe der Jahre, als Westdeutschland sich wieder selbst regierte, wurden die »Besatzungsmächte« und ihre Truppen in Verbündete und verbündete Streitkräfte umgewandelt. Die NATO war ein Verteidigungspakt auf Gegenseitigkeit zwischen den Vereinigten Staaten mit ihrem Kernwaffenarsenal, Amerikas Verbündeten während des Zweiten Weltkriegs und einigen anderen Staaten. Erklärtes Ziel der NATO war es, die Demokratie zu verteidigen, und der Hauptgrundsatz, von dem sie sich leiten ließ, bestand darin, daß ein Angriff auf ein Mitglied der NATO als ein Angriff auf alle betrachtet werde und daß dieses »alle« die Vereinigten Staaten mit ihrer Macht, Kernwaffen-Vergeltungsschläge auszuführen, einschloß. In praktischer Hinsicht war die NATO als friedenserhaltendes Instrument jedoch vermutlich weniger wichtig als die Tatsache, daß amerikanische, britische und kanadische Soldaten gemeinsam darüber wachten, daß die Russen Westdeutschland nicht angriffen. Das bedeutete, daß ein Angriff auf Westdeutschland gleichbedeutend wäre mit einem Angriff auf Nordamerika und Großbritannien und daher Vergeltungsmaßnahmen herausforderte, die den Einsatz von Kernwaffen nicht ausschlossen.

Die Organisation der Vereinten Nationen, ein direkter Nachkomme der Atlantikcharta, spielte selbst keine friedenserhaltende Rolle in Europa, trat jedoch gelegentlich anderwärts wirksam in Erscheinung. Sie war wirksamer als ihr Vorgänger, der Völkerbund, und zwar vornehmlich aus zwei Gründen. Die Satzung der Vereinten Nationen geht nicht wie seinerzeit der Völkerbund von der Vorstellung aus, daß die Mehrheit der kleinen, friedliebenden Nationen die Minderheit der größeren, kämpferisch gesinnten Länder zwingen könne, ihre kriege-

rischen Pläne aufzugeben. Der zweite Hauptunterschied besteht darin, daß die Vereinigten Staaten Gründungsmitglied der Vereinten Nationen sind und ihren Platz im Rat der Nationen nicht aufgaben, wie es Amerikas Präsident Wilson in den zwanziger Jahren getan hatte. Von Anfang an sah die Satzung einen Sicherheitsrat vor, der aus den fünf (damals) mächtigsten Militärmächten der Welt bestehen sollte, also aus den Vereinigten Staaten, der Sowjetunion, Großbritannien, Frankreich und China. Anfänglich handelte es sich bei China um das China Tschiang Kai-Tscheks, der schon damals im Begriff stand, einen Bürgerkrieg gegen die Kommunisten zu verlieren. Daß National-China mit in den UN-Sicherheitsrat aufgenommen wurde, hatte ursprünglich zu dem Abkommen zwischen Roosevelt und Stalin gehört, erschien aber bald als unrealistisch. Als dann Tschiang Kai-Tschek und seine Streitkräfte vom chinesischen Festland nach Formosa (Taiwan) abgedrängt wurden, lag es klar auf der Hand, daß die Mitgliedschaft National-Chinas im Sicherheitsrat der Vereinten Nationen eine Vorspiegelung falscher Tatsachen bedeutete. National-China war keine Weltmacht. Das war vielmehr Mao Tse-Tungs kommunistisches China. Über fünfundzwanzig Jahre hindurch wurde diese Fiktion aufrechterhalten, und die UNO machte sich dadurch ziemlich lächerlich.
In der Praxis bedeutet die Existenz des Sicherheitsrats als oberstes Entscheidungsgremium, daß die UNO als Ganzes nicht versucht, Probleme zu lösen, die sie nicht lösen kann. Jedes einzelne der fünf Mitglieder des Sicherheitsrats bekam das Recht, jede Entscheidung durch ein Veto zu torpedieren. Sobald eine der Großmächte in einen internationalen Konflikt verwickelt war, pflegte sie mehr oder weniger unvermeidlich von ihrem Vetorecht im Sicherheitsrat Gebrauch zu machen. Die Großmächte, welche die Existenz der Atombombe nie vergessen konnten, legten ihre Streitigkeiten unter sich bei. Mit denen der anderen mußte sich der Sicherheitsrat abgeben. Vergleichsweise kleine und unbedeutendere Streitigkeiten, bei denen die Interessen der in der UNO vertretenen Großmächte nicht berührt wurden, konnte die UNO sehr oft schlichten.
Sobald die Vereinten Nationen jedoch einer solchen Aufgabe nicht gewachsen waren, traten eine oder beide Supermächte – die Vereinigten Staaten und die Sowjetunion – auf den Plan, um den Konflikt zu verhüten oder möglichst einzuengen. 1956 verstaatlichte die ägyptische Regierung den Suezkanal und traf damit empfindlich die britische Regierung, der damals Sir Anthony Eden vorstand. Gemeinsam mit Israelis und Franzosen erklärte sie Ägypten den Krieg. Fast zur gleichen Zeit griff die Sowjetunion innerhalb ihrer eigenen Interessensphäre ein und vertrieb eine liberale Regierung in Ungarn. Die Vereinten Nationen rührten keinen Finger, um die Russen zurückzu-

halten, legten sich aber wirksam ins Mittel, um Großbritannien, Frankreich und Israel davon abzuhalten, gegen Ägypten Krieg zu führen.

Das erwies sich als einfach. Die Ägypter hatten gewaltsam den Suezkanal gesperrt (der dann noch für viele Jahre gesperrt bleiben sollte) und schnitten Westeuropa von seiner Hauptenergiequelle, den arabischen Ölfeldern, ab. Die einzige Alternative, um Öl zu bekommen, waren die Vereinigten Staaten. Sie brauchten also den Europäern nur ihre Ölversorgung zu rationieren, bis Großbritannien, Frankreich und Israel von ihrem kriegerischen Vorhaben abließen.

Die Suez-Krise machte der Welt zum erstenmal deutlich sichtbar, bis zu welchem Grade Großbritanniens wirtschaftliche Macht und daher sein Einfluß geschwunden waren. Für diesen Niedergang gab es viele Gründe, aber einer von ihnen – der Hauptgrund – war die Rückwirkung des Zweiten Weltkriegs auf Großbritanniens Wirtschaft. Die Briten hatten länger Krieg geführt als irgendeine andere Nation. Außerdem hatten sie sich besser und vollständiger auf den Krieg eingestellt als jede andere Nation. Die Briten setzten alles, was sie hatten, für diesen Kampf ein, wurden sich jedoch erst viel später darüber klar, was dieser Krieg sie gekostet hatte.

Gegen Ende 1943 erfuhr die britische Regierung zu ihrem Entsetzen aus einem geheimen Bericht ihres wirtschaftlichen Chefberaters, John Maynard Keynes, daß Großbritannien das Geld ausging. Entweder brachte das Jahr 1944 den Sieg – oder etwas Ähnliches – oder die Kriegsanstrengungen mußten abgebrochen werden. Die britischen Reserven – menschliche und andere – waren bis zum äußersten strapaziert. Trotz des Pacht- und Leihvertrags und des Verkaufs ihrer Aktiva im Ausland war Großbritannien praktisch ein armes Land, wohingegen die Vereinigten Staaten zu einem Wirtschaftsgiganten geworden waren.

Die Vereinigten Staaten waren reich und groß genug, um den Zweiten Weltkrieg wirtschaftlich zu verkraften. Amerika hatte zum erstenmal erfahren, wie groß seine wirtschaftliche und industrielle Macht war – gewaltig. Der Lebensstandard der Amerikaner stieg während des Zweiten Weltkriegs an, teils weil mehr Menschen Arbeit fanden als je zuvor, teils auch, weil die Amerikaner unter dem Druck der Kriegsanstrengungen neue Reserven entdeckt hatten, die sie ausnutzen konnten. 1945 verglich Keynes die Verluste, welche beide Nationen erlitten hatten. Die Zahl der britischen Gefallenen war zweieinhalbmal so groß wie die der amerikanischen, wenn man Gefallene und Vermißte zusammenzählte sogar dreieinhalbmal so groß. Im Juni 1944 waren 55% der britischen Arbeitskräfte für Kriegsanstrengungen eingespannt, wohingegen es in Amerika nur 40% waren. Großbritannien hatte fünfunddreißigmal mehr im Ausland investiertes Kapital verloren als die Vereinigten Staaten. Der zivile Verbrauch an Gütern und Dienstleistungen war in Großbritannien um 16% zurückgegangen, wohingegen er sich in den Vereinigten Staaten um 16% erhöht hatte. Der Krieg hatte für Großbritannien und das Commonwealth die Gesamttonnage ihrer Handelsflotte von 40 Millionen Tonnen auf 19 Millionen sinken lassen, wohingegen die amerikanische Handelsflotte sich vervierfacht hatte und auf 50 Millionen Tonnen angewachsen war.[2]

Die Vereinigten Staaten standen am Ende des Krieges stärker da, als sie am Anfang gewesen waren. 1945 machten die Amerikaner zu ihrem eigenen Erstaunen die Entdeckung, daß sie reicher waren, als je eine Nation es vor ihnen gewesen war. Die Reaktion der Amerikaner auf diese Entdeckung zeugte von Weitblick und Großzügigkeit. General Marshall, inzwischen Außenminister der Vereinigten Staaten, sicherte sich die Zustimmung des Kongresses für jenen Plan, der seinen Namen trägt. Die Vereinigten Staaten boten ihre Hilfe jenen Ländern an, die ihrer wegen der während des Krieges erlittenen Verluste bedurften – unter anderen auch Deutschland. Roosevelts Pacht- und Leihprinzip wurde auf friedliche Zwecke im Frieden ausgedehnt. Dieses Angebot stand allen offen. Nur die Sowjetunion und die russischen Satelliten der Russen lehnten es ab.

Die Hilfe des Marshallplans stellte einen Akt nationaler Großzügigkeit dar, war aber gleichzeitig ein Gebot der Vernunft. Indem sie ihren Reichtum verschenkten, wurden die Vereinigten Staaten in den Nachkriegsjahren zur beherrschenden Wirtschaftsmacht. Die Amerikaner gingen wirtschaftliche und diplomatische Bindungen mit der übrigen Welt ein, in einem Maße, für das es in der amerikanischen Geschichte kein Beispiel gab. Die neue Stellung der Vereinigten Staaten, die durch den neuen Reichtum mit bedingt wurde, ließ keinen Raum mehr für Isolationismus, der einfach überholt erschien. Eines der Dinge, die der Zweite Weltkrieg für Amerika mit sich brachte, bestand darin, diesem begüterten und einfallsreichen Land die Rolle eines im allgemeinen wohlwollenden Regulators der Wirtschaft der westlichen Welt aufzuerlegen.

Quellenhinweise

1. Anfänge

1. Adolf Hitler, *Mein Kampf*
2. Britische Kabinettsunterlagen* CAB 24 139 Blatt 4298
3. Vortrag am University College, London, abgedruckt in *The Guardian* vom 1. 11. 72
4. A. J. P. Taylor, *The Origins of the Second World War* (Hardmonsworth, 1964), S. 147
5. BCR CAB 23 68
6. BCR CAB Serie 24
7. Jacobsen & Dollinger, *Der Zweite Weltkrieg in Bildern und Dokumenten*, München 1968, S. 28
8. Iain Macleod, *Neville Chamberlain*, London 1961
9. Ian Colvin, *The Chamberlain Cabinet*, London 1971, S. 265–266
10. BCR CAB Serie 23, Band 94ff.**
11. Brief an Ida Chamberlain, 19. 9. 38
12. A. J. P. Taylor, *English History 1914–1945*, Oxford 1965, S. 449

2. Der Pseudo-Krieg

1. Jacobsen & Dollinger, op. cit., Band 1, S. 43
2. Ibid., S. 71
3. Donald Macintyre, *The Naval War against Hitler*, London 1971, S. 26

3. Der Fall Frankreichs

1. H. Guderian, *Erinnerungen eines Soldaten*, S. 90
2. Charles de Gaulle, *The Call to Honour*, London, 1955, S. 18
3. Ibid., S. 26

* Im Folgenden abgekürzt BCR für British Cabinet Records. Es folgt jeweils die entsprechende Verweisnummer.

** Diese Angabe gilt für alle folgenden Zitate aus den britischen Kabinettsunterlagen in diesem Kapitel.

4. Ibid., S. 28
5. H. Guderian, op. cit., S. 96
6. Charles de Gaulle, op. cit., S. 49
7. J. R. Colville, *Man of Valour: The Life of Field Marshal The Viscount Gort*, London 1972, S. 212–213
8. BCR CAB 65 13
9. BCR CAB 65 13
10. BCR CAB 65 13
11. Iain Macleod, op. cit., S. 280
12. Charles de Gaulle, op. cit., S. 79
13. Ibid., ibid., S. 75

4. Die Schlacht um England

1. Chester Wilmot, *The Struggle for Euope*, London 1971, S. 38
2. Ibid.
3. Thames Television Interview
4. Thames Television Interview

5. Die Schlacht im Atlantik

1. Thames Television Interview
2. Präsident Roosevelt, Rundfunkansprache
3. Jacobsen & Dollinger, op. cit., Bd. V, S. 140
4. John Deane Potter, *Fiasco*, London 1970
5. BCR CAB 98/22 3830
6. BCR CAB 98/22 3830

6. Der Krieg in der Wüste

1. Thames Television Interview
2. Thames Television Interview
3. Thames Television Interview
4. Thames Television Interview
5. D. Kahn, *The Code Breakers*, London 1966, S. 473–476
6. Montgomery of Alamein, Field Marshal the Viscount, *El Alamein to the River Sangro*, London 1948, S. 25

7. Der Italien-Feldzug

1. Ewen Montagu, *The Man Who Never Was*, London 1953 (erscheint 1975 unter dem Titel »Der Mann, den es nie gab« in der EDITION SVEN ERIK BERGH)
2. Peter Calvocoressi & Guy Wint, *Total War*, London 1972, S. 510
3. Fred Majdalany, *The Monastery*, London 1945, S. 8
4. Ibid. S. 8
5. F. von Senger und Etterlin, Neither Fear nor Hope, London 1963, S. 231
6. Ibid., S. 202
7. Ibid., S. 202

8. Sieg in der Sowjetunion

1. Jacobsen & Dollinger, op. cit., Band III, S. 14
2. Ibid., S. 82

3. Thames Television Interview
4. Jacobsen & Dollinger, op. cit. Band III, S. 114
5. Thames Television Interview
6. Thames Television Interview
7. *The Diaries of Sir Alexander Cadogan, 1938–1945*. London 1971, S. 423
8. V. I. Tschuikow, *The Beginning of The Road*, London 1963, S. 71–72
9. Ibid., S. 72
10. Ibid., S. 79–80
11. Jacobsen & Dollinger, op. cit., Band VI, S. 21
12. V. I. Tschuikow, *The End of The Third Reich*, London 1967, S. 41
13. Ibid., S. 66
14. Ibid., S. 52
15. Ibid., S. 245
16. Ibid., S. 258

9. Der Krieg im Pazifik

1. Thames Television Interview
2. D. Kahn, op. cit., S. 33
3. Ibid., S. 3
4. Ibid., S. 33
5. Thames Television Interview
6. Thames Television Interview
7. BCR CAB 66/3
8. Winston Churchill, *The Hinge of Fate*, London 1951, S. 43
9. S. L. Falk, *The Bataan Death March*, Washington 1952, S. 27
10. Thames Television Interview
11. Thames Television Interview
12. Burke Davis, *Get Yamamoto*, London 1971, S. 163
13. S. E. Morison, *A. History of United States Naval Operations in World War II*, Boston 1970, Band 12, S. 228
14. Ibid., S. 273
15. Thames Television Interview

10. Die Rückeroberung Burmas

1. Barbara Tuchman, *Sand against the Wind: Stilwell and the American Experience in China*, London 1971, S. 220–222
2. Thames Television Interview
3. William Slim, *Defeat into Victory*, London 1956, S. 311
4. Thames Television Interview

11. Kriegspolitik

1. Guy Hartcup, *The Challenge of War*, Newton Abbot 1972, S. 28
2. *The Diaries of Sir Alexander Cadogan*, op. cit., S. 422
3. BCR CAB 66/50 8210
4. BCR FO 371 34 577
5. BCR CAB 66/45 8206
6. A. J. P. Taylor, *English History 1914–1945*, op. cit., S. 587
7. BCR CAB 65/51 8244

12. Die Wiedereroberung Westeuropas

1. Omar H. Bradley, *A. Soldier's Story*, London 1951, S. 271
2. Ibid., S. 285
3. Alastair Hetherington, *The Guardian*, 1. 9. 1969
4. *The Memoirs of Field Marshal Montgomery*, London 1958, S. 263–265
5. Dwight Eisenhower, *Crusade in Europa*, London 1948, S. 333–336
6. Ibid., S. 340–342
7. Omar H. Bradley, op. cit., S. 477
8. Chester Wilmot, op. cit., S. 592
9. Ibid., S. 693

13. Tod und Widerstand in den besetzten Ländern

1. Peter Calvocoressi & Guy Wint, op. cit., S. 233
2. Ibid., S. 220

14. Strategische Bombenangriffe

1. Noble Frankland, *The Bombing Offensive against Germany*, London 1965, S. 59
2. Ibid., S. 61
3. Ibid., S. 72–73
4. Thames Television Interview
5. Noble Frankland, op. cit., S. 76
6. Thames Television Interview
7. Thames Television Interview

15. Das Erbe des Krieges

1. Lord Mountbatten, *Report on Post Surrender Tasks* (HMSO)
2. *New York Times*, 21. 9. 1945

Zeittafel

1939	West-Europa	Ost-Europa	Italien und Mittelmeer	Burma und China	Pazifik	Atlantik
15. März		Einmarsch der deutschen Truppen in Prag. Die Tschecho-slowakei wird zerstückelt				
31. März	Chamberlain gibt im Namen Namen Großbritanniens u. Frankreichs Garantieerklärung für Polen ab					
7. April	Deutschland, Italien, Spanien und Japan unterzeichnen Antikomintern-Pakt		Italien marschiert in Albanien ein			
22. Mai	Deutschland schließt mit Italien den sog. »Stahlpakt« ab					
23. August	Deutsch-sowjetischer Nichtangriffspakt mit geh. Zusatzprotokoll über die Teilung Polens					

1939	West-Europa	Ost-Europa	Italien und Mittelmeer	Burma und China	Pazifik	Atlantik
25. August	Britisch-polnischer Beistandspakt					
1. September		Deutschland fällt in Polen ein und gliedert Danzig dem Reich ein		Die Deutschen versenken im September 26 brit. Handelsschiffe		
2. September	Großbritannien stellt Deutschland Ultimatum					
3. September	Großbritannien, Frankreich, Australien u. Neu-Seeland erklären Deutschland den Krieg					
17. Sept.		Russen marschieren in Ost-Polen ein				
29. Sept.		Deutschland u. Rußland unterzeichnen Abkommen über die Teilung Polens. Rußland unterz. Abkommen mit Estland und Finnland				
12. Oktober	Chamberlain lehnt Hitlers Friedenspläne ab	Stalin stellt territoriale Forderungen an Finnland				
3. Nov.						Abbau der amerikanischen Neutralitätsgesetzgebung zugunsten Großbritanniens u. s. Verbündeten (»Cash and Carry«)
30. Nov.		Rußland fällt in Finnland ein				
13. Dez.						Schlacht am Rio de la Plata

1940	West-Europa	Ost-Europa	Italien und Mittelmeer	Burma und China	Pazifik	Atlantik
12. März		Unterzeichnung des russ.-finn. Abkommens (»Friede von Moskau«)				
9. April	Einmarsch der Deutschen in Dänemark und Norwegen					
13. April	2. Schlacht um Narvik					
1. Mai	Die Norweger strecken die Waffen					
10. Mai	Einmarsch in die Niederlande. Churchill wird Premierminister					
15. Mai	Holland überrollt. Niederlage der Franzosen bei Sedan					
27./28. Mai	Rückzug der Alliierten von Dünkirchen aus. Kapitulation Belgiens					
10. Juni			Italien erklärt Großbritannien u. Frankreich den Krieg			
14. Juni	Einmarsch der Deutschen in Paris					
22. Juni	Deutsch-französischer Waffenstillstand in Compiègne unterzeichnet					
3. Juli			Royal Navy greift bei Oran und Mers-el-Kebir die franz. Flotte an			
10. Juli	Beginn der Luftschlacht um England					

1940	West-Europa	Ost-Europa	Italien und Mittelmeer	Burma und China	Pazifik	Atlantik
Juli				Briten schließen Burma-Straße		Deutsche U-Boot-Basis in Lorient errichtet
Sept. 13./14.			Italien fällt in Ägypten ein			
27. Sept.	Dreimächteabkommen zwischen Deutschland, Italien und Japan		Unterzeichnung des Dreimächteabkommens		Unterzeichnung des Dreimächteabkommens	
28. Okt.			Einmarsch der Italiener in Griechenland			
5. Nov.						Roosevelt wieder zum Präsidenten gewählt
11. Nov.			Britischer Angriff auf italienische Flotte bei Taranto			
9. Dez.			Beginn der ersten brit. Wüstenoffensive			

1941	West-Europa	Ost-Europa	Italien und Mittelmeer	Burma und China	Pazifik	Atlantik
22. Januar			Die Alliierten nehmen Tobruk ein			
2. Februar			Rommel trifft in Tripolis ein			
8. März						Billigung des Pacht- und Leihvertrags durch US-Senat
28. März			Schlacht bei Kap Matapan			
5. April			Wavell schickt Truppen nach Griechenland			
6. April			Einmarsch der Deutschen in Griechenland u. Jugoslawien			
13. April			Rommel schließt Tobruk ein		Stalin schließt Neutralitätsabkommen mit Japan	

1941	West-Europa	Ost-Europa	Italien und Mittelmeer	Burma und China	Pazifik	Atlantik
21. Mai			Die Deutschen nehmen Flugplatz Maleme auf Kreta ein			
24. Mai						Versenkung der *Hood*
27. Mai						Versenkung der *Bismarck*
8. Juni			Besetzung Syriens durch die Alliierten			
22. Juni		Überfall auf die Sowjetunion				
12. Juli	Anglo-sowj. Beistandspakt					
28. Juli				Japanische Truppen landen in Indochina		
5. August		Sowj. Widerstand bei Smolensk gebrochen			USA u. Großbrit. verhängen Einfuhrembargo von Rohstoffen über Japan	
12. August		Heeresgruppe Nord stößt auf Leningrad vor				Churchill und Roosevelt unterzeichnen in Placentia Bay Atlantik-Charta
19. August		Heeresgruppe Süd macht bei Kiew 650000 Gefangene				
29. August		Die Russen räumen die Karelische Landenge				
5. September		Besetzung Estlands durch die Deutschen				
8./9. Sept.		Leningrads Landverbindungen mit übrigem Rußland abgeschnitten				
28. Sept.						Erster Arktis-Geleitzug nach Rußland verläßt Island

1941	West-Europa	Ost-Europa	Italien und Mittelmeer	Burma und China	Pazifik	Atlantik
17. Oktober					Tojo wird Nachfolger Konoyes als jap. Premierminister	
20. Oktober		Einnahme von Briansk				
30. Oktober		Durchbruch auf der Krim und Angriff auf Moskau				
18. Nov.			8. Armee beginnt 2. Feldzug in der Westlichen Wüste			
5. Dez.		Hitler bricht wegen Wintereinbruch Angriff auf Moskau ab				
6. Dez.		Russen gehen zum Gegenangriff über				
7. Dez.					Japan überfällt Pearl Harbor, die Philippinen, Hong-Kong u. Malaya u. erklärt USA gleichzeitig den Krieg	
8. Dez.					Alliierte Kriegserklärung an Japan, UdSSR bleibt neutral	
9. Dez.				China erklärt Deutschland u. Japan den Krieg		
10. Dez.					Japaner erobern Guam	
11. Dez.	Deutschland u. Italien erklären den USA den Krieg			Jap. Überfall auf Burma		
22. Dez.						Beginn der ersten Washingtoner Konferenz

1941	West-Europa	Ost-Europa	Italien und Mittelmeer	Burma und China	Pazifik	Atlantik
23. Dez.					Japaner erobern Wake-Island	
24. Dez.			Briten erobern Bengasi zurück			
25. Dez.					Hong-Kong fällt in japanische Hand	

1942	West-Europa	Ost-Europa	Italien und Mittelmeer	Burma und China	Pazifik	Atlantik
1. Januar						UN-Deklaration wird von 26 Staaten unterzeichnet
2. Januar					Japaner besetzen Manila	
11. Januar			Briten erobern Sollum zurück		Japaner greifen Niederländisch-Ostindien an	
28. Januar		Timoschenko rückt in die Ukraine vor	Rückeroberung Bengasis durch die Deutschen		RAF bombardiert Rabaul	
8. Februar				Japaner erobern Rangun		
12. Februar						*Scharnhorst*, *Gneisenau* u. *Prinz Eugen* entkommen durch den Ärmelkanal nach Deutschland
15. Februar				Japaner erobern Singapur		
19. Februar					Japaner bombardieren Darwin (Austr.)	
26.–28. Februar					Schlacht in der Java-See	
2. März					Japaner nehmen Batavia ein	
8. April					USA geben Bataan auf	
29./31. April				Japaner nehmen Lashio		

1942	West-Europa	Ost-Europa	Italien und Mittelmeer	Burma und China	Pazifik	Atlantik
1. Mai				Japaner erobern Mandalay		
6.–8. Mai					Wainwright kapituliert mit allen Streitkräften auf den Philippinen. Japaner erobern Corregidor.	
15. Mai		Russen unter Timoschenko versuchen, Charkow zurückzuerobern			Schlacht im Korallen-Meer	
27. Mai		Die Deutschen kesseln Timoschenkos Truppen ein und machen 250000 Gef.				
30. Mai	RAF greift zum ersten Mal mit 1000 Bombern Köln an					
3.–4. Juni					Schlacht um Midway	
5. Juni		Belagerung von Sebastopol durch die Deutschen				
24. Juni			Rommel stößt bis Sidi Barrani vor			
25. Juni	Eisenhower zum alliierten Oberbefehlshaber in Europa ernannt		8. Armee zieht sich auf Mersa Matruh zurück			
3. Juli		Fall Sebastopols				
4. Juli		Die Deutschen erreichen den Don				Geleitzug PQ 17 wird angegriffen
23. Juli		Die Deutschen nehmen Rostow ein				

1942	West-Europa	Ost-Europa	Italien und Mittelmeer	Burma und China	Pazifik	Atlantik
7. August					USA beginnen mit Landungen auf den Salomon-Inseln	
12. August		Stalin und Churchill treffen sich in Moskau				
17. August					Bau des Henderson-Flugplatzes beendet	
31. August			Beginn der Schlacht von El-Halfa			
13. Sept.		Beginn der Schlacht um Stalingrad				
21. Sept.				Beginn des Arakan-Feldzugs		
23. Oktober			Beginn der Schlacht von El Alamein			
1. Nov.					Angriff der Marine-Infanterie auf Guadalcanal	
3.–5. Nov.			Rückzug der Deutschen u. Italiener von El Alamein			
8. Nov.			Beginn der Operation »Torch«			
11. Nov.	Darlan geht zu den Alliierten über. Die Deutschen besetzen Süd-Frankreich		Die Deutschen besetzen Tunesien, 8. Armee nimmt Bardia			
13. Nov.			Tobruk fällt in alliierte Hand			
17. Nov.			Andersons 1. Armee trifft bei Tabarka auf die Deutschen			
19. Nov.		Die Russen greifen nördlich Stalingrad die Rumänen an				
20. Nov.			Die Alliierten erobern Bengasi			

1943	West-Europa	Ost-Europa	Italien und Mittelmeer	Burma und China	Pazifik	Atlantik
2. Januar					Japanischer Widerstand in Buna bricht zusammen	
2./3. Januar		Beginn des deutschen Rückzugs aus dem Kaukasus				
14. Januar	Beginn der Konferenz von Casablanca					
23. Januar			8. Armee marschiert in Tripolis ein			
2. Februar,		Paulus streckt bei Stalingrad die Waffen				
8. Februar		Die Russen erobern Kursk zurück		Erste Expedition von Wingates »Chindits« nach Burma		
14. Februar		Die Russen erobern Rostow zurück	Rommel greift Faid an	Die »Chindits« setzen über den Chindwin		
6. März			Rommel greift 8. Armee bei Medenine an			Mit 43 in den ersten 20 Tagen versenkten Schiffen war der März der schlimmste Kriegsmonat für die Alliierten
29. März			Schlacht um die Mareth-Linie			
18. April					Yamamoto von US-Jäger abgeschossen	
19. April		Beginn des jüdischen Aufstands im Warschauer Ghetto				
21. April			8. Armee greift Enfidaville-Linie an			
7. Mai			Tunis und Biserta in alliierter Hand			
11. Mai					Die USA beginnen die Aleuten zu befreien	

1943	West-Europa	Ost-Europa	Italien und Mittelmeer	Burma und China	Pazifik	Atlantik
13. Mai			Deutsche und Italiener strecken in Tunesien die Waffen			Beginn der 2. Washingtoner Konferenz
16. Mai		Niederschlagung des Warschauer Aufstands				
17. Mai	RAF bombardiert Ruhr-Dämme					Von jetzt bis September wird kein alliiertes Schiff mehr von U-Booten versenkt
29. Juni					Landung der Amerikaner auf Neu Guinea	
4. Juli		Beginn der Schlacht um Kursk				
9.–10. Juli			Alliierte landen auf Sizilien			
22. Juli			Palermo in amerikanischer Hand			
25. Juli			Mussolini verhaftet. Badoglio wird Premierminister			
17. August	Tagesangriffe der Amerikaner auf Regensburg und Schweinfurt		Alliierte Armeen erreichen Messina. Widerstand auf Sizilien bricht zusammen			Südost-Asien-Oberkommando unter Mountbatten auf Konferenz von Quebec beschlossen
23. August		Russen erobern Charkow zurück				
3. September			Alliierte landen in Kalabrien. Waffenstillstand unterzeichnet, aber nicht bekanntgegeben			
8. September			Italiener geben Waffenstillstand bekannt, Deutsche besetzen Rom			

1943	West-Europa	Ost-Europa	Italien und Mittelmeer	Burma und China	Pazifik	Atlantik
9. September			Alliierte Landung bei Salerno			
12. September			Mussolini wird befreit			
25. Sept.		Russen erobern Smolensk zurück				
1. Oktober			5. Armee nimmt Neapel			
13. Oktober			Italiener erklären den Deutschen den Krieg			
25. Oktober		Russen erobern Dnjepr-petrowsk zurück				
1. Nov.					US-Marine-Infanterie landet auf Bougainville	
6. Nov.		Russen erobern Kiew zurück				
18. Nov.	RAF fliegt bisher schwersten Angriff auf Berlin					
20. Nov.			9. Armee überschreitet den Sangro			
22. Nov.			Beginn der Konferenz von Kairo			
28. Nov.		Beginn der Konferenz von Teheran				

1944	West-Europa	Ost-Europa	Italien und Mittelmeer	Burma und China	Pazifik	Atlantik
12. Januar			Juin greift bei Monte Cassino an			
19. Januar		Russen erobern Nowgorod zurück				
22. Januar			Alliierte landen bei Anzio			

1944	West-Europa	Ost-Europa	Italien und Mittelmeer	Burma und China	Pazifik	Atlantik
15. Februar			Kloster von Monte Cassino zerstört			
16. Februar			Kesselring geht bei Anzio zu Gegenangriff über			
17.–18. Februar					US zerstören Luftstützpunkt von Truk	
22. Februar					US nehmen Kwajalein, Engebi, Eniwetok und Parry	
18. März	RAF wirft über Hamburg 3000 t Bomben ab					
29. März				Beginn der Belagerung von Imphal		
2. April		Russen dringen in Rumänien ein				
17. April				Japaner nehmen Offensive in China wieder auf		
22. April					US landen auf Neu Guinea und treffen auf keinen Widerstand	
9. Mai		Russen erobern Sebastopol zurück				
18. Mai			Polen stürmen das Kloster Monte Cassino			
2. Juni				Chinesen belagern Myitkyna		
3. Juni				Ende der Schlacht von Kohima		
4. Juni			Rom fällt in alliierte Hand			
6. Juni	»D-Day«. Die Alliierten landen in der Normandie					

1944	West-Europa	Ost-Europa	Italien und Mittelmeer	Burma und China	Pazifik	Atlantik
15. Juni					US-Marine-Infanterie landet auf Saipan	
18. Juni		Russen durchbrechen die Mannerheim-Linie	8. Armee erobert Assisi			
27. Juni	Amerikaner erobern Cherbourg					
3. Juli		Russen erobern Minsk zurück	Franz. Truppen nehmen Siena ein			
4. Juli				Japaner bei Imphal geschlagen		
9. Juli	2. Armee nimmt Caen				Saipan in amerikanischer Hand	
18. Juli	US-Truppen erreichen St.-Lô				Tojo und sein Kabinett treten zurück	
20. Juli	Attentat auf Hitler					
21. Juli					US-Marine-Infanterie landet auf Guam	
1. August	US-Truppen erreichen Avranches	Beginn des Warschauer Aufstands			Tinian fällt in amerikanische Hand	
3. August				Stilwell und Merrill nehmen Myitkyina		
15. August	Beginn der Operation »Amboss«					
24. August	Choltitz übergibt Paris an die Franzosen unter Leclerq					
27. August				Die letzten Chindits kehren nach Indien zurück		
31. August		Die Russen erobern Bukarest				

1944	West-Europa	Ost-Europa	Italien und Mittelmeer	Burma und China	Pazifik	Atlantik
3. September	2. Armee befreit Brüssel					
4. September	Antwerpen fällt unzerstört in alliierte Hand					
5. September		Rußland erklärt Bulgarien den Krieg				
17. Sept.	Beginn der Operation um Arnheim					
2. Oktober		Warschauer Patrioten ergeben sich den Deutschen				
14. Oktober	Alliierte befreien Athen					
20. Oktober		Titos Partisanen u. russ. Soldaten dringen in Belgrad ein			Beginn der US-Landung auf den Philippinen	
23.–26. Oktober		Russen marschieren in Ostpreußen ein			Schlacht am Golf von Leyte	
18. Nov.	3. Armee überschreitet deutsche Grenze					
16. Dez.	Schlacht »am Buckel«					
26. Dezember	Patton entsetzt Bastogne					

1945	West-Europa	Ost-Europa	Italien und Mittelmeer	Burma und China	Pazifik	Atlantik
9. Januar					US-Landung auf Luzon	
17. Januar		Russen befreien Warschau				
22. Januar				Wiedereröffnung der Burma-Straße		
4. Februar		Beginn der Konferenz von Jalta				

1945	West-Europa	Ost-Europa	Italien und Mittelmeer	Burma und China	Pazifik	Atlantik
9. Februar	Briten und Kanadier erreichen den Rhein					
13.–14. Februar	Bombardierung Dresdens	Budapest kapituliert vor den Russen				
6. März	Einnahme Kölns					
16. März					Iwo Jima fällt in amer. Hand	
1. April	Alliierte Truppen schließen Ruhrgebiet ein				US-Landung auf Okinawa	
12. April						Roosevelt stirbt. Truman wird Präsident
13. April	KZ Belsen u. Buchenwald von Amerikanern befreit.	Russen besetzen Wien				
16. April		Russen beginnen mit Angriff auf Berlin				
28. April			Mussolini getötet, 5. Armee nimmt Venedig			
29. April	7. Armee befreit KZ Dachau		Deutsche unterzeichnen bedingungslose Kapitulation. 5. Armee marschiert in Mailand ein			
30. April	Hitler begeht Selbstmord					
2. Mai	Berlin in der Hand der Roten Armee					
3. Mai				Rangun in alliierter Hand		
8. Mai	Churchill und Truman proklamieren V-E-Day (Siegr. Ende des Krieges in Europa)					

1945	West-Europa	Ost-Europa	Italien und Mittelmeer	Burma und China	Pazifik	Atlantik
13. Mai		Russen brechen Widerstand in der Tschechoslowakei				
21. Juni					Okinawa in der Hand der Amerikaner	
17. Juli	Beginn der Konferenz von Potsdam					
27. Juli	Attlee wird Premierminister					
6. August					Abwurf der Atombombe auf Hiroshima	
8. August					Rußland erklärt Japan den Krieg	
9. August					Abwurf der Atombombe auf Nagasaki	
14. August					Japan zu bedingungsloser Kapitulation bereit	
2. September					Unterzeichnung der Kapitulation auf der USS *Missouri* in der Bucht von Tokio	
13. Sept.				Japaner unterzeichnen Kapitulation in Burma		

Biographische Notizen

Harold Alexander (1891–1969) ging zu Anfang des Krieges als Oberkommandierender des Britischen Expeditionskorps nach Frankreich und hatte den Befehl über die letzten Truppen, die von Dünkirchen aus nach Großbritannien zurückgebracht wurden. Nachdem er einige Zeit beim Oberkommando Süd im Vereinigten Königreich zugebracht hatte, um dringend benötigte neue Truppen auszubilden, ging er 1942 nach Burma und übernahm das Kommando über die auf dem Rückzug befindlichen britischen Truppen. Im August 1942 wurde er Oberkommandierender im Mittleren Osten und leitete die Hauptfeldzüge in Nordafrika, in deren Verlauf Rommels Afrikakorps geschlagen wurde. Als Eisenhower im Januar 1943 oberster alliierter Befehlshaber in Nordafrika wurde, wurde Alexander zu seinem Stellvertreter ernannt sowie zum Befehlshaber der 18. Armeegruppe, die sämtliche alliierten Truppen in Nordafrika umfaßte. Nachdem er alle deutsch-italienischen Truppen aus Afrika vertrieben hatte, wurde Alexander Kommandeur der Truppen, die in Sizilien und später auf dem italienischen Festland landeten. Im Dezember 1944 wurde er Oberbefehlshaber sämtlicher alliierter Streitkräfte im Mittelmeer, und sein Vorstoß von der Poebene aus nach Norden zwang die Deutschen im Mai 1945 zur Kapitulation. Von 1946–1952 war er Generalgouverneur von Kanada.

Clement Attlee (1883–1967) war von 1935–1940 Führer der britischen Opposition und von 1942–1945 unter Churchill stellvertretender Premierminister. Seinen und Ernest Bevins Bemühungen ist es größtenteils zu verdanken, daß praktisch die gesamte britische Nation für den Krieg mobilisiert wurde. 1945 wurde er Premierminister und damit Nachfolger von Churchill. 1951 unterlag die Labour Party bei den Wahlen. Während der folgenden vier Jahre war Attlee wieder Oppositionsführer.

Claude Auchinleck (geb. 1884) war Kommandierender General in Nordnorwegen und Kommandierender General des Oberkommandos Süd, ehe er 1941 zum Oberbefehlshaber in Indien ernannt wurde. Im Juni 1941 löste er Wavell als Oberkommandierenden im Mittleren Osten ab. Er zwang Rommel, sich bis hinter Tobruk zurückzuziehen, doch im Januar 1942 fiel Bengasi in deutsche Hand. Im Mai setzten die Deutschen ihre Offensive weiter fort und besetzten Mitte Juni Tobruk. Daraufhin übernahm Auchinleck den direkten Befehl über die 8. Armee und hatte Ende des Monats den El-Alamein-Korridor in der Hand, ohne jedoch weiter vorrücken zu können. Nach Churchills Besuch in Kairo im August wurde Auchinleck durch Alexander als Oberkommandierender im Mittleren Osten und durch Montgomery als Kommandeur der 8. Armee abgelöst. 1943 kehrte Auchinleck nach Indien zurück und blieb dort bis 1947.

Eduard Benesch (1884–1948) legte im September 1938 nach dem Münchner Abkommen unter dem gemeinsamen Druck von Hitler und Chamberlain sein Amt als Präsident der Tschechoslowakei nieder. Er bildete eine tschechische Exilregierung, zuerst in Paris und dann in London, das seine Regierung 1940 anerkannte. Im Oktober 1939 hatte er Deutschland den Krieg erklärt. In England gelang es ihm, eine aus Flüchtlingen gebildete tschechische Brigade aufzubauen, die in der britischen Armee kämpfte. Tschechische Flieger spielten auch bei der Schlacht um England eine bedeutende Rolle. Von Churchill (und von der France-Libre-Bewegung de Gaulles) erhielt er die Zusicherung, daß das Münchner Abkommen für ungültig erklärt würde. 1942 versprach Molotow ihm die Unterstützung der Russen. 1943 wurde auch innerhalb der Roten Armee eine tschechische Brigade aufgestellt, und Stalin schloß einen Beistandspakt mit ihm, in dem ihm für die Nachkriegszeit enge Zusammenarbeit zugesichert wurde. 1944 erreichten die Russen die tschechische Grenze, und am 16. Mai hielt Benesch einen triumphalen Wiedereinzug in Prag. Bis 1948 war er Präsident der Tschechoslowakei.

Tadeusz Bor-Komorowski (1895–1966), Berufssoldat, befehligte 1941 die größte Armee der polnischen Untergrundbewegung. Im August 1944 führte er während des Warschauer Aufstands die Polnische Heimatarmee. Gekämpft wurde zwar gegen die Deutschen, doch das politische Ziel des Aufstands war es, die Unabhängigkeit des polnischen Volkes angesichts einer doppelten Besetzung zu unterstreichen; denn inzwischen hatte Rokossowsky die polnische Grenze erreicht. Ob Bor-Komorowski Hilfe von Rußland erwartete oder nicht – er erhielt jedenfalls keine und mußte sich nach zwei Monaten erbittertster Kämpfe, in deren Verlauf 10 000 polnische Widerstandskämpfer fielen, geschlagen geben. Die Deutschen nahmen sofort Rache an den Bewohnern von Warschau und an der Stadt selbst. Bor-Komorowski wurde ins Lager Markg Pengau gesteckt, jedoch 1945 von den Amerikanern befreit. Nach einem Aufenthalt in den Vereinigten Staaten kam er nach London, wo er 1947 Ministerpräsident der polnischen Exilregierung wurde. Er blieb bis zu seinem Tod in London.

Omar Bradley (geb. 1893) war ein Protegé von Eisenhower, mit dem er ebenso wie Marshall, 1915 die US-Militärakademie West Point absolviert hatte. Im Zweiten Weltkrieg diente er in Tunis und lieferte Eisenhower zunächst Berichte über die Kämpfe. Nachdem er das 2. US-Armeekorps von Patton übernommen hatte, eroberte er im Mai 1943 Bizerta und machte 40000 Gefangene. Er nahm an der Landung auf Sizilien teil, wo seine Truppen auf heftigen deutschen Widerstand stießen und Messina erst nach 38 Tagen erreichten. Eisenhower übertrug ihm das Oberkommando über die Landung in der Normandie im Juni 1944. Seine 1. Armee landete an den Küstenabschnitten Omaha und Utah, stieß später auf dem Landweg nach St. Lô und Cherbourg vor und brach zwischen Mortain und Avranches durch die Lücke in den deutschen Linien. Am 1. August wurde Bradley das Kommando über die 12. Armeegruppe übertragen, die 1300000 Mann stark war. Bradley und die 12. Armeegruppe befreiten Paris und trugen dazu bei, die deutsche Ardennenoffensive zum Zusammenbruch zu bringen. Sie gingen bei Remagen über den Rhein und trafen, nachdem sie sich durch Deutschland hindurchgekämpft hatten, am 25. April 1945 an der Elbe mit den Russen zusammen.

Neville Chamberlain (1869–1940) wurde im Mai 1937 britischer Premierminister und verfolgte zwei Jahre lang Hitler gegenüber eine Beschwichtigungspolitik, während er England wieder aufrüstete. Nach dem Fall Polens und der Besetzung Dänemarks und Norwegens erkannte er, daß der totale Krieg unvermeidbar war, und wies alle Friedensangebote zurück. Es wurde jedoch klar, daß das Unterhaus ein Kabinett, das für den Fehlschlag in Norwegen und Chamberlains Beschwichtigungspolitik mitverantwortlich gemacht wurde, nicht mehr unterstützen würde; eine nationale Koalitionsregierung war unvermeidlich. Im Mai 1940 stellte Chamberlain sein Amt als Premierminister zur Verfügung; er wurde im Juli krank und starb im November.

Winston Churchill (1874–1965) war nach Chamberlains Rücktritt im Mai 1940 bis zum Juli 1945 britischer Premier- und Verteidigungsminister. Nachdem er Premierminister geworden war, hielt er sofort die erste seiner vielen aufrüttelnden und vertraueneinflößenden Reden: »Worin besteht unsere Politik? Ich sage Ihnen, daß sie darin besteht, zu Land, zur See und in der Luft Krieg zu führen . . . wir wollen den Sieg – um jeden Preis.« Eine seiner ersten Taten bestand in der Errichtung eines ›Directorate of Combined Operations‹. Den ganzen Krieg über hielt er engen Kontakt mit seinen Stabschefs. Er stellte eine enge Allianz mit Amerika her, aus der zunächst der »Pacht- und Leihvertrag« und, nach der Konferenz von Placentia Bay, die Atlantik-Charta hervorging. Nachdem die Deutschen Rußland angegriffen hatten, versprach er den Russen jede Hilfe, ohne indes von seiner anti-kommunistischen Haltung abzugehen. Im Juli 1942 wurde im Unterhaus ein Mißtrauensvotum gegen seine Kriegführung mit überwältigender Mehrheit zurückgewiesen. Auf den vielen Kriegs-Konferenzen hielt er engen Kontakt mit den Alliierten. Er befand sich auf der Potsdamer Konferenz, als seine Partei 1945 eine Wahlniederlage erlitt.

Andrew Cunningham (1883–1963) trat 1898 in die Royal Navy ein und war bei Ausbruch des Krieges im Jahre 1939 Oberbefehlshaber der britischen Mittelmeerflotte. Ihm ist es zu verdanken, daß die französische Flotte in Alexandria ohne Blutvergießen operationsunfähig gemacht wurde, und unter seinem Kommando wurde die italienische Flotte erst bei Tarent und später bei Kap Matapan aktionsunfähig gemacht. 1942 verbrachte er als Leiter der britischen Admiralitäts-Delegation zwei Monate in Washington und kehrte als Oberbefehlshaber der alliierten Seestreitkräfte unter Eisenhower nach Europa zurück. Im September 1943 nahm er die Kapitulation der italienisohen Flotte entgegen, wurde im Oktober nach dem Tod von Admiral Pound Erster See-Lord und war als Oberkommandierender des britischen Admiralstabs verantwortlich für die zentrale Leitung der Royal Navy.

Charles de Gaulle (1890–1970) war im Mai 1940, als die Deutschen in Frankreich einrückten, Oberst einer Panzerbrigade. Premierminister Paul Reynaud ernannte ihn im Juni zum Unterstaatssekretär für Nationale

Verteidigung. Das war sein erstes politisches Amt. Als der neue französische Premierminister Pétain ein paar Tage darauf um Waffenstillstand nachsuchte, floh de Gaulle nach London, wo er sich zum Führer der France-Libre-Bewegung ausrief und als solcher von der britischen Regierung anerkannt wurde. Viele Tausende verließen Frankreich, um seinen Rundfunkaufrufen zu folgen, in denen er die Franzosen aufforderte, den Deutschen Widerstand zu leisten und sich der frei-französischen Bewegung in Großbritannien und Nordafrika anzuschließen. Im November 1940 verfügte er über eine Streitkraft von 20 000 Mann, 20 Kriegsschiffe und die Herrschaft über Französisch-Äquatorialafrika. Als die Alliierten jedoch in Nordafrika landeten, übertrug Eisenhower Giraud das Kommando über alle französischen Truppen. Nach einem Machtkampf zwischen den beiden trat Giraud zurück, und Ende 1943 kontrollierte de Gaulle mit Ausnahme der japanisch besetzten Territorien in Indochina sämtliche französischen Kolonien. 1944, eine Woche nach der Landung der Alliierten in der Normandie, kehrte er nach Frankreich zurück und hielt am 25. August mit den alliierten Truppen einen triumphalen Einzug in Paris. Er wurde sofort zum Präsidenten des Regierungskomitees der nationalen Befreiung ernannt. Zu den Konferenzen von Yalta und Teheran, auf denen die Nachkriegsstrategie ausgehandelt wurde, lud man ihn nicht ein. Elf Jahre lang hielt er sich dem politischen Leben fern, bis man ihn 1958 für die Lösung des Algerien-Problems zurückrief. Seine Französische Verfassung wurde angenommen, und 1959 wurde er der erste Präsident der Fünften Republik.

Karl Dönitz (geb. 1891) war in der ersten Kriegshälfte Befehlshaber der U-Boote, entwickelte die ›Wolfsrudel-Taktik‹ und drängte zum Aufbau einer großen U-Boot-Flotte. 1943, als er Admiral Raeders Nachfolger als Oberbefehlshaber der deutschen Kriegsmarine wurde, operierten 212 U-Boote in Rudeln. Er war überzeugt, daß die U-Boote einen entscheidenden Faktor für den deutschen Sieg darstellten, doch durch die Entwicklung des Mikrowellen-Radars durch die Alliierten war ihre Wirksamkeit beträchtlich eingeschränkt. Hitler hatte ihn zu seinem Nachfolger bestimmt, und so mußte Dönitz im Mai 1945 die Kapitulation Deutschlands durchführen. Bei den Nürnberger Prozessen wurde er zu zehn Jahren Gefängnis verurteilt.

Hugh Dowding (1882-1970) trat 1900 in die Royal Artillery und 1918 in die Royal Air Force ein. Ab 1939 war er Befehlshaber der britischen Jagdflieger-Verbände. In dieser Stellung, die er bis November 1940 innehatte war er weitgehend dafür verantwortlich, daß Großbritannien vor einer möglichen Invasion geschützt blieb. Als Mitglied des Air-Council (1930 bis 1936) hatte er die Entwicklung des Radar-Frühwarnsystems und des eindeckigen Jagdflugzeugs vorangetrieben, zwei Faktoren, die ihm dann halfen, die Luftschlacht um England zu gewinnen.

Anthony Eden (1897–1977) war Außenminister im Kabinett Baldwin, ehe er denselben Posten 1940 unter Churchill bekleidete. 1938 war er aus Protest gegen Chamberlains fragwürdige Haltung gegenüber Mussolini zurückgetreten. Bei einem Moskaubesuch im Jahre 1941, nachdem die Deutschen Rußland angegriffen hatten, erkannte er Stalins rücksichtslosen Ehrgeiz, handelte jedoch im Mai 1942 im Interesse der Vernichtung Hitlers den anglo-sowjetischen Beistandspakt aus. 1943 nahm er am Treffen der Außenminister teil, wo er die heikle Aufgabe hatte, Stalin über die Invasionsabsichten der Alliierten auf dem Kontinent zu beruhigen. Er war ein außerordentlich fähiger Außenminister. Er bekleidete dieses Amt nochmals 1951-1955. 1955–1957 war er Premierminister, erklärte jedoch nach dem Suez-Krieg aus gesundheitlichen Gründen seinen Rücktritt.

Dwight Eisenhower (1890–1969) war zur Zeit des japanischen Überfalls auf Pearl Harbor Divisionsstabschef. Von Juni 1942 an war er Oberbefehlshaber der US-Streitkräfte in Europa. Er befehligte im November 1942 die amerikanischen Streitkräfte, die in Nordafrika landeten, und überredete im selben Monat Darlan, mit den Alliierten zusammenzuarbeiten. Im Februar 1943 wurde er zum Oberbefehlshaber der Alliierten in Nordafrika ernannt und leitete in dieser Eigenschaft im September 1943 die alliierten Landungen in Sizilien und auf dem italienischen Festland. Im Dezember wurde er Oberbefehlshaber des Alliierten Expeditionskorps in Europa, dem die Aufgabe zufiel, die Befehlshaber verschiedener Nationalheere zu vereinigen und die Landung auf dem europäischen Festland zu organisieren. Der Erfolg der am 6. Juni 1944 gestarteten ›Operation Overlord‹ beruhte ebensosehr auf Eisenhowers diplomatischen Fähigkeiten wie auf seinem logistischen Können. Seine Strategie des ›Vorrückens auf breiter Front‹ wurde von Montgomery und anderen stark kritisiert, doch wurden die Deutschen 1945 dadurch bis nach Deutschland selbst zurückgeworfen. Eisenhower war 1945–1958 Stabschef der US Army und von 1950–1952 Oberkommandierender der NATO-Streitkräfte in Europa. Als er 1952 von den Republikanern zum Präsidentschaftskandidaten gewählt wurde, stellte er dies Amt zur Verfügung. Von 1953–1961 war er Präsident der Vereinigten Staaten.

Heinz Guderian (1888–1954) war einer der entscheidenden Männer der deutschen Panzerwaffe, die er schuf, ausbildete und führte. Sein Durchbruch bei Sedan im Mai 1940 und sein rascher Vorstoß zum Kanal trugen entscheidend zum Zusammenbruch Frankreichs bei. 1941 leitete er den Vorstoß nach Osten, der beinahe zum Zusammenbruch Rußlands geführt hätte. Sein strategischer Rückzug im Winter 1941 führte zu seiner Entlassung durch Hitler; man rief ihn erst wieder, als Deutschlands Lage bereits hoffnungslos war. Im Juli 1944 wurde er Generalstabschef und Mitglied eines Militärgerichtshofs, der Hunderte von Soldaten aus der Wehrmacht ausstieß, die dann im Zusammenhang mit dem Attentat auf Hitler als Zivilisten verurteilt wurden.

Franz Halder (1884–1972) wurde 1938 während der Sudeten-Krise Chef des deutschen Generalstabs. Er plante einen halbherzigen Putsch gegen Hitler, aus dem jedoch nichts wurde, nachdem von Brauchitsch ausgestiegen war. Er leitete den Polen-Feldzug und plante später die vorgesehene Invasion Englands, aus der jedoch nie etwas wurde. Halder war mit Hitlers Strategie im Ostfeldzug nicht einverstanden, nahm aber dennoch daran teil und wurde entlassen, als er 1942 Hitlers Plan, gleichzeitig auf Stalingrad und den Kaukasus vorzustoßen, ablehnte. Er wurde 1944 ins KZ Dachau gesteckt, da man annahm, daß er mit dem Attentat auf Hitler vom 20. Juli zu tun hätte. Die Amerikaner befreiten ihn 1945. Bei den Nürnberger Prozessen war er ein wichtiger Zeuge.

Arthur Harris (geb. 1892) führte das Bomberkommando der RAF bei seinen massiven Angriffen auf Deutschland. Er trat frühzeitig für konzentrierte Bombardierung ausgewählter Ziele ein, forcierte diese Strategie 1942, nachdem er Befehlshaber des Oberkommandos der Bomber geworden war, und ließ am 30. Mai über Köln von 1046 Bombern durchschnittlich 12 Tonnen Bomben pro Quadratkilometer abwerfen, wobei ein Drittel der Stadt zerstört wurde. Im August richtete er eine Staffel für Foto-Aufklärung ein, und im September wurde die erste ›Blockbuster‹-Bombe (bis zu 11 t schwer) über Karlsruhe abgeworfen. 1943 gab Harris den Anstoß für die Politik der Nachtangriffe. Später im selben Jahr bombardierte er Berlin mit noch nicht dagewesener Stärke, ohne indes den entsprechend großen Schaden anzurichten. Deshalb kombinierte er Schwerbombardements mit Tiefenbombardements, wodurch viele Zivilisten umkamen, ohne daß Deutschlands Kriegspotential entscheidend geschwächt worden wäre. Obgleich seine Politik damals von Churchill unterstützt wurde, war Harris fast der einzige Kriegsführer, der nach dem Krieg nicht in den Adelsstand erhoben wurde.

Adolf Hitler (1889–1945) wurde 1933 deutscher Reichskanzler und war bei Ausbruch des Krieges außerdem Staatsoberhaupt und Oberbefehlshaber der Wehrmacht. Er übernahm persönlich die Verantwortung für Deutschlands Verhalten während des Krieges. Zu Anfang, in Polen, Norwegen und Frankreich, hatte er Erfolg. Die Grenzen seines militärischen Könnens begannen sichtbar zu werden, als er im Juni 1941 Rußland angriff. Seine Absicht ging dahin, ganz Europa dem Deutschen Reich einzuverleiben. Beim Versuch, diese Idee zu verwirklichen, verließ er sich immer weniger auf den Rat anderer und ging dazu über, unangenehme Meldungen nicht zu beachten. Außerdem änderte er ständig seine Meinung. Trotzdem wurden Hitlers Fehler erst 1943 richtig sichtbar, als das Deutsche Reich seine größte Ausdehnung erreicht hatte. Anfang 1944 war es klar, daß Deutschland den Krieg nicht gewinnen konnte. Er weigerte sich jedoch, die Niederlage einzugestehen, flüchtete sich immer mehr aus der Wirklichkeit und wollte nur noch seine engsten Gefährten sehen. Inzwischen ließ er in seinen berüchtigten Konzentrationslagern Millionen von Juden und politischen Gegnern umbringen, um auf diese Weise sein Arier-Ideal zu verwirklichen. Am 29. April heiratete er seine Geliebte, Eva Braun, und beging am nächsten Tag zusammen mit ihr Selbstmord.

Tschlang Kai Tschek (1887–1975) war während des Krieges alliierter Oberbefehlshaber in China. Chinas Krieg gegen Japan begann 1937, als die Zerstörung von Nanking und Schanghai ihn und seine Regierung zwang, sich nach Tschungking zurückzuziehen. Nach dem japanischen Überfall auf Pearl Harbor erhielt er die Unterstützung der Amerikaner, was ihn befähigte, weiterhin an der Macht zu bleiben und Krieg zu führen. Auf der Konferenz von Kairo im Jahre 1943 – er war inzwischen Staatschef, während die kommunistische Partei immer mächtiger wurde – versprachen ihm die Alliierten entscheidende Hilfe. Tschiang und General Stilwell, der Oberbefehlshaber der chinesischen und amerikanischen Streitkräfte auf dem chinesisch-burmesisch-indischen Kriegsschauplatz, stritten sich verbittert über die Vereinigung der chinesischen Streitkräfte unter amerikanischem Kommando, bis Stilwell 1944 abberufen wurde. In den USA nahm man an, daß Tschiang nach dem Krieg an der Spitze der vierten Großmacht – China – stehen würde, doch mußte man sich von dieser Vorstellung lösen, nachdem er von den Kommunisten geschlagen wurde und Mao Tse-Tung 1949 an die Macht kam. Trotzdem erhielt seine Regierung in Taiwan weiterhin amerikanische Hilfe.

Douglas MacArthur (1880–1964) tat zum erstenmal 1922 auf den Philippinen Dienst. In seinen verschiedenen Ämtern hatte er immer mit dem

Pazifik zu tun und wurde 1942 zum alliierten Oberbefehlshaber im südwestpazifischen Raum ernannt. Zu Anfang des Jahres hatte er die mutige, aber erfolglose Verteidigung der Halbinsel Bataan geleitet. Von seinem Hauptquartier in Port Moresby auf Neuguinea aus entwickelte er die Strategie des ›Insel-Hüpfens‹; es gelang ihm, seine Ziele mit vergleichsweise niedrigen Gefallenenquoten zu erreichen. Bald nach der Landung auf Luzon am 9. Januar marschierten die Amerikaner in Manila ein, und im Februar war die verfassungsmäßige Regierung wieder im Amt. Im April desselben Jahres erhielt MacArthur den Oberbefehl über sämtliche Bodentruppen im Pazifik, während Nimitz alle Flotteneinheiten in diesem Raum befehligte. Als Oberbefehlshaber der alliierten Streitkräfte, ein Posten, den er bis 1951 innehatte, war er Hauptsignatar der Alliierten bei der Unterzeichnung der Kapitulation Japans am 2. September 1945.

George Marshall (1880–1959) trat als Leutnant der Infanterie in die US Army ein und wurde 1939 zum General befördert. Im September desselben Jahres wurde er Stabschef der US Army, ein Amt, das er den ganzen Krieg über innehatte. Damals standen in der US Army 200000 Mann unter den Waffen, und eine von Marshalls Hauptaufgaben lag darin, Kongreß und Senat zu bewegen, diese Zahl zu erhöhen. Nach dem Überfall der Japaner auf Pearl Harbor bestand Marshall auf der Zusammenlegung der alliierten Oberkommandos. 1942 vereinfachte er die Kommandostruktur der US-Streitkräfte, so daß sie nur noch auf drei Abteilungen beruhte: den Bodenstreitkräften der Army, den Luftstreitkräften der Army und den Versorgungseinheiten. Marshall persönlich blieb verantwortlich für die Kriegsplanungsabteilung. Da er als einer der fähigsten strategischen Denker galt, nahm er an den meisten bedeutenden Kriegskonferenzen teil, darunter Casablanca, Yalta und Potsdam. Ende 1945 nahm er seinen Abschied. Sein Nachfolger war Eisenhower. Als US-Außenminister der Jahre 1947–1949 rief er den Marshall-Plan ins Leben. Von 1950–1951 war er Verteidigungsminister.

Bernard Montgomery (geb. 1887) war Kommandeur der 3. Division des britischen Expeditionskorps in Frankreich bis zu dessen Rückführung von Dünkirchen nach Großbritannien. In den folgenden beiden Jahren entwickelte er die Anwendung harter Ausbildungsmethoden in England. Im August 1942 übernahm er das Kommando über die 8. Armee in Nordafrika, die er vollständig umorganisierte, bevor er sie zum Angriff führte. Die El-Alamein-Offensive begann am 23. Oktober; im Januar 1943 hatte

Montgomery Tripolis eingenommen. Im April traf er mit den alliierten Truppen in Nordwestafrika zusammen, im Juli landete er mit der 8. Armee auf Sizilien und später auf dem italienischen Festland und erreichte im November 1943 den Sangro. Im Januar 1944 kehrte Montgomery nach England zurück, um an der Planung der »Operation Overlord« mitzuwirken. Am Tag der Invasion war er Feldkommandeur sämtlicher Landstreitkräfte und hatte Eisenhower als unmittelbaren Vorgesetzten. Ab August, wo er den Befehl über die 21. Armeegruppe übernahm, stimmte er nicht mehr mit Eisenhowers Plan des Vorrückens auf breiter Front überein. Eisenhowers Ansicht setzte sich durch. Montgomery war dieser Plan zu defensiv; er trat für einen ›bleistiftschmalen‹ Vorstoß auf Berlin ein. Im September nahm Montgomery Antwerpen, und im Februar 1945 begann die 21. Armeegruppe mit ihrem Vorstoß auf den Rhein. Am 2. Mai erreichte sie die Ostsee, und am 4. nahm Montgomery in Lüneburg die Kapitulation sämtlicher deutschen Streitkräfte in den Niederlanden, Dänemark und Nordwestdeutschland entgegen.

Benito Mussolini (1883–1945) hatte im Jahre 1939 Italien schon seit dreizehn Jahren regiert. In diesem Jahr schloß er einen Bündnispakt mit Deutschland. Von Hitlers Angriff auf Polen überrascht und über den deutsch-sowjetischen Vertrag verstimmt, erklärte er Italien für neutral. Im Juni 1940 bekräftigte er unter dem Eindruck der deutschen Siege in den Niederlanden und Frankreich Italiens Verpflichtung gegenüber den Achsenmächten und erklärte den Krieg. Bis zum Dezember mußte Italien Niederlagen in Afrika und Griechenland hinnehmen und wurde von da an immer abhängiger von Deutschland, das den italienischen Verbündeten zunehmend als Last empfand. Auf einer Besprechung des Großen Rats der italienischen Faschisten am 24. Juli 1943 wurde beschlossen, das Kommando über die Streitkräfte dem König zu unterstellen. Am nächsten Tag wurde Mussolini verhaftet, und Badoglio wurde Chef der neuen Regierung. Am 8. September ergab sich Badoglio den Alliierten, doch drei Tage darauf besetzten die Deutschen Rom und befreiten mit einem kühnen Handstreich Mussolini, der sofort ein neues Kabinett bildete. Hitler gestand ihm nur wenig Macht und keine Armee zu, und bis zum Juni 1944 kämpften über 82000 italienische Partisanen gegen ihn. Während die Deutschen im April 1945 in Norditalien geschlagen wurden, ging er nach Como, wo er am 28. April von Partisanen verhaftet wurde. Er und seine Geliebte, Clara Petacci, wurden erschossen und dann mit dem Kopf nach unten auf einem Mailänder Platz der Menge zur Schau gestellt.

Chuichi Nagumi (1886–1944) war während der ersten elf Monate des Krieges Befehlshaber des Schnellen Flugzeugträger-Geschwaders der japanischen Kriegsmarine. Da er mehr Torpedo- als Flugzeugfachmann war, war er nicht der Geeignetste, Yamamotos Pearl-Harbor-Strategie auszuführen. Gegen den Rat seines Luftwaffen-Stabs ließ er die Aufgabe unvollendet. Bei Midway führte seine Unentschlossenheit dazu, daß alle seine vier Flugzeugträger während des Auftankens der Flugzeuge auf Deck von den Amerikanern überrascht und vernichtet wurden. Während der Kämpfe auf den östlichen Salomon-Inseln erzielte er nur Teilerfolge und wurde auf einen weniger wichtigen Posten auf den Marianen-Inseln versetzt. Als sich herausstellte, daß die Amerikaner dort erfolgreich angegriffen hatten, beging er Selbstmord.

Chester Nimitz (1885–1966) war seit 1941, kurz nach dem japanischen Überfall auf Pearl Harbor, Oberbefehlshaber der amerikanischen Pazifik-Flotte und des pazifischen Kriegsschauplatzes und blieb dies bis zur Unterzeichnung der japanischen Kapitulation an Bord der USS *Missouri* im Jahre 1945, bei der er zugegen war. Aufgrund kluger Ausnutzung der Informationen, die ihm durch das Knacken des japanischen Marine-Codes zur Kenntnis gelangte, gewann Nimitz 1942 die Schlacht um Midway und ergriff gegen Ende dieses Jahres die Initiative auf dem fernöstlichen Kriegsschauplatz, die er sich nicht mehr nehmen ließ. Die Reichweite seiner Flottenverbände und Lufteinheiten wurde ausgedehnt und genutzt, um die Japaner immer weiter nach Westen abzudrängen. Mitte 1945 konnte Nimitz sagen: »Wir haben den Willen und die Fähigkeit der japanischen Kriegsmarine gelähmt, herauszukommen und zu kämpfen.«

Philippe Pétain (1856–1951), ein Held des Ersten Weltkriegs, wurde nach Reynauds Rücktritt am 16. Juni 1940 französischer Ministerpräsident. Pétain bot Deutschland sofort die Kapitulation an und verfügte vollständige Waffenruhe bis zum Inkrafttreten des Waffenstillstands mit Deutschland, den er am 22. Juni unterzeichnete. Den Waffenstillstandsbedingungen zufolge sollte Pétain Chef der Vichy-Regierung bleiben, welche die südliche ›unbesetzte‹ Zone Frankreichs kontrollierte. Während der nächsten vier Jahre wurde er sowohl politisch als auch persönlich immer schwächer, und die Kollaboration der Franzosen mit Deutschland wurde immer offenkundiger. Im August 1944 wurde er von den Deutschen verhaftet und mußte Frankreich verlassen. Im April 1945 kehrte er zurück und wurde vor Gericht gestellt. Das über ihn gefällte Todesurteil wurde von de Gaulle in lebenslängliche Haft umgewandelt. Noch heute ist in Frankreich die Meinung über ihn gespalten: manche sehen in ihm einen Patrioten, manche einen Verräter.

Konstantin Rokossowski (geb. 1896) wurde wegen seiner heldenhaften Verteidigung Moskaus Ende 1941 sowie wegen der von Stalingrad im Jahr darauf berühmt. Er befehligte die Truppen an der weißrussischen Front im Süden, erreichte Polen und nahm Lublin und Brest-Litowsk. Wahrscheinlich wäre er in der Lage gewesen, den Warschauer Aufständischen zu Hilfe zu eilen, was Radio Moskau im Juli 1944 dringlich gefordert hatte. Trotzdem half er den Polen in ihrem verzweifelten, zwei Monate dauernden Kampf nicht. Er marschierte durch Nordpolen, nahm im April Danzig und traf im Mai in Wittenberg mit den Briten zusammen. Nach dem Krieg wurde er Verteidigungsminister und Befehlshaber der bewaffneten Streitkräfte in Polen.

Erwin Rommel (1891–1944), am meisten bekannt geworden wegen seiner Taten im Wüstenkrieg, diente zunächst bei Hitlers Leibwache in Österreich, der Tschechoslowakei und Polen. Wegen der glänzenden Führung einer Panzerdivision im Frankreichfeldzug 1940 wurde er 1941 mit dem Oberbefehl über das Afrika-Korps belohnt. Er brachte der 8. britischen Armee eine Reihe von Niederlagen bei und wurde nach der Wiedereroberung der Cyrenaika im Jahre 1942 zum Generalfeldmarschall befördert. Während der Rückführung des Afrika-Korps aus Tunesien wurde er zurückberufen und stand 1943 in Italien. Er war verantwortlich für den Ausbau des Atlantik-Walls gegen die drohende Invasion der Alliierten; als sie kam, kommandierte er die Heeresgruppe B in Frankreich und wurde schwer verwundet. Er wurde mit der Verschwörung des 20. Juli in Verbindung gebracht und daraufhin verhaftet. Im Oktober fand man ihn vergiftet auf; er hat zweifellos Selbstmord begangen.

Franklin Roosevelt (1882–1945) war von 1933 bis zu seinem Tod Präsident der Vereinigten Staaten. Er trat nachdrücklich für das Pacht- und Leihgesetz ein, das der Kongreß 1941 verabschiedete und das den USA gestattete, den Alliierten mit praktisch allem zu helfen – ausgenommen Truppen. Er und Churchill entwarfen im Oktober 1941 die Atlantik-Charta und trafen sich danach häufig. Nach dem japanischen Überfall auf Pearl Harbor führte Roosevelt sein Land voller Überzeugung in den Krieg und erwies sich als weitsichtiger und mitreißender Kriegsführer. Seit einer Kinderlähmung war er gesundheitlich nie ganz auf der Höhe gewesen und starb plötzlich im April 1945, kurz vor Beendigung des Krieges in Europa.

Joseph Stalin (1879–1953), einer der weniger berühmten Führer der Oktoberrevolution von 1917, war den ganzen Krieg über der Beherrscher Rußlands. Seine Verfassung wurde 1936 angenommen. 1943 wurde er Marschall der Sowjetunion und 1945 Generalissimus. Ein rücksichtsloser Diktator und Opportunist, brach er die Verhandlungen mit Großbritannien ab, revidierte seine Anti-Hitler-Politik und unterzeichnete 1939 den deutsch-sowjetischen Nichtangriffspakt. Nach der Niederwerfung Polens durch die Deutschen besetzte er Ostpolen und trug einen durch nichts provozierten Angriff gegen Finnland vor. Letztlich erwartete er, von Deutschland angegriffen zu werden, war jedoch 1941, als Hitler in der Sowjetunion einfiel, doch nicht darauf vorbereitet. Churchill bot sich für Rußlands Kampf gegen Deutschland sofort als Verbündeter an, war jedoch nicht in der Lage, Stalins Forderung nach Errichtung einer zweiten Front in Frankreich nachzukommen, die Rußland teilweise vom Druck der Deutschen befreien sollte. Im Juli 1941 hielt Stalin seine berühmte Rede, mit der er zum ›Krieg der verbrannten Erde‹ aufrief, der von den Russen denn auch geführt wurde – als die Deutschen 1941 in Kiew einrückten, fanden sie die Stadt bereits zerstört vor. Militärisch erwies sich seine Strategie, den Feind zur Verteilung seiner Truppen zu zwingen und dann mit Gewalt einen Durchbruch zu schaffen, letzten Endes als erfolgreich, wenn dabei auch viele Russen umkamen. Auch politisch hatte er Erfolg. Bei der Konferenz von Teheran brachte seine Unterstützung der ›Operation Overlord‹ Churchill und Roosevelt zu der Überzeugung, daß sein Endziel dasselbe sei wie das ihre – einfach den Krieg zu gewinnen. In Wirklichkeit hatte Stalin ihre Aufmerksamkeit von den Balkanländern abgelenkt, die er ›befreien‹ wollte. Die Erfahrung, die die Polen machen mußten, wiederholte sich auch in anderen osteuropäischen Ländern, in denen die Befreiung durch die Rote Armee nur der erste Schritt zu ihrer Umwandlung in kommunistische Satellitenstaaten unter sowjetischer Führung war. In Rußland erreichte seine Popularität geradezu die Ausmaße eines Heldenkults, und zwar weitgehend deshalb, weil er seine politischen und persönlichen Gegner systematisch und brutal ausmerzte.

Semjon Timoschenko (1895–1970) diente während des Ersten Weltkriegs in der 1. Kavallerie-Armee. 1939 zum General befördert, leitete er den finnisch-sowjetischen Winterkrieg (1940) und war vom Mai 1940 bis zum Juli 1941 Volkskommissar für Verteidigung. Als Deutschland der Sowjetunion den Krieg erklärte, übernahm Timoschenko das Kommando am Mittelabschnitt der Front, kämpfte bei Smolensk und verhinderte die Einnahme Moskaus durch die Deutschen. Im September 1941 übernahm er den Südabschnitt, doch als es ihm nicht gelang, den Vorstoß der Deutschen auf die Krim und nach Stalingrad zu verhindern, wurde er an einen ruhigeren Frontabschnitt versetzt und im Juli 1942 durch die Versetzung auf einen Posten in Stalins Hauptquartier noch weiter degradiert.

Josip Tito (geb. 1892) war beim Einfall der Deutschen in Serbien Generalsekretär der Kommunistischen Partei Jugoslawiens. Nachdem die Deutschen Rußland angegriffen hatten, organisierte und führte er die jugoslawische Partisanenverbände, welche die Deutschen in Serbien rasch zum Rückzug zwangen. Inzwischen war es zwischen Tito und Mihailowitsch, dem Führer der antikommunistischen und antifaschistischen, Cetnik genannten Widerstandsgruppe zu offenen Auseinandersetzungen gekommen, und die Deutschen konnten den Boden, den sie verloren hatten zurückgewinnen. Tito und seine Partisanen zogen sich in die ostbosnischen Berge zurück, von wo aus sie sich in nördlicher Richtung bis zur kroatischen Grenze vorkämpften. 1943 wurden sie jedoch wieder zurückgedrängt. Gleichzeitig versicherte Tito sich jedoch endlich der britischen Hilfe, und ab Mai 1944 wurde er von allen Alliierten unterstützt. Von September an befanden die Deutschen sich auf dem Rückzug. Tito leitete von der Insel Vis aus alle Operationen und marschierte im Oktober triumphal in Belgrad ein. Auf der Konferenz von Jalta im Februar 1945 wurde er von Großbritannien, den USA und der UdSSR als jugoslawischer Ministerpräsident anerkannt. Als die jugoslawische Kommunistische Partei aus der Komintern ausgeschlossen wurde, blieb er unerschütterlich seinen Überzeugungen treu.

Hideki Tojo (1884–1948) war 1941, als der Überfall auf Pearl Harbor stattfand, japanischer Ministerpräsident. Als Militärdiktator trat er mit großem Ehrgeiz für die japanische Expansion ein und sandte Truppen nach Südostasien und in den pazifischen Raum. Als die Alliierten anfingen, von dem neuerworbenen japanischen Großreich ein Stück nach dem anderen abzuschneiden, gab man Tojo die Schuld dafür; nach dem Fall von Saipan im Juli 1944 wurde er zum Rücktritt gezwungen. Nach dem Krieg wurde er zusammen mit sechs anderen japanischen Führern zum Tode verurteilt. Ein Selbstmordversuch im Jahre 1945 mißlang. 1948 wurde er gehängt.

Harry Truman (1884–1948) war 1944 Vizepräsident der Vereinigten Staaten und führte nach Roosevelts Tod (im April 1945) dessen Politik als Präsident fort. Dadurch, daß er die Erlaubnis zum Abwurf der Atombombe auf Hiroshima gab, beendete er den ›heißen Krieg‹. Japan streckte am

14. August 1945 die Waffen. Er blieb bis 1952 Präsident, führte seitens der USA den ›kalten Krieg‹, der ernsthaft mit der Blockade Berlins durch die Russen begann, und den ›heißen Krieg‹, der 1950 sich in Korea entfesselte. Er weigerte sich, McArthurs Forderung nach Abwurf einer weiteren Atombombe stattzugeben, und entließ ihn schließlich.

Mao Tse Tung (1893–1976) wurde 1949, als seine kommunistische Armee Tschiang Kai Tscheks Nationalistische Partei besiegte und Tschiang auf die Insel Formosa (Taiwan) abdrängte, Vorsitzender der Volksrepublik China. Maos revolutionärer Kampf in China hatte 1927 begonnen. Von Dezember 1941 an kämpfte er sowohl gegen die nationalchinesische Armee wie gegen die japanischen Eindringlinge. Die Amerikaner unterstützten Tschiang militärisch gegen die Japaner und politisch gegen die Kommunisten. Sie erkannten Maos Regierung erst dreiundzwanzig Jahre, nachdem er an die Macht gekommen war, an. Maos Revolution fand 1949 noch kein Ende. Er setzte erfolgreich das Programm der Sozialisierung von Grund und Boden (1955) und den ›großen Sprung nach vorn‹ in Gang, der seinen Höhepunkt in der Kulturrevolution fand (1958).

Erich von Manstein (1887–1973) entwickelte den Plan, Frankreich in den Ardennen anzugreifen, dessen Gelingen 1940 entscheidend zur Niederwerfung Frankreichs beitrug. Während des Frankreichfeldzugs war er Kommandeur der Infanterie. Er zeichnete sich 1941 in Rußland aus und stieß im Juli auf Leningrad vor. Im September schlug er als Kommandeur der 11. Armee die Rote Armee auf der Krim und machte 430000 Gefangene. Im Juli 1942 wurde er Generalfeldmarschall und Befehlshaber der Heeresgruppe Don. Es gelang ihm, sich Hitlers Zustimmung zum Rückzug auf Stalingrad und bis an den Dnjepr auf Kursk zu versichern, doch als er im März 1944 versuchte, Hitler zum weiteren Rückzug zu bewegen, wurde er entlassen und nahm nicht weiter am Krieg teil.

Archibald Wavell (1883–1950) wurde im Juli 1939 Oberkommandierender im Mittleren Osten, wo er die Vorbereitungen für die Verteidigung des Mittleren Ostens und Nordafrika abschloß. Von Dezember 1940 bis Juli 1941 waren er und seine Truppen in der westlichen Wüste damit beschäftigt, erst die Italiener und dann die Deutschen aus Nordafrika zu vertreiben. Gleichzeitig eroberten seine Truppen Äthiopien und nahmen an der fehlgeschlagenen Verteidigung Griechenlands sowie an den Operationen im Irak und in Syrien teil. Am 2. Juli 1941 tauschten Wavell und Auchinleck ihre Posten, und Wavell wurde Oberkommandierender in Indien. Im Dezember

1941 wurde er zum Oberkommandierenden im südwestpazifischen Raum ernannt und war gezwungen, zu einer Zeit, da der Kampf gegen Deutschland als vorrangig betrachtet wurde, in Burma und Singapur mit sehr wenig Unterstützung einen aussichtslosen Kampf zu führen. Im Juni 1943 wurde Wavell zum Vizekönig von Indien ernannt. Dieses Amt bekleidete er bis 1947.

Isoroku Yamamoto (1884–1943). Obwohl er gegen einen Krieg mit den Vereinigten Staaten war, plante er den japanischen Überfall auf Pearl Harbor als beste Methode, um die Herrschaft über den Pazifik zu erringen. Als dieser Überfall Erfolg hatte, trat er nachdrücklich für den Bau von Flugzeugträgern ein und plante die rasche Vernichtung der amerikanischen Kriegsflotte und die Eroberung von Hawaii vom Stützpunkt Midway aus. Die Schlacht im Korallenmeer bewies jedoch, wie verwundbar Japan war. Vom Juni 1942 an, als die Vorbereitungen des Angriffs auf Midway begannen, hatten die Amerikaner den Code der japanischen Kriegsmarine geknackt und erwarteten den Angriff. Unter Yamamotos Führung erlitten die Japaner eine vernichtende Niederlage. Daraufhin befahl er die Besetzung von Guadalcanal, die fünf Monate hindurch anhielt, ohne daß sie entscheidende Folgen gehabt hätte. Im April 1943 fingen die Amerikaner einen Funkspruch auf und schossen das Flugzeug ab, in dem sich Yamamoto befand. Er erhielt ein Staatsbegräbnis.

Georgii Schukow (1896–1974) war der größte und erfolgreichste Heerführer der Russen im Zweiten Weltkrieg. 1939 vereitelte er einen japanischen Versuch, die Äußere Mongolei zu besetzen. Im Januar 1941 wurde er Generalstabschef und im Oktober Oberbefehlshaber der gesamten russischen Westfront. Außerdem wurde er im August 1942 auch noch stellvertretender Volkskommissar für Verteidigung. Praktisch hatte er mit allen bedeutenderen sowjetischen Siegen zu tun, darunter denen von Stalingrad, Kursk, Weißrußland und Moskau. 1945 leitete er die Einnahme Berlins, wo er am 8. Mai jene Urkunde unterschrieb, die formal den Krieg beendete. Von 1953–1955 war er Stellvertretender Verteidigungsminister und von 1955–1957 Verteidigungsminister der UdSSR.

Danksagungen

Für die Erlaubnis, längere Passagen in diesem Buch abzudrucken, möchte der Verlag folgenden Personen und Verlagen danken: Laurence Pollinger und Holt, Rinehart & Winston, *A Soldier's Story* von Omar Bradley; Faber & Faber, *The Bombing Offensive against Germany* von Noble Frankland; MacGibbon & Kee und Holt, Rinehart & Winston, *The Beginning of the Road* und *The End of the Third Reich* von V. I. Tschuikow; Collins Publishers, *The Memoirs of Field Marshal Montgomery;* Collins Publishers und Simon & Schuster, *The Call of Honour* von Charles de Gaulle; Harper & Row, *The Struggle for Europe* von Chester Wilmot; William Heinemann und Doubleday & Co., *Crusade in Europa* von Dwight Eisenhower; Macmillan, London und The Macmillan Company, New York, *Sand against the Wind* von Barbara Tuchman; Macdonald & Co., *Neither Fear Nor Hope* von Frieder von Senger und Etterlin; Victor Gollancz, *The Chamberlain Cabinet* von Ian Colvin; The Arcadia Press und Barrie & Jenkins, *El Alamein to the River Sangro* von Feldmarschall Montgomery; Alastair Hetherington (ein Artikel in *The Guardian).*
Zitate aus den Crown-copyright-Unterlagen des Public Record Office erscheinen mit freundlicher Genehmigung des Direktors von H. M. Stationery Office.
Außerdem möchte der Verlag und Thames Television all jenen danken, die so freundlich waren, zu erlauben, daß Teile ihrer ausdrücklich für die Fernsehserie gegebenen Interviews in diesem Buch abgedruckt wurden.

Bibliographie

Neben den vielen detaillierten Berichten über Teilaspekte des Zweiten Weltkriegs beruhen die British Official Histories auf zeitgenössischen offiziellen Unterlagen. The Military Series, hrsg. von Sir James Butler, umfaßt auch *Grand Strategy*, eine sechsbändige Serie aus der Feder von N. H. Gibbs, J. R. M. Butler, J. M. A. Gwyer, M. Howard und John Ehrman; die Bände *The Campaign in Norway* von T. K. Derry, *France and Flanders* von L. F. Ellis, *The Mediterranean and Middle East* von I. S. O. Playfair (sechs Bände), über den Krieg im Pazifik *(The War against Japan)* von S. W. Kirby (fünf Bände), in Nordwesteuropa *(Victory in the West)* von L. F. Ellis (zwei Bände), drei Bände über *The War at Sea* von S. W. Roskill, drei Bände über *The Strategic Air Offensive* von Sir Charles Webster und A. Noble Frankland sowie einen Band über *The Defence of the United Kingdom* von Basil Collier.

In der Civil Series of Official Histories erschienen Bücher über *The British War Economy* von W. K. Hancock und M. M. Gowing, über *British War Production* von M. M. Postan und über *Problems of Social Policy* von R. M. Titmuss. Sämtliche Bände der Official British Histories wurden von H. M. Stationery Office, London, veröffentlicht. S. E. Morrisons *History of U. S. Naval Operations in World War II* (15 Bände) stellen eine wichtige und detaillierte Informationsquelle insbesondere über den Krieg im Pazifik dar und wurden von der Oxford University Press und dem Verlag Little, Brown in Boston veröffentlicht.

Andere wichtige Werke über den Zweiten Weltkrieg, seine Ursprünge und

Folgen, sind: *Munich: Prologue to Tragedy* von Sir John Wheeler-Bennett, London 1964; *Hitler, A Study in Tyranny* von A. Bullock, London 1965; *History of the Second World War* von Basil Liddell Hart, London 1970; *The Second World War* von J. C. Fuller, London 1954; *The Siege of Leningrad* von Harrison Salisbury, London 1969; *Barbarossa* von Alan Clark, New York 1965; und *Middle East 1940–1942* von Philip Guedalla, London 1944. Von den vielen Kriegserinnerungen ist die wichtigste Winston Churchills *Second World War* (6 Bände), London. *The White House Papers of Harry Hopkins,* London 1948, hrsg. von Robert E. Sherwood, stellt einen Bericht über die amerikanische Diplomatie von einem der engsten Berater Roosevelts dar. *Conversations with Stalin* von M. Djilas, New York 1962, durchleuchtet soweit irgend möglich das Verhalten Stalins.